博学而笃志,切问而近思。
（《论语·子张》）

博晓古今,可立一家之说;
学贯中西,或成经国之才。

复旦博学·复旦博学·复旦博学·复旦博学·复旦博学·复旦博学

内容提要

品牌，是一种广泛的社会现象，存在于生活的各个角落：城市品牌、大学品牌、媒体品牌、医院品牌、体育品牌、论坛品牌、奖项品牌、博览品牌、个人品牌、工业品牌、商业品牌、酒店品牌、服务品牌……甚至可以说，我们都生活在品牌的世界里，我们也必须以品牌化方式来生存。

本书第二版为普通高等教育"十一五"国家级规划教材。第三版更新了全部案例分析，并设独立一章"品牌定位"。

本书是一部以多种品牌现象的内在生存规律为研究对象的富有创新性的教材。本书全面参考了国际上先进的品牌理论成果，系统总结了国内外品牌实践的经验教训、全面揭示了品牌的概念、历史、战略、延伸、创新、资产、团队等品牌创造、发展、革新的规律，是既有理论完整性，又有实务指导性的教材。

本书适读人群：企业管理、市场营销、行政管理、新闻传播、广告与公关专业的本科生、研究生；企业董事长、总经理、品牌总监、广告总监，品牌传播公司、广告与公关类公司、咨询公司全体从业人员；政府、媒体、企业、社团从事宣传推广工作的人士；其他有志于从事品牌塑造事业和对品牌业感兴趣的人士。

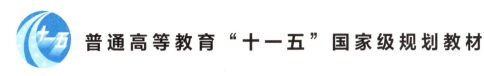

普通高等教育"十一五"国家级规划教材

复旦博学·广告学系列
Advertising Series

品牌学教程

（第三版）

余明阳　薛　可　杨芳平　编著

教学资料码

复旦大学出版社

作者简介

余明阳，上海交通大学中国企业发展研究院院长，上海交通大学安泰经济与管理学院教授、博士生导师。复旦大学经济学博士，复旦大学管理科学博士后，北京大学应用经济博士后。中国第一位以品牌研究取得博士学位的学者，2012 年获"全球十大品牌领袖奖"。曾担任上市公司沱牌曲酒总裁（2000—2002），上海交通大学党委委员、安泰经管学院党委书记、发展联络处处长、教育基金会秘书长、工商管理博士后流动站站长、国家战略研究院执行院长、上海交通大学人文社科学部委员等（2012-2020），中国公关协会第三、四、五届常务副会长兼学术委员会主任，上海行为科学学会会长，上海公关协会副会长兼学术委员会主任。担任多个省市政府高级经济顾问和多家上市公司独立董事。主持海澜之家、首都机场、微软（中国）、锦江国际、谭木匠、雅戈尔、长安汽车、中国黄金、波司登、红豆、天赋河套、"蒙"字标、上海品牌、德力西、三一重工、乐百氏、深圳卷烟厂、曲美家居、宁德核电、绍兴市、嘉兴南湖、镇江市、陕西黄陵、瑞金医院等上百项企业、城市、社会组织的品牌策划。发表中英文论文 200 多篇，出版教材、专著 60 多部，各种获奖 100 多项。在首届"2022 胡润百学·中国商学院教授学术活跃度榜"市场营销系教授中排名全国第二位。

序 Foreword

当今世界正经历百年未有之大变局，无论是新冠病毒的肆虐，还是元宇宙等虚拟世界的热炒，无论是地缘政治格局的突变，还是"Z世代"引发的消费者迭代，无论是人工智能等成为生活方式的一部分，还是碳达峰、碳中和等环保因素的凸现，都使得外部环境充满着不确定性。

然而，越是在不确定性中，人们越追求确定性，追求在多变环境下不变的生存之道。对于企业而言，竞争力与免疫力便是确定的、不变的立足之本。

竞争力当由硬实力（设备、要素与供应链）、软实力（文化）、锐实力（科技）构成，免疫力当由韧性（抗风险能力）、弹性（变通能力）、替代性（资源调配能力）构成，品牌便是文化软实力的象征性指标。功夫是中国的国粹，熊猫是中国的国宝，功夫熊猫却为美国人挣了很多钱。提升文化软实力，提升品牌力，在中国硬实力、锐实力不断增强的今天，便显得格外重要。

本人从1992年起研究品牌，至今已有30年，1996年以品牌研究取得经济学博士学位，并在复旦大学、北京大学从事两站博士后研究，均以品牌研究为方向，此后陆续出版了一系列品牌专著与教材：《品牌战略》（海天出版社，1997年），《名牌的奥秘》（武汉大学出版社，1999年）、"名牌丛书"（6卷本，武汉大学出版社，1999年起）、"新视界广告与品牌书系"（20卷本，广东经济出版社，2001年起）、《品牌学》（安徽人民出版社，2002年）、《世界顶级品牌》（安徽人民出版社，2004年）、《城市品牌》（广东经济出版社，2004年）、《大学品牌》（广东经济出版社，2004年）、《品牌传播学》（上海交通大学出版社，2005年）、《品牌管理学》（复旦大学出版社，2006年）、《中国品牌报告》（上海交通大学出版社，2006年，2007年，2008年，2009年，2011年，2015年，2018年）、《品牌文化》（武汉大学出版社，2008年）、《品牌定位》（武汉大学出版社，2008年）、《品牌营销管理》（武汉大学出版社，2008年）、《品牌危机管理》（武汉大学出版社，2008年）、《品牌竞争力》（武汉大学出版社，2008年）、《媒体品牌》（上海交通大学出版社，2009年）、《品牌战略》（清华大学出版社、北京交通大学出版社，2009年）、《品牌学概论》（华南理工大学出版社，2008年）、《品牌传播学》（第二版，上海交通大学出版社，2016年），《品牌学通论》（高等教育出版社，2013）。不知不觉中，近30年来，已出版了28部品牌书籍，另主编两套共计26部图书。从青丝到白头,用情深厚,用心良苦。

2017年5月10日是国务院正式确立的首个"中国品牌日",标志着品牌得到了国家层面的高度关注。习近平总书记指出,要推动中国产品向中国品牌转变。这是中国品牌奋进的冲锋号,作为中国品牌学人,我们倍感振奋。

近3年来,因疫情导致很多活动被迫取消和推迟,正好我又辞去了行政职务,有比较完整的时间,把我最为看重的《品牌学教程》(第三版,复旦大学出版社)和《品牌传播学》(第三版,上海交通大学出版社)作了梳理与升级,以适应新环境下品牌发展的需求。

本教材第一版出版于2005年,并于2009年修订出版了第二版,获评"普通高等教育'十一五'国家级规划教材";2013年,我又出版了《品牌学通论》(高等教育出版社)。本次第三版修订,我把两本教材的优势进行了整合,同时,对理论部分进行了升级补充,对案例部分作了全面更新。除了两本教材的联合主编薛可教授和杨芳平博士以外,陈炳霖、赵娜、陈楚妍全程参与了修订工作。

感谢母校的复旦大学出版社,以及第一、二版的责任编辑李华博士和第三版责任编辑方毅超老师。复旦大学出版社的金质平台和方毅超老师专业、敬业的精神是本教材的有力保障。

品牌是因变量,随着环境的变化,其内在因子、传播方式、受众风格都在发生变化。本教材虽几经打磨,三版之间跨越17个年头,但错误缺失在所难免,我们愿继续努力,为中国品牌事业尽一份绵薄之力。

余风阳

上海交通大学中国企业发展研究院院长
上海交通大学安泰经济与管理学院教授,经济学博士,博士生导师
2022年8月18日于上海交通大学

目录 Contents

第1章 品牌概述 / 001
1.1 品牌的概念 / 002
1.2 品牌类别 / 015
1.3 品牌价值 / 022
1.4 品牌管理 / 025
1.5 品牌的历史渊源 / 034
1.6 品牌学的研究体系与研究史 / 046

第2章 品牌资产 / 060
2.1 品牌资产的概念 / 061
2.2 从品牌资产到品牌价值——品牌资产价值 / 070
2.3 品牌资产价值的评估 / 079
2.4 品牌资产的管理系统 / 097

第3章 品牌战略 / 116
3.1 品牌战略的内涵 / 117
3.2 品牌架构组合 / 124
3.3 品牌个性 / 132
3.4 品牌联想 / 143

第4章 品牌定位 / 155
4.1 品牌定位概述 / 156
4.2 品牌定位的战略战术 / 162
4.3 品牌定位的过程 / 172

第5章 品牌要素的设计 / 194

5.1 品牌要素概述 / 195
5.2 品牌的命名 / 199
5.3 品牌视觉形象设计 / 210

第6章 品牌的传播推广 / 236

6.1 品牌传播推广模式 / 237
6.2 品牌传播推广工具的选择 / 246

第7章 品牌维系与保护 / 269

7.1 品牌维系 / 270
7.2 品牌保护 / 277

第8章 品牌延伸 / 296

8.1 品牌延伸概述 / 297
8.2 品牌延伸的路径 / 307
8.3 品牌延伸的应用 / 312
8.4 品牌延伸的风险及规避 / 326

第9章 消费者品牌体验 / 335

9.1 品牌体验的界定 / 336
9.2 品牌体验的内容 / 343
9.3 品牌体验的模式——体验式营销 / 352

第10章 品牌老化与创新 / 370

10.1 品牌老化 / 371
10.2 品牌创新 / 382
10.3 品牌短命现象解析 / 398

第11章 品牌危机处理 / 404

11.1 品牌危机的防范 / 405
11.2 品牌危机的处理 / 418

11.3 网络背景下的品牌危机 / 431

第12章 品牌资产的管理者 / 439

12.1 品牌领袖——品牌战略的决策者 / 440
12.2 品牌经理——品牌战略的执行者 / 448
12.3 品牌顾问公司——品牌战略的智囊团 / 461

第13章 品牌文化 / 471

13.1 品牌文化概述 / 472
13.2 品牌文化的构成 / 478

第1章　品牌概述

学习目标

学完本章,你应该能够:
(1) 懂得品牌的定义及其内涵;
(2) 了解品牌的特征、品牌的类别;
(3) 掌握品牌的构成要素;
(4) 了解品牌的作用与意义;
(5) 了解品牌的历史渊源。

基本概念

品牌　品牌特征　品牌的显性要素　品牌的隐性要素
品牌承诺　品牌个性　品牌体验

21世纪,市场竞争日趋激烈,产品高度同质化,越来越多的企业开始认识到,品牌是竞争制胜的法宝。从20世纪50年代,美国的大卫·奥格威(David MacKenzie Ogilvy)第一次提出品牌概念至今不过一个世纪,"品牌"二字已成为当代营销界频率最高的关键词,"品牌学"也成为一门显学。在我国,直到20世纪90年代才有了品牌的概念,然而随着市场经济的蓬勃发展,无论是企业界还是学术界,都高度关注品牌运营的规律。

本章将介绍品牌的基本概念、分类类别、作用与意义及品牌的历史发展。

1.1 品牌的概念

1.1.1 品牌的定义

品牌一词来源于英文单词"Brand"或"Trademark",原本是指中世纪烙在马、牛、羊身上的烙印,用以区分不同的饲养者。到了今天,品牌的内涵早已超出这个含义。纵览目前关于品牌的定义,可谓林林总总,归纳起来有以下四类。

1.1.1.1 符号说

这类定义着眼于品牌的识别功能,它从最直观、最外在的表现出发,将品牌看作是一种标榜个性、具有区别功能的特殊符号。消费者对一个品牌的认识无疑是先通过视觉来感知。因此,一个品牌的设计、包装等个性要素,作为一种能激发视觉印象的符号,如果能够给消费者带来较强的视觉冲击,那它就能产生很大的威力。许多世界名牌的标志,如麦当劳的M形标志、华为花瓣标志等,一直以来带给消费者强烈的视觉冲击,因此已经潜移默化为其品牌不可分割的一部分,甚至在一些消费者眼中,标志符号就是品牌的全部。

补充资料1.1

符号说代表性的定义有:

(1) 美国市场营销协会(AMA)将品牌定义为:用以识别一个或一群产品或劳务的名称、术语、象征、记号或设计及其组合,以和其他竞争者的产品或劳务相区别(《营销术语词典》,1960年版)。

(2) 美国营销学家菲利普·科特勒(Philip Kotler)为品牌下的定义是:品牌就是一个名字、称谓、符号或设计,或是上述的总和,其目的是要使自己的产品或服务有别于其他竞争者。

(3) 美国学者林恩·阿普绍(Lynn B. Upshaw)在《塑造品牌特征》一书中将品牌定义为名称、标志和其他可展示的标记,它能使某种产品或服务区别于其他产品和服务。

(4) 我国学者杨欢进等在其著作《名牌战略的理论与实践》中写道:毫无疑问,品牌是商品的牌子,是商品的商标。

(5) 韩光军等在《打造名牌》一书中认为:品牌是指能够体现产品个性、将不同产品区别开来的特定名称、标志物、标志色、标志字以及标志性包装等的综合体……它是消费者记忆商品的工具,是有利于加强消费者回忆的媒介。

(6) 王书卿在其编译的《国际名牌策划与实例》中写道:从最简单的角度来讲,品牌就是一个可依赖的,而且被消费者所确认的新产品的标志。

诚然,就像大卫·艾克(David A. Aaker)所说的:"一个成功的符号(或标志),能整合和强化一个品牌的认同,并且让消费者对这个品牌印象更加深刻……可能会替这个品牌奠下成功的基石。"一个完整的品牌所具有的符号或标志的属性,有着重要的识别、区分功能,但这只是作为品牌应具有的一个基本而必要的条件,而不是品牌的全部。识别一个品牌依据的不仅是它的名称或标志,更重要的是依赖其体现出来的理念、文化等核心价值。所以,符号说只将品牌看成单纯的用以区别的标志或名称,而没有揭示品牌的完整内涵,不免失之片面。

1.1.1.2 综合说

这一类定义从品牌的信息整合功能上入手,将品牌置于营销乃至整个社会的大环境中加以分析。综合说认为品牌不仅包括了品牌名、包装、标志等有形的东西,而且将品牌放入历史时空,作横向和纵向的分析,指出和品牌相关的要素,如历史、声誉问题、法律意义、市场经济意义、社会文化心理意义等,这些东西都是无形的,且很容易被人忽略,但它们又是事实存在的,是构成品牌的必要部分,只有将这些要素最大限度地加以整合,品牌才是一个完整的概念。就像大卫·艾克在《品牌经营法则:如何创建强势品牌》中说的那样:"除了品牌就是产品外,品牌认同的基础概念还必须包括'品牌就是企业''品牌就是人''品牌就是符号'的概念,品牌实际上是由其本身整合诸多品牌信息而构成的。"

补充资料1.2

综合说代表性的定义有：

（1）世界著名广告大师、奥美的创始人大卫·奥格威在1955年时即对品牌作了如下定义：品牌是一种错综复杂的象征，它是品牌的属性、名称、包装、价格、历史、声誉、广告风格的无形组合。品牌同时也因消费者对其使用的印象及自身的经验而有所界定。

（2）林恩·阿普绍在谈及品牌特征的意义时说：从更广的意义上说……品牌是消费者眼中的产品和服务的全部，也就是人们看到的各种因素集合起来所形成的产品表现，包括销售策略、人性化的产品个性以及两者的结合等，或是全部有形或无形要素的自然参与，比如品牌名称、标志、图案等这些要素。

（3）王海涛等在《品牌竞争时代》中说：严格说来，广泛意义上的品牌包括三个层次的内涵：首先，品牌是一种商标，这是从法律意义上说的；其次，品牌是一种牌子，是金字招牌，这是从其经济或市场意义上说的；最后，品牌是一种口碑、一种品位、一种格调，这是从其文化或心理的意义上说的。

（4）何君、厉戟在《新品牌——品牌识别经营原理》一书中认为：品牌不仅是不同企业产品的标志，更多的是营销价值资讯的载体。特定品牌往往代表特定的产品品质、产品风格、服务水平、流行时尚等方面的资讯，这些资讯逐渐被市场广泛了解和接受，在消费者心中就成为特定的消费价值和消费情感的代表。

这类定义虽然对品牌作了较完整的概括，但它们只是注重从品牌的产出方或品牌本身来说，而对品牌的接受方、评价方——消费者没有给予足够的重视。事实上，"真正的品牌存在于关系利益人的想法和内心中"[1]。

1.1.1.3 关系说

这类定义从品牌与消费者沟通功能角度来阐述，强调品牌的最后实现由消费者来决定。这种界定强调品牌是一种偏见，是消费者或某些权威机构认定的一种价值倾向，是社会评论的结果，而不是自我加冕的。

这种说法认为品牌最终能够被认同，是因其与消费者的情感化消费相关联。消费者的选择往往决定了一个品牌的命运，如果消费者对于产品的认识和情感是友好积极的，那样品牌就有可能转化为一种无形资产，从而体现出价值，否则品牌就会面临严重的危机。

其实，品牌的概念是在产品（或生产环节）和消费者的互动过程中形成的。产品提供给消费者满意的使用价值，消费者则通过自己的感知形成对产品的认识并对其产生情感。

---

[1] 汤姆·邓肯,桑德拉·莫里亚蒂.品牌至尊[M].廖宜怡译.北京:华夏出版社,2000:11.

如果说"符号说""综合说"侧重从产品或生产方面来给品牌下定义,那么"关系说"则注重从流通领域进行阐述。因为一个品牌从建立到完成必须要经过生产领域和流通领域,这两个环节缺一不可,而消费者则是流通领域的"把关人",一个产品设计得再好,得不到消费者的认可也只能是功败垂成。品牌属于生产者,而在根本上,它更属于消费者。哈佛大学商学院大卫·阿诺德(David Arnold)认为,品牌是一种类似于成见的偏见,成功的品牌是长期持续地建立产品定位及个性的结果,消费者对其有较高的认同度。品牌与消费者的关系如图1-1所示。

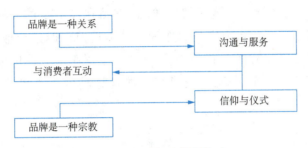

图 1-1　品牌与消费者关系

(资料来源:杨晨.品牌管理理论与实务[M].北京:北京交通大学出版社,2009)

正如营销学家阿尔文·托夫勒(Alvin Toffler)在《权力的转移》中提到的:"没有人是冲着苹果电脑和公司里的硬件设备来买他们的股票的,真正值钱的不是公司的办公大楼或设备机器,而是其营销业务兵团的交际手腕、人际关系实力与管理系统的组织规模。"这说明企业有形资产已经不如以往那么重要,取而代之的是关系与沟通。

补充资料1.3

关系说代表性的定义有:

(1) 在奥美广告公司,他们把品牌定义为消费者与产品间的关系……消费者才是品牌的最后拥有者,品牌是消费者经验的总和。

(2) 联合利华的原董事长迈克尔·佩里(Michael Perry)认为:品牌是消费者对一个产品的感受,它代表消费者在其生活中对产品与服务的感受而滋生的信任、相关性与意义的总和。

(3) 赵军在《名牌在传播中诞生》一书中写道:品牌是一个以消费者为中心的概念,没有消费者就没有品牌,品牌的价值体现在品牌与消费者的关系中。

(4) 1989年伦敦商界召开的题为"永恒的品牌"的研讨会中有这样一个观点:一个品牌是消费者意识感觉的简单收集。

"关系说"很好地将品牌放到一个更广阔的领域里加以认定,充分肯定了消费环节对品牌的打造所具有的决定性作用,这较前几种定义无疑是一次飞跃,但它又片面强调了消费者的作用,忽视了品牌自身的功能,同时也只偏重说明产品与消费者间的关系,而忽略了其他关系利益团体,如政府、供应商、技术市场等对品牌的影响,而整合营销学认为,其他主要关系利益团体对品牌的影响并不亚于消费者。

1.1.1.4 资源说

"资源说"的定义着眼于品牌具有的价值,它站在经济学的立场上,从品牌的外延如品牌资产方面进行阐述,突出品牌作为一种无形财产时给企业带来的财富和利润,对社会带来的文化及时尚等价值意义。它认为品牌是一种价值,在一定程度上脱离产品而存在,可以买卖,具有一种获利能力。这种说法主要侧重于品牌在市场营运中的作用。

补充资料1.4

资源说代表性的定义有:

(1) 美国人亚历山大·比尔(Alexander L. Biel)认为:品牌资产是一种超越生产、商品及所有有形资产以外的价值……品牌带来的好处是可以预期未来的进账远超过推出具有竞争力的其他品牌所需的扩充成本。

(2) 中国台湾营销学者陈伟航指出:品牌会渗透人心,因而形成不可泯灭的无形资产……品牌资产的妥善运用可以给企业带来无穷的财富……

(3) 韩志锋在其文章《品牌是一种资源》中说:品牌是企业内在属性在外部环境中创造出来的一种资源,它不仅是企业内在属性在外部环境集中体现出来的(外化的)有价值的形象标志,而且因为其能整合企业外不同资源对企业内在属性发展产生反作用,它更是一种资源。

(4) 《大营销——新实际营销战略》(青禾工作室,当代世界出版社2000年版)一书对品牌这样定义:品牌是一种独立的资源和资本,它是能够进行营运的……品牌是一种知识产权,也可以像资本一样营运,实现增值。

(5) 《品牌之旅》(《销售与市场》,1998年第3期)一文指出:品牌也是一种资产,是一种动态的资产。

以上四类定义从各自的角度出发对品牌的内涵做出不同界定,各有侧重点。在本书中,综合以上定义之所长,我们将品牌定义如下:

品牌是能给拥有者带来溢价、产生增值的一种无形资产,它的载体是用以和其他竞争者的产品或劳务相区分的名称、术语、象征、记号或设计及其组合,增值的源泉来自在消费者心智中形成的关于其载体的印象。

1.1.2 品牌的构成要素

美国首席心理治疗师维琴尼亚·萨提亚(Virginia Satir)曾提出"冰山理论",即指一个人的"自我"就像一座冰山一样,我们能看到的只是表面很少的一部分——行为,而更大一部分的内在世界却藏在更深层次,不为人所见,恰如冰山。"冰山理论"同样适用于品牌的内涵,如图1-2所示。水面上15%的部分是人们的可见部分,包括品牌的标志和名称等,水面下的85%不可见的部分则包括了文化、质量、价值观、服务等。该模型较好地阐述了品牌的构成要素,主要分为显性要素和隐性要素。

图 1-2　品牌冰山模型

(资料来源:作者本人绘制)

1.1.2.1 品牌构成的显性要素

这些是品牌外在的、具象的东西,可以直接给消费者感觉上的冲击,主要包括品牌名称、标志与图标、标记、标志字、标志色、标志包装、广告曲。

(1)品牌名称:品牌名称是基本的构成要素,它往往简洁地反映产品的中心内容。品牌名称不仅将产品本身的内容加以概括,而且还反映企业的经营理念、价值观念和文化等。它在整个品牌中起着提纲挈领的作用,是消费者记忆品牌和传播品牌的主要依据。从某种意义上讲,它还是种象征货真价实的标志,是一种产品持续一致的保证,比如当你拿着高露洁牙膏时,你可以很确信你手里的是真正的高露洁,而当你再次使用它时,又会充满信心,因为它的品质没有变。

(2)标志与图标:这是品牌用以激发视觉感知的一种识别体系,它给人以更具体、更可感的形象记忆,帮助消费者更好地识别和记忆品牌。

如果说品牌名称是品牌的核心要素,那么标志与图标就是品牌建设的关键要素。标志是表示起源、所有权或组织的一种方式。在中世纪的欧洲,贵族们在马车、餐具、家具等上面印上家族的徽章,这是一种代表所有权以及身份地位的标志。

标志可分为几种:一种是文字标志,用独特的形式书写,标示公司名称和商标,如可口可乐(Coca-Cola)和奇巧(Kit-Kat)等;另一种是抽象的标志,没有具体的含义,与公司名称或者公司产品毫不相干。例如奔驰的三叉星、劳力士(Rolex)的皇冠、哥伦比亚广播公司(CBS)的眼睛和奥林匹克的圆环,这些没有文字的标志被称为图标。

(3) 标记:这是一个特殊的图标,它往往取材于现实生活、非常具象。标记通常是通过广告推出的。在广告和包装设计中,标记起着重要作用。

标记可以是某种有生命的事物,例如花花公子的兔子,可口可乐酷儿果汁饮料的酷儿精灵等;它也可以是活生生的人物,例如肯德基上校、麦当劳大叔、万宝路牛仔等。

标记能给品牌带来诸多好处。由于它色彩丰富,充满想象力和趣味性,因此它能使品牌的视觉体系变得活泼生动,品牌形象变得饱满、鲜活,并且使品牌个性得以具体化。标记可向消费者充分传递产品的特性和品牌的个性,拉近品牌与消费者之间的距离。

提示1.1

> 标记也有自身的局限性。如果品牌的标记非常明显,且得到高度的认可,它反而可能掩盖其他品牌要素的光芒,反倒破坏了品牌要素整体作用的发挥。另外,标记过于具象,随着时间的推移就需要常常更新。例如,代言香奈儿五号香水的女明星最近更换为法国演员玛丽昂·歌迪亚(Marion Cotillard)。她是法国式高雅女性的凯瑟琳·德纳芙(Catherine Deneuve)和奥斯卡影后妮可·基德曼(Nicole Kidman)等大牌女星之后的又一位香奈儿广告新宠。

(4) 标志字:标志字是品牌中可以读出来的文字部分,它常常是品牌的名称或企业的经营口号、广告语等。

(5) 标志色:标志色是指用以体现自我个性以区别其他产品的色彩体系。它一般选用鲜明的色彩,将欢快的情绪传达给消费者。例如柯达的黄色,可口可乐的红色,百事可乐的红蓝相间。

(6) 标志包装:具体产品个性的包装,如喜之郎水晶之恋果冻的心形外壳,洽洽瓜子的纸包装。

(7) 广告曲:用音乐的形式描述品牌。通常由职业作曲家创作,其朗朗上口的旋律与和声往往伴随着广告语长久地留在听众的脑海中。

第1章 品牌概述

以上的品牌要素不一定全部出现在品牌中。品牌的外在形象依赖于这些显性要素的组合,不同的组合塑造出不同的品牌形象。

1.1.2.2 品牌构成的隐性要素

这是品牌内含的因素,不可以被直接感知,它存在于品牌的整个形成过程中,是品牌的精神、品牌的核心。它包括品牌承诺、品牌个性和品牌体验。

(1)品牌承诺。承诺的实施方是企业生产者,受方则是消费者。就消费者而言,品牌是一种保证,保证产品始终如一地履行诺言。产品本身不可能保持不变,事实上许多优秀的品牌都在不断地改变,但仍受消费者青睐,那是因为灌注在产品中的经营理念、价值观、文化观始终保持不变。企业是否有优越的技术,对品质是否有很高的要求,对环境品质是否很重视,这些属性、理念很大程度决定着消费者对产品的感情。好的品牌承诺会使消费者在接触这个品牌时充满信心。麦当劳带给顾客的理念不是简单地吃饱吃好,而是更高层次的"生产快乐",有了这样的理念和承诺,顾客在任何时间用餐都会体验到一种轻松快乐的氛围。

(2)品牌个性。史蒂芬·金(Stephen King)曾指出:用人做比喻很容易使消费者接受品牌。就像人有人格一样,每个品牌都有它自己的"风格",如一提到优衣库,人们就会想到舒适、高性价比,而一提到香奈儿,人们想到的则是优雅、奢华。因此品牌不同于商标,它不仅是一种符号,更是一种个性。大卫·艾克在《品牌经营法则:如何创建强势品牌》中就提到品牌有五大个性要素:纯真、刺激、称职、教养和强壮。将品牌个性化会使消费者更容易接受这个品牌。人们通常会选择自己认同的品牌,比如喜爱追求时尚的年轻女性往往会选择盖璞(Gap),而不会去选杰克琼斯(Jack Jones)等较男性化的休闲服。企业创造了品牌的个性,而这种个性带来的相关情感暗示,满足了不同人的需求,从而更好地使品牌与消费者建立良好的关系。通常,相对于死气沉沉的产品而言,绝大多数消费者还是愿意和那些有灵性、有情感的品牌打交道。

1.1.2.3 品牌体验

消费者是品牌的最后拥有者,品牌是消费者经验的总和。在品牌的整个形成过程中,消费者扮演了一个把关人的角色,他们对品牌的信任、满意、肯定等正面情感归属,能够使品牌历久不衰,而他们对品牌的厌恶、怀疑、拒绝等负面感情,必然使品牌受挫甚至夭折。使用一个有影响力的品牌产品的感觉与使用同类但没有影响力的品牌产品的感觉是不一样的。例如,人们往往挑选一个市场占有率高的品牌,但若给的是同样品牌的两种产品却没有标志时,消费者就拿不定主意了。所以,品牌确实能改变人们应用产品的真实情感,而这些往往就形成了一种无形的价值。

不同于显性要素,隐性要素不能一蹴而就,它要在长期的品牌营销推广中逐步形成。显性要素可以由品牌拥有者完全掌握,而隐性要素还高度依赖于品牌与消费者的互动。

案例 1.1

多数国外企业非常重视品牌形象的建立,无论是外在表现还是实际在建立过程中的实施措施,都将品牌在消费者心中的形象放在首位。这一点国内很多企业在执行中的工作做得并不彻底,不能做到内外兼顾,无法建立坚实良好的品牌形象,坚定顾客对产品的信心,但国内也不乏一些优秀的商家,近年来在国际上逐渐占据一定的有利地位。以下将对电子行业中的国内外两个品牌——苹果和联想,进行如表1-1的具体分析。

表1-1 苹果和联想的品牌要素比较

		苹果	联想
显性因素	品牌名称	公司名称:苹果公司,全称苹果股份有限公司 外文名称:Apple Inc.	公司名称:联想集团 外文名称:Lenovo Group
	标志	1977年以前　1977—1998年 1998年　1998—2000年 2001—2007年　2008—2013年 2013年至今	1984—2003年 2003—2015年 2018年至今
隐性因素	品牌承诺	人性化科技	说到做到,尽心尽力
	品牌个性	创造性、时尚、精致	最可靠的、安全易用
	品牌体验	苹果的品牌体验店不只是"简单"的商店,而是苹果顾客交流意见的场所、体验新产品的梦幻之地。	省时、省心、省力

点评:

从苹果与联想的品牌显性要素与隐性要素的分析中不难发现,这两个伟大企业的成功与其在品牌上的努力是不可分开的,这也是值得众多企业去借鉴的。

1.1.3 品牌的特征

品牌具有五个相关特征,分别是:识别性、价值性、领导性、双重特性、明显的排他专有性。

1.1.3.1 识别性

这是品牌名称、标志物等符号系统带来的外在特征。企业或生产者通过整体规划和设计所获得的品牌造型符号,具有特殊的个性和强烈的视觉冲击力,能够帮助目标消费群体区别本产品和其他产品。此外,品牌所传递的隐喻式感情也能够彰显一个品牌的功能和传达该品牌的内部信息,帮助消费者从情感信息上加以区分。例如,百事可乐的包装是天蓝色加上其特别的图案,可口可乐的包装是鲜艳的红色,娃哈哈纯净水有一个红色的似彩旗飘扬的包装。

品牌识别给产品带来了三个有利方面:一是可以让顾客对公司的品牌产品保持忠诚,给公司带来源源不断的利益;二是可以掌握顾客对产品的意见和建议,更好地提高顾客的满意度;三是不会使自己的产品与竞争对手的产品混淆。

1.1.3.2 价值性

品牌因其具有的优质性能及服务,使其成为一种企业的外化形象,并成为企业利用外部资源的契约主体,而且它在市场上的覆盖面广、占有率高,这些可以给企业带来巨大的经济利益。同时因其自身具有的知名度、美誉度等社会因素,它又可以独立于产品而存在,并形成一种可以买卖的无形资产价值,而这种价值要比它给企业带来的有形资产价值更重要。

1.1.3.3 领导性

品牌和普通产品不同,它不只是靠广告和包装来打动消费者,它在消费者心中无可替代的地位是由其高质量、高价值、高信誉决定的。品牌是企业的核心要素,是企业向目标市场传输信息的主要媒介。它具有的风格代表了与众不同、高人一等的经营理念,一旦迎合了目标市场的口味,它就具有了非常重要的地位,可以引领市场潮流,影响消费群体的价值观,这种能力是普通产品所难以企及的。

1.1.3.4 双重特性

品牌的双重特性是指品牌具有自然属性和社会文化属性。罗纳德·奥尔索普(Ronald J. Alsop)认为,品牌的自然属性是指该品牌所表征的产品显著区别于其他产品的特性,消费者对此有生理体验并极为忠诚。品牌的社会文化属性是指消费者对品牌差异化的心理体验和消费属性,如消费者对使用品牌有心理的满足感或成就感。因此,品牌是其商品自然属性和社会文化属性的统一体。如香烟品牌万宝路(Marlboro),在人们对其文化属性的理解上,发展了"Marlboro"的文化含义,有一种解释是:"Marlboro"是英文句子"Men always remember love because of romantic only"(爱情永记,只缘浪漫)中每个单词的第一个字母的组合,这确实让"Marlboro"的消费者平添了许多想象。企业可以根据品牌所具有的自然属性和社会文化属性开展品牌管理活动。一方面,企业可以依据产品的自然属性来发展品牌;另一方面,企业必须考虑消费者对品牌的社会文化属性的需要以及这种属性对消费者消费观念的作用。

1.1.3.5 明显的排他专有性

品牌代表了一个企业在市场中的形象,是企业为它的产品和服务打上的烙印,是企业进入市场的一个通行证,在某种程度上,是企业在市场竞争中战胜对手的法宝,因此在市场上表现出明显的排他性和专有性。企业通过各种法律手段或自身保密措施来维护品牌,通过在国家有关部门登记注册、申请专利等形式保护自己的品牌权益,防止品牌被侵权,保障自己的品牌权益。品牌是企业中一项最宝贵的无形资产,它的创造包含着创建者和企业员工的创造性劳动。这样,品牌在本质上就是排他的、专有的,否则人们也就不会对盗用、仿冒他人品牌的行为深恶痛绝了。不过,在品牌发展初期,品牌的排他专有性的确没有得到社会程序性上的承认与保护,直到有了相应的法律法规,情况才有所改变。通常,对品牌的排他专有性的保护手段主要是注册商标、申请专利、授权经营等①。

1.1.4 品牌与相关概念的区别

品牌具有鲜明的特征,我们要注意把品牌与产品、品牌与名牌、品牌与商标区分开来。

1.1.4.1 品牌与产品的辨析

根据菲利普·科特勒的著名营销学观点,产品是能够引起市场注意、获取、使用,或能够满足某种消费者需求和欲望的任何东西,因此,它可以是实物(衣物、食品)、服务(保险公司、银行)、零售商店(百货商店、专卖店、超市)、组织(贸易组织、艺术团体)、地名(国家、城市)或思想(政治主张)。

产品和品牌是品牌形成过程中两个不同的阶段,产品就像是原子核,是很单纯的东西;而品牌则是原子,它不仅具有原子核,在核外还围绕着电子。现代企划鼻祖史蒂芬·金(Stephen King)说:"产品是工厂里生产的东西,品牌是消费者带来的东西;产品可以被竞争者模仿,品牌却是独一无二的;产品极易过时落伍,但成功的品牌却能经久不衰。"他的这段话明确地界定了品牌和产品的区别,具体说来两者的区别主要表现在以下两方面:

---

① 丁桂兰.品牌管理[M].武汉:华中科技大学出版社,2008:14-17.

首先,产品是具体可感的,而品牌是抽象的,它存在于消费者的意识中。产品是物理属性的组合,具有某种特定功能来满足消费者的使用需求,消费者可以通过视觉、味觉、嗅觉、触觉等感官系统来加以辨认、体会,如食可果腹,衣可避寒。品牌则是消费者在使用了产品后所产生的想法、情感、感觉,它涵盖了消费者自身的认知、态度。特定的品牌消费体现了消费的情感化,当一个品牌被市场广泛了解和接受之后,它就会给消费者带来特定的价值、情感。例如,一个手提包,当它被冠以路易威登(Louis Vuitton)这个品牌时,往往会给消费者带来一种流行、时尚奢华的感觉。

其次,两者产生的环节不同。产品诞生于生产环节(工厂、车间),而品牌则形成于流通环节。每个品牌之下都至少有一个产品,而一个产品却未必能成就一个品牌。由产品到品牌,并不是一个顺其自然的过程。品牌的形成除了受企业内部环境的制约外,还受企业外部环境,如供应商、消费者、技术市场、资本市场、政府、法律等多种因素的制约。生产者要保证产品的品质和功能;营销和广告人员负责将产品的附加信息加以整合并告诉目标消费者;消费者通过对产品的感受、认知而形成一种认同、信赖,然后将这些信息反馈给生产者,这时,才基本完成了从产品到品牌的转化。

1.1.4.2 品牌与名牌的辨析

余明阳博士在《名牌的奥秘》一书中认为,所谓名牌,就是社会公众通过组织及其产品的品质和价值认知而确定的著名品牌。名牌应包含五个方面的要素,即名牌的评定主体是社会公众,评定客体是组织与产品,评定内容是品质与价值,评定方式是认知与确定,最终归属是名牌。名牌应该体现以下几个主要特征,即:名牌不同于产品,它具有发展性和持续稳定性,能够成为市场领导者,在市场上占据主导地位;名牌有巨大的经济价值;名牌有很高的社会声誉;名牌组织形成强有力的顾客忠诚集团,具有一般品牌不具备的亲和力。

名牌可以看作是著名品牌,是一种有着很高的社会知名度与强大的影响力的品牌。在品牌的知名度、美誉度与忠诚度三个向度的指标中,名牌首先是具有极大的知名度,其次还应该具有一定的美誉度与忠诚度。

名牌是品牌动态发展的特定过程和阶段。任何企业组织都有将品牌打造为名牌和强势品牌的意愿。强势品牌在品牌的知名度、美誉度与忠诚度三个向度上都具有极高的指标。例如宝洁、可口可乐、奔驰等可被视为强势品牌。而曾显赫一时的以纯、森马、真维斯等只能称为名牌,即使在鼎盛时期也不能称为强势品牌。

我们可以将名牌看作是品牌发展到强势品牌所必经的一个阶段。

1.1.4.3 品牌与商标的辨析

品牌是产品或商品的牌子,而商标是商家和商品的标志,是商品经济发展到一定阶段的产物。为保护商品生产者、经营者的利益和消费者的权益,随着人们商标意识的逐渐强化,最终用法律形式确立了商标的法律地位和不可侵犯性。

商标的构件小于或等于品牌的构件。根据前述商标的定义,商标法核准注册的商标形式可以是文字,也可以是图案,当然还包括两者的结合。注册商标是用以区别不同生产者和经营者的商品或服务的标志,它通过形象、生动、独特的视觉符号将产品的信息传达给消费者,其目的是将不同的产品区别开来。但品牌的构件是造型单纯、含义明确、标准统一的视觉符号,将企业或营销特有的经营理念、企业规模、经营内容等信息,传达给目标市场,使消费者据以识别和认同。商标所有权是经过国家权威机关依法定程序审核通过后获得的,是国家依法授予的一种权利。商标具有资产的一般特征,但比一般有形资产更容易受到侵权,在现实经济生活中主要是对商标信誉造成侵害。

商标权有国界,品牌使用无国界。商标具有专用性:第一,指在同一国家、同一商标,只能有一个商标注册人在指定的商品上注册并持所有权,不能有多个注册人;第二,商标获得注册后,商标注册人依法取得商标所有权,其他人未经商标所有人同意不准使用,否则构成侵权。对于侵权者,商标所有人可依法追究其法律责任。由于我国的一些著名商标没有及时到出口国注册,在当地市场赢得一定声誉后,被国外的一些投机商人捷足先登,抢先注册。这些产品如还需要出口,就需更换商标,重新注册,重新开拓市场;或者交付商标使用费后才能出口销售。

商标需经法律程序审批,而品牌则使用企业可以自己决定。商标在这里指的是注册商标,必须经过法定程序才能取得。商标能否成为注册商标并得到保护不是取决于企业,而是取决于国家的商标管理部门,我国的商标管理部门为国家知识产权局商标局。

从时效上讲,商标和品牌也不同。商标的有效性取决于法律,世界各国的商标法的规定不尽相同。有的国家规定的商标有效期长些,如 20 年,有的国家短一些,如 7 年。我国《商标法》规定的商标有效期为 10 年,每次续展的有效期也是 10 年。因此,商标权实际上是一种永久性权利。但品牌则不同,法律上有效不等于市场有效,在品牌角逐场上的走马灯现象非常普遍。一个品牌的寿命可能远短于其法律有效期。商标核准注册后一般有法定保护期,在该保护期内,商标所有人依法享有对商标的各项权利,超过这个时期则必须依法续展并可以无限次地续展下去。

品牌可以延伸,商标则需重新申请注册。品牌延伸,也就是某类产品的品牌用到另一类产品中去,如从苹果电脑,到苹果 MP3,再到苹果手机等,就是品牌的延伸。品牌延伸并没有改变品牌,因为其品牌的名称不变,品牌的标志、图案就不变。但按照我国的规定,当品牌延伸到一种新产品时,必须作为一件新商标重新办理商标登记注册。因此,商标注册时必须严格注明用于什么产品①。

---

① 丁桂兰.品牌管理[M].武汉:华中科技大学出版社,2008:14-17.

1.2 品牌类别

在市场中,人们往往依据不同的标准将品牌进行归类。了解品牌所属的类别,有助于品牌建设的规划。

1.2.1 按影响范围的分类

按品牌被认知的广度和影响地域范围的大小,可以划分为地区品牌、国家品牌、国际品牌、全球品牌。

凡是在某一特定地区范围内公众认知的品牌就被称为地区品牌,其影响力和辐射力也只是限于某一地区,像陕西的冰峰饮料、四川的峨眉雪饮料等均属于这一类。这些品牌在当地及邻近的区域占有相当大的市场销售额,地区范围内知名度较高、美誉度极好,但是一旦离开这一地区,可能知名度接近于零,更谈不上美誉度,其品牌范围有一个非常明显的边界。地区品牌是现实的,也是危险的,因为市场竞争如逆水行舟,不进则退。市场是流动的,如果不主动出击,其他品牌也会前来侵犯,尤其是在国家、国际品牌的强大压力下,要想坐享小国寡民式的安稳是不可能的。以杭州冷饮市场为例,20世纪90年代初,位居杭州地区名牌霸主的五丰、裕康两大品牌已经受到了来自上海、广东、江苏等省市如美登高等诸多名牌的挑战。一般认为冷饮保质期短、运输要求高、利润微薄、跨地域竞争不会太激烈,但当今冷饮市场都已经开始大量跨区域竞争,其他市场竞争之激烈程度和地区品牌所受压力可想而知。

国家品牌是指被本国的公众认知的品牌,它们一般畅销本国,有大规模的、持续性的广告投入支持,市场占有率较高,消费者对它们的熟悉度也较高,在大多数的通路上皆有销售。与地区品牌相比,其竞争力要强得多,销售市场要大得多。像格力空调、海尔冰箱、美的电器、茅台酒等均属于此类,这些品牌在国内均获得过国家级甚至国际评比的大奖,通常在中央一级媒体进行宣传推广,在国内的知名度和美誉度很高,产品覆盖全国,有一定的出口量,但主要市场在国内。

在国际贸易壁垒森严的条件下,国家对民族工业采取了保护政策,国家品牌因而显得稳定而从容。然而,目前中国处于全面开放的市场经济环境中,尤其是加入世界贸易组织后,优质、低价、科技含量高、服务完善、信誉卓著、实力雄厚的国际品牌大量涌入,这对国家品牌的冲击是不可低估的。因而作为国家品牌的民族产品更要积极主动,发挥本国优势,与国际品牌抗衡。所有市场的发展证明,民族品牌一般都能获得当地最大的市场份额。原因是国际品牌在中国市场的发展,必须进行本土化的营运。如英国零售巨头马莎百货(Marks & Spencer)于2008年10月进入中国市场,于2012年末在内地开设独立网上购物平台,同时进驻天猫。但在2018年1月关闭了天猫官方旗舰店和天猫童装店,马莎百货进口食品天猫店、京东马莎官方旗舰店和京东进口葡萄酒旗舰店也在此前关闭。2017年,马莎百货国际市场亏损额达到3 150万英镑,营业利润下跌39.6%,在中国的经营也并未呈现消费者所预期的"伦敦印象"。马莎百货CEO斯蒂夫·罗(Steve Row)也坦言,公司对海外市场了解太少,导致无法在海外市场盈利。同时,国外百货在中国的市场投放过少、商场定调主题不鲜明、品牌搭配不当、平行渠道分销等"水土不服"现象皆是致命缺点。我国电视行业的竞争就是国家品牌成功发展的例子。

补充资料1.5

> 20世纪80—90年代中期,我国电视行业经历了洋品牌彩电唱主角到国产品牌占主导地位的重大变化。20世纪80年代中期,洋品牌大举进军中国,占了我国电视市场60%左右的份额,小而散的众多国内电视品牌在洋彩电面前缺乏竞争力。在与洋品牌竞争中,一批质优价廉的中国电视品牌脱颖而出。长虹彩电率先打出"产业报国"的旗帜,励精图治,康佳、TCL、熊猫相继跟进;创维、厦华彩电以后发优势激流勇进,使得中国品牌电视迅速取代洋品牌彩电而雄踞中国电视市场的大部分阵地。随着中国电视品牌的不断创新,2014—2018年,中国电视厂商在全球的市场份额占比增长了9个百分点,中国电视品牌成为全球出货量第一的品牌。

国际品牌是被世界公众广泛认知的品牌,像万宝路、IBM、苹果等都属于这一列。根据统计,目前大部分的国际品牌都被发达国家所垄断,尤其是美国、日本、法国、英国、意大利、瑞士等少数国家,其国际品牌风靡全世界,为所在国带来了滚滚财源,同时也大大增强了这些国家的国际地位。

全球品牌与国际品牌的概念容易混淆起来,两者的区别主要在两个方面。首先,在营销组合的使用方面,全球品牌要比国际品牌的涵盖面更广,国际品牌的范围包括那些在某一地区内是标准化的品牌(但是在地区间存在差别),以及那些在参与竞争的每个市场上都各不相同的品牌。其次,在销售地分布方面,全球品牌要比国际品牌来得广[1]。全球品牌具有较高的国际知名度,享有很高的国际信誉度,具有强大的竞争优势和巨大的经济价值,它一般在战略意图和内在品质上,具有鲜明的品牌本质、特征和价值观;使用相同的产品,其服务也基本相同[2]。如麦当劳就用统一的形象、理念、文化和服务,在世界众多国家传播"清洁、方便、美味、家庭氛围"等消费文化。全球性品牌在全球各地广为分布,从某种意义上可称之为"无国籍品牌",以可口可乐公司为例,其产品畅销全球200多个国家

---

[1] 何佳讯.品牌形象策划[M].上海:复旦大学出版社,2000.
[2] 同上.

和地区,2017年时销量被列入吉尼斯世界纪录,全球每天有17亿人次消费。

从严格意义来说,真正的名牌应该是国际品牌和全球品牌。因为市场经济高度开放,在经济日益全球化发展的当代,市场竞争是没有国界的。品牌有它的原产地、原产国,但是品牌运行的舞台是国际性和全球性的。可口可乐是美国的品牌,但可口可乐饮料几乎风行世界上一切实行市场经济的国家和地区;索尼、松下是日本的品牌,但索尼电器、松下电器在美国、欧洲、亚洲甚至是非洲都占据了相当的市场份额。

但是,品牌的发展又是一个长期的过程,某一品牌总是先在某一特定区域的竞争中成为地区品牌,然后拓展到全国,成为全国品牌,接着才有可能到国际市场上竞争,竞争获胜之后发展为国际品牌。全球品牌是品牌理想的最高境界,但是其形成也必须经历前面的发展过程。因而,从这个角度看,任何一种类型的品牌都有其存在的价值。

1.2.2 按市场地位的分类

按照品牌产品在市场上的地位,可以将品牌划分为领导型品牌、挑战型品牌、追随型品牌和补缺型品牌。

大部分行业都有一个该行业市场公认的领导型品牌,该品牌产品在其行业市场中占有最大的市场份额。不论是否受到赞赏或尊重,其他品牌都会承认它的统治地位。它是竞争对手的众矢之的,竞争者或向其挑战,或模仿,或避免与之竞争。例如,可口可乐、麦当劳、万宝路、苹果等品牌就属于市场领导者。这些市场领导者的产生不全是靠密集式的广告,或是产品的优异性能和特别好记的名字。造就领导品牌的真正原因应该是评价较高的质量,也就是顾客所认定的价值,而不是产品本身的质量。由于品牌价值源于消费者的认知,所以建立品牌形象是晋升及保持市场领导地位的最重要的手段。一旦成为市场领导者,市场威力就会伴随而来,包括与渠道的谈判优势及消费者对产品质量自然的认同等。

而且,市场领导型品牌通常享有较高的利润空间。在传统的经济体系下,低价位的产品一向依赖于较高的销售量。然而,作为强势品牌的领导型品牌却仍能在削价竞争中保持领导地位。最近美国所做的一项调查显示,市场领导型品牌的平均获利率为第二品牌的四倍,而在英国更高达六倍。同时,遇到市场不景气或价格战时,领导型品牌通常能表现出较大的活力。因为一旦成为领导型品牌之后,就能实现高销售量,自然就有经济规模。

在行业市场中名列第二、三位或名次更低的品牌可称之为挑战型品牌。如高露洁、宝马等。这类品牌可向领导型品牌发起猛烈攻击,争取更大的市场份额,或维持原状,避免引起争端。大多数挑战型品牌的竞争旨在扩大市场占有率,而要实现这一目标必须选择竞争对手作为攻击对象。它们一般可以选择以下三种不同的攻击目标:攻击领导型品牌、攻击同类的品牌和攻击小规模的品牌。挑战型品牌可以利用既有品牌的知名度与分销、生产和管理等方面的优势打入相关产品市场,来与这几类品牌进行竞争①。

还有一种是追随型品牌。它们一般尽可能在各个细分市场和市场营销组合领域里模仿领导型品牌,采用此种策略的追随型品牌具有一定的寄生性,因为它们很少刺激市场,主要依赖领导型品牌经营者的投资而生存。它们是挑战型品牌攻击的主要目标之一,因此必须保持低廉的制造成本、优良的产品质量和周全的服务,来保持或提高自己的竞争优势。

补缺型品牌是基本上没有什么知名度,专门为市场的某些部分服务的品牌。它们多由小企业经营,专营大型品牌忽略或不屑一顾的业务。在市场竞争中,对此类型的品牌而言,最重要的就是选择小生产市场和实现专业化的经营。

1.2.3 按生命周期的分类

按照品牌产品的生命周期来划分,可以将品牌分为新品牌、上升品牌、领导品牌和衰退品牌。

产品的生命周期是指特定产品的市场寿命,以及相应的市场表现。生产厂商所面临的普遍压力就是产品的生产周期——一个新产品演变成普通产品的过程。飞速发展的技术不仅刺激消费者需求,而且也引诱着竞争厂商之间的相互模仿,在这样的环境中,生产厂商再也不能高枕无忧地依赖于产品的至尊地位,这样,单个产品及品牌只能有短暂的而非无限的生命周期。

新品牌是指处于市场导入期的品牌,即刚刚进入市场,消费者对其认知较薄弱,还没有占据市场份额的品牌。对于此类品牌,其从诞生之日起,生产、销售厂商一般都采取强化营销战略,力图使品牌有活力地发展,争取获得越来越多的市场份额。处于此发展周期的新品牌,应当树立行业正宗产品的市场形象,只有这样,才能在打开新品牌的知名度后获得消费者的认可,最后发展成领导品牌。

上升品牌是指处于市场发展期的品牌,即该品牌已经进入市场一段时间,不论其产品活力还是消费者对其的认知程度都处于上升之中。此类品牌已经拥有相当的活力,在市场中已经占据一定份额,有一定的知名度,但是还没有完全取得消费者的认同。处于这一市场周期的品牌应当树立规模运营的品牌市场形象,加强品牌形象的宣传,早日成为领导品牌。

领导品牌是指处于市场成熟期的品牌,即该品牌已经取得竞争优势,获得大部分消费者的认可,具有活力,市场份额稳定,居于该行业品牌的领导地位。品牌一旦居于领导地位,就会拥有大量的忠实消费者,只要其可以随着市场变换加以调整,并能跟得上社会变化,其品牌地位一般可以维持相当长的时期。因此,此类品牌虽然已经取得了消费者的认

---

① 韩光军.打造名牌——卓越品牌的培育与提升[M].北京:首都经贸大学出版社,2001.

可及尊重,但是仍然应该加强营销推广,应有计划地导入新商品,以求品牌的活化性,适应消费者的偏好。因而在这一市场周期,应当树立特定细分市场的领导者品牌形象,并以活化性的活动来加强品牌力。

衰退品牌是指处于市场衰退期的品牌,即该品牌开始老化,逐渐失去活力,其产品销量开始缩减,市场开始萎缩。因为市场环境的变化,既有品牌已经不适合新的市场环境,厂商一般将重点放在开发新市场上,往往以新品牌来取代原有品牌,重新开始新品牌的资产创造工作。处于此市场周期的品牌厂商,还可以采取以下三种策略:一是通过对该品牌产品的革新改进来避免此种商品市场利润的下滑;二是尽全力开拓新市场、开发出能带来新利润的新产品,并将已经获得的品牌优势转移到这些新的领域;三是通过规模经济效应,降低成本,从而提高其营销的整体效果。

1.2.4 按价值和消费层次的分类

按照性质、价值和消费的层次不同,品牌可以划分为大众品牌和高档品牌。

大众品牌是面向广大群体,以高市场占有率为特征的品牌。其特征是价格适中,但产量很高。像麦当劳、优衣库、可口可乐等,其价格与同行同类相比不见得高,具有一般消费公众能承受的特点,从而使企业获利甚丰。

高档品牌是指面向少数甚至是极少数公众群体,以高定价、低产量为特征的品牌。劳斯莱斯汽车一直被人们看作是身份地位的象征,所以从设计、生产到文化象征都极为讲究。再如路易威登(Louis Vuitton)、普拉达(Prada)、香奈儿(Chanel)等奢侈品品牌,也都定位于少数富裕阶层。

1.2.5 按属性的分类

从属性的角度来看,品牌又可以分为产品品牌、企业品牌和组织品牌。

产品品牌是以产品闻名为特征的。例如,万宝路香烟、康师傅方便面都享有盛誉,但是制造商菲利浦·莫里斯公司、中国顶新集团则未必有人知晓。

企业品牌是以企业闻名为特征的,像麦当劳、肯德基等企业便是如此。

当然也有像皮尔·卡丹、阿迪达斯、金利来等产品与企业同名的,也有像宝洁公司、今日集团等类,尽管企业与产品不同名,但都同属知名品牌。

组织品牌是非企业性组织的品牌,像《时代》周刊、哈佛大学、剑桥大学等,因为它们与一般企业有所差异,所以可以看作著名品牌。

确定这一分类,对于企业选择品牌发展之路是很有意义的,尤其是进行品牌设计、品牌命名方面意义重大。在名牌林立的市场环境中,新生企业希望在某方面有所突破时,更应该在这方面多做考虑。

1.2.6 按形成方式的分类

按品牌的形成方式来划分,可以将品牌分为以质量、销售、传播、服务等不同侧重点的品牌类型。

(1) 以质量取胜的品牌。这类品牌在同类产品中质量突出,但销售方式、传播形式都无所创新。许多早期品牌都属于这一类型,它们的传播主要通过塑造良好的口碑靠人际传播。像天津狗不理包子、北京全聚德烤鸭、杭州张小泉剪刀,以及法国的娇兰香水、轩尼诗白兰地酒等,都是以杰出的品质,通过人们口碑传颂而闻名的。

(2) 以销售创品牌。这类品牌主要依靠销售手段和途径的创新,在销售网点上占有较高的覆盖率,从而在同质产品中取胜。像真维斯、佐丹奴、FUN等众多的服装品牌,它们的产品质量并不突出,广告宣传也较少,但由大量的专卖店组成的高密度的经销点,不仅促进了销售量的激增,也传播了品牌信息,获得了知名度。

(3) 从传播着手创品牌。国内国外有许多品牌,它们的质量和销售水平在同行业中并不显著,但由于传播水准特别出众,从而在竞争中占据了优势地位,树立了自己的品牌。

过去有一种观点,叫"好酒不怕巷子深",但在今天这个信息社会里,如果只重视质量,完全忽视传播的作用,其结果只能是"好酒锁在深巷中,酒客欲饮无门径"。传播在品牌树立过程中有着极为重要的作用,而扩大品牌知名度的传播手段主要有广告、赞助、举办公益活动等。

(4) 以优质服务创品牌。这类品牌的产品质量、销售水平等方面可靠,但无创新之处,而以上乘的服务著称,从而赢得知名度。像中国家电品牌中的海尔、格力,美国的波音飞机、花旗银行等,都是以优质的服务,特别是售后服务来树立品牌形象的。火锅品牌海底捞始终从顾客体验出发,创新性地为顾客提供令人愉悦的用餐服务,已成为服务业的标杆。

1.2.7 按行业的分类

按行业分类,不同的行业有不同的品牌,有多少种行业,就有多少种行业品牌。

如今的行业竞争已经越来越趋于同质产品的竞争。遮住商标,"可口可乐"与"百事可乐"并无太大区别;"康师傅"与"统一"的方便面也没有什么不同。在这种情况下,品牌就成为人们识别、选购商品的唯一依据。而各行业中的众多品牌也在行业中有不同的座次,知名品牌往往成为人们的首选。

补充资料1.6

WPP集团(Wire & Plastic Products Group)与品牌资产研究机构凯度(Kantar)发布了"2019年BrandZ全球最具价值品牌100强"排行榜。亚马逊(零售)

在增长几乎没有放缓迹象的情况下,成为全球最具价值的品牌,其次分别是:苹果(科技)、谷歌(科技)。

1.2.8 按技术含量的分类

根据品牌的技术含量不同,可以划分为高技术含量品牌和一般技术含量品牌。处于不同技术水平的企业都可以创出名牌。麦当劳的技术含量很低,但凭借优异的质量成为世界名牌。而高科技含量的产品要创出名牌,还必须不断进行技术创新,把产品的技术更新作为质量的主要内涵。

1.2.9 按产品数量的分类

根据品牌所包容的产品数量,分为单一产品品牌与系列产品品牌。

只包容一个产品的品牌被称为单一产品品牌,像可口可乐、百事可乐、万宝路、波音飞机等。这类品牌因其形象单纯稳定,消费者易于识别和记忆,所以容易建立起稳定的目标消费者,容易获得成功。一般企业在最初都以树立单一产品品牌为主。

系列产品品牌是指一个品牌包容许多甚至是该名称公司下属的全部产品,比如雀巢、柯达、娃哈哈、维维等。冠以雀巢品牌的产品就包括雀巢咖啡、雀巢奶粉、雀巢饼干等。系列产品品牌多由单一产品品牌发展而来,通常源于原有品牌的延伸。

1.2.10 按知名度层次的分类

根据品牌知名度层次的不同,可以把产品及其品牌分为六个层次:驰名商标、著名商标、一般名牌、优质产品、合格产品、不合格产品。

驰名商标(Well-Known Trademark)是商标法律中的一个专有名词,它最早出现于1883年的《保护工业产权巴黎公约》。

补充资料1.7

《保护工业产权巴黎公约》第六条第二款规定,凡成员国"应依职权或利害关系人请求,对构成商标注册国或使用国主管机关认为在该国已经驰名,属于有权享受本公约利益的人所有的,用于相同或相似商品商标的复制、模仿或翻译,而易于产生混淆的商标,拒绝或撤销注册,并禁止使用"。

我国于1985年加入《保护工业产权巴黎公约》,根据国际惯例和我国《商标法》的规定,驰名商标专有权得到了范围更广、力度更强的法律保护。

驰名商标具有较高的法律和商业价值,在国际商业品牌中享有很高的地位,受到世界100多个国家的共同承认与保护。它是企业经济效益、商业信誉、管理水平、产品质量及品牌知名度、美誉度等企业综合实力的集中体现。认定驰名商标,对打击假冒知名商标,保护驰名商标专用权人的合法权益和帮助企业参加国际市场竞争具有特殊的意义。

著名商标按照国际标准来分析,属于国家级水准的名牌,是该国的某些区域或行业中品牌的佼佼者。对于我国来说,著名商标属于"国优"水准的名牌,是行业中最优秀的并被人们普遍接受和依赖。

一般名牌属于区域性的知名品牌,在一定范围内有影响力。

优质产品和合格产品称不上知名品牌,尤其是合格产品,是对流通商品的最基本要求。对于不合格产品、假冒伪劣产品应当坚决予以取缔。

1.3 品牌价值

如前所述,"品牌是能给拥有者带来溢价,产生增值的一种无形资产,它的载体是用以和其他竞争者的产品或劳务相区分的名称、术语、象征、记号或设计及其组合,增值的源泉来自在消费者心智中形成的关于其载体的印象"。可见,品牌是连接企业与消费者的纽带,对于企业和消费者都有巨大的经济价值。

1.3.1 品牌的消费者价值

当产品趋于同质化时,品牌将取代具体的产品,成为消费者购买的理由与保证,其给消费者带来的经济效用主要体现在以下三个方面。

1.3.1.1 简化消费者的购买行为

市场提供了各种各样的产品,然而丰富的产品却使消费者在选择时尤为谨慎,但品牌却使消费者的选择购买行为变得轻松简单。正如国际著名的庄臣公司董事长 J. 莱汉所说:"如果你心中拥有了一个了解与信任的品牌,那它将有助于你购物时更轻松快捷地做出选择。"在许多场合,消费者原先是直接区分产品的成分、性能和功效等,现在则是间接区分品牌,即从"产品差别识别"走向"品牌差别识别"。这说明在产品高度同质化的今天,品牌已成为消费者区分同类产品的主要标志。在消费者的购买过程中,品牌作为无声的导购员,能帮助顾客处理产品信息,减少顾客在选择产品时所花费的精力。

1.3.1.2 增强消费者的购买信心

在日益丰富和渐趋复杂的产品面前,消费者购买的抉择越来越困难。然而,消费者不可能也没必要深层次了解产品的所有特性与用法。具有高知名度和认同度的品牌通常是高质量产品的象征,即使消费者没有购买过该品牌的产品,对其产品不甚了解,但名牌产品传递的高品质感也能使消费者相信其优于一般产品的质量。品牌还意味着一种信誉,它是企业对产品和服务的承诺,并且能对产品的品质、性能、服务等提供可靠保证。由此可见,品牌可以增强消费者购买时的信心。

1.3.1.3 激发消费者的享用联想

品牌具有生动丰富和强大的吸引力。品牌消费除了满足消费者的实际需求外,还具有一定的象征价值和情感愉悦价值,能给消费者提供更多的心理满足。品牌常与一定的正面态度及情感相联系,将商品物质属性赋予人类生活中的某种情感,使消费者通过对品牌产品的消费感受到情感,从而激发消费者的联想。例如,一杯热腾腾的咖啡,你可能会用"很香、很浓"或"很苦、很淡"来形容喝过的感受。但当有人告诉你那是麦斯威尔时,你对它的感受瞬间就会浮上心头,那句经典的"好东西要与好朋友分享"的广告语,也许会令你想到一位好久不见的老朋友,心中顿时充满温馨①。

1.3.2 品牌的企业价值

强势的品牌,无疑对企业有着重要的意义,具体包括:产生品牌溢价、提升无形价值、促进业务增长、培养顾客忠诚、高筑竞争壁垒五个方面。

1.3.2.1 产生品牌溢价

在产品竞争时代,市场遵循的法则是优质优价,产品价格的差异主要由产品的质量决定。但在品牌竞争时代,同样质量、款式、功能的产品,其价格可能相差很远。社会科学家们发现,处在社会阶级顶端的人,通常都会将部分的财富转换为炫耀性消费,比如说,购买比他们所需要更多的汽车,或是建比他们所需要更多房间的房子;他们也会参与炫耀性休闲,比如跑到偏远的地方,只待一会儿享受一顿晚餐,或是边欣赏落日边眺望历史遗迹。如果某些品牌能够迎合他们在这方面的需要,那无疑会受到这些人的追捧。很多奢侈品的购买者经常会穿戴服装、珠宝或者饰件,向外界表明他们是具有优雅特征或者奢华品位或者丰厚收入的人,以此宣传自己。例如,苏杭的丝绸服装每年大量出口到美国,贴上国内企业的品牌,每件售价仅为20美元,但如果换用美国一家公司的品牌后,每件售价可达300美元。这中间的差价就是品牌产生的溢价。

1.3.2.2 提升无形价值

在农业社会,财富的主要表现形式就是土地。占有大量土地的人无疑是拥有最多财富的人。等进入工业社会,财富逐渐转移到拥有工厂、矿山的资本家手中。到了今天,我

---

① 杨晨.品牌管理理论与实务[M].北京:北京交通大学出版社,2009:13.

们愿意拥有什么呢？一座铁矿,还是一门采矿的新技术？一家钢铁制造厂,还是能使计算机运行的 Windows 操作系统？是想拥有一家饮料罐装厂,还是拥有"Coca-Cola"商标？

品牌价值评估机构 Brand Finance 发布的《2019 年全球品牌价值 500 强》报告中显示,食品饮料行业品牌价值 TOP 3 依次为:可口可乐、雀巢、百事可乐。可口可乐的巨大价值都凝聚在其品牌中,所以可口可乐总裁有底气这么说:假如有一天可口可乐的工厂一夜之间化为灰烬,只要可口可乐的品牌还在,第二天全世界的银行都会争相排队为可口可乐提供贷款。

1.3.2.3 促进业务增长

强势品牌存在强大的杠杆效应,可以突破空间的障碍进入新的市场,也可以通过进行品牌延伸,进入其他领域。一些国际知名品牌依靠自身品牌的知名度和市场价值,成功地将品牌延伸到关联度高的其他产品上。

德国西门子品牌的核心价值在于"提供优秀的技术",而不仅仅是"提供优秀的电话",其品牌延伸也成功地由电话扩展到移动电话、照明产品以及开关等家用电器。西门子延伸后的产品继续支持或者强化了原有品牌的核心价值而不是与之相悖。

1.3.2.4 培养顾客忠诚

现代社会生产力飞速提高,人们选择商品的范围也呈现出爆炸性的扩大。当选择范围持续地扩大,超过了我们的处理能力时,负面因素也逐渐浮现,致使我们不堪重负。在一个质量不确定的市场上,消费者降低风险的唯一手段就是购买价格最低的产品。在这种情况下,一个很有可能出现的现象是,劣质产品将不太差的产品挤出市场,不太差的产品又将中档产品挤出市场,中档产品则将不太好的产品挤出市场,不太好的产品将高档产品挤出市场,以此类推,最终不会有任何市场存在。此时,如果存在强大的品牌,就可以在很大程度上抵消质量不确定性的影响。品牌不仅是质量的象征,还为消费者提供了一种报复的手段。如果质量达不到消费者的预期,消费者就可以减少未来的购买。新产品常常与老品牌联系在一起。这可以向潜在的消费者确保产品的质量。

忠诚的顾客无疑能增加企业的收益。统计数据显示,企业吸引一个新顾客的成本比留住一个老顾客的成本要高出 4—6 倍,顾客流失率每减少 2%,就相当于降低 10% 的成本。同时,企业为老顾客提供服务的成本会逐年下降;更为重要的是,忠诚的顾客乐意向自己身边的朋友推荐该品牌的产品和服务,并愿意为其接受的产品支付较高的价格。一个强大品牌的魅力即在于它可以培养一大批这样忠诚的顾客,从而大大提升企业的经济效益。

1.3.2.5 高筑竞争壁垒

在市场上,任何一种商业上的成功都会引来无数的模仿者。如果不能够树立强大的壁垒,构筑堡垒般的无形垄断空间,则企业的竞争优势就会马上失去。构建企业垄断空间的法律基础非常广泛,可以是任意类型的知识产权,尤其是强大的专利和商标。借助它们的联合优势,企业就可以筑起极具防御性的无形垄断壁垒。

具有传奇色彩的香奈儿(Chanel)公司采用的就是这种模式,它赖以生存的基础就是国际知名的香奈儿品牌。正因为品牌强大,香奈儿可以对产品实行超额定价。香水的确是一种人们为了名气支付价钱的商品,而商品的名气或许正是商品最有价值的一种品质。对许多白领女性来说,名牌香水有着致命的吸引力。很多人都愿意花上不菲的代价去换取一瓶。她们坚信名牌香水的味道比一般香水好闻,而且相信别人也会闻出她们用的是名牌。像高档香水这种奢侈品,主要的竞争力就来自品牌所拥有的力量。强大的品牌在很多人的头脑中都有一个神圣不可侵犯的专属空间,而且在每个人头脑中的这个空间都有异曲同工之妙,那就是品牌的力量或是品牌的强度,但它并不仅仅是提供好的商品就能够达到的。

最为强大的品牌可以被称为一种精神性的品牌,这种品牌已远远地超出了产品的实物功能需求,能给消费者带来精神需求上的极大满足,即自我实现的快感,这类品牌的价值构成中,附加价值要远远超越于实物价值,且实物价值与附加价值之间没有必然的因果关系,甚至无需实物价值的存在。在一定程度上来说,技术、渠道和经营模式都是可以被模仿的,而唯有品牌才是真正阻击竞争者的有力武器。即使有人研发出了气味和香奈儿 5 号一模一样的香水,但相信很多女性并不会买账,因为这并不是真正的香奈儿,而是一个复制品①。

1.4 品牌管理

1.4.1 品牌管理的概念

美国市场营销专家拉里·莱特(Larry Light)指出,拥有市场比拥有工厂更为重要,而拥有市场的唯一途径是拥有占统治地位的品牌。在产品日益同质化的今天,品牌成为支撑企业成长与发展的一种新竞争力,这使得品牌管理成为国内外企业创新管理所瞩目的焦点。品牌管理是指针对企业产品和服务的品牌,综合地运用企业资源,通过计划、组织、实施、控制来实现企业品牌战略目标的经营管理过程。

唐·舒尔茨(Don E. Schultz)在《整合营销传播》中提出"一切接触即传播",认为任何接触点都将传播企业信息,影响消费者的认知,且各种传播途径都会产生强化或削弱企业形象的作用。② 现今,不少企业对品牌管理的认知有所偏差,将创建品牌的任务仅仅视为营销部门或广告代理公司的责任,未将其纳入企业发展战略管理系统。鉴于品牌管理应贯穿于企业运营的各价值环节,即品牌价值增值源于研发、生产、营销、服务等各环节的有效协同整合。因此,运用价值链理论可以解析品牌管理的内涵。

---

① 沈铖,刘晓峰. 品牌管理[M]. 北京:机械工业出版社,2009:25-29.
② 舒尔茨,舒尔茨. 整合营销传播[M]. 王茁,顾洁,译. 北京:中国财政经济出版社,2005:7.

1.4.1.1 价值链理论

价值链(Value Chain)由美国哈佛商学院教授迈克尔·波特(Michael Porter)于1985年在《竞争优势》一书中率先提出,他认为企业的价值创造活动可分解为研发、生产、销售、配送和服务、管理等价值环节。这表明,企业价值链条的任一环节均会对品牌增值产生影响,并且价值链中各个环节的有效协同影响着品牌价值的提升。

1.4.1.2 价值链视角下的品牌协同管理内涵

从消费者角度而言,品牌的内涵可用三个"品"加以解析,即品位、品质和品性,其涵盖了消费者的心理感知过程。其中,品位是指企业文化渗透于产品,并针对特定目标群形成的产品定位;品质是企业通过生产监控而保证的产品性能、质量,其能带给消费者美好感受,获得消费者青睐,创立品牌美誉度;品性是企业通过科技创牌在产品开发中融入独特的消费者偏好,其有助于产品获得消费者的认同,提升品牌忠诚度。分析表明,品牌的三个"品"需要企业研发、生产,以及市场等价值环节的系统支撑,其中研发设计子系统的科技创牌决定品性的魅力,生产制造子系统的质量立牌决定品质的等级,市场营销子系统的文化塑牌决定品位的响应力。因此,品牌协同管理是企业对研发、生产和营销子系统互动耦合协同管理的活动,其蕴含着促进品牌资产增值,以及保障品牌持续成长的核心能力。价值链视角下的品牌协同管理内涵如图1-3所示。

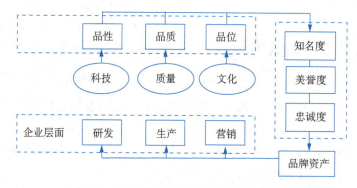

图1-3 价值链视角下的品牌协同管理内涵

(资料来源:杨晨.品牌管理理论与实务[M].北京:北京交通大学出版社,2009,本书作者略有修改)

综上所述,品牌协同管理是兼顾企业和消费者互动循环的管理系统,其包含了建立、维护、巩固品牌的全过程,是监管、控制品牌与消费者之间关系的全方位管理过程,是涉及企业研发、生产、营销等价值环节的协同管理。企业只有通过品牌协同管理才能实现品牌愿景,最终获取品牌优势①。

---

① 杨晨.品牌管理理论与实务[M].北京:北京交通大学出版社,2009:20.

1.4.2 品牌管理的要素

1.4.2.1 建立卓越的信誉

因为信誉是品牌的基础,没有信誉的品牌几乎没有办法去竞争。加入 WTO 后很多"洋"品牌同中国本土品牌竞争的焦点就是信誉。由于"洋"品牌多年来在全球形成的规范的管理和经营体系使得消费者对其品牌的信誉度的肯定远超过本土的品牌。本土的企业同跨国品牌竞争的起点是开始树立信誉,不是依靠炒作,而要依靠提升管理的水平,质量控制的能力,提高客户满意度的机制和提升团队的素质来建立信誉。

1.4.2.2 争取广泛的支持

没有企业价值链上所有层面的全力支持,品牌是不容易维持的。除了客户的支持外,来自政府、媒体、专家、权威人士及经销商等的支持也同样重要。有时候,企业还需要名人的支持并利用他们的效应增加企业品牌的信誉。

1.4.2.3 增加亲身体验的机会

客户购买的习惯发生着巨大的变化,光靠广告上的信息就决定购买的情形已经越来越少了,消费者需要在购买前首先尝试或体验后再决定自己是否购买。所以品牌的维持和推广的挑战就变成了如何让客户在最方便的环境下,不需要花费太多时间、精力就可以充分了解产品或服务的质量和功能。这种让客户满意的体验可以增加客户对品牌的信任并产生购买的欲望。

对于任何品牌而言,衡量品牌四要素的指数均可量身裁定,成为专项指数。这些指数可成为品牌评估的基准线,提供"跟踪"衡量品牌形象变化的依据。

1.4.3 品牌管理的特征

品牌管理具有如下三个特征,分别是:战略性、系统性、长期性。

1.4.3.1 战略性

传统的品牌管理体制过于强调企业某一品牌给顾客带来的价值与利益,而无法反映企业其他品牌的价值诉求与主张。例如,百事可乐的青春活力形象可刺激消费,但顾客对公司其他产品则认知不深。价值链视角下的品牌管理,强调将品牌运营上升至公司战略,即将品牌作为核心竞争力,以获取差别利润与价值。

1.4.3.2 系统性

品牌管理是一个系统工程,与所有品牌利益相关者紧密相关,需要企业采购、生产、营销、财务、人力资源等各环节的有力支撑,涉及从原材料选择直至最终用户服务的企业整体业务规划。

1.4.3.3 长期性

品牌管理不是一个短期工程,其创造与运营并非一蹴而就、立竿见影,而需要企业持之以恒、长久统一地进行。例如,众所周知的辣酱领域中的"霸主"老干妈,2016年销售额达到45亿元,市场第一,占消费者选择比率的20.5%,而老干妈为了降低成本、提高利润,将原材料由贵州辣椒换成价格更低、口感也相对较次的河南辣椒。从品牌角度讲,老干妈有原产地域这样一个特性,应该坚持贵州原料、贵州风味,替换辣椒的举动也让大量消费者吐槽口感变差,最终导致销量下滑。作为一项系统工程,品牌管理需要企业科学严谨地遵循品牌创建及发展规律,从战略角度出发,持之以恒地进行品牌发展规划,以提升企业品牌的核心竞争力[①]。

1.4.4 品牌管理组织形式

1.4.4.1 职能性组织形式

这是一种适合单一品牌的组织形式,其核心是将同一个品牌拓展到不同的市场,着眼点在于发挥各种营销职能的专业优势,这种形式很普遍,通常包括市场部和销售部两种职能,分别承担起对品牌的推广、传播以及维护工作,其优点在于专业化,但是对市场的适应性不够。

1.4.4.2 以市场为标准的组织形式

这是一种多品牌的组织形式,其重点在于为不同的市场提供相应的产品和品牌,使品牌能充分满足不同市场的需求,这种组织形式是一种矩阵式的结构,品牌管理和市场管理互相交叉,比较复杂。其优点在于能够兼顾产品和市场,但是组织的效率不高,需要进行充分的沟通。

1.4.4.3 以产品为标准的组织形式

通常表现为营销部门下的品牌经理管理体制,是由世界著名的消费品企业宝洁公司所创,其侧重点在于有效利用企业资源为特定的产品或品牌服务,保证多种品牌都能得到足够的重视,同时这种形式又能充分引发各品牌之间的内部竞争,利于促进品牌的整体发展。此种形式的优点在于充分考虑了产品或品牌的需要,但弱点在于需要与企业各部门进行太多的沟通和协调,效率较低,而且容易因为各个品牌为抢夺资源而产生矛盾。采取这种组织形式的国内企业有上海家化集团,其品牌包括"美加净""佰草集"和

---

① 杨晨.品牌管理理论与实务[M].北京:北京交通大学出版社,2009:21.

"六神"等。

1.4.4.4 以类别为标准的组织形式

这是品牌经理管理形式的变形,通常被称为品类管理,其特点为依据不同类别或性质的产品分别设置管理部门,目的在于减轻由于品牌过多产生的内部矛盾,提高资源的有效利用及管理的效率,同时也是为了适应经销渠道及零售渠道对同类别产品采购的要求。采取这种形式的国内企业曾有广东乐百氏集团,其对下属乳酸奶、纯净水、牛奶、果冻、茶五大类产品都分别设置品类管理部门①。

1.4.5 品牌管理流程

在剖析品牌协同管理内涵的基础上,基于价值链理论,将品牌管理分为新产品研发管理、品牌品质管理和品牌营销管理等环节,系统解析了品牌管理各环节对企业强势品牌建立与价值增值的作用。价值链视角下的品牌管理流程如图1-4所示。

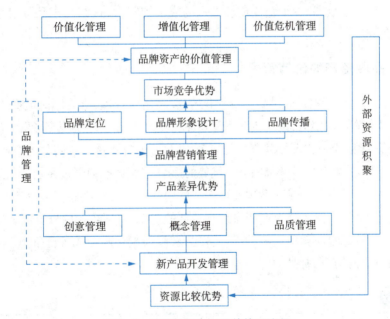

图1-4 价值链视角下品牌管理流程

(资料来源:杨晨.品牌管理理论与实务[M].北京:北京交通大学出版社,2009)

1.4.5.1 新产品开发管理

品牌的新产品开发是指企业利用实际经验和现有知识进行开发创新活动,将开发创意转变为可投入生产产品的过程。其不仅能提高品牌产品的科技含量、增加产品的附加

---
① 潘乐勤.浅析建立品牌管理体系[J].市场周刊(商务),2004,1(8):26-27.

值,而且能提高产品品质,适应新技术、新工艺的变革,满足客户的多样性需求,促进企业的资源比较优势向产品差异优势转变。

新产品开发管理活动主要包括新产品的创意管理、概念管理、品质管理等。例如,海尔集团每天能生产出1.3个新产品,每天申请3项新专利;蔚来汽车成立至今,也以每天平均申请2个专利的创新能力在新能源汽车领域占得一席之地。

1.4.5.2 品牌营销管理

品牌营销是指企业从品牌定位开始,经过品牌形象设计、品牌传播等,建立顾客的品牌认同感和忠诚感,实现品牌增值的全过程。品牌营销能稳定长期消费群体,降低供应商、经销商的讨价还价能力,设立屏障抵制现有及潜在竞争者进入市场,降低替代产品的压力,使企业的产品差异优势转化为市场竞争优势。全球不到3%的名牌掌控40%以上的市场,其销售额占到全球销售额的50%。例如,我国海尔集团的名牌延伸策略,不仅有效地引导消费者突破消费定势(海尔就是冰箱),而且将其生产领域从冰箱延伸到空调、电视、整体厨房等领域,减少了企业市场进入的成本和阻力,这归功于品牌营销管理创造的品牌造势功能。

1.4.5.3 品牌资产的价值管理

品牌资产的价值管理是通过品牌价值化管理、增值化管理、价值危机化管理等方式,不断整合企业内外资源和能力,以适应动态复杂环境,这有助于企业实现有形资产的聚集及无形资产的增值,增强企业积聚外部资源的能力,并将外部资源进一步转化为企业内部能力,产生规模经济效益,实现比较优势向竞争优势的螺旋持续转化,以形成企业持久竞争优势。

由此可见,科学有效的品牌管理能使企业的内部资源比较优势转化为产品差异优势,并形成市场竞争优势;能增强企业积聚外部资源的能力,实现企业内外资源和能力的整合与重构,促使比较优势向竞争优势的螺旋转化,从而构筑企业的持久竞争力[①]。下面以我国零售商为例,分析其自有品牌管理过程。

案例1.2

我国零售商自有品牌的发展尚处于初级阶段,一些零售企业为了节省成本,增强与供应商的议价能力,开始实施自有品牌战略。但由于缺乏对自有品牌的战略性认识,盲目开发的情况经常出现,结果导致消费者对零售商自有品牌评价不高、购买意愿不强烈,不仅没有提高市场竞争力,反而影响了零售企业利润回报。在中国现如今的零售市场环境下,零售商应如何开发和管理能够让消费者认可和接受的自有品牌商品,是当前众多本土零售商迫切需要解决的问题。品牌管理的简化模型包括建立、开发、培育、维护和发展五个

---

① 杨晨.品牌管理理论与实务[M].北京:北京交通大学出版社,2009:24.

阶段,如图1-5所示。同样,零售商自有品牌的管理过程也是如此。不同的阶段所采取的营销策略是截然不同的。我国零售企业应该结合自身特点和发展阶段选择不同的策略。

图1-5 品牌管理简化过程

(资料来源:武倩文.我国零售商自有品牌管理过程分析[J].物流技术,2009,28(11):65-66,177)

1. 自有品牌建立阶段

零售商在建立自有品牌初期,首先要考虑的是选择何种商品来做自有品牌。正确选择商品对于自有品牌的建立起着至关重要的作用。不同特性的产品,消费者的消费心理预期不同,成功实施自有品牌战略的可能性也存在较大的差异。并不是所有商品都适合打造零售商自有品牌,一般来说,具有以下特点的商品比较适合采用自有品牌战略。

(1) 品牌意识不强的商品。对于如洗衣粉、香皂、卷纸等日常用品或食品之类品牌意识不强的商品,零售商采取一些简单的促销手段就很容易促成消费者的购买行为。而对于品牌意识很强的商品,如家电、化妆品等,消费者往往购买其比较认可的名牌商品,零售商开发的自有品牌商品很难得到消费者的认可。

(2) 购买频率较高的商品。对大型零售商而言,商品的购买频率越高,越容易大批量订货,从而降低成本,确保自有品牌能以较低的价格与其他商品竞争。此外,购买频率高的商品使得店铺和消费者接触频繁,从而所需的商品品牌忠诚度较低,顾客很有可能放弃原有品牌而选择接受新的零售商自有品牌。

(3) 价格较低的商品。一般而言,大多数消费者对同一类别不同品牌的商品都会存在一个消费试探的过程。如果自有品牌的商品价格较低,就可以降低消费者的购买风险和机会成本,从而加速消费者对商品的购买和了解,此时如果零售商能切实保证自有品牌商品质优价廉,那么消费者重复购买的可能性就会加大,企业也会增加销售额,占领市场。

(4) 技术含量不高的商品。技术含量不高的大众商品,不需要高级别的生产技术,消费者也容易识别其真假好坏,如食品、饮料、日化用品等。反之如家用电器等,消费者更多地依赖生产商的知名度、技术实力等间接地对商品进行判断,因此零售商采用自有品牌的意义也不大。选取了适合的商品后,零售商就可以开始实施自有品牌战略,建立起适合其自身的自有品牌。

2. 自有品牌开发阶段

在确立何种商品建立自有品牌后,零售商应考虑选择适当的制造商,缔结产销联盟。如今中国市场经济环境下,存在大量的具有闲置生产能力的中小型生产厂家,这无疑为自有品牌的委托生产提供了便利的条件。但如何选择合适的制造商对实施有效的零售商自有品牌战略是非常关键的问题。零售商在评估待选制造商时,应注意从以下几方面考查制造商。

(1) 制造商是否有足够的生产能力和较高的质量管理体系。这两方面是进行生产和保证质量数量的必要条件。零售商和制造商的规模大小要匹配,否则生产厂家的产量很难达到要求。

(2) 制造商能否保持充足的库存和拥有可靠的运输网络。这是保证及时、可靠的交货,减少零售商仓储和物流压力的必要保证。

(3) 制造商能否对短期的市场波动做出灵活反应。其市场反应能力是在当今市场竞争极其激烈的环境下保证生产、减少可能损失的必要素质。在选择了合适的自有品牌委托生产厂家后,零售商应力求建立稳定、共赢的合作关系。在对制造商严格要求的同时尽可能给其以帮助,并将节约成本的利益部分转让给制造商,从而确保长期稳定合作的可能。因此选择适当的生产厂商并缔结产销联盟,是零售商自有品牌开发的重中之重。

3. 自有品牌培育阶段

零售商成功开发出自有品牌后,将进入品牌的培育阶段。此时关键是要实行低价策略导入市场并辅以合适的促销手段。

(1) 自有品牌低价导入市场,凭借成本优势以成本领先战略占领市场。自有品牌的价格策略比较简单,价位一般处于该品类商品的中下游水平。通过低价策略吸引消费者,使其知晓和接受自有品牌商品。

(2) 自有品牌的促销方式也与制造商品牌的促销方式有所不同。制造商往往综合运用媒体广告、人员推销、公关宣传、营业推广等多种促销方法,以发挥其整体的促销作用。但零售商在经营自有品牌时,则应主要通过店内人员推销来鼓励顾客尝试,进而建立消费者品牌忠诚,比如可采取陈列在店内显著位置和广播联动促销来鼓励人们对自有品牌的试用,通过消费者的亲身体验,增强消费者对自有品牌的接受度。品牌培育往往是个漫长却成效不显著的阶段,零售商可能要忍受自有品牌商品销量小、利润低甚至负利润的过程。但零售商可以通过合适的价格策略和促销手段,尽量使这一时期缩短,从而更快体验到自有品牌带来的较大回报。

4. 自有品牌维护阶段

在品牌维护阶段,零售商在维持低价同时应继续提高产品品质,提高商品性价比,给顾客提供最大让渡价值。从而获取消费者忠诚度,改变自有品牌的低品质形象。为了实现高品质的目标,零售商需要从商品生产源头上把好关,严格选择制造商,争取与采用先进生产管理及质量控制技术(如采用六西格玛质量控制方法、引入ISO9000系列标准等)的制造商结成战略联盟,共同致力于商品品质的提升。同时在这一阶段零售商可以使用更大力度的促销手段来加深消费者对自有品牌商品的印象,通过持续的品牌传播与应用,将自有品牌植入消费者心中。经过自有品牌维护,零售商自有品牌已在消费者心中有了一定的偏好,销售量逐渐增加,已能够给零售商带来一定利润回报。

5. 自有品牌发展阶段

在这一阶段,零售商考虑的主要问题将转移到发展品牌个性和提升顾客自有品牌感知上。发展自有品牌个性,走出低层次竞争。

当零售商的自有品牌发展到品牌个性阶段,就可以走出靠拼价格、拼品质的低层次竞争。在这个阶段,我国零售商应通过合适的促销策划,提供给顾客多层次、立体式的自有品牌体验来塑造品牌个性。具体说来,零售商可以综合运用感官营销、美学营销、情景营销、参与营销及氛围营销等营销策略来塑造品牌个性。品牌个性既是品牌差异化的重要源泉,又是赢取顾客忠诚的法宝,是零售商自有品牌发展阶段的首要任务。

通过店铺设计,提升顾客自有品牌感知对于一个已经处于发展阶段的自有品牌商品而言,零售商应利用自身声誉,通过店铺形象设计及优化来提高顾客对其自有品牌的感知,这是零售商自有品牌发展的有效途径。

点评:

众多的零售商推出自有品牌,利用自己的渠道优势,以此获取自有品牌的发展,目前做得较为出色的有沃尔玛和家乐福,本文从自有品牌的五个发展阶段来进行阐述,形象地说明了品牌进行管理的流程,使读者充分了解在品牌发展的不同阶段,应该采取不同的策略,从而促使品牌健康发展。

1.4.6 品牌管理的价值法则

价值法则把价值链和企业运营模式完美结合在一起,使企业以最佳的状态成为市场的领袖、行业的霸主。价值法则有三种,每个企业可以选择适合自己企业发展的价值法则来突出企业的品牌和形象,但并不表示企业必须放弃其他的法则。事实上,每个企业都可以集中精力于一个法则,在不同的层面上兼顾并使用其他的法则。

1.4.6.1 最优化的管理

遵循这一法则的企业追求的是优化的管理和运营,它提供中等的产品和服务并以最优的价格和最方便的手段和客户见面。这样的企业不是靠产品的发明或创新或是同客户建立的亲密关系来获取市场的领袖地位的,相反的,它是靠低廉的价格和简单的服务来赢得市场。例如,美国的沃尔玛公司就是这类公司的成功典范。沃尔玛现在仍然不断寻求新的途径来降低成本并为客户提供更加全面和简单的服务。

1.4.6.2 最优化的产品

如果一个企业能够集中精力在产品研发上并不断推出新一代的产品,它就可能成为产品市场领袖。他们对客户的承诺是不断地为客户提供最好的产品。当然并不是靠一个新产品就可以成为产品的领袖,而是要年复一年地有新产品或新功能来满足客户对产品新性能的要求。例如,英特尔就是电脑芯片领域的产品市场领袖;耐克是体育运动领域的产品市场领袖。这些产品市场领袖竞争优势并不在于他们的产品价格,而是在于产品的实用效果即产品的"表现行为"。

1.4.6.3　亲密的客户关系

遵循这一法则的企业把精力放在如何为特定客户提供所需的服务上而不是放在满足整个市场的需求上。他们不是追求一次性的交易而是为了和特定的客户建立长期、稳定的业务关系。只有在建立了长期、稳定的关系的情况下才可以了解客户独特的需要也才可以满足客户的这种特殊需求。这些企业的信念是：我们了解客户要什么，我们为客户提供全方位的解决方案和售后支持来实现客户的远景目标。例如，安邦快递公司(Airborne Express)就是这样一个依靠密切的客户关系而成为行业领袖的公司。这个企业从客户入手并为客户提供超过他们的期望值的服务，从而使安邦快递公司在很短的时间内就成为备受瞩目的快递公司。

中国自加入 WTO 以来，无论企业家们愿意不愿意，中国的企业都面临着全球的竞争，就是在家门口也同样面临着来自全球的对手。所以说，选择能使企业脱颖而出的品牌管理战略和价值法则决定了企业能不能在经济全球化大环境下实现目标并持续成长。

1.5　品牌的历史渊源

众所周知，品牌是一种社会经济现象。品牌是商品经济发展到一定阶段的产物，品牌的产生标志着商品交换过程中理念的成熟。

在人类社会的历史上，最早是没有"品牌"这个词的。由于生产力水平的低下，社会产品并不丰富，制造者和中间商只需要把产品直接从田间地头取出来放在货架上就可以销售，根本用不着"品牌"和标志。直到中世纪，当欧洲的同业组织竭力劝服手工业者在自己的产品上加上商标来避免劣质商品的冲击和侵害的时候，原始的品牌概念才由此诞生。第一个明确地提出"品牌"概念的，是美国的大卫·奥格威(David MacKenzie Ogilvy)。

品牌发展的历史，与广告、商标发展的历史是相互交错、不可分割的。广告是品牌的传播渠道；商标是品牌合法的身份证明。

品牌意识的历史是短暂的；但是品牌现象，却是古已有之。可以说，品牌是伴随着商品交换而出现的。当人们懂得交换，懂得选择和比较的时候，品牌观念就已经萌芽了。品牌指的不仅仅是商品的品牌，人物、城市、风土人情、服务品质都可以有品牌。故宫、敦煌、兵马俑、玛雅、埃菲尔铁塔、伦敦大本钟，都是人们的品牌记忆。从"可口可乐"到"全聚德"，从"张小泉"到"微软"，从"毛遂自荐"到"辛迪·克劳馥的选择"，乃至"桂林山水""空姐服务"……我们的生活已经不可能完全脱离品牌而存在。历史造就了品牌，品牌也在潜移默化中改变着历史。

1.5.1 中国品牌发展史

1.5.1.1 我国古代的品牌现象

（1）商周时期的品牌发展。早在我国的商周时期，就出现了很多以不同的特产而闻名遐迩的大都市。如"郢""宛""殷"等。它们有的盛产铁器，有的盛产织物，有的盛产粮食作物，海内外商贾云集此地，各地游客慕名前往，他们看中的都是名城的"品牌"。

在西周墓葬出土的文物中，发现有封建领主产品的标志和各种官工的印记。在山东寿光出土的西周"已候"虢钟，铭文刻有"已候作宝钟"五字；而"良季鼎"的铭文上有"良季作宝鼎"的字样。如果这些产品用来进行了交换，无疑这些文字标记就都是早期商标和品牌的萌芽。

（2）春秋战国时期的品牌发展。春秋战国时期，商业已作为一门独立的职业从生产劳动中分离出来，人们在让渡自己的劳动产品时，都想得到交换方最好的产物。于是，人们就开始根据口口相传的品牌信誉来确定交换的对象。为了明确自己的身份，宣传自己的产品，当时有固定营业场所的商人最常用的广告形式就是招牌和幌子。

战国末年的韩非子在《外储说右上》中这样描写："宋人有沽酒者，升概甚平，遇客甚谨，为酒甚美，悬帜甚高"。在河南登封告成镇发掘出土的大约春秋战国时期的陶器上刻有籀文的字迹"阳城"，这可以被认为是我国品牌的雏形。

"阳城"标记是我国最早的文字广告，文字应用于品牌和广告是品牌发展史和广告发展史上的大事，它标志着品牌已经摆脱了原始的叫卖吆喝和口耳相传的模式，朦胧的注册意识已经觉醒，品牌的传播逐步开始走向标准化、规范化和商业化。

（3）西汉时期的品牌发展。在西汉，朦胧的品牌意识已经深入到社会生活之中，实物招牌广告开始流行。卖灯笼的店铺就在门楣挂一灯笼，卖酒的多在门口悬挂酒旗或垒一个"酒垆"。

《乐府诗集·羽林郎》曾这样描写卖酒的女子："胡姬年十五，春日独当垆……头上蓝田玉，耳后大秦珠。"

由此可见，"当垆"即卖酒已为人们所广为接受，而"蓝田玉""大秦珠"显然是当时公认的彰显地位的"品牌"首饰。以"品牌"来衬托文学作品的主人公，表现出当时的品牌意识已经相当普遍、相当清晰。但是，明确的品牌意识直到唐宋时期才逐渐出现。

（4）东汉时期的品牌发展。东汉时期市场上流行的著名文具品牌有"张芝笔""左伯纸""韦诞墨"等。据史书《三辅决录》记载："夫工欲善其事，必先利其器，用张芝笔，左伯纸及臣墨。"这些品牌都是以能工巧匠的名字命名，说明当时的人们已经懂得用具有鲜明特征的品牌来体现商品的卓越价值。

《洛阳伽蓝记》记载了酒商刘白堕巧做广告，宣传自己品牌的故事：刘酿造的鹤觞酒香醇甘美,一次南青州刺史毛鸿宾路遇劫匪,强盗饮用了其随身带的鹤觞酒后,竟醉倒路旁,只好束手就擒。于是"鹤觞酒"名声大噪,成为当时白酒业最知名的品牌。

(5) 唐朝的品牌发展。唐朝是我国封建社会的鼎盛时期,商人众多,集市星罗棋布,商业贸易也异常繁荣。品牌意识在这个时期内得到了充分的张扬,出现了特色叫卖、酒幌、幡旗、铭牌、挂饰、灯笼、刻碑……品牌的传播和扩散已经达到了一个非常自觉的阶段。大量的店铺和饭馆为了扩大影响,突出自身特色,大量使用幌子作为品牌标志,这在我国的品牌史上具有非常重要的意义。幌子,也称酒幌、青帘、酒帘,是周围呈锯齿状的长条旗子,最初多用青白二色布制作,长约一尺,后来发展到用五彩酒旗绣上图案或店名,悬于门头,招揽顾客。

唐朝诗人杜牧在《江南春》中写道:"千里莺啼绿映红,水村山郭酒旗风。南朝四百八十寺,多少楼台烟雨中。"而李中在《江边吟》中也有"闪闪酒帘招醉客,深深绿树隐啼莺"的名句。从以上诗句中可见当时的酒幌广告的发达程度。

唐朝另一种典型的品牌传播形式便是灯笼广告。灯笼多于夜间悬挂在店铺的门头,灯笼上用文字表明其商号和商业性质,以区别酒楼、茶馆、客栈等等。各种行业的灯笼造型迥异,文字也大相径庭,酒楼悬挂的灯笼状如酒瓮,药店的形似药葫芦,上书不同的文字,在夜间熠熠生辉,非常引人注目。

(6) 宋元的品牌发展。宋朝由于国家划定市场统一管理的市肆被取消,农民与市场的联系得到加强,中国在这之前并未得到长足发展的广告业自此开始发生了很大的变化。鲜明的带有品牌意识的广告遍布城乡。口头广告丰富多彩,招牌广告文图并茂,铺面装潢也特色各异。

我们从宋代张择端的名画《清明上河图》上可以清楚地看到,招牌广告遍布汴梁城,形状有横有竖,内容有文有图。画面上仅汴梁城东门外十字路口附近就有各式招牌、横匾、竖标、广告牌等三十余块。如卖羊肉的"孙羊店",卖香料的"刘家上色沉檀拣香",药材店的"赵太丞家""杨家应症"等等。而吴自牧的《梦粱录·铺席》中也记载:"向者杭城市肆名家,有名者如中瓦儿前皂儿水,杂货场前甘豆汤,戈家蜜枣儿,……市西坊南和济惠民药局,……官巷前仁爱堂熟药铺,修义坊三不欺药铺……"可见当时品牌的繁荣。

而品牌的设计与装潢,在宋朝也开始考究起来。孟元老在《东京梦华录》中写道:"凡京师酒店,门首皆傅彩楼,欢门。"铺面招牌精工细作、精美绝伦;店面装潢也日臻考究。宋朝鼎盛时期的丰乐楼"三层相高,五楼相向,各有飞桥栏槛,明暗相通,珠帘绣额,灯烛晃耀";杭州的酒楼则"插四时之花,挂名人画,装点门面"。

由于宋代的造纸术、印刷术的发明和广泛应用,具有明显品牌指示并辅之以清晰消费导向的广告作品开始出现。

补充资料1.8

上海博物馆收藏的北宋济南刘家针铺的广告铜版雕刻是我国最早的铜版广告印刷作品。这张刻板四寸见方,刻有白兔捣药的标志,上面的"济南刘家功夫针铺"(图1-6)可看作标题,地址以"认清门前白兔儿为记",下面则有说明商品质地和销售方法的广告文字:"收买上等钢条,造功夫细针,不误宅院使用,客转为贩,别有加饶,请记白。"

图1-6 济南刘家功夫针铺

我们可以看出,这则广告已经将品牌诉求放到了广告内容的主要位置——"白兔儿"显然就是这个品牌的标志。以往的广告传播的主体是产品的功能,而本则广告开始强调本家产品与别家的不同之处,并以"白兔儿"作为识别和传播的标志。这说明,这个时期的品牌理念与品牌设计已经基本成熟,品牌的主要功能与传播目的得到了清晰的认识。

南宋时期,品牌现象继续延伸。一幅南宋时广告画的内容是:两个身穿戏服的演员,一人用手指着右眼,示意眼有恙,另一人则手执一瓶眼药请他使用,主诉品牌"眼药酸"形象醒目。其画面逼真,诉求准确,品牌效应明显。

到了元代,由于印刷广告水平的提高和使用范围的扩大,品牌现象也有了进一步的发展。

补充资料1.9

1985年8月在湖南沅陵发掘的一座元代墓葬中发现了印有商业广告的产品包装纸,品牌表述清晰准确:"潭州升平坊内白塔街大尼寺相住危家,自烧洗无比鲜红紫艳上等银朱,水花二朱,雌黄,坚实匙筋。买者请将油漆试验,便见颜色与众不同,四方主顾请以门首红字高牌为记。"

(7)明清时期的品牌发展。明朝的时候,资本主义的生产关系出现萌芽,商品经济较以前更为发达。广告显著增多,具有一定知名度和影响力的品牌开始出现。明清时期的知识分子开始涉足广告领域,一批有内涵、有个性的品牌自此诞生。

明朝嘉靖九年,即1530年,京城酱菜铺的老板请严嵩为其品牌"六必居"题名,以此防止自家酱菜被他人假冒,自此"六必居"扬名天下,至今昌盛不衰。

这是自品牌现象出现后,我国第一个有明显品牌保护意识的"注册"防伪行为。虽然此时的"注册"还不是严格意义上的具有法律效力的"注册",但是无论是从品牌保护意识还是市场竞争意识来看,"六必居"无疑开了一代风气之先。

稍后,还涌现了"张小泉"(1628)、"都一处"(1752)、"内联陞"(1853)、"全聚德"(1864)等百年老牌。

明清时期的商人对品牌非常重视。他们将招牌和字号视为传家之宝,视为自己商业生涯的象征,对招牌的形式与制作都非常讲究,他们珍惜品牌的信誉,重视品牌的延伸和发展,对品牌危机的处理也有着丰富的经验。

明清时期品牌的载体更加多样。书籍广告方兴未艾,木版年画、对联、雕刻等形式又开始流行。

1904年,即清光绪三十年,清政府出台了《商标注册试办章程》,这是我国历史上第一个商标品牌方面的法规。自此以后,品牌的注册管理已经纳入法制轨道,"品牌"开始成为具有严格法律效力并受到法律保护的商业行为。我国的品牌管理开始系统化、规范化、法制化。

1.5.1.2 我国近代的品牌发展

我国近代的品牌发展,是与传播科技在我国的广泛运用相联系的。报纸的大量涌现,以及广播电台的诞生和发展,都使得品牌得以迅速广泛地发展。

(1)品牌的发展概况。1883年,德国传教士郭士立在广州创办商务性中文杂志《东西洋考每月统记传》,刊物的广告版或广告插页上略有商业行情,但没有显著的品牌广告,直到1853年《遐迩贯珍》杂志在香港面世,品牌广告才正式登上"大雅之堂"。

鸦片战争后,中国门户洞开,开放了广州、厦门、福州、宁波、上海五个通商口岸,西方列强开始对中国进行大规模的经济入侵和政治控制。在此过程中,外国人大量投放广告,企图摧毁中国的民族工业和民族品牌。于是近代的品牌首先在这几个口岸发展起来。当时的广告品牌以外商经营的"洋品牌"居多,如汇丰银行、贾立费洋行、华英大药房、大英火轮船公司等。

由于经济和技术的发展,当时品牌之间竞争激烈,广告投放量最大的当数香烟和药品。与此同时,品牌的载体也扩展到橱窗、路牌、霓虹灯、交通工具、广播等媒介。广播在品牌的传播和扩散中发挥的功能得到了广泛的认可,各大电台的广告业务量扶摇直上,由广播"捧红"的品牌也日益增多。

(2)民族品牌的发展。鸦片战争后,由于民族品牌在政治与经济上受到双重压制,举步维艰。直到第一次世界大战西方列强无暇东顾的间隙,中国的民族品牌才得到了一次发展的机遇。当时的国产著名品牌有"美丽牌"香烟和"三星牌"牙膏。

抗战胜利后,为了挽救濒临灭绝的中国品牌,上海机制国货工厂联合会曾发起了一次"用国货最光荣"的保护运动,而在各种学生运动的浪潮中,也常常会听到"爱用国货,抵制美货"的口号①。品牌第一次和中国的政治命运结合在一起,并正式成为社会生活和国

---

① 上海地方志办公室.上海机制国货工厂联合会[Z/OL].[2022-02-10]. https://www.shtong.gov.cn/newsite/node2/node2245/node4538/node57089/node60342/userobjectlai48838.html.

力象征的一部分。

（3）品牌策划水平的发展。随着社会和经济的发展,品牌策划和创意的水平也日渐提高。

1902年,英美烟草公司为了宣传自己的烤烟品牌"翠鸟牌",在当时发行量最大的《申报》上投放整版广告,并策划使上海所有的人力车夫穿上绣有"烤"字的广告背心,此举引起轰动。

1918年,上海各报头版同时刊登一个红色的喜蛋,且没有任何文字说明。这则我国广告史上的首次套色印刷悬念广告引起了人们极大的兴趣。稍后谜底揭晓,才知道是福昌烟草公司为新生产的"小囡"牌香烟精心设计的品牌策划。"小囡"品牌因此一炮而红。

结合先进技术的品牌创意也得到发展。1928年,安装在上海西藏路大世界对面的"红锡包"香烟广告无疑是技术与创意结合的精品。霓虹灯闪烁的广告主体上,除了"红锡包"三个大字以外,还有香烟一包,随着灯光闪烁,香烟由盒内一支支跳出,最后是一支燃着的,烟头青烟缭绕,生动逼真,美轮美奂。

其他的例如上海鹤鸣鞋帽商店的"天下第一厚皮"的皮鞋品牌,梁新记牙刷的品牌配画说明"一毛不拔",以及利用电话号码"40000"代表4万万同胞的企业文化策划,都是可圈可点的品牌创意精品。

平面品牌设计专业人员大量涌现,使得品牌宣传品的艺术价值得到提升。

1.5.1.3　1949年后的品牌发展

品牌的历史虽然悠久,但在我国的发展却十分缓慢。中华人民共和国成立前,由于连年战争,经济凋敝,品牌的发展受到限制。新中国成立初期,一大批品牌重获新生,但是在"文革"期间,刚刚兴起的品牌发展又陷入停顿。所以说,我国真正意义上大规模的品牌发展是在改革开放后才开始的。

（1）大量商标和品牌管理法规的颁布。中国在1904年(清光绪三十年)颁布第一部商标法,此后北洋政府、国民党政府又制定了若干个商标法,1949年中华人民共和国成立以后,于1950年颁布了《商标注册暂行条例》,于1963年公布了《商标管理条例》和实施细则,于1982年全国人大常委会通过了《中华人民共和国商标法》,1993年又对商标法进行修改并重新公布,从而使商标制度在中国逐步建立并走上正轨,品牌的注册和管理也日臻完善。

（2）品牌传播形式得到拓展。广播这一宣传工具在品牌传播中得到广泛的运用。一些实用、低廉、针对强的载体也用来传播品牌,诸如:商品目录、商品知识说明书、案头印刷广告、橱窗广告、年画、门对、春牛图、包装盒、包装袋、传单、书签、扇子以及日历、月历等。

1979年初,全国范围内开始逐步恢复广告业务。"参杞补酒"是第一个做电视广告的国产品牌,瑞士"雷达表"是"文革"后第一个在大陆媒体上做广告的品牌。

（3）大量品牌焕发生机和大批具有世界影响力的国产品牌诞生。北京饮食业著名的品牌"全聚德""东来顺"等,重新焕发了生机。

许多新生的品牌逐渐占领市场。像"蜜蜂"缝纫机、"大宝"护肤品等。

"海尔""康佳""联想""全聚德"等一批国产品牌已经发展成熟,它们开始走出国门,走向世界。此后,华为、腾讯、美的、小米等品牌已经成为全球著名品牌。

1.5.2 外国品牌发展史

1.5.2.1 品牌发展的原始时期(—1450年)

从广告的产生到1450年德国人古登堡发明铅活字印刷术以前,品牌是在一种原始的、无意识的状态下发展的。但是,人们在商业活动中已经不自觉地运用到了品牌的观念。

补充资料1.10

> 在古希腊的商业中心雅典,曾经流行这样一首广告诗:为了两眸晶莹\为了两颊绯红\为了人老珠不黄\也为了合理的价钱\每一个在行的女人都会——购买埃斯克力普陀制造的化妆品。

从中我们不难看出,"埃斯克力普陀"在当时无疑是一个响当当的化妆品品牌。

当时人们的品牌传播方式多是口耳相传,直到古埃及文字广告的出现,情况才有所改观。在已发现的古希腊和古罗马时期的陶器、金器以及灯具上都刻有文字或图案的标记,这可以被认为是最早的商标品牌。

公元前6世纪古罗马建立了奴隶制共和国,由于经济繁荣和商业活动的增多,闹市和市区竖起大量的招牌和壁报广告来进行品牌宣传。

1.5.2.2 品牌萌芽和发育时期(1450—1850年)

古登堡的铅活字印刷术发明之后,传播的水平得到了显著提高。品牌的发展也由此迈入一个新的领域。

1473年,英国第一个出版人威廉·坎克斯印制了一份宣传宗教书籍品牌的广告,品牌传播开始与先进科技紧密地结合在一起。"倘任何人,不论教内或教外人士愿意取得适用于桑斯伯莱大教堂的仪式书籍,而其所用字体又与本广告所使用者相同,请移驾至西敏斯特附近购买,价格低廉,出售处有盾形标记,自上至下有一红条纵贯以为辨识。"

之后的近两百年间,品牌与广告一直都是在次要的毫不引人注目的位置生存。直到1666年,《伦敦报》在报纸上正式开辟了广告专栏,品牌传播才在大众传媒上有了一席之地。

18世纪中期,英国及欧洲其他国家出现了一批广告画家,在周刊上屡屡刊登插图广告,推动了品牌设计和广告水平的提高。其中最有名的是75行字的沃伦品牌(鞋油)的广告,广告画面上方一双用沃伦鞋油擦过的皮鞋锃亮无比,一只猫正吃惊地怒视着鞋面上自己的影子。这则广告引起了人们极大的兴趣,沃伦品牌从此在英伦三岛畅销20余年。

与此同时,广告品牌的文案设计水平也大有提高。

补充资料1.11

1769年日本人平贺原内应邀为一种新生产的牙粉写出文案策划。他将这种新产品命名为"漱石香",广告词如下:盒装的牙粉漱石香,它能使牙齿刷白,除去口臭,20袋包装成一盒,价72文,散装价48文。由于品名雅致,构思精巧,"漱石香"品牌深得人们的好感。

补充资料1.12

17世纪英国首先出现了广告代理商,专门负责与品牌有关的设计策划事宜。1610年英国国王詹姆斯一世令两个骑士在伦敦成立了世界上第一家广告代理店,两年以后,法国也出现了一家名为"高格德尔"的广告代理店。

广告代理职业的出现,说明随着社会经济的发展,品牌对广告的需求在不断增加,品牌越来越需要专业水准的咨询和策划维护。

在这一历史时期,英国由于最早完成资产阶级革命和工业革命,因而理所当然地成为世界品牌和广告活动中心。到了19世纪,由于美国的崛起,中心的地位逐渐转移到了美国。

1.5.2.3　品牌逐步成长壮大时期(1850—1920年)

这个时期品牌发展的最大的特点就是注册意识的觉醒和广告公司的大量涌现。真正意义上的品牌也是在此时出现的。

补充资料1.13

美国内战结束之后,在曾经到处都是美洲野牛的西部草原上,加利福尼亚州的畜牧业迅猛发展。农场主们要将成群的牛赶到集市上出售。那些赶牛人总是需要

> 携带大量的现金来保证旅途中人畜的花销。在内战刚刚结束时期,安全很难得到保证,恰恰这时又赶上了加利福尼亚的"淘金热"和内华达的"淘银热",社会治安非常混乱。对于农场主和放牧人来说,必须用一种手段来区别牛的所属身份。当时,农场主多在牛身上烫上自己农场的名字作为牛所属身份的标记。1853 年,在淘金热即将结束的时候,一位名叫李维·施特劳斯(Levi Strauss)的巴伐利亚人来到旧金山。1873 年,他与一位名叫雅各布·戴维斯(Jacob Davis)的裁缝合伙,为一项技术申请了专利,这项技术就是将铆钉固定在牛仔裤上,使之更结实耐穿。直到今天,公司的一个很有特色的商标就是将公司的标记烙在小块的皮革上,以此提醒消费者,他们买到的是真货。"李维斯"(Levi's)自此成为享誉世界的一个著名品牌。

商标是商品的标志或标记。它是市场经济发展到一定阶段的产物,是产权主体明晰化和市场竞争明朗化的产物。商品生产的最初阶段并没有商标,当商品生产发展到品牌竞争阶段后,同一种商品出现了众多的生产者和经营者,为了表明自己的商品质量优良和独具特色,许多生产者和经营者就在自己的商品上做出记号,刻印标志,以示区别。后来商标就演变成为一种约定俗成的品牌标志。

工业革命使机器大工业代替了手工生产,制造业更为发达,为了保护品牌和促进竞争,商标制度应运而生。现代意义上的品牌便是此后产生的。19 世纪初,法国出现了世界上最早的有关商标的法律条文,随后,在 19 世纪 60、70 年代,英国、美国、德国、日本也相继颁布了各自的商标法。到 19 世纪末 20 世纪,商标制度已风行全世界,品牌得到了法律的认可和保障。

 补充资料 1.14

> 1857 年法国制定的《关于以使用原则和不审查原则为内容的制造标记和商标的法律》是世界上最早的专门成文的商标法。
> 1883 年的《保护工业产权巴黎公约》和 1891 年的《商标国际注册马德里协定》使商标制度步入国际化轨道。

商标是市场经济发展到一定阶段的产物,它由文字、图形或者两者的组合所构成,用以区别不同的生产经营者所提供的不同商品或服务项目的显著标记。现代的商标一般都要求进行注册,以取得法律认可和保护。商标俗称"牌子",是品牌的具体表现形式,从这个意义上说,品牌就等同于注册商标。

(1) 大量历史悠久的著名品牌的诞生。19 世纪,是品牌的黄金年代。这个时期产生

第1章 品牌概述

了大量的优秀品牌,很多经过百年洗礼,至今仍具有勃勃生机。除了李维斯之外,一些历史悠久的品牌,它们的故事都是在19世纪发生的,像大名鼎鼎的可口可乐(Coca-Cola)、桂格燕麦(Quaker Oats)、亨氏(Heinz)和象牙肥皂(Ivory Soap)等等。这些品牌至今长盛不衰的原因就在于这些企业从一开始就清楚地意识到品牌将决定企业和产品的前途和命运。

 补充资料 1.15

> 19世纪晚期,在美国的亚特兰大市,一位名叫约翰·彭伯顿(John Pemberton)的药剂师用可可叶、可可果实和咖啡因配制了一种混合饮料。可是当初他将这三种物质倒入一个普通的三角铁罐里时,怎么也不会想到他从此创立了一个享誉世界的饮料品牌——可口可乐(Coca-Cola)。

可口可乐到如今已有百年历史,却仍然备受青睐。今天可口可乐已经成为全世界最著名的商标之一,根据市场分析家的估价,它的品牌价值大约是390亿美元。我们知道全世界数以万计的饮料企业都在生产碳酸饮料,却没有一家公司能够代替可口可乐。

(2) 广告公司如雨后春笋般涌现,品牌得到专业推销。这一时期在美国建立的广告代理公司有1 200余家,可见19世纪以美国为代表的广告业的发展之迅速。

 补充资料 1.16

> 1841年,福尔尼·帕尔默在美国费城开办了世界上第一家广告公司,开始代理各种品牌的广告业务。
> 1869年,"艾耶父子广告公司"在费城成立,这是一家具有现代广告公司基本特征的广告公司。其经营重点从报纸版面推销转向客户服务,"艾耶父子广告公司"被称为"现代广告公司的先驱"。费城也理所当然地成了现代广告的发源地。

(3) 大量新技术运用到品牌传播领域。具体包括如下六点内容。

① 在美国最早出现了交通广告。1850年,美国纽约市一家名为洛德·泰勒的百货店,在马拉的车厢外挂出一幅广告宣传"洛德·泰勒"的品牌百货。

② 摄影图片用于品牌表现。1853年,纽约《每日论坛报》首次采用照片为一家帽子店做广告。这时距离摄影技术的发明只有几年的时间。

③ 气球、宣传车及实物馈赠的方式用于品牌推广。美国第一家最大规模的服装商店的创始人约翰·瓦那曾将一面长约100英尺(30.48米)的大招牌悬挂于宾夕法尼亚州到新泽西州的铁路线上,并同时采用气球、宣传车、实物馈赠等方式宣传自己的品牌。

④广告明信片问世。1869年10月,世界上第一张明信片在奥地利面世,几乎所有的商人都意识到这是宣传品牌的绝佳途径。此后不久,第一张印有旅馆外景的广告明信片面世。

⑤广告挂历问世。1891年,刚刚创建5年的可口可乐公司开始采用挂历广告来宣传"可口可乐"的品牌。这是世界上最早用挂历进行品牌宣传的行为。可口可乐广告挂历印制精美、创意独特,对可口可乐品牌形象的宣传,起到了不可磨灭的作用。至今,可口可乐公司还保持着印制挂历广告的传统。

⑥霓虹灯广告开始风靡全世界。1910年夏末,在巴黎一次国际汽车展览会上,霓虹灯广告首次投入使用,许多游客有幸成为霓虹灯广告的第一批目睹者。汽车展馆的正门是用荧光灯管装饰起来的,瑰丽的灯光令人们如痴如醉。一年以后,巴黎蒙马特林荫大道上的一家时装店安装了世界上第一面霓虹灯招牌。1925年,"雪铁龙"品牌将霓虹灯广告安装在著名的巴黎埃菲尔铁塔上,这个惊人的创意大获成功。

(4)专业广告作家开始出现。随着广告业的繁荣,19世纪末专业性的广告作家诞生了。阿特姆斯·瓦尔德是当时久负盛名的广告作家。他为一肥皂品牌撰写的广告文案轻松风趣、朗朗上口,受到人们的喜爱。"两个女仆是邻居,每天工作没法比,一个出汗又出力,疲于奔命忙不停。另一个日子却好过,每天晚上会情郎,要问这是为什么?洗涤,请用'萨波利奥'。"

近代品牌的迅速发展,催生了一大批享誉世界的著名品牌,这些品牌在策划管理维护方面都有很多独到之处,这为以后大面积品牌的成熟与发展提供了很多卓有成效的借鉴。

1.5.2.4 品牌的成熟拓展时期

20世纪20年代以后,科技的发展日新月异,品牌也开始逐步走向成熟。品牌传播全球化趋势明显,但又有显著的民族特色。大量具有独特内涵和先进理念的品牌诞生,品牌理论的研究也日臻完善。

(1)追求新技术含量成为品牌传播的趋势。如果说品牌与广播的结合是品牌与新技术的第一次约会的话,那么现如今品牌与电视,与因特网如胶似漆的关系则可以看作是它们之间的联姻。

补充资料1.17

> 1922年8月,美国电话电报公司(AT&T)在纽约创建了第一家商业广播电台WEAF,公司宣布经营"收费广播"业务,可以售给愿意出价100美元的任何人10分钟的广播时间。8月28日,WEAF电台用一种轻松缓慢的语调为长岛的一家房地产公司做了广告。这是世界上第一条商业广播广告。

这个房地产品牌经过宣传之后名气骤增,收益明显。品牌由此开始正式通过空中电波传送。此后,品牌与广播就密不可分了。

而电视与品牌的结合就没有这么顺利了。自从1920年美国开始试验电视,到1941年商业电视的正式开播,品牌出现在屏幕上整整用了21年的时间。而商业性的电视广告则一直到二战后才发展起来。但是,自此以后,品牌加电视的发展速度是无可比拟的。电视,这种集语言、画面、音乐于一体的传播媒介对品牌形象的传播无疑具有天然的优势,以电视为媒体的品牌传播开始在众多传媒方式中独占鳌头。

因特网的诞生,使得品牌在面对传播媒介时,又多了一种选择。网络的交互性、即时性以及多媒体性都使得品牌传播具有了更大的空间。

除此以外,录像机、DVD与有线电视的普及和卫星转播的应用也使得品牌传播的方式得到延伸。

(2)花样翻新的品牌传播形式层出不穷。除了在报纸、杂志、广播、电视等传统媒介上做广告之外,霓虹灯广告、路牌广告、购物点广告、邮递广告以及空中广告等在欧美各地甚为流行。尤其是1896年美国联邦政府开始实行的免费乡村邮递政策,直接带动了大批品牌的繁荣。

(3)品牌策划与创意策略广泛运用。由于市场竞争的激烈,各大厂商开始在品牌塑造中注意创意策略的运用。

著名的广告大师克劳德·霍普金斯(Claude C. Hopkins)认为,人们在买东西时想知道购买的理由,最好是对他们有利的理由。他在为施力兹啤酒进行策划的时候,亲自跑到酒厂考察,对该厂采用蒸汽对酒瓶进行清洗消毒的行为印象很深,遂将其作为一个独特的销售特点进行策划,结果取得了极大的成功。

1927年,美国福特公司一种新型的福特A型轿车即将问世,福特公司采取了悬念广告的形式,通过精心安排,做出一副犹抱琵琶半遮面的姿态,似乎不愿公开该车的资料。这一做法引起了人们极大的兴趣。谜底揭晓后效果非常理想。

许多聪明的厂商知道,随着社会的变化,必须对品牌形象做出调整,才能使品牌永葆青春,这也是一种品牌策略。可口可乐的最初口号是"让您充满活力",1929年将其更新为"让您活力重现!"过了一段时间,又改为"这是您真正的需要!"但是无论它的口号如何变化,消费者心中都十分清楚这种饮料让人兴奋,能够恢复活力,这就是可口可乐品牌的内在品质。

(4)大量高水平广告公司的出现。进入20世纪后,世界各国的广告公司都有了很大的变化:它们从创建伊始的广告版面经纪人逐渐演变为提供全面品牌服务的信息咨询公司。目前世界上的广告公司数以万计,像日本的电通广告公司,美国的李奥贝纳广告公司、杨罗必凯广告公司、智威汤逊广告公司和英国的萨奇广告公司等,都是世界上颇有影响的大广告公司。这些大广告公司一般都承接了著名品牌的全方位包装策划,经营范围广,技术手段发达,管理理念先进。

（5）品牌活动的全球化。如今的社会,正像马歇尔·麦克卢汉(Marshall McLuhan)所说的那样,已成为一个"地球村"。各国间的经济活动非常频繁,品牌交流也日益增多。全球一体化的趋势十分明显,全球市场也在向统一的市场发展。跨国品牌的领袖作用使得这种国际化进程更加迅速,国际性的品牌日益增多,国际性的品牌组织也应运而生。"品牌无国界",早已成为不争的事实。

"麦当劳"全球有超过3万家分店,"宝洁""丝宝"有针对不同国度人群的特色产品,苹果和华为在全球的研发中心比比皆是。

（6）品牌理论研究专业化。大卫·奥格威可以说是品牌研究的创始人之一。自此以后,随着品牌现象的发展,品牌研究也成为一个热门的领域。欧美各国都有专业的品牌研究机构。

总之,随着社会经济的发展和科技水平的进步,品牌也必将朝着高度科学化和专业化的方向迈进。品牌的历史,就是一部浓缩的人类文化史。

1.6 品牌学的研究体系与研究史

1.6.1 品牌学的研究对象与研究范畴

品牌学是指以品牌及其创立、维护、发展、评估等系列运动作为研究对象的一门学科,具有实践性、超强应用性、高交叉性和综合性的特点。品牌学从诞生开始就具有多学科交叉的特性,从多学科整合、多视角切入来解释社会生活中与品牌相关的各种现象。最初的品牌研究借鉴了广告学、销售学的理论成果,在发展过程中又吸收了传播学、营销学、公共关系学、消费心理学、经济学等其他学科的理论成果。而今,品牌研究已跨越了广告学、营销学、传播学、管理学、公共关系学、社会学、心理学等多门学科。更有学者将品牌学上升到哲学的高度。品牌学的研究对象,既包括以追求经济利益为第一目标的工商业、服务业的商业品牌,也包括以追求公共利益为宗旨的非营利机构的品牌,例如大学、公益团体、慈善机构等;品牌学的研究对象涉及个人、组织机构、城市、地区区域,乃至国家。事实上,在当今这个信息高度发达的时代,社会的诸多内容与现象,皆已符号化,或者说品牌化。"狭义品牌与广义品牌的并存,是一种客观存在。"我们认为,凡是具有品牌特征,其运作带有品牌化意识的活动,都应当进入品牌学的研究范畴。本教程后面的章节,主要是以工商企业创立、维护、发展、评估商业品牌的活动及其规律总结作为重点,其他个人品牌、城市品牌、国家品牌的运作都是在此基础上形成各自的规律,同时,公益品牌的运作也大量借鉴商业品牌的塑造。有兴趣的读者可深入阅读相关的专著。

1.6.2 品牌学的学科体系

品牌学研究具有综合性和交叉性的特点,从国内目前品牌学的研究和教学来看,我国高校体系的传播学系、工商管理学院或经济学院的营销系以及艺术院系都开设了品牌学的课程。然而,从学科归属来看,我们认为品牌学属于社会科学,理由有两条。

其一,从品牌学的研究对象,我们可认为它应属于社会科学。因为,品牌学的研究对象是品牌,其研究的主要领域涉及品牌管理、品牌传播以及品牌与社会等内容,而这些无疑是人类的一种经济与社会现象。虽然,研究中要牵涉到诸如工业设计等不少技术性问题,但是,这改变不了品牌学的社会科学性质。

其二,从品牌学理论的来源上看,也可认为它应定位于社会科学。品牌研究的先驱大卫·奥格威,以广告人的视角阐释品牌,从而产生了其经典论述如品牌形象、个性等理论。此后不少广告人与研究者步其后尘,因而导致"品牌理论的演进历程与广告传播理论的发展方向相呼应"。随后,大量市场学乃至管理学学者,纷纷涉足品牌研究,促进了品牌理论的丰富与完善。可见,传播学与管理学是衍生品牌学的母体。从这个意义上讲,品牌学可被断定属于社会科学。品牌学的相关学科主要有传播学、管理学、营销学、社会学、心理学、设计学、经济学、符号学、政治学等。

1.6.3 品牌学的研究方法

品牌学形成的时间非常短,然而研究方法在不断丰富,主要的研究方法有以下四种。

1.6.3.1 理论与案例相结合的分析法

品牌研究是一门应用性很强的研究,其理论的产生与演进来自现实的企业实践活动。因此,运用理论与案例相结合的方法分析不同企业成功或失败的案例,可为品牌研究注入活力。

1.6.3.2 定性与定量相结合的分析法

品牌研究中的资产评估、市场调研等必须以数学、统计学、经济学等学科理论作为分析工具,从而印证定性分析得出的结论。

1.6.3.3 宏观与微观相结合的分析法

品牌运营是在一定的社会政治经济的宏观环境中进行,同时也离不开企业本身的微观环境。因此要宏观与微观相结合来分析品牌。

1.6.3.4 历史资料与现实调查相结合的分析

品牌研究的历史不长,但理论随实践一直处在动态变化中。因此,要发展品牌理论,必须在已有的理论基础上结合实际的品牌情况来修正、完善乃至提出新的品牌理论。

1.6.4 品牌理论的发展

20世纪50年代以前,就全球而言,产品处于短缺时代,市场为"买者无选择,卖者无竞争"的卖方市场。20世纪60年代以后,由于生产的标准化和规模化,商品日益丰富,市场逐渐向"买者有选择,卖者有竞争"的买方市场演进。企业要获得市场竞争的优势,就要使自己的品牌具有有别于其他竞争者的形象。著名广告学者大卫·奥格威于1955年提出了品牌形象理论,指出创造差异化产品以及每一广告都是对其品牌形象的长期投资。当属于某种商品概念的品牌之间没有质量上的差异时,决定竞争胜负的关键集中在消费者对于商标和企业本身特殊性质的印象上。因此,描绘品牌的形象比强调产品的具体功能特征更为重要。

20世纪80年代初,生产过剩使得企业同类产品间的竞争不断升级,企业不仅要有良好的产品和形象,更重要的是要确立自己的顾客群,市场细分成为营销理论关注的热点。阿尔·里斯(Al Ries)和杰克·特劳特(Jack Trout)在《定位》一书中介绍了定位理论,其基本观点是:针对潜在顾客心理采取行动,即在顾客头脑里给产品定位。定位理论不同于形象理论的是,首次明确提出了从消费者角度出发,为消费者提供有别于竞争对手的产品。

20世纪90年代,随着科技的进步、消费者需求的变化,市场竞争不断加剧。品牌除了产品标志等物质功能外,还具有满足消费者心理和精神需要的附加价值,致使品牌资产理论在营销界兴起,其杰出的贡献者是大卫·艾克。他指出,构筑品牌资产的五大元素是:品牌知名度、品牌认知度、品牌联想度、品牌忠诚度和其他独有资产。品牌资产综合了消费者态度和行为以及市场手段等,维系着企业产品与消费者之间的关系,提升了品牌知名度、品牌美誉度和品牌忠诚度,从而增强了品牌的增值获利能力。

20世纪90年代末至21世纪初,伴随体验经济、品牌的消费者导向、关系营销的盛行,汤姆·邓肯(Tom Duncan)和桑德拉·莫里亚蒂(Sandra Moriarty)提出用八大指标来评价消费者与品牌之间的关系:知名度、可信度、一致性、接触点、同感度、热忱心、亲和力、喜爱度。古德伊尔(Goodyear)提出了品牌角色阶梯模型——质量、情感、个性、偶像、象征。品牌关系理论主要是从品牌与消费者的角度研究,强调品牌与消费者之间的联动协同效应。

传统的品牌理论大多是从战术层面进行探讨的。在日益激烈的市场竞争中,企业逐步认识到品牌竞争是市场竞争的集中体现和最终归宿。而竞争理论将品牌的研究上升到战略的高度,由此诞生了品牌战略理论。

随着对品牌关系研究和实践的深入,品牌与其生存的商业环境的互动具有了生态系统的特征。在詹姆斯·穆尔(James Moor)提出商业生态系统时代概念的基础上,越来越多的学者从生态协同和进化的仿生学角度展开了对品牌孕育的全新研究。大卫·

艾克首先明确提出了基于单个企业品牌系统的"品牌群"概念;汤姆·邓肯指出:真正的品牌其实是存在于利益相关者的内心,品牌生态系统内各相关利益团体之间存在着内在的双向互动联系和重叠交叉现象,企业品牌与商业生态环境之间存在着一种协同进化的能力和适应的能力;张锐界定了"生态型品牌关系";王兴元则提出了名牌生态系统的概念。这些研究开启了品牌生态理论的研究。品牌理论的发展如图1-7所示。

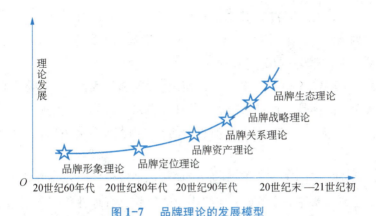

图1-7　品牌理论的发展模型

(资料来源:韩福荣,王仕卿.品牌理论发展评述[J].世界标准化与质量管理,2006(9):4)

1.6.5　国外品牌学研究的七个阶段

1.6.5.1　1874—1929年:品牌管理的兴起

1874年,H.桑普森(H. Sampson)在他的《广告的历史》一书中,涉及了有关品牌的发展;1886年,莱坞德(Laiwood)和哈顿(Hatton)在合著的《路牌广告的历史》中,也剖析过品牌的现象;而1898年,E. S. 路易斯(E. S. Louis)提出的AIDA(Attention, Interest, Desire to act, Action)法则是世界上第一个系统的广告理论,这对品牌概念的形成提供了理论基础。因此可见这一阶段对品牌的研究主体仍是以广告公司为主。企业的品牌管理方式仍处于萌芽的探索阶段,多由企业中层经理和广告公司共同承担。品牌研究的理论也主要围绕着作为商标层次的品牌进行。这样虽然有利于发挥有关方面和人员的特长,但往往会由于各种协调不妥,从而使得品牌管理显得混乱和无效。

1.6.5.2　1930—1945年:品牌经理制出现

这一时期,较发达的资本主义国家相继完成了工业革命。工业生产迅速发展,城市经济更为发达,资本主义由自由竞争转向垄断竞争。尤其是1929—1933年暴发的全球性经济大危机使得品牌生产者受到了极大的挑战,因而促使企业不得不寻求更有效的品牌管理方法。1931年,宝洁公司首次制定了品牌经理制,即为它的每一个品牌分配了一个品牌助理和品牌经理,并让他们负责协调各自品牌的广告和其他营销活动。品牌管理系统正式诞生。但是,这种品牌管理方式在当时并没有受到其他企业的重视。这一时期,品牌研究的重点是销售,主要依附于广告学、营销学。

1.6.5.3　20世纪五六十年代:品牌观念阶段

第三阶段是20世纪五六十年代的品牌观念阶段。这一阶段的研究主题是"什么是品牌?"。在这一阶段,美国广告专家大卫·奥格威、美国学者伯利·B.加德纳(Burleigh B. Gardner)和西德尼·J.尼维(Sidney J. Levy)分别提出了品牌定义,美国市场营销学会(AMA)定义委员会(1960)提出了通用的品牌定义。

其中,大卫·奥格威在美国广告协会的演说《形象和品牌》一文中最早正式提出品牌的定义。他认为:"品牌是一种错综复杂的象征。它是品牌属性、名称、包装、价格、历史、声誉、广告的方式的无形总和。品牌同时也因消费者对其使用者的印象,以及自身的经验而有所界定。"

伯利·B.加德纳和西德尼·J.尼维在《哈佛商业评论》上发表的《产品与品牌》一文中提出情感性品牌和品牌个性思想。他们认为,"品牌具有理性价值和情感价值,品牌创建需要超越差异和功能主义,注重开发一种个性价值,使顾客享受满意服务[①]。"美国市场营销学会定义委员会认为:"品牌是一种名称、术语、标记、符号或设计,或是它们的组合运用,其目的是借以辨认某个销售者,或某群销售者的产品及服务,并使之与竞争对手的产品和服务区别开来。"这一定义得到学术界的广泛接受。

1.6.5.4　20世纪60—80年代:品牌战略阶段

第四阶段是20世纪60—80年代的品牌战略阶段。这一阶段的研究主题是"如何创建品牌"。在这一阶段,主流的学术思想是美国广告专家罗瑟·瑞夫斯(Rosser Reeves)的独特销售主张(Unique Selling Proposition,USP)理论、美国广告专家大卫·奥格威提出了品牌形象(Brand Image,BI)理论、美国营销战略专家阿尔·里斯和杰克·特劳特的品牌定位(Positioning)理论。

其中,罗瑟·瑞夫斯在其1961年出版的《实效的广告》一书中提出了独特销售主张理论,创建品牌的战略方法是为品牌提出一个独特销售主张。他认为:"每个广告都必须向顾客陈述一个主张。该主张必须是竞争者所不能或不会提出的。它一定要独特——既可以是品牌的独特性,也可以是在这一特定的广告领域一般不会有的一种主张。这一主张一定要强有力地打动千百万人,也就是吸引新的顾客使用你的产品。"[②]这一理论注重了品牌的理性价值,但是忽略了品牌的感性价值。

大卫·奥格威在《一个广告人的自白》一书中提出了品牌形象理论。他认为,创建品

---

① Burleigh, Levy. The Product and the Brand [J]. Harvard Business Review, 1955(3-4):33-39.
② 瑞夫斯.实效的广告[M].张冰梅,译.呼和浩特:内蒙古人民出版社,2000:80.

牌的战略方法是塑造品牌形象。"每一则广告都应该看成是对品牌形象这种复杂现象在做贡献。致力以广告为自己的品牌树立明确突出的个性的厂商会在市场上获得较大的占有率和利润。"①这一理论注重了品牌的感性价值,但是忽略了品牌的理性价值。

阿尔·里斯和杰克·特劳特在美国《工业营销》杂志上发表的《定位——同质化时代的竞争之道》一文中提出了品牌定位理论。他们认为,创建品牌的战略方法是提出一个品牌定位。"定位不是你对产品要做的事。定位是你对预期客户要做的事。换句话说,你要在预期客户的头脑里给产品定位。变化基本上是表面的,旨在确保产品在预期客户头脑里占据一个真正有价值的地位。在我们这个传播过度的社会,想要解决说话有人听的问题,定位同样也是首先的思路。"②这一理论注重了品牌的心理效应,但是忽略了品牌的客观价值。

1.6.5.5　20世纪八九十年代:品牌资产阶段

第五阶段是20世纪八九十年代的品牌资产阶段。这一阶段的研究主题是"什么是品牌资产以及如何评估品牌资产"。在这一阶段,美国学者大卫·艾克、凯文·莱恩·凯勒(Kevin Lane Keller)等分别提出品牌资产定义,世界品牌实验室、英国英特品牌咨询公司和中国学者卢泰宏等分别提出了品牌资产评估模型。

其中,大卫·艾克在《管理品牌资产》一书中首次正式提出品牌资产定义。他认为,"品牌资产是与品牌、品牌名称和标志相联系,能够增加或减少企业所销售产品或提供服务的价值和顾客价值的一系列资产与负债。虽然创建品牌资产所基于的资产与负债各不相同,但是可将之分为以下五类:品牌忠诚度、品牌知名度、品质认知度、除品质认知度之外的品牌联想、品牌资产的其他专用权——专利权、商标、渠道关系等。"③这是公认的品牌资产的标准定义。这一定义阐述了品牌资产的内涵和外延,但是忽略了品牌资产的定量评估。

凯文·莱恩·凯勒在美国《市场营销》杂志发表《基于顾客来源的品牌资产评估》一文中提出了品牌资产定义。他认为:"以顾客为本的品牌资产就是由于顾客对品牌的认知而引起的对该品牌营销的不同反应。与没有标明品牌的产品相比(比如该产品只有一个虚假的品牌或根本没有品牌),顾客更倾向标明品牌的产品,并会对它的市场营销做出更积极的反应。"这一定义注重了品牌资产的顾客来源,但是忽略了品牌资产的竞争变化。

对于如何评估品牌资产,世界品牌实验室独创了国际领先的"品牌附加值工具箱"(BVA Tools),其评估方法BVA(Brand Value Added)与目前通行的"经济适用法"相吻合。

---

① 奥格威.一个广告人的自白[M].林桦,译.北京:中国物价出版社,2003:115.
② 里斯,特劳特.定位:头脑争夺战[M].王恩冕,于少蔚,译.北京:中国财政经济出版社,2002:3.
③ 艾克.管理品牌资产[M].奚卫华,董春海,译.北京:机械工业出版社,2006:15-16.

英国英特品牌咨询公司(1992)提出了基于未来收益贴现的品牌资产评估模型。中国学者卢泰宏(2000)在《论品牌资产的定义》一文中提出品牌资产评估方法分为财务会计概念模型、基于市场的品牌力模型和基于消费者的概念模型①。

1.6.5.6　20世纪90年代—21世纪初期:品牌管理阶段

第六阶段是20世纪90年代至21世纪初期的品牌管理阶段。这一阶段的研究主题是"如何开展品牌管理"。在这一阶段,主流的学术思想是美国学者凯文·莱恩·凯勒在《战略品牌管理》一书中提出的建立品牌资产、评估品牌资产和管理品牌资产的战略品牌管理过程。他认为:"品牌本身就是有价值的无形资产,应谨慎处理。品牌给顾客和公司提供很多利益。品牌化的关键在于,消费者是在一个产品类别中发现品牌的不同之处的。"这一理论注重了品牌资产视角下的品牌管理过程,但忽略了竞争视角下的品牌管理过程。

大卫·艾克在《品牌领导》一书中提出品牌领导视角下的品牌识别、品牌组合、品牌创建和品牌组织的品牌管理过程。他认为:"品牌领导模式中的经理较之过去更注重战术和反应,更有策略头脑和远见卓识。他们对品牌进行战略性管理,使品牌反映消费者心目中的形象并持续有效地加以传播。为实现这一目标,品牌经理必须介入经营策略的制定和实施。经营策略是品牌策略的总指挥,它同样需要有战略眼光,能融入不同文化。"可见,从战术管理到战略管理是品牌领导模式超越传统品牌管理模式的第一个进步。大卫·艾克还认为:"传统宝洁模式下品牌经理的视野只局限在单一品牌、单一产品和市场,沟通工作比较狭窄,内部的品牌沟通多被忽略。品牌领导模式下面临的挑战和环境完全不同,传播任务也相应扩展了。"可见,从有限焦点到广阔视野是品牌领导模式超越传统品牌管理模式的第二个进步。大卫·艾克最后还认为:"在新模式(品牌领导)中,指导品牌战略的不仅是销售和利润等短期效果,更重要的是品牌识别。因为品牌识别将品牌希望能体现出的东西具体化了。品牌识别的方向明确了,战略的执行才能有的放矢,行之有效。品牌识别的发展依靠人们对公司的顾客、竞争者和经验决策的全面理解。"②由此可见,从销售数量到品牌识别是品牌领导模式超越传统品牌管理模式的第三个进步。综上所述,品牌领导理论注重了战略导向视角下的品牌管理过程,但是忽略了竞争战略视角下的品牌管理过程。

大卫·艾克在《品牌组合》一书中提出了品牌组合和品牌延伸的品牌管理过程。他认为:"品牌组合的目标是促进协同作用、充分利用品牌资产、创造和保持市场的相关性、建设和支持差别化的、充满活力的品牌,并且实现清晰度。"③这一理论注重了品牌组合的协同作用,但是忽略了品牌识别的稀释效应。

---

① 卢泰宏,黄胜兵,罗纪宁.论品牌资产的定义[J].中山大学学报,2000,1(4):17-22.
② 艾克,乔瑟米赛勒.品牌领导[M].曾晶,译.北京:新华出版社,2001:15.
③ 艾克.品牌组合战略[M].雷丽华,译.北京:中国劳动社会保障出版社,2005:33.

1.6.5.7 20世纪90年代至今：品牌关系阶段

第七阶段是20世纪90年代至今的品牌关系阶段。这一阶段的研究主题是如何发展品牌关系。在这一阶段，主流的学术思想是美国学者马斯·布莱克斯通（Max Blackstone）的品牌互动关系理论、美国学者汤姆·邓肯和桑德拉·莫里亚蒂的品牌关系指标理论、美国学者苏珊·佛尼尔（Susan Fournier）的品牌关系关联理论。

其中，马斯·布莱克斯通在美国《广告研究》杂志中发表的《品质视角下的品牌资产》一文中提出了品牌互动关系理论。他认为："品牌关系是客观品牌与主观品牌的互动，是品牌的客观方面（品牌形象，形象分好坏）和主观方面（品牌态度，态度分正负）两个维度相互作用的结果。"这一理论注重了品牌关系的内涵，但是忽略了品牌关系的外延。

汤姆·邓肯和桑德拉·莫里亚蒂在《品牌至尊》一书中提出了品牌关系指标理论。他们认为："从企业运作角度看，消费者与品牌关系包括知名度、可信度、一致性、接触点、同感度、热忱心、亲和力和喜爱度。"这一理论注重了品牌关系的外延，但忽略了品牌关系的内涵[①]。

苏珊·佛尼尔在美国《消费者研究》杂志发表的《论消费者-品牌关系的基本理论》一文中开创性地采用隐喻方法，把品牌关系类比为社会人际交往，提出了15种品牌关系。她也在《论消费者-品牌关系的发展》一文中提出了品牌关系关联理论。她认为："消费者与品牌关系分为消费者与产品关联、消费者与品牌关联、消费者与消费者关联、消费者与企业关联四种关系，从而拓展了品牌关系的外延。"这一理论注重了品牌关系的外延，但是忽略了品牌关系的内涵。

纵观品牌研究发展的历史，可见一个从"以产品为焦点"到"以受众为焦点"，从"以制造商为中心"到"以消费者为中心"，从"传者本位"到"受众本位"的转向。

表1-2 近50年来品牌研究成果

时　间	主流理论	提出者
20世纪60年代	品牌形象理论	大卫·奥格威
20世纪80年代	品牌定位理论	阿尔·里斯、杰克·特劳特
20世纪80年代末—90年代初	品牌资产理论	大卫·艾克
20世纪90年代末	品牌关系理论	汤姆·邓肯、桑德拉·莫里亚蒂
20世纪90年代末—21世纪初	品牌生态理论	詹姆斯·穆尔、安格尼斯嘉·温科勒

当然，在品牌理论研究的演进中，理论与理论之间不存在更替的关系，后出现的理论往往吸收继承了前一个理论的精华，并且前一个理论也并没有就此消失，而是仍然在不断演化完善当中，众多理论呈现出百家争鸣、共生互促的景象。例如，直到今天，特劳特和里斯提出的品牌定位理论还拥有一大批追随者，其创立人还在不遗余力地完善、推广其学说。

---

① 邓肯，莫里亚蒂. 品牌至尊[M]. 廖宜怡，译. 北京：华夏出版社，1999：102.

对品牌的研究分为三批力量：

一是企业家。例如,1955年克洛克成立了麦当劳经营公司,随之进行了一系列企业名牌的创造和推广工作,突出企业形象和品牌的内涵,而不是突出推销汉堡包。1962年推出金色拱门的麦当劳标记——M,1963年麦当劳声誉鹊起,成为社会信赖推崇的品牌。企业界对品牌的树立与重视为品牌的理论研究提供了丰富原始资料。

二是形象及品牌工作者。广告界开始与公共关系界、营销界、管理界等广泛联手,推出企业识别系统(Corporate Identity System,CIS),通过CIS直接为创立品牌而努力。他们对品牌的宣传、强化提供实际操作的基本方法。

三是学术界。公共关系学者、广告学者、传播学者、经济学者、心理学者、营销学者、文化学者、管理学者纷纷从各自的角度加入知名品牌研究,品牌理论得以提高和升华,成为指导品牌实践的理论武器。

1.6.6　国内品牌研究发展

国内对品牌的研究最早始于20世纪20年代。当时,呈应国翻译出版了斯科特的《广告学》,此书中提及了广告对塑造品牌的作用,但从此以后一直未有更大的发展。只是在品牌管理的商标法上有所动作,1904年(清光绪三十年)颁布了第一部商标法,后来北洋政府、国民党政府又制定了若干个商标法;1949年中华人民共和国成立以后,1950年颁布了《商标注册暂行条例》,1968年公布了《商标管理条例》和实施细则,1982年全国人大常委会通过了《中华人民共和国商标法》,1993年对商标法进行了修改并重新公布,从此使商标制度在中国逐步走上了正轨,品牌的注册和管理也日臻完善。国内对品牌研究真正形成理论的,只能从20世纪80年代开始算,但总算渐渐初具规模和深度。

20世纪80年代末,以CIS为突破口,国内品牌研究迅猛发展,可谓一日千里,为世人所注目。

广东太阳神集团、广东乐百氏集团、宁波雅戈尔集团、石家庄国大集团、河北爱人果汁、青岛双龙制药、浙江玉立集团、宁波富达股份、中国金轮集团、广州浪厅公司、北京四通集团、深圳康佳集团、河南新飞集团、青岛海尔集团、上海一百集团等上千家著名企业相继导入CIS,走出了发展中国品牌理性觉悟的第一步。

1983年,中国广告协会在北京成立。

1985年,中国对外贸易广告学会会刊《国际广告》创刊,这是我国第一本系统研究广告和品牌理论的杂志。

1988年8月,中国公共关系协会在北京成立。

1993年6月,由中国公共关系协会主办的《公关世界》创刊,这是我国第一本系统研究公共关系与品牌理论的杂志。

1993年《中国名牌》杂志在新华通讯社的领导下在北京创刊,揭开了品牌理论研究和新闻宣传的序幕。

1994年和1995年,一些研究公共关系、广告、市场营销学、管理学、心理学、社会学、文化学、传播学、CIS的专家,相继把研究方向转向品牌理论。

1999年起,深圳大学、华中科技大学、上海交通大学等高校纷纷开设"品牌战略""品牌传播研究"等课程。

2000年5月,中国市场学会成立了品牌战略委员会,表明了品牌研究已成为中国市场学中必不可少的一部分。

2001年,华中科技大学率先成立品牌传播研究所,并招收品牌传播方向的研究生。同年,《品牌》杂志在北京创刊。

目前,内地(大陆)已经形成了品牌研究的热潮,各类以"品牌"和"品牌传播"冠名的研究所和院系纷纷成立了,各类"品牌论坛"如火如荼地开展,市场上如今流通的有关品牌方面出版书籍就达到上千本,发表的相关文章更是数以万计。内地(大陆)的品牌研究经历了摘录翻译国外品牌理论的阶段,进入了结合国际品牌研究关注中国现实的研究阶段。尤其是2010年以后,中国学者在品牌前沿研究方面成就显著,在国际影响因子较高的学术期刊中,发表的品牌研究论文数量连年增加,成为全球品牌研究领域中的重要力量。

港台地区,尽管他们自己研究品牌的专著并不多,但他们却很快地翻译了大量美国及欧洲的有关著作,推动了内地(大陆)品牌研究的发展。

 小结和学习重点

1. 品牌的定义及其内涵。
2. 品牌的显性要素和隐性要素。
3. 品牌的作用。

本章在综合了符号说、综合说、关系说、资源说这四类品牌概念的基础上,提出了品牌的定义:品牌是能给拥有者带来溢价、产生增值的一种无形资产,它的载体是用以和其他竞争者的产品或劳务相区分的名称、术语、象征、记号或设计及其组合,增值的源泉来自在消费者心智中形成的关于其载体的印象。

接着本章从品牌的外在和内涵两方面分析了品牌的显性构成要素和隐性构成要素,从而指出品牌是可识别的,是具有价值性和领导性的,因此不同于一般的产品和名牌。

按照不同的分类标准,从品牌的影响范围、市场地位、生命周期、价值与消费层次、属性、形成方式、行业、技术含量、包含的产品数量和知名度层次这十个角度出发,对品牌进行了系统性的分类。

最后,本章还介绍了品牌在中外的发展历史。

 案例分析

可口可乐多次位居全球品牌价值的榜首

国际品牌咨询机构英图博略(Interbrand)发布2019年全球品牌100强榜单,可口可乐的品牌价值为633.65亿美元,位列全球第5位。而英国调查公司欧睿(Euromonitor)发布 *Top 100 Megabrands* 白皮书中,按照全球零售销售额排出全球最成功的100个快速消费品牌(The biggest fast-moving consumer goods〔FMCG〕brands in the world),其中可口可乐名列第一位。从药剂师自制的药水,日均只能卖出9杯,到举世闻名、品牌价值高达600多亿美元的碳酸饮料,可口可乐百年的发展历程,就是当代最富有传奇色彩的品牌塑造史。

1. 可口可乐诞生

1886年5月8日,在美国佐治亚州亚特兰大市有一个叫彭伯顿的药剂师,他在自家的后院里,调制了一种药水,这就是第一杯"可口可乐"。考虑到两个大写的字母"C"会使广告更加醒目,彭伯顿的合伙人弗兰克·罗伯逊为这种饮料起名"Coca-Cola"。由于考虑到如果把"Coca-Cola"做成饮料,将会有更多的人喝,赚更多的钱,彭伯顿就开始配制这种深褐色的饮料。这样,一种在药水基础上发展起来的深褐色饮料问世了。这就是最原始的可口可乐。不久,彭伯顿在《亚特兰大纪事报》上刊登了有史以来的第一则可口可乐广告。上市头一年,平均每天卖出9杯。彭伯顿没预计到他的发明有多么巨大的潜力,他把股份逐步卖给了几个合作伙伴。1888年,阿萨·坎德勒花2 300美元收购了可口可乐全部的股权。1893年,坎德勒和他的助手一起,成立了可口可乐公司。公司成立时注册资金为10万美元。由此,可口可乐开始真正起步。1886年以来一直使用"Coca-Cola"这个商标,1887年6月28日可口可乐经美国专利局批准获得专利权,并于1893年1月31日在美国国家专利局正式登记了商标专利。1894年,第一个亚特兰大以外的糖浆制造厂在得克萨斯州达拉斯市投产。到了1895年,坎德勒不无自豪地宣布:"今天,美国所有的州都喝上了可口可乐。"可口可乐最初是用大桶装的,然后运到各个分销点。因为当时瓶装技术水平很不过关,坎德勒并不想在瓶子上投资。随着可口可乐的产量增大和销售网点扩大,导致瓶装业的出现。1894年,餐馆老板约瑟夫·比登哈恩在餐馆后院安了一台装瓶机。大规模的瓶装业始于1899年。田纳西州商人本杰明·托马斯和约瑟夫·怀特汉德从坎德勒手中购买了在全美国的独家装瓶权。装瓶业的发展导致了高速装瓶机的发明和可口可乐专用运输网的出现,这一切大大促进了可口可乐的发展。1904年,可口可乐公司产品销量首度超过100万加仑。1916年,可口可乐设计出一种独特的瓶肚狭窄的专用玻璃瓶,这种瓶子一直沿用至今。而且这种可口可乐瓶子在1977年获得美国国家专利局的承认,作为一种不容仿造的包装样式登记了专利权。瓶装无疑使人们喝可口可乐更加方便,瓶装公司是把可口可乐带入新天地的先驱。正是他们把可口可乐送到了美国的

第 1 章　品牌概述

各个角落,送到了所有美国人的面前。

可口可乐经过彭伯顿、坎德勒和托马斯,走过了由药品到饮料到瓶装的路程,浩浩荡荡进入更广阔的天地。

2. 迅速发展和壮大

20世纪20年代,可口可乐陷入了严重的财政危机。1919年,坎德勒把公司卖给了银行家厄内斯特·伍德拉夫为首的一个投资集团,售价2 500万美元。伍德拉夫把自己的德拉威公司并入可口可乐,大大加强了可口可乐的实力。4年后,厄内斯特·伍德拉夫33岁的儿子罗伯特·伍德拉夫担任了可口可乐的公司总裁,从此开始长达60年的统治。他采取一系列的措施,使可口可乐公司转危为安并迅速崛起,伍德拉夫也被誉为"可口可乐之父"。伍德拉夫看到家庭是瓶装饮料的潜在市场,集中精力通过广告推销瓶装可乐。1928年底,瓶售的销量第一次超过了杯售。1929年,可口可乐发生了一项包装革命,市场上首次出现装在铝罐中的可口可乐,并很快发展成由自动投币售卖机出售。1933年,在芝加哥世界博览会上,首次展示了另一种自动售饮料机。它只需人们按一下手柄,饮料就会自动注满玻璃杯,这种饮料机后来成为饮料店的重要特征。第二次世界大战前,可口可乐在欧洲的销售量是有限的。大战爆发后,精明的伍德拉夫看准时机,宣称要在全世界每个地方都能为美军官兵提供5美分一杯的可口可乐,并展开强有力的宣传,进而使美国军方深深地相信,可口可乐是"提高士气"的佳品饮料。美国军方向可口可乐公司下了巨额订单,要求他们以优质高产的服务"支援"反法西斯战争。此后,可口可乐的产量达到了世界饮料生产的最高纪录。从太平洋东岸到易北河边,美国士兵们沿途一共喝掉了一百多亿瓶可口可乐。这样,可口可乐就像蒲公英种子似的随军飞到了欧亚许多国家。在美国军人的影响下,当地人也开始喝可口可乐。20世纪40年代,可口可乐的产量一跃坐上世界饮料的头把交椅。到第二次世界大战末期,可口可乐的年销量已达50多亿瓶。从此,可口可乐公司成了世界上知名的大企业。到了1960年,有可口可乐瓶装厂的国家几乎接近100个。1955年,保罗·奥斯汀接替年迈的伍德拉夫,他使可口可乐公司经历了10年的业务繁荣时期。可口可乐以不可阻挡之势,进入世界上的大部分国家。1960年,"可口可乐公司"曲线瓶的设计获得美国专利局注册商标,同年,"可口可乐"公司将"芬达"果味汽水推向全球。1961年,"可口可乐公司"在美国推出"雪碧"柠檬类饮料。

3. 可乐大战

20世纪80年代,古巴移民罗伯特·戈兹达受到伍德拉夫特别青睐而登上董事长的宝座。商业竞争是残酷的。在战后40多年里,可口可乐与百事可乐的争战一直就没有停止过。在伍德拉夫统治时期,百事可乐便利用可口可乐配方绝对保密这一点,在伊斯兰国家里散布可口可乐原料中有不良成分;在反以色列国家散布说,可口可乐公司将由犹太人领导;甚至还造出某人喝了可口可乐暴死,某儿童喝了头发变白的谣言。结果,一些阿拉伯国家拒绝进口,使可口可乐的销售受到影响。可口可乐公司迅速组织力量反击。除了加强广告战外,还利用上层人士、社会名流爱喝可口可乐的现身说法,进行宣传。如美国前总统卡特就很喜欢喝可口可乐,并到处宣传可口可乐有益于健康。在卡特等人的支持下,可口可乐重新振作兴旺起来。尽管如此,可口可乐仍是危机四伏。据市场调查,1983 年可口可乐的市场占有率为 22.5%,百事可乐为 16%;1984 年可口可乐降为 21.8%,百事可乐上升为 17%。可口可乐公司在美国和加拿大对 20 万名 13—59 岁的消费者进行调查,结果表明,55% 的被调查者反映可口可乐不够甜。因此,1985 年 4 月,戈兹达大胆抛开了有 99 年历史的老牌配方,采用被称为"更科学、更合理"的新配方。然而,这一决定立即遭到了各方面的非议,公司每天收到无数抗议信件和电话。旧金山还成立了一个"全国老可口可乐饮户协会",并举行了抗议新可口可乐的游行示威。7 月 11 日,戈兹达宣布恢复可口可乐的本来面目,更名"古典可口可乐",并在商标上特别注明"原配方"。与此同时,戈兹达还决定:新配方继续使用。这样,可口可乐公司股票每股猛涨 2.75 美元,而百事可乐则每股下跌了 0.75 美元。可口可乐赢得了这一回合的胜利。1985 年,"可口可乐"随"挑战者"进入太空成为太空饮料。

4. 日益成熟

为了扩大产品的影响,可口可乐公司从足球赛、科学讨论会,到文化交流、人员互访,无不慷慨解囊,鼎力相助,有时简直到了不惜"一掷千金"的程度。可口可乐是世界上最大的体育赞助商。从 20 世纪 20 年代末开始,可口可乐公司就与国际奥委会结下了密切的关系。1928 年,可口可乐公司开始支持奥运会,并在 1930 年开始赞助世界杯,1931 年,画家海顿宣布为"可口可乐"创造了圣诞老人形象。1983 年萨拉热窝冬季奥运会上,可口可乐公司免费为运动会提供 100 万罐可口可乐饮料,可口可乐的广告到处可见,比奥运会的会徽还要醒目,通过新闻媒介,可口可乐在奥运会的形象进一步得到传播,从而提高了产品的知名度。

1981 年,可口可乐公司总裁戈兹达出人意料地花费了 7 亿美元,买进了一家与可口可乐公司似乎毫不相关的大公司——哥伦比亚电影公司。哥伦比亚电影公司在好莱坞电影业中名列第四,其活动范围已扩大到广播、电视和很有发展前途的有线电视和家庭录像等领域。1992 年,"可口可乐"销售量超出 100 亿标准箱。1997 年,艾华士当选为"可口可乐"公司董事长兼执行总裁;2000 年,杜达富担任"可口可乐"公司董事长。1927 年,可口可乐在中国市场登陆,并在中国天津和上海设立瓶装厂,由此进入中国市场,后因为战争原因停止销入。1978 年,中美两国宣布建交的当天,"可口可乐"宣布为首家重返中国的国际消费品公司;1979 年,"可口可乐"首批产品由香港通过铁路运达;1981 年,"可口可乐"在北京建立第一家瓶装厂;1995 年,"健怡可口可乐"上市;到 1997 年底,可口可乐在中国已经建立了 23 个罐装厂。

5. 始终专注

根据咨询公司欧睿国际(Euromonitor)的数据,2018 年,碳酸软饮料市场全球规模达 3 130 亿美元(约合人民币 21 946 亿元)。其中,可口可乐占据 45.8% 的市场份额,且呈上升趋势;百事可乐以 18.9% 的市场份额位列第二。

第1章 品牌概述

在百事采用多元化的发展战略,一直在积极进行健康业务转型时,可口可乐在收购对象的选择上较为慎重,且更加专一,收购范围基本在饮料领域进行。

可口可乐CEO詹鲲杰(James Quincey)在上任前对外宣布,"可口可乐永远是公司的灵魂……但是这个公司需要核心品牌之外更多的东西"。2017年5月,詹鲲杰正式推行全品类战略。

2017年,"滴酒不沾"长达125年的可口可乐宣布,将加入日本"Chu-Hi"气泡酒市场,进军日本气泡酒市场,向全饮料企业转型。

2018年,可口可乐持续加快了推进全品类战略的步伐,通过"提升—转型—规模化"模式,不断升级和扩展产品组合,在全球范围内推出了约500种产品。在我国,可口可乐相继推出了多款创新产品,比如淳茶舍无糖茶饮料,添加了膳食纤维的雪碧纤维+、可乐纤维+、纯悦神纤水,唷茶系列饮料等,获得了我国消费者的欢迎。

2018年8月31日,可口可乐以51亿美元(约合人民币357.6亿元)收购咖世家有限公司(Costa),进军咖啡业务。

面对功能性饮料市场的良好势头,可口可乐开始加速布局。2019年4月,可口可乐在西班牙和匈牙利首先推出名为Coca-Cola Energy的功能性饮料。据悉,该产品包括普通版和无糖版两种,含有天然提取的咖啡因、瓜拉纳(Guarana)提取物和维生素B,每250毫升含有80毫克咖啡因,是普通可口可乐的三倍多,主要面向18—35岁的年轻人。

在可口可乐的布局下,2018年,碳酸饮料健怡可乐和零糖产品在北美市场大获成功,可口可乐无热量软饮料的零售额增长了8%。2019年第二季报,经典可口可乐碳酸饮料的销量同比增长4%,而上市一年的无糖可乐更是连续第七个季度实现全球两位数的销量增长。

可口可乐在经历百年发展之后,仍保持持续增长,未来可口可乐仍将继续在饮料领域深耕、在全球范围内续写传奇!

思考:

1. 请从品牌的内涵出发分析,为什么可口可乐能历经百年而不衰?
2. 从以上案例,谈谈消费者对于品牌建设的意义。

 课后思考题

1. 某服装厂要注册一商标,能否注册为可口可乐牌,为什么?
2. 请试着分析"三星"和"华为"的品牌构成。
3. 《南方周末》是品牌吗?如果是,是哪种类型的品牌,为什么?
4. "麦当劳的M形招牌就是它的品牌",这是品牌定义中的哪一类观点?请你进行分析说明。

第 2 章　品 牌 资 产

学习目标

学完本章,你应该能够:
(1) 了解品牌资产的内涵和特征;
(2) 了解品牌资产的三种概念模型;
(3) 了解品牌资产价值概念的发展过程及特征;
(4) 了解品牌资产价值评估的内涵与原则;
(5) 了解品牌资产价值评估的动机与原因;
(6) 了解品牌资产价值评估方法与手段;
(7) 了解品牌资产价值评估的意义、启示与思考。

基本概念

品牌资产　品牌资产价值　品牌评估

2.1 品牌资产的概念

2.1.1 品牌资产的定义与内涵

唐·舒尔茨主张从财务会计的角度来看待品牌资产，认为品牌资产是从金融学中借用来的术语，暗示了某种所有权，"即公司拥有对品牌名称、符号及其他属性的法定所有权，也包括消费者拥有的关于品牌的各种念头和知觉"。这从根本上确定了品牌是资产，是一种所有权，具有可测度的经济价值，这种经济价值体现在消费者支付溢价的意愿上，消费者肯为高出的价格掏钱。品牌能够成为资产，就是因为品牌具有溢价的能力。

大卫·艾克主要从品牌-消费者关系的视角，认为品牌资产是与品牌、品牌名称和标志相联系的，能够增加或减少企业所销售产品或所提供服务的价值以及顾客价值的一系列资产与负债。它包括五个方面：品牌忠诚度、品牌知名度、品牌认知度、(除品质认知度之外的)品牌联想和品牌资产的其他专有权(专利权、商标、渠道关系等)。品牌资产可以为顾客和企业双方提供价值。对顾客而言，品牌资产可以帮助其解释和处理信息，增强购买决策的信心，提高商品使用的满意度等；对企业而言，品牌资产可以提高营销计划的效率和效果，提高品牌忠诚并减少竞争活动和危机。

菲利普·科特勒等人在《营销管理》一书中认为，品牌资产是赋予产品或服务的附加价值。它反映在消费者有关品牌的想法、感受以及行动的方式上，同样它也反映出品牌为公司所带来的价值、市场份额以及盈利能力。此外，他认为品牌资产主要分为四个层次：品牌认知度、品牌接受度、品牌偏好和品牌忠诚。

凯文·莱恩·凯勒从消费者的观点来定义品牌资产，认为以顾客为基础的品牌资产是消费者受某一品牌推广效果的刺激而反映于品牌知识上的差异。品牌资产来自顾客对品牌的反应差异，顾客的反应差异体现在对品牌营销的感知、偏好、行为上，反应差异取决于顾客对品牌的知识。

美国市场营销研究院(MSI)将品牌资产定义为品牌的顾客、渠道成员、母公司等对于品牌的联想和行为，这些联想和行为使产品可以获得比在没有品牌名称的条件下更多的销售额和利润，同时赋予品牌超过竞争者强大、持久和差别化的竞争优势。

2.1.2 品牌资产的概念模型

品牌资产的概念一直以来并没有形成一个统一的定义，学者卢泰宏、黄胜兵、罗纪宁在回顾的基础上，通过透视与比较，清理提炼出品牌资产最具代表性的三种概念模型：财务会计概念模型、基于市场的品牌力概念模型及基于消费者的概念模型①。

2.1.2.1 财务会计概念模型

财务会计概念模型主要着眼于为公司品牌提供一个可衡量的价值指标。这种概念模型认为品牌资产本质上是一种无形资产,因此必须为这种无形资产提供一个财务价值。这种概念模型认为一个强势品牌是非常有价值的,应该被视为具有巨大价值的可交易资产。英国英特品牌(Interbrand)执行董事保罗·斯图伯特(Paul Stobart)是该概念模型的典型代表,他认为:"关于品牌的一个重要问题不是如何创建、营销,而是如何使人看到它们的成功以及在财务上的价值。"这种概念模型产生的背景是:公司必须对股东负责,一家规范的企业必须在一定的时期内向股东报告其所有资产的价值,包括有形资产与无形资产。因此如果不给每一个品牌赋予货币价值,公司管理人员及公司股东就无法知道其公司的真正总价值,甚至会导致价值的低估,从而对企业造成重大损失。尤其是在收购或兼并行动中,就更需要知道品牌的价值。

品牌资产的财务会计概念模型主要可用于以下目的:①向企业的投资者或股东提交财务报告,说明企业的经营绩效;②便于企业募集资金;③帮助企业制定并购决策。

财务会计概念模型把品牌资产价值货币化,迎合了公司财务人员把品牌作为资本进行运作的需要。但是这一概念模型存在着许多不足之处:①最大不足是过于关心股东的利益,集中于短期利益,很可能会导致公司只追求短期利益最大化,从而牺牲品牌价值的长期增长价值;②过于简单化和片面化,因为品牌资产的内容十分丰富,绝不是一个简单的财务价值指标所能概括的;③财务会计概念模型对于品牌管理没有任何帮助,它只能提供品牌的一个总体绩效指标,但没有明确品牌资产的内部运行机制。

2.1.2.2 基于市场的品牌力概念模型

基于市场的品牌力概念模型认为一个强势的品牌应该具有强劲的品牌力,在市场上是可以迅速成长的,从而把品牌资产与品牌成长战略联系起来。这种概念模型认为,财务的方法只是在考虑品牌收购或兼并时才很重要,财务价值应只是评估品牌价值的第二位的指标,除此之外,更重要的是要着眼于品牌未来的成长。品牌资产的大小应体现在品牌自身的成长与扩张能力上,例如品牌延伸能力。品牌延伸能力是体现品牌力的一个重要指标。对于一个企业而言,引入一个全新品牌的成本要比品牌延伸的启动成本高得多,而且失败的几率也要高,因此品牌延伸已被绝大多数企业所使用。而品牌延伸可以把现有品牌资产中的贡献因素向新的产品延伸,这些因素包括:品牌名称、消费者对品牌的态度及对现有品牌的忠诚度、现有产品与延伸产品之间的适应性、品牌形象等。

基于市场的品牌力概念模型是顺应品牌的不断扩张和成长而提出的,该模型与财务

---

① 卢泰宏,黄胜兵,罗纪宁.论品牌资产的定义[J].中山大学学报(社会科学版),2000(4):19-21.

会计概念模型最大的不同在于：财务会计概念模型着眼于品牌的短期利益，而基于市场的品牌力概念模型研究的重心则转移到品牌的长远发展潜力。研究该模型的学者开始比较深入地研究品牌与消费者之间的关系，并第一次把品牌资产与消费者态度、品牌忠诚度、消费者行为等指标联系起来。

2.1.2.3 基于消费者的概念模型

基于市场的品牌力概念模型尽管也开始注意到消费者与品牌资产的关系，但是该模型主要重心还是在于品牌的长期成长及计划。

迄今为止，绝大部分学者都是从消费者角度来定义品牌资产。他们意识到：如果品牌对于消费者而言没有任何意义（价值），那么它对于投资者、生产商或零售商也就没有任何意义了。因此，品牌资产的核心在于如何为消费者建立品牌的内涵。

波科尔尼（Pokorny）认为消费者看待品牌资产的关键，首先在于建立一个持久的积极的品牌形象。品牌形象是品牌本身或企业个性的体现，消费者可以用形容词来描述其对品牌或企业的感觉和认识。凯文·莱恩·凯勒和克里斯南（Krishnan）则认为长期顾客忠诚度的建立，关键在于让消费者了解品牌，让消费者掌握更多的品牌知识。消费者对品牌知识的了解可以分几个阶段进行，首先是品牌的知名度和品牌形象。品牌的知名度又分为品牌认知和品牌回忆。如果建立一个好的品牌联想，消费者就会有一个积极的品牌态度。品牌能够越多地满足消费者，消费者对品牌的态度就越积极，也就有越多的品牌知识可以进入消费者的脑海。一旦在消费者心目中建立了品牌的知识，品牌管理者就要确定品牌的核心利益，即品牌能够满足消费者哪一方面的核心需要。

戴森（Dyson）、法尔（Farr）与霍利斯（Hollis）也提出了一个品牌动态金字塔（Brand-Dynamics Pyramid）模型。该模型将品牌与消费者之间的关系分成五个阶段：第一，必须拥有提示前知名度；第二，必须建立与消费者需求的联系，能够满足消费者的某种核心需要；第三，品牌的产品功能和绩效必须达到消费者的要求；第四，品牌必须表现出相对于竞争对手独特的优势，与竞争对手相区别，在最后一个阶段，品牌必须与其最终消费者建立某种情感联结。只有知道品牌处于金字塔的哪一层位置，品牌经理才能制定适宜的战略和策略来维持或提高顾客忠诚度。

2.1.3 品牌资产构成要素

在国外，有学者在品牌资产的"五星"概念模型的基础上，认为品牌资产是由品牌知名度、品牌形象、品牌的感知质量、品牌忠诚度以及其他品牌专有资产五部分所组成。在此基础上，结合我国学者的相关成果，我们认为品牌资产构成要素，主要包括品牌认知、品牌形象、品牌联想、品牌忠诚和附着在品牌上的其他资产。

2.1.3.1 品牌认知

品牌认知是消费者认出、识别和记忆某品牌是某一产品类别的能力，从而在观念中建立起品牌与产品类别间的联系。从品牌认知的广度来讲,是品牌知名度;从品牌认知的深度来讲,便是品牌认知度。品牌认知是一个由浅入深的过程。

　　品牌知名度是指品牌为消费者所知晓的程度。对某一特定的品牌来说,品牌知名度反映了消费者总体中有多少数量或多大比例的消费者知晓它,反映的是品牌的影响范围或品牌的影响广度,它可以通过品牌再识率和回忆率来衡量。一般认为,"知晓"可分为"再识"和"忆起"。"再识"是一种有提示的、需要帮助的记忆和识别,即在测试中,给被测试者某一产品类别的一系列品牌名称,要求将产品类别和品牌联系起来,但不必十分强烈。品牌"再识率"反映的是消费者总体中知道该品牌的数量及其比例。"忆起"则是建立在消费者自主记忆的基础上的,被测试者得不到一系列品牌名称的提示,是一种得不到帮助的记忆,即自主记忆或自我记忆。品牌"回忆率"则反映消费者总体中有多少数量或多大比例的消费者在只提示产品类别的情况下就能够回忆起该品牌。从中我们可以很明显地看出品牌"回忆率"比"再识率"高一个层次,因为在一定提示和帮助下能再认识某一品牌的消费者,在只给出产品类别的情况下并不一定能回忆起该品牌,因此,品牌回忆率比再识率在更深一个层次上揭示了品牌知名度的高低。

　　同样,品牌再识率和品牌回忆率也反映了品牌认知的深度。品牌认知的最低一个层次是品牌再识,第二个层次是品牌回忆,第三个层次是深入人心。这里的深入人心是指被测试者在无任何提示的情况下,脱口而出的第一个品牌。第三个层次是品牌认知的最高程度,处于这个层次的品牌在消费者心目中留下了深刻的印象,也占据了一个特殊的位置,应该是消费者最熟悉和最喜爱的,对消费者的吸引力和感召力最大,故而对消费者的消费行为影响也最大。

　　品牌认知为什么能成为品牌资产的构成要素呢?刘凤军在《品牌运营论》一书中指出,品牌知名度之所以能成为品牌资产的重要组成部分,是因为它具有品牌资产作用。这种资产作用表现在提高品牌影响力和抑制竞争者品牌知名度两方面。

　　品牌知名度能提高品牌影响力,这一点是不言而喻的。消费者对知名度较高的品牌的好感源于品牌的宣传内容,也源于消费者的自我暗示。对知名度高的品牌,消费者有这样一种暗示,"有这么大的宣传力度,肯定是实力不凡,品牌及产品也定然不错","这个品牌被广为传诵,又有那么多人在使用其产品,应该值得信赖"。同时,品牌知名度的高低,直接影响着消费者对品牌的态度,并在此基础上影响消费者的购买选择,进而影响品牌的预期收益。

　　品牌知名度的资产作用还表现在抑制竞争品牌知名度的提高。人脑吸纳信息的有限性、选择性和先入为主的特性,使得人脑对信息的吸纳容易形成壁垒,对其他信息形成"屏蔽效应"。我们知道,品牌认知由识别到深入人心,是通过广告媒体、公共关系活动的宣传和传播及一次又一次的重复累积而形成的。知名度高的品牌容易突破消费者吸纳信息的选择屏障,进入消费者的记忆中,并在消费者选购商品时成为重要的影响因素。而且,如果某一品牌的相关信息进入了消费者的记忆,那么它就能抑制其他新品牌的相关信息顺利进入消费者的记忆,从而抑制竞争品牌知名度的提高,降低竞争品牌的市场影响,提高自身竞争力。

2.1.3.2 品牌形象

品牌形象,是指消费者对某一品牌的总体质量感受或在品质上的整体印象。它是消费者的一种判断和感性认识,是对品牌的无形的、整体的感知。

1) 品牌形象不等于品牌本身的质量

品牌形象与品牌本身的质量并非完全等同,而是既有联系又有区别的。品牌形象以品牌所标示的商品的质量为基础,离不开品牌本身的质量,必须依赖于该品牌所标示的商品的功能、特点、可信赖性、耐用性、外观和服务等影响商品质量的因素。可以形象地说,商品的质量是"硬件"或平台,它支撑着品牌形象。如果商品本身的质量较低,那么品牌就无法树立起良好的品质形象。同时,品牌形象是消费者的一种感性认识,是一种主观意识,而消费者是有很大的个性差异的。因此,不同的消费者对同一品牌既可能有相同或相似的感知,也可能有不同的感知,即使是同一个消费者对同一商品的感知,也会因不同的品牌推出形式而有不同的判断和评价。这从心理层面上说明了消费者可以在脱离具体商品属性的情况下,单独对品牌的整体品质作出评价。从实际来看,品牌延伸就是很好的例子。从反向来看,当某一品牌的品质形象不好时,即使努力改进产品质量也不会有多大的作用,也无法影响或改变消费者对该品牌的整体感知,只能走向消亡。

2) 品牌形象是形成品牌资产的重要组成部分

我们说品牌形象是形成品牌资产的重要组成部分,其原因有以下几点:

第一,品牌形象可以形成关键性的购买原因,在消费者的选择性消费行为中,它直接影响到哪一个品牌会被选中或被排除,或者说消费者首先会想到哪一个品牌。这就直接影响到了该品牌在市场上的销售和市场份额。

第二,不同的品牌形象在消费者心目中的地位有着很大差别。形象好的品牌,在消费者心目中占据着很重要的心理区位,受到消费者的认同和喜爱,因而在同行业中具有竞争力。相反,形象差的品牌就缺乏竞争力。

第三,品牌形象影响着品牌的获利能力,产生溢价效应。形象好的品牌,可以制定出一个更高的竞争价格,价格虽高,但是消费者能够接受,认为物有所值。这样一来,就可以使企业的高价策略获得成功,企业可以在短期内甚至长期获得高于一般品牌的效益,知名品牌价高就是这个道理。

第四,有利于品牌延伸。如果品牌的形象良好,那么就可以利用品牌的良好声誉来扩展新的产品种类,进行品牌延伸。许多新品牌就是利用品牌的良好形象这一优势进行品牌延伸而取得成功的。

品牌形象越好,品牌就越有竞争力,在消费者心目中就占有越重要的地位。良好的品牌形象,是企业长期经营的成功之道,也是重要的品牌资产。

2.1.3.3 品牌联想

所谓品牌联想,是指"人们的记忆中与品牌相连的各种事物"。一个品牌可以同一种事物相联系,也可能同许多种事物相联系。很明显,一个品牌的联想越多,其影响就越大,联想越少,影响就越小。例如,麦当劳品牌有20个主要的联想和30个次要的联想,消费者尤其是孩子们只要一提到麦当劳就会想到金拱门、汉堡包、炸薯条、麦香鸡,还有麦当劳玩具、麦当劳娱乐场、麦当劳竞赛等。一提到海尔,人们心中就会出现两个小孩的商标图案,联想到优良的家电产品质量、周到而迅捷的星级服务、以人为本的企业形象和企业文化等。品牌联想可以加深品牌在消费者心中的印象,可以造成消费者对品牌特定的感知和特殊的感情。

品牌联想虽然是人们的一种意识,但是这种意识的集合显然具有资产作用。首先,品牌联想可以通过影响消费者对信息的回忆,帮助消费者获得与品牌有关的信息,为消费者的购买选择提供方便。其次,品牌联想本身就凸显出了品牌定位和品牌个性,有助于把一个品牌同其他品牌区别开来。在一些品牌众多、消费者难以区分的产品中,品牌联想能在区别品牌中担当重要的角色。例如同是白酒,茅台品牌的联想就是高贵的国酒,五粮液是高雅的优质酒,二锅头则是普通老百姓爱喝的酒。最后,品牌联想影响消费者的购买行为。品牌联想往往涉及产品的特征,这就为消费者购买某一品牌提供了一个特别的理由。例如同是洗发水品牌,"海飞丝"是"头屑去无踪,秀发更出众",重点在于去头屑;"潘婷"是"拥有健康,当然亮泽",强调营养型个性。品牌联想还通过在品牌中表现出信誉和自信来影响消费者的购买决策,如著名人物用过的品牌能很快风靡开来。

2.1.3.4 品牌忠诚

品牌忠诚是消费者对品牌偏爱的心理反应。品牌忠诚度作为消费者对某一品牌偏爱程度的衡量指标,反映了消费者对该品牌的信任和依赖程度,也反映出一个消费者由某一个品牌转向另一个品牌的可能程度。一般来说,忠诚度越高的品牌,消费者对其重复购买行为发生的次数越多,消费者转向另一品牌的可能性就越小。这样,品牌的忠诚度越高,它就越可以留住老顾客,吸引新顾客,抵御竞争品牌攻击的能力就越强,市场竞争力也越强,就会成为企业的一笔财富。这也正是品牌忠诚具有品牌资产作用的重要原因。

品牌忠诚的资产作用具体体现在降低营销费用,易于吸引消费者扩大市场规模,增强竞争优势等方面。下面我们通过一个案例来说明品牌忠诚是品牌资产的重要构成要素。

案例2.1

元气森林乳茶危机

2021年1月,有位网名为KellyWeaver的博主发文《什么?"无糖"乳茶喝了也会胖？——超市常见低糖、无糖饮料营养学价值点评》，引发元气森林乳茶号称"0 蔗糖"的讨论。1 月 10 日元气森林马上就标注不规范进行道歉，对购买过的消费者发放 20 元的红包作为补偿。产品负责人在微博上发布了公开信说明情况并致歉，承认"0 蔗糖"与"0 糖"是不一样的，并承诺 2 月 4 日起生产的大部分产品和 3 月 18 日起生产的全部产品，包装从原来的"0 蔗糖 低脂肪"改为"低糖 低脂肪"，从 3 月 20 日起全部元气森林乳茶，原料中不再含有结晶果糖。

元气森林是较受年轻女性喜爱的甜味气泡水单品头部品牌，因标注不规范，引发品牌危机。法律界人士认为，其成分已经详细示明，不存在欺诈，只是宣传标注不当。庆幸的是元气森林公司反应迅速，处理方式得当，态度诚恳，措施得力，品牌危机迅速得到化解，品牌忠诚度没有受到显著影响。

在质量保障的前提下，品牌忠诚度是一个名牌的基本要素，消费者对品牌的忠诚、喜爱、信赖和不动摇，是品牌成功的根本。相反，缺乏忠诚度的品牌则是极其脆弱的，一遇突发事件，消费者对该品牌的信心就会动摇进而停止购买，该品牌也会在一夜之间尽失市场。

2.1.3.5 附着在品牌上的其他资产

附着在品牌上的其他资产作为品牌资产的重要组成部分，是指那些与品牌密切相关的、对品牌的增值能力有重大影响的、不易准确归类的特殊资产，一般包括专利、专有技术、分销渠道、购销网络等。例如，可口可乐公司津津乐道的令其感到自豪的"7X"配方即是一种专有技术，是一种品牌资产。正是"7X"配方及对其神秘化的宣传，使"可口可乐"品牌具有无可计量的价值。

2.1.4 品牌资产的特征

品牌资产是一种特殊资产。总的来说，品牌资产作为企业资产的重要组成部分，主要有以下几个基本特征。

2.1.4.1 无形性

虽然品牌资产是客观存在的，但它毕竟是超越生产、商品、厂房、设备等一切有形资产之外的资产，是一种无形资产。为了更好地理解品牌资产是一种重要的无形资产这一特征，我们先要正确理解资产、有形资产和无形资产三个概念。

资产是指一定主体即所有者（企业或个人）拥有或能够控制的，可以用货币计量的，并能为所有者带来效益的经济资源。

有形资产是以物化形式（包括实物和货币等形式）存在的资产。它主要包括固定资产、流动资产、长期投资和专项资产。

对于无形资产，迄今为止尚无一致的定义，人们可以通过无形资产的外延来把握其内涵,也可以通过比较无形资产与有形资产的差异来理解其含义。我国《企业会计准则第6号》规定:"无形资产是指企业拥有或者控制的没有实物形态的可辨认非货币性资产。"无形资产是一种动态概念,它具体包含的内容和范围随着科学技术和人们的观念的变化而不断扩展变化。无形资产的存在形式又是多种多样的,其内容和范围在各个国家或地区也不尽相同。大体来说,无形资产有一个相对确定的内容和范围,例如,各国一般都把专利、专有技术、商标、商誉、版权、租赁权、特许权、土地使用权(所有权)等列入无形资产。

无形资产与有形资产相比,有一些自身的特点。

(1) 无形资产没有物质实体。这是无形资产区别于有形资产的重要特征。无形资产不像有形资产占有一定的空间,具有一定的形态和体积,能被人们的五官感觉到,它是客观存在的而又无法直接用实物尺度来衡量的非实体性资产。

(2) 无形资产依托于物质实体而发挥作用。无形资产本身虽然没有物质实体,但其存在和发挥作用却往往依托于一定的物质实体。例如土地使用权必须依托于土地;专利和专有技术要发挥作用产生经济效益,必须通过生产活动与一定的厂房、设备等物质条件相结合。

(3) 无形资产的价值及其所能提供的未来经济利益具有较强的不确定性。前面已经提到,无形资产必须依托物质实体发挥作用,所以它所提供的未来经济效益与其所依托的物质实体或使用者的具体环境有密切关系,影响因素非常复杂。而且某些无形资产具有共享性和转移性,可能为多个控制主体所利用,这种伸缩性使得无形资产的潜在价值的衡量具有不确定性。有时它的附加值可能很高,有时又可能很低,这种不确定性也同时带来很大的风险。

(4) 无形资产往往具有信息、知识或权利的特点。这个特征突出表现在:生产成本或获取成本具有较高的不确定性;它的转移或扩散极易发生且往往不易识别;其使用价值有急剧变化的可能。

品牌资产作为一种重要的无形资产,越来越受到企业管理人员的重视,并被反映在企业财务之中,以无形资产形式出现在企业的会计账上。在企业兼并、并购、合资、资产重组、核算企业资产的种种活动中,品牌资产更成为企业关注的重要无形资产。但由于品牌作为无形资产,具有直观把握的难度,目前我国相当一部分企业还未能对品牌资产给予足够的重视,甚至没有把品牌资产提升到与有形资产同样重要的高度。这是应该引起注意的。

2.1.4.2 增值性

对一般有形资产而言,其投资与利用往往很分明,存在着明显的界限,投资会增加资产存量,利用会减少资产存量,而品牌资产则不同。品牌作为一种无形资产,其投资与利用常常是交织在一起,难以截然分开的。品牌资产的利用并不必然导致品牌资产的减少,而且,如果品牌管理利用得当,品牌资产非但不会因利用减少,反而会在利用中增值。例如,某企业把已成功的品牌不失时机地扩展到其他产品上,品牌的影响力即会扩大,如此,品牌资产不但没有因此下降,反而会有所增加。

2.1.4.3 难以准确计量性

品牌的重要价值已广泛为人们所认知,如何计量品牌资产是企业非常关心的问题。品牌资产评估需要用一系列指标体系进行综合评价,是一项全新而又复杂的工作,同时,品牌资产是一种无形资产,它的计量难于有形资产,甚至可以说是难以准确计量。首先,品牌作为一种无形资产,是高智力的成果,主要是由复杂的脑力劳动创造的。因此,它的货币表现,数值相对较高,其计量也很复杂,具有测量的不准确性和不确定性。其次,品牌资产的特殊构成决定了品牌资产难以准确计量。前面我们已提到,品牌资产是由品牌认知、品牌品质形象、品牌忠诚等构成,这些构成要素相互联系、相互影响、相互融合、彼此交错,难以截然分开,而且,有些构成要素具有共享性,可以转移,可能为多个控制主体所利用,这些都使得品牌资产难以准确计量。还有很重要的一方面是品牌的潜在获利能力具有很大的伸缩性和不确定性,如品牌在消费者中的影响力、品牌投资强度、品牌策略、产品市场容量、产品所处行业及其结构、市场竞争的激烈程度等,这些都增添了准确计量品牌资产的难度。

2.1.4.4 波动性

从品牌资产构成上可以看出,无论是品牌知名度的提高,还是品牌忠诚度的增强,抑或是品牌品质形象的改善,都不可能一蹴而就。品牌从无到有,从消费者感到陌生,到消费者熟知并认同,进而产生好感,是品牌运营者长期努力的结果。尽管品牌资产是企业以往投入的沉淀与结晶,但这并不表明品牌资产只增不减。事实上,企业品牌决策的失误,竞争者品牌运营的成功,都有可能使企业品牌资产发生波动,甚至可能是大幅度下降。实践证明,知名品牌的价值并非像人们想象的那样单向直线上升,而是上下波动的。在品牌发展的过程中,会出现品牌自然老化现象,也可能遇到突发事件对品牌产生灾难性的打击。此时,如果品牌管理者不能作出正确的决策,那么品牌的资产价值就急剧下降;如果能采取行之有效的措施,品牌的资产价值不但不会下降,反而会上升。可以说,每一个品牌的资产都在变化之中,有的上升,有的下降,有的甚至出现负面价值。这种波动与市场环境变化有关,但是最根本的是由品牌之间的激烈竞争引起的。即使拥有世界知名品牌的企业也不可能高枕无忧。

2.1.4.5 营销绩效的主要衡量指标

品牌资产的实质是销售者(卖者)对交付给买者的产品特征、利益和服务等方面的一贯性承诺,为了维系和发展企业与消费者之间互惠互利的长期交换关系,需要积极开展营销活动,履行各种承诺。可以说,品牌资产是企业不断进行营销投入或开展营销活动(包括市场调查、市场细分、市场选择、产品开发、制定产品价格、选择分销渠道、统配促销方式等)的结果,每一种营销投入或营销活动都或多或少地会对品牌资产存量的增减变化产生影响。正因为这样,分散的单一的营销手段难以保证品牌资产获得增值,必须综合运用各种营销手段,并使之有机地协调与配合。像奔驰、可口可乐、索尼等世界著名品牌之所以能够长盛不衰,与品牌运营者拥有丰富的营销经验和娴熟的营销技巧是密不可分的。这样看来,品牌资产的大小是各种营销技巧和营销手段综合作用的结果,它在很大程度上反映了企业营销的总体水平,品牌资产是营销绩效的主要衡量指标。

2.2 从品牌资产到品牌价值——品牌资产价值

2.2.1 品牌资产价值概念的源起

2.2.1.1 营销革命

第二次世界大战以后的几年中,企业发展中的最重要的适应机制之一是具有管理顾客对自己产品和服务需求的能力。50年代后期,哈佛商学院的教授泰德·李维特(Ted Levitt)撰写了一篇名为《营销近视》的权威性文章,在文中他告诫企业,要为产品和服务创造需求而不仅仅是依照订单生产。他指出,企业为了控制收入和利润,必须以营销为焦点,而不能以销售或生产为中心,从而引发全球性的"营销革命"。

营销革命,如同所有的革命,"为它们的'巴士底狱风暴'找到了满意的武器:品牌"(西蒙·诺克斯,1998)。几十年来,强大的消费品品牌和企业名称激发了一定程度的顾客忠诚,而顾客忠诚能使企业营业额稳定并产生健康正常的利润边际。所以,"消费者对商品品牌的忠诚是品牌资产价值的核心,拥有了品牌忠诚度就拥有了一批稳定的消费者。品牌是企业的无形资产,拥有著名品牌就拥有巨大财富"(山本一郎,2000)。品牌忠诚度乃品牌资产价值的核心内容之一。

2.2.1.2 意识革命

营销革命的迅猛发展,把品牌推到了国际经济舞台的最前端。在整个20世纪80年代,品牌就是一切,引发品牌意识革命。品牌管理,作为一项准则,从它的起源——消费品,迅速扩散到公共设施、金融服务、计算机业、零售业、休闲业,甚至工业产品中。几乎每一个企业都宣布以营销为主导,并通过对品牌的投资额来表达对品牌的重视程度。当一个又一个的公司投入到"营销革命"时,整个产业内的高质量消费品的推广就使企业需要大量的品牌营销人员。在一些领先的行业,营销人员从工程、项目管理和职能管理中发展出来,这些行业建立起了营销部门。演绎了现代以及当代品牌管理神话的宝洁公司

(Procter & Gamble Company),其企业组织完全以品牌经理人为中心,其管理系统的基本原则就是:"让品牌经理像管理不同的公司一样来管理不同的品牌。"(查尔斯·戴克,1992)此管理系统是品牌管理的鼻祖,并成为其他运用品牌管理系统公司的楷模,这一管理理念目前已成为宝洁公司经营运作的基石之一。

在经济实务中"不仅品牌化成了重要的经营策略,而且品牌也成了付出巨额投资的企业的高价值财富"(西蒙·诺克斯,1998)。强劲的消费品品牌的垄断特权在竞争中是如此地难以逾越,以至于那些打算扩张到新市场中的企业发现从零做起树立品牌太费时费钱。那些有能力筹到大量资金的企业,为了加速产品种类扩大和地理扩张战略的实现,常常倾向于购买领先的品牌。20世纪80年代中后期,兼并领先品牌的企业需要支付超过所购企业净资产价值的巨额溢价。溢价反映了被兼并企业的营销体系、顾客关系和专有技术方面的潜在价值,可以说,绝大部分溢价归因于所购的品牌价值。

2.2.2 品牌资产价值界定的雏形

在20世纪80年代中期,品牌资产价值(Brand Equity)并没有列入企业的资产负债表中,"到现在为止,我们一直谨慎地不把品牌列入资产之中"(莱斯利·D.彻纳东尼,1986)。因为此时品牌资产价值之概念还处于雏形,尚显"幼稚"。只有当品牌资产价值列入资产负债表,才能确定品牌理论的确立。但此时人们研究与产品相关之关系中已明显包含与顾客之关系(这种品牌与顾客的关系成为品牌理论的最重要的基石)。这种与顾客的关系不仅被企业的名称而且被产品名称拟人化了。欧美的学者此时期研究品牌与商品的差别则以是否有"附加值"来概括(这种附加值是建立在与顾客关系的基础之上)。"一个品牌的价值,并不是完全构成元素的总和,而是大于其总和","这些附加价值是消费者难以用言语表达的情感价值"(莱斯利·D.彻纳东尼,1986)。从莱斯利·D.彻纳东尼的论述中我们可以理解到:消费者把这些情感价值给予一种产品,它包括产品本身、包装、推广、价格和营销渠道。所有这些因素混合在一起会在消费者心目中形成一个特定的位置,建立起一种特殊的顾客关系。"品牌位置越独特,消费者接受替代品的可能性越小"(莱斯利·D.彻纳东尼,1986)。

正如美国Market Facts公司对品牌资产价值所下的定义:"对某人来说,品牌资产价值是一种是否继续购买你的品牌的意愿。因而,对品牌资产价值的测量则与对固定用户较流动用户而言的连续一体之测量内容和顾客忠诚度有密切关系。"

莱斯利·D.彻纳东尼认为,品牌之间的竞争很大程度上是附加值的竞争。他首先绘出了一个图形来表达附加值的重要性,之后基于此界定了品牌资产价值概念,并建立了品牌资产的研究框架。

从图2-1可以理解莱斯利·D.彻纳东尼对品牌资产价值所作的概述:"使企业赢利的不是工厂,而是与顾客的关系",而"品牌名称使得这种关系更安全,更牢固。既然可以给被出售的企业估价,也就应该可以确定以品牌为代表的营销资产的价值"。

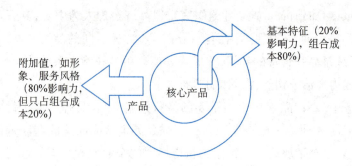

图 2-1　品牌附加值与基本特征的类比

(资料来源:彻纳东尼,麦克唐纳.创建强有力的品牌[M].管向东,孙莹,孙志恒,译.北京:中信出版社,2000:12)

这是笔者所查阅到的较早的对品牌资产价值这一概念的界定。这一界定确立了顾客关系在品牌资产价值中的核心地位,能从彼时的营销实践中概括出这一点,也就足够了。

笔者无意于刻意评判莱斯利·D.彻纳东尼的见解是否说的是品牌资产价值的定义,但要强调的是莱斯利·D.彻纳东尼提出了两个重要的概念:一是基于营销资产的品牌资产价值,二是"品牌会计"(Brand Accounting)。看似不经意提出的概念奠定了品牌资产价值理论研究的基石。在此基础上,品牌资产价值以及品牌价值的评估(品牌会计)得以发展完善。

基于莱斯利·D.彻纳东尼个人兴趣所在,他说"对品牌资产价值的概念不必细究。只要将某一产品或某一项服务冠以特定的品牌名称,只有当该品牌带来的收入流量高于这一领域里的平均水平时,品牌资产价值才真正存在"。他认为"品牌资产价值是由支撑着品牌的不同的属性构成,它能增加公司资产负债表上的价值"。

2.2.3　品牌资产价值的功能性定义

品牌被推到国际经济舞台最前面,许多广告商和营销界人士一直在极力宣传,力图使人们相信品牌资产价值是企业最宝贵的财富。20世纪80年代出现的观念的巨大转变,除了品牌意识革命外,还有就是以往人们以有形资产作为评估标准,而现在,企业则把它无形的、看不见的品牌视为最宝贵的财富。理论界还在积极地探索为品牌资产价值下一个确切的定义。美国市场营销科学协会集群体智慧,把品牌资产价值定义为:一部分消费者、渠道成员和母公司的一系列的联想和行为,品牌借此而获得比无品牌产品较高的收入和边际利润,并借此而比竞争者获得强势、持续的差异化的优势。

依笔者对这一定义的理解,可得三个要点:一是基于消费者对品牌的感受以及由此而主导的行为,顾客关系是品牌资产价值的核心。二是品牌基于此而获得的强势的、持续的、差异化的优势。差异化是品牌理论以及品牌价值战略的重点。三是消费者对品牌产品的联想。这一定义确定了品牌资产价值之重要内容的品牌联想概念。

从界定中可以看到,美国市场营销科学协会这一定义是从企业角度进行界定的,也就是从品牌资产价值对企业的功能的角度界定而不是从消费者的角度。"不管消费者买不买这个品牌,消费者获利率的总和构成品牌获利率。""我们必须重视品牌真正获利的来源:特定的购买品牌的消费者。"(格斯·哈伯,《差异化行销》,1995)。

2.2.4 品牌资产价值功能认知及概念比较

2.2.4.1 品牌资产价值:企业价值的体现

20世纪80年代中后期西方发达资本主义的兼并浪潮中,人们认识到金融资本与品牌的融合其实是实际价值与法定价值之间的差价所造成的心理效应,使得品牌金融分析和市场分析之间始终有距离。"无数消费者和商家对品牌的偏好所产生的品牌经济价值是品牌收益增长的重要原因。"(让·诺尔·卡菲勒,1992)产生这种心理效应的理由有三:

(1)驰名产品的良性循环有助于稳定和扩大品牌知名度。

(2)驰名产品在消费者心目中享有独一无二的特殊地位。

(3)品牌魅力是永久的,产品的销售取决于消费者和商家对品牌的偏好和忠诚。消费者可能会随时空的变化而降低其对品牌的偏好和忠诚。但是,品牌的魅力是永久的。

我们知道,一个品牌产品凝聚着消费者的综合印象,它对商家和品牌所有者的活动具有持久效力。况且从品牌之源头法律说起,品牌是企业产品的标志,通过注册和登记获得认可。

2.2.4.2 品牌资产价值——消费者的价值源泉

回溯品牌发展史,我们知道品牌出现的主要原因之一是伴随着消费者的不安全感而来。一旦消费者的不安全感消失,品牌可能"不会再发生效力,充其量不过是产品名称,不再具有参照意义、导向功能和增值效应,行业危机会随着产品单价的升高而增长"(让·诺尔·卡菲勒,1992)。所以,"消费者的不安全感是品牌存在的基础"(大卫·艾克,1989)。品牌虽只是一种外在的标记,把其产品中无形的,仅靠视觉、听觉、嗅觉和经验无法感觉到的品质公之于众,它不但可以消除消费者的不安感,而且能为消费者带来一种享受。由此可见,品牌不仅汇聚各种信息显示其价值,还有很多作用。是故"品牌是消费者的价值源泉"(让·诺尔·卡菲勒,1992)。

品牌资产价值基于品牌的功能,品牌在市场上对消费者和经营者来说都十分醒目并具有双重导向作用:在行业领域内,品牌对整个行业的重大发展起调整导向作用;在企业经营上,品牌对企业的高速度、高效益、低风险、可持续发展具有导向作用。

2.2.4.3 品牌资产与品牌价值

让·诺尔·卡菲勒教授在调查研究分析了欧美市场上的这些情况之后,归纳了品牌分析中的各种概念,并对品牌资产价值形成进行了总结。

>品牌意识
>+形象
>+可见的质量
>+形象引起的联想
>+熟悉程度、好感
>=品牌资产 ⟶ 品牌增值
>　　　　　　　-品牌设计与管理费用
>　　　　　　　-投入资金
>　　　　　　　=品牌价值

"任何产品在品牌初建阶段都很一般,但是,过了一段时间,品牌就会有自己独立的内容了。开始时就好像把一个毫无意义的词附在一个新产品上,可是,年复一年,却能形成一种含义。这种含义由记忆中的交流和产品组成,解释可及和不可及之处。"(让·诺尔·卡菲勒,1992)

至此,关于品牌资产和品牌价值的理论架构初步成形。这一理论的梳理,为品牌资产价值的确定提供了坚实的理论基础。

2.2.5　品牌资产价值的确立

1991年以后,品牌资产价值一词风靡全球,市场营销、管理、公关、广告等相关领域的学者纷纷研究品牌资产价值,试图界定之,试图给其下一个确切的定义。无论怎么说,这种现象是可喜的,因为"它把至今(20世纪90年代初期)一直被忽视的品牌在市场营销战略中的重要性突出出来,并为管理实践和理论研究提供了焦点"(林恩·B.阿普绍,1998)。尽管这一时期对品牌资产价值这一概念没有形成统一的界定和测量体系,但是,它们对品牌资产价值这一理论的完善起到了巨大的推动作用;更为重要的是,在这一阶段,品牌资产价值作为独立的至关重要的资产为人们所接受,名正言顺地登堂入室,被列入企业的资产负债表中。

或许你会惊讶:最先发现品牌资产价值的是企业的财会人员。这些财务管理人员不是以往的会计,而是那些要收购或大力兼并品牌企业的财务主管。1985年之前,企业收购价一般按该企业的财务状况来确定,即使该企业拥有品牌,人们会认为企业利润中包含了品牌的资产价值。通常,竞价高于利润的10倍以上。那些收购别的企业的企业财务主管们发现,被收购的企业在核算完债务之后,资产并不如预期的那样大,有时还很夸张。现在的人们已经明白,实际支付的收购价与被收购企业的净资产(即企业的实际价值)之差,就是品牌资产之价值。但在当时,人们还不能确定品牌资产价值的来源,因为品牌资产价值理论还没有被完全认可。一旦品牌资产价值理论成熟,就能确定品牌资产价值的来源,亦可以有理论依据地对品牌进行评估。

在这一过程中,真正期望品牌资产价值理论早些成熟、对品牌资产价值有科学合理的方法以进行评估的是企业的营销人员,他们更是极力主张公布品牌资产价值,因为这样可以更好地显示他们的业绩。"这标志着品牌作为费用项变成资产投资项的一个重大转变。"(让·诺尔·卡菲勒,1997)

由此可见,经济运作的实践需要品牌资产价值理论的进一步发展,以用来指导营销实践。1991年,美国加利福尼亚大学伯克利分校的营销学教授、品牌理论领域的专家大卫·艾克在经过了多年的调查研究之后,出版了其颇有影响的力作《管理品牌资产》(Managing Brand Equity)。在此书中他把品牌资产价值定义为:

"一组品牌的资产和负债,它们与品牌的名称、标志有关,可以增加或减少产品或服务的价值,也会影响企业的消费者和用户。"

大卫·艾克把这些资产和负债分为五个部分:品牌忠诚度、品牌知名度、质量表现、品牌伴生物和品牌关联资产(如专利、商标等)。

现在我们也许都清楚,品牌资产价值包括品牌知名度、品牌美誉度、品牌忠诚度、品牌联想、品牌关联资产(如专利、商标等)。可以说,我们现在的品牌资产价值的理论几乎还是在大卫·艾克的影子下做一些修修补补的工作。

与大卫·艾克对品牌资产价值的定义相近的定义还有:

1991年2月5—6日,约翰·布劳特斯基(John Brodsky)在ARF第三届年度广告和促销专题研讨会上的发言中为品牌资产价值下的定义:

"相对于一种可定量测算的品牌而言,品牌资产价值是前几年之市场营销活动努力而得的销售和利润成果。"

1991年2月5—6日,瓦尔克·史密斯(Walk Smith)在ARF第三届年度广告和促销专题研讨会上的发言中为品牌资产价值下的定义:

"是一种从成功的产品或服务的项目和行动中产生的可测量的金融资产。"

1991年10月,得克萨斯大学的雷杰·斯利瓦斯塔瓦(Raj Stivastava)和明尼苏达大学的阿兰·萧克(Allan Shocker)发表了其二人合作的论文《含义与测量的视角》(The Perspective of Meaning and Measurement),在文中他们把品牌资产价值定义为:

"品牌资产价值包括品牌力量和品牌价值。品牌力量是指作用于品牌消费者、渠道商以及母公司之上的一组联想和行为。借此,品牌可拥有持续的、差异化的竞争优势。品牌资产价值是平衡品牌力量和战术战略行为并提供超级现金流和未来利润的以及降低风险之管理能力的金融成果。"

以大卫·艾克定义为代表,品牌资产价值理论进入成熟阶段,登堂入室,进入经济管理理论领域,名正言顺地用以指导品牌价值评估以及企业并购等经济实践。

2.2.6　品牌资产价值的完善

20世纪的最后五六年,世界经济是在动荡不安中度过的。日本经济继续衰退,亚洲发生了金融危机;欧洲经济危机不断,失业大增;东欧苏俄经济休克后开始疗伤;国际跨国公司在世界经济中翻云覆雨,要么兼并别人,要么被别人兼并。无论是兼并还是被兼并,品牌资产价值理论都为经济实践做出了贡献。而品牌资产价值理论本身则在地位被确定之后,走上了进一步完善之路。

一般而言,大多数市场营销观察者同意,品牌资产价值独一无二地归功于品牌对市场营销活动的作用。也就是说,品牌资产价值与这样的事实有关:一种产品或服务的市场营销因其品牌名称和品牌的其他要素与同类无品牌产品相比较,会导致不同的结果,尽管关于品牌资产价值之概念的观点是不同的,但是一般都同意品牌资产价值是过去几年当中品牌化所赋予产品的"附加值"。他们都承认有很多不同的创造品牌资产价值的方法和途径;品牌资产价值为人们提供了一种解释市场营销战略和获得品牌资产价值的公共模式;人们也承认有很多证明和开拓品牌资产价值的方法可以使得企业获益。尽管有这些共同的地方,但是,激发和定义品牌资产价值的特殊方法是变化的,这极大地依赖于所采用的研究视角和研究方法。

1995年美国的学者查克·佩蒂斯(Chuck Pettis)在其所著的《技术品牌》(*Techno Brands*)一书中进一步阐述了品牌资产价值的概念。他认同别人的观点,直接把品牌资产价值定性为"一种附加值",但是他确定品牌资产价值包含五个方面:品牌意识、品牌联想、产品高质量、品牌忠诚度、品牌专利(如商标、专利)。他说:"品牌资产价值是一种产品或一个企业的识别标志给其带来的附加值。与产品或公司的价值相比,品牌资产价值是一整套能使品牌的产品或公司增加或降低其知名度的相关行为。品牌意识、品牌专利(如商标、专利)、品牌联想、产品的高质量、品牌忠诚度都是衡量资产与负债的范畴,也就构成了品牌资产价值。"

1998年美国学者凯文·莱恩·凯勒在其所著的《战略品牌管理》(*Strategic Brand Management*)一书提供了一种解释品牌资产价值含义的特定视角和对品牌资产价值观念的细致检测(乃基于消费者的品牌资产概念)。他考虑了基于消费者的品牌资产价值的来源和由此来源所带来的结果或利润。因此,他的品牌资产价值理论结构更倾向于从消费者的视角出发,理解消费者的需求和欲望,然后设计产品和项目以满足他们,是成功之市场营销的核心。市场营销者面临的两个基本的重要的问题是:

(1) 不同的品牌对消费者来说意味着什么;

(2) 消费者的品牌认知怎样影响消费者对市场营销活动的反应。

基于消费者的品牌资产价值理论结构吸收了当今理解和影响消费者行为的理论的优点和管理实践。特别地,基于消费者的品牌资产价值被定义为:品牌认知是品牌营销的基础,在品牌认知基础上产生品牌营销的溢价和效果。当一种品牌产品与同类的无品牌产品相比,在市场上被消费者认可并且更愿意购买时,我们说,这个品牌具有积极的基于消费者的品牌资产价值。因而,一个具有积极的基于消费者的品牌资产价值可获得这样的好结果:消费者更愿意接受新的品牌延伸;消费者很少在意此品牌产品的提价;消费者乐意在新的分销渠道中寻求此品牌;此品牌的商家可减少广告支持。而具有负的基于消费者的品牌资产价值则与之恰恰相反。

有关 Brand Equity 的译法,有译成品牌资产、品牌价值、品牌权益、品牌权利、品牌产权、品牌资产价值等不同中文概念,相比之下,我们更认同莱斯利·D. 彻纳东尼 1986 年提出的基本架构,即"对品牌资产价值的概念不必细究。只要将某一产品或某一项服务冠以某一特定的品牌名称,只有当该品牌根据带来的收入流量高于这一领域里的平均水平时,品牌资产价值才真正存在。""品牌资产价值是由支撑着品牌的不同的属性构成,它能增加公司资产负债表上的价值"。同时,我们认为美国学者林恩·B. 阿普绍(Lynn B Upshaw)在其所著的《塑造品牌特征》(Building Brand Identity)一书中将品牌资产与品牌价值作等同理解:"品牌价值是品牌资产的货币化形式。"(1995)现在有学者认为,可以用"品牌价值"(Brand Value)来替代"品牌资产"(Brand Equity)的概念。因为,事实上各种流派在阐述品牌资产价值概念时,实际上都认为品牌资产价值的核心是"品牌价值":财务观点为"品牌资产"赋予会计意义的价值;基于消费者的观点则认为"品牌资产"实际上是消费者如何理解品牌的价值;而品牌成长的观点则把品牌资产的价值与品牌扩张的成本联系起来。这些译名中,品牌资产、品牌权益、品牌权利、品牌产权比较倾向于品牌拥有者的利益,品牌价值更倾向于品牌在受众心目中的评价,而这种评价的定量化测定,同样构成品牌拥有者的利益,所以我们使用品牌资产价值的概念,包容性比较完整,其含义也比较准确。

2.2.7 品牌资产价值的概念与特征

品牌之所以有存在意义就在于它有品牌资产价值,正是这种资产价值,才产生个性、信心、识别等社会属性和根本属性。所以无论是讨论品牌延伸还是品牌的创新,最重要的是先认定品牌的资产价值。

品牌资产价值是指品牌所具有的影响消费者的力量,它是对品牌的综合评价,也是对品牌进行人为的量化研究的结果。它也是品牌之所以存在的意义所在。

众所周知,美国苹果公司拥有众多忠实的用户,每当苹果公司有新产品发布,都会有大量疯狂的粉丝进行抢购。此外,尽管苹果公司的产品自身在设计方面存在着一些缺陷,在价格方面明显高于其他同类产品,却依然拥有众多忠实的用户,这正是苹果公司的品牌资产价值所在。

正因为品牌具有了这种资产价值,我们才发现无论是高档的耐用品,还是低档的消费品,无论是工业用品,还是消费用品,无论是国外产品,还是国内产品,都被包装了具有特色的品牌外衣。有资料显示,通常有品牌的商品要比无品牌的商品贵 15%—30%,其销量是无品牌的商品的 2—3 倍[①]。就如拥有世界著名商标 Marlboro 的万宝路公司的总裁马克斯韦尔宣称的那样:"名牌就是企业发展的最大资产,企业的牌子如同储户的户头,你不断用广告累计其价值,便可享用它的高额利息。"

品牌资产价值的特征是多方面的,其中最主要表现为以下七个方面。

2.2.7.1 客观性

不管你愿不愿意,品牌资产价值是客观存在于品牌之中的,这是品牌资产价值的最基本特征。品牌之所以受到人们的青睐就是因为其内在价值的存在,当人们愿意支付比产品本身价值要高的价格去购买商品时,实际上就是为品牌资产价值买单。

2.2.7.2 流动性

品牌资产价值如同产品一样,具有生命周期性,它会受到品牌综合实力和市场环境变化的影响。

2.2.7.3 经济性

品牌资产价值体现了企业的经营业绩,良好的品牌资产价值可以给企业带来超过其行业平均利润率的利润。

2.2.7.4 计量性

品牌资产价值是对品牌人为的量化分析,它可以用数字来表示,英特品牌(Interbrand)公司、凯度公司、美国《金融世界》等国际著名品牌评估公司,每年都会对全世界的品牌资产价值进行评估。

2.2.7.5 促销性

企业创立了知名品牌,就拥有吸引消费者的力量,这种力量比任何其他促销手段,都更能有效持久地大幅度增加销量。

2.2.7.6 竞争性

利用知名品牌与非知名品牌竞争,是一种居高临下的优势垄断的竞争,它在争夺消费者、抢占市场份额上,有着其他竞争手段所不能比拟的优势。

2.2.7.7 扩张性

品牌一经形成知名品牌,就可以此为条件,进行兼并、收购、联营,以扩大自己的实力

[①] 叶明海.品牌创新与品牌营销[M].石家庄:河北人民出版社,2001:21.

和规模,占有更大的市场份额。

2.3 品牌资产价值的评估

2.3.1 品牌资产价值评估的内涵

通过品牌价值量化,测定品牌的市场竞争力,这已成为国际上通行的做法。不同的品牌评估体系并存也属于正常现象。可是,许多人对品牌评估缺乏正确的认识,甚至将品牌评估与有形资产评估、商标评估、名牌评定等混为一谈。为了澄清对品牌评估的认识,有必要先区分一下品牌评估与有形资产评估、商标评估和名牌评定之间的不同。

2.3.1.1 品牌资产价值评估不同于有形资产评估

1) 相对性

品牌这种无形资产的形成不同于有形资产,它具有不确切性、虚幻性和可变动性,因而其主观色彩较浓厚。不同的评估者因掌握或运用的评估方法、分寸不同,对同一品牌资产进行评估时,往往得出很不相同的结论,因此,评估只具有相对的意义。人们为此进行了多方面的努力,但直到目前为止,还没有一个确切或完全一致的计算方法。因此,各个不同的品牌估价机构在对品牌资产价值进行评估时,虽然可以大致得出相对近似的结果,但具体的估价数字或排列是很不相同的。

2) 市场性

品牌资产价值的评估要以市场为基础,要在市场条件下对它的价格进行评估和确认,并且其评估结果也要直接受到市场的检验。尤其在资产重组、资本运营过程中,品牌资产价值应该作为无形资产进行评估和成交(或作价入股)。这种市场交易成交的价格也是以无形资产价值为基础,充分考虑市场供求关系的状况来确定的,在品牌资产价值一定时,其价格由品牌资产供求双方的实力和讨价还价的具体操作情况决定。一般说来,供给方(卖方)实力强,在讨价还价中处于优势地位,品牌资产价格会高于其价值,因为卖方总是千方百计想抬高其价格;需求方(买方)实力强,品牌资产价格就会低于其价值,因为买方总是想尽量压低其价格。即使不进行市场成交,品牌资产也可参照市场因素评估其价值。只有在计划经济体制下,或者在向市场经济转轨过程中因缺乏无形资产观念尤其是品牌资产观念,才会忽略这一点而不进行品牌资产价值评估。在改革开放初期,中国的许多企业在与外商合资过程中,往往没有进行品牌资产评估,遭受巨大的经济损失。

3) 模拟性

品牌资产价值的评估是基于品牌这一无形资产在市场上的地位以及预测它在未来的收益,通过模拟市场的运作方式确定下来的。由于品牌资产价值是无形的又是可变的,买卖双方很难取得一致，这就要求评估机构作为中介，通过评估师按照法定的程序和科学的方法，对品牌资产价值进行评估。评估机构应根据市场动态变化的情况，模拟市场运作，选定合理的参数，计算出模拟价格。因此，品牌资产价值评估有很明显的模拟性。市场的多变性以及许多难以测定或测不准的因素，使得品牌资产评估这种无形资产的评估比有形资产评估的难度要大得多，而准确性又低得多。品牌资产评估值的模拟性，使其误差允许值较大，在一般情况下，评估相对误差在±20%左右也被认为是允许的和可以接受的。但这并不意味着评估完全由评估师主观意志来决定，恰恰相反，评估师必须根据市场各种因素的客观规定性进行计算以得出模拟市场的模拟价格，以尽可能近似地反映品牌资产的价值。

4) 公正性

品牌资产价值的评估必须具有公正性，才能具有权威性。这种公正性主要表现在：①评估中介组织人员的公正性。评估机构和评估师必须具有法定资产评估资格，并与被评估的品牌资产业务没有利害关系，能根据客观实际，公正、公平地操作评估业务。②评估业务的规范性。品牌资产评估应按法定的准则和规程进行，具有公认的行为规范和业务规范。③评估收费不与评估值发生对应的比例关系。品牌资产评估的收费额不应按其评估值的一定比例收费，而应按评估工作量收取固定评估费，这样可以避免因高估品牌资产价值而多收评估费的随意性。公正性可以最大限度地降低品牌资产价值评估中的主观性，尽可能增加其客观性。

2.3.1.2 品牌评估不同于商标评估

品牌与商标在内涵上有很多重合的地方，这是导致品牌资产价值评估（简称资产评估）与商标评估混淆的主要原因。但是我们还必须清楚地认识到，品牌与商标的外延是有很大区别的。商标属于法律范畴，而品牌是市场概念。商标是受到法律保护的品牌，品牌注册形成商标，获得商标专用权，就受到法律保护。商标是品牌的一部分。而品牌不仅比商标的外延宽泛，更重要的是，品牌与市场密切关联。品牌是产品通行市场的牌子，它强调企业与消费者的关系，是企业在产品及其相关的质量、服务等方面对消费者的承诺。可见，品牌与商标这种概念上的不同，是品牌评估与商标评估不同的根本原因。品牌评估与商标评估的不同主要表现在以下几方面。

1) 品牌资产与商标资产的构成内容不同

品牌资产的构成内容包括品牌知名度、品牌形象、品牌联想度、品牌忠诚度和附着在品牌上的特殊技术等其他资产。而商标资产的构成内容则有所不同，它主要包括设计生产商标的劳动（包括设计图形、制作印刷等过程中所花费的劳动量），在法律上取得商标专有权的费用（包括申请费、注册费、变更费和续展费等），商标所有人为了使自己的商标标定的产品的内在质量优于他人的同类商品而使用的特殊技术、配方、款式设计等方面的劳动和费用等内容。两者的内容不同，就必然使得评估结果有很大的差别。商标无论是否在产品上使用,也不管其标定的产品是否有市场,如果用成本法进行评估,商标都是有价值的;而品牌的价值只能通过该品牌所标定下的产品在市场的表现来进行评价。

2) 品牌评估与商标评估的目的不同

商标评估的目的主要是为了实现交易,因此,商标评估受交易的目的、待成交规模、交易双方或权益各方的接受程度等外在因素的影响。而品牌评估的目的则不是服务于交易,也不是为某个单独的具体企业服务,它的目的是研究品牌的市场竞争力。因此,品牌评估不受任何外部因素主观的影响,也不必考虑评价对象的接受态度,而是完全依据品牌评估体系确定的客观指标来进行。

3) 品牌评估与商标评估的原则不同

由于商标评估的主要目的是方便交易,所以商标评估强调交易性,在商标评估过程中要遵循与评估目的相适应的原则,无论采用什么方法,其评估结果都要满足交易的需要。按照国际惯例,其评估值与最终交易值误差在 10% 以内被视为是公正与准确的。可见,商标评估强调满足个别需要,商标价值之间不具备可比性。而品牌评估是为了研究品牌的市场竞争力,这种竞争力只能通过比较研究的方法来进行,所以,品牌评估强调可比性,在评估实践中必须遵循同一适用标准、同一基准时间、同一评价方法,对一组品牌群体进行比较研究。也可以说,品牌评估真正的价值在于各个品牌之间的比较性。

2.3.1.3 品牌评估有别于名牌评定

品牌和名牌是经常被使用的概念,两者有很强的关联性。这是许多人将品牌评估与名牌评定混淆的原因。一般认为,名牌就是指有较高的知名度和美誉度的品牌,但却无人为名牌评定创立一整套指标体系。在我国,名牌评定被认作是政府行为的产物。所以,名牌评定与品牌评估是两种不同的做法。

1) 名牌评定是计划经济产物,品牌评估是市场经济产物

我国以往的名牌评定是计划经济体制衍生出来的一种行政做法。在计划经济时代,政府进行名牌认定,对促进企业的发展进步及保护消费者,都有其现实意义。在名牌评定的过程中,由于没有科学、完整的指标体系,加之行政机构的不合理干预,导致名牌评定未能收到预期的效果,自然也不能适应市场经济发展的客观要求。品牌评估最早问世于西方发达资本主义国家,他们通过一整套指标体系来研究品牌的市场竞争力,进而揭示品牌及其标定下的产品适应市场的状况。因此,品牌评估是适应市场经济体制的实用做法。

2) 名牌评定是政府行为,品牌评估是中介行为

我国以往关于名牌的认定,是由政府行政机构组织评定的,由于缺乏严密和科学的指标体系,名牌评定实际上是计划体制下对企业及其领导者"政绩"的评价。因为产品销售的结果是计划的结果。计划经济体制下产生的金银奖,进入市场经济后,立得住的不多。品牌评估则不是政府行为,它是由中介机构来组织评估的,不存在对评估结果的倾向性,加之评估指标完整、科学,因此,品牌评估的结果是公正的,也是可信的。

3) 名牌评定的核心是企业及产品，品牌评估侧重于市场

在计划经济体制下衍生的名牌评定工作，完全或基本由国家控制。企业作为基本生产单位，在评定时需要考察的主要是内部管理与产品质量等状况的影响，因此，其评定指标主要是内在质量或物理指标等，故而人们常说我国名牌的认定多是定性方法。名牌评定反复强调的是"质"，强调"百年大计""耐穿耐用"，在今天看来，那种质量概念，那种名牌评定，是以企业及产品为核心的，而未能或很少考虑品牌及其标定下的产品是否能被市场所接受。在市场经济环境下，市场已由过去的卖方市场转变为买方市场，企业的产品质量好坏，品牌有无感召力，已经不完全取决于企业自身的内部管理[1]，更取决于消费者对品牌价值的认知。

2.3.2 品牌资产价值评估的原则

根据对品牌资产概念的不同理解，评估方法的侧重点不同，因而评估的结果也可能相去甚远，然而无论采用怎样的方法，都要遵循一定的原则[2]。

2.3.2.1 贡献性原则

品牌价值受诸多因素的影响。很多时候品牌价值的大小受企业与品牌战略相关的资产、营销策略等的影响，应根据当缺少品牌时对整体价值下降的影响程度来衡量确定。

2.3.2.2 客观性原则

对于企业品牌价值的评估必须建立在客观事实的基础之上。品牌价值是客观存在的，而我们是要通过对品牌资产的全面认识和判断，使品牌评估的价值接近这个客观价值量，努力使评估值与客观价值的差别缩小。评估结果具有客观性，评估过程的预测、推理和逻辑判断等也必须建立在市场和现实的基础资料上。只有秉持这一原则，评估结果才有公信力，评估机构才有权威性。

2.3.2.3 预期性原则

在品牌资产评估过程中，品牌价值可以不按照过去的成本决定，而是基于对未来收益的期望值决定。预期原则要求进行品牌价值评估时，必须合理预测品牌未来的获利能力和影响力及拥有此能力的有效期限。

2.3.2.4 专业性原则

这主要是针对评估人员而言的。品牌的价值是无形价值，其衡量的视角和维度多元，

---

[1] 刘凤军.品牌运营论[M].北京:中国人民大学出版社,2000:43-46.
[2] 杨芳平.品牌学概论[M].上海:上海交通大学出版社,2009:36.

因此需要多元化的专业技术人才。一般而言,企业品牌价值的评估需要一支懂得品牌资产评估业务、技术、市场营销、财务会计、法律、经济管理尤其是品牌战略等多学科的专家组成的专业队伍,这样才能使评估结果的公正性有技术保障。

2.3.3 品牌资产价值评估的动机与原因

品牌资产评估是指采用一定的方法,对品牌的经济指标进行量化来表现品牌资产价值的过程。这种评估的方法本身就是一种价值尺度。英特品牌(Interbrand)公司是世界上最早研究品牌评估的机构,它对世界品牌的评估具有公认的权威性,其他各国采用的品牌评估方法基本上来自英特品牌的评估模型。

品牌评估的兴起有一定的背景、原因和动机。品牌评估是在一定的市场竞争压力的背景下产生的:交通、通信和网络的发展促进了市场的竞争和繁荣,促进了商品的流通,加快了品牌的全球化趋势;品牌兼并、收购、合资以及延伸促使许多公司尽力扩大品牌资产价值;媒体产业化的兴起,导致广告以及促销的喧嚣,使得媒体效率下降;产品差别缺乏长久性和可靠性;众多企业希望提升并量化自己的品牌形象。

最初的品牌评估是企业为了改善不佳的资产负债表而采取的防御措施,很快大家便认识到品牌评估确实是极其重要及必要的,它给企业的发展带来很多好处,具有建设性的意义。具体表现在以下几点:

第一,使得企业资产负债表结构更加全面。资产负债表是反映企业一定时间点财务状况的报表。它是投资者、管理者、债权人以及与企业有相关利益关系者都需要的重要资料,也是日后品牌交易的价格基础。品牌评估将品牌资产化,使得企业的负债和贷款比例降低,显示出较小的企业风险,是量化的企业实力的一个重要方面,同时使企业获得银行贷款和投资的可能性也大大提高。

第二,提升投资者信心,激励投资者的参与意识。品牌评估可以让金融、股票市场对企业的整体实力有一个正确的认识,激励投资者的参与意识。

第三,提升企业和品牌的知名度,刺激消费者的购买欲望。品牌经过恰当的评估,可以告诉人们自己的实际价值,以此显示自己在这个品牌经营领域中的显赫地位和身份,消除品牌利益人的后顾之忧。同时品牌评估以后许多媒体争相报道,使品牌的曝光率和可信度大大提高,为消费者接受并忠诚于该品牌奠定了基础。

第四,有利于合资合作事业的开展。品牌的合资、并购在全球市场是非常普遍的现象,在合资和并购的过程中必须对品牌资产有一个合理科学的衡量。经过合理科学的评估以后,在合资、并购时就比较了解自己品牌的无形资产价值,为这种商业运作打下良好的基础,不至于在合资或者并购中吃亏。忽视品牌资产的价值是国内很多企业都存在的问题,所以在与外商合资合作时,许多好品牌被贱卖、糟蹋,给企业经营者造成了巨大的经济损失。

第五,提高决策效率。对企业各个品牌的价值做出评估后,品牌管理者可以据此对品牌的投资发展做出明智的决策,对品牌内部资源实现合理分配,提高资源的利用率,减少投资的浪费。对于品牌价值高的品牌,品牌管理者可以适当地增加对它的投资,充分挖掘其竞争潜力,为品牌带来更大的效益。对于品牌价值低的品牌,品牌管理者可以减少对它的投资,节约资金发展其他有潜力的品牌。

第六,有利于品牌延伸。品牌经过评估之后,品牌管理者能够对该品牌所在的行业和品牌自身有更加清醒的认识,能够比较科学地了解自己品牌的实力和延伸力,为品牌延伸的成功打下坚实的基础。通过品牌评估,品牌管理者可以清楚地了解到一个品牌是否有延伸的潜力和价值,增加品牌延伸的透明度和可行性,减少盲目性,推动品牌的良性发展。

需要指出的是,品牌资产的评估并不是一项主观的行为,品牌管理者不能够自己想怎么评估就怎么评估,或者为了某些私人目的而夸大品牌资产,蒙骗消费者。品牌的资产评估是有法可依的一项规范化的工作。2016年12月1日实施的《中华人民共和国资产评估法》和2020年11月29日国务院修订的《国有资产评估管理办法》,为品牌的资产评估提供了规范的程序和方法。该办法还规定了国有资产占有单位有以下情况之一的,需要进行资产评估:资产拍卖、转让;企业兼并、出售、联营、股份经营;与外国公司、企业和其他经济组织或个人开办中外合资经营企业或者中外合作经营企业;企业清算;依照国家有关规定需要进行资产评估的其他情形。这一办法所提供的方法和程序,也值得所有性质的品牌借鉴。

2.3.4　品牌资产价值评估的方法与手段

品牌资产评估体系建立的时间并不是很长,评估工作是一件难度很大的工作。它需要在种种不确定的因素中计算出一个确切的数,因此,无论什么评估方法都不可避免地带有主观性和不确定性。但是,市场经济的运行,又把品牌资产的价值评估提上了议事日程,品牌资产是重要的无形资产,完整的品牌资产评估可以填补短期财务评估和长期策略分析间的落差,取得一个平衡点。

从用途上来看,品牌资产评估有两大类。第一类是因为企业自身产权变动或因使用权拓展需要所进行的价值量化。这种评估必须根据评估目的,依据国家颁布的评估标准、方法,以个案的形式进行。第二类是用于价值比较所进行的价值量化,这种评估必须是选择同一标准、方法、基准日,进行统一的群体评估。第一类评出的可称为"交易价值",第二类评出的可以称为"内在价值",它实际上是品牌市场竞争力的客观表现。内在价值不用于交易,它表明品牌资产所带来的超值创利能力,相当于政治经济学中的价值。交易价值则相当于价格。交易价值与内在价值存在密切的关系,交易价值的基础是内在价值,内在价值作为品牌的影子价格影响到交易价格的波动。

从调查对象上看,品牌评估有三类。第一类是对CEO(首席执行官)等专业人士做"品牌力"的评估调查;第二类是由销售部门、会计单位所做的"品牌值"的推算评估;第三类是对消费者所做的"品牌资产"调查与评估。三种方法的差别除了在于评估指标不同外,也在于调查对象的不同。

具体的评估方法也有三大类。第一类是使用客观财务数据的会计方法,其结果体现品牌的交易价值;第二类是使用消费者调查的品牌资产评价法,其结果体现品牌的内在价值;第三类是结合前两种方法的多重推测法,最具代表性的是英特品牌公司建立的评估模型。

2.3.4.1 会计方法

会计方法主要有四种:成本法、市价法、收益法和股票市值法。

1) 成本法

(1) 历史成本法。历史成本法是依据品牌资产的购置或开发的全部原始价值估价。最直接的做法是计算对该品牌的投资,包括设计、创意、广告、促销、研究、开发、分销等。例如,美国的埃克森石油公司为了得到这个识别性极强的新名字,聘请各路专家历时数年,耗费巨资,从上万条候选名字中经反复斟酌才确定,而推广这个新名字花了上亿美元。

这种方法的主要问题是如何确定哪些成本需要考虑进去,如管理费用要不要算,如何算。品牌的成功归因于公司各方面的配合,这种成本很难计算出来。即使可以,历史成本的方法也还存在一个很大的问题,即无法反映现在的价值。因为它未曾将过去投资的质量和成效考虑进去。使用这种方法,会高估失败或较不成功的品牌的价值。

(2) 重置成本法。重置成本法是按品牌的现实重新开发创造成本,减去其各项损耗价值来确定品牌价值的方法。重置成本是第三者愿意出的钱,相当于重新建立一个全新品牌所需的成本。其基本计算公式为:

$$品牌评估值 = 重置成本 \times 成新率$$

按来源渠道,品牌可能是自创或外购的,其重置成本的构成也因此是不同的。企业自创品牌由于财会制度的制约,一般没有账面价值,所以只能按照现时费用的标准估算其重置的价值总额。外购品牌的重置成本一般以品牌的账面价值为依据,用物价指数调整计算,公式为:

$$品牌重置成本 = 品牌账面原值 \times (评估时物价指数 / 品牌购置时的物价指数)$$

成新率是反映品牌现行价值与全新状态重置价值的比率。一般采用专家鉴定法和剩余经济寿命预测法。后者的公式为:

$$品牌成新率 = 剩余使用年限 / (已使用年限 + 剩余使用年限) \times 100\%$$

这里要注意的是,品牌原则上不受使用年限的限制,但有年限折旧因素的制约,不过它不同于技术类无形资产的年限折旧因素。前者主要是经济性贬值(外部经济环境变化)和形象性贬值(品牌形象落伍),后者主要是功能性贬值(技术落后)。

2）市价法

这种方法是通过市场调查，选择一个或几个与评估品牌相类似的品牌作为比较对象，分析比较对象的成交价格和交易条件，进行对比调整，估算出品牌价值。参考的数据有市场占有率、知名度、形象和偏好度等。应用市场价格法，必须具备两个前提条件：一是要有一个活跃、公开、公平的市场；二是必须有一个近期可比的交易参照物。但在执行上存在一些困难。因为对市场定义不同，所产生的市场占有率也就不同，且品牌的获利情况和市场占有率、普及率、重复购买率等因素并没有必然的相关性。这些市场资料虽然有价值，但对品牌在财务价值的计算上却用处不大。

3）收益法

收益法又称收益现值法，是通过估算未来的预期收益（一般是"税后利润"指标），并采用适宜的贴现率折算成现值，然后累加求和，得出品牌价值的一种评估方法。

在对品牌未来收益的评估中，有两个互相独立的过程：第一是分离出品牌的净收益，第二是预测品牌的未来收益。

收益法计算的品牌价值由两部分组成：一是品牌过去的终值（过去某一时间段上发生的收益价值的总和）；二是品牌未来的现值（将来某一时间段上产生收益价值的总和）。

但是，有些人对收益法仍然持怀疑态度，他们认为这种方法的不可靠性在于：预计的现金流量无法将竞争对手新开发的优秀产品考虑在内；贴现率的选取太主观；时间段的选取也太主观。

4）股票市值法

股票市值法[①]，由美国芝加哥大学 C. J. 西蒙（Simon）和苏里旺（Sullivan）提出，以公司股价为基础，将有形与无形资产相分离，再从无形资产中分解出品牌资产。适用于上市公司的品牌资产评估。第一步计算公司股票总值 A。第二步用重置成本法计算公司有形资产总值 B，无形资产总值 C＝A−B。无形资产由三部分所组成：品牌资产 C1、非品牌因素 C2（如 R&D 和专利等）以及行业外可以导致获取垄断利润的因素 C3（如法律等）。第三步确定 C1、C2、C3 各自的影响因素。第四步建立股市价值变动与上述各影响因素的数量模型，以得出品牌资产占公司有形资产的百分比（也可导出不同行业中品牌资产占该行业有形资产的百分比）。由 B 即可得出品牌资产 C1。

2.3.4.2 基于消费者调查的品牌资产评价法

基于消费者调查的品牌资产评价法主要是结合品牌资产的一些评估体系以及模型对于品牌进行评估，学者卢泰宏在其综述性论文中总结出了四种最具代表性的基于消费者关系的评估模型[②]：

[①] 卢泰宏. 品牌资产评估的模型与方法[J]. 中山大学学报（社会科学版），2002(3)：90.
[②] 卢泰宏. 品牌资产评估的模型与方法[J]. 中山大学学报（社会科学版），2002(3)：92-94.

1）品牌资产评估电通模型

由扬·鲁比广告公司（Young & Rubicam）提出，其前身是朗涛形象力（Landor Image Power）模型。该模型使用邮寄自填问卷，每三年进行一次消费者调查，覆盖了19个国家450个全球性品牌及24个国家的8 000多个区域性品牌。调查中由消费者用以下四方面指标对每一个品牌的表现进行评估：①差异性（Differentiation）：品牌在市场上的独特性及差异性程度；②相关性（Relevance）：品牌与消费者相关联的程度，品牌个性与消费者适合程度；③品牌地位（Esteem）：品牌在消费者心目中受尊敬的程度、档次、认知质量以及受欢迎程度；④品牌认知度（Knowledge）：衡量消费者对品牌内涵及价值的认识和理解的深度。

在消费者评估结果的基础上，该模型建立了两个因子：品牌强度（Brand Strength），等于差异性与相关性的乘积；品牌高度（Brand Stature），等于品牌地位与品牌认知度的乘积。并进而构成了品牌力矩阵，可用于判别品牌所处的发展阶段。

品牌资产电通模型突出了从品牌力的角度进行评估，有利于品牌资产的诊断和品牌战略管理。它的优点是比较简单，可以覆盖品牌范围及产品的种类范围很广，模型摆脱了传统的认知-回忆模型，因而比较新颖。该模型的局限是，必须以数据库作为基础；其次，这一模型不能解释品牌选择及品牌忠诚的机制。

2）品牌资产趋势模型

由美国整体研究（Total Research）公司提出，每年调查2 000位美国消费者，1995年的调查包括100多个产品类别的700个品牌，尽管其调查的范围和问卷的长度都不如电通公司的模型，但该模型由于经过多年的调查积累了较大的数据库，因而可以更好地理解各品牌的品牌资产的运行机制及效果。该模型主要由消费者衡量品牌资产的以下三项指标：

（1）品牌的认知程度（Salience）：根据消费者对品牌认知情况进行划分，可以分为第一提及、提示前及提示后知名度。

（2）认知质量（Perceived Quality）：这是EquiTrend的核心，因为消费者对品牌质量的评估直接影响到品牌的喜欢程度、信任度、价格以及向别人进行推荐的比例。在品牌资产趋势模型的研究中，认知质量被证实与品牌的档次及使用率或市场占有率高度正相关。

（3）使用者的满意程度（User Satisfaction）：指品牌最常使用者的平均满意程度。

综合每个品牌在以上三个指标的表现，能够计算出一个EquiTrend品牌资产得分。根据EquiTrend的数据库及调查结果，美国领导品牌多年来的排名顺序都比较稳定和一致。

与品牌资产电通模型一样，品牌资产趋势模型也比较简单，而且能覆盖较广泛的品牌和产品种类，并且摆脱了传统的认知-回忆模型。但不足之处是太依靠认知质量这项指标（这项指标只能解释消费者为什么去买该品牌，但却不能解释是什么原因导致高质量）；由于认知质量和使用者满意程度两项指标的基数不一样，认知质量和使用者满意程度两项指标的相关性并不高；而且，品牌资产趋势模型没有很好地解释"各项指标的权重是如何得到的，是否对于每一个消费者都是一样"的问题。

3) 品牌资产十要素模型

由美国著名的品牌专家大卫·艾克于 1996 年提出,从五个方面衡量品牌资产:忠诚度、认知质量或领导能力、品牌联想或差异化、品牌认知与市场行为,并提出了这五个方面的十项具体评估指标:

品牌忠诚度评估:价格优惠、满意度或忠诚度;

感觉中的品质或领导品牌评估:感觉中的品质、领导品牌或普及度;

品牌联想或差异化评估:感觉中的价值、品牌个性、公司组织联想;

认知评估:品牌认知;

市场行为评估:市场份额、市场价格和分销区域。

品牌资产十要素模型为品牌资产评估提供了一个更全面、更详细的思路。其评估因素以消费者为主,同时也加入了市场业绩的要素。它既可以用于连续性研究,也可以用于专项研究。而且品牌资产十要素模型所有指标都比较敏感,可以以此来预测品牌资产的变化。其不足之处在于,对于具体某一个行业的品牌资产研究,品牌资产十要素模型指标要作相应的调整,以便更适应该行业的特点。例如,食品行业的品牌资产研究与高科技行业的品牌资产研究所选用的指标就可能有所不同。

4) 品牌资产引擎模型

品牌资产引擎模型是国际市场研究集团(Research International,RI)的品牌资产研究专利技术(Research International,1996)。该模型认为:虽然品牌资产的实现要依靠消费者购买行为,但购买行为的指标并不能揭示消费者心目中真正驱动品牌资产的关键因素。品牌资产归根到底是由消费者对品牌的看法,即品牌的形象所决定的。

该模型将品牌形象因素分为两类:一类是"硬性"属性,即对品牌有形的或功能性属性的认知;另一类属性是"软性"属性,反映品牌的情感利益。

Equity Engine 建立了一套标准化的问卷,通过专门的统计软件程序,可以得到所调查的每一个品牌其品牌资产的标准化得分。得出品牌在亲和力(Affinity)和利益能力(Performance)这两项指标的标准化得分,并进一步分解为各子项的得分,从而可以了解每项因素对品牌资产总得分的贡献,以及哪些因素对品牌资产的贡献最大,哪些因素是真正驱动品牌资产的因素。

国际市场研究集团这项技术着眼于从品牌形象的角度来评估品牌资产,从而进一步摆脱了传统的认知-回忆模型,有助于去发现品牌资产的真正驱动因素。它既可以用于连续性研究,也可以用于专项研究。不足之处是,测量问卷要针对具体行业品牌做相应调整。

2.3.4.3 财务与市场相结合的品牌资产评估法

既考虑财务数据又考虑市场影响力比较典型的是英国英特品牌(Interbrand)公司的方法。其创造的品牌资产价值评估方法是受到国际公认的方法之一,也被一些国家所借鉴和采用。

英特品牌资产评估法是英国英特品牌公司提出的一种评估法,它是一家全球领先的品牌咨询公司,采用自身首创的方法对企业的品牌价值进行计算,它所评估的企业品牌已超过数千个。该方法已经得到许多金融和市场营销人士及相关机构的认可,这些机构包括审计部门、会计师事务所、银行、评估机构、证券交易所、管理机构、广告机构、税务机关及其他政府单位等等。

英特品牌资产评估方法的一个基本假定是"品牌之所以有价值不全在于创造品牌付出了成本,也不全在于有品牌产品较无品牌产品可以获得更高的溢价,而在于品牌可以使其所有者在未来获得较稳定的收益"。所以,就短期而言,一个产品是否使用品牌对其总体收益的影响可能并不大;但从长期来看则有较大的差异,产品有无品牌、品牌知名与否,对其市场需求的稳定影响很大。以洗发水为例,"飘柔""海飞丝"等知名品牌会较一些地方性品牌具有更为稳定的市场需求,因为今年购买这些知名品牌的消费者很可能明年还会继续选用这些品牌,而购买那些影响力较小的品牌的消费者则更有可能转换品牌。一般认为,知名品牌的市场需求的稳定性、发展性要强于一般品牌,同时也意味着知名品牌比一般品牌能给企业带来更稳定的未来收益。正是在这一意义上,知名品牌具有价值。

该方法根据企业市场占有率、产品销售量以及利润状况,结合主观判断的品牌力量,估算确定品牌资产的价值①。其计算公式为:

$$E = I \times G$$

式中,E:品牌价值;I:品牌的未来收益;G:品牌因子(也称为品牌强度)。

从公式中我们看出英特品牌资产评估方法以品牌的未来收益为评估基础。为了确定品牌的未来收益,需要进行财务分析、市场分析。图2-2列出了这一方法的基本思路。

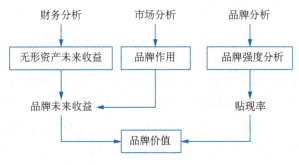

图2-2 品牌价值计算过程

(资料来源:余明阳,杨芳平.品牌学教程[M].上海:复旦大学出版社,2005:57)

进行财务分析是为了测定某个产品或某项服务的未来收益扣除有形资产创造的收益后的余额,此即属于无形资产(包括品牌)的未来收益。

市场分析的目的是揭示并确定品牌对所评定产品或产品所在行业的作用,借以决定

---

① 保罗·斯图伯特.品牌的力量[M].北京:中信出版社,2000:191-206.

无形资产未来收益中应归属于品牌的部分。调研中发现,归属于品牌的部分,其行业间差异较大。如香烟、饮料、化妆品等行业,因品牌对消费者的选择行为产生的影响较大而使这些行业的无形资产收益中应归功于品牌的部分较大;而时装、高技术产品和许多工业用品等的无形资产收益中只有较小的部分归功于品牌,较大的部分归功于非品牌资产,如专利、技术、客户数据库、分销协议等。在确定非品牌无形资产所创造的收益占全部无形资产未来收益的比重时,英特品牌公司采用的是"品牌作用指数法"。其基本思路是:从多个层面审视哪些因素影响产品的无形资产未来收益,以及品牌在多大程度上促进了无形资产未来收益的形成。尽管"品牌作用指数法"带有主观和经验的成分,但英特品牌公司认为它不失为一种较系统的品牌作用评价方法。

品牌分析是指品牌强度分析,其目的是为了确定被评估品牌与同行业其他品牌相比的相对地位,意在衡量品牌在将其未来收益变为现实收益过程中的风险。英特品牌资产评估法主要从以下七个方面评价品牌强度 G:

一是领导作用,指品牌影响市场和占有巨大市场份额、成为主导力量的能力,如确定价位、控制分销、抵御竞争者侵入的能力。一个在本产品市场或细分市场起领导作用的品牌,与排名较低的品牌相比,是更稳定、更有价值的品牌。

二是稳定性,指品牌建立在消费者忠实和历史基础上的长期生存的能力。一般而言,较早进入市场的品牌比新进入的品牌拥有更多的忠诚消费者,故其分值较高。

三是市场,指品牌交易的环境,如增长前景、变动性、进入壁垒等。一般说来,成熟、稳定和具有较高市场壁垒的品牌,品牌强度的分值较高。例如,食品、饮料等领域的品牌强度通常要高于高技术和时装领域的品牌,其原因是消费者在选择后一类产品时,更多地受技术和时尚变化等方面的影响。

四是地理扩散,指品牌跨越地理、文化边界的能力。品牌行销范围越广,辐射力越强,其品牌的得分越高。国际性品牌比国内和区域性品牌更有价值。

五是趋势,指正在发展的方向和品牌保持时代感及与顾客保持一致的能力。此指标考核评估品牌标定下的产品的新产品开发能力及品牌对行业发展方向的影响力。品牌标定下的产品越具有时代感,与消费者需求越趋于一致,其品牌的得分就越高。

六是支持,指营销宣传活动的数量和频率。此指标考核评估品牌的传播效果和消费者对品牌的支持程度。受到支持越大的品牌越具有价值。

七是保护,指品牌所有者的合法权利。此指标考核品牌注册及商标专用权情况。获得注册、享有商标专用权从而受到商标法保护的品牌价值自然要高于未注册品牌或未取得商标专用权的品牌价值;还有,与一般法律保护的品牌相比,受到特殊法律保护的品牌(如驰名商标)会获得更高的分值。

品牌强度由七个不同权重的因素组成,对每个因素都根据给定的标准打分,具体标准见表2-1。再对每一个分数加权,最后得出一个总数,即品牌强度分,以百分比形式表示;这个分数接着转化成一个收益乘数,并可计算得出与品牌相关的利润,经过一定的调整后,得出品牌收益率的加权平均值,再用品牌乘数乘上这个值。

表 2-1 英特品牌公司品牌强度属性

领导作用(25%)	地理扩散(25%)
市场份额	地理扩散
认知	国际定位
定位	相对市场份额
竞争者概况	声望
稳定性(15%)	雄心
长期性	趋势(10%)
连贯性	长期市场份额表现
坚实性	预计品牌表现
品牌认同	品牌计划敏感性
风险	竞争者行动
市场(10%)	支持(10%)
什么样的市场	信息密度
市场的本质(如多变性)	消耗密度
市场大小	高于/低于界线
市场活力	品牌授权专营
进入壁垒	保护(5%)
	商标注册和可注册性
	普通法
	诉讼/纠纷

(资料来源:杨芳平.品牌学概论[M].上海:上海交通大学出版社,2009:43)

英特品牌资产评估方法分别规定了最高分值(总分是 100),也就是"理想品牌"所获得的分值,如表 2-2 所示。但现实经济生活中的品牌很难达到这种"理想品牌"状态。品牌在上述七个因素方面得分越高,品牌竞争力就越强,品牌的预期获利年限就越长。据大量调查,英特品牌公司评估法中将品牌最低的预期获利年限确定为 6 年,将最高的预期获利年限确定为 20 年,也就是说 G 的取值范围就为 $6 \leqslant G \leqslant 20$。

表 2-2 评价品牌强度的七个方面及最高得分

品牌强度层面	最高得分
市场	10
稳定性	15

（续表）

品牌强度层面	最高得分
领导作用	25
趋势	10
支持	10
地理扩散	25
保护	15
合计	100

（资料来源：杨芳平.品牌学概论[M].上海：上海交通大学出版社，2009：43）

英特品牌公司还创立了一种 S 形曲线，将品牌强度得分转化为品牌未来收益所适用的贴现率（图 2-3）。图中横坐标为适用于将品牌未来收益折为现值的贴现率，纵坐标为品牌强度分值。由于品牌未来收益是基于对品牌的近期和过去业绩以及市场未来的可能变动而做出的估计，品牌的强度越大，其估计的未来收益成为现实收益的可能性就越大。所以，在对未来收益贴现时，对强度大的品牌应采用较低的贴现率，反之，则应采用较高的贴现率。

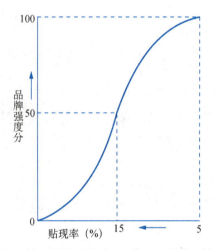

图 2-3　将品牌强度转化为贴现率的 S 形曲线

（资料来源：杨芳平.品牌学概论[M].上海：上海交通大学出版社，2009：43）

从图 2-3 中可以看出，对于强度分值为 100 的"理想品牌"或"完美品牌"，其贴现率为 5%，相当于没有任何风险的长期投资所获得的回报。对于品牌强度分值为 0（即没有任何品牌价值）的品牌，贴现率为无穷大。同时，还可以看出的是，适用于品牌未来收益的贴现率会随着品牌强度的增强（分值提高）而降低，但当品牌强度达到一定水平后，贴现率下降速度呈递减趋势。

用 S 形曲线将品牌强度分值与品牌未来收益所适用的贴现率直接联系起来（即将某

一品牌的强度分值与特定的贴现率相对应），从而用以对品牌未来收益转化为现实收益的风险做估计，这也是英特品牌资产评估法颇具创造性的方面。

2.3.5　品牌资产评估的意义

品牌资产是企业重要的无形资产，在企业资产总值中占据的比例越来越大，对品牌资产进行评估具有重大的应用价值和意义，具体来说表现在以下几个方面。

2.3.5.1　提供管理信息，提高管理决策效率

公司定期进行品牌评估或"品牌审计"，能给公司所有人提供有关品牌的信息，从而为经营者提供管理、决策依据。对各个品牌价值做出评估后，有利于经营者对品牌投资做出明智的决策，合理分配资源，减少投资的浪费。

2.3.5.2　合并和收购

在20世纪80年代初期，许多公司开始注意强大品牌的内在价值，这导致了一个空前水平的接收包括主要品牌产品业务的活动，品牌和它们的价值对获得有形资产的收购的业务是重要的，有形资产如工厂股票、仓库等——仅占收购价值的一小部分。实际上，在1988年雀巢（Nestle）收购能得利（Rowntree）的过程中，品牌资产评估充当了公司寻找可接受品牌的引爆器的角色。而且在合并和收购领域，品牌资产评估的价值是双重的：首先它有助于确定机遇，其次它还有助于价格的谈判协商。

2.3.5.3　投资代理

对任何公司来说，其股东和品牌管理者之间的沟通是非常重要的。虽然投资专家对选择的业务非常熟悉，也能对公司品牌的特征和现金流有充分的理解，然而，即便是那些拥有强大品牌的公司也会很好地向投资者论证这个事实，并重视提供方案的可行性。

品牌具有特殊强度。品牌的特殊强度就是一个品牌只在某些领域其价值才具有强势。例如，"娃哈哈"这个品牌就在儿童饮料、纯净水等方面具有强势，而在房地产等领域就丧失了这种品牌价值。投资代理者关注这类特色，有利于其作出更科学准确的投资决断。

因此所有投资者充分参与品牌资产的评估，将对品牌的特征拥有更为深刻的了解，从而更加有利于投资代理。

2.3.5.4　品牌授权

品牌授权又称品牌许可，是指授权者将自己所拥有或代理的商标或品牌等以合同的形式授予被授权者使用；被授权者按合同规定从事经营活动（通常是生产、销售某种产品或者提供某种服务），并向授权者支付相应的费用———权利金；同时授权者给予人员培

训、组织设计、经营管理等方面的指导与协助。

品牌授权是品牌发展的双赢策略。对于授权者来说,这是品牌资产从无形资产转化为有形资产的重要途径。通过品牌授权,品牌拥有者能够源源不断地获得现金收益。同时,对于被授权的厂商而言,通过专业化的品牌授权途径,无需投入巨额广告费,购买一个被消费者所认知的知名品牌,就可以凭借该品牌的知名度、良好的品牌形象和经营理念来树立一个新品牌。根据世界授权商品协会(LIMA)委托耶鲁大学和哈佛大学商学院所作的统计数据,就全世界范围来看,品牌授权业已成为一个1 600亿美元的产业,并且这个数字还在逐年上升。在《财富》杂志所列500家大型企业中,1/3以上企业的业务与品牌授权有关。

然而,品牌授权也并不总是互惠互利的过程。品牌拥有者关心的是品牌整体长远的收益率,因此必须注意品牌授权可能给品牌整体形象带来的影响;而品牌被授权者最关心的是如何在短期内实现利益最大化,而不会留心现在的决策对品牌的长远影响。这就需要借助品牌评估作为参考。

一方面,综合全面的品牌评估,可以为甄选品牌被授权者、制定品牌授权的标准乃至品牌使用费的额度提供参考;另一方面,动态的品牌评估,可以让品牌拥有者随时了解品牌授权给品牌形象造成的影响,是提高了市场占有率,还是损害了品牌形象,以便今后调整品牌授权的策略。

迪士尼公司是较早采用品牌授权制度的国际大品牌。迪士尼公司通过品牌清点和客户调研等品牌动态评估的手段,加强了对于品牌授权经营项目的管理,以保证迪士尼公司在品牌授权项目中享有更大的控制权,同时确保没有任何可能损害迪士尼品牌公众形象的商业活动发生。

2.3.5.5 资产负债表的价值

资产负债表是公司价值的表征,将无形资产与有形资产一起并排地列入资产负债表中,能够如实地反映公司的实力。尤其在信息经济时代,无形资产比有形资产显示出更大的价值和增值能力。品牌是重要的无形资产,它的累积不是一蹴而就的,需要品牌拥有者长时期的投入。将品牌资产列入资产负债表中,也是对品牌投入回报比的反映。

然而品牌资产的折算不同于房产、产品等有形的资产,必须借助于专门的品牌资产评估来进行客观、科学的评价。当前还没有建立起统一的财务评估方法,以至于它的推广和应用受到了一定的限制。

2.3.5.6 融资

增强企业的融资能力,激励投资者信心。一种将品牌资产用作抵押贷款,但中国品牌因为不稳定性而具有一定的难度。另一种将品牌融资表现为金融机构对公司的授信,授予拥有较大品牌资产的公司较大的贷款额度。因此,通过品牌评估可以让投资者对公司的价值有较正确的看法,增强投资者的信心,提高投资、融资的交易效率。

2.3.5.7 广告效应

激励公司员工,提高公司的声誉。品牌经过评估,消费者可以通过各种渠道得知企业的品牌价值,以此来推动和扩大企业品牌的市场影响。配以营销宣传,提高品牌的知名度、美誉度,树立企业形象,展示企业实力。评估后公布的品牌价值,不但向公司外的人传达公司品牌的健康状态和发展,更重要的是向公司内所有的员工传达公司的信念,激励员工的信心。

2.3.6 对于品牌资产评估的启示与思考

2.3.6.1 不同的品牌资产评估方法的启示

品牌资产评估的方法是以对品牌资产概念的理解为基础的。由于对品牌资产概念的不同的理解,所侧重的概念模型也不一样,同时评估的目的也不同,广告公司、市场研究公司和品牌资产评估专业机构各自采用不同的品牌资产评估方法,因此评估的结果也相去甚远。

不同的品牌资产评估方法,对于品牌管理具有不同的作用。顾客心智的测量模式有利于诊断品牌存在的问题,便于调整营销战略。产品市场和金融市场的测量模式更多反映了品牌过去的营销活动导致的结果,但它并不能反映品牌的未来走向。

科学、公正、客观的品牌资产价值评估方法应当尽量吸收不同评估方法的精华,做到平衡而不偏废其一,这样一来就既能指导营销战略的制定,反映品牌的未来走向,又能衡量品牌的现行表现和现时价值。

2.3.6.2 对于品牌资产价值评估的思考

作为企业的无形资产,品牌价值是由品牌资产所带来的收益。应该说,并非所有的品牌都有价值,只有那些能带来超值收益的品牌才具有价值,因而品牌评估中就出现了许多值得我们思考的问题。

1) 品牌评估具有市场影响力

品牌评估揭示了品牌价值的存在。有价值的品牌不是自封的,也不是政府部门认定的,它产生于市场,是市场竞争实力的象征,是消费者的货币选票选出来的。品牌在市场竞争中的价值实现,是企业营销、品牌运营业绩的综合反映;品牌价值是品牌拥有较强的市场占有能力、较大的市场份额、较庞大而稳定的消费者群体的象征。因此,有价值的品牌是广大消费者可以信赖的品牌。

品牌评估及其结果的媒介宣传,引起了消费群体的广泛关注,不仅提高了品牌知名度,而且也进一步促进了消费者对品牌的良好认知,进而增强了该品牌的市场竞争力。品牌评估的结果来自品牌的现实市场竞争力,同时,它又借助其市场影响力增强了有价值品牌的未来的市场竞争力。

2) 品牌评估不是精确的结果

正如我们在论述品牌资产评估与有形资产评估的区别时所说,用价值来表现品牌竞争力只能是一种大致的相对的表现。因为竞争力主要是行业内部各个企业和品牌之间市场竞争能力的比较,而在跨行业之间很难进行市场竞争力比较。这是因为,不同行业之间的市场总容量是不可能相同的(即使大致相同,这种相同也不具有联系性和必然性),并且不同行业之间的企业数量不等、企业的规模不同,市场的竞争激烈程度自然差异很大。因此,用价值来表现品牌的竞争力,也只能是一种大致的相对的表现,不可能是十分精确的认定。

为了揭示复杂的指标间的联系,并进行简化,在资产评估过程中就做了若干的前提假设,如公开市场假设(指资产将在公开市场上出售,买卖双方地位平等,并且对市场信息有充分的了解)等。在英特品牌资产评估法中,用S形曲线将品牌强度分值与品牌未来收益所适用的贴现率直接联系起来的做法虽然颇具创造性,但S形曲线呈现其特定形状所依据的原则和假定也存在一定的经验成分(尽管就总体而言是符合现实情况的)。还有,英特品牌资产评估法下的品牌强度所包含的七个因素是否囊括了所有重要的方面,以及各个方面的权重是否恰当,仍有商榷的余地。总之,指标的确定带有一定假定性,这也是导致品牌评估的结果不可能十分精确的原因。

此外,在数据采集上存在着一些遗憾,也使品牌评估结果不可能绝对精确。比如,在我国品牌价值评估过程中,原本指标统计对象是品牌,研究的是由品牌所带来的收入,但由于统计方法的限制,还难以细分到品牌,而只能以企业为统计对象。这也是今后应予以改进的地方。

总之,品牌评估的结果并不十分精确,只能作为参考。但是,品牌评估的不精确性并不表示品牌评估不重要。由于品牌评估不是为了产权交易,所以也没有必要进行十分精确的计算。这种相对精确的评估结果已经能够基本上反映品牌之间在市场上表现的差异程度。

3) 品牌评估不具有法律效力

品牌是企业的无形资产。对企业资产进行评估应该由国家认可的具备评估资格的机构来完成,这样,其资产评估结果才具有法律效力。在我国,涉及国有资产或重大项目,只有经过国资管理部门的立项和确认,其评估结果才具备法律效力,而评估的前提必须是交易需要。品牌是一种特殊的无形资产,品牌评估的目的不是为了满足交易需要,评估的对象既有国有企业和集体企业的品牌,又有股份制企业和中外合资企业的品牌,无需立项与确认,也不需要具备法律效力。品牌评估是一种比较研究和发展研究,提供的是市场上较有影响的品牌的市场竞争力。品牌评估不像商标评估那样在产权交易上具有法律效力。

4) 品牌评估为企业品牌运营领航

尽管品牌评估不是品牌价值十分精确的认定,同时这种评估结果也不具有法律效力,但是,品牌评估毕竟是通过品牌之间的比较来探究品牌在竞争中的价值的,所以仍是一项有意义的科学研究工作。为了实现研究目的,在品牌评估的实践中,评估者研究、创立了一整套评价指标(虽然指标尚存在一些不尽如人意之处,但研究者们正努力使之进一步完善)。这些指标虽不能说是品牌市场竞争力的全面而真实的反映,但其中的大部分指标所表现的品牌竞争力是能够为多数人所认同的。例如,品牌拓展市场的能力,品牌的超值创利能力和品牌强度,以及决定品牌强度大小的"生存力"(此指标考核品牌的稳定性,即品牌的保值增值能力)、"市场力"(此指标考核品牌在同行业中的地位,即通过对某品牌下的产品的市场占有率的测评,进而评估品牌的市场竞争力)、"辐射力"(此指标考核某品牌下的产品的市场覆盖率,借以评估品牌超越地理和文化边界的能力)、"趋势力"(此指标考核评估品牌标定下的产品的新产品开发的能力及其品牌对行业发展方向的影响力)、"支持力"(此指标考核品牌的美誉度,借以评估品牌的传播效果和消费者对品牌的支持程度)和"保护力"(此指标考核品牌注册及商标专利权情况,即品牌受保护的程度)等。

品牌评估指标的设计,客观上构筑了"理想品牌"或"完善品牌"的标准,也为企业品牌运营确立了发展目标和努力方向。所以说,品牌评估为企业品牌运营领航。

2.4 品牌资产的管理系统

2.4.1 品牌资产管理系统概述

品牌资产是重要的无形资产,对于品牌资产的评估不仅具有财务意义,而且对经营管理而言还具有重要的借鉴意义。由于品牌资产具有波动的特性,为了能够准确、全面地了解品牌的状况,保证品牌资产的增值,需要建立品牌资产管理系统,对品牌资产的状况实施动态的评估,以供品牌管理者更好地了解品牌的现状,而且更重要的是,能够了解造成目前状况的原因。

凯文·莱恩·凯勒在《战略品牌管理》一书中对品牌资产管理系统有过详细阐述,本文借鉴其理论,认为所谓品牌资产管理系统,是在企业内部设立专门的机构,由专人负责,采用一整套调研程序对品牌的状况进行追踪调研,为营销人员提供及时、准确、可行的品牌信息,帮助他们制定最佳的短期战术性决策及长期战略性决策。

实施品牌资产管理有三个步骤:实施品牌审计、设计品牌追踪调研、建立品牌资产图与撰写品牌资产报告。

2.4.1.1 品牌审计

所谓品牌审计,是指从品牌资产来源的角度对品牌进行全面的、综合的审查。品牌审计是一项以外部消费者为重心的活动,包括评估品牌的健康程度、发掘品牌资产的来源、对改进及提升品牌资产提出建议等一系列过程。品牌审计需要从公司和消费者两个角度来理解品牌资产的来源。从公司的角度,需要理解目前提供给消费者的是什么样的产品和服务,以及它们是如何营销和确定品牌的;从消费者的角度,需要深入消费者的内心,挖掘他们的感知和信念,以理解品牌和产品的真正含义。

品牌审计包括两个步骤:品牌盘存和品牌测定。品牌盘存的目的,是为公司目前销售的所有产品和服务的营销情况和品牌情况提供完整的即时描述,这一过程需要确认相关品牌要素及辅助营销计划。品牌测定的目的,是了解消费者对品牌的看法和感觉,以发掘品牌资产的来源。

进行品牌审计,主要为品牌制定战略性决策提供依据。当酝酿某些战略方向上的重大变化时,往往需要进行品牌审计。同时,定期(如每年一次)的品牌审计,也有助于市场营销人员把握其品牌的"脉搏",保证品牌的健康。品牌审计对品牌的战略方向及其最终结果会产生重大的影响。在欧洲,品牌审计的结果使得宝丽来决定改变其在摄影行业的原有形象,转而更加侧重于摄影的"情趣"。宝丽来从调查中发现,照相机可以作为社会生活的一种兴奋剂和刺激物,可以增添人们生活的情趣。现在,这一主题已在广告的设计及新的分销策略制定过程中得到了贯彻。

2.4.1.2　品牌追踪调研

品牌追踪调研是根据品牌审计的结果确定几个关键方面,采用定量方法,有重点地从消费者那里长期地、有规律地收集信息。它为市场营销计划和活动的短期效力提供了有价值的战术性决策依据。品牌测定考察的是"品牌以前是怎么样的",追踪调研考察的是"品牌现在是怎么样的",以及市场营销计划是否达到了预期的效果。

追踪调研为品牌管理者提供了连续的基础信息,为其制定短期战术性决策提供依据。随着品牌辅助营销计划的增多,如品牌延伸开发新产品,品牌辅助营销沟通计划中采用更多的沟通手段等,对每一营销活动分别进行研究的难度和成本越来越高,而追踪调研则为考察一组营销活动对品牌资产的整体效果提供了有价值的、动态的信息。无论营销计划在一段时期内发生了多大的变化,都需要对品牌健康程度进行监控,以便在必要时作适当调整。

2.4.1.3　品牌资产图与品牌资产报告

有关人员应将品牌审计与品牌追踪调查的成果以文件形式记录下来,作为文档资料保存,供管理层决策和比较查阅。首先,应以文件形式将公司有关品牌资产的理念正式规定下来,即完成品牌资产图。品牌资产图的内容包括:记载公司有关品牌资产的理念;总结有关品牌审计、品牌追踪及其他来源的活动和成果;制定公司战略和战术原则;以文件的形式规定对品牌的正确态度。品牌资产图应该每年更新,以反映新的机会和风险,尽可能多地传递品牌盘存、品牌研究所收集的信息。其次,追踪调研的结果及其他相关的成果评估应该写入品牌资产报告,并定期送交管理层(每月、每季度或每年)。品牌资产报告应提供描述性信息(如品牌现状)及诊断性信息(如为什么会这样)。最后,应当委任高级管理人员监督组织内部的品牌资产管理。担任这一职务的人,应负责监督品牌资产图和品牌资产报告的完成,并尽最大可能保证跨部门和跨地区的产品及营销活动能反映品牌资产图的精神,体现品牌资产报告的实质,最终实现长期品牌资产价值的最大化。

总之,品牌资产管理系统是采取一系列品牌调研,向市场营销人员提供有关品牌的及时、准确、可行的信息,帮助他们在可能的范围内制定最好的短期战术性决策和长期战略性决策。

接下来,我们将具体阐述品牌资产管理的步骤。

2.4.2 实施品牌资产审计

品牌审计是实施品牌资产管理的第一步,它主要包括两大步骤:品牌盘存(Brand Inventory)和品牌测定(Brand Exploratory),主要是对品牌资产的构成元素,包括品牌知名度、品质认知度(品牌形象)、品牌忠诚度、品牌联想及其他附着资产进行盘存和品牌测定。

2.4.2.1 品牌盘存

品牌盘存的目的,是为了对公司出售的产品和服务给出一个及时的、全面的描述,这需要对所有相关的品牌要素及辅助营销计划进行分析,也就是说,有必要为每一种产品或服务编制清单:①名称、标识、符号、文字、包装、广告语或其他商标;②品牌所反映的产品的内在特性或特征、定价、沟通、分销政策以及与品牌有关的其他营销活动。这些信息必须用书面或口头的形式总结出来。

品牌盘存的结果,应该是从品牌要素如何被利用、利用了哪些品牌要素以及辅助营销计划的性质等角度,对公司出售的所有产品和服务的品牌给出一个准确、完整、及时的描述。作为品牌盘存的一部分,还可以对竞争品牌也进行类似的研究,尽可能详细地了解其品牌和营销努力。此类研究有助于发掘品牌间的共同点和差异。

品牌盘存是品牌审计中非常重要的第一步,因为这有助于发现当前消费者感知的基础,换句话说,消费者联想的来源一般是(虽然不一定总是这样)产品和服务如何根据特定品牌要素建立品牌的事实,以及辅助营销计划赋予品牌的特定含义,因此,品牌盘存可以为接下来的研究活动(如收集消费者对品牌的实际感知度)提供非常有用的信息。

虽然品牌盘存主要是一种描述性的工作,但也可以应用一些有用的分析手段,为如何更好地管理品牌资产提供一些最初的理解。比如说,可以评估同一品牌下的所有产品和服务之间是否具有一致性;品牌要素是建立在一个统一的基础上,还是同一产品的品牌名称、标识及其他要素根据不同市场的地理区位、不同目标细分市场有所差异,或者存在不同的版本;辅助营销计划在相关品牌之间是否具有逻辑性和一致性等。当公司在地理范围内推广其产品或者拓宽其产品门类时,在品牌外观以及不同产品在不同市场进行营销的方式上,会出现一些差异,这些差异有时还会非常显著。因此,一次彻底的品牌盘存应该能够反映出品牌一致性的程度。

同时,品牌盘存也能够暴露共享一个产品名称的不同产品之间是否缺乏可以看出的差异——这也许是产品线延伸的结果——以便在设计时使这些差异在一个或几个关键的方面体现出来。创立明显定位的子品牌,常常是营销与品牌盘存的重点,这有助于消除潜在的导致消费者困惑或导致零售商抵制的多余和重复的信息。

案例2.2

迪士尼的品牌盘存

20世纪80年代晚期,迪士尼公司开始担心对它的一些卡通明星(米老鼠、唐老鸭等)存在使用不当的问题,因为它们的曝光率太高了。为了搞清问题的严重性,迪士尼公司进行了一次大范围的品牌盘存。首先,它为市场上出售的所有迪士尼产品(授权生产或公司生产)以及全美国乃至全世界的所有第三方促销活动(包括由购买点展示相关商品的活动)开列了一份清单。同时,迪士尼公司还启动了针对主要顾客的首次调研活动,目的是了解消费者对迪士尼品牌的看法。

品牌盘存的结果表明,有关迪士尼卡通明星的产品数不胜数,营销方式纷繁复杂,以至于令人难以理解许多决定最初是为什么以及如何做出的。因此,消费者调研只是加重了迪士尼公司的忧虑。由于迪士尼明星在市场上的曝光面太广,许多消费者开始认为迪士尼公司在滥用它的品牌。比如,迪士尼明星曾出现在庄臣(Johnson Wax)的促销活动中,但它们并没有为这一产品增加任何价值;当迪士尼明星们与本身已有较好声誉的品牌(如汰渍洗衣剂)强拉在一起时,消费者也会感到迪士尼公司在滥用品牌。在这种情况下,消费者认为,这些明星并没有为产品增添任何价值;而且更糟的是,它们把孩子们也扯进了通常可能被忽略的购买决策中去。

如果消费者对汰渍这样声誉较好的品牌反应都如此糟糕,那么想想看,当他们看到其他成千上万的迪士尼授权产品或联合促销活动时会有什么想法呢?

出于迪士尼公司激进的营销努力,它已经与许多"公园参与者"签订了合作促销或授权安排的协议,迪士尼明星出现在从尿布到小汽车、再到麦当劳汉堡包的几乎所有商品的销售活动中。不过,消费者调查告诉迪士尼公司,消费者并不能区分这些授权产品与迪士尼本身之间的差别,不管是在电影、录像、主题公园中,还是在消费品上看到迪士尼明星,他们都认为"迪士尼就是迪士尼"。因此,所有使用迪士尼品牌名称或明星标志的产品和服务,都会对迪士尼的品牌资产产生影响。消费者反映说,他们对大量的此类授权产品感到不满意,是因为他们觉得自己与卡通明星和迪士尼之间存在着一种特殊的、私人的感情,而这种感情不应该被如此滥用。

在品牌盘存和消费者调研之后,迪士尼公司迅速组建了一支品牌资产小组,以便更好地管理品牌授权,更精心地对授权和其他第三方促销机会进行评估。资产小组的另一项使命,是保证所有第三方的产品和服务所传达的迪士尼形象的一致性——加强其健康、有趣的家庭娱乐这一主要联想。比如说,欧洲一家专为家庭设计的父母替孩子储蓄上大学所需费用的共同基金,曾有意与迪士尼合作,希望双方能够为该基金联合冠名。迪士尼公司拒绝了这项建议,因为它认为,尽管这项合作与迪士尼一贯的"家庭"联想并不矛盾,但与金融机构或银行业的联系,可能引发与其品牌形象不相容的其他联想。

2.4.2.2 品牌测定

虽然通过品牌盘存反映出来的供应商的看法是有益的,但在实际操作中并不一定能像营销计划所希望的那样创造出理想的消费者感知。因此,品牌审计的第二步,就是要收集消费者方面的详细信息,用品牌研究的方法了解消费者对品牌的看法,尤其是品牌认知度、美誉度以及品牌联想的独特性。

1) 准备工作

有几项准备工作对品牌测定是很有用的。首先,公司以前做过许多相关的研究,因此,非常重要的一步是,仔细搜索一下公司档案室,把那些长期收藏、已被遗忘的报告重新找出来。这些报告可能包含对许多重要问题的理解和解答,也有可能提出了一些需要解决的新问题。对这些以往的研究应该仔细地回顾和总结,吸收它们关于品牌资产来源和产出的理解。

其次,与公司内部人员进行访谈,了解他们对本公司品牌及竞争品牌的消费者感知的看法。这个做法也是非常有用的。过去或现任的市场部经理都会提供一些以往调研报告中所没有的信息。

补充资料2.1

> 20世纪70年代,在澳大利亚,联合利华公司采用"清亮"作为奥妙洗衣剂的定位。"清亮"一词具有双重含义,它不仅指用奥妙洗衣剂洗的衣服干净清洁、色彩鲜艳,同时也暗示选用这一产品的妇女聪明、漂亮。作为第一个用现代眼光看待妇女(而不是仅仅将她们与厨房和其他房间联系起来)的洗衣剂,奥妙一举成为市场的领导者。不过,到了20世纪80年代早期,联合利华公司摒弃了"清亮"的主题,转而重点宣传产品的其他特质,如柔软、洁白,于是,其市场份额便由1978年的18.5%滑落到了1987年的11%。通过对品牌这一段历程的回顾,联合利华的管理层认识到,奥妙真正的利益来源是"清亮"这一主题。因此,联合利华在1988年发动了一场新的市场攻势,希望通过提醒消费者奥妙的"清亮"传统来重振品牌雄风。

在公司内部进行有关品牌的访谈,通常会出现各种各样的观点。这些形形色色的观点有多重作用,例如,增加了提出有用的观点和意见的可能性,有时会暴露出公司内部的品牌不一致性或概念不清。虽然从准备工作中也有可能得出一些有用的发现,产生某些假设,但它们是不完整的,还有必要进行更深层次的研究,以便更好地了解消费者如何进行采购、如何使用产品和服务以及他们对不同品牌的看法。

2) 研究方法

在品牌测定中,当为了能够覆盖更多的问题,并对某些问题进行深入的探讨时,大多采用定性研究的方法;当需要更为精确的信息时,就采用定量的研究方法。

(1) 定性研究技术。常用的定性研究技术有自由联想、从属等级和清单、投影法、照片分类法、气泡填图法、讲故事、拟人化练习、角色扮演等。

补充资料 2.2

> 关于如何选择品牌测定中各种可能的定性研究技术的范围,加德纳和利维认为:此类研究的重点必须放在解释技巧和品牌形象一致性的研究上。研究人员必须允许被访者充分表达他们的意见,这样,在复杂的品牌评价中才会有丰富的数据支持。根据这一思路,虽然在假设和问题中也反映了研究人员的看法,但消费者的想法和感受应该比研究人员的先入之见更受到重视。

利维给出了对定性研究计划进行分类和判断的三个标准:方向、深度和多样性。比如说,究竟采用何种预测技术,在具体情况下应当有所区别。根据激励信息性质的不同(如与人相关还是与品牌相关)、反应层次的不同(反应较肤浅、含义具体,还是较深入、含义抽象、需要较多的解释)以及采用其他预测技术获得的信息相关程度的不同,需要使用不同的预测技术。

作为品牌研究的一部分,定性研究会在方向、深度及方法上有所变化。但不管使用何种方法,对于定性研究来说,最大的挑战是给出一个准确的解释——不仅要理解消费者表达了些什么,还要从中挖掘出潜在的含义。

(2) 定量研究技术。定性研究极具启发意义,但如果想对品牌认知度的深度及广度、品牌美誉度、品牌联想的独特性作更准确的评估,往往需要借助于定量研究的方法。品牌测定在定量阶段的框架相对比较清晰。在定性研究阶段所发现的潜在的、重要的联想,都必须从联想力度、美誉度和独特性的角度进行评估。同时,不论是对某一特定的品牌信念,还是对总体的态度和行为,都必须进行考察,以便从中发掘品牌资产潜在的来源和产出。另外,对品牌认知度的深度和广度,要在不同的提示条件下进行评估。通常,还有必要对竞争对手进行类似的研究,以便更好地了解其品牌资产的来源以及它们与目标品牌相比的优劣。

定量研究之后,应进行定量评估总结。一般从下述几方面进行总结。

① 认知度。
- 认知
- 在产品大类提示下回忆
- 在产品次分类提示下回忆
- 在使用情景提示下回忆

② 形象。
- 开放式联想
- 特质和价值、信念
- 总体态度
- 感知到的质量及满意程度
- 报告的以往的用途及未来可能的用途
- 对拥有品牌的公司的感知
- 价格感知

③ 背景评估。
- 品牌所涵盖的产品
- 品牌定价及包装
- 品牌的理念语
- 品牌 LOGO

对定性和定量方法的讨论大多集中于研究有关品牌名称要素的联想上,比如,当消费者在调查中仅被示以品牌名称时,他们会有什么看法。同时,在品牌测定阶段,应该对其他品牌要素进行研究,因为这些要素可能引出品牌其他方面的含义。可以询问消费者,他们对产品包装和公司标识有何看法,例如,"仅对产品包装这一项,您认为这一品牌如何?"还可以对品牌要素更加具体的方面进行调查,例如包装上的标签或包装的形状本身,以考察这些要素对于创造品牌联想的作用,即发掘品牌资产的来源。在具体的品牌案例中,其他品牌要素在消费者进行品牌和产品选择(如选购的一刹那)时所起的作用越是显而易见,就越有必要把所有的相关品牌要素当作激励因素进行研究。而在这一过程中,很重要的一个方面,就是要找出在这些要素中哪一个能最有效地代表和表现出品牌的整体形象。

2.4.2.3 品牌盘存与品牌测定的内容

品牌盘存与品牌测定的内容主要有品牌资产的构成元素,包括品牌知名度、品质认知度、品牌忠诚度、品牌联想及其他附着资产。以下是相关的侧重点。

1) 关于品牌知名度

(1) 品牌传播方式是否独特并更具针对性?如运用了新媒体,采用了 8 分钟广告片等。

（2）品牌知名度的建立主要来源于哪种方式？如 CF 片的大量播放、通路及终端、报纸广告、公关活动等。

（3）品牌广告语的韵律、声调是否朗朗上口并易于记忆？如"要想皮肤好，早晚用大宝。早晨用，晚上用，现在不用，早晚得用"。

（4）品牌的广告语是否有独特的利益点、承诺点？如汰渍新一代加入了蓝色速效因子，所以"干净又自在"。

（5）品牌的统一识别系统如何？如你不论走到哪个城市，肯德基门前的山德士上校都会报之以永恒的微笑相邀。

（6）品牌的知名度建立得益于何种行销模式？如三株的"三株模式"，海尔的"海尔模式"。

（7）品牌的产品线延伸对品牌知名度有何影响？如摩托车、电动自行车行业里大名鼎鼎的海南新大洲，知道它是中国"轻骑"的子公司的消费者可能为数不多。

（8）品牌建立知名度过程中的传播是否具有连续性？如在采用不同的广告脚本、不同的媒体行程、媒体组合利用中是否严格贯彻既定方针等。

（9）品牌现在的知名度状态如何？如在山东为第一提及品牌，在北京为提示知名品牌，在上海无知名度，这说明它是区域性品牌。

（10）品牌下的产品处于什么状态？如处于成长期，有专有技术支持，包装一般等。一个好的产品是支撑品牌的基础。

（11）同行业中，品牌知名度对其产品销售的影响程度如何？如彩电行业中，长虹为第一品牌，其销量亦居榜首。

（12）品牌的知名度现状对其产品销售影响如何？如知名度高而销售上不见起色的品牌。

2) 关于品质认知度

（1）使用该品牌的消费者对其产品的功能了解多少？如微波炉有多种功能，但许多消费者在使用时却忽略了不少功能，有的仅当一个"温菜炉"用。

（2）知道而未使用该品牌的消费者对其产品功能了解多少？如对产品品质功能有了解，在其产生需要时，可能会产生指名购买。

（3）品牌下产品的使用功能、特点、外观如何？如方太的抽油烟机，"四面八方不跑烟"。

（4）品牌的质量信赖度如何？如"海信"是高科技铸就的产品。

（5）产品的耐用度如何？如"钻石恒久远，一颗永流传"。

（6）品牌服务度如何？如51%的已购或准备购买海尔产品的消费者认为，海尔服务不错，海尔——专为你设计等。

（7）品牌对消费者在品质上有何承诺？如"美的"空调，"一晚一度电"。

（8）品牌产品在品质上有何发展创新？是否参考了消费者的信息回馈？如"海尔"的小神童洗衣机。

（9）品牌认知度在其知名度不同的消费者中现在处于何种状态？如70%的人知道飞亚达，而只有1%的知道它是什么，是干什么用的。

（10）相竞争品牌的品牌认知度如何？如消费者知道沃尔沃轿车以"安全"著称，则对另一国产品牌轿车的质量表示担忧。

（11）造成目前品牌认知度不足的主要原因？如终端人员专业素质差。

（12）竞争品牌提高认知度的办法主要是什么？如建立与目标消费群的沟通机制。

（13）该品牌在建立其认知度中应主要倡导什么、表达什么？如海尔通过技术创新而传达给消费者使用冰箱、空调应追求健康的概念。

（14）消费者一般从什么渠道获取关于品牌认知度的信息？如邻居介绍、专业销售人员推介、百度搜索引擎查询等。

3）关于品牌忠诚度

（1）谁是品牌的忠诚消费者？

（2）品牌为忠诚消费者提供的差异性附加值是什么？如"奔驰"轿车为消费者赋予尊贵。

（3）品牌对忠诚消费者的承诺兑现如何？

（4）品牌如何与消费者沟通、建立感情？如保健品的用户档案、定期回访。

（5）忠诚消费者的需求是什么？有何变化？是否满足了他们这种要求？如"海尔"的产品策略。

（6）忠诚消费者对品牌推出的新产品是否偏好？如购买"海尔"的冰箱以后，还购买"海尔"的电视、厨房设施等系列产品。

（7）品牌忠诚消费者更喜欢哪种公关、促销活动？为什么？效果评估如何？发现哪些问题？

（8）品牌的转换成本如何？怎样制造转换成本？如"大宝"的使用者，对新上市的"朵而"产生试用欲望，但对"以内养外"的概念却较模糊。

（9）是否因产品延伸而动摇了忠诚消费者的信心？如何挽回这种损失？

（10）品牌是否有转换惰性？现状如何？

（11）品牌忠诚度的建立主要源自什么？

（12）与品牌相竞争的品牌的忠诚度如何？

（13）品牌忠诚消费者对其（品牌）产品有何期望？

（14）品牌忠诚消费者的分布区域如何？与区域文化有何关联？

（15）品牌忠诚度的建设有多长时间？

4）关于品牌联想

（1）品牌首先会使消费者产生何种联想？如"汰渍"首先是洗衣粉，而不会想到矿泉水。

（2）品牌的消费者利益是什么？如"雀巢"咖啡味道好极了。

（3）品牌会使消费者联想到产品的价格层面？如"宝洁""大宝"中档价位。

（4）品牌会使消费者联想到何种使用方式？如"农夫果园"饮料，"喝前摇一摇"。

（5）品牌消费者的生活方式如何？如口香糖的消费者大都为白领年轻人。

（6）品牌属于何种产品品类？"回力"是鞋，"金龙鱼"是食用油。

（7）品牌与同类品牌的差异点在哪儿？如"新飞"冰箱，节电50%。

（8）品牌为消费者提供了何种购物理由？如"脑白金"，"今年过年不收礼，收礼就收脑白金"。

（9）品牌的产品有何附加值？如"美的"空调，"原来生活可以更美的"。

（10）品牌附着了何种内涵？如汽车仅是代步工具，但"红旗"轿车曾一度是中国的象征。

（11）品牌内涵发掘度如何？如"孔府家酒"，挖掘出想家、爱家、建设家的内涵。

（12）能够对该品牌产生一点、两点……不同深广度联想的这些人在哪里，他们对此类品牌产品有什么期望？对他们的生活的影响程度如何？

5）关于其他附着资产

（1）品牌有何商标、专利等知识产权？如"湘泉"的独有香型。

（2）品牌的知识产权保护如何？如腾讯游戏"王者荣耀"与贵州问渠成裕酒业"王者荣耀"之争。

（3）品牌的服务性商标及保护如何？如"品牌助理"。

（4）品牌如何防止仿冒产品？

（5）品牌由于仿冒而受伤害程度及采取的措施？例如，山西假酒案对"汾酒"的影响及汾酒公司补救措施。

（6）品牌所有者拥有哪些带来经济利润的资源？如客户资源、管理制度、企业文化、企业形象等。

2.4.3　设计品牌追踪调研

品牌资产追踪调研，一般是根据产品购买的频率定期调研产品品牌、公司或家族品牌、品牌要素选择。品牌追踪调研，是根据品牌审计的结果确定的几个关键方面，采用定量方法，有重点地从消费者那里长期地、有规律地收集信息。

2.4.3.1　追踪的内容

1）产品品牌追踪

对某一单独使用品牌的产品进行追踪，可以考察特定品牌的认知度和品牌形象。对于品牌认知度的测定，应同时采用回忆和认知的方法。一般来说，认知度测试应该先从概括性的问题开始,再到比较具体的问题。因此,可以首先问问消费者在特定情境下会想到哪种品牌,然后可以在不同产品大类提示的基础上进行品牌回忆,最后以品牌认知测试结束(如有必要)。

关于品牌认知度,一般来说,理想的情况是在品牌追踪调研中采用一套从概况到具体的方法来考察品牌形象,尤其要重视特定的品牌感知(消费者认为品牌特点是什么)和品牌评价(品牌对消费者意味着什么)。根据消费者知识结构的丰富程度,一般总会存在着一些与品牌相关的具体品牌联想,这些品牌联想都是潜在的、可长期追踪的对象,其中最重要的是那些作为品牌定位基础的品牌特质和价值联想,它们可以是与竞争品牌相一致的共同点,也可以是与众不同的差异点,例如与业绩有关的有利因素——方便、使用简单等等。

当然,对于这些构成潜在品牌资产来源的具体品牌联想,我们应该从品牌力度、美誉度和独特性的角度入手,并按这一顺序进行评估。除非品牌联想力度足够强大,使得消费者很容易就能想到这一品牌,否则品牌美誉度就无从谈起。除非品牌使消费者拥有足够的好感和支持,使得消费者能据此作出购买决定,否则品牌联想的独特性也无从谈起。在理想的情况下,对这三个维度都应进行评估,但有可能仅针对少数特定品牌联想作调查,且时间有限(例如可能仅对三五个关键品牌联想作美誉度和独特性方面的调查,每年只进行一次)。

由于品牌通常是在不断增加的产品水平上竞争的,因而很有必要对所有能与竞争品牌区别开来的品牌联想进行评估。所以,对具体的、较低层次的品牌联想的评估,应当包括所有潜在的品牌资产来源——产品相关及非产品相关特质,功能性的、经验性的及象征性的价值。由于这些方面常常反映了与竞争品牌间的共同点和差异点,所以追踪价值联想就显得特别重要。但是,为了更好地理解品牌价值信念的变化,还有必要对这些价值背后对应的特殊信念进行评估,也就是说,描述特殊信念的变化有助于解释品牌价值信念的变化。

同时,对比较概括的、较高层次的品牌联想和成果评估进行追踪也是很重要的。在询问过消费者的总体看法后,可以再问问他们在最近几个星期内是否改变过他们的态度、动机或行为,如果改变过,改变的原因是什么。

2) 公司或家族品牌追踪

在追踪公司或家族品牌的情况下,还需要另外问一些补充性的问题。虽然对品牌的各个产品分别进行追踪调研可以涵盖许多种类型的问题,但仍有必要单独或就单个产品同时进行公司或家族品牌的追踪调研。在这个过程中,可以对一些具体的公司品牌联想进行评估,以下以通用电气公司品牌为例:

- 通用电气公司对于自己的行业是否很熟悉?
- 通用电气公司干得如何?
- 与通用电气公司做生意容易吗?

- 通用电气公司是否富于创新精神？
- 您在多大程度上信任通用电气公司？
- 通用电气公司给人以好感吗？
- 通用电气公司为客户着想吗？
- 通用电气公司容易接近吗？
- 通用电气公司容易接触吗？
- 您在多大程度上尊敬通用电气公司？
- 您乐意与通用电气公司做生意吗？

实际采用的问题必须能够反映特定被访人群对该公司可能已有的认知。许多公司都追踪调查公司形象。例如，杜邦公司就对公司形象作了以下追踪调查。

- 杰出的美国公司（无提示）
- 具备11种不同特质的杰出的公司（无提示）
- 对这些特质进行评价
- 涉足8个不同行业的杰出的公司（无提示）
- 与这些行业的联系
- 相关行业的评价
- 对（公司提供的）产品及服务的熟悉程度
- 投资于公司股票的可能性
- 对在该公司工作的朋友的看法

当某一品牌与众多产品相联系，且与公司或家族品牌战略有关时，很重要的一点就是要分辨清楚，哪一种产品最能在消费者心中代表品牌。同时还要搞清楚，哪一种产品最能影响消费者对品牌的感知。为了确定与品牌关系最密切的产品，可在调研中不给提示的情况下，向消费者询问他们会将哪些产品与品牌联系起来（如"当提起李宁时，您会想到哪些产品？"），或者列举副品牌名称予以提示（如"您知道中国李宁的云游潮流运动鞋吗？"）。为了更好地理解品牌同其对应产品之间的相互作用，可在调研时向消费者询问两者之间的关系（如"李宁品牌包含许多不同的产品，您认为其中哪种产品最能反映您对李宁的看法？"）。

3）品牌要素的选择

在所有这些追踪调研中，有这样一个问题，即应该采用哪些品牌要素呢？一般来讲，在追踪中经常会用到品牌名称的要素。

2.4.3.2 追踪对象

在追踪过程中，可以进行许多有效的细分。一般来说，追踪通常着眼于品牌当前的消费群体。不过，考察非品牌使用者，也是有所裨益的，例如，追踪那些忠于品牌的消费者，忠于其他品牌的消费者，或在品牌间摇摆不定的消费者，都会有所帮助。即使在当前的品牌消费群体中,也可以把消费量多和消费量少的顾客区分开来。对市场进行细分,需要采用不同的问卷(或者至少要把问卷分成若干章节),这样才能更好地捕捉每一细分市场的具体问题。

让我们举一个例子。米勒啤酒厂为其主打产品 Alka Seltzer 收集了许多有关产品形象的数据,这些数据证明,饮用者与非饮用者心目中的产品形象有着显著的差别。比如,Alka Seltzer 的饮用者认为,泡沫是非常中意的一个品牌特征,而与此相反,非饮用者则对泡沫非常不满意。同时,对于不同类型的饮用者来说,Alka Seltzer 的理想价值也不同:饮用多的消费者认为,"发泡"和"消失的速度"是最有价值的特质;而与之不同,饮用少的消费者却认为,"平和"和"没有副作用"最有价值。认识到泡沫是 Alka Seltzer 的一个关键的品牌资产来源,就需要对它进行严密追踪。鉴于这一品牌联想重要的战略地位,米勒啤酒厂在把该产品的酒精型新品引入市场之前,作了审慎的考虑,并密切注意消费者随后的反应。

对其他类型的消费者也有追踪的价值。例如,可以紧密追踪销售渠道的成员及其他中介人员,以理解他们对品牌的感知,尤其是要了解他们心目中的品牌形象,以及他们认为自己能够帮助或损害品牌资产的行为方式。可以直接问零售商这样的问题:"如果你们商店里的商品贴上××品牌的标签,您认为会卖得快一些吗?为什么?"同样重要的是,也要对雇员进行追踪,以了解他们对品牌的信任程度,以及他们认为自己现在或将来会在多大程度上为该品牌的资产作出贡献。这样的追踪在服务性机构中尤为重要,因为这些机构中的雇员对品牌资产的影响非常大。

2.4.3.3 追踪的时间、地点

追踪信息的频率,也是一个需要加以确定的问题。对品牌联想的一次有效的监察,需要持续不断地追踪调研,需要在一个相当长的时间段里从消费者那里连续不断地收集信息。不间断追踪的优点,在于它能消除"失常的或者特别的营销活动或事件"(例如一场引人注目的新的广告宣传,或营销环境中小概率事件的发生)带来的干扰,提供一套更有代表性的调查。

实施这些类型调研的途径很多。一般来讲,追踪调研的频率取决于产品的购买频率。例如,对耐用品追踪的频率会较低,因为这些产品的购买频率低。此外也取决于消费者的行为、该产品大类的营销活动。许多公司每周甚至每天都要对一定数量的不同消费者进行访谈,然后将结果经过滚动的或变动的平均基础处理,写进每月或每季度的报告中去。例如营销调研追踪先锋 Milward Brown 公司平均每月访问 100 人,然后通过其"高级追踪计划"中的滚动窗口,显示连续 4 周的数据。一般情况下,这些访问都是采用简短的电话访谈形式(10—20 分钟),以调查品牌感知、偏好以及人口背景和使用情况。通常,在全国范围内每周对 50 名消费者代表就某种产品进行简短的电话访谈(12 分钟)的费用,大约为每年 12.5 万—15 万美元。

当某一品牌的联想比较稳定和持久时,追踪调研的频率可以稍低。不过,即使品牌营销在长期内变化不大,对品牌的追踪也是十分重要的,因为即使没有其他原因,仅仅是竞

争性的产品进入市场,也会改变整个市场的力量对比,从而改变消费者的感知。例如,在MCI进入电信市场后,其形象是"年轻的、莽撞的家伙,刚从学校毕业,急于表现",结果,虽然AT&T的营销计划没有丝毫变化,但在消费者眼中,它却变成了"年长的、银行家类型的人物,做生意时稳重、传统"。

最后,从全球范围来讲,在决定追踪频率时,还需考虑产品品牌所处的生命周期阶段,在成熟市场中消费者的意见变化不大,但在新兴市场中却变化很快,甚至难以预料。

2.4.3.4 如何解释追踪调研的结果

1) 测评的方法

追踪调研是为了获得可行性的意见和建议,因此,所采用的方法本身必须尽可能可靠和灵敏。许多传统的对营销现象的调研方法,存在着一个带有普遍性的问题,即在长期内缺少变化。虽然这种稳定性可能反映了深层次的品牌联想力度、美誉度、品牌联想的独特性以及认知度变化不大,但在有些情况下,也可能是某个或某些维度变了,但由于采用的方法不够灵敏,却无法反映这些细微的变化。为了使追踪方法尽量灵敏,就需要把问题设计得更富于对比性(如"与其他品牌相比……怎么样")或时效性(如"与一个月/一年以前相比……怎么样")。

解释追踪调研结果的另一个困难,是如何确定合适的标准。比如,什么是较高水平的认知度?什么时候品牌联想是强的、受赞誉的和独特的?从某种程度上说,这些标准需要根据竞争性及产品大类的性质决定。对于一些低参与度类别的产品(如灯泡),就很难刻画出一个非常清晰的品牌形象;而对于较高参与度类别的产品(如轿车和计算机),情况就完全不同。因此,在调研中,应该允许被访者说"不知道",或对品牌追踪方法"无反应",并注意这类被访者的数目,这种类型的回答越多,表明消费者的在意程度越低。

2) 关联的方法

实施品牌追踪调研最重要的任务之一,是找出品牌资产的决定因素。营销人员需要尽可能多地发掘品牌联想,因为它们可能是潜在的品牌资产来源,可能实际影响着消费者的态度和行为,并为品牌创造着价值。换句话说,什么是品牌真正的"价值驱动因素"呢?是那些影响和决定消费者对产品和品牌进行选择的有形的和无形的差异点吗?同时,还应搞清楚哪些营销活动能最有效地影响品牌知识,特别是要重视消费者对于广告及其他沟通组合要素的态度。那些能严密监视关键品牌资产的来源和产出,并在两者间建立联系的方法,有助于解决这些问题。

2.4.4 建立品牌资产图与撰写品牌资产报告

品牌审计和品牌追踪调研为最有效地评估品牌资产提供了一个庞大的信息库,接下来需要在企业内部采用一定的结构和程序,建立品牌资产图与撰写品牌资产报告,以有效地利用品牌资产的概念及收集的相关信息。

2.4.4.1 建立品牌资产图

所谓品牌资产图,即是将公司对品牌资产的理解以书面的形式规定成文件,以便为公司内部的营销经理及公司外主要的营销伙伴提供相关的工作指导。

品牌资产图应该包括以下内容。

(1) 从公司的角度对品牌资产概念作出定义并解释其重要性。

(2) 从相关产品及其冠名、营销方式(以公司的历史记录及最近的品牌盘存为依据)的角度描述关键品牌的范围。

(3) 从公司水平和单个产品水平确定所有相关层次品牌的实际资产和理想资产。同时,还必须对相关联想进行定义,包括联想的特质、价值及构成共同点和差异点的想法。

(4) 说明如何利用追踪调研及由此得出的品牌资产报告对品牌资产进行评估。

(5) 对如何根据总的战略原则(如强调长期内营销计划的一致性)管理品牌资产提出建议。

(6) 描述如何依据具体的战术原则(如广告评价标准、品牌名称选择标准)修正营销计划,从商标使用、包装及沟通的角度确定处理品牌的正确方法。

例如,通用电气公司有一份"识别计划文件",对通用电气公司所有的营销沟通活动中应该表现出的通用电气品牌形象作了定义。在简短地陈述了品牌历史及品牌重要性之后,这份文件对针对通用电气品牌价值的研究作了总结,明确了通用电气品牌的核心承诺("更加美好的生活")、个性及价值,并为品牌管理提出了若干原则。这些原则强调了一致性和纪律性,并被总结成一张问题清单,以督促通用电气的营销决策者们明确关键产品的特征、销售建议及其与通用电气核心承诺的联系。

虽然品牌资产图的布局不必每年调整,但其内容需要每年更新,以便更好地描述品牌现状,帮助决策者分辨品牌新的机会及潜在风险。当新产品问世、品牌计划修改及其他营销活动发生时,也需要把这一切在品牌资产图中充分地反映出来。另外,从品牌审计中获得的许多深层次的见解,也应该在品牌资产图中占有一席之地。

案例 2.3

宝洁公司(P&G)案例

作为全球最大的日用消费品公司之一,成立于1837年的宝洁已经在市场"涤荡"了近200年,市场的知名度非常高,产品涉及洗发、护发、护肤、化妆、婴儿护理、妇女卫生、医药、食品、饮料、织物、家居护理、个人清洁及电池等多个领域。在中国,自1988年从美国来到广州后,经过多年的快速发展,宝洁在中国的业务取得了飞速的发展,巅峰期其旗下洗发水占据中国市场60%以上的份额。

宝洁公司非常重视品牌资产的积累,宝洁在中国的发展就是品牌资产积累的过程。比如宝洁旗下洗发水品牌飘柔,相比宝洁其他的洗发水品牌有所不同,定位面向广大人民群众,属于大众品牌,所以在品牌沟通(比如广告)和定价方面都是符合大众需求的。飘柔通过精准的市场定位以及品牌本土化运营,赢得了品牌忠诚度、品牌知名度,其销量远超同企业排名第二、第三的海飞丝、潘婷,也为品牌后续的发展奠定了坚实的基础。

2.4.4.2 品牌资产报告

品牌资产报告,是将追踪调研及其他相关品牌业绩评估的结果汇成一份完整的文件,定期(每月、每季度或每年)送交管理层。

品牌资产报告应该提供的信息有:描述性信息及品牌现状;诊断性信息及原因说明。它应该涵盖内部和外部的有关品牌业绩、品牌资产来源和成果的所有评估结果;而且,报告中应有专门的一部分,对追踪调研得出的有关关键特质或价值联想的消费者感知、消费者偏好及行为进行总结。另外,报告中还应该用一定的篇幅,提供更带有描述性的市场水平信息,例如:①产品经由分销渠道的运送和转移;②相关成本损失;③适当的价格和折扣计划;④按相关因素(如地理区域、零售或消费者类型)细分的销售及市场份额信息;⑤利润评估。

 小结和学习重点

(1) 品牌资产的三种定义及其内涵。
(2) 品牌资产的几种评估方法。
(3) 品牌资产管理系统。

本章首先从不同角度出发介绍了品牌资产定义的三种概念模型:财务会计概念模型、基于市场的品牌力概念模型以及基于品牌-消费者关系的概念模型,并对品牌资产的构成要素与特征进行了分析。

接着本章介绍了品牌资产评估的内涵与特点,着重阐述了三类不同的品牌资产评估方法,包括会计法、消费者调查法和以上两种相结合的评估法,并指出了品牌资产评估的意义和相关的问题。

本章重点构建了品牌资产管理系统,品牌资产管理系统是在企业内部设立专门的机构,由专人负责,采用一整套调研程序对品牌的状况进行追踪调研,为营销人员提供及时、准确、可行的品牌信息,帮助他们制定最佳的短期战术性决策及长期战略性决策。实施品牌资产管理有三个步骤:实施品牌审计;设计品牌追踪调研;建立品牌资产图与撰写品牌资产报告。

 案例分析

亚马逊：全球最具价值品牌

WPP与凯度发布的"2019年BrandZ全球品牌价值100强"排名显示（表2-3）：国际电商巨头亚马逊的品牌价值已增至3 155.05亿美元，同比增长52%，超过了上年排名第一的谷歌，成为全球最具价值品牌。

亚马逊经过不断的业务拓展和战略布局，从一个在线图书销售网站，发展成为全球商品品种最多的网上零售商和全球互联网巨头之一。可以说，亚马逊变革了我们的购物方式，如今，对于大多数人而言，亚马逊几乎成为了网络零售的代名词。

亚马逊的首次登顶，打破该排行榜中科技类品牌长达12年的垄断，但亚马逊品牌价值几乎翻番主要得益于它在娱乐和智能音箱等领域的扩张。在全球巩固了电子商务老大的位置之后，亚马逊积极向新业务领域展开扩张，该公司发明了基于人工智能语音助手的智能音箱，引发了全行业效仿。亚马逊也在扩大其网络视频、在线音乐等媒体内容服务，还在云计算领域的多元化也获得巨大成功，成为毋庸置疑的云计算老大。在零售业以外的布局，加强了企业与消费者的联系，满足他们的各种不同的需求。

凯度（Kantar）BrandZ全球战略总监格雷厄姆·斯塔普赫斯特（Graham Staplehurst）表示，亚马逊在满足消费者的各种需求，其增长速度超过其他企业，部分原因在于其在零售业以外的活动。

BrandZ最具价值全球品牌100强研究由WPP集团授权，明略行公司（Millward Brown Optimor）执行，对全球最具价值的100强品牌根据其价值进行排名，这个结果是结合品牌的财务数据与消费者调查数据得出的。

表2-3 2019年BrandZ全球品牌排名

排名	品牌	品牌价值（亿美元）	相比2018年的价值变化
1	亚马逊	3 155.05	+52%
2	苹果	3 095.27	+3%
3	谷歌	3 090.00	+2%
4	微软	2 512.44	+25%
5	Visa	1 779.18	+22%

补充材料：
BrandZ排行榜的品牌评估方法中包括三个主要步骤：
1. 确定和分配品牌的无形收入
公司资产可分为两类：有形资产（如不动产和设备）和无形资产（包括品牌及其他类

型的知识产权)。为了避免过分增大品牌的重要性,BrandZ 必须撇开有形资产所产生的收入。

BrandZ 将无形资产的总值分配到该公司所拥有的每个品牌。(对于像星巴克这样仅有一个品牌且品牌名称与其公司名称相同的公司,BrandZ 就可以跳过这一步。)

然后 BrandZ 将每个品牌的真正无形收益按运营的国家进行划分。这对国家层面的评估"由下而上"十分重要,因为品牌与消费者关系的强度可能每个市场都不尽相同。例如在信用卡行业,Visa 在亚洲是最强势的品牌,而在欧洲则次于万事达(MasterCard)。

2. 确定品牌的贡献

BrandZ 确定品牌贡献的过程(消费者决定购买一个品牌的程度是由感情而非功能因素支撑的)是 BrandZ 的严密评价体系的核心。

BrandZ 百强排行榜所使用的品牌贡献来源于 BrandZ 研究所收集的品牌资产。利用品牌动态金字塔,BrandZ 得出每个品牌的销售额有多大份额来自那些与之拥有强烈感情关系的消费者。因此,绑定层级的人数是对每个品牌评价的重要组成部分。

相关的补充分析考虑了产品所在种类由品牌驱动还是由价格驱动,以及驱动的程度。在那些品牌较少驱动价值的产品品类中,低价是消费者选择的一个重要驱动因素。

BrandZ 还包括第三个确定品牌贡献的因素。这是产生转换障碍的"结构"因素。买方无法真正选择或市场存在高度惯性而产生的企业销售额和收益不包含在品牌价值之内。例如,BrandZ 不包括任何来自微软操作系统业务的销售额或收益,因为 Windows 的垄断程度极高。

利用这三个因素,BrandZ 计算品牌贡献——那些可归因于品牌影响的无形收入与在业务中的其他部分(产品、价格、分销、客户服务等)对比的百分比。

3. 将未来收益折回净现值,并用品牌风险因素进行折算

BrandZ 的品牌评估程序的最后一步就是确定合适的风险率并作为计算品牌价值的相乘系数。BrandZ 用品牌的财务数据及其组成来预测公司的未来短期业绩。除了考虑评价商业风险外,BrandZ 还要增加一个因素以反映品牌的消费者风险和增长潜力。

BrandZ 数据中用于描述人们从存在到绑定层级转换时品牌有效性的电压(Voltage)值被用于调整折现率中。得到更多与品牌绑定的人就意味着你将拥有更多的忠诚客户。

最后得到一个相关的乘数,来代表品牌风险或折扣率,BrandZ 称之为品牌动能(Brand Momentum)的指标。品牌动能是一个品牌短期增长率相对于其竞争对手品牌短期增长率的指标。

品牌估价的结果给 BrandZ 提供了看强势品牌如何创造价值的三个方面:

(1) 财务价值:一个品牌创造的总"美元"价值;

(2) 品牌贡献:品牌资产对消费者购买决定的影响;

(3) 品牌动能:一个品牌的未来增长潜力。

点评:

亚马逊的首次登顶,打破了科技类企业的垄断,上榜企业阿里巴巴超过腾讯的排名,充分说明了电商零售越来越渗透到消费者生活的各个方面。亚马逊几乎翻番的品牌价值增长,也得益于其积极的板块、业务扩张布局。

传统品牌在科技时代仍保持强势显示了这些品牌在利用品牌保持与消费者们的相关性从而推动全球业务增长方面的实力;科技和电信品牌主宰榜单,快餐、奢侈品和科技品牌领先品牌价值增值的原因在于这些品牌与消费者日常生活的紧密关系,亚马逊超越沃尔玛的品牌价值显示出科技时代消费者消费习惯的变化对于品牌价值评估产生的影响;企业重视社交媒体以及各种APP的利用,因为这些地方都已经成为了现代消费者的品牌接触点,企业需要通过对这些品牌接触点的把握来赢得现代消费者的心。

思考:

1. BrandZ 品牌资产评估方法的特点以及其基于的概念模型是什么?

2. 对于中国品牌的评估,英特品牌资产评估法的评估结果与 BrandZ 品牌资产评估法有着很大的差异,这种差异的根本原因是什么?

课后思考题

1. 试问本章所提到的三种品牌资产的概念模型与品牌资产价值评估方法之间的内在联系是什么?

2. 试问品牌资产价值这一理论概念的发展过程及特征?

3. 使用不同的品牌资产评估方法所得到的品牌资产价值排名会有所不同,试着使用本章所学到的知识详细分析其成因。

第3章　品牌战略

学习目标

学完本章,你应该能够:

(1) 了解品牌战略的内涵、意义和相关要素以及本土品牌战略规划;

(2) 初步掌握品牌战略定位的意义、目的、策略和方法以及品牌定位的误区;

(3) 落实品牌个性的重要性,掌握设计和打造品牌个性的流程;

(4) 明确品牌联想的界定、特点、评判和品牌联想策略的意义。

基本概念

品牌战略　品牌个性　品牌联想

3.1 品牌战略的内涵

3.1.1 品牌战略的含义

3.1.1.1 品牌战略的定义

所谓品牌战略就是企业为了提高自身的市场竞争力,围绕产品的品牌所制定的一系列长期性的、带有根本性的总体发展规划和行动方案。

"战略"一词,原来是军事方面的术语,指的是将帅的智谋、筹划以及军事力量的运用。我国古代著名军事著作《孙子兵法》即是一本有关战略战术思想的集大成之作。普鲁士军事理论家克劳塞维茨认为,战略是为了达到战争的目的而对战斗的运用,后来这一定义被广泛采纳。

20 世纪 60 年代,美国企业管理家伊戈尔·安索夫(Igor Ansoff)首先将战略运用于企业管理中,针对日益复杂的企业进行统筹规划和协调指导。随后,经济活动的频繁导致市场竞争空前激烈,许多企业家纷纷从兵书上寻求治理方略,一股战略潮迅速在全世界范围内蔓延开来。

不同的企业对品牌战略的制定有所不同,一般来说,品牌战略大概由以下三方面构成:品牌架构组合、品牌定位以及相应的品牌个性设计。

品牌架构组合,是指企业内部品牌要素的数目与产品之间的对应、排序、组合方式。随着市场竞争的不断加剧,品牌竞争也更趋多元化与复杂化,消费市场的分割已经创造出多元化的脉络,这就造成了品牌经营者为了适应市场的变化而建立起品牌组合与架构系统。大规模企业投资的诀窍在于分散品牌系列的投资,以及开拓各种定价及销售渠道组合的战略性投资。因此全方位品牌管理者,尤其是大型品牌的组织不能只关注单一品牌,而必须关注同一系列品牌之间的相互关联及影响。

品牌定位(Position),即在消费者认知及消费体验中确定品牌的位置。定位既是一个概念,也是一个过程,是把品牌提供给消费者的过程。定位更多时候是一个品牌的外在表现,就是向外部世界表达品牌的特征和个性。品牌定位实质上就是确定产品(或服务)的特色并把它与其他竞争者作有效区别。鉴于品牌定位在整个品牌战略中的核心地位,本书将在第 4 章详述品牌定位的理论和操作要领。

品牌个性,是将品牌视为一个人,让其具有鲜明、生动的个性特征,在品牌推广中与消费者进行深入、持久、密切的互动与影响。严格说来,品牌个性设计应该是品牌定位的一个部分,是品牌定位在宣传的基调、情感或理念方面一种自然的延续。品牌定位是企业内部的思考,对于消费者而言只是个概念而已,而品牌个性是将品牌的定位以易为消费者接受的方式,传达给消费者,在消费者心中占据一个与众不同的位置。可以说,品牌个性是一个品牌能否具有长久生命与活力的关键,也是品牌管理与传播的关键。

3.1.1.2 品牌战略的特征

1) 全局性

品牌战略是企业为了创造、培育、利用、扩大品牌资产,提高品牌价值而采取的各项具体计划或方案的指南。它所解决的不是局部或个别问题,而是全局性问题。我们平常所说的战略意识、战略思想和战略眼光,就是从全局出发,掌握整体的平衡发展,不拘于局部或眼前的利益。品牌战略的制定要求通观全局,对各方面的因素和关系加以综合考虑,注重总体的协调和控制。

2) 长期性

品牌战略是一个长期概念,它的着眼点不是当前,也不是近期(1年之内),而是中期(3年左右)和长期(5年以上)。品牌战略并不注重品牌经营短期的成败得失,主要在于谋划品牌的长期生存大计,具有相对的稳定性。

3) 导向性

由于品牌战略是站在全局高度制定的宏观总体规划,从而决定了对其下属的各种具体措施和活动计划具有导向作用。在规划实施期内,所有的具体行动均要与品牌战略的总体要求一致,如有背离,须及时调整。

4) 系统性

品牌战略的系统性包括品牌的创造、推广、发展、保护、更新、撤退等一系列环节,它是一个系统工程,而系统内的各个环节与过程都是相互联系和相互影响的,并可以转化和连接。

5) 创新性

制定品牌战略是一个创新过程,每一个企业的自身条件不同,所处的市场环境以及面对的竞争对手也不同,必须有针对性地制定战略,才能起到出奇制胜的作用。品牌战略是现代企业经营战略的核心,它的价值就在于有别于他人的独特性。一个企业如果采取简单模仿竞争对手的做法,跟着竞争对手行动,那么在激烈的市场竞争中它就会始终处于被动地位,不可能赢得市场竞争的最终胜利。

3.1.2 品牌战略的确定

3.1.2.1 品牌经营时代的到来

企业经营经历了以下几个阶段。

1) 产品经营时代

在资本主义工业时代初期,科技比较落后,生产力水平低下,社会上物质产品供应不足,市场需要不能得到充分满足。在这种形势下,消费者主要关心的是能否买到产品以满足个人的基本生活需要。对于企业来说,只要生产出产品就能卖出。所以说,在产品经营时代,企业将重点放在企业内部,通过提高生产率,从而降低成本,扩大生产规模,最终向追求低价的消费者提供更多的廉价商品。与这个经营时代适应的是,企业产生了以产品观念为主导地位的经营观念。这种观念认为,只要能降低生产成本,就能因价格上的优势,把顾客拉到自己身边。企业把注意力集中在产品的精心制作上,而根本不去考虑企业以外的市场,不去考虑消费者,也不去考虑产品在市场上是否受欢迎。这种经营思想只在商品经济不太发达的时期发挥作用,随着经济形势的变化,它将逐渐成为历史。

2) 资本经营时代

伴随科学技术的突飞猛进,生产率有了显著的提高,企业生产能力急剧扩大,产品市场也有了极大的繁荣。早在19世纪下半叶,企业经营已由单纯重视产品发展到重视资本经营,由于科技水平的提高带来的竞争程度的加剧,社会上供给相对过剩,企业以直接或间接投资等方式开始跨国经营,内部财务关系复杂化。为了更好地加强竞争优势,企业的经营活动逐步转到资本经营上来,并转而重视财务管理。在这个时期,企业确定的经营目的是:在利润最大化原则下使资本在再生产过程中实现保值和增值,使资本运营更有效率,并能不断地实现资本扩张。在资本经营时代,生产经营活动是资本运动的前提,物资运动是资本运动的基础,资本运动则是企业生产经营活动和物资运动的综合反映。可以说,资本经营时代是企业经营开始迈向成熟经营的重要时期。

3) 品牌经营时代

毋庸置疑,生产力水平发展到一个更高阶段时,市场上的商品不仅数量急剧增加,而且花色品种也日益繁多,而随着生活状况大幅度改善,人们在消费欲望加强的同时,消费需求和心理日趋复杂化。这时,企业如只单纯进行产品或资本经营显然已不合时宜。企业为了永久性地刺激引导消费者的购买行为,除了在提高产品质量、开发新产品等方面大下功夫外,创造独立的、唯一的、固定化的产品品牌,大力营造品牌形象,提升品牌知名度成为企业经营的重点。在商品经济经历了漫长的发展历程后,人们开始树立品牌意识,一个品牌经营时代悄然到来。在这个时期,企业将经营活动重点置于品牌经营上,为了能自如应对竞争对手的挑战,企业家们必须高瞻远瞩、统筹兼顾、主次分明地制定出各种品牌经营策略,在一个系统的、有序的战略平台上完成各种战术规划,品牌战略应运而生。

3.1.2.2 企业发展战略中的核心环节

企业为了寻求发展,需要针对内外环境的特性制定各种战略,它涉及企业的各个部门和各个方面,是一个宏大而复杂的体系。品牌战略是企业发展战略中的重要组成部分,在品牌经营时代背景下,它更是成为企业发展战略中的核心环节,品牌战略为整个企业发展战略打下了坚实的基础,各种其他战略都要以品牌战略为中心,与之协调,为其服务。

3.1.3 实施品牌战略的意义

当20世纪60年代中期战略规划开始登上管理的历史舞台时,企业领导人将其视为设计和实现战略的"一个最佳方式",认为它将会提高企业的竞争力。从弗雷德里克·温斯洛·泰勒(Frederick Winslow Taylor)所创立的科学管理的角度而言,这种最佳方式将规划和实施相分离,并创建了"战略策划者"这一由专家充任的新角色。品牌机构的规划系统的职责就是制定出最佳的战略以及实施这些战略的各步骤的具体安排,这样,管理者就不会出现偏差。后来的实践证明,他们太理想化了。

这些品牌战略的规划者们,通常假定未来的时代将比现在好,因而,他们制定的面向未来的品牌战略只不过是将过去的品牌机构加以延伸。但是,社会在前进,各国的政治、经济、社会等都在变化,世界的整体环境也已发生了根本性的变化;旧的观念、规则已经或正在遭到废弃,技术革新日新月异,全球竞争日益加剧,外部环境和竞争者的威胁等形成了强大的冲击波,这种品牌战略规划失去了优势。游戏规则的变化促使品牌领袖们以及品牌管理者们创造和开发新的、科学的、系统化的战略规划方法,以分析品牌的内外部环境,评估品牌机构的优势和劣势,以及识别和捕捉培养核心竞争力、核心优势的机会。品牌战略和规划的重要性在经过了一段时间的衰落之后,又重新被人们认识和重视。

迈克尔·波特在经过研究后指出,日本的品牌在20世纪70年代和80年代在经营的有效性上发动了一场全球性革命,首创全面质量管理以及持续性改进。结果,日本的制造商们持续很多年享有巨大的成本优势和质量优势。但是,日本的品牌,除了索尼、佳能、丰田等少数几家外,几乎从未有明确的品牌发展战略。大多数日本公司都在相互模仿和相互竞争。随着经济有效性差距的缩小,日本的这些品牌也就日渐陷入自设的陷阱;他们如果想要逃脱现在毁灭其业绩的相互摧残的商战,则必须去学习品牌战略及其规划。但要这样做,他们还必须去克服强大的文化障碍,因为日本是一个有名的东方一致性国家,这种无形的力量促使日本的品牌强烈倾向于弥合彼此间的差异而不是突出那些差异,而战略需要做出理性的选择。

一项对品牌领导者和管理者的最新调查显示,大多数品牌企业制定品牌战略,其中绝大多数受调查者认为他们的战略规划是有效的,品牌战略和规划使他们有了明确的方向和具体的目标。当今,品牌战略和规划已经超出了经济市场、工商企业领域,很多非营利性机构,比如政府机构、医院、高校等都制定战略规划,塑造强势品牌成为各行各业的战略目标。

在市场经济条件下,品牌的命运维系着企业的存亡。同时品牌是一个民族素质的重要象征,是一个国家或地区经济、科技和文化等综合实力的重要象征,又是人们生活质量提高的反映。正因为品牌具有重要意义,实施品牌战略就显得十分必要了。

对于企业而言,实施品牌战略:

(1)可以为品牌提供在计划期内管理品牌时应遵循的方向。一个好的品牌核心战略能协调品牌管理团队的各个职能部门,帮助有效地分配资源,并帮助品牌拥有者与企业管理层达到理想的市场地位。

(2)有利于促进企业整体素质的提高。企业的品牌产品是企业科技水平、制造水平、管理水平、营销水平的综合体现。创造品牌,将有利于提高我国企业产品质量的总体水平,而且促进企业提高管理素质、技术素质和人才素质,并加快企业技术结构和产品结构的合理化和升级。

对于国家而言,实施品牌战略:

(1)适应了买方市场的需要。随着生产力的发展,我国市场逐渐由卖方市场转变为买方市场,在供过于求的条件下,消费者客观上具备了进行"货比三家"的现实条件。品牌意识的形成使企业家们认识到,在消费者日趋主动的市场环境里,只有实施品牌战略才可能占领市场。

(2)有利于企业在激烈的国际竞争中,获得可持续发展的优势。随着经济全球化的进程,企业间的商业竞争已延伸至全球市场,中国企业面临的是一个个更强大的竞争对手。品牌是市场的通行证,只有实施品牌战略,才能抵御外来的跨国公司的扩张,才能使民族产业实现走向国际的强盛之梦。

3.1.4 实施品牌战略及规划

对于品牌战略和规划的研究,目的是塑造和管理本土品牌;中国的品牌急需品牌战略和规划的管理。对于一艘盲目航行的船只来说,往往处于逆风。品牌战略是关系到一个企业兴衰成败、长治久安的根本性决策,它是企业品牌经营的提纲和总领,是实现持续发展的前提与保证。先做对的事,然后把事情做对。品牌战略就是做对的事,如果事情一开始就错了,那么不管过程中如何努力,都会是事倍功半的结果。尽管品牌战略的规划是如此重要,然而在市场实战中,似乎并没有引起企业的广泛重视,许多企业热衷于不断开发新的产品,却很少对品牌的方向做出严格的决策,仍然是走一步看一步。如果缺乏一个对品牌整体运作的长远思路,将导致企业经营的混乱无序,这无疑是对品牌资源的极大浪费。

我们身边如流星般滑过的"名牌"多如"过江之鲫"。我们考察中国的企业也可得到成功塑造品牌的案例,国内市场上也曾出现过很多成功的传播和推广的广告案例。但是,中国的品牌还是经不起外部环境变化和内部管理弱化造成的冲击。为什么?因为我们只是知道品牌战略及其规划的"形",而不通晓其"实"。

而这一切源于中国大部分企业对于品牌战略和规划管理的陌生和茫然,对品牌战略管理知识的贫乏,对品牌管理具体工作的不了解或了解不深、不完整,甚至不少销售额几十亿、上百亿企业的营销高层人士都无法清晰地回答创建一个强势品牌的关键要素是什么。

人们普遍认为品牌战略规划与管理就是营销策划、广告创意、公关活动与终端促销等等,这显然与大量冠以品牌战略、品牌规划等字眼的书籍传播的误导有关。翻开很多的品牌战略、品牌规划的书籍,里面绝大部分内容都在讲市场细分、目标市场定位、产品策略、广告创意、媒介选择、公关活动、新闻软性宣传、终端陈列与生动化等具体的营销广告活动应如何策划与实施等等。果真如此,就不应该存在品牌战略管理这门学科,品牌企业也就没必要进行品牌战略规划与管理,只要做好日常的营销广告工作就可以了。然而,品牌战略有其自身的研究范畴,企业的品牌战略管理工作有其独特的工作职责与内容。品牌战略规划与管理的职责与工作内容究竟是什么?品牌战略规划的职责与内容就是制定以品牌核心价值为中心的品牌识别系统,然后以品牌识别系统统帅和整合企业的一切价值活动,同时优选高效的品牌化战略与品牌架构,不断地推进品牌资产的增值并且最大限度地合理利用品牌资产。

伴随着消费者对强调自我和个性需求的追求,市场日益转向多样化、个性化、细分化和复杂化,企业间的竞争也由规模实力竞争、质量竞争、技术竞争逐步转向销售手段竞争、服务竞争、品牌竞争,中国的消费市场已逐步从"商品消费"进入"品牌消费"。在"品牌消费"时代,企业能否培育出自有品牌,并塑造成强势品牌,将决定一个品牌企业在市场上的竞争力。加强品牌规划管理与运营已成为时代的要求,成为企业现代化和成熟程度的重要标志。

为国内企业作品牌战略规划,就要学会螺蛳壳里做道场,充分考虑到品牌自身财力有限和品牌管理能力较弱的现实。品牌战略不仅要立足于长远目标和企业持续竞争力的建设,兼顾当前的利益也十分重要;品牌战略、营销战略必须与我们的国情、国内企业资源结合起来,将企业的实际财力、品牌营销能力与中国特定的市场环境结合起来。一流的品牌战略本身就是要先兼顾品牌的短期利益。

3.1.5 品牌战略的相关要素

品牌战略并不是独立存在的一个概念,它有很多相关的要素,如品牌战略意图、品牌定位、品牌个性、品牌联想等。这些要素之间相互影响,共同形成了一个品牌在消费者心目中的认知与印象。

在品牌战略实施的过程中,首先要有一个明确的品牌战略意图,并且这个意图会随着市场、消费者和企业本身的变化发生一些修正。中国改革开放以来,产生了一批享誉海内外的强势品牌,比如四川的新希望集团、北京的联想、青岛的海尔、河南的双汇、广东的格力与美的。自第二次世界大战以来,也有很多品牌从不知名到成为世界顶级品牌。它们最初都具有与其资源和能力极不相称的雄心壮志,比如青岛海尔在张瑞敏接手时还只是一个街道办的集体制小电子元器件生产厂,董明珠在刚进入格力电器时也只是一名业务员,然而他们成功的基因早就深深埋于看似弱小的企业规模上。他们通过品牌企业获得的全面成功使人惊叹不已,并且在抢占中国或世界领先地位的探索中一直保持着这个谜。这个"谜"用一个术语来说就是"品牌战略意图"。

品牌战略意图包含了品牌所要达到的战略目标、期望抢占和得到的品牌领导地位,并依此制定了为实现这一战略意图所要依照的品牌机构行为准则。青岛海尔计划在5年内冲进世界"500强",丰田公司的"凌志"(雷克萨斯)轿车要冲击奔驰的"霸主"地位,欧洲的空中客车要与世界第一的波音客机一争高下,清华大学要力争在20年内塑造成世界一流大学,等等。这些都是品牌战略意图的直接表达。

品牌战略意图并非仅仅是"野心"的展示和雄心的释放,许许多多的品牌由于缺乏明确的战略目标和正确的策略以及相应的实施举措而相继倒下。品牌战略意图这一概念还包含积极而科学的品牌管理过程,比如:将品牌机构的注意力集中到塑造成功的强势品牌的本质;通过向员工灌输品牌理念而激发创造力和活力,以使个人和团队都做出相应的贡献;通过品牌推广和传播得到品牌关系利益人的理解和支持;通过品牌广告塑造品牌形象;整合品牌机构内外部资源向着品牌战略目标迈进。

品牌战略意图往往能够抓住强势品牌成功塑造的根本性的因素,是稳定的、"100年不动摇"的品牌塑造和管理的"宪纲"。在中国深度报道类报纸媒体的竞争中,从中国深度报道第一大报《南方周末》"出走"而在上海创办《外滩画报》的一帮人,所确立的《外滩画报》这一品牌的战略意图就是"办百年大报,做职业报人";这一战略意图还有潜在的一层意思,就是冲击中国深度报道类第一报纸媒体。在争夺品牌领导地位的"战争"中,拓延品牌机构的注意力的时间就成为最重要的工作之一。品牌战略意图整合了各种和各个时期的短期行为,并且为在新的机会出现时的重新诠释留下了余地。欧洲空中客车在冲击美国波音这一世界客机第一品牌的征战中,包含了一系列的过渡期规划和自有的核心竞争力、核心竞争优势。比如,依靠安全可靠、提高效益和减少污染之指标;以高技术设备装备各式飞机;根据科学技术的发展情况、市场竞争和客户的需求,不断创新和改进自己的产品。

战略意图是明确的,实现战略意图和目标的手段是灵活和富有创造力的。品牌战略意图作用于品牌机构的时间贯穿始终,现有的能力与品牌的内外部资源与之相比而显得远远不够。这就迫使品牌机构变得更加具有创造力,最大限度地利用相对稀缺的资源。传统的品牌战略意图观念注意力集中于现在的资源与机遇之间的相对称程度。

品牌战略的另一个重要相关要素是品牌定位,一个良好的品牌定位能够成功地打入消费者的心智,成为一个品类的代表品牌。同时,品牌与人一样,随着消费者对品牌的深入了解,品牌也会被赋予个性,甚至当消费者看到品牌时,会产生一定程度的联想。这几个要素将在接下来的几个小节中详细介绍。

3.2 品牌架构组合

3.2.1 品牌架构组合的设计

如前所述,品牌架构组合是指企业内部品牌要素的数目与产品之间的对应、排序、组合方式。品牌架构组合其实是品牌名称与产品之间的排列组合。

在此,可以借助凯文·莱恩·凯勒提出的两个工具来进行设计,一个是品牌-产品矩阵图,另一个是品牌等级。

3.2.1.1 品牌-产品矩阵图

图 3-1 为品牌-产品矩阵图:

品牌＼产品	1	2	……	N
A				
B				
……				
N				

图 3-1 品牌-产品矩阵图

在解读品牌-产品矩阵图之前,先要明确几个概念。产品线是指某一产品大类内一组关系较为密切的产品的组合,这些产品功能相似,目标顾客群相同,营销渠道一致,或处于同一价格档次。一条产品线可以包含不同的品牌,也可以只包含一个家族品牌或单个延伸品牌。产品组合(Productmix)或产品分类(Product Assortment)是指某一公司可供出售的所有产品线和产品的总和。因此,品牌-产品矩阵的每一列代表一条产品线,所有这些产品线集中起来,共同形成了产品组合。品牌组合(Brandmix)或品牌分类(Brand Assortment)是指某一公司可供出售的所有品牌线的总和。

该矩阵中,行代表品牌-产品关系,矩阵的一行就是一个品牌线。品牌线是指某一品牌下出售的全部产品——包括原始产品及产品线和大类延伸产品。某一公司该品牌下出售产品的数量和性质,反映出品牌架构的宽度。

涉及品牌架构的宽度的因素有:公司的产品线数目应该是多少(即产品组合的宽度);每一产品线之间的区别应该有多大(即产品组合的深度)。

产品组合的宽度取决于产品大类内在吸引力,主要的影响因素有三个:总体市场因素、产品大类因素和环境因素。具体见表3-1。

表3-1 产品大类吸引力标准

总体市场因素	产品大类因素	环境因素
市场容量	新进入者的威胁	技术因素
市场增长	买方讨价还价的能力	政治因素
产品所处生命周期的阶段	卖方讨价还价的能力	经济因素
销售周期	当前的行业竞争	法规因素
季节影响	来自替代品的压力	社会因素
利润	行业能力	

产品线的深度分析要对市场及产品间的成本依赖有一个透彻的了解,而且,产品线分析要求考察产品线中每一项目或成员对销售和利润的贡献率,同时还需要对产品线中每一项目承受竞争及满足消费者需求的能力进行评估。简单地讲,如果可以通过增加产品线项目来增加长期利润的话,就说明该产品线太短了;反之,如果可以通过削减产品线项目来增加利润的话,就说明该产品线太长了。通过增加新的变量或项目来延长产品线,一般可以扩展市场覆盖面,增加市场份额,但同时也会引起成本上升。从品牌的角度看,如果使用同一品牌的话,较长的产品线也会削弱相关品牌形象的一致性。

矩阵的列代表产品-品牌关系,矩阵的一列就是一个产品线。产品线是指某一产品大类内一组关系较为密切的产品的组合,这些产品功能相似,目标顾客群相同,营销渠道一致,或处于同一价格档次。一条产品线可以包含不同的品牌,也可以只包含一个家族品牌或单个延伸品牌。每一产品大类下营销的品牌数量和性质,反映品牌架构的深度。

品牌架构的深度,或者是品牌组合,一般需要从市场覆盖面以及成本、利润三个方面做出权衡。对于一条产品线来说,如果可以通过删减品牌数目来增加利润的话,那么这一品牌组合就太大了;如果可以通过增加品牌数目来增加利润的话,那么这一品牌组合就不够大。也就是说,任一品牌都应该与其他品牌有明显的区别,并能吸引一个有足够容量的细分市场,以弥补营销和生产成本。如果某一品牌线内品牌间的区别不明晰,那就很容易产生拆东墙补西墙的现象,就需要适当的"修剪"。从企业整体竞争战略出发,在品牌架构中,有些品牌是主打品牌,是品牌架构的骨干,有些品牌是侧翼品牌,承担了特殊的功能,是品牌架构中的枝节。以下是品牌在品牌组合中可能起到的特殊作用:

(1)抢先进入目前公司其他品牌尚未覆盖到的某一特定细分市场;

(2)作为侧翼品牌保护主打品牌;

(3)作为金牛品牌,能够"挤出"利润;

(4)作为进入市场低档水平的产品,把新的消费者引向这一品牌;

(5)作为高档权威产品,能提高整个品牌组合的威信和信誉;

(6)增加店内货架陈列范围及零售商的依赖性;

(7)吸引那些追求多样化的消费者,使他们不会转向其他品牌;

（8）增强公司的内部竞争；

（9）在广告、销售及分销等方面达到经济规模。

品牌架构反映了公司出售的不同产品中所通用的或特殊的品牌要素的数目和性质，即品牌架构决定了在什么产品中应用什么品牌要素，或者新产品中新要素及现有要素的性质。品牌架构的深度和宽度没有现成的模式可循，关键是每一个品牌要能成功完成它在企业中所应当承担的职能。如果一定要说有什么准则，那就是每一个品牌名称的产品都必须有一个明确定义的职责，以确定它应该为公司做些什么，同时，还必须有一个根据其在消费者头脑中的联想概括出来的并明确定义的定位，以确定它提供给消费者的利益和承诺是什么。

3.2.1.2 品牌等级

品牌-产品矩阵有助于明确公司出售的产品和品牌范围。在多数情况下，公司还希望在产品和品牌之间建立联系，以便向消费者展示这些产品和品牌之间的联系。因此，一般来讲，产品的品牌名称不仅仅是一个名称，而是包含多个品牌要素的组合。例如，一台Lenovo ThinkPad X1 笔记本电脑，包含三个不同的品牌名称要素："Lenovo""ThinkPad"和"X1"。这些品牌名称要素中，有一些可以被多种不同的产品分享，其他一些应用范围则较小。

品牌等级通过陈列整个公司产品中普通和特殊品牌要素的数目和性质，可以对品牌要素进行明确的排序。品牌等级可以用来在公司不同产品间捕捉潜在的品牌联系，因而它是以图表方式描绘公司品牌策略的有效手段。

一般来讲，对于任何品牌等级，越是从顶层向底层移动，每一层所包含的条目就越多，或者说，所包含的品牌越多。

品牌等级的层次，从顶层向底层排列如下：

（1）企业（或公司）品牌；

（2）家族品牌；

（3）单个品牌；

（4）修饰品牌。

品牌等级的最高层次，通常只有一个品牌——企业或公司品牌。出于法律原因，在产品或其包装上，总会印上公司或企业的品牌（在有些情况下，也可用子公司的名称代替母公司的名称）。对于某些公司来说，公司品牌是其在产品上使用的唯一品牌（如通用公司和惠普公司），其他一些公司则将公司品牌名称与家族品牌或单个品牌结合起来使用。在有些情况下，公司名称虽然在技术上仍是品牌等级的一部分，但其实际上是无形的，不受任何营销计划的支持。菲利普·莫里斯就是一个明显的例证，它不在卡夫食品及其他子公司品牌上使用公司品牌名称。

接下来的一个层次是家族品牌，它不必是公司或企业自己的名称，而是一种用于一个以上产品大类的品牌。多数公司仅仅支持少数几个家族品牌。如果公司品牌被应用于多个产品大类,那么它也就承担了家族品牌的作用。对于这些产品,其品牌等级中的这两个层次就二而为一了。

再往下是单个品牌层次。单个品牌仅限于在一个产品大类中使用,但这一产品大类可以包含不同型号、不同包装容量或不同风格的多种类型的产品。创造和使用单个品牌的主要优点是,可以使品牌及其所有的辅助营销计划满足特定消费者群体的需要,品牌名称、标识、其他品牌要素、产品设计、营销沟通计划、定价、分销战略等,都可以针对特定目标市场进行设计。而且,在这种情况下,当品牌遭遇困难或失败时,给其他品牌及公司带来的风险也是最小的。采用单一品牌的缺点是,需要为建立足够的品牌资产而开发单独的营销计划,这一过程十分复杂,困难重重,而且花费很多。

最低的一层是修饰品牌。不管是否已使用了公司、家族或单个品牌,都有必要根据产品项目或型号的不同类型进一步对品牌加以区分。而增加一个修饰成分,往往可以达到表现品牌在某些方面精致或区别的目的,品牌修饰的作用很重要,它可以传递信息,表明同一品牌下某一产品大类中的产品在主要特质或价值方面有什么差别。也就是说,品牌修饰的作用之一,就是在同一品牌家族内表现品牌差异。同时,品牌修饰在保证公司某一产品大类整体的市场覆盖面方面也有重要作用。品牌修饰还能使产品变得更容易理解,进而与消费者发生关联。例如"格力空调节能王子",其中"节能王子"是修饰品牌,既能表示格力品牌家族内部的某个系列,又将该产品节能的性能生动地传递给消费者,使消费者对该品牌产品记忆深刻。

3.2.2 品牌架构组合的类型

在品牌构架中,品牌名称有时和产品不一定是一一对应的关系。根据品牌与产品乃至产品线的对应关系,以及品牌所处的层级,可将品牌架构组合分成单一品牌架构、复合品牌架构、多品牌架构、分类品牌架构。

3.2.2.1 单一品牌架构

单一品牌架构又称统一品牌架构,即企业生产经营的所有产品(包括不同种类的产品)都统一使用同一品牌。这种架构往往是品牌对应所有的产品,所有的产品都采用企业品牌。例如,海尔集团生产经营的电冰箱、空调、洗衣机、电视机等全部产品都标有"海尔"(Haier)品牌;飞利浦公司生产的音响、电视、灯管、显示器等所有产品都以"PHILIPS"作为品牌;还有日本佳能公司旗下的全部产品都统一使用"Canon"品牌。

企业采用单一品牌架构,优点很多:

(1) 能向社会公众展示企业产品的统一形象,可以大大提高企业知名度,使企业在推出新产品时省去了命名的麻烦,促进系列产品的销售。

(2) 因所有产品共用同一品牌,可以大大节省品牌设计和品牌推广等方面的费用,从而减少企业经营品牌的总开支。

（3）可在企业品牌已赢得良好市场信誉的情况下顺利推出新产品，使新产品能较快进入市场。

（4）能把企业文化广泛地传播给消费者，让商品具有强烈的识别性，给消费者留下深刻的印象，使消费者轻易地接受新产品，从而提高企业的信誉和知名度。此外，企业利用同一品牌推出新产品，能在消费者心中留下企业不断追求创新和发展的良好印象，从而降低了消费者在接受产品时所遇到的阻力和风险。

不可忽视的是，企业采用此种架构也隐含着一些负面效应，主要表现在：

（1）企业要承担很大风险。由于各种产品明显表现出共生的特性，一旦统一品牌下的某种产品因某种原因（如质量）出现问题，就可能发生"株连效应"而波及其他种类产品，从而影响企业所有产品的形象和整个品牌的声誉，最终使企业产品销售额下降。

（2）所有产品均用同一品牌容易造成消费者混淆产品和难以区分产品质量档次，给消费者购买商品带来不便。

最后，如果同一品牌下的产品性质差异性较大，甚至有相斥性（如洗衣粉与纯净水），就会容易引起消费者不良心理反应，如果消费者一开始对产品产生了抵触心理，则会导致品牌个性淡化，以至于毁损品牌形象。

鉴于单一品牌架构有以上优缺点，一般认为，对于那些享有很高声誉的著名企业选择这种架构可充分利用独一无二的品牌效应，使企业所有产品前后呼应，增进品牌的发展。当然，在企业品牌获得较高市场声誉情况下，能保证各类产品具有大致相同的质量水平，各种产品不会引起消费者心理冲突时采用这种架构效果会更佳。日本本田公司利用"本田"之名推出了许多不同类型的产品，如汽车、摩托车、铲雪车、割草机、轮机、雪车等，都是一些与电动机器有关的产品，它们在市场上相互扶持，交相辉映，均取得了成功。

3.2.2.2　复合品牌架构

复合品牌架构就是指赋予同一种产品两个或两个以上品牌。这种架构，不仅集中了一品一牌的优点，而且还有增加宣传效果等增势作用。根据两个复合的品牌所处的层次的不同，一般可将复合品牌架构分为双品牌架构与联合品牌架构。

1) 双品牌架构

又称主副品牌架构，是指产品品牌与企业品牌共用。即企业将生产出的各种不同产品分别采取不同的品牌名称，且在这些品牌名称前加上企业的名称，也就是对产品赋予了一主一副两个品牌的架构。其中，主品牌代表该产品所在企业的声誉，它是产品品牌识别的核心，副品牌代表该项产品的特征与个性形象。

双品牌架构的优势具体说来主要有以下几个方面：

（1）企业在开发新产品时启用双品牌架构，可以节省广告宣传费用，增强促销效果。由于主品牌已经打下了良好的宣传基础，拥有了较高的市场声誉，新产品可以借助企业知名度而自然而然地提高自身的价值,从而可以减少宣传支出。

(2) 采用不同的副品牌名称,又可使各种不同的新产品显示出不同的特色,使各个品牌保持自己相对的独立性。比如,新式杭帮菜知名品牌外婆家没有选择单品牌优化升级做加法,而是选择多品牌策略做乘法,除了主品牌,还拥有多个副品牌:如金牌外婆家、炉鱼、宴西湖、锅小二以及第二乐章等,副品牌门店总数超过160多家。

(3) 有利于推出新产品。由于消费者识别、记忆及产生品牌认可、信赖、忠诚的主要依据是主品牌,所以,企业能最大限度地利用已有的成功品牌(主品牌)推出新产品。主品牌的良好形象是企业的巨大无形资产,它可以成为副品牌强有力的支撑。美国可口可乐公司与百事可乐公司曾经几乎同时向市场推出低糖的健怡饮料,百事可乐将其取名为"健怡百事可乐",而可口可乐公司却取名为"泰森"。结果,"泰森"败在"健怡百事可乐"手下。因为"泰森"虽能迎合消费者口味,但却未能将享有盛誉的可口可乐主品牌名延伸过来。很快可口可乐吸取了教训,重新命名了品牌,推出了"健怡可口可乐",立即被消费者接受,很快成为美国第三大饮料产品。

(4) 有利于避免品牌扩展中产生的"株连效应"。在主品牌引领下设计副品牌可以将新产品与原有产品的差别区分开来,这在一定程度上避免了企业因某一种产品的问题而牵连所有产品,可以尽可能将企业损失减至最小,并使这种品牌借势的品牌扩展活动更易成功。此外,双品牌架构的品牌扩展有利于通过成功的副品牌来烘托并提升主品牌形象。

当然,这种架构并不是完美无缺,如果把握不当,同样会产生弄巧成拙的后果。比如,在运用双品牌架构进行品牌宣传时,如过分突出副品牌形象,则容易"喧宾夺主",从而淡化主品牌,动摇主品牌在消费者心中的地位,影响企业的发展。所以说,双品牌架构实际上是对主品牌实施差别化,只有主品牌始终处于强势地位,架构才有成功的可能。当然,塑造副品牌的个性也是成功的关键,对副品牌的设计非常重要。

双品牌架构一般适合于同时生产两种或两种以上性质不同或质量有别的商品的企业,此外还要求企业的主品牌在市场上拥有较高的知名度和美誉度。

2) 联合品牌架构

所谓联合品牌架构是指两个或两个以上企业经合作、联营、合资等,对联合生产的产品使用两个企业品牌并列的品牌命名方式。

采用联合品牌架构有以下优点:

(1) 可以使两个或更多个品牌有效协作、联盟,相互借势,以此提高品牌市场影响力与接受程度。这种扩散效应要比单独品牌大得多,品牌联合所产生的传播效应是"整体远远大于单体"。

(2) 对于品牌的发展,合作双方必须共同负责,这样可以做到风险共担。在经营品牌过程中,难免会遇到这样或那样的问题,有时甚至要冒生死攸关的大风险,如果企业事先采取的是联合品牌架构,那么此品牌的"东家"就是两个或两个以上,在危机处理过程中,企业间可以互相商议,取长补短,群策群力,风险共担,这样会比单一企业在危机处理中实力更强。

(3) 如果合作双方来自不同国家,企业品牌产品可分别在合作双方所在国销售,使产品拥有更广阔的市场。2016年1月15日,海尔集团宣布与通用电气(GE)集团签署战略合作备忘录,其中包括海尔集团以54亿美元收购通用电气集团旗下家电业务(研发,在美9家工厂和遍布全球的分销体系),这对通用电气打开中国市场和海尔集团的美国市场乃至全球市场的拓展,都是十分有意义的。

案例 3.1

英特尔(Intel)公司

英特尔(Intel)公司和世界主要计算机厂商的合作是联合品牌架构的成功范例。Intel公司是世界上最大的计算机芯片生产者,曾以开发、生产8086、286、386、486等86系列产品而闻名于世。由于86系列未获得商标保护,竞争对手(AMD/Cyrix等)的大量模仿生产使英特尔公司的利益大大受损。为了挽回市场,从1991年开始,英特尔公司在推出奔腾系列芯片时制订了一个促销计划,他们鼓励计算机制造商在其产品上使用"Intel Inside"标识,并规定对购买奔腾芯片并乐于使用"Intel Inside"标识的计算机制造商给予一定比例的折扣。在实施这项品牌联合计划时,英特尔公司从一开始就编制了每年1亿美元的预算,结果,在计划实施短短的18个月内,"Intel Inside"标识的曝光次数就高达100亿次,使电脑用户当中知道Intel的人由原来的48%增加到80%。由于芯片相当于计算机的命根,英特尔公司一直是优良芯片的最大供应商,这样一来,几乎所有的计算机厂商都标上了"Intel Inside"标识,结果是带有这种标识的计算机在市场上更为消费者所认可和接受。

同样,联合品牌架构也有其局限性。当合作双方有意见分歧时,如协调不好,就有相互拆台的危险。此外,企业在推出联合品牌之前,如果双方就品牌归属问题没能完全协商好,日后也可能会引发不必要的纠纷。

品牌联合架构主要表现为两种形式:强强联合和以强扶弱。前者是两家著名企业的联合,它能有效利用资源,优势互补,在市场上往往会产生"重拳"效果。后者一般是用一个比较知名的品牌联合一个新生品牌。实际上,这种组合经常遇到的问题是:拥有较高知名度品牌的企业因担心品牌声誉受损而不愿联合。所以说,如何在借知名品牌之势的同时,使知名品牌感到在联合的过程中有利可图是确保品牌联合成功的重要条件,这需要弱小企业有较强的内在发展潜力。

总之,企业在采取这种架构前一定要慎思,选择合适的、理想的合作伙伴后,还要等到时机成熟后方可采取下一步行动。

3) 多品牌架构

多品牌架构是指企业在同类产品中,使用两种或两种以上的品牌的架构。它的优势表现为:

(1) 适合细分化市场的需要。在现代市场经济条件下,人们的需求呈现多样化趋势,消费者求新求异的心理越来越突出,消费者逐步分离成为具有不同消费偏好的消费群体,同一产品的市场被不断细化、分化。为了满足不同消费群体的消费需求,企业必须不断地推出不同型号、不同功能、不同特色的产品。"可口可乐"公司在原有基础上推出了"芬达""雪碧"等不同产品以满足不同口味的消费者对饮料的需求。

(2) 有利于扩大市场占有率。企业运用多品牌架构可以在产品分销过程中占有更大的货架空间,进而压缩或挤占了竞争者产品的货架面积,为获得较高的市场占有率奠定了良好的基础。联合利华公司的洗发水品牌"力士""夏士莲""多芬""清扬",在市场上都不同程度地拥有一定消费群,较好地占领了各个细分化市场。从效果上看,多个新品牌可能会影响原有单一品牌的市场销售量,但这些品牌同为一个企业所拥有,几个竞争品牌的销量之和又会超过单一品牌的市场销售量,从而使企业获得更多的利润。

(3) 有利于突出不同品牌的产品特性。美国宝洁公司旗下的三大洗发水品牌中,"海飞丝"去头屑,"潘婷"能使头发健康亮泽,"飘柔"向顾客承诺使头发更飘更柔。三种品牌各自突出不同个性,便于消费者根据自身需求有针对性地购买产品。

(4) 有利于提高企业抗风险的能力。采用多品牌架构能较好地分散风险,避免因某一个别品牌的失宠而过分损害企业的利益。

多品牌架构也有其明显的不足之处。首先,促销费用高。多个品牌同时面市,只有付出较大的促销费用才有可能做活众多品牌,在每种品牌的维持与发展中,企业还必须要继续提供巨额的促销费用。其次,因品牌数量过多,过于分散而难以树立整体形象。企业在实施多品牌架构时,如尺度把握不好,重复性建设,在社会大众心中难以形成完整的企业形象,只会产生事倍功半的后果。此外,企业的多种品牌之间或多或少会存在自身竞争,要是产品个性不强,会彼此残杀,最终使企业总体利益受损。

一般说来,对于经济实力雄厚的大企业而言,采取多品牌架构既有必要,也有可能。当然,不是说只要企业达到一定规模就可采取这种架构,我们更强调的是时机的把握和选择。当企业竞争焦点已经从产品质量上升到产品的特色时,或者当企业的产品质量、性能存在较大差别时,或者企业试图把同一种产品销往不同的目标市场,或在同时为两个及两个以上的目标顾客提供服务时,选用多品牌架构有利于为企业创造理想的销售业绩。

4) 分类品牌架构

分类品牌架构是指企业将所有产品进行分类,并给各类产品赋予不同的品牌。比如,企业可以把自己生产经营的产品分为家用电器类、生活用品类、妇女服饰类、食品类、饮料类等等。分类品牌架构兼有单一品牌架构和多品牌架构的特性,可以说,它是这两种品牌架构的折中。从某种角度上看,结合了两种架构优点的分类品牌架构将更加安全、可靠,同时又体现了企业的多元化经营思路。

从长远发展来看,实力雄厚的企业在选择品牌架构时,可考虑两种品牌架构的并用。比如,海尔集团在企业总的品牌上采取的是单一品牌架构,但在每一种具体的产品上又采取了双品牌架构,事实上,海尔正是凭借这种经营方式赢得了众多消费者的青睐。

3.3 品牌个性

品牌个性是品牌战略的另一个重要的相关因素。20 世纪 60 年代,随着对品牌内涵的进一步挖掘,美国精信(Grey)广告公司提出了"品牌个性哲学",日本的小林太三郎教授提出了"企业个性论",从而"品牌个性论"(Brand Character Theory)逐渐形成了。

品牌个性论认为:

第一,在与消费者的沟通中,从标志到形象再到个性,个性是最高的层面;

第二,为了实现更好的传播沟通效果,应该将品牌人格化,即思考"如果这个品牌是一个人,它应该是什么样子……"(找出品牌的价值观、外观、行为、声音等特征);

第三,塑造品牌个性应使之独具一格、令人心动、历久不衰,关键是用什么核心图案或主题文案能表现出品牌的特定个性;

第四,寻找选择能代表品牌个性的象征物往往很重要,例如,"花旗参"以鹰为象征物,IBM 以大象为象征物,"万宝路"以马和牛仔为象征物等。

只有独特的品牌个性才可以培育出众多的品牌忠诚者,只有致力于创造个性化品牌的企业,在创新、提升品牌档次和开拓更大市场空间上才能取得更大的成功。

3.3.1 品牌个性的定义及重要性

个性的内涵及定义在心理学领域已有广泛讨论,品牌个性是市场学学者及企业将品牌拟人化,把心理学的个性应用到品牌管理理论上,令人格化的品牌有更佳的品牌联想强度及独特性。大卫·奥格威早已提出企业必须要令品牌有自己的个性,因最终决定品牌的市场地位的是品牌总体上的个性,而不是产品间的微不足道的差异。奥格威虽然谈及了个性,但他强调的重点只是外在的品牌形象,却并没有在品牌个性的内涵上作深入讨论。早期学者对品牌个性的内涵及定义鲜有深入讨论,一般都是在研究品牌形象时,将品牌个性并入其中,如雷诺兹和古特曼(Reynolds & Gutman, 1984)认为品牌形象包括:产品特性与感受、产品知觉、信念与态度、品牌个性和产品特性与情绪感受间的联结。品牌个性是学者将人类心理学上的"个性理论"应用到品牌管理理论中,个性本来是指人的个性,由于人类有一种将物体拟人化的倾向。根据印象形成理论,消费者会把接触到的形象与相关事物翻译成人类的语言,以便进行人格化的解释;将理论应用于品牌管理上,企业会因消费者将物体拟人化的倾向而赋予无生命的品牌以人类的特性。所以品牌就如人一样,既有外表的个体形象,也有属于自己的个性。因此,对于品牌个性的研究,学者也基于此,把心理学中已经相对成熟和完整的个性理论直接延伸到品牌理论中。

定位是品牌性格的重要功能之一。所有从事营销工作的人都了解,品牌定位是营销最核心的工作之一。如何在消费者心目中建立鲜明的品牌印象是定位工作的终极目标。在我们的日常生活中,对一个人留下深刻印象最好的来源通常就是对方鲜明的性格表现。品牌也是一样。一个性格鲜明的品牌,通常都会比没有特殊性格的品牌更能带给我们深刻的印象,更能在消费者的脑海中留下鲜明的定位。因此,成功塑造品牌个性,会对这个品牌的定位大有裨益。

差异化是品牌需要建立性格的另一项重要原因。在自由经济的市场竞争法则下,竞争对手彼此试图模仿甚至超越对方的产品与经营优点是常见的现象。长期而言,要想在产品功能本身创造与竞争对手截然不同的差异点很困难。即使产品本质的差异点可以创造出来,在激烈的竞争环境下也很难保持长期的领先优势。然而,品牌性格的建立是品牌策略长期经营的成果。一旦在消费者心目中建立了一个鲜明的品牌性格,这个独特的拟人化性格可以将自己的品牌与竞争对手明显区分开来,也不容易在短期内被模仿或被学习。因此,品牌性格的塑造,可以在消费者的心理上创造独特的差异化,带来长期的竞争优势。

建立品牌认同是塑造品牌性格的另一个重要目的。消费者长期使用一个品牌,不只是需要品牌在产品功能方面提供满足,更需要在与品牌的互动经验中培养出深厚的品牌情感。此种在深层心理层面所建立的品牌认同,是消费者维系与品牌长期关系的重要基础[①]。

3.3.2 拟人化的品牌

3.3.2.1 品牌拟人化

当市场竞争加剧时,单纯的企业或品牌形象研究已经难以提供品牌定位所需要的信息。人们怎么看待一个品牌,很大程度上要取决于这个品牌向人们传达的信息。一些公司在做客户问卷调查时,通常会用五种方法来确定消费者对自己品牌的印象和意见。一是形容词举例法。列举品牌的有关个性,让消费者选择。二是词语连接法。问消费者:提到这一品牌时,你想到的三个形容词是什么?为什么是这三个形容词?三是将品牌拟人化。如果这一品牌是一个人,他的年龄有多大?性别是什么?他有哪些特征?他如何表现喜怒哀乐?四是类比法。如果这个品牌是一种动物,它是哪种动物?等等。五是图片对应法。让消费者看各种杂志,并从杂志中撕下他们想到的品牌图片,通过消费者的解释,就可以知道消费者为什么会有这样的感觉。

---

① 沈永正. 品牌为何需要性格[J]. 21世纪商业评论,2006.04:21.

品牌在这里被赋予人的特征或特点。品牌就像人一样可以具有"现代的""旧时尚的""可爱的"或者"异域风情"等特点。说到这里,我们可以感到人们在谈到品牌时就好像谈到了自己。无论您是否接受,在人们的思想里总认为"品牌就是人,同时人也是品牌"。

这是一个有趣的类比。人有名字,品牌也有。人有可以区分自己的风格,想象,个性与长相,品牌也可以。您可以从一个人的朋友和同事那里了解一个,品牌也是。人们经历着生命周期,品牌也是。我们对一个人的理解,常常和我们与他的相处有关,他对我们的态度,在某种程度上决定着我们对他的态度,品牌也是这样。我们与其他人的关系建立在诚实,信任,信赖的基础之上,品牌也是。一个人签出的支票,意味着他对一个协议或合同的肯定,品牌的标识也具有同样的承诺。一个人的本质,在某种程度上可以由他所珍惜的价值表现出来,这些价值指引并决定他的行为,品牌也是。品牌是无形的,它不拘泥于时间和地点。比如我从来没有见过特朗普(美国总统),但是通过媒体、精心制作的新闻和被高明修饰过的形象,我像熟知一些品牌一样熟知他,可以说一个政治家本身就是一个品牌。

还有一种方法是将人和其他的形象相结合,如果品牌是一个动物、一个卡通人物那又会是怎样的呢?所有的东西都被我们赋予个性。人们常常把某种事物拟人化,显得更容易让人接近。白酒品牌"江小白",通过卡通形象把情侣、朋友、亲人之间的微妙情感,把青春、职场中的微妙情绪,写在产品上;饮料品牌"小茗同学"通过呆萌、可爱的漫画形象打开了饮料营销新思路;电商品牌"天猫"LOGO 则为猫的形象。

拟人手法的运用使品牌更加个性化和人格化。游戏"王者荣耀"官方通过"妲己""狄仁杰"等形象与玩家以第一人称交流;"雕牌"为吉祥物"雕兄"开通微博,还打造了微信人工智能平台,消费者可直接与"雕兄"聊天、斗图。

3.3.2.2 品牌性格

什么是品牌性格?有些人认为品牌似乎只要贴上"个性"的标签,吆喝一声,产品就有"性格"了,其实这是错的。那么,究竟怎样才算有性格?且看美国两个品牌性格截然不同的牛仔裤广告。

苹果牌牛仔裤上市时(1972 年),它的广告画面是这样的:一匹无鞍的马背上,骑着赤膊的二女四男,一只红苹果由前至后,在他们手中依次被传递。女人,而且是影后,赤裸上身,自然轰动一时,而苹果牌牛仔裤的"反叛""个性主义"的品牌性格也因此显露无遗。同是牛仔裤,李维斯(Levi's)牌就与苹果牌大不相同。它的广告画面是:一位牵着爱犬的时髦女郎,在绿树掩映的草地上漫步,晨跑的男士禁不住回头向这位穿李维斯牛仔裤的美丽女郎投去一瞥。广告标题只有一个词——Fit,即合身,或者译成"量体而裁""舒适"也无多大不可。广告所塑造的李维斯的品牌性格,显而易见地是时尚、轻便、舒适、高雅。当然,苹果牌与李维斯的品牌性格的塑造,不仅仅靠上述两则广告,而是通过长期的系列广告形成的。其共同之点是将品牌拟人化,人格化。

品牌性格像有性格的文学形象一样,功夫在于塑造。塑造与不塑造,差别是很大的。譬如说,"三顾茅庐"这件事,在《三国志》这部史书里只有五个字:"凡三往,乃见。"真是简练得很,也枯燥得很。别说没有人物性格,就连情节也没有了。而在罗贯中的《三国演义》这部小说里,就用了近三万字的篇幅来铺陈"三顾茅庐"的故事,塑造了活脱脱的孔明、刘备、关羽、张飞的性格,从而使"三顾茅庐"事迹从史学家的圈子里飞到千家万户。

那么品牌形象与品牌性格,究竟有什么不同呢?品牌性格比品牌形象更具有心理渗透力。形象,是性格的载体,两者是所谓"皮之不存,毛将焉附"的关系;性格,则是形象的灵魂,没有性格的形象,是干瘪、空洞的,有性格的形象,则是独特而令人难忘的。李奥贝纳的"万宝路"香烟广告和奥格威的"哈撒韦"衬衫广告,同为品牌形象策略和品牌性格策略的经典案例,就是因为不仅是有形象,而且异常特别,非常个性化。从形象论再向前一步,就是品牌人格化。如"特醇轩尼诗"与"大豪客",水乳交融,极易让人产生"代入"感。从定位再向前一步,就是品牌性格论。定位,还只是类的区别,而性格,则是独一无二的"这一个"。目标顾客一旦发生共鸣,就容易形成对品牌的忠诚。

3.3.2.3 消费者与品牌性格的关系

显而易见,外表美观、品质卓越的品牌,强调某种精神理念或与众不同的个性、散发出独特魅力的品牌,能够体现出人们生活中很重要的一部分需求,使人的内心深处获得精神满足,从而这些品牌自然赢得了消费者的青睐。举个例子:一块普通的手表只要几十元、几百元,而一块劳力士或雷达可以高达几万元甚至几十万元。这十倍乃至百倍的价格差异仅仅是产品间的差距吗?不!产品与产品之间的质量、材料、款式的确有差异,但这种物理差异不可能有10倍、100倍之多,劳力士、雷达的价值主要在于品牌而不是产品。品牌不仅仅意味着产品(质量、性能、款式)的优秀,有的时候,心理消费才是真正的重点。同时品牌是身份的象征,在十几年前有一块表就是一种荣耀,那是产品力时代,而现在是品牌力时代,仅仅产品优秀是远远不够的。大街上几十元、几百元的手表很少有人问津,而价值千金的名表却成了许多人强烈的追求。因为劳力士、雷达是体验自我价值,体现优越感的绝佳道具。这就是品牌的魅力,它不是呆板的,它会给人们一种值得骄傲的东西,帮助人们提高品位,享受生活。品牌也可以为你带来情感上的收益,像蒂芙尼(Tiffany)珠宝就能使它的拥有者得到一种精神上的满足;它还能赋予你一种团体感,苹果电脑和福特土星(Saturn)型轿车的拥有者会下意识地把自己划到某一圈子里。

独特的个性将使品牌卓尔不群,而品牌的独特个性将深刻影响着同样渴望这种个性的消费者,万宝路的粗犷的牛仔个性感染了多少男人,力士的明星风采又挖掘了多少少女的潜在欲望,凡此种种,品牌个性成为了现实生活中无法实现梦想的平凡人的渴望。个性不同,就会产生各自不同的用户群。

3.3.3 品牌个性理论回顾

3.3.3.1 品牌个性的理论发展

个性是心理学中的一个重要概念,它被用来表述人的性格差异。不同的人具有不同的个性,不同的个性都明显地表现出不同的性格特征、气质特征和能力特征。将个性概念用到品牌上,就形成了品牌个性。品牌个性是对一个品牌所体现出来的独特价值及其存在形式,以及企业将这种独特价值在向消费者传达的过程中所采用的独特表现方式与风格所作的人格化的描述。汉语中有 200 多个词汇是描述个性特点的,将它们用来赋予品牌个性,这将会有力地推动品牌向纵深发展,进而会给具有千差万别个性的消费者以更多的品牌选择和体验①。

从 20 世纪 60 年代初提出品牌个性概念至今,学者们在这个领域进行了一些理论研究,取得了一些成果。

基于微观经济学理论分析品牌个性竞争是一种有效的非价格竞争手段。它的意义在于通过让顾客感知品牌个性形象等独特的差异性而影响他们的购买行为,使顾客对本企业提供的特定的品牌个性产生偏好和忠诚,甚至不惜为此支付更高的价格,使本企业品牌需求的价格弹性和交叉弹性变小,企业可以攫取更多的消费者剩余,获得超额利润。企业超额利润的大小取决于企业品牌个性化的保持和强化程度,产品的替代性大小及产品的需求交叉弹性的大小。产品需求交叉弹性越小,则表明企业和产品品牌的个性化越强,使得需求曲线不受影响,从而保持超额利润。

基于产品生命周期理论分析品牌个性。产品生命周期是产品从进入市场到退出市场所经历的市场生命循环过程。新产品在引入期就是独特的个性品牌产品,在市场经济条件下,必然会引起竞争,相互仿造,进入成长期、成熟期以至衰退期,就是品牌个性竞争走向共性过程的生命历程。印证了企业品牌个性竞争理论形成的一个方面。

3.3.3.2 品牌个性的维度构成

品牌个性是品牌理论体系的有机组成部分,也是品牌资产的核心要素之一。从理论上看,对品牌个性的深入研究,有利于了解品牌个性的构成维度及其测量方法,从而进一步完善品牌理论体系,构建完整的品牌资产评估模型。就营销实务而言,品牌个性,与企业寻找产品差异、迎合消费者心理、选择市场定位,以及实施营销策略和提升品牌竞争力等活动都息息相关。研究者从各自的领域和角度出发,提出了大量的新概念和新观点,创造了许多品牌个性的测量模型,取得了不少成果。其中,最具代表性的当属大卫·艾克提出的品牌个性"大五"维度。

---

① 刘世忠. 品牌策划实务[M]. 上海:复旦大学出版社,2007:190-191.

1) 人格个性及其"大五"模型

由于人类个性特征的复杂性、抽象性、多重性和易变性,个性研究一直处于探索的状态。大五模型(Big Five Model)是所有这些研究中到目前为止得到较为普遍认同的个性结构。特普丝和克里丝塔尔(Tepus 和 Christal,1961)利用电脑对有关消费人群个性特征的成千上万份数据资料进行分析,结果发现所有的个性特征都可以被归入五种个性要素的集合。科斯塔和米卡尔(Costa 和 MeCrae,1985,1989)、米卡尔和科斯塔(MeCrae 和 Costa,1987)、戈德堡(Goldberg,1990)、约翰(John,1990)等人对个性要素集合不断进行研究和完善,最终形成了人类个性的大五模型,并建立一套完备的测量量表体系。大五模型将各种个性特征都划归到神经质(Neuroticism)、外向性(Extraversion)、开放性(Openness)、和悦性(Agreeableness),以及谨慎性(Conseientiousness)五大个性维度和30个维度特征。

2) 品牌个性及其"大五"模型

品牌的个性特征主要指品牌的象征性特质,如品牌象征时尚还是传统,高社会地位还是低社会地位,等等。至今为止,研究者对品牌个性的定义仍然存有争议。因为个性是个人成长过程中由先天的本质和后天的经验共同作用的结果,人可以具有个性、塑造个性和展现个性,品牌本身只是一个没有生命的客体,严格说来,品牌并不具备个性。但是,品牌所具有的象征性及其所传达的信息远远超过了它的功效,在消费者与品牌的互动(购买和消费)过程中,消费者往往会与品牌建立起一定的情感和关系,消费者也常常将品牌视为带有某些人格特征的"朋友"。从这个意义看,品牌也具有了生命,具备了独一无二的个性特征。阻碍品牌个性研究的第二个原因是品牌个性的表现形式。品牌个性的表现形式分为两大类:直接表现形式和间接表现形式。前者主要通过品牌使用者的形象、品牌生产者的形象,如公司员工或高层管理人员的形象,以及品牌推荐者的形象来直接转移品牌个性(Britt,1960;Levy,1959;Grubb 和 Grathwohi,1967);后者则主要通过与产品相关的一些要素来间接地转移品牌个性,如品牌名称、商标、价格、广告方式、分销渠道等。这样,从不同的表现形式出发,对品牌个性的研究就难以达成一致。

3.3.3.3 中国本土化的品牌个性

大卫·艾克的品牌个性量表也逐渐受到国内学者的关注。有的学者应用品牌个性量表开发出具有中国本土化特征的品牌个性量表;有的学者应用品牌个性量表对品牌个性与消费者行为的相关关系进行实证研究,还有学者应用品牌个性量表对品牌个性与品牌态度的影响机制进行研究。中国本土化品牌个性量表的开发者黄胜兵、卢泰宏(2003)首先应用大卫·艾克开发的品牌个性测量量表对品牌个性的本土化研究做了尝试,经中国消费者的实证研究发展出中国的品牌个性维度及量表,并从中国传统文化角度阐释了中国的品牌个性维度——"仁、智、勇、乐、雅"。继黄胜兵、卢泰宏

(2003)开发出中国本土化的品牌个性量表之后,国内其他学者纷纷应用大卫·艾克的品牌个性量表进行研究。张俊妮等(2005)在文献研究的基础上,应用了品牌个性量表,以大学生为样本,对品牌 A、品牌 B 和品牌 C 等手机的品牌个性及其典型消费者的个性进行研究。研究发现,这些手机品牌的典型消费者个性与品牌个性之间存在一定程度的相关关系。金立印(2006)在借鉴黄胜兵与卢泰宏开发的中国本土化品牌个性量表的基础上,提出了一个基于品牌个性五维度的品牌资产驱动模型,将消费者的品牌认同感(brand-selfidentification)看作品牌个性维度影响品牌忠诚的媒介变量。通过实证分析发现,品牌个性五个维度中的"仁、智、勇"对消费者个体品牌认同感和社会品牌认同感均有显著影响效应,而"乐、雅"虽对个体品牌认同感具有显著影响效应,但其对社会品牌认同感的效应在统计上并不显著。研究还发现,个体品牌认同和社会品牌认同对态度和行为忠诚都具有明显的影响效应。同年,蒋青云等学者运用实证研究的方法研究了与品牌个性相关的认知性变量和情感性变量对品牌态度的影响,从而提出了一个基于消费者认知的品牌态度形成机制的概念模型;另外,研究中还基于大卫·艾克的品牌个性量表开发了一种新的方法来测量品牌个性独特性和认同度。

案例 3.2

能将一个看起来像装医药水的白色瓶子,卖弄成世人争相收藏的珍品,甚至让每一张海报成为稀世杰作的,恐怕只有 Absolute Vodka(绝对牌伏特加)了。

Absolute Vodka 主张着一种另类的时尚,它总是特立独行,这是它独有的品牌个性。想想如果有一天 Absolute Vodka 改变风格,转型为 XO 式的"雍容华贵",Absolute Vodka 还能这般另类地受宠吗?我想不会。

"雍容华贵"与 Absolute Vodka 所定位的艺术家、影星、富豪和社会名流等目标群体并不十分切合。XO 是贵族式的享受,而 Absolute Vodka 虽然身份地位不菲,但与 XO 比起来还差了一个档次。让人感觉更为突兀的是,"雍容华贵"的 XO 品牌骨子里浸透着"安详稳重",Absolute Vodka 的转型会让它自讨没趣,因为它的趣味瓶身和另类海报,已经完全暴露了它是一个"躁动、野性和另类的坏小子"。

品牌个性并不如品牌属性所表现的 LOGO、包装和型号等那样直白,可以看得见摸得着,它是一种感觉。这种作用于受众心灵深处的力量强弱,将直接影响受众对品牌的直接感观,甚至购买决策。

点评:

"青菜萝卜各有所爱",正如这句俗语所说的,品牌个性会影响该品牌的消费群体。当品牌性格能很好地契合目标消费群体的价值观和生活方式的时候,品牌溢价会大大提高,同时也可以获得非常高的品牌忠诚度。

3.3.4 设计品牌个性

3.3.4.1 个性聚焦

既然品牌个性是品牌定位的战略延伸,那么,可以说品牌个性应该是细致分析和逻辑思维的产物,然而事实恰恰相反,可以说品牌个性大部分来自情感,少部分是逻辑思维的成果。这是因为品牌个性反映的是消费者对品牌的感觉,或者说是品牌传递给消费者的感觉。比如一提起舒肤佳香皂,人们首先想到的是持久的除菌作用,它的广告语"妈妈用心,全家放心"强调了舒肤佳在生活中的重要地位。

世界著名品牌鳄鱼的创始人是一个运动员,因为在场上总是像鳄鱼一样死死地盯着对手,因而一些观众才亲切地称呼他"鳄鱼"。他从赛场上退下来后,转而经商。当为产品起名时,这位昔日赛场英雄忽然想到曾经人们给他的绰号——鳄鱼,于是,他当机立断,将品牌命名为"鳄鱼",这也是为了纪念自己对体育的执着。也正是这种执着,才造就了一个举世闻名的世界品牌,鳄鱼几乎一夜之间就得到了大多数男同胞的青睐,而且他的所有系列产品也都被世人所认可。这就是品牌个性的魅力。

品牌个性,可以使一个品牌更具吸引力,不过如果人们不喜欢这种品牌的个性,品牌就会受到消费者的冷遇,这种情况下,品牌个性就成了品牌不受人欢迎的重要原因之一。如同品牌其他组成部分一样,如果能够通过一个焦点或者一些与人们生活密切相关的事物来与消费者交流,品牌就会融入消费者的生活。柯达胶卷一直以难忘的成长过程或者温馨的家庭生活为品牌的个性,让人在出去游玩时潜在意识里选择柯达拍摄"分享时刻,分享生活"的清晰彩照。特步常举办让人们穿着特步的衣裤进行的街头挑战赛,在热烈的比赛中,让人们感受到特步的品牌精神,品牌个性也就潜移默化地印在了消费者的内心深处。这种直截了当感受品牌个性的活动不仅接近了消费者,而且还使品牌保持了独特的品牌地位。

品牌的个性常常通过广告的沟通及传播策略,得以清晰明朗,进而形成一个鲜明的形象,比如借用一些名人作为品牌的代言人就是传播策略之一。形象代言人最能代表品牌个性及诠释品牌和消费者之间的感情和关系,因此许多形象代言人就成为该产品的代名词。万宝路的硬汉没有肤色和语言的障碍通行世界。麦当劳叔叔带给全世界小朋友的不止是欢乐;美的北极熊憨厚可爱,幽默风趣,让人感受到生活的美好。形象代言人一下拉近了品牌与消费者之间的关系:像朋友、邻居,甚至像家人一样毫不陌生、亲切熟悉,品牌个性非常鲜明。形象代言人这一载体实际上是将品牌的个性特征展现在消费者面前。换言之,消费者的每一次消费行为,实际上都是对某一特定角色形象的自我心理体验,而这种角色的自我感受和体验,也正是消费者采取消费行动的目的之一。诸多品牌在塑造虚拟形象时都将"角色互换"作为角色形成的基础并取得成功。

3.3.4.2 个性与兼容性

品牌具有"个性"是很重要的。品牌的个性不同于人的个性,人的个性可以是一种"内在价值取向",追求的是一己的自足或者干脆是本能的反应;而品牌的个性是"外在价值取向"的,是以和顾客相亲为目的的。当然,所有品牌的个性都是人赋予的,可以说品牌的个性只是人的个性的缩影。一些品牌的定位理论的"媚俗"本性和"利益"本性决定了一些品牌总是只把一部分人当上帝。当然,从规模化的角度考虑,堪称上帝的这一部分人应该多多益善,要团结一切可以团结的人,这就要求品牌在个性以外还要具有兼容性。

有个性难,有兼容性更难。从个性到兼容性的每一步都是远征,都是非凡的历险。当我们保持品牌作为"一种开放的体系"的同时,兼容性一定发挥着两方面的作用,要么"丰富",要么"稀释"原有的品牌个性。

3.3.4.3 设计与建立个性

大卫·奥格威认为,每一个具有足够吸引力的品牌都会具有人的个性和特征,有其自身的形象和内涵——特殊的文化品格和精神气质。因此,我们在规划品牌的时候,都会从竞争导向出发,发掘出"品牌"中最具个性化的特征加以放大和彰显,以加深消费者对品牌的记忆,并引发心灵的共鸣和崇拜,从而建立长久的互动关系。

1) 个性化表现方式

品牌个性的呈现方式一定要始终如一。如果我们有一个朋友,讲话方式常有不同的口音,按他的心情随意而定,这会令你感到迷惑。同样,品牌必须看起来、感觉起来有鲜明的一致性,并且描绘出一个符合个性的视觉风格。检测品牌的呈现方式是否始终一致,最简单的实验是"识别测试"。选择一堆广告,把上面的商标或者品牌名字都拿掉,如果消费者仍然能够从中认出这是哪家的品牌,那么就说明商家的品牌建立比较成功。要让品牌呈现方式别具一格,必须充分了解消费者购买心理,把握好他们的消费动机、需求、行为模式、消费决策模式,使产品在他们心目中具有栩栩如生的感性形象,这样才能诱发消费者的欲求和联想。

2) 个性化的包装

当我们去定义一个品牌时,我们的定义可能会是:"品牌是消费者对产品的感受"。这种感觉是综合许多方面的,其中就有对产品个性包装的感觉。由于这方面的原因,人们对 IBM 的感觉和对惠普的感觉就很不一样,同样是这个原因,美国运通卡同样是一张塑料的卡片,但人们感觉它和万事达信用卡很不一样。在这个同质化的产品泛滥成灾的时代,想让产品畅销,就少不了特别的"记号"。

3) 个性定位

品牌要独特,离不开准确无误的定位,这个"位置"占领不下来,品牌肯定会在市场中被淹没。品牌必须针对精确描绘的消费对象作清晰的定位。谁是我们最期待的购买者?

他们是什么样的人？不仅仅是收入和人口统计的资料，更重要的是他们的生活方式与特征，通过这个定位过程里我们可以清楚地了解产品在市场上的位置，这指引了我们该做出什么样的主张或承诺。品牌定位与品牌个性的联系越紧密，消费者被品牌吸引的可能性就越大。

鲜明、独特的品牌个性已经成为品牌资产中极其重要的一块。如万宝路，其桀骜不驯的男子汉的品牌个性，已经成为万宝路的法宝；如苹果，它的"科技改变生活"的品牌特征，已经成为它的品牌之本；如洋溢着小资情调的雀巢咖啡，其浪漫温馨的品牌格调，也即是雀巢咖啡最美的味道。

一个品牌只有具有独特的个性，才可以在自己的细分市场中获得号召力和吸引力，才可能得到目标消费者的较高认同，并因此而获得生存和发展的机会。海尔作为中国家电的强势品牌，以创新为个性，在消费者中有较强的号召力，农夫山泉饮出自然的个性，"我们不生产水，我们只是大自然的搬运工"使之在饮用水市场独树一帜；广州奥林匹克花园的"运动健康"的个性，就使之在激烈的房地产市场异军突起，得到消费者的高度拥护。

3.3.5 打造品牌个性

大部分品牌个性来源的因素，都是企业可以直接利用市场营销策略操控的，如产品属性、产品类别、包装、价格、通路、广告、品牌名称、符号或商标、宣传策略、公关、广告风格、名人为品牌产品代言等，也有些因素是企业不能直接控制的，但可以间接地掌握，如使用者形象、使用情境、企业形象、企业员工或总裁特质等因素可以经由有效利用创意的平台，在消费者心目中形成有利的印象。企业从外部建立了品牌的人格形象后，品牌便会流露其自身的精神气质，这种由内而外流露的气质便是品牌个性。品牌是没有生命的符号，但其个性却是有变化的，并非完全由品牌主所操控，原因是品牌个性的感知有着消费者的主观性因素，而个性的形成又会受消费者与品牌的交流所影响。所以在形成品牌个性前，企业或品牌主要从外操控，以反映品牌的内涵；但在品牌个性形成后，企业的营销策略便会经由品牌个性向外展现并与消费者作交流。

品牌个性虽然有一定程度的自主性，但毕竟跟个人的个性有分别，比较品牌个性与个体个性之异同，品牌个性不只是心理学的个性内涵，它还包括消费者自身从品牌中获得的情感利益，及反映了消费者的自我特征的投射；品牌个性相对较少注重品牌的产品功能属性，个性主要表达了品牌的情感利益，或者能令使用者表现某些象征意义。事实上品牌的象征性形象也令消费者将品牌作为自我形象的投射工具，令品牌在本质上早已带有人性化的一面(麦克威廉和切尔纳托尼，1989)。此外，两者成因不同，人格特质来自文化、社会阶层、家庭、态度与信念、遗传与体型等，品牌个性则是经由品牌营销活动所塑造，加上消费者与品牌互动而成的，即品牌个性的人性化特质，是由消费者在认知品牌时，与品牌产生情感反应，进而将这种特质赋予该品牌的。但品牌个性与人的特质也有相同点，两者均有一致性与可预测性的特性(阿尔特和史蒂夫，1998)。品牌的个性也像人类的人格特质一样,具有长时间的稳定性(Wee,2004)[①]。

3.3.5.1 产品差异化

产品差异化分为垂直差异和水平差异,垂直差异是指比竞争对手更好的产品;水平差异是与竞争对手不同的产品。而在现实生活中,通过垂直差异化和水平差异化两种手段交替使用而成功地推出自己的品牌的例子不胜枚举,比如我们大家都非常熟悉的宝洁公司。国内现有六个宝洁公司的洗发水品牌。由于宝洁公司巧妙地运用了产品差异化,设计了六个品牌各自的个性化定位,从而实现了在洗发水行业骄人的战绩。

大体说来,企业可通过以下策略实现产品差异化:

1) R&D 策略

企业为使自己的产品区别于同类企业的产品并建立竞争优势,就要大力开展研究和开发工作,努力使产品在质量、式样、造型等方面发生改变,不断推出新产品,满足顾客需要。

2) 地理策略

企业产品的生产地和销售地的选择均以地理便利为基础,由此带来位置和运输上的好处。这种地理差异对于企业节省成本、广揽顾客有着重要作用。

3) 促销策略

产品差异对消费者的偏好具有特殊意义,尤其是对购买次数不多的商品,许多消费者并不了解其性能、质量和款式,所以,企业应通过广告、销售宣传、包装吸引力以及公关活动给消费者留下偏好和主观形象。

4) 服务策略

在现代市场营销观念中,服务已成为产品的一个重要组成部分。企业可通过训练有素的职员为消费者提供优质服务、缩短结账过程等,满足消费者的合理的差异需求。事实上,许多消费者不仅乐意接受优质服务,而且愿意为产品中包含的信息和训练支付费用。

3.3.5.2 品牌代言人

进入 21 世纪以来,世界经济全球化进程不断加快,市场竞争不断加剧,企业之间同类产品在性能、质量、成本等方面的差异越来越小,品牌成为市场竞争的焦点。随着国外强势品牌陆续登陆中国市场,形成了强大市场攻势,中国企业正面临着品牌领域的严峻挑战。在这样一个品牌爆炸的时代,如何捕获消费者的注意力已经成为企业关心的焦点。各大品牌纷纷采取品牌代言人策略。

在国际上,早在 20 世纪初,美国的智威汤逊广告公司就率先在力士香皂的印刷广告中呈现影视明星的照片。

---

① 王正忠.品牌个性的形成及发展[J].当代经济,2006(16):132-135.

国内众多品牌也纷纷效仿,将品牌代言人策略纳入企业品牌战略之中。但是我国企业在品牌代言人策略方面存在着许多问题。许多企业盲目选择品牌代言人,品牌个性特征与品牌代言人完全相背离。

在选择品牌代言人时,应该要注意到以下几点:

1) 代言人选择与目标市场相一致

企业在选择形象代言人时,应该进行深入的市场调研,重视企业品牌形象和产品的风格,使代言人形象与产品风格相符,充分发挥品牌代言人的作用。

2) 代言人选择与品牌个性相一致

在产品日趋同质化的环境下,如何使自己的品牌与众不同,从大多数同质产品中脱颖而出,吸引消费者的眼球成为企业关注的主要问题。这个时候,品牌个性便凸显出了它在传播与营销中的重要地位。品牌个性指品牌价值体系中,企业在产品与服务的内容和形式上对消费者做出的独特而真诚的承诺,且这种承诺是竞争对手难以模仿的。如若品牌个性模糊,代言人选择不伦不类,则会导致品牌识别传播不力,在市场竞争中处于劣势。

3) 代言人生命周期与产品生命周期相一致

产品生命周期包括导入期、成长期、成熟期和衰退期。这种变化不但体现在种类的增加和产品线的延长上,也体现在单体产品本身生命周期的变化上。但与之相反,品牌不是恒久不变的,品牌反而是随着时间的推移而愈见生命力。同理,品牌代言人的人气也会有一个萌芽、成长、鼎盛和衰退的发展历程。而企业往往都倾向于选择处于人气鼎盛阶段的代言人。代言人与产品之间的关系在受众心中的印象越是牢固,说明企业的品牌代言人策略越是成功。一旦该代言人的知名度和人气下降,产品品牌形象必将受损。因此,企业主对于有潜质而又处于成长期的产品,应尽量避免请那些人气处于鼎盛期后或处于衰退期的代言人。而应该选择正处于上升期的代言人或者说"潜力股",找准二者的最佳结合点,如当产品处于导入期时,一般采用人气极旺的明星,以期迅速扩大品牌知名度;而当产品进入成熟期后,则会考虑换用一些有潜质的新星,让其来延长产品的市场生命。

3.4 品牌联想

3.4.1 品牌联想的定义

人们通过长期接触品牌的相关信息,通过直接的消费经验或与他人的沟通等途径,可以在头脑中保存有关品牌的相关信息。当受到品牌名称等外在因素的刺激时,消费者会对该品牌产生联想。例如,当人们看到"肯德基"这个品牌时,可能会联想到肯德基爷爷、汉堡包、可乐、美国文化等；提到李宁这个品牌时，可能会联想到运动鞋、李宁的品牌标志、体操王子李宁等，提到"海尔"品牌时，可能会联想到海尔兄弟、中国青岛、高质量、良好的售后服务等。这些信息是消费者通过与品牌的长期接触形成的，它们反映消费者对品牌的认知、态度和情感，同时也预示着消费者或者潜在消费者未来的行为倾向。品牌联想是品牌资产的一个重要组成部分，是一种基于顾客的品牌资产。

自20世纪50年代以来，国外众多专家、学者和机构对品牌联想进行了大量的研究。随着对品牌联想的研究逐步深入和广泛，对其定义也有很多。大卫·艾克认为，品牌联想（Brand Association）就是消费者根据品牌名称联想到的所有事物的集合，由消费者脑海中与品牌有关的信息和这些信息对消费者的意义构成。

从心理学的角度出发，学者们提出联想网络记忆模型（Associative Network Memory Model），指出人们头脑中的记忆是由一些节点和连接组成的。网络结点代表了存贮的概念或信息，连接代表了信息和概念间联系的强度。任何信息都可以存贮在这个记忆网络中，包括文字的、视觉的、抽象的和背景的信息。人们通过长期接触企业有关品牌营销的信息，通过直接的消费经验或与他人的沟通等间接途径，在头脑中形成有关品牌信息的记忆网络，在品牌名称的外在刺激下，人们会激发头脑中已有的品牌联想记忆网络。

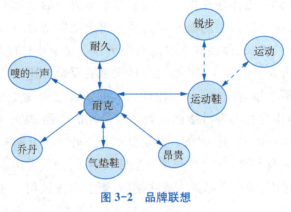

图 3-2　品牌联想

（资料来源：百度图片）

从联想网络记忆理论出发，克里斯南（1996）对于品牌联想与品牌权益之间的关系进行了开创性研究，认为这个记忆网络节点可以是代表一个品牌、一项产品或一项属性，任何两个节点连接即成为消费者心目中的品牌联想。还有学者认为，当消费者不能清晰地识别出不同品牌的产品时，品牌联想的作用尤其重要，这样产品才能在同类中脱颖而出。与众不同的品牌联想可以成为企业竞争优势的重要环节。

由此可见，人们对品牌联想的概念基本上达成比较一致的看法，认为品牌联想是消费者看到品牌所联想到的一系列事物的总和。通常情况下，品牌会使人联想到产品特征、品质、消费者利益等。品牌联想具有相当重要的作用，集中体现在：有助于消费者处理、提取信息和产生购买的理由;实现品牌的差别化,产生积极的态度和感知;为品牌延伸提供基础等等。对于购买频率高的产品,品牌联想更加重要。品牌联想是顾客与产品通过长期接触形成的,反映了顾客对品牌的认知、情感和态度,同时也预示着顾客或潜在顾客未来的行为倾向。品牌联想的价值表现在它能揭示品牌延伸的依据,能够创造有利于品牌为消费者所接受的正面态度与感觉。总之,品牌联想对消费者行为有重要的影响,对企业发展品牌战略具有重要意义。

3.4.2 品牌联想的维度划分

虽然国内外对品牌联想研究得很多,但是对品牌联想维度的划分还没有完全统一的标准。大卫·艾克(David A. Aaker,1991)指出品牌名称的价值就在于一系列的联系,这是制定品牌决策和建立品牌忠诚度的基础。他将品牌联想概括为以下11个方面:产品品质、无形特征、消费者利益、相对的价格、使用/应用、使用者/消费者、社会名流/普通人、生活方式/个性、产品类别、竞争对手以及国家/地理区域。凯文·莱恩·凯勒(Kevin Lane Keller,1993)以不同的品牌联想架构来衡量品牌形象,认为品牌联想的内涵包括三种:属性联想、利益联想和态度联想。

3.4.2.1 属性联想

属性的联想是关于产品或服务的描述性特征。属性联想又分为"与产品有关"和"与产品无关"两类。与产品有关的属性定义是执行该产品或服务功能的必备要素。而与产品无关的属性是关于产品或服务的购买或消费的外在方面(External Aspects)。与产品有关的属性主要分为四项:

(1) 价格信息(Price Information);

(2) 包装或产品外观(Packaging or Product Appearance Information);

(3) 使用者形态(User Imagery),例如,何种形态的人会使用此产品或是服务;

(4) 使用情境(Usage Imagery),例如,在何处以及何种情境形态下,此产品或服务会被使用。

其中,价格为特别重要的属性联想,因为消费者常常对价格与品牌的价值有着强烈的信念,并会就不同品牌的价格层级方面,来组织他们心中的产品类别知识。

3.4.2.2 利益联想

利益联想是指消费者给予产品或服务属性的个人价值,也就是消费者心目中认为此产品或服务能够为他们做些什么。利益联想可进一步分为三类:功能利益、经验利益和象征利益。功能利益是指产品或服务的内在优势(Intrinsic Advantages),通常与生理及安全需求有关。经验利益是有关使用产品或服务的感觉,其通常与产品属性有关。例如,感官乐趣(Sensory Pleasure)、多样化(Variety)以及认知刺激(Cognitive stimulation)。象征利益是指产品或服务的外在优势(Extrinsic Advantages),其通常与产品属性无关,而是与社会认同的需求或个人表现以及自尊有关。

3.4.2.3 态度联想

品牌态度是消费者对品牌的整体评价,是形成消费者行为的基础。品牌态度与产品的功能利益、经验利益以及象征利益间均存在着相关性。

乔治·罗(George S. Low)和小查尔斯·兰姆(Charles W. Lamb, Jr.)将品牌形象、追求的质量和品牌态度作为品牌联想的三个分析维度搭建了品牌联想体系。他们认为这三个维度在很多情形下是独立作用的,因此对于这三者之间的相关关系和联合作用并没有做出更深入的研究。

鲁道夫·凡进(Rodolfo Vazquez)和维克多·伊莱申(Victor Iglesias)等人所构建的品牌联想结构将品牌和产品区分开来,提出了由产品的功能和象征性价值及品牌名称的功能和象征性价值共同组成的四要素品牌联想结构。他们指出,在加强品牌名称联想的同时企业应同时加强消费者对具体产品的联想。克里斯南(Krishnan)从联想网络——记忆理论出发,对品牌联想与品牌权益之间的关系进行了开创性研究。他认为从由品牌名称激发的联想数量、联想的独特性、联想的净值和联想的来源这四个方面考察品牌联想是有帮助的。范秀成在克里斯南提出的四个维度基础上,指出品牌联想维度由以下六个方面构成:联想总数量、与产品特性有关的联想、与产品无关的联想、喜欢程度、独特性和联想的信息来源。

西班牙学者贝伦(A. Belen)与雷多夫(Redolfo)从品牌本身角度把品牌联想分为:品质保证联想、社会认同联想、个性识别联想和地位象征联想。

曾朝晖提出了一个具有系统性的四层次梯度品牌联想纵向体系:无联想、产品层次的联想、品牌形象的联想以及品牌个性的联想。这四个层次依次显示了消费者品牌联想的不同程度,并由此决定了品牌在市场上的经营状态。

黄合水从联想内容和联想特征两个方面来分析品牌联想。联想内容包括与产品或品牌有关的属性、利益、产品代言人等。

综上所述,以上关于品牌联想维度方面的研究,通过比较也可以看出,对于品牌联想的划分维度还没有统一的标准。学者对于品牌联想的维度划分只对某些行业的品牌适用,过于专门化。同时,品牌联想又从总体上体现了品牌形象,决定了该品牌在消费者心目中的地位。所以品牌联想会成为消费者是否购买该品牌或者该产品的理由之一。而从品牌资产这个角度去衡量,品牌联想的价值表现在它能揭示品牌延伸的依据,能够创造有利于品牌在消费者心目中的正面评价。因此,品牌联想无论对于企业的发展,还是消费者行为方面都有非常重要的意义①。

---

① 袁静. 品牌联想的概念与维度分析[J]. 商品与质量·学术观察,2011(3):309.

3.4.3 品牌联想的特点与建立

品牌联想既有一般记忆联想所表现出的共同特性,又有其自身的一些独特性质。总的来看,主要有以下一些特点。

3.4.3.1 网络性

学者们对品牌联想的心理本质持联结主义的认知观,用 HAM 和 ANM 等理论模型对其心理本质和活动规律进行解释。他们认为:联想,即记忆网络中与品牌直接或间接联结的信息结点,与品牌结点直接联结的结点称为初级联想;与初级联想联结的结点称为次级联想,依此类推。这样,所有的联想共同构成一个品牌独特的联想网络。这种网络结构的特点是陈述性知识在大脑记忆系统中存贮所具有的共同特点,揭示品牌联想的网络结构是品牌联想测量的重要任务。

3.4.3.2 聚类型

消费者记忆中的所有品牌联想构成了一个大的联想网络,有些联想由于共同参与某个认知过程(如在一个特殊的情境中的品牌评价),它们彼此间的联结更加紧密,因此这些联想聚集成一个聚类(Cluster)。有些联想可能是许多聚类的成员,但有些则可能对应于一个具体的品牌相关的情境而只属于某个特殊聚类。一个聚类中的联想将在具体的情境中共同影响消费者的购买决策行为。

3.4.3.3 双向性

按照联想网络的激活—扩散理论,当某个结点的刺激强度达到或在阈限水平之上时,则能激活另一个结点,这样即形成了一个结点到另一个结点的联想激活,且这种激活是双向的。因此,品牌联想应该是一种双向(Bi-directional)的运动模式,包括体现品牌定位的"从品牌到属性"(Brand-to-Attribute)方向的联想和体现品牌优势的"从属性到品牌"(Attribute-to-Brand)方向的联想,具有双重性质(Dual Nature)或双向性质(Bi-directional nature)。

3.4.3.4 内隐性

塞鲍林(Supphellen)在回顾前人研究文献的基础上认为,品牌联想在大脑中存在言语的、感觉的和情感的多种表征模式,而大量感觉的(三分之二以上的信息来自视觉)和情感的印象都无法被有意注意,都是无意识信息。因此,大部分的品牌联想是无意识的,品牌联想具有内隐性特征,使得很多品牌联想是难以测量的,这也导致了品牌联想测量中的低稳定性。

3.4.3.5 隐喻性

由于大部分的品牌联想是以感觉和情感印象的形式被表征,而"隐喻"(Metaphors,用一个事物描述另一个事物的方法)则是理解和贮存品牌形象的有效方法,而且它充分利用了现有知识,更少涉及认知能力的参与。因此,品牌联想倾向于以隐喻的形式被贮存。由此看来,隐喻性也是品牌联想重要特征之一,且这一特征具有重要的测量意义,使得研究人员可以通过联想的比拟物去间接认识和测量品牌联想。

3.4.3.6 多维性

就现有研究来看,无论是理论假设,还是实证研究,都表明品牌联想是多维的。凯文·莱恩·凯勒从联想的抽象性水平把品牌联想分为属性(分产品相关和非产品相关两类)、利益(分功能、经验和象征三类)和态度三个维度,以提出的品牌形象(功能和符号认知)、品牌态度(对一个品牌的整体评价)和认知质量(整体优越性的判断)三个概念为维度,以在校大学生为被试,用因素分析法研究证明,品牌联想由品牌形象、品牌态度和认知质量三个维度构成。

建立品牌联想有许多种方式,如个性化的品牌核心价值(比如,宝马的核心价值"优秀的操纵性能"是宝马车产品特征的一部分)、独特的产品特性(比如一支高露洁牙膏有外包装形状、大小、膏体颜色、细腻程度、洁齿与护齿功能、香味等许多特征)、声望感与领先感(大家常常会发现,消费者压根说不出 A 品牌比 B、C 品牌在消费者利益、产品具体特征上好在哪里,但就是愿意花更高的价格购买 A 品牌,这就是因为 A 品牌具备了声望感与领先感)、清晰的相对价格、使用方式与场合(如消费者在想到依云矿泉水时,不但会想到它的止渴的使用方式,还会想到它可以拿来做面膜、当化妆水等,于是愿意花更高的价格来购买它)、目标消费者心目中理想人格、认同与敬仰的生活方式与个性、成为品类的领导者(如喜之郎等于果冻布丁、Thinkpad 是高档商务电脑)、与竞争对手的比较差异(如海飞丝的去头屑功能较强、丽思卡顿酒店的服务极为周到)、地域与国家(如顺德是家电王国、瑞士手表与军用刀、法国红酒与香水、时装、德国的名车)。

3.4.4 品牌联想的特点与建立

3.4.4.1 联想数量

消费者心目中对品牌名称所构成之联想集合是衡量品牌权益的一项变数。克里斯南(1996)认为人们的记忆是由许多的信息节点相连而成的网状结构,例如,提到元气森林时,会使得人们联想到 0 糖、0 脂、0 卡等概念,也就是说这些因品牌所唤起的种种联想与品牌之间即构成了联想网状结构;而其中每一联想内容与品牌之间的连接即是联想过程。所以若一品牌所拥有的联想数量越多,表示这些联想对该品牌提供了更多样化的连接途径,则消费者越容易借由这些节点来唤起对该品牌的记忆。然而,迈尔斯莱维(Meyers-Levy,1989)曾指出大量的联想将会因这些联想的互相干扰而使得对此品牌的记忆减少;但对于成熟品牌而言,这些干扰不至于太大,因为这些成熟品牌已经建立了相当高的认知水平。

3.4.4.2 联想独特性

在品牌的联想集合之中,某部分是与该产品类别所具有的联想是相同的,也就是说品牌与该产品类别(Product Category)之间须拥有一些共有的联想。当共有联想的个数增加时,则此品牌在此产品类别内将渐渐成为典型的品牌,也就是此品牌渐渐会与标准化产品的特性联想在一起,如此将会帮助此品牌较容易地被顾客联想,以及较容易地被纳入其购买考虑集合之内。若品牌所具有的一些联想导致消费者将该品牌分类至错误的产品类别中,将对品牌造成不利的影响。例如,一个以牙膏挤压式为包装的接着剂,由于它的外观造型设计并未凸显其产品性质,则有可能使消费者误认为是药膏类的产品。因此,若品牌与该产品类别之间的共有联想数量越多时,则表示该品牌在此产品类别内已逐渐成为一代表性、典型性的品牌,这将帮助消费者在购买该类别产品时,容易地联想起该品牌,进而纳入购买考虑内。

在某一产品类别内具有许多的竞争品牌,可预期地,有许多联想是在品牌间所共同拥有的,例如,"净爽"以及"柔顺"是沙宣和飘柔两品牌所共有的联想;然而,"造型""模特儿"则是沙宣所拥有的独特联想,此为飘柔所没有的。一品牌需具备有别于其他品牌的独特联想,使得其能在消费者心中建立起该品牌的特殊定位。所以,虽说不同市场力的品牌之间拥有多数目的共有联想,有利于该品牌被正确地分类至该产品类别中,但其在此产品类别中,也必须具备在竞争品牌间能够脱颖而出的某些独特联想。而此独特联想也就是能在同一类别内指出该品牌之联想特性的衡量项目之一。

3.4.4.3 联想来源

消费者对品牌的了解均来自各种不同的渠道,消费者品牌联想的来源,扮演着重要的角色。联想的起源分为直接经验(例如,试用、实际购买使用)与间接经验(广告、口碑)。以直接经验为基础所引发的联想,在消费者心中具有较为确定的意义,也将会在消费者的记忆中构成较强烈的印象。因此,一个品牌拥有较高比例来自直接经验的联想,则会在消费者心中拥有相对较稳固的定位。

间接经验来源分为口碑和广告两种。从消费者角度看,口碑是透过旁人或亲朋好友的实际使用,相互传达其对于使用该品牌产品的切身体验。此过程并不存在任何的利益,且此种口碑通常来自可信任之人,故此来源在消费者心中具有较高的可信度。而广告是推销的手段之一,通常是站在营销者的立场,因此消费者对广告的信任度相对较低。

3.4.4.4 联想的喜好程度

消费者对一品牌所产生的联想集合,可能包含正面与负面。而此联想内容会形成消费者对该品牌的整体态度。凯文·莱恩·凯勒认为,联想内容中关于品牌属性与利益的方面扮演着满足消费者需求的重要角色。因此,评定消费者对品牌联想的整体喜好度,也就是探讨消费者所被诱发的联想内容是否可以使消费者产生对该产品的需求,如果消费者对该品牌评估之后,不喜欢这些品牌联想,那么这些品牌联想不管有多特别都没有什么太大的意义。因此,高权益品牌所引发的联想将会使消费者对其拥有较高的整体喜好度。

3.4.4.5 联想的强度

品牌联想可借由连接至品牌节点的强度来描绘其特性。联想的强度影响有关品牌的信息是如何进入消费者的记忆中(编码)以及是如何被记忆为品牌形象的一部分(储存)。强度是在编码中处理所接收到的信息总数或数量(例如,一个人联想到多少信息),以及在编码中处理所接收到的信息本质或质量(例如,一个人联想信息的方法)的函数。我们可知,一品牌的最终目的是促使消费者增加对其的购买机会,所以除非品牌联想能激起消费者的欲望强烈到让消费者能确实感觉到它,否则该品牌的联想内容不管多么令人喜爱,仍旧不具有太大的意义[1]。

3.4.5 品牌联想的意义

品牌联想策略的意义在于:

(1) 能够帮助企业确认品牌的核心识别及其代表意义。分出有意义及无意义之识别,并挖掘有意义的识别之背后意涵。

(2) 强化品牌既有资产,消除负面联想。将有意义的品牌资产设定为传播上的必要元素,并持续发扬光大,对负面的资产则淡化它或提出新的解决方案。

(3) 通过明确企业的品牌联想,可以使得每一营销传播动作维持一致性。透过品牌调查而确认的品牌识别、品牌个性及品牌体验,可以成为设计所有营销传播活动的指导方向,使每一个品牌的调性都能维持一致性,且被不断累积,使企业投资的每一分钱都花在刀口上。

品牌联想对品牌延伸的影响尤其突出,品牌联想和品牌延伸是互相作用的:

一方面,从消费者对品牌延伸的评价因素来看,消费者如何对品牌延伸做出反应,也就是消费者是否接受品牌延伸,取决于他们所感觉到的延伸品牌与原品牌的合适性。两个品牌是否合适取决于两个品牌有没有共同的核心价值或者优点,而这些核心价值与优点更多地反映在品牌联想上。比如,"鄂尔多斯"从毛衣延伸到羽绒服,两个产品都共享着同样的品牌联想,那就是"来自大草原的优质的羊毛",品牌联想可以顺利地从毛衣转移到羽绒服,这保证了品牌延伸的成功。相反,"马应龙"的品牌联想是"一种有效的痔疮药",然而当该品牌延伸到口红时,遭遇失败,因为"有效的痔疮药"并不能顺利地转移

---

[1] 吴新辉,袁登华. 消费者品牌联想的建立与测量[J]. 心理科学进展,2009(2):451-459.

到口红上。我们可以认为,品牌联想能否转移到新产品和服务中是影响品牌延伸成败的重要因素,品牌联想从本质上制约着品牌延伸。

另一方面,品牌延伸反作用于品牌联想。品牌延伸的反作用可以从两个方面来理解:成功的品牌延伸可以丰富和强化品牌联想;失败的品牌延伸则会稀释和模糊品牌联想。品牌延伸的成功无疑会强化消费者对某品牌的联想。比如,"金利来"的品牌联想是"男人的世界",从衬衣到男人的皮带、领带、皮夹、打火机等一系列男人的用品,带给消费者同样的信息——"金利来"代表男人。反之,一旦延伸失败,消费者会怀疑甚至会否定原品牌的联想。从理论研究的目的来看,理论最终要服务于实践。而要提高延伸的成功率,很重要的因素在于品牌联想是否能够顺利地转移到新产品和服务中。笔者对这个问题进行了尝试,从消费者的价值观出发,阐述品牌联想对品牌延伸张力的影响。

品牌联想的抽象程度影响品牌延伸的广度和深度。具有反映消费者根本价值观的品牌联想的原品牌可以向许多领域、方向以及同一领域的更深层次进行延伸。比如"哈雷-戴维逊"这个品牌的品牌联想"奔放、豪迈、男人的不羁",属于抽象的联想。更重要的是,它反映了目标消费者的价值观,想想那些驾驶摩托车的人选择摩托车奔驰在宽敞的公路而不是汽车,他们要的无疑是一种个性、一种能够表达自我、一种能够标新立异的品牌,而不是摩托车本身。因此,这样的品牌就能够紧紧抓住消费者的根本价值观。那么,用这些品牌进行延伸时就很容易能够得到消费者的高度认同,这样的品牌就具有张力。事实上,"哈雷-戴维逊"这个品牌延伸到了其他的领域,都取得了巨大的成功。①

 小结和学习重点

(1) 品牌战略的内涵。
(2) 品牌架构组合的设计。
(3) 品牌定位的策略。
(4) 品牌个性的设计。

品牌战略就是企业为了提高自身市场竞争力,围绕产品的品牌所制定的一系列长期性的、带有根本性的总体发展规划和行动方案。品牌战略对于品牌资产建设而言具有重大的意义,本章从品牌战略的内涵入手,重点介绍了品牌架构组合。品牌定位以及相应的品牌个性设计。

---

① 莫材友,韩延萌. 品牌联想决定品牌延伸的张力———基于目标消费者价值观的视觉[J]. 华东经济管理,2007(11):142-144.

案例分析

江小白：一瓶白酒的年轻化[①]

说起江小白，相信大部分人的第一反应就是江小白的文案很好。广告人抓耳挠腮想学它的文案精髓；消费者看到它的文案默默流泪，"为什么一款酒竟然能比人更懂我呢？"

确实，一个品牌的品质固然重要，但是在审美要求日趋提升的今天，一个品牌的外在也更加值得重视。就好比曾经流行一时的这句话——没有人有义务通过连你自己都不在意的邋遢外表，去发现你优秀的内在。

当然，对于产品来说，只有外在的颜值，而没有内涵，只能换来一次性消费。而江小白不仅拥有符合年轻人审美的外包装，在和年轻人对话和交流上也是一直被称道和夸赞的。

现在的商品同质化过于严重，一个厂家看到别人的产品卖得好，也不愿意花时间去研究其中的道理，就拿着别人的产品一股脑地模仿，把自己打造成了一个冷冰冰的替代品。消费者是最健忘的，这种产品一出生就注定了走不长远。

江小白从开始不被看好到取得如今的成绩，除了做好一个品牌应该完善的部分，塑造自己人格化方面，在品牌界都是数一数二的。

1. 做人得有性格——品牌人格化

江小白是如何人格化的呢？在品牌成立之初，江小白就为自己设定了一个人物形象——一个系着围巾、戴着眼镜的文艺青年。和大多数都市年轻白领一样，江小白有着年轻人追求美好生活的文艺气质，又会在不如意的时候找几位好友一诉衷肠。

更多时候，江小白像一个年轻人的解忧杂货铺，虽然不能完全像感性的人一样为他们排忧解难，但是江小白所传递出的个人情绪、生活哲理能时不时戳中年轻人的心。现在的年轻人需要的并不是母亲式的唠叨，而是一种共情能力，江小白恰好有这种能力。在读懂年轻人的同时不把自己的观点强加给他们，这种点到即止的情感交流正是年轻人所急需的，也正是整个充满浮躁和压力的社会所欠缺的。

如今的80后、90后都是在相对优渥的环境中成长起来的，从小备受父母关照，甚至有很多独生子女。在逐渐进入社会的过程中难免遭遇各种辛酸的事，抗压抗挫能力不那么强的他们就需要一个宣泄口。

江小白像他们一样会对生活进行思考、会对烦恼吐槽牢骚，一句话、一段文字就能吐露情绪。江小白把自己的苦闷说了出来，被那些不知道或者不太会表达自己的年轻人看到了，突然觉得自己也正面临着这种境遇，这种情绪就像他乡遇故知一般让人感到亲切，江小白这个朋友他们交定了。

[①] 看点早知道. 那些江小白的营销案例，99%都没讲明白[Z/OL]. [2022-03-10]. http://k.sina.com.cn/article_2947798915_afb3d7830010094cw.html.

江小白此时就是一个人,他懂年轻人,他生产年轻人喜欢的产品,他吐露能与年轻人产生共鸣的情感,年轻人自然就会反过来喜欢江小白,这种喜欢是相互的,是基于情感和三观都契合的默契。

2. 做人得有故事——营销场景化

江小白拥有了80后、90后的年轻形象,拥有了都市年轻白领一样的性格特征,从颜值到内涵的装扮,都成为目标群众的知心一员。但是要拥有一批忠实的拥趸者,光靠这些是远远不够的。一款酒类产品光靠走心还不够,走身——做好酒体本身才是最重要的。

都说江小白把年轻人定位为自己的消费人群,年轻人正好也喜欢上了江小白。但是年轻人并不傻更不是冤大头,在任何时候,产品的好品质才是一个企业的根本。只有在产品时刻保持高品质时,品牌才可能在市场当中占有一席之地。

虽然年轻人喜欢追逐潮流、喜欢新鲜有趣的东西,但严格来讲,现在的教育越来越普及,新一代接受的教育程度普遍比老一辈的高,他们的消费选择有自己的价值判断。

那么江小白的品质到底怎么样呢?根据一般的酒常识,我们知道,江小白属于清香型高粱酒,度数方面普遍低于传统白酒。而白酒的低度化是一门技术活,江小白有一个专门的研发团队,包含了国家级、省级的优秀酿酒师,专门来研究酿酒技艺。

这种低度酒酒体接近伏特加,更好入口,这种酒体特征,还给有活力的年轻一族留下了发挥空间,兑点牛奶、橙汁混着喝也不成问题,还挺好玩。

江小白不但要让喝酒变得好玩、有趣,还要让喝酒这件事变得有画面感,也就是场景化。

江小白聚焦于四种消费场景:小聚、小饮、小时刻和小心情。要改变传统白酒消费场景在人们心中根深蒂固的形象,江小白就靠自己营造出了新的消费场景,把一个个消费场景印在消费者的脑子里。

所谓小聚指的是三五个同事、朋友以及同学之间的非商务应酬。小饮,就是不拼酒,点到为止,讲究适度。小时刻,指的是时刻的经常性与偶然性;小心情,是指酒这个产品是和心情、情绪所挂钩的,而不仅仅是满足功能性需求。

把这些情景再现,消费者自然而然就想到了江小白。

当然,江小白做的远远不止这些,对于不那么了解江小白的人来说,江小白远比你想象中更努力。

从2016年开始,江小白连续两年在多个城市举办江小白YOLO音乐现场,集聚了周延(Gai)、程剑桥(Bridge)等一众热门说唱歌手举办音乐演唱会。去年年底的江小白Just Battle街舞比赛和今年江小白街头涂鸦比赛等艺术活动吸引了大批新青年文化爱好者的围观。

前面也提到,江小白这种低度酒适合做混饮,于是江小白把移动小酒馆开到了全国各地,推出了"江小白MIX"这种新喝法,用江小白做基酒搭配其他饮料调制各种混合饮料,又一次抓住了年轻人的心。

2017年，江小白推出《我是江小白》动漫，以重庆为故事背景题材，取重庆实景，在各大视频平台播出，全网播放量过亿。更进一步将"江小白"人格化、IP化，在满足年轻人喜好方面，江小白从来不缺少点子。

3. 做人得会聆听——产品媒体化

喝完江小白，看看瓶身上的文字，有人受到安慰，有人获得共鸣，江小白就像一个温暖的朋友，时不时用一两句简单的话就说到了你的心坎里。但是一款酒会表达，或许也需要聆听。有人看了江小白的句子，深受触动，却找不到一个倾诉者，没有交流的产品注定是一个人的独角戏。

基于此，江小白机智地推出了表达瓶，不仅保留了自己原本的自我表达功能，还让消费者能够参与进来。

"我有一瓶酒，有话给你说。"

江小白的粉丝们可以私人订制一个表达瓶，写上自己想说的话，送给自己想送的人。把瓶子晒到朋友圈，成为话题，形成一种广告投放效果，达到江小白和粉丝沟通交流的目的，而不是生硬地自说自话。

可以看出，江小白的产品是基于小而美的理念的，不在乎做多大，关键是做精，在年轻人这片市场进行深耕，做出一款年轻人最喜欢的酒，达到这个目标，它就已经很了不起了。

当代年轻人追求一种精神的愉悦，江小白的目标就是把瓶子里和瓶子外的愉悦体验传递给年轻人。

如果说江小白的酒体本身是满足年轻消费者的口腹之欲，那么江小白传递出来的价值观则是为了给消费者带来更加难得的愉悦的精神体验。

对于一家酒企而言，酒很珍贵，但更珍贵的是人。

思考：
1. 江小白的战略与茅台、五粮液等有何区别？
2. 江小白的拟人化战略获得成功的原因何在？
3. 江小白的品牌联想是什么？

课后思考题

1. 搜集某一品牌的战略规划书，联系它谈谈你对品牌战略的特征的理解。
2. 请分别列出成功实施单一品牌战略、复合品牌战略、多品牌战略、分类品牌战略的例子。
3. 以你喜欢的某一品牌产品为例，谈谈它的品牌个性。

第 4 章　品 牌 定 位

学习目标

学完本章,你应该能够:
(1) 了解品牌定位的定义、模型;
(2) 了解战略层面和战术层面品牌定位的区别;
(3) 初步掌握品牌定位的过程及方法。

基本概念

品牌定位

4.1 品牌定位概述

品牌定位是品牌战略中的核心。每一个品牌的定位都是试图为自己树立一个持久的形象。品牌定位战略就是旨在建立新秩序,确立新价值,从更长远的角度实现长久占领市场的目标。品牌定位决定着品牌特性以及品牌未来发展的动力。

4.1.1 什么是品牌定位

4.1.1.1 品牌定位的定义

关于定位的定义,营销界的专家和学者并没有太大的争议。

最早提出"定位"概念的阿尔·里斯和杰克·特劳特是这样给"定位"下定义的:定位始于产品,一件商品、一项服务、一个机构或者一个人……定位并非对产品本身做什么行动。定位是指要针对潜在顾客的心理采取行动,即要在顾客的心目中定一个适当的位置。

营销大师菲利普·科特勒为定位所下的定义是:企业设计出自己的产品和形象,从而在目标顾客中确定与众不同的有价值的地位。

两种定位概念一致表明,定位的目标是要在消费者心中确定一个有利的位置,定位的关键是要给消费者提供差异化的、有价值的特性。不同的是实现定位的方法和手段:阿尔·里斯和杰克·特劳特认为要通过传播的方式实现品牌定位;而菲利普·科特勒则认为应当将定位纳入整个营销体系中来,定位是营销战略实现的关键环节,定位不仅通过广告、传播、促销等方式实现,而且可以通过产品质量、价格、服务、渠道等其他营销组合要素实现。阿尔·里斯和杰克·特劳特将定位看作是沟通战略的工具,给消费者提供差异化的利益,是为了有效地与目标市场沟通,占据消费者心中的特定位置,从而使营销战略富有竞争力,使选定的目标市场真正成为企业的市场。菲利普·科特勒认为,产品和品牌是营销者用来满足各个细分市场中存在的差异化需要和欲望的载体。因此,对产品和品牌的定位实质是要为目标市场提供一种差异化的利益。

综合两种定义,从系统的角度出发,我们认为品牌定位是:企业以消费者、竞争对手和企业自身为主要维度,以行业、市场等要素为辅助维度,从产品、价格、渠道、包装、服务、广告促销等方面寻找差异点,塑造品牌核心价值、品牌个性和品牌形象,从而在目标消费者心中占据有利位置。

4.1.1.2 品牌定位与企业定位的辨析

所谓企业定位,是对企业形象的一种定位,一个企业的全面定位是由它的经营历史、领导人物、产品质量、顾客评价、服务水准和社会价值等决定的。

企业定位的内容和范围比品牌定位和产品定位要大得多。一个良好的企业形象和较高社会地位不仅应得到消费者认可,而且还应得到所有企业利益相关者的认可,包括内部的管理者、员工、股东,外部的供应商、代理商、金融家、同盟者、政府、新闻机构、有关专家等等。企业活动的所有的环节——采购、生产、财务、销售、价格、广告和公共关系等等,也都会对公司定位产生影响。

在品牌初创期,品牌知名度低,品牌定位尚在与消费者持续沟通之中,尚未得到消费者的高度认可。企业定位要高于品牌定位和产品定位,处于定位的最高层。公司必须先定位他们的产品和品牌,然后才能在公众中树立公司美好的形象。而作为定位的最后一步,公司定位又对前两步起着强化的作用。人们往往给社会评价高的企业更大的信任度,更愿意接触与其相关的品牌信息,接受其提供的产品和服务,在品牌体验中加深对该企业的印象。采用多品牌战略的企业,往往采用企业定位的方式,将多个品牌定位统一整合到企业定位上来。

当品牌成为强势品牌时,品牌已经得到消费者的高度认可。那么,其品牌定位可能会超越企业定位。企业的物质层面在品牌的精神、价值层面之下,由品牌定位来统摄企业定位,例如可口可乐。品牌扩张之处,即企业扩张之处。采用单品牌战略,或者突出产品品牌战略的公司,往往在与消费者沟通时淡化企业定位的色彩,将消费者的视线聚焦于产品品牌。

由此可见,品牌定位与企业定位,到底哪一个居于更高地位,首先要视品牌发展的阶段而定。对于普通品牌而言,企业定位高于品牌定位,甚至发挥决定性影响;而对于强势品牌,则品牌定位要高于企业定位。可口可乐公司即使全部工厂化为灰烬,凭借着品牌在消费者心中的地位,也能立刻筹集到足够的资金重建企业实体。其次,要看企业到底采用何种品牌架构。品牌名称与企业名称相同的企业,企业定位与品牌定位关系最紧密。例如,海尔集团生产经营的电冰箱、空调、洗衣机、电视机等全部产品都标有"海尔"(Haier)标志,飞利浦公司生产的音响、电视、灯管、显示器等所有产品都以"PHILIPS"作为标志,还有日本佳能公司旗下的全部产品都统一使用"Canon"标志。这类企业的定位与品牌定位休戚相关。

4.1.1.3 品牌定位与产品定位的辨析

所谓产品定位,就是将产品能满足消费者需求的某个具体的属性或功效定位在消费者的心中,当消费者产生这类需求时,就会联想起这种品牌的产品。

产品定位侧重于渲染产品满足消费者需要的属性。按照营销大师菲利普·科特勒对产品的分析,一个产品应该包含五个层次:核心产品、形式产品、期望产品、附加产品和潜在产品。因此产品定位也围绕着这五个层面做文章,它应该在这五个层面上建立一个或几个差异点,表现在技术、质量、安装、应用、维护、价格、包装、销售渠道和售后服务等方面。这个差异点是消费者关注的,应该非常突出,因此能给消费者留下深刻印象,让消费者在心中将该属性和产品建立紧密联系。

产品定位是品牌定位的支撑点。消费者对品牌的第一印象首先来自对产品的实际使用,也就是对产品定位的认知。消费者对品牌的认可首先是以产品为实际载体,如果没有产品在消费者头脑中的鲜明形象,就不用再谈品牌在消费者头脑中的鲜明形象,更不要奢谈品牌在消费者心中占据有利位置。产品定位是所有定位的基础,是品牌定位的支撑和依托,离开了产品定位,品牌定位将成为"无源之水,无本之木"。

产品的这五个层次仅仅是品牌内涵中的利益和属性两层关系,而不能体现品牌的价值、文化、个性和使用者。人们使用某种产品在很大程度上是为了体验品牌定位所表达的情感诉求。品牌定位成功后,作为无形资产就会脱离具体的产品而单独显示其价值,远高于产品的价值。因此,产品有生命周期,会进入衰退期,而品牌能够超越产品的生命周期,在一代又一代的产品、一个又一个产品上得到延续。产品只是承载品牌定位的物质载体,品牌定位是建立在产品定位之上的、更高层次上的营销思路与营销战略,远远超出了产品定位本身。

4.1.1.4　品牌定位与市场定位的辨析

所谓市场定位,即确定企业提供产品或者服务的目标顾客,主要包括市场细分、评估细分市场和选择目标市场三大步骤。

品牌定位的参照维度中,市场是其中一个维度。品牌定位要根据市场提供的信息作为定位的依据。并且在品牌定位的具体操作中找位,也就是市场定位,确定品牌的目标顾客。要完成一个明确而清晰的定位过程,企业必须了解自己的品牌所能获得的市场份额。这就需要对市场进行细分,确认品牌能够建立定位的目标市场。

所以,市场定位是品牌定位必经的一个环节,市场定位是品牌定位的组成部分。

4.1.1.5　品牌定位与广告定位的辨析

广告定位是指通过广告宣传赋予产品某种特色,以使得自己的产品在市场上、在消费者的心目中寻找一个独特的位置,从而有利于产品的销售。从广告的策划、创作过程看,正确的广告定位为广告表现的创作提供了最基本的题材。广告表现的构思、创作只有在正确的广告定位的基础上进行,才能打动消费者。广告定位,要分析消费者购买本商品的"理由"。因此,从实现广告的功能看,正确的广告定位是说服购买者的关键。

在阿尔·里斯和杰克·特劳特看来,品牌定位从某种程度上就等同于广告定位。他们认为,定位从产品开始,但定位并不是要对产品做什么事,而是对未来的潜在顾客的心智所下的功夫,其基本目的就是要突破过多传播的屏障,把进入潜在消费顾客的心智作为首要目标,使广告和品牌信息在受众的心中找到一个位置。之后,菲利普·科特勒将定位发展到营销战略层面,品牌定位和广告定位才截然区分开来。

比较品牌定位和广告定位的内涵与外延,品牌定位是主体,广告定位是实现品牌定位的手段,是将品牌定位信息传播给消费者的品牌传播中的一个环节。因此,品牌定位是广告定位的基础,为广告定位定下基调;广告定位帮助企业实现品牌定位。

4.1.2 品牌定位的 DPM 模型

自 20 世纪 70 年代阿尔·里斯和杰克·特劳特提出了"定位"的概念,品牌定位的理念才广为世人关注,并深受企业的推崇,然而理论到实践之间还存在着差距,后来的学者在此基础上,就具体的定位方法不断进行改进,相继有菲利普·科特勒的定位营销论、国内学者李飞的钻石定位模型、余明阳和杨芳平提出的 DPM 定位模型。下面将分别介绍这些品牌定位的学说。

4.1.2.1 从传播角度定义的品牌定位

关于品牌定位,最为世人关注的是阿尔·里斯和杰克·特劳特的定义。早在 1969 年,他们就在 6 月号的《工业营销》杂志上发表的一篇论文中提出了"定位"的概念。它的出现立即在美国营销界产生了巨大的反响,并迅速风靡全球。1972 年,两人为专业刊物《广告时代》(Advertising Age)撰写了题为"定位时代"的系列文章。1981 年,McGraw-Hill 公司出版《定位》一书,系统阐述了定位理论。1995 年,杰克·特劳特又与史蒂夫·里夫金(Steve Rivkin)合作,出版了定位理论的刷新之作——《新定位》。可以说,定位及其衍生理论已经成为营销的主流指导思想,被公认为是"有史以来对美国营销影响最大的观念"。

他们认为:定位始于产品。一件商品、一项服务、一个机构或者一个人……定位并非对产品本身做什么行动。定位是在传播信息过多的社会中,认真处理怎样使他人听到信息等种种问题。

定位的起点是目标消费者的心智,而不是产品本身。"定位"不是为产品定位,而是在消费者头脑中找定位。消费者的头脑中存在一级级小阶梯,他们将产品或多个方面的要求在这些小阶梯上排队,而定位就是要找到这些小阶梯,并将产品与某一阶梯联系上。

定位理论认为现有的产品一般在顾客心目中都有一个位置,因而定位应强调通过突出符合消费心理需求的鲜明特点,确定特定品牌在商品竞争中的方位,以方便消费者处理大量的商品信息。

新定位理论补充道,为适应内外部环境的剧烈变化,避免丧失原有的定位,厂商就必须在竞争中再定位。

由此可看出,该定义把定位当作是一种纯粹的传播策略,要点是"消费者心中"和"相对于竞争对手"。

后来,当代美国著名品牌专家林恩·阿普什(Lynn. B. Upshaw)在杰克·特劳特的基础上,将消费者对定位的意义推到极致,他认为只有一种真正有力的定位,即顾客定位。所谓顾客定位:首先,定位就是确定产品品牌在顾客和潜在顾客脑子里的位置,必须把品牌由市场导入消费者理念;其次,销售者只提供关于品牌定位的建议和方案,而只有顾客才能成为定位主体,即有权决定是接受还是拒绝销售者提出的品牌,销售者不能替代顾客定位,不能将品牌理念强加给顾客;销售者必须从顾客的角度去思考和策划品牌定位,销售者必须善于引导顾客朝着他们策划的方向发展。

4.1.2.2 从营销角度定义的概念

从营销的角度出发,认为定位是营销的必经环节。以世界著名营销大师菲利普·科特勒(Philip Kotler)为代表,他认为:定位是对公司的提供物和形象的策划行为,目的是使它在目标消费者的心智中占据一个独特的、有价值的位置。因此,营销人员必须从零开始,确定产品(Product)、价格(Price)、渠道(Place)等基本要素,使产品特色确实符合所选择的目标市场。

此外,菲利普·科特勒在1980年为《定位》一书撰写前言时,还阐释了"定位"的意义,即它存在于营销管理4P要素之前的环节,影响着所有的后续步骤,包括促销、传播、广告。在他看来,阿尔·里斯和杰克·特劳特的"定位"是对现有产品的心理定位和再定位,其实,定位是对潜在产品的实体定位,更是对目标市场的发现,"定位"是一种战略性的市场营销,定位理论是一个系统化的、完整的市场营销过程。市场定位必定要根据企业内外部环境的变化做出相应的调整,市场定位是一个动态的市场营销过程。

4.1.2.3 系统定位的观点

我国学者李飞在综合了杰克·特劳特和菲利普·科特勒的定位理论的基础上,提出了具有实践意义、可操作化的钻石图综合定位模型[1]。

他以纵轴表示定位过程,用横轴表示定位内容,用三角形表示定位范围,然后将三者组合,就构成了一个市场定位或营销定位的钻石图形。定位过程是由找位、选位、到位组成。所谓找位是市场细分,评估细分市场和选择目标市场;选位也即是定位的内容,是由属性定位、利益定位和价值定位三个维度构成,对产品、价格、分销和沟通进行定位选择;到位也就是通过产品、价格、分销和沟通四项营销要素的组合实现营销定位。

李飞的钻石图定位模型实质是对菲利普·科特勒的营销定位的进一步完善,对指导具体的定位实践具有实际意义。

---

[1] 李飞.钻石图定位法[M].北京:经济科学出版社,2006:13-16.

4.1.2.4 DPM 动态定位模型[①]

余明阳和杨芳平认为,品牌定位,实质上是一种系统的、综合的竞争战略理论,是积累企业核心竞争力的必经环节,需要考虑产品、消费者、市场、产品形象、行业前景等诸多品牌内外部因素。品牌定位理论,应该是在杰克·特劳特经典定位理论的基础上,综合产品、企业、品牌形象的定位,系统考虑品牌创建和发展的内外部因素的大定位理论。品牌定位的核心是消费者心智资源。品牌定位是创建新品牌的必经环节,是实施品牌战略的根基,是企业形成品牌竞争优势的核心,是品牌资产持续积累的源泉。

通过分析各种决定品牌定位的因素,以及考虑时间变化对品牌定位的作用,运用 DPM(动态定位模型)更能精确定位。模型如图 4-1 所示:

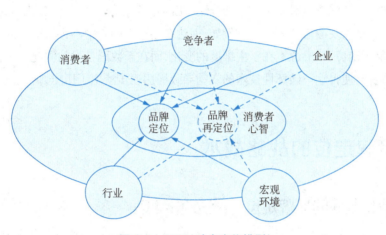

图 4-1 DPM(动态定位模型)

该模型由如下四个部分组成:

(1)消费者心智的中间圆揭示了品牌定位就是要让品牌占据消费者心智的有利位置。

(2)分布在消费者心智周围的五个圆圈表示五个影响品牌定位的因素:消费者、竞争者、企业、行业以及宏观环境,称之为 DPM 模型的品牌定位维度。其中前三者对品牌定位有直接、显著的影响,称之为品牌定位的三个主维度;后两者对品牌定位有间接、缓慢的影响,称之为品牌定位的两个辅维度。

(3)实线箭头表示初次定位时各个维度对品牌定位的影响;虚线箭头表示再定位时各个维度对品牌定位的影响。

(4)品牌的初次定位到品牌再定位的动态过程,体现了时间因素在品牌定位系统中的重要作用。

---

① 余明阳,杨芳平.品牌定位[M].武汉:武汉大学出版社,2008.

DPM 具有两大特点：

第一，以"变化"为前提假设，即考虑时间因素。核心是从理论的高度强调静态定位与动态定位的辩证统一。在初次定位时，就要统一考虑品牌的初次定位、定位调整和再定位，通过对定位维度的定期扫描，积极主动地适应品牌定位的动态过程。这是因为，今时今日，"变化"本身也发生了改变：随着信息时代的来临，时间被压缩，变化的周期越来越短，"变化"呈现出周期短、节奏快的特点。因此，我们要打破以往的品牌定位理论，不能将初次定位和再定位分割开来考虑。

第二，该模型提出了辅助维度的概念，将行业和宏观环境对品牌定位的影响提到一个新的高度。辅助维度并非不重要，而是其对品牌定位的影响是间接的、相对缓慢的。以往在农耕和工业文明时代，宏观环境和行业的变化非常缓慢，有些甚至能够维持几百年不变。而在信息时代，技术的发展以及对人类文明的作用，使得外界环境动荡不安、变化迅速，行业的变化快而迅猛，甚至出现颠覆性的变化。例如，柯达在消费者的心中不再是影像业的 NO.1，失去了老大的品牌定位，其根源不在于主维度的变化，而在于数码技术的崛起——但柯达没有及时地调整定位，使得这一破坏性技术的变动导致柯达逐步淡出了历史舞台。

4.2 品牌定位的战略战术

4.2.1 战略层面的品牌定位

战略层面的定位主要是静态定位需要定格的部分，也就是凝结品牌核心价值、塑造品牌个性的定位内容，具体到定位点，即能够满足消费者心理需求、精神享受的价值定位点。战略层面的定位关涉到品牌整体战略，具有长期性、稳定性的特征。战略层面的定位相对战术层面的定位而言更稳定、更持久，不轻易跟随定位参照系的改变而改变。

4.2.1.1 人性化的价值定位

品牌价值定位要与人性相符。

首先要洞察消费者，什么会令他们心动？什么对他们来说是重要的？他们的感受（喜欢的、厌恶的、敏感的……）是怎样的？他们的生活，他们的想法是什么？品牌为他们做了些什么？品牌可以为他们做些什么？品牌想和他们建立什么样的关系？本品牌如何切入消费者的生活形态或基本信念？它又如何和消费者产生关联或丰富他们的生活？

对消费者的洞察来自生命和生活的基本事实。例如"三人行必有我师""你敬我一尺，我敬你一丈""不在乎天长地久，只在乎曾经拥有""天助自助者""人生而平等、自由""自然就是美""养儿方知父母恩"。

接下来，将品牌的核心价值与目标消费者内心深处的价值观、信念相联系。例如舒肤佳品牌宣传选取了众多妈妈照顾全家的生活场景,反复诉求"杀菌"的产品属性、给消费者提供了保护全家健康利益,并与"妈妈的爱心"这一传统价值观相联系。

又如,宝洁公司生产一次性尿布,与同类产品相比占有技术上的绝对优势,它的产品方便、卫生、柔软、吸水,用后即可丢弃。这一产品的最大的特点便是方便。因此,品牌一开始定位于品牌的功能性利益,产品能给妈妈们提供极大的便利,品牌定位的传播,也是极力表明这是一件对母亲极为省力的物品。然而事与愿违。原本市场调查表明:在美国,一次性尿片应该是一个前景非常诱人的市场,全国每星期要用3.5亿条以上。然而,宝洁的一次性尿布投入市场后,市场行情并不看好,在相当长的时间内还未占领市场份额的1%。这真是不可思议,这么好的产品,怎么会得不到母亲的青睐呢?在经过了细致入微的调研分析之后,宝洁发现,将品牌定位于产品带给母亲的方便,正是问题的症结所在,因为这一定位与"母爱"的人性价值相去甚远。首先妈妈们自己认为纸制的尿布是"一种不可靠"的东西,她们只有在外出时不得已才会选用它;其次她们会觉得仅仅为了自己的方便而使用这种一次性尿布,是一种对孩子的不负责任,这样的母亲将会被看作是一个懒惰、浪费和放纵的母亲,没有尽心尽力尽到做母亲的职责。妈妈们潜意识中觉得,使用纸制尿布是一件不光彩的事情,让别人知道后会觉得她是个不称职的母亲。洞察到这一点微妙的人性后,宝洁调整了品牌定位,以母亲对宝宝的爱作为品牌核心价值定位,满足了妈妈们对婴儿关爱体贴,是个称职的母亲的价值期待,在这个基础上诉求新产品能给消费者提供功能性利益,即可以使婴儿体表保持干燥、舒适和卫生,再以产品具有卫生、柔软、吸水的属性特征作为支撑性、定位点。事实上,宝洁一次性尿片的品牌定位是一个复合的定位点系统,涉及产品属性层面、品牌利益层面以及价值层面,然而真正能打动消费者的、具有长久统摄力的是价值层面的定位,以后的定位调整以及品牌传播都要以此为核心。

4.2.1.2 情感化的个性定位

塑造品牌个性,赋予品牌以拟人化的性格特征,能够赋予品牌强烈的情绪感染力,它能够抓住潜在消费者的兴趣,不断地保持情感的转换。优良、鲜明的品牌个性能够吸引消费者,在消费者购买某个品牌的产品之前,这个品牌的个性已经把那些潜在的消费者征服了。万宝路以粗犷、豪放、不羁的品牌个性深深地感染着香烟消费者,它激发了消费者内心最原始的冲动、一种作为男子汉的自豪感,因而深受香烟爱好者的推崇,以致消费者用万宝路作为展示其男子汉气概的重要媒介。

百事可乐定位于"创新、年轻并富有活力",通过一系列的品牌创建活动展示"年轻有活力、特立独行、自我张扬"的品牌个性,迷倒了一大批新新人类,赢得了青少年乃至具有年轻心态的消费者的高度认同。而可口可乐在百事可乐推出针对年轻群体的广告后,也坚持以激情为导向的定位,致力于塑造"动感、激情和活力"的品牌个性,以与百事可乐争夺年轻消费者。

品牌个性具有强烈的情感方面的感染力,能够抓住消费者及潜在消费者的兴趣,不断地保持情感的转换。品牌个性蕴含着其关系利益人心中对品牌的情感附加值。正如我们可以认为某人(或某一品牌)具有冒险性并且容易兴奋一样,我们也会将这个人(或品牌)与激动、兴奋或开心的情感联系起来。另一方面,购买或消费某些品牌的行为可能带有与其相联系的感受和感情。如喝"河套王"白酒表达了一种豁达,"王者无疆";穿"红豆"衬衣产生相思的情怀;戴比尔斯(De Beers)钻石代表着爱情,代表着坚贞,正如其广告语表达的"钻石恒久远,一颗永流传"等。

4.2.1.3 理念化的文化定位

品牌文化是指文化特质在品牌中的积淀和品牌经营中的一切文化现象。品牌文化主要包括经济文化、民族历史文化和企业经营理念三个方面。

例如,仁、义、礼、智、信、忠、诚、孝、爱都是历经岁月锤炼沉淀下来的、美好的中国传统文化。例如,浙江纳爱斯的雕牌洗衣粉,以一句"妈妈,我能帮您干活啦"的广告语拨动了消费者的心弦,引发了内心深处的震撼以及强烈的情感共鸣,将"母亲之爱""女儿之孝"注入品牌。至今,"纳爱斯"和"雕牌"还一直印在人们的心间。

在产品日趋同质化的今天,赋予品牌理念化的文化定位,对于品牌定位的长期发展甚至具有决定性的作用。对具有文化内涵的品牌消费,人们表达自己的价值观,展现一定的生活方式,昭示自己的身份与地位。给品牌注入文化内涵,营造出独具特色的品牌文化,能够激发消费者的心智从而获得消费者的认同。麦当劳说:"我们不是餐饮业,我们是娱乐业。"它卖给消费者的,既是优秀的快餐食品,也是清洁、卫生、快捷、标准化所构成的餐饮文化体验。1971年诞生于美国西雅图的星巴克咖啡(Starbucks),把典型的美式文化融入其品牌并逐步分解成可以体验的元素,创造性地将星巴克定位为"第三空间",把一种独特的文化格调传送给顾客。正如《公司宗教》作者杰斯帕·昆得(Jesper Kunde)指出星巴克凭借理念化的品牌文化定位,成功地创立以"星巴克体验"为特点的"咖啡宗教"。

麦斯威尔咖啡也是品牌文化定位极为成功的一个案例。麦斯威尔咖啡在进入中国市场时,对中国传统文化和消费者的心理进行了深入调查和研究,结果发现中国人极为重视友情,有在节假日与朋友聚会这一文化风俗,而对麦斯威尔咖啡这一种较高档的饮品而言,无疑是良好机会。与中国传统文化相结合,提出了"好东西与好朋友分享",拉近了与中国消费者的距离,得到了人们的心理认同,创造出极佳的市场效果。

再如企业以经营理念定位。"IBM就是服务"是美国IBM公司的一句响彻全球的口号,是IBM公司经营理念的精髓所在;飞利浦的"让我们做得更好";海底捞的"中国服务最好的火锅店";TCL的"为顾客创造价值"等都是经营理念定位的典型代表,在很长的时期内都成为主导企业品牌的灵魂。

4.2.2 战术层面的策略定位

战术层面的策略定位是指由消费者、竞争者、产品这三个主维度出发,侧重于某一定位点的定位选择,主要是与品牌竞争、品牌维系相关,带有权宜性和应变性的特征。战术层面的策略定位由战略定位决定,随定位维度的变化而适时调整。例如前面提到的潘婷,品牌的战略层面定位始终是"营养头发",营养物质"从发根渗透到发梢,使头发健康亮泽"。而战术层面的定位则是产品提供的"发根到发梢的滋养"物质在不断改进,从几年前的含有维生素原 B_5 到含有成分 Pro-V 再到后来的珍珠白成分。潘婷的产品属性层面的策略定位一直在变化,但始终都是围绕"营养头发"的战略定位大做文章,给消费者提供了与时俱进、强而有力的"相信理由"。

4.2.2.1　由消费者维度开发品牌定位点

从品牌产品的目标消费者角度开发定位点,根据消费趋势、购买动机、消费需求等信息,具体可从以下几个方面进行定位:

1) 从使用者角度去定位

这种定位的开发是将产品和一位用户或某一类用户联系起来,直接表达出品牌产品的目标消费者,并排除其他消费群体。事实上,这种定位往往与品牌产品的利益点相关,暗示着品牌产品能给消费者解决某个问题并带来一定的利益。例如,太太口服液,定位于已婚女士,其口号是"太太口服液,十足女人味"。这一定位既表达了产品的使用者——太太,也表达了产品的功能性利益点——让太太有十足的女人味。还有诸如奥妙洗衣粉、立白洗洁精、大宝 SOD 蜜等不少日常用品都采用这种定位方法。

2) 从使用或应用的场合和时间去定位

这种定位是为消费者设定一个使用品牌的情境。例如宜家"用心,让家暖起来",将宜家与家庭的应用场合联系起来进行定位。还有红牛饮料,其定位是"渴了累了喝红牛",强调其功能是迅速补充能量,消除疲劳。此外,白加黑感冒药也是成功运用此种定位法的成功案例。它提出了"白天服白片,晚上服黑片,黑白分明"的广告语,将使用时间区分开来,率先提出"日夜分开服药"的新概念,给消费者提供了一个独到的利益定位:白天服药缓解一切感冒症状且保证精力充沛;夜晚服用黑色片剂,抗过敏作用更强,使患者休息得更好。

3) 从消费者购买的目的去寻找定位点

消费者购买产品(服务)总是要达到某种目的,其中请客送礼是很重要的一个部分。亲朋好友之间的礼尚往来、商务社交中的互赠礼品都是非常普遍的事情。于是,很多产品都瞄准消费者的这一需求,保健品、时尚电子消费品、食品等行业纷纷以此为定位的开发点。逢年过节,打开电视,各台播放的广告"送礼"声不绝于耳。最为典型的是"脑白金",牢牢把住"送礼"的定位点,每年春节,各大电视台都会出现一对卡通的老头老太边跳边唱着:"今年过年不收礼,收礼只收脑白金。"尽管广告引起很多人的反感,但是脑白金的销量却让人瞠目结舌。

4) 基于消费者人口统计特征的定位点

(1) 年龄空当：年龄是人口细分的一个重要变量，品牌经营者不应去抓住所有年龄阶段的消费者，而应寻找合适的年龄层，它既可以是该产品最具竞争优势的、也可以是被同类产品品牌所忽视的或未发现的年龄层。例如，可口可乐的市场定位主要突出大众化，面向大众、老少咸宜，百事可乐便定位于"创新、年轻并富有活力"，显然是专注于将富有激情、活力、可乐消费量大的年轻人作为定位对象。

(2) 性别空当：现代社会，男女地位日益平等，其性别角色的区分在许多行业已不再那么严格，男性中有女性的模仿，女性中有男性的追求。对某些产品来说，奠定一种性别形象有利于稳定顾客群。如服装、领带、皮鞋等产品，由于具有严格的性别区分，其消费群体也截然不同。常规的做法是加强品牌形象定位，强调其性别的特点，例如海澜之家"男人的衣柜"，向消费者明确表示出了男性服饰品牌的定位。

5) 从消费者生活方式寻找定位点

市场研究表明，仅从消费者的人口特征来划分市场越来越难以把握目标市场了，消费者的生活方式、生活态度、心理特征和价值观念对消费者购买决策的影响越来越大，开始成为市场细分的重要变量。因此从生活方式的角度寻找品牌的定位点，日益成为越来越多企业的选择。例如苏格兰威士忌"Chivas"推出的电视广告片刻画了一种贵族的生活情调——冰天雪地里，几个人休闲自在、超然物外地垂钓于冰面上，同时响起慵懒、随意的广告曲——其营造的生活格调给消费者留下了深刻的印象，也奠定了"Chivas"高端的品牌地位。

6) 从品牌与消费者的关系去寻找定位点

由品牌与消费者的结合点出发是开发品牌定位点的又一种途径。品牌与消费者的关系反映了如果品牌是一个人，他对消费者是一种怎么样的态度：是友好、乐意帮助，是关心爱护、体贴入微，或是其他态度。例如，海尔的冰箱每推出一个新产品总有一个诉求点，但海尔作为一个母品牌，其定位不在每一个具体的产品利益点，而是定位于"真诚到永远"，即不断帮助顾客解决他们的问题。通过这种定位，海尔深入消费者心理，并牢牢占据一席之地。

4.2.2.2 由竞争者维度开发品牌定位点

由竞争者维度开发品牌定位点是许多企业普遍的做法。通常由竞争者角度定位品牌需要经过以下步骤：一是企业先要明确自身的战略市场地位；二是通过竞争者维度将收集的信息进行SWOT分析，寻找自身的竞争优势；三是确定具体的定位策略。

1) 企业的战略市场地位

企业的战略市场地位有四种，分别是市场领导者、市场追随者、市场挑战者、市场补缺者地位，具体说来如下。

(1) 市场领导者。作为市场领导者的企业一般具有以下的特点：在相关的产品市场上,拥有最大的市场占有率;拥有行业的定价权或者调整价格的话语权;引领产品研发潮流;所有企业都知道它的优势,会受到其他企业的尊重。市场领导者的地位是企业多年积累的结果,得到业内公认的。作为市场领导者,要想继续保持领导地位,就要有足够的耐心和细心,这包括:持续创新,继续保持品牌差异;谋求做大整个市场,提升品类的竞争力;保持品牌市场占有率;灵活利用价格来整合市场等。

例如,百威啤酒就宣称自己是"全世界最大、最有名的美国啤酒""百威啤酒,皇者风范";香飘飘奶茶曾经打出广告"连续7年销量领先,每年卖出7亿杯,杯子连起来可绕地球两圈"。

取得市场领导者地位的企业在进行品牌定位时,通常使用"首席定位""第一定位",即赫然昭示品牌为本行业中领导者的市场地位,可在广告宣传中使用"正宗的""第一家""市场占有率第一"等口号,牢牢占据消费者心中"第一"的位置。

(2)市场追随者。在顾客心目中所认定的属于非市场领导者的企业,都是追随者,其中有些后来成为挑战者,而那些一直追随市场领导者企业开拓市场、模仿领导者的产品开发、经营模式的企业即为市场追随者。市场追随者并不一定向市场领导者挑战,而是根据自己的实力甘居次位。

"高级俱乐部"的品牌定位策略是这些企业常用的,即企业品牌如果不能在一些有意义的属性方面排第一,但可以宣称自己是"五大品牌之一"或"十大品牌之一"。通过这种方式,品牌与市场领导者比肩,进入市场中的"第一集团军"。并且给顾客的印象是,顾客只要购买这"五大品牌"或是"十大品牌",都是一个不错的选择。

面对强势的市场领导者,追随者避其锋芒、追随其后,将自身与领导者的品牌捆绑在一起,形成"我也是"的平起平坐的品牌定位,从而一起分享市场。如果能使顾客产生某种需求时,除了能在头脑中出现市场领导者的品牌外,接着就能想到追随者的品牌,那么市场追随者的品牌定位就算是成功了。

(3)市场挑战者。当行业作为新兴行业,或者适逢行业洗牌、诸侯混战之时,市场领导者的根基尚未牢固,位居其次的企业与市场领导者之间的实力差距不是很大,那么居次位的企业往往倾向于以挑战者的姿态出现,攻击市场领导者与其他的竞争者,以掠夺更大的市场占有率。

挑战某一特定竞争者的定位法,虽然可以获得成功(尤其在短期内),但是就长期而言,也有其限制条件,尤其是遭遇强有力的市场领导者反击时就更加明显了。因此,市场挑战者一方面要以市场领导者为标杆,力求创新,追求产品质量、服务的改善提高;另一方面要知己知彼,选择针对竞争对手的薄弱环节和市场发起进攻,将阵地战与游击战、正面进攻与侧翼攻击相结合,而且要预计到竞争对手可能采取的还击措施,想好应对之策,做到进可攻、退可守。

行业不同,竞争结构和竞争强度也不同,领导者和挑战者的实力对比不同,也就决定了挑战者应对的定位策略也应不同,相同的是挑战者都要紧密关注市场领导者的动向,保持柔性，随时准备调整已方应对策略。

（4）市场补缺者。市场补缺者通常是实力薄弱的中小型企业的战略市场定位。它们一般聚焦于某一大公司忽略或放弃的细分市场，并全力满足细分市场的顾客的需求，以期占据既安全又能获利的市场空缺。市场补缺者为避免与行业内的主要企业发生市场冲突，一般是仔细深入地研究消费者的需求，可能在细分的基础上还要再细分出一个亚细分市场，然后再采取专业化的品牌定位来提供合适的产品和（或）有效的服务，以期长期占据这部分顾客的心智资源。

2）通过SWOT分析，寻找自身的竞争优势

从竞争者维度开发定位，关键是企业要设法在自己的产品上找出比竞争对手更具有竞争优势的特性。竞争优势一般有两种类型：一种是价格竞争优势，即在同样的条件下比竞争对手定出更低的价格。这就要求企业采取一切努力，力求降低产品成本。另一种是偏好竞争优势，即能提供确定的特色来满足消费者的特定偏好。这就要求企业采取一切努力在产品特色即品牌差异化上下功夫。品牌竞争中的优势主要体现在偏好竞争优势上。

用SWOT分析工具找出相对优势来。品牌定位的SWOT分析要经历三个环节的筛选过滤和凝聚：

第一环，寻找自身品牌的优势。这是最基本的一环，企业要认清自身品牌在哪些方面是自己的强项。

第二环，评价哪些是企业品牌所独有的优势。只有独有的优势才能形成竞争优势。这一环需要对竞争品牌的优势进行深入分析，主要包括对竞争品牌的功能性优势分析、品牌的知名度优势分析及消费者对品牌的忠诚度分析，即研究主要竞争品牌通过哪些方面取得品牌优势，这些优势源自哪里。通过这些分析，企业可以明确哪些是企业自身所独有的优势点。

第三环，从独特的竞争优势中选择消费者最关注、最能被打动的优势。例如，舒肤佳通过寻找自身优势，对照当时的市场领导者力士香皂提出定位点——杀菌香皂。这是因为在市场调研中发现消费者越来越重视环境污染对健康的危害，舒肤佳定位于杀菌自然会引起消费者的注意。

3）确定具体的定位策略

通过以上的分析，企业要制定出具体的品牌定位策略。

（1）首次定位点。寻找竞争对手不具备、而消费者需求的定位点。例如，AT&T作为世界上首家电话公司，尽管分分合合，但在电信服务质量方面第一的地位始终未变，又如乐百氏纯净水提出了27层净化概念等。

（2）关联比附定位点。这时的定位点挖掘是以竞争者为参考点，在其周边寻找突破口，同时又与竞争者相联系，尤其是当竞争者是领导者，这种定位能突出相对弱小品牌的地位。具体操作上，肯定竞争者的位置，用转折语来强调本品牌的特色。比附定位是以竞

争者品牌为参照物,依据竞争者的定位。比附定位的目的是通过品牌竞争提升自身品牌的价值和知名度。

关联比附定位主要有三种方法:

① 不做第一,甘居第二。这种策略就是明确承认同类中另有最负盛名的品牌,自己只不过是第二而已。这种策略会使人们对公司产生一种谦虚诚恳的印象。最为经典的案例莫过于美国艾维斯(Avis)汽车租赁公司了,以"我们是第二,但我们更努力"的定位而大获成功。其定位战略就是把 Avis 放在和 Hertz 租车公司一样主要的租赁代理地位上,并且远离 National 汽车租赁公司,National 当时和 Avis 规模一样庞大。它首先承认了自己某些方面的不足,但这种承认又将自己的劣势转化为与市场第一品牌相关联的优势。蒙牛在刚出道时,称自己为"内蒙古乳业第二品牌",让消费者以为蒙牛跟乳业第一巨头伊利并驾齐驱,实际上,以蒙牛当时的实力、地位和产业规模,还远远不能跟伊利相提并论,但蒙牛通过这种"第二名定位"的方法,给消费者留下了深刻的印象,让消费者以为蒙牛与伊利平起平坐。郎酒的青花郎的广告词"云贵高原和四川盆地接壤的赤水河畔,诞生了中国两大酱香白酒,其中一个是青花郎。青花郎,中国两大酱香白酒之一",即比附茅台进行定位。

② 攀附名品牌。这种策略的切入点与第一种很相似,首先是承认同类中已有卓有成就的品牌,本品牌自愧不如,但在某地区或在某一方面还可以与这些最受消费者欢迎和信赖的品牌并驾齐驱,平分秋色。如内蒙古宁城老窖宣称是"宁城老窖——塞外茅台",借助白酒中的极品茅台,来提升自己品牌的价值和知名度,获得了很大的成功。但在选择该方法时应避免造成不正当竞争行为。

③ 奉行"高级俱乐部策略"。这种策略是在公司如果不能取得第一名或攀附第二名时,退而求其次的策略。这种策略借助群体的声望和模糊数学的手法,强调自己是这一高级群体中的一员,从而提高自己的地位形象,如美国克莱斯勒汽车公司宣布自己是美国"三大汽车公司之一",使消费者感到克莱斯勒和第一、第二一样都是知名轿车,从而收到了良好的效果。

(3) 进攻或防御式定位点。关联或比附式定位,其原则往往不去进攻或排挤已有品牌的位置,而是遵守现有秩序和消费者的认知模式,只是在现有框架中选择一个相安无事的位置,服务某个目标市场。但进攻式定位点或防御式定位点,是为了侵占其他品牌地位或防止其他品牌进攻的定位。防御性定位点,是处于某一稳固位子的品牌,为了避免其他品牌入侵其核心位置而选择的防御性定位点。例如使用为竞争对手重新定位的方法就是一种进攻式的定位策略。例如百事可乐以"新生代可乐"的定位对可口可乐实施了侧翼攻击,从年轻人身上赢得了市场;飘柔的定位是使头发"飘逸顺滑",但也把"去屑"作为副定位,对海飞丝而言就是一种带有攻击性的定位。

4.2.2.3　由产品维度开发品牌定位点

由产品维度出发开发品牌定位点,就是根据产品的特征、属性、功能或者服务的特点进行定位。在具体实施时,首先要对产品进行分析,然后再据此确定具体的定位策略。

1) 产品分析

任何品牌都是建立在确定的产品或服务之上的,对产品进行分析是品牌定位的最基本前提。产品分析的目的是明确产品能给消费者带来什么样的使用价值和附加价值,它包括对产品基本功能的分析、对产品品质和特色的分析以及对产品的适用对象分析等方面。

产品品质分析是针对产品的质量进行界定,即产品的质量在同行业中的水平如何,是否高于行业平均水平,次品率、返修率怎样;产品基本功能分析是针对产品能够满足消费者哪些功能需求,满足的程度如何;产品适用对象分析,是指产品能够满足哪些消费者的需求,这些消费者中满意度最高的可能是哪类人群;产品特色分析是指分析产品与其他品牌产品相比在功能、外观、款式、质量、附加值等方面有何独特之处。

2) 具体的定位策略

(1) 由产品的属性产生的定位点。根据产品的某些特点和属性进行定位。比如某种洗衣粉含有别的洗衣粉所不具备的某种成分,某种食品是用某种独特的工艺制造而成。如乐百氏纯净水以理性诉求宣传"27层净化",为其纯净水的"纯净"提出了一个有力的支持点;沃尔沃汽车强调它的安全和耐用;海飞丝强调它能去头皮屑等等。

产品的独特属性是品牌定位最低的层次,如果采取单一的属性定位风险很大,因为产品的独特性很容易被模仿而难以长久保持,很难具备真正长期的竞争优势,如果竞争者以更快的速度或更完美的改进产品参与竞争,常常能做到后发制人。

然而,如果产品的某个特性是目标市场始终关心的,而且这个指标是始终不断地需要改进而且确实在改进的,那么这种策略也能长期使用并始终赢得竞争优势。例如汽车的安全性,这是消费者都非常关心的产品属性,沃尔沃定位于"安全",面对同类竞争对手宝马、奔驰、凌志等在安全方面的赶超,沃尔沃不断创新改进产品"安全"的技术:先后发明了防侧撞钢板、一次成形的整架钢铸、白天的亮灯、车载免提电话等等。因此,即使在低层次的属性定位层面,沃尔沃也能始终保持优势,并成功地捍卫了在消费者心中代表着"安全"的心智资源。

(2) 根据产品给消费者带来的利益作为定位点。产品给消费者带来的利益点是产品定位选择的重要手段,但是这个利益点必须是最早开发出来的或最早表达的,而且应该是消费者关心的,否则没有多大的价值。运用利益定位,在同类产品品牌众多、竞争激烈的情形下,可以突出品牌的特点和优势,让消费者按自身的偏好和对某一品牌利益的重视程度,更迅捷地选择商品。如方太和老板都是厨电市场高知名度的品牌,但它们强调的品牌利益点却大为不同。方太定位于"中国高端厨电领导者",产品高端可以凸显使用者身份高端;老板定位于"大吸力油烟机",强调产品吸力强的特点。

利益定位是根据产品所能满足的需求或所提供的利益、解决问题的程度来定位。进行定位时,向顾客传达单一的利益还是多重利益并没有绝对的定论。但由于消费者能记住的信息是有限的,往往容易只对某一强烈诉求产生较深刻的印象。因此,向消费者承诺一个利益点上的单一诉求更能突出品牌的个性,获得成功的定位。早期的 USP(Unique Selling Proposition,独特销售主张)定位,可以看作是这一类型的定位。即任何成功产品传达给消费者的都有一个独特的主张,即所谓的产品 USP,它必须超出产品本身的物理属性,区别于竞争品给消费者购买利益的心理认同,同时它必须是强而有力的,将利益集中在一点上,集中诉求,以打动目标消费者,促使他们前来购买。

比如施乐复印机在促销定位时,强调操作简便,复印出来与原件几乎一样,表现方式是让一个五岁的小女孩操作复印机,当她把原件与复印件交到她父亲手里时,问"哪一个是原件?"但产品定位毕竟不同于品牌定位,当品牌与产品处于一一对应的状态时,产品利益点可以作为品牌定位点,如"高露洁,没有蛀牙"、"佳洁士,坚固牙齿"、"吗丁啉,增强胃动力"等。但一旦品牌产品多元化,这种定位就会出问题。这时实力雄厚的名牌企业,可以利用利益定位在同一类产品中推出众多品牌,覆盖多个细分市场,提高其市场占有率,例如,同是洗发用品,基本成分和功能相同,而宝洁公司在中国推出的四个品牌:海飞丝、飘柔、潘婷、沙宣,每一品牌都以基本功能以上的某一特殊功能为诉求点,吸引着不同需要的消费者。希望自己"免去头屑烦恼"的人会选择海飞丝;希望自己头发"营养、乌黑亮泽"的人会选择潘婷;希望自己头发"舒爽、柔顺、飘逸潇洒"的人会选择飘柔;希望自己头发"保湿、富有弹性"的人会选择沙宣。这种突出产品 USP 的品牌,比那些泛泛而谈产品既营养、又去头屑、又柔顺、又保湿的全功能品牌,其可信度要高得多,也更容易打动消费者的心。

(3) 根据产品类别寻找品牌定位点。根据产品类别建立的品牌联想,称作类别定位。类别定位力图在消费者心目中造成该品牌等同于某类产品的印象,以成为某类产品的代名词或领导品牌,在消费者有了某类特定需求时就会联想到该品牌。

企业常利用逆向思维的类别定位法寻求市场或消费者头脑中的空隙,设想自身正处于与竞争者对立的类别或是明显不同于竞争者的类别,消费者会不会接受?

类别定位最为成功的要数美国的七喜汽水。美国七喜汽水,面对激烈竞争的饮料市场,宣称自己是"非可乐"型饮料,是代替可口可乐和百事可乐的消暑解渴饮料,突出其与两"乐"的区别,因而吸引了相当部分的"两乐"转移者,成功地成为了除百事可乐、可口可乐之外的美国第三大软性饮料。

(4) 根据产品的质量和价格关系寻找品牌定位点。质量和价格,始终是消费者关注的焦点。不同的价格或销售量会产生不同的心理反应。人们总是笃信"好货不便宜""一分钱一分货"的道理,因此,价格高的商品总有价格高的理由。在缺乏辨别产品质量高低的专业知识和技能的情况下,消费者往往将价格高低作为质量好坏的指示器。

许多企业以此作为品牌定位的出发点,尤其是奢侈品领域,价格代表的不仅仅是质量,更是档次、身份、地位的象征。例如定位高品质高价格的劳斯莱斯汽车,号称"世界上最贵的香水"的"喜悦香水"等等。当然也有强调价格合理、质量较好的大众品牌,例如大宝、完美日记、花西子等。

4.3 品牌定位的过程

品牌定位是一项涉及面广、涉及环节多的系统工程,需要设定目标、制定执行的原则,按照一定的步骤依次进行,并且在定位形成过程中进行效果评估,视实际情况进行定位的微调。

4.3.1 品牌定位的目标

品牌定位的目标就是将产品转化为品牌,以利于潜在顾客的正确认识。成功的品牌都有一个特征,就是以一种始终如一的形式将品牌的功能与消费者的心理需要连接起来,通过这种方式将品牌定位信息准确传达给消费者。经过多种品牌运营手段的整合运用,品牌定位所确定的品牌整体形象即会驻留在消费者心中,这是品牌经营的直接结果,也是品牌经营的直接目的。如果没有正确的品牌定位,即使其产品质量再高、性能再好、怎样使尽促销手段,也不能成功。

4.3.1.1 创造品牌核心价值

品牌定位是品牌核心价值的基础,定位的清晰决定企业战略的清晰,战略的清晰决定品牌核心价值的清晰。在表现产品品牌符号的若干元素中,存在部分最能体现品牌核心价值的关键元素,它们决定着产品的市场定位,不同的关键元素决定了它们不同的细分目标群以及市场战略规划。这些关键元素是新品牌所努力打造追求的,也是老品牌在不断推陈出新时所需考虑的市场主线。在明确了产品品牌核心价值的关键元素之后,确定表现其关键元素的品牌符号也成为重中之重。我们应顺应潮流创新品牌符号来传播品牌的关键元素,新的品牌符号应与过往的品牌符号在某种意义上一脉相承,在品牌核心价值上两者应该保持适度的一致,新的品牌符号只是对过往品牌符号在新环境新市场里的一种新的诠释,消费者通过新的品牌符号能够联想到过往的品牌符号,并对产品有了新的补充认识。这种保持了品牌承继性的新品牌符号无疑是符合厂商要求的,它能延续厂商多年来积淀的品牌文化,有利于厂商对企业品牌建设进行全面的监控并丰富和发展品牌旗下其他产品资源,使它们相得益彰从而得到更好的发展。品牌想要长久不衰地打动消费者,在保留原有消费者忠诚度的情况下吸收新的消费者关注,则随着时代变迁、潮流变换就得不断创新品牌符号,使其能够适应产业结构和市场格局的转变,但其核心产品层面仍需代表品牌所独有的个性和差异化。这些新符号紧密围绕品牌核心价值并对其进行更深层次或是新的诠释。决策层在进行战略决策时需充分考虑这些因素,有效地调整战略定位,制定适合企业发展的管理机制并将企业对品牌的决策思想传输到每一个员工。品牌管理需要通过企业整体战略的指导,结合企业面临的外部环境和内部资源状况,进行综合分析,从而制定企业品牌管理方向与目标。企业管理者更需要清楚了解自身产品的品牌核心价值内涵,以不变应万变,时刻关注市场,了解需求和竞争态势并结合企业自身情况,从新技术、新文化中不断学习新的知识与技能,围绕品牌核心价值进行品牌设计和推广,在消费者心目中确立专属的地位,则品牌一定能越做越强[①]。

4.3.1.2　与消费者建立长期稳定的关系

当消费者可以真正感受到品牌优势和特征,并且被品牌的独特个性所吸引时,品牌与消费者之间建立长期、稳固的关系就成为可能。提高顾客忠诚是企业战略实施的核心原则和首要目标之一,因为留住现有顾客的成本比获得新顾客的成本要低得多,所以顾客的持续重复购买行为可以在为企业节省大量的成本的同时为企业带来丰厚的利润。同时,顾客忠诚度对品牌的人际传播和市场占有率也会产生重大影响。保持和提升顾客忠诚度被认为是企业长期利润的保证。特别是当企业所在的行业竞争压力巨大,各个竞争者的市场份额相对稳定时,如何留住老客户变得越来越重要。因此,许多企业根据自己的市场特点和对有关交易费用的测算,把营销活动的重点从吸引新顾客逐步转向促进顾客的重复购买上。一个好的定位可以成为企业塑造牢固的顾客关系的着力点,提高顾客复购意向的基础。

4.3.1.3　为企业产品开发和营销计划指引方向

品牌定位的确定可以使企业实现其资源的聚合,产品开发从此必须实践该品牌向消费者所做出的承诺,各种短期营销计划不能够偏离品牌定位的指向,企业要根据品牌定位来塑造自身。

4.3.2　品牌定位的原则

在品牌定位目标的指引下,品牌定位要遵循以下八大原则。

4.3.2.1　消费者导向原则

无论是杰克·特劳特的传播定位,还是菲利普·科特勒的营销定位,都强调在消费者心中占据有利位置。品牌定位的出发点是要消费者的需求,以给消费者提供品牌价值为核心,定位是在与消费者的互动过程中形成,并在传播定位信息的过程中考虑消费者接受

---

① 龚瑛,孔庆文. 树立品牌核心价值:品与牌之间的博弈[J]. 现代营销,2011(11):18.

信息的思维方式,突破信息传播沟通的障碍,从而使定位信息进驻消费者心灵。可见品牌定位的全过程都必须以消费者为导向。因此对消费者的消费需求、消费行为和消费心理把握得越准,定位的策略就越有效。

4.3.2.2　多维精确定位原则

品牌定位不是拍脑门想出来的,需要在定位策划时收集大量的信息。尤其是面对迅速变化的外部环境,要想挤占消费者早已塞满信息的大脑,更要从多个维度收集信息,进行精确定位。我们要把握品牌 DPM 动态定位模型的精髓,从目标消费者、竞争对手和企业自身三个主维度以及宏观环境、行业等辅维度多个方面广泛收集信息、深入剖析,从而对品牌精确定位。

4.3.2.3　静态定位与动态调整结合原则

品牌定位不是永恒不变的。这个世界永恒不变的只有变化。社会、政治、经济的宏观环境在变,技术发展一日千里,消费者需求千变万化,竞争对手诡谲多变,企业自身情况也在不断变化。因此,定位的参照维度在不断地变化,品牌定位自然也应该随之动态调整。然而,如果定位点不断变化,那么品牌就无法在消费者心中定格,无法牢牢占据有利位置。因此,我们认为,品牌定位应秉持静态定位与动态调整结合原则。从品牌定位启动直至品牌定位成功,乃至品牌永续发展,都要坚持这个原则,才能既保持品牌在消费者心中有利位置,又不被各种变化所抛弃。

4.3.2.4　战略定位与战术定位相结合原则

品牌定位要以持久不变的战略定位与权宜调整的战术定位相结合。品牌定位是品牌战略实施的必经步骤,品牌定位的成功关系到品牌战略的成败。品牌定位确定好了,才能塑造品牌个性与品牌价值,才能有针对性地传播品牌形象,最终积累起品牌资产,为企业带来源源不断的利润。因此,要从战略高度来把握品牌定位。同时,品牌定位在整个营销战略中占有重要地位,尤其是在竞争战略中。竞争对手是品牌定位的重要维度,从定位策划到定位实施乃至再定位都要高度重视竞争对手的动向。根据竞争对手的动向调整自身的品牌竞争策略,是阻退竞争对手,筑起行业壁垒的常用手段。例如,为打击新进入行业的潜在竞争对手,企业采用品牌促销手段或者推出多个新产品,这些品牌战术定位层面做出的权宜之计,也是应对市场激烈竞争的需要。

4.3.2.5　个性化原则

品牌犹如人,个性突出才能给人留下深刻印象。在产品日益同质化的竞争环境中,个性化的品牌才能吸引到具有相同价值观的消费者。品牌的个性与产品的物理特性和功能没有多大关系,而是通过品牌定位的手段赋予产品鲜明的品牌个性,然后通过品牌传播使得品牌个性得到消费者的认同。坚持个性化的定位原则,在品牌定位的形成过程中,塑造品牌的个性,使品牌个性与目标消费者的自我价值观相契合,这是能统摄长远的品牌战略定位之道。

4.3.2.6 差异化原则

差异化是塑造品牌的目的之一,没有差异点的产品不能称之为品牌产品,不具有差异化的企业不能称之为品牌企业。品牌差异化要从品牌定位做起。差异化的品牌定位,才能将本品牌与其他品牌区别开来,才能将品牌信息烙在消费者心中,才能呈现给消费者一个与众不同的品牌,从而引起消费者注意,在消费者心中占据一个独特的位置。

4.3.2.7 考虑成本收益比

品牌是能给企业带来巨大收益的无形资产,同时也是需要不断投入的资本项目。品牌定位需要付出一定的经济成本,其成本的多少因定位不同而有所差异。不计成本地投入,会影响到定位所期望达到的经营目标的实现。考虑成本收益比是企业做出任何决策都要秉持的一个原则。收益小于成本的品牌定位,是失败的品牌定位。当然,由于品牌建设是一个长期的过程,评估品牌资产也不是一件简单的工作,在具体执行这一原则时需要根据具体情况而定。

4.3.2.8 考虑企业自身资源

企业自身的资源是品牌定位的主要参照维度之一。无论是哪一种品牌定位,在执行的过程中都需要动用企业的资源。只有对企业的人力、物力、财力的内部资源,以及本企业可以整合的外部资源有一个客观的分析,才能使品牌定位做到对资源的最优化利用,不会造成资源的闲置或浪费,也不会因资源配套出现问题而陷入进退两难的困境。例如,如果一个企业将品牌定位于"技术创新,科技服务人类",那么该企业就应该具备尖端的科学技术,一流的研发团队;如果企业定位于国际化的品牌,那么该企业就要有足以支撑全球化运作的资本实力,开拓全球市场的跨文化管理人员。一言以蔽之,品牌定位需要考虑企业的内外部资源,可以适度超前,但不能脱离实际。

4.3.3 品牌定位的特点

4.3.3.1 迅速性

品牌定位致力于在消费者心目中占据一个独特而有价值的位置(如"防蛀的牙膏"),成为消费者心目中某品类或特性产品的代表品牌,从而迅速影响到消费者的购买选择,当消费者产生相关需求时,就会想到并选购本品牌。如我们一想到防上火的饮料,就能迅速想到王老吉。

4.3.3.2 长效性

在品牌定位战略的指引下,所有的营销组合找到了整合的焦点,企业彻底消除了任意性的营销投入,令资金不是漫然流失,而是转为一次次的有效投资,从而积聚推广费用,累积起品牌资产,积累到一定程度之后,将成为该领域中的强势品牌,使企业终将在"品牌资产"上得以回报。

4.3.3.3 独特性

确立品牌定位战略,意味着企业经营转向竞争导向,不是去模仿竞争者,而是让自己成为不同的选择,以区别于竞争对手。随着品牌定位的建立与加强,品牌将在消费者心智中代表着独特价值的产品,有不可替代的购买价值。最终,消费者将该品牌视为某类别或某特性产品的代表性品牌,从而在该领域形成强势。心理学家发现,心智认知一旦建立,就很难对其进行改变了。同样,消费者一旦对你的品牌进行定位之后,他就很难接受改变,无论竞争品牌花多大力气、多大投入也很难做到改变他的心智。所以,品牌定位战略,能有效构筑起竞争壁垒,抑制其他品牌的进入与发展。

4.3.3.4 经济性

品牌定位的确立,为品牌营销的方向提供了明确的指南。在一致的营销方向下,营销组合能够达成互动改善,从而有效运用与节省资源。同时,品牌定位战略方法,诞生于产品、媒介信息暴增的现代,其目的在于如何确保品牌信息能快速进入消费者心智。为此,它要求顺应消费者原有认知,不与其发生冲突,从而使信息更容易被消费者接受,而且它只传播一个单纯清晰的定位概念,也易于集中推广力量,达到传播目的。

4.3.4 品牌定位的策略

在品牌定位的前一阶段,要初步确立它的目标市场和竞争优势,而在品牌定位的后一阶段,要进一步确定以何种方式向目标市场传达这种竞争优势,制作出能被目标消费者接收和接受的信息,从各种渠道传送给他们。在这种信息中突出什么内容,主要用哪些方式发布这种信息,意味着品牌定位的不同策略。从下面的分析中我们可以看到,品牌怎样用言简意赅的方式攻占消费者的心灵。

4.3.4.1 产品特点为导向的定位

顾名思义,这种品牌定位策略将聚光灯打在产品的某项鲜明特点上。比如"白加黑"感冒片就定位在同时拥有白、黑两种片剂、在不同时段分别服用的产品特点上。一般感冒药什么时候都是吃那一种,而"白加黑""白天吃白片,不瞌睡;晚上吃黑片,睡得香",正好解决了人们一般担心在白天吃感冒药会打瞌睡影响工作效率的问题。不过这种定位方法并不一定能长期奏效,因为某项新创的产品特点很容易被其他品牌模仿。但作为这种产品特点的首创者,或一贯的大力实践者,有可能在消费者心目中成为这种产品特点的代表,把特色长期地保持下去。例如雷达表长期积淀下来的"永不磨损"的品质特色。

4.3.4.2　因果关系为导向的定位

这是一种一把钥匙开一把锁的策略,宣称一种产品就是为解决生活中的一个问题而设计。当同一类产品中挤满了各种各样的品牌时,可用这种策略"擦肩而过",显示各自术有专攻。以洗衣粉为例,宝洁公司相继推出了"汰渍"(Tide)、"奇尔"(Cheer)、"波德"(Bold)、"卓夫特"(Dreft)、"象牙雪"(Ivory Snow)、"时代"(Era)等九种品牌,但它们因为能解决不同问题而互不重复。"汰渍"去污彻底,"奇尔"洗涤并保护颜色;"卓夫特"用于洗涤柔化布料;"象牙雪"去污快,"时代"能去除油漆等顽固污渍等等。

4.3.4.3　竞争为导向的定位

这项以竞争者为基点选择界定品牌自身的策略我们在前面已经讲到,运用此策略最为成功的两个案例——艾维斯公司与七喜汽水的定位也已经举过。这里再举一个类似的例子,为了与碳酸汽水争夺儿童市场,"Kool-Aid"饮料制作了这样一则广告:画面部分是一只玻璃水壶,在水壶表面上画有一个大大的笑脸,标题是"为什么这只水壶在微笑"?文案部分给出了答案:"因为加糖的 Kool-Aid 价格只有汽水的一半。因为 Kool-Aid 有维生素 C,而汽水则没有。因为 Kool-Aid 不含咖啡因,并不含碳酸盐。因为 Kool-Aid 牌的清凉混合饮料含有那些孩子们喜爱的极佳水果味道。痛饮浅尝两相宜。作聪明的选择,选 Kool-Aid,代替汽水。"这种定位策略和前面的两种采用同一套产品评价指标,都是为了表现本品牌产品的长处。前两种是从正面宣告,这一种则是用竞争者产品的缺陷来反衬。

4.3.4.4　目标市场为导向的定位

此种品牌定位策略并非只简单重复定位思路中选择市场中的哪一块为目标消费者,而需要从更深层次上把品牌与特定消费者的生活形态、生活方式等方面联系起来。这就要求品牌在各方面都做到与之相称,追求细节完美,不会有前后矛盾的地方。定位在普通民众阶层的产品一般不能包装豪华、价格昂贵,而像劳斯莱斯这样的公司如果推出中低档车型,必然失去现在定位的目标市场。与一般的高档轿车不同,劳斯莱斯公司出品的劳斯莱斯和本特利豪华轿车,体现了一种英国式的富豪生活方式。不是光有钱就行,还带着一股英国特有的"傲慢劲"挑剔家世血统。因此这两款轿车不仅限量生产、价格昂贵,宣扬自己是全手工打造,足以彰显品位,还限定深色轿车只能卖给王室成员和政府首脑,表现一种特权等级。

4.3.4.5 利益为导向的定位

这是在同类产品品牌太多、竞争激烈的情况下可以采取的另一种策略。通过突出各自能为消费者带来哪些利益来避免撞车，使消费者能按自身偏好和对某一利益点的重视程度，将不同品牌在头脑中排序，置于不同位置，在有相关需求时更迅速地选择商品。这些需求不仅仅是为了解决某一实际问题，而几乎能满足人们在马斯洛需要理论中从低到高各种层次的需求。比如在汽车市场，沃尔沃强调"耐久安全"，马自达自称"可靠"，可满足人们对安全的需要。宝马宣扬"驾驶的乐趣"，菲亚特标榜"精力充沛"，能满足人们自尊和受尊的需要。而奔驰则用"世界元首使用最多的车"显示自己象征着"高贵、王者、显赫、至尊"，以满足人们自我实现的需要。

4.3.4.6 情感为导向的定位

美国市场营销专家菲利普·科特勒认为，人们的消费行为变化分为三个阶段。首先是量的消费阶段，然后是质的消费阶段，最后是感情消费阶段。在第三阶段，消费者最看重的是品牌与自身的关联程度，会选择那些能满足自己某种情感渴求、或正好与理想自我概念相吻合的品牌。顺应消费心理的变化，实施恰当的情感定位可以唤起消费者的共鸣。比如"孔府家酒，叫人想家"传神地表达出人们对家庭团圆的期盼，弥漫着一种温馨的情感。而"田田珍珠口服液"以"田田珍珠温柔女性"为主题，塑造了"自然、清新、纯洁、健康、迷人、温柔"的品牌形象，吸引女性消费者的认同。

品牌定位还有一些其他策略，这里不再一一赘述。但不管是哪种策略，在使用时一般都会面对两个问题。第一个问题，如何将不同的定位策略结合起来使用。虽然我们一直提倡在表述定位时遵循短小精悍的原则，尽可能避免横生枝节。但定位毕竟同时牵涉到消费者、竞争者和品牌自身三方面。上述的第一、第二种策略比较强调品牌自身，第三种策略以竞争者为主要着力点，而剩余的四、五、六三种策略突出关注消费者。但一个完整的品牌定位方案，不会只有孤零零的一项内容，有主还要有辅，在三方面都有一个打算才行。所以对这些策略可以综合考虑，不是总共只挑一个，而是要在各方面都挑一个，再把这三个合为一个整体。第二个问题，如何在不同的策略与策略组合中寻找理性价值和感性价值的平衡点。传达给消费者的品牌定位就像一篇本品牌产品好处说明书，在这份篇幅有限的说明书上，提哪些"确实"（看得见摸得着）的好处和哪些虚一点（想得到）的好处，两者分别占多大比例，使用什么样的排列顺序，都需要细加推敲。特定的产品类别往往决定了品牌的理性或感性气质，你不能让铁锅承载多少美丽幻想，也不能用香水代表多少尖端科技。品牌定位要帮助品牌个性在它能够活动的范围内极力张扬。

4.3.5 品牌定位的方法

4.3.5.1 创建新品类

创建新品类的方法有很多,比较有效的有技术创新、聚焦市场、借助新概念等。

1) 技术创新

第一种形式是革命性技术。革命性技术好比生物进化史上的基因突变,是一种剧烈的分化形式,革命性技术为创建品牌提供了强有力的基础。GE 就是由革命性技术创造的品牌。GE 的创始人爱迪生是电灯的发明者,GE 正是借助这种强大的优势以照明起家,并成长为一个强大的品牌。

第二种形式是技术革新。小肥羊是中国餐饮行业的第一品牌,小肥羊的创始人发明了一个新的配方,从而创造了白汤火锅这个新的品类,从而区别于原先占据主流地位的四川红汤火锅,迅速风靡市场。

2) 聚焦市场

通过聚焦市场来创新品类是最为简单的方法。聚焦现有产品的某个部件,可以打造一个品牌。

格力没有发明空调,也不是第一个进入消费者心智的空调。格力能够在海尔、美的、春兰等强大的对手夹击下取得领先的位置,正是得益于竞争对手的疯狂延伸和自己的长期聚焦。格力是唯一专业制造空调的企业,正如格力总经理董明珠所言,"不是格力打垮了对手,是对手自己打垮了自己"。而微波炉行业的著名品牌格兰仕早期也坚持了与格力一样的路线,同样取得了成功。

3) 借助新概念

社会快速发展,人类不断面对各种各样的新问题,每天有大量新的概念产生。环保问题、肥胖问题、全球变暖问题,每个新概念都可以作为创造一个新品类的基础:低脂、有机、低碳、低糖、无氟、便携、速冻等新概念层出不穷。

4.3.5.2 关联强势品牌

对立面战略的成功首先来源于"人类人性的某些不当特征",人性推动力总朝着两个方向发展。两股力量的互相作用为领导品牌保持领先地位和第二品牌发展创造了机会。再者,经销商和渠道商也都希望第二品牌的出现,以确保自己在谈判中的主动权。如宝马和奔驰,一个主打"坐得舒适",另一个就鼓吹"驾驶的乐趣";可口可乐和百事可乐,一个是"传统、经典"的象征,一个是"年轻、活力"的表现。这些都是第二品牌通过关联强势品牌,站在第一品牌的对立面从而取得成功的案例。

4.3.6 品牌定位的步骤

按照品牌初次定位形成的过程,可将品牌定位通过找位、选位、提位、到位、调位这五个细分步骤来完成,参见表4-1。这一系列步骤的实施,都建立在企业进行了充分调研的前提下,即按照DPM(动态定位模型)对多个品牌定位的参照维度进行扫描和信息收集的前提下。并且这些调研工作要贯彻于品牌定位形成的长期过程中。

表4-1 品牌定位的五个细分步骤

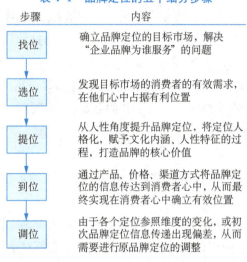

步骤	内容
找位	确立品牌定位的目标市场,解决"企业品牌为谁服务"的问题
选位	发现目标市场的消费者的有效需求,在他们心中占据有利位置
提位	从人性角度提升品牌定位,将定位人格化,赋予文化内涵、人性特征的过程,打造品牌的核心价值
到位	通过产品、价格、渠道方式将品牌定位的信息传达到消费者心中,从而最终实现在消费者心中确立有效位置
调位	由于各个定位参照维度的变化,或初次品牌定位信息传递出现偏差,从而需要进行原品牌定位的调整

4.3.6.1 找位——确定品牌在市场中的位置

找位,实质是市场定位,需要解决选定目标市场,确立品牌定位的对象的问题。这个阶段的目标就是要找到适合的"人",即解决"企业品牌为谁服务"的问题。

这一步骤具体说来,又可分为进行市场细分、评估细分市场、选择细分市场三个阶段。

1) 进行市场细分

市场细分的营销理论是二战之后在50年代由美国学者温德尔·史密斯(Wendell R. Smith)提出的。所谓的市场细分,是指以消费者的需求为立足点,将消费者总体市场分割为若干相类似的消费者群,其中每一个消费者群就是一个子市场或细分市场。市场细分主要是按照地理因素、人口因素、心理因素和行为因素等进行细分。

(1) 按照地理因素划分。这是大多数市场细分的依据。一般是根据国家或行政区划、地理位置、气候、人口密度和城乡情况而进行。如按照地域标准,可以划分为国内和国际两个市场;而全国市场又可分为华东区、华南区、华北区、东北区、西北区、西南区等区域市场,然后各个区域市场还可进一步划分为城镇市场和乡村市场。

由于地理因素的差异,消费者的消费心理和消费行为存在着很大差异,例如,经济发达地区的消费者的购买行为呈现品牌消费的趋势,而经济落后地区的消费者,则更多为温饱型消费者,他们更看重产品的价格,讲求实惠。

(2)按照人口统计因素进行细分。这是指将市场按人文统计变量如年龄、性别、家庭人口、家庭生命周期、收入、职业、受教育程度、民族、宗教和社会阶层等划分为不同的群体。基本上所有的营销学者关于市场细分的文献论述都考虑了人口统计细分变量。因为相关的人口信息比较容易获得,而且这些信息跟消费者的购买习惯和购买行为直接相关。

例如,按年龄可细分市场为儿童用品市场、青少年用品市场、成年人用品市场和老年人用品市场。

而按照家庭生命周期,则可划分为如表4-2所示的细分市场。

表4-2 按家庭生命周期细分的市场①

主要阶段	家庭状况	经济状况和消费特点
单身阶段	年轻,单身,不与父母同住	几乎没有经济负担,大量花费用于娱乐消遣上,外出度假,社交娱乐等
新婚阶段	年轻夫妇,无子女	经济状况良好,双份收入;买房,添置一些耐用生活品
满巢阶段Ⅰ	最年幼的子女不到6岁	家庭用品购买的高峰期;经济压力加大;可能只有一份收入;购买家庭必需品
满巢阶段Ⅱ	最年幼的子女6岁或超过6岁	经济状况有所改善,有些夫妻两个人都工作
满巢阶段Ⅲ	中年夫妇,与未独立的孩子	经济状况依然良好,更新家庭用品和家具,住在一起
空巢阶段Ⅰ	年长的夫妇,孩子离家独立生活	大多数拥有自己的住宅,消费重点变为旅游和休闲活动,购买奢侈品
空巢阶段Ⅱ	老年夫妇,退休在家,无子女同住	收入锐减,消费支出主要在医疗保健方面
鳏寡阶段Ⅰ	尚在工作	收入仍然较为可观,但也许会出售住房
鳏寡阶段Ⅱ	退休在家	特别需要得到医疗保健、亲情和安全保障

又如社会学研究员陆学艺在《当代中国社会阶层研究报告》中指出,根据新的社会阶层划分标准,可将中国社会划分为10个阶层:国家与社会管理者阶层、经理人员阶层、私营企业主阶层、专业技术人员阶层、办事人员阶层、个体工商户阶层、商业服务人员阶层、产业工人阶层、农业劳动者阶层和城乡无业失业半失业者阶层;它们分属五种社会地位等级:上层、中上、中中、中下、底层等,每一个阶层都具有不同的特点,根据这些特点,找出品牌的定位,则会节省大量成本。

(3)按照销售量进行细分。这一种方法正在呈上升趋势,是由奥斯卡梅耶(Oscar Mayer)公司迪克·沃伦·特威特(Dik Warren Twedt)提出的所谓"重要的一半"(Heavy

---

① 徐智明,高志宏. 广告策划[M]. 北京:中国物价出版社,1997:71-72.

Half)理论指出的,即对于大多数品种的产品来说,一半的顾客消费了其中80%的数量,所以,企业应该把钱花费到最有价值的顾客身上。

(4)按照心理因素进行细分。通常按照性格特征进行划分。如果按照消费者占优势心理的机能来细分,性格可分为理智性、情绪型和意志型。按消费者的消费态度来分,性格又可分成经济型、自由型、保守型和顺从型。这些类型消费者相应的消费心理以及对应品牌定位的重点层次如表4-3所示。

表4-3 按照心理因素细分的消费者的消费心理和定位重点

类型	消费心理	品牌定位的重点层次
理智型的消费者	用理智衡量和支配行为,善于权衡商品的各种利弊因素,通过周密思考理智地做出购买与否的决定。此类人在选购商品时,注重内心体验,不易受人影响,更不易为夸大其词的广告所打动	品牌属性定位
情绪型的消费者	举止往往为情绪所左右,购买行为带有浓厚感情色彩,易受营业现场各种因素的影响,他们通常是购买行动的从众者	品牌价值定位
意志型的消费者	购买目标明确,积极主动,按自己的意图购买商品,购买决定果断、迅速	品牌属性或价值定位
经济型的消费者	不事奢华,勤俭朴素。他们喜欢那些经济实用的商品,而对那些人为地赋予过多象征意义的商品持怀疑态度;对能够说明商品内在质量的有关信息,特别容易接受	品牌属性定位或价值定位
自由型的消费者	浪漫、豁达。在选购商品时既考虑商品的内在质量,也追求商品的外包装、商标等。他们联想丰富、富于幻想,特别乐于追逐那些具有象征意义的商品	品牌价值定位
保守型的消费者	安于过去的传统消费习惯,对过去用惯了的商品怀有深厚的感情,对新的商品则抱有强烈的怀疑情绪。此类消费者多是新商品的晚期采用者,甚至永远都不使用	品牌属性定位或者利益定位
顺从型的消费者	在购买商品时很少有自己的见解,喜欢"随大流",赶时髦。他们容易受亲朋好友、同学同事的影响,希望别人为其购买出谋划策	无侧重点

自由型的消费者浪漫、豁达。在选购商品时既考虑商品的内在质量,也追求商品的外包装、商标等。他们联想丰富、富于幻想,特别乐于追逐那些具有象征意义的商品。例如,获得成功的雪弗莱汽车公司推出的广告,其画面可以使受众想像自己驾车漫游在一条弯曲的乡间小路上的美妙情境,进而产生对雪弗莱汽车的好感。

保守型的消费者安于过去的传统消费习惯,对过去用惯了的商品怀有深厚的感情,对新的商品则抱有强烈的怀疑情绪。此类消费者多是新商品的晚期采用者,甚至永远都不使用。针对这类消费者,广告宣传应注意集中于产品质量上,使他们对产品产生信赖感。

顺从型的消费者在购买商品时很少有自己的见解,喜欢"随大流",赶时髦。他们容易受亲朋好友、同学同事的影响,希望别人为其购买出谋划策。这一类人不是广告的主要针对对象,广告宣传把另一些类型的人的购买欲激发起来了,顺从型的人自然也随之加入购买行列。市场上经常出现的某种商品的消费热,有很大部分原因是这类人竞相争购的缘故。

(5)按照行为进行细分。主要是指"时机、利益、使用者地位、使用率、忠诚度状况、购买者准备阶段和态度"等行为变量。

表4-4 按照消费者行为细分市场

细分标准	细分类别
购买频率	很长时间购买一次;阶段性购买;经常购买
购买状态	无知;兴趣;尝试;认识;习惯
购买动机	实惠;经济;炫耀;从众;保值;收藏;便利
品牌信赖程度	信赖;一般;厌烦;惧怕
价格敏感程度	高度重视;轻度重视;一般;不重视
服务敏感程度	高度重视;轻度重视;可有可无
广告敏感程度	易受影响;无影响;反感

以上五种划分方法都是针对整个市场总体进行一级细分,有时还需要在品牌定位的过程中对一级细分市场进行进一步细分,即二次细分。这对战术层面的品牌定位和定位形成过程中的定位微调具有重大意义。首先,考虑到企业自身的资源和能力,企业要将精力放在能给企业带来持续高利润的顾客身上,在品牌定位微调时重点满足这部分顾客的需求。其次,对市场进行二次细分是战术层面的定位需要,这可以让企业区分不同类型的顾客,便于企业品牌针对不同类型的顾客进行同一品牌下的产品定位。最后,这种细分也是品牌初次定位形成后进行微调的需要,区分不同类型的顾客并洞察他们的行为动因,可以帮助诊断现有品牌的定位状况,并有针对性地采取措施,保证品牌定位目标的实现。

在进行市场的二次细分时,重在研究顾客的购买行为和态度,即重点考察动态定位模型中的顾客维度。例如基于顾客战略,对企业最初选定的目标市场,以消费者购买次数和对企业品牌的感知度建立二维细分坐标轴。其中横坐标为购买次数,纵坐标为对企业品牌的感知度,并将整个坐标划分为三个区域:购买0次、购买1次及购买2次及以上。这样划分的主要目的是区分顾客类型,一般而言可以将购买两次及以上的顾客称为老顾客,购买一次的顾客称为新顾客,而尚未发生购买行为的顾客称为潜在顾客。感知度是顾客的主观评价,这种评价决定了顾客购买行为是否发生,同样,将整个纵坐标划分为好和差两大区域。这样,整个坐标轴(即目标市场)划分为六个区域,也就形成了六大不同的顾客群体,见图 4-2①。

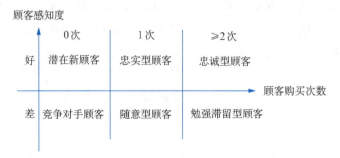

图 4-2　按照购买次数对顾客进行细分

① 潜在新顾客:此类顾客对企业品牌的感知度好,但是可能限于某些原因暂时没有购买企业的产品,只要购买条件成熟,这类顾客就会积极实施购买行为。

② 竞争对手顾客:此类顾客对企业品牌的感知度差,也没有购买过企业的产品。一般来说,这类顾客应该是企业竞争对手的顾客。由于对企业品牌的感知度差,因此很难转换为企业的顾客。

③ 忠实型新顾客:此类顾客对企业品牌的感知度好,到目前为止只购买过一次,由于对企业产品及品牌主观评价较好,因此此类顾客很有可能发生重复购买的行为。

④ 随意型新顾客:此类顾客对企业产品的感知度较差,购买过一次企业的产品,购买行为可能带有尝试性质或由于突发情况所致。

⑤ 忠诚型顾客:此类顾客对企业品牌的感知度好,多次购买了企业的产品,是企业较为理想的目标顾客。

⑥ 勉强滞留型顾客:此类顾客也可以称为资源限制型顾客。虽然对企业品牌的感知度较差,但是由于某些资源如信息、时间、货币、体力、精力、空间等限制,多次购买了企业的产品,或者由于其他企业产品的销售渠道可能未覆盖到这些顾客所在区域,一旦这些限制性因素消失了,这些顾客将会很容易流失。

基于顾客战略,企业的目标顾客又可以分为两大层次:①新顾客,这包含潜在新顾客、忠实型新顾客及部分随意型新顾客;②老顾客,这主要是指忠诚型顾客和勉强滞留型顾客。

对于企业而言,应重点分析潜在新顾客、忠实型新顾客及部分随意型新顾客的消费动机,更深地洞察他们的深层需求,然后有针对性地采取措施,更好地满足这部分顾客的需求,促使他们转为老顾客。同时要分析竞争对手的顾客、随意型、勉强滞留型顾客,找出他们做出否定性评价的原因何在,现有品牌定位是否存在不足之处,是否需要做出调整。例如,如果勉强滞留型顾客,是因为该品牌的产品类型不多,挑选余地不大而对该品牌的评

---

① 倪娜. 基于 STP 战略的顾客战略应用研究[J]. 经济师, 2006(1):199-200.

价坏,同时却因为购买很方便而重复购买,那么企业要视具体情况,如果这部分的顾客类型比例很大,就有必要丰富产品线,以长期留住这部分顾客。

2) 评估细分市场

根据各种细分标准,可将市场划分为众多的细分乃至二级细分市场。然而,对于企业而言,不同的细分市场具备不同的价值,因此在确定细分市场前需要对不同的细分市场进行评估。重点要考虑以下三个因素。

(1) 细分市场的规模和发展前景。评价细分市场时,企业要提出的首要问题是:潜在的细分市场是否具备适度规模和发展特征。当然,适度规模是一个相对的概念。大公司一般重视销售量大的细分市场,而常忽视或避免进入销售量小的细分市场;而小公司则避免进入规模较大的细分市场,因为需要太多的资源投入。细分市场的发展前景通常是一种期望特征,因为企业总是希望销售额和利润能不断上升。但要注意,竞争对手会迅速地抢占正在发展的细分市场,从而抑制本企业的盈利水平。

(2) 细分市场结构的吸引力。有些细分市场虽具备了企业所期望的规模和发展前景,但可能缺乏盈利潜力。按照波特提出的五种竞争力模型,企业要评价五种力量对长期盈利的影响:行业内现有的竞争者、潜在的竞争加入者、替代产品、购买者和供应商。它们相应地具有下列五种威胁:①细分市场内竞争对手的威胁;②新的竞争加入者的威胁;③替代产品的威胁;④购买者议价能力提高形成的威胁;⑤供应商议价能力提高形成的威胁。来自这五个方面的威胁较小,行业的吸引力就大,反之则小。

(3) 企业的目标和资源。即使某个细分市场具有较大的规模、良好的发展前景和富有吸引力的结构,企业仍需结合自己的目标和资源进行考虑。企业有时会自动放弃一些有吸引力的细分市场,因为它们不符合企业的长远目标。当细分市场符合企业的目标时,企业还必须考虑自己是否拥有足够的技能和资源,能保证在细分市场上取得成功。只有当企业能够提供具有高价值的产品和服务时,它才可以进入这个细分市场。

综合以上三方面因素,在评估细分市场时,应从企业内部适应性和外部市场吸引力两个方面来进行评价和策略排序。对于市场吸引力,可以在销售额规模、复合成长率、利润前景、价格敏感顾客比例和竞争程度等五个方面作得分评估。而公司适应性可以从销售能力、设计能力、供应链能力、制造能力和制造可塑性等五个方面进行打分评估。同时根据情况为各个方面赋予权重,最后加总各项评估得分,构建一个两维坐标图(图4-3),处于坐标右上角的细分市场群意味着两方面都得到较高的分数,可以作为备选的品牌对象或是目标市场。

3) 选择目标市场

评估完目标市场后,接下来要结合企业自身情况,选择目标市场。根据企业自身的竞

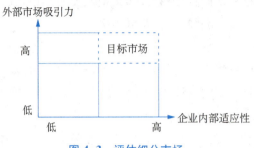

图 4-3 评估细分市场

争优势和市场吸引力的大小,将目标市场的选择顺序排列见表 4-5[1]。

表 4-5 目标市场的选择策略

	无市场吸引力	中等市场吸引力	强市场吸引力
弱竞争优势	避免	避免	避免
中等竞争优势	避免	避免	三选目标
强竞争优势	三选目标	次选目标	首选目标

根据对各个细分市场的评估情况,企业对目标市场进行选择。按照菲利普·科特勒的观点,以市场和产品为两个维度,把进入目标市场的策略分为五种。

(1) 单一市场单一产品。选择密集的单一市场,这样可以使资源集中,能够更好地满足定义狭窄的细分市场的需求,使一些小企业能更好地和大企业竞争。这种做法当个别细分市场出现不景气的时候,会有一定的风险。

(2) 单一市场多种产品。有选择地专门化,即公司选择若干个细分市场,其中每个细分市场在客观上都有吸引力。

(3) 产品专门化。公司集中生产一种产品,向各类顾客销售这种产品。

(4) 市场专门化。公司生产的产品专门为满足某个顾客群体的各种需要而服务。

(5) 完全的市场覆盖策略。公司想用各种产品满足顾客群体的需要,这可能会节省生产和营销成本,但一般只有大公司才能采用完全市场覆盖的策略。例如宝洁公司旗下的海飞丝、飘柔、潘婷,以不同的利益点满足消费者的多样化的需求,以完全覆盖洗发水市场。

4.3.6.2 选位——确定品牌在消费者心中的位置

找位阶段,完成了对目标消费者群体的整体把握,接下来的选位阶段,重点要完成对消费者心中有利位置的确定。消费者对品牌定位的认可,来自品牌对消费者需要的满足。由于消费者需求存在多种层次,所以这个阶段要解决的问题是具体应该采取哪一层次的定位,

---

[1] 贝克. 市场营销百科[M]. 李垣, 主译. 沈阳: 辽宁教育出版社, 1998: 293-294.

以及以何种方式传递有效的定位信息。这些都涉及对消费者心理的深入分析和把握。

选位阶段,具体来说又可分为对消费者需要的细分和选择消费者需要两个步骤。

1) 细分品牌对象需求

如前所述,消费者的需要存在着层次,从低到高可排列为:生理需要、安全需要、归属和爱的需要、尊重需要、求知需要、求美需要、自我实现的需要。

根据"手段-目的"理论,认为目标顾客在购买某企业品牌的商品或服务的目的是要实现一定价值,为了实现这一价值需要取得一定的利益,为了实现这一利益需要购买一定品牌产品或服务的属性。根据品牌能够满足消费者需要的层次,品牌定位也可以从低到高划分为:企业品牌属性定位、企业品牌利益定位和企业品牌价值定位,合称为"三维需求定位"①。故下面将从价值需求、利益需求以及属性需求来细分消费者的需求。

(1) 价值需求细分。如第3章所述,心理学家米尔顿·罗克奇认为,个人价值分为终极价值和工具价值。终极价值是指人们渴望实现的最终状态;工具价值是指人们为实现最终价值的理想行为规范。对价值需求细分为最终价值和工具价值,有助于在品牌定位时进行适当的取舍和正确的阐释。

许多白酒品牌充分考虑品牌对象的价值需求,并在品牌价值中得以体现,如:"孔府家酒,让人想家","喝杯青酒,交个朋友","金六福,庆功的酒,好日子离不开它"。这些品牌理念中都充分考虑品牌对象的感情价值需求,突出了"亲情、友情"和"分享成功的喜悦"等人类情感,属于工具价值的层面。

(2) 利益需求细分。"手段-目的"原理把利益细分为心理利益和工具利益,有关该理论的具体介绍参见本书第3章。由于实用利益主要包括三类:功能利益、体验利益和财务利益,因此企业应本着为目标客户服务的宗旨,从目标顾客的利益差别入手来思考企业的经营活动,在企业利益中设法体现目标顾客的三类利益。如"中海地产"(中国海外集团)在品牌建设中充分考虑顾客的体验利益和功能利益,提出了"优质服务造就物业管理的第一品牌、过程精品原则打造产品品牌、科学管理成就优质品牌、创新开发让品牌保持竞争力"等品牌经营管理体系。

(3) 属性需求细分。各种利益的实现在很大程度上取决于企业及其提供产品的属性。马克·E.佩里博士认为,产品属性包括内在属性、外在属性、表现属性和抽象属性。内在属性主要是指产品的物理属性,包括原材料、制造和外观等方面的内容。外在属性指的是脱离产品使用情况下进行评估的属性,包括品牌、包装、服务和价格等内容。例如公司名称、外包装、安装、售后服务等。表现属性是指产品发挥作用时才能进行评估的属性。例如,空调的耗电量,只有开启后才能测量。抽象属性是将多种属性所包含在一起的某种属性。例如将外观质量、可靠性和耐用性等多属性通过加权的方法合并为一个属性。

---

① 李飞.钻石图定位法[M].北京:经济科学出版社,2006:41.

2）选择目标消费者的主导需要进行位置确定

（1）根据对消费者的深入分析辨识其主导需求。如前所述，根据马斯洛需要层次论，人们有时会在同一时间内存在几种需要。由于各人的动机结构、发展状况的不同，这些需要形成的优势位置也就不同，对行为的支配作用也不同。在进行品牌定位时，重要的是分析出目标消费群同时存在哪些需要，哪一个是当前的主导需要。例如，在《红楼梦》中，我见犹怜、多愁善感的林黛玉对于焦大没有任何吸引力。如果企业以温饱线上徘徊的人群作为目标消费者，同时将品牌单纯定位于成功、自信等美好的精神价值，那么必然是定位失败。

同时，在选择具体的定位内容时，要兼顾主导需要和其他需要之间的关系。如果既有人类美好情感的高层次定位，又辅以品牌属性定位，那么品牌定位成功的可能性更大。因为在任何时候，品牌都要首先能给消费者提供实际的功能属性，否则"皮之不存，毛将焉附"。

例如，百达翡丽的广告语"没人能拥有百达翡丽，只不过为下一代保管而已"，不仅以亲情传承为情感定位，还强调了其产品的高端品质。

（2）以占据消费者心中独特、清晰的位置为依据进行选择。企业目标顾客的价值需求有很大的相似性，相同的个人需求可以通过不同的利益满足来实现，所以企业往往从更具差异性的目标顾客的利益差别入手，来思考企业的经营活动，在企业品牌利益中设法体现目标顾客的利益。

例如，麦当劳和肯德基，同为外来的洋快餐，提供的产品也并无多大差异，经营风格也相差无几。这意味着，两家快餐企业在品牌属性定位、利益定位层面并没有多大差异，然而在品牌价值定位上却各有独到之处。麦当劳定位于"快乐地去生活"，肯德基则定位于"美好时刻共同分享"，突出的是群体的"分享"。由于两家各自不同然而都很清晰的品牌定位，在人们心中，肯德基和麦当劳的形象、内涵也都随之区别开来：麦当劳，"I am love in it"，突出的是个人的"快乐"，麦当劳是可以在城市里给人们提供这样一个角落——用一种年轻的心态去生活，在一个个金黄色的餐厅中，去度过一段快乐的时光；而肯德基，则是能够买上一大桶"外卖全家桶"，全家其乐融融地分享美食，分享亲情、友情的地方。

（3）品牌属性定位和品牌价值是通过品牌利益定位连接在一起。品牌定位在上述三个层次上要协调统一。无论在企业品牌利益定位点上是否实现与竞争对手的差异化，都必须在价值方面找到并确定差异化的企业品牌价值定位点。因为品牌价值定位和品牌利益定位是与品牌对象沟通的主要内容。

4.3.6.3 提位——为品牌定位赋予人性化特征

所谓提位，我们认为，就是从人性角度提升品牌定位，将品牌定位人格化，赋予其文化内涵、人性特征的过程。即从战略层面上进行品牌定位，塑造品牌个性、打造品牌核心的价值。这个步骤是让品牌"活化",让品牌更容易打动消费者内心的阶段。

提位并非每一个企业都必经的步骤,但它对大众消费品行业或者服务业的品牌进行定位具有重大意义。有许多企业并没有经历这步,因为即使有正确的市场定位和产品定位,并且投入大量资金进行品牌定位的传播,也很难取得成功。

这一步骤的目标就是要根据目标消费者的文化品位和个性倾向,塑造品牌个性,使品牌在消费者心中占据独特的位置。具体说来,又可以分为细分品牌个性和选择品牌个性两个阶段。

1) 细分品牌个性

每个人都有自己的个性,为了迎合目标顾客的个性审美倾向,品牌形象也被赋予自身个性这一人格化特征,品牌个性与品牌文化密切相关。美国著名品牌学家珍妮弗·阿克尔(Jennifer Aaker)提出,人格化品牌个性有五个主要维度:真诚(Sincerity)、刺激(Excitement)、野性(Ruggedness)、教养(Sophistication)和能力(Competence)。中国学者黄胜兵和卢泰宏(2003)从中国传统文化角度解读中国品牌的个性,将之分类为:仁、勇、乐、雅、智。刘勇(2008)将卷烟品牌的个性维度概括为:追求卓越、悠然自得、成功、豪迈、祥和、醇和芳香、清新天然、神秘的异域风情、友情、尊贵和真实可信。陈可等(2008)对数码相机的个性维度概括为:真挚胜任、坚固、精致和刺激。这些研究都有翔实的实证研究作为支撑,具有一定的价值。

2) 选择品牌个性

首先,要根据品牌提供的属性定位用几个词汇描述出与之相称的个性。然后扫描多维度参照系的信息,结合企业自身特点列出企业文化和企业个性倾向,再分析最直接的竞争对手的品牌个性。最终从中挑出最能打动消费者内心,最独特的词汇来,作为对品牌个性的描述。

在选择的过程中,应以罗瑟·瑞夫斯提出的"USP"理论为指引,选择具有差异性,同时能与消费者引起共鸣的品牌个性。

4.3.6.4 到位——寻找到消费者心中定格品牌的路径

所谓到位,是指通过产品、价格、渠道、促销(沟通)的路径将品牌定位的信息送达消费者心中,从而最终实现在消费者心中确立有利位置。

找位、选位、提位这个阶段都是在企业内部,通过对品牌定位模型的各个参照系的信息收集、调研、策划之后形成一整套的品牌定位方案,品牌定位信息仅限于在企业内部小范围传播,而到位这个阶段则是要将品牌定位从纸上的方案落实到消费者的心中,这属于品牌方案的执行阶段。

企业在选择定位点之后,营销成功的关键就在于是否能够使定位了的目标的人格形象进入目标消费者心中。阿尔·里斯提出要用传播的办法,菲利普·科特勒提出将4Ps (Product, Price, Place, Promotion)等营销要素有机地组合运用,来解决到位问题。在此,我们主要概略地谈谈由产品、价格和分销构建品牌到消费者心中的路径。

1) 产品

如前所述,产品定位是品牌定位的基础,产品必须满足消费者最基本的需求,也就是给消费者提供功能性价值。因此,要塑造品牌个性、凝结品牌价值,产品是基石。首先,产品的质量、款式、风格、包装要能向消费者传递与品牌相称的定位信息。此外,产品的种类、数量、性能、同一品牌下产品之间的关联度,都会对消费者感知品牌构成影响。如果定位为高档次产品,那么以上产品的方方面面都要传导出相关的信息。例如奢侈品品牌,常常采用限量生产的方式,控制产品数量以保持一定的稀缺性,从而维持其稀有、珍贵的品牌定位。

2) 价格

大量证据表明,消费者通过价格来评价产品与服务的质量。如果提供同一产品,只是在价格上有差异,一些消费者会选择比较贵的那种,这种行为在经济学上是不理智的,但在那些收入差距大,社会地位是通过消费水平来判定的富裕社会却是常见的现象。这也正是品牌得以产生的社会基础。

有研究者提出[1],许多消费者对产品的价格水平有很强烈的期望,但是一定范围内的价格变动通常不会影响其购买愿望。若价格低于这个范围,消费者会怀疑产品的质量;若高于这个范围,产品就处于不利的竞争地位。因此,要给产品制订一个与品牌定位相称、同时又被消费者认可的价格,而不是仅仅考虑成本、收益的财务因素。此外,还要谨慎运用价格竞争这把双刃剑,谨防降价造成的销量一时增长,而品牌长期受损的后果。

价格同时也能成为品牌定位的核心要点。例如,沃尔玛的"天天低价"显然在消费者心中占据了一个有利的位置,吸引了大量精打细算的主妇。

3) 分销

根据格式塔心理学,消费者对品牌形成的整体印象来自与产品相关的每一个接触点和环节,因此,消费者通过何种方式接触到产品,不可避免地构成对品牌的评价的一个重要影响因素。以商场为例,商场的位置、设计、产品分类、服务和全体职员,每一个要素都会对消费者的品牌购买经历产生知觉影响,从而对消费者购买到的产品的品牌产生延伸效应。例如,在巴黎春天买到的家居拖鞋显然比在大卖场家乐福里买到的拖鞋要高档得多。

除了要为品牌选择与之相称的分销点外,还可以设计独特的分销渠道,以分销本身作为定位点。例如,戴尔(Dell)电脑公司,其直销模式在激烈竞争的 PC 市场占据了一席之地,在消费者心中留下了方便、快捷、个性化定制的品牌印象。

---

[1] 福克塞尔,戈德史密斯,布朗. 市场营销中的消费者心理学[M]. 裴利芳,何润宇,译. 北京:机械工业出版社,2001:88.

4.3.6.5 调位——根据定位参照系微调品牌定位

所谓调位,是指在初次定位形成中,由于各个定位参照维度的变化,或者由于品牌定位信息本身传递出现偏差,而需要进行品牌定位的调整。调位并不是大幅度地修改定位,而只是在战术层面对品牌定位进行调整,并且始终以战略层面的定位为指导,围绕着品牌个性的塑造、品牌价值的凝结而进行调整。调位主要是针对外界变化的适应性调整,是应急性的权宜之计,一旦外界环境恢复正常,则又可回调到原来的位置。调位并不改变原来设定的品牌核心价值定位。这一过程,好比是正弦波,振幅为固定值,波形在某个水平位置上下来回波动、调整。调位通常是针对竞争对手的动向、消费者临时兴起的偏好、企业突发的危机等定位参照主维度的变化而进行的。例如,可口可乐一直代表着美国精神。在与百事可乐的营销大战中一直以市场领导者的地位独领风骚,"真正的可乐"的品牌定位压得百事可乐喘不过气来。然而后来百事可乐将自己定位为"年轻人的可乐",暗示自己代表了新生一代,而可口可乐却是落后、守旧的代名词,是父辈们的选择,二者的竞争局势就向着有利于百事可乐的方向发展。百事可乐成功的定位策略,逼得可口可乐不得不针对竞争对手的动向进行调位,将品牌的形象塑造得更年轻、时尚、活力,以便留住年轻的消费者群体。

调位,其实也可视为品牌新一轮定位的开始,也就是品牌再定位。

4.3.7 品牌定位的误区

品牌定位,目的是为自己的品牌在市场树立一个明确的、有别于竞争对手的品牌,满足消费者的某种切实的需要。品牌定位的关键在于要努力与同类产品寻求差异,以突出自己产品的独特性。以企业有限资源满足某一部分顾客的需求,任何"大而全"的品牌定位,最终只会失去定位的意义。回眸我国的自有品牌,很多同类型商品或服务的品牌定位相似,缺乏差异性。如金融服务品牌定位:上海浦东发展银行的"笃守诚信,创造卓越"、交通银行的"百年交行——您的财富管理银行"、农业银行的"大行德广,伴您成长"、民生银行的"以创新写未来"、招商银行"让希望与您更近"、中国银行的广告主题:"因为信任,所以选择"、兴业银行的"发展中我们共同成长"……这些口号都反映了企业的品牌定位,但是,品牌定位不仅仅是广告宣传的口号,更重要的应该是与之相适应的市场要素组合,比如,与品牌定位核心价值相一致的产品或服务、与之相适应的价位、分销渠道以及与之相适应的促销和传播方式。然而,面对我国金融巨头们的"定位",我们很难清楚地了解它们为哪一部分目标顾客提供服务,各自在市场上的特色是什么?这种模糊无差异的品牌定位,也就难以使顾客按照自身的需求对号入座。

 小结和学习重点

本章首先介绍了品牌定位的概念,品牌定位是指要针对潜在顾客的心理采取行动,即要在顾客的心目中定一个适当的位置。

然后介绍了关于品牌定位的学说,着重介绍了DPM(动态定位模型)。品牌定位,实质上是一种系统的、综合的竞争战略理论,是积累企业核心竞争力的必经环节,需要考虑产品、消费者、市场、产品形象、行业前景等诸多品牌内外部因素。

最后,详细介绍了品牌定位的目标、原则和实操步骤。

 案例分析

拼多多的品牌定位

2018年7月26日晚,成立不到3年的拼多多正式登陆纳斯达克市场。

随着开盘价位报出,创始人兼CEO黄峥的身家达到137亿美元,超越了电商同行刘强东:此刻距离京东初创已经14年了,而拼多多的诞生甚至还不到3周年。

至27日10点,拼多多市值涨到337亿美元(2000多亿元人民币),大涨40%,可见市场对拼多多的看好。

2015年9月,一款名叫拼多多的APP上线,踏入看似早已饱和的电商"红海"。

拼多多采取"农村包围城市"策略,以迅雷不及掩耳之势大举抢占三四线城市以及农村市场,仅用一年时间,拼多多在订单数和用户数方面已经赶上了唯品会。

很少有人能预见,在淘宝、京东、苏宁等巨头的夹击下,拼多多还能活下来,并快速实现超越。如果以1000亿元GMV(网站成交金额)作为里程碑的话,京东用了10年完成,淘宝用了5年,而拼多多只用了2年零3个月。这就是拼多多野火般的扩张速度。

不过,围绕拼多多的争议很多,低价劣质、让人诟病的病毒营销模式等。然而,拼多多能取得今日的成绩,其品牌定位可以说是功不可没。

按照创始人黄峥的说法,拼多多是错位竞争,争夺的是用户的不同场景,错位才会长得更快。

移动互联网时代,用户使用习惯碎片化,天然增加了很多消费场景。这与淘宝的主动搜索模式截然不同,拼多多更强调是熟人间的分享,来刺激用户购物欲望;长期看,用户的需求会被切割成不同的场景。

经调研发现,拼多多上有三类典型人群:

(1)从没有过网购经验的人群;

第4章 品牌定位

(2) 知道淘宝也在淘宝消费过,但未形成购买习惯的人群;

(3) 淘宝满足不了的人群。

目前,大家都在讲消费升级,觉得中产阶级越来越多了,对品质的要求也越来越高了。所以,天猫、京东等电商巨头都在摆脱低价形象,打造品质消费平台。

然而,实际的情况是中国的新中产阶级人数还太少,在三线以下城市,分布着中国55%的网民,他们大多是低收入人群,属于价格敏感型客户。正是这批被淘宝、京东"轻视"的三四五线城市"能用就行"的人群,给了拼多多机会。

根据极光大数据,截至2018年2月,拼多多在三线、四线城市的渗透率(分别为21.38%、35.34%)甚至超过手机淘宝(20.31%、31.50%)。拼多多的成长,是移动互联网第三波人口红利的必然结果。第三波人群主要来自三四五线城镇人口,数量有五六亿之多。

目前,拼多多的活跃用户数也达到3.44亿,超过了美国人口总数(3.27亿),市场份额约为5.2%,遥遥领先身后的追赶者。

拼多多的品牌定位其实就是从产品、市场、消费者、价格等各方面进行差异化定位,满足低收入人群,最终在早已是一片红海的电商中杀出了血路。

同样定位低端市场的还有快餐品牌"华莱士",从三四线城市和县城起家,凭借低廉的价格,门店数量已经突破1万家,还以"汉堡第一股"的身份成功在新三板挂牌上市;"正新鸡排"定位于休闲小吃市场,走大众化的消费路线,作为全国门店数量最多的连锁小吃,正新鸡排2016年曾做到70亿元的营收,与当时海底捞的全国营收差不多。

所以选择正确、精准的品牌定位,可以有效避开激烈的市场竞争,获得属于自己品牌的"一片蓝天"。

思考:

1. 请问与天猫、京东相比,拼多多的品牌定位有何不同。
2. 结合本案例,谈谈拼多多品牌定位的得失。

 课后思考题

1. 与传统的定位理论相比,DPM定位模型有何特点?
2. 品牌定位的战略战术层面考虑的因素有何不同?
3. 联系USP理论,谈谈你对品牌定位重要性的理解。
4. 在实操中,品牌定位的实施要经历哪些步骤?

第 5 章　品牌要素的设计

学完本章,你应该能够:
(1) 懂得品牌要素的构成与设计标准;
(2) 了解品牌命名的规律;
(3) 了解品牌视觉形象的设计。

品牌的命名　品牌的视觉设计

5.1 品牌要素概述

5.1.1 品牌要素的内涵

如前所述,品牌的构成要素有显性要素和隐性要素。显性要素有时也称为品牌认知,指的是那些用以标记和区分品牌的商标设计,它是品牌外在的、具象的东西,可直接给予消费者较强的感觉上的冲击。显性要素是在品牌资产建立之初,通过人为设计构筑的。隐性要素是内含于品牌之中、不可以被直接感觉的,它是在品牌资产的长期管理中与消费者互动的过程中形成的。本章讨论的是显性要素,主要包括品牌名称、标识与图标、标记、标志字、标志色、标志包装、广告曲。其中,品牌名称是品牌要素的核心;标识与图标、标记、标志字、标志色、标志包装可统称为视觉形象系统(Visual Identity,VI),是品牌要素中的主体部分。作为要素的主体部分,视觉形象系统是运用系统的、统一的视觉符号系统,对外传达企业的经营理念与形象信息,是企业最具有传播力和感染力的要素,它接触的层面是广泛、可快速而明确地达成认知与识别的目的。视觉形象系统将企业理念、文化特质、服务内容、企业规范等抽象语意转换为具体符号概念的同时,塑造出独特的企业形象。广告曲则是品牌要素中可变动的非必要部分,由于相当多的品牌在进行品牌要素的设计组合时都不考虑这个要素,本章对此也不做介绍。

品牌要素对于品牌资产的建设非常重要,在设计时应当从品牌战略的高度,考虑后期的传播推广与管理,致力于尽可能多地增加品牌资产,既要加强品牌意识,又要促成强大、有力和独特的品牌联想的形成。品牌要素的品牌资产创建能力表现于在花费较少的传播资源的情况下,能够建立起尽可能大的品牌知名度、良好的品牌形象和品牌联想。

5.1.2 品牌要素设计的标准

为了保证品牌要素的作用最大化,在设计品牌要素时需要遵循一定的标准。如表5-1所示。

从建立品牌资产的角度出发来进行品牌要素的选择,前两个标准——可记忆性和有含义性——称为品牌建立;后三者则是适应品牌长期维护管理的要求,在品牌延伸、品牌扩张时发挥作用,甚至在品牌保护时发挥作用。

表 5-1　品牌要素设计标准

可记忆性	容易识别 容易回忆
有含义性	描述性 说服性 趣味性 联想性
可转换性	产品级别内/间 地域和文化界限间
可适应性	灵活 可更新
可保护性	法律角度 竞争角度

5.1.2.1　可记忆性

建立品牌资产的一个必要条件,是形成高水准的品牌意识。为此,可选择那些有内在可记忆性的品牌要素,使得顾客在消费时很容易记忆和辨认。换言之,某些名字、符号、标识及类似因素的固有特征,即它们的文字内容、视觉形象等等,可以增强它们的可记忆性,进而提高品牌资产。例如,麦当劳的黄色"M"标识,既是"McDonald's"的首字母,其黄色的造型又富有趣味性,消费者很容易在店铺繁多的闹市区一眼认出它来。面临愈来愈激烈的企业间竞争,面临越来越同质化的产品和品牌,差异化的品牌要素能使本组织的产品、服务与其竞争对手区别开来,也能使本组织与其他组织区别开来。

5.1.2.2　有含义性

品牌要素除了有利于建立品牌意识外,其内在的含义同样可以加强品牌联想的形成。品牌要素可以涵盖各种方式,包括描述性的、说服性的等等。一个品牌要素含义中尤其重要的尺度或方面是:传递该大类别产品的一般信息或品牌属性的专门信息,以及品牌的益处。例如宝洁旗下的"飘柔""海飞丝",将洗发水的功能属性传递给消费者。

首先,从描述性的角度说,就是品牌要素在多大程度上反映了产品类别的一些信息,消费者在多大程度上能够根据某一品牌要素正确分辨相关的产品类别,品牌要素在产品类别中是否可信;换言之,品牌要素的内容是否与消费者期望看到的该类产品的品牌一致;其次,从说服性的角度讲,就是品牌要素在多大程度上显示了该品牌可能是某类产品的信息(如其主要特征或利益),它是否传递了产品成分或用户种类的某些信息。值得注意的是,虽说产品要素的含义最好与产品类别相关,但一个品牌要素带来的联想不是必须与产品有关的;品牌要素有时可以选择那些富有视觉和语言想象力的,且充满情趣的,这样即使不与产品类别直接关联,该品牌要素也有其独特的含义,让消费者对品牌产生独特的想法。

综合上述两点标准,我们可以看到一组可记忆和有含义的品牌要素有许多优点。顾客在决定购买哪个品牌时,往往不会去查看许多信息,因此,品牌要素要易辨认、易识别,带有描述性和说服力。此外,可记忆的或有意义的品牌名称、标识、图标等,要能够减少为建立品牌意识、品牌联想而进行营销宣传的成本。尤其当消费者没有在其他地方产生品牌联想时,源于各品牌要素的不同联想就在品牌资产中占有重要地位。一般而言,产品的好处越不具体,品牌名称和其他品牌要素获得品牌抽象因素的创造潜力往往就越大。

5.1.2.3 可转换性

品牌要素的可转换性是指产品种类和地域两个层面。首先是,品牌要素能够在多大程度上增加新产品的品牌资产,无论这种品牌要素是在产品级别内还是在产品级别间引进的。换言之,品牌要素对产品线和产品种类的延伸能起多大作用,如何在相同或不同的种类中利用原有的品牌要素引进新的产品。例如,"娃哈哈"这个品牌名称,具有典型的以儿童为目标市场的特点,更适合在与儿童相关的产品大类中进行延伸。

其次是,品牌要素能够在多大程度上增加地域间和细分市场间的品牌资产。尤其是,品牌进入到一个有着不同地域文化内涵的市场,品牌要素是否能够顺利转换为当地消费者所接受的品牌要素。这不仅仅涉及品牌要素本身的设计,而且跟品牌转换时的翻译水准有很大关系。以下是成功地进行文化间转换的品牌,主要体现在从西方向中国市场的转换。

(1) 麦当劳,英文名称是"McDonald's",它是由店主人名字的所有格形成。西方人习惯以姓氏给公司命名,像爱迪生公司(General Electric Company)、华尔特·迪士尼公司(The Walt Disney Company)、福特公司(Ford Motor Company)。但是华人通常喜欢以喜庆、兴隆、吉祥、新颖的词汇给店铺命名,如"百盛""大润发""好来顺""全聚德"等等。McDonald 是个小人物,他比不上爱迪生,人家是世界闻名的大科学家,也不如迪士尼,因为迪士尼成了"卡通世界"的代名词,所以如果老老实实地把"McDonald's"译成"麦克唐纳的店",就过于平淡,而"麦当劳"就非常成功:首先,它大致保留了原发音;第二,它体现了食品店的性质;第三,它似乎蕴涵着"要吃麦就应当劳动"的教育意义;最后,这个风格既"中"又"洋",符合华人的口味。

(2) 再如"可口可乐",原来的英文名称是"Coca-Cola"。Coca 和 Cola 是两种植物的名字,音译为古柯树和可乐树,古柯树的叶子和可乐树的籽是该饮品的原材料,古柯叶里面含有古柯碱,也叫可卡因(有时用作局部麻醉药,尤其用于眼睛、鼻子或喉咙,还因其兴奋性和刺激性而常常被用于制造毒品)。这样枯燥乏味甚至有点可怕的名字被绝妙地翻译成"可口可乐",可以说是 Coca-Cola 公司的化腐朽为神奇的一笔。"可口可乐"译名的成功之处在于:①保留了原文押头韵的响亮发音;②完全抛弃了原文的意思,而是从喝饮料的感受和好处上打攻心战,手段高明;③这种饮品的味道并非人人喜欢,很多人甚至觉得它像中药,但它却自称"可口",而且喝了以后还让人开心。善于进行自我表扬,讨好大众。

(3) 再例如,将 BenZ 中文翻译为"奔驰",既能很好地契合原有外文的发音,又能突出企业产品的特点,让消费者联想到动力强劲,质量上乘,形成了良好的品牌资产。

精妙的品牌名翻译例子当然不止上述三个,读者可以自行搜索资料后进行总结。

5.1.2.4 可适应性

品牌要素的可适应性是指品牌要素在一段时间内的适应性。因为消费者的价值观发生了变化,或者说,为了跟上潮流的需求,品牌要素必须在一段时间之后更新一下。品牌要素越是具有可塑性,它的更新也就越容易。例如,可以对标识做一次新设计,使它看上去更具现代感。例如,2003 年 2 月,可口可乐在中国市场首次更换中文标识——传统的中文字体被弯曲流畅的斯宾塞中文字体所取代,使可口可乐的标识更具现代感与时尚感。又如宝马于 2020 年初更换了整个品牌的标识,变得更简洁,主要是为了在保留宝马原有品牌文化和内涵的同时,适应日渐成为消费主体的年轻用户群体的喜好,让品牌变得更加开放和亲和。

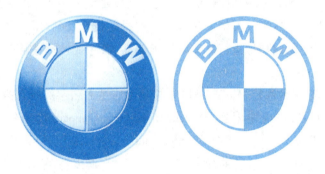

图 5-1　宝马 1997 年选用的品牌标识(左)与 2020 年更换后的品牌标识

(资料来源:根据公开资料整理)

5.1.2.5 可保护性

品牌要素的可保护性是指品牌要素的可保护程度。这可以从法律和竞争两个角度去理解。

从法律角度看,以下几点非常重要:

(1) 选择可在国际范围内被保护的品牌要素;

(2) 向适当的法律机构正式注册;

(3) 积极防止商标遭受其他未授权的竞争侵害。

2003 年 4 月 28 日,联想放弃已有 15 年历史的"Legend"标志,更换英文标识为

"Lenovo"。当时联想品牌价值应在 400 亿元左右,之所以"忍痛割爱",就是出于法律保护的考虑。因为"Legend"英文标识在国外至少已被十几家公司注册,如果沿用原有的"Legend",联想的国际化品牌推广势必遭遇障碍。联想担心出现法律纠纷等不良事件而更换了自己的品牌名,有的企业则是因为触犯了法律被勒令禁止使用当前品牌名,强行中断原品牌名的使用会给公司经营带来不好的影响。例如 2012 年,广药集团控诉加多宝母公司鸿道集团成功,原红罐"王老吉"被迫更名为"加多宝",使得正处于发展坦途的加多宝母公司需要投入大量资金对新品牌名进行营销宣传。

与此紧密相关的一点是品牌要素能在多大程度上受到竞争保护。即使一个品牌要素可以受到法律保护,竞争行为仍可能夺走不少品牌要素本身所提供的品牌资产。如果名称或包装很容易被模仿,该品牌就失去了许多独特性。例如,在冰啤酒类产品中,尽管莫尔逊(Molson)冰啤酒是最早的进入者之一,但自从米勒(Miller)冰啤酒和百威(Budweiser)冰啤酒进入后,它的优势很快就消失了。所以,很重要的一点是:要尽可能地降低竞争者仿制自己品牌的可能性,因为对手一般会利用现有品牌中显著的前缀、后缀或模仿包装。

品牌名称也许是所有品牌要素中最核心的内容。说得理想一点,一个品牌名称应该做到记忆方便,对产品类别及特质、优点等有定位性的说明,要有趣味,富有创造力,易于向更广泛的产品种类和地域背景转换,含义持久,在法律和竞争上都能获得强有力的保护。

5.2 品牌的命名

5.2.1 品牌命名的产生及其意义

5.2.1.1 品牌命名的历史由来

品牌被用来区分不同生产者的产品已由来已久。实际上,英语"品牌"(Brand)一词源于古挪威语的"Brandr",意思是"打上烙印"。人们在牛身上打上烙印,以表示对该牛的所有权。手工业者往往会在重要的产品上打上标记,以证明出处。在美国,最早期的品牌使用者是专门卖药的生产商。在中国,北宋时期,济南刘家功夫针铺"白兔"标记的工夫细针,可以说是中国史书记载最早的"品牌"。

品牌是经济发展的产物,是在市场经济中孕育而成的。在自给自足的自然经济时期,单一的商品交换以满足自我需求为目的,频繁的商品交换刺激了商品经济的发展,促使了名优产品的出现,但过于分散的手工作坊还无力打造自己的品牌。

据考证,品牌的真正出现是在 19 世纪中期,当时世界范围内先进资本主义国家正向垄断市场过渡,市场经济逐步趋向发达和成熟,火车和各式高效的新式交通系统又促进了爆炸式的经济发展,需要通过品牌来区分不同企业生产的产品。

5.2.1.2 品牌命名的意义

一提到"奔驰",人们就联想到德国产的小汽车;一提到"富士",人们就联想起日本胶卷;一提到"可口可乐",人们就联想到美国的碳酸饮料。由此可见,品牌名称是品牌的代表,是品牌的灵魂,体现了品牌的个性和特色。

好的品牌不仅可以引起消费者的独特联想,还可以准确反映产品的特点,有强烈冲击力,刺激消费者的消费心理,增强消费者的购买欲望。对于企业而言,好的品牌命名还可以提高自己和产品的形象。美国可口可乐公司的一位经理曾说,即使可口可乐的工厂在一夜之间化为灰烬,仅凭"可口可乐"这块商标,它就可以东山再起。可见,对企业来讲,拥有名牌商标,就有了企业发展和依托的保证。在现代社会,品牌的用途已远远超过早期的"识别范畴",经济的发展赋予了它新的含义,它已逐渐成为消费者与商家沟通情感的纽带,成为增强产品竞争能力的重要手段。

总的来说,企业的品牌名称是品牌的核心要素,是形成品牌概念的基础,影响消费者的识别。同时也是品牌资产的重要组成,在一定程度上影响品牌资产的形成速度与规模,影响消费者的购买。

5.2.2 品牌命名的规则

5.2.2.1 简洁醒目,与众不同

据日本《产经新闻》调查,品牌名称的字数对品牌认知有一定的影响,品牌名称越短越有利于传播;越简化的品牌,消费者的信息认知度越高。心理学家也曾做过试验,认为人们接收到的外界信息中,83%的印象通过眼睛,11%借助听觉,3.5%依赖触摸,其余的源于味觉和嗅觉。由此不难发现世界上许多著名的品牌都很简洁醒目,容易引起消费者注意,同时进一步体会时又会发现其与众不同。有学者指出外国品牌名称讲究词语简短和发音响亮,英语品牌名称往往只有两三个音节,且常以"K""P""C""B""D""G"等字母开头,如 Kraft(卡夫)、Keebler(奇宝)、Parker(派克)、Ploaroid(宝丽金)、Pepsi(百事)、Philips(飞利浦)、Compaq(康柏)、Corning(科宁)、Crest(佳洁士)、Bass(巴斯)、Budweiser(百威)、Bacardi(百加得)、Dole(都乐)、Danone(达能)、Disney(迪士尼)、Gujnnen(吉尼斯)、Gatorade(佳得乐)、Gerber(嘉宝)。这些外国品牌从语音的角度很符合人们的习惯,易读易记。而汉字品牌名称一般以两个字或三个字为宜,这符合国人习惯,许多品牌,如联想、长城、海尔、科龙、东方红等音韵协调,有的铿锵有力,有的柔和悦耳,容易记忆和流传。

中国联通是消费者十分熟知的通信运营商品牌,其全称为中国联合网络通信集团有

限公司,但是该品牌选择了向消费者展现更为精简的表达,即"中国联通",这使得品牌名称变的得容易记忆且朗朗上口。中国联通的商标图形虽然十分简洁但是却蕴含丰富的内容,红色的色调给予消费者更多的亲和感。类似中国结的构造是基于"箭头""爱心"和"无限"这三个基本符号来构成:箭头寓意前进、突破,表达联通对未来发展的态度;爱心寓意用心、责任,表达联通与人、与社会的关系;无限寓意协力、同行,表达创造无限可能的能力。三个符号的有机融合也巧妙地融入了心心相通的图形写意。另外,英文品牌名称"China Unicom"中的两个红色的"i"采取上下相连的形式,寓意沟通。"i"的发音近似于汉语中的"爱",这充分阐述了心心相连、息息相通的品牌理念。"i"在英文中也代表着"我""信息"的含义,这也表达了中国联通以客户为中心以及向客户提供一体化的通信与信息服务的品牌营销理念。由此可见,中国联通的品牌标识虽然十分简洁,但是红色的主色调却显得十分醒目,而简单的品牌标识背后,有着十分丰富的内在含义和品牌理念的体现,这就使得中国联通这一品牌显得更加与众不同。

美国的"克宁"奶粉,采用"KLIM"作为品牌,我们不难看出这是英文牛奶(milk),倒序写成的,这个品牌构思巧妙,与众不同,已成为品牌命名上的一个经典案例。"温暖全世界"的"鄂尔多斯"(Erdos)品牌也有其构思独到的一面,"鄂尔多斯"是蒙古语,原指黄河"几"字弯以南的大陆草原,是上好的山羊绒产地,"Erdos"作为其译名,不仅体现了其中文名的寓意,又较符合中国人的语感,易打入国际市场。

5.2.2.2 注重文化意蕴

富有文化意蕴的品牌一方面能体现企业的精神面貌,鼓舞员工士气,另一方面能容易赢得消费者的好感,继而取得赞同和认可。例如"同仁堂"蕴含"同修仁德"之意,"海尔"蕴含"海尔是海","海之胸怀"之意,"沱牌"蕴含"沱家酿美酒,牌名誉千秋"之意,"科龙"蕴含"科学巨龙"之意,这些有着丰厚文化意蕴的品牌,无论是对内,还是对外,都会产生强大的感召力和激发力[1]。

而且,品牌命名应该给人一种吉祥如意的感觉,尤其是在中国,由于传统观念根深蒂固,人们都有"讨口彩"的心理,如果品牌名称有吉祥喜庆、富贵如意等内涵,就容易赢得人们的好感和喜爱。因此在我们周围这种命名方式被广泛使用,如"常乐""红双喜""喜临门""凤凰""麒麟""鸳鸯""永久""一枝花"等。又如,"金利来"的开创者曾宪梓立志要为中国人创造一个中国名牌。起先,他为产品取名为"金狮",意思为"东方睡狮的觉醒和奋起",可是广东话"狮"与"输"字发音很相近,喜欢搓麻将又很迷信的香港人难以接受,经过反复推敲,决定用"金狮"的英文"Gold Lion"为名,Gold 意为"黄金",Lion 为"狮子",Lion 的读音还类似粤语"利来",合起来便成了"金利来"。于是,"金利来"以富有人性的品牌设计展现在人们面前,从而在打开商品销路、占据市场的竞争中取得了优势。另外

---

[1] 余以游.CIS 的名牌战略的王牌[M].武汉:武汉大学出版社,1999:260.

在中国,九是最大至尊的数字,大气且因与"久"谐音,给人"天、地、人长久"的感觉,这便体现出三九胃泰取名的用意,此外因其产品的主要成分是三叉苦和九里香,取两味中药的字头,便是"三九"。不仅如此,太平洋保险、平安保险等大企业也运用此种命名方法。

5.2.2.3 传神独特,不落俗套

中文方块字若运用适当,会给人丰富的联想,激发消费者的购买欲望,名称作为商品给消费者的直观印象,它的独特性更有助于品牌营销和占领市场,如我国的"春兰"品牌空调,就给人美好温馨的联想,春天是温暖的,兰花是清香的。每个人都向往温暖的清馨的家庭环境,再加上配音"只要你拥有春兰空调,春天就永远陪伴着你",引起了不少消费者对春兰品牌的亲切感,使其成为自己的首选品牌。

品牌名称若不落俗套,很有特色,自然会使顾客一目了然,过目不忘,细细体味,若消费者又能从中得到愉快的联想,那将是一段令人非常愉快的接受过程。如世界名牌轿车——德国大众汽车公司生产的桑塔纳(Santana)小轿车。桑塔纳原是美国加利福尼亚的一座山谷的名称,该地因盛产名贵的葡萄而闻名于世。在此山谷中,还经常刮起一股强劲的旋风,当地人称这种旋风为"桑塔纳"。该公司遂以"桑塔纳"为新型轿车命名,使消费者联想到此轿车会像桑塔纳旋风一样风靡全球[①]。又如上海霞飞日用化工厂在建厂伊始,就对产品品牌名称做了精心设计,命名为"霞飞",寓意该厂产品将如同红日东升,当代中国的化工业能像朝霞一样,洒满人间的都是光和热,功夫不负有心人,今天的"霞飞"已在广大消费者心目中树立了良好的信誉。又如中国老字号"六必居",命名取其制作过程中的六项必备步骤,以保证产品的质量,此"六必"就是指:黍稻必齐、曲蘖必实、湛之必洁、陶瓷必良、火候必得、水泉必香。再如"联想"用于电脑,恰当地表达了产品领先于未来的高科技特性以及其发展空间的无限性。

品牌命名贵在标新立异,不落俗套,有独特的个性与风格,不与其他品牌名称相混淆,这样有利于发挥品牌独到的魅力,给消费者鲜明的印象和感受,经久难忘,要做到这一点并非易事,命名折射出企业的文化内涵,优良的企业文化,可以烘焙出与众不同的品牌。

5.2.2.4 赋予寓意

品牌名称是商家将利益认知转化为情感认知的窗口,品牌寓意突出体现企业对消费者的告知,这种命名方式使品牌在情感上与消费者拉近了距离,有利于市场销售。

江苏红豆集团是一家由乡镇企业发展起来的集团公司。这家公司将自己生产的西服命名为"红豆"牌,原因在于"红豆"在我国人心目中是一种纯洁美好的情感象征物,"红豆"是 the seed of love(爱的种子),提起它,人们便会想起唐代大诗人王维的千古绝句,青

---

① 祝合良.畅销商品探秘[M].北京:石油工业出版社,2000:182.

年人用红豆制衣相赠表达高尚的爱情,中年人以此相赠表达思念之情,老年人将红豆制衣珍藏起来寄托对各自的相思之情,海外华人把它当作对故国、故土、故乡、故人的思念[①]。"红豆"命名富蕴了中国传统文化内涵,情意浓重。

杭州娃哈哈食品集团的取名也是成功的范例之一。从押韵角度看,三个字的韵母都是"a","a"是婴儿最易上口,易于模仿的音,而"哈哈"又是笑声,能立即引起婴儿的好感,其次它又很好地体现了服务于儿童、增强儿童体质的内涵,再配上"喝了'娃哈哈',吃饭就是香!"或"妈妈,我要喝'娃哈哈'!"的广告语,确实是实在、明确。

再举一个例子,北京著名烤鸭店"全聚德",如果只是粗略地看整个名字并无特别意义,但拆开看单个的字,都有很好的寓意,周总理曾解释为"全而无缺、聚而不散、仁德至上"。如此富含中国传统内涵的品牌名称给予了品牌深厚的文化底蕴,激起人们对该品牌的敬意。

中国文字富有深刻的内涵和底蕴,一个好名字可以具有含蓄和隽永的寓意,给人美感及联想,这对美化品牌形象,促进市场销售大有益处。

5.2.2.5 揭示功效,激发好感

设计能揭示产品功效的品牌名称的例子很多,从药类到日用品和饮料业,由感康、快胃片、皮炎平到宝洁公司的海飞丝、飘柔,再到饮料业的可口可乐和百事可乐。20世纪20年代,可口可乐进入中国市场时,用的名称为"Kou-ke-kou-la"(原英文名称的音译),不巧,这个发音在汉语中可以是"口渴口蜡"或者"口啃口蜡"[②]。"可口可乐"这一中文译名恰到好处地体现出这一可口的味道以及快乐。百事可乐,从侧面体现出其作为饮料的可口感,而从国人的习俗来说,还带有良好祝愿的意味。

5.2.2.6 追溯历史,弘扬传统

中国悠悠5 000多年文明,造就了浓厚底蕴的传统文化,如注重道德修养,注重亲情友情,热爱国家,推崇民族英雄等。若能在品牌命名中融入这些优秀的传统文化,必将大大提高公众对品牌的认同感和亲和力。如"友谊""英雄""大中华""孔府家酒""长城"等。

这其中,山西杏花村酿酒公司大力挖掘本品牌的历史文化纵深内涵,利用唐代大诗人杜牧的名篇《清明》中的"借问酒家何处有,牧童遥指杏花村"这句脍炙人口的诗句,把汾酒定位于中国悠久的酒文化的代表而四海扬名。再者如河南的"杜康酒",以我国酿酒鼻祖杜康的名字命名,人们喝了"杜康"就很自然地与曹操的"何以解忧,唯有杜康"的名诗句联系起来。

---

① 余明阳,梁锦瑞,吉赞锋,等.名牌的奥秘[M].武汉:武汉大学出版社,1999:115.
② 康波拉尔.亚洲品牌之路[M].吴勇,江峰,译.上海:上海交通大学出版社,2001:22.

这种挖掘历史宝藏,弘扬民族文化的命名方式在现代经济生活中可以产生不俗的轰动效应,从而提高产品的知名度,同时最重要的是在这一过程中让文化融入了品牌之中,做到这一点并不那么容易。

5.2.2.7 明确对象,引导消费

有的企业在产品命名中已有了服务定位。因为任何产品都有既定的目标顾客,如果品牌能同顾客有适当的联系,就可以让人们明确知道品牌的消费主体,从而提升品牌的信息传递效果,起到引导消费的作用,也更加贴近消费者。如"娃哈哈""一休""强生""小白兔"是以儿童为消费主体;"麒麟""夕阳红"是以老年人为消费主体;"七匹狼""金利来""卓夫""雅戈尔"是以男士为消费主体;"蒙妮莎""妮维雅""雅芳""玉兰油"是以女士为消费主体。

5.2.2.8 与品牌标志协调呼应

无论是先有品牌名称还是先有品牌标志,两者都要协调,都要能很好地体现出企业的文化理念,若两者能相得益彰,那就更能提高品牌在市场上的战斗力,吸引消费群。

走入千家万户的品牌雀巢(Nestle)是瑞士学者型食品技术人员亨利·内斯特(Henri Nestle)发明的育儿用乳制品(把果糖和营养剂加入奶粉中)的品牌。由于 Nestle 的英文含义是"舒适地坐定""依偎"的意思,像小鸟在鸟窝里一样安详和受到良好照顾一样,再加上"雀巢"的品牌标志是鸟巢的图案,极易使人联想到嗷嗷待哺的婴儿,充满慈爱的母亲和健康营养的雀巢产品。

品牌与品标的呼应可以起到出人意料的效果。四川沱牌集团是一家以酒业为支柱的科工贸金融一体化跨行业、跨地区、多层次、多元化的大型企业集团。从 1996 年底起导入余明阳 CIS(Corporate Identity System,企业形象设计)专家团设计的沱牌集团标志。"沱牌"这一别致的名字,出自一个美丽的传说。那就是勤奋智慧的沱郎与美丽善良的柳妹,汲取清澈甘甜的沱泉,遴选出硕美灿然的黍稷,酿成千里飘香的沱牌佳酿[①]。余明阳 CIS 专家团在企业理念系统的调查基础上,设计出个性鲜明的创意,含义丰富,适应沱牌形象定位并为沱牌专用的企业新标志,标准中文字型,标准英文字型,象征图形及规范组合。沱牌集团标志就很好地体现了集团的主题理念口号:"回旋天地,润泽人间",有力地将企业文化注入品牌中,升华了产品的形象。

5.2.2.9 讲究品牌命名的国际性

通常有两种情况,一种是该品牌很独特可以通行全世界,如美国的可口可乐(Coca-Cola)、日本的松下(Panasonic)、中国的海尔(Haier)等。另一种是为了将产品打入国际市

---

① 沱牌集团 CIS 宣言[N].四川日报,1997-10-29.

场,根据不同国家和民族的具体情况,适当加以改变。这一点,欧美国家的品牌在中国的运营颇为成功。如法国"Brandy"译成"白兰地",使人联想到"洁白兰花盛开之地",诱使人们去向往和追求,进而愿意购买这种富有诗情画意使人联想到酒味醇美的白兰地酒。再如奔驰(Benz)、雅芳(Avon)、高露洁(Colgate)、百威(Budweiser)、佳得乐(Gatorade)、都乐(Dole),汉化的名称升华了品牌的内涵,使品牌更具魅力。一些著名的品牌也是通过国际化的名字大大影响了消费者的看法,从而提高产品知名度,打开销路的。现在被誉为"国际奢侈品牌和皮革专家"的波尼亚(Bonia)就是通过设计国际化名称大大影响消费者看法的典型例子。意大利这个国家最能让人联想到时髦皮革制的服饰,波尼亚(Bonia)听起来像是个意大利的名字,而且这个品牌恰好用于这类产品,但是,实际上它是一个马来西亚品牌。帕蒂尼(Padini)服饰也获得了极大的成功,它像是一个意大利名字,但实际上它也是个新加坡品牌。佐丹奴(Giordano)也是个意大利名字,它在国际上获得了极大的成功,而实际上它源于中国香港。Minere是个矿泉水的品牌,听起来像个法国名字,而且在包装上还有法文,但是这个品牌是泰国的。例子,还有2006年开设第一家门店的快时尚品牌Urban Revivo,从品牌名字上看似乎是一个洋快时尚品牌,吸引了不少消费者的关注,实则这是一个中国广州的本土品牌。

5.2.3 品牌命名的步骤

(1) 通常,品牌命名的第一步是按照前面提到的品牌要素选择的五项标准,考虑行业特色,该品牌在公司品牌架构中的地位与角色,以及该品牌如何与其他品牌和产品相联系,定下品牌命名的方向。

(2) 有了命名品牌的战略方向后,第二步就是尽可能多地创造出名字和概念。任何可能的名称来源都不妨尝试一下:公司经理、员工、现有的及潜在的客户(必要的话,还可包括零售商和供应商)、广告代理、专业的品牌顾问、专门的电脑命名公司,等等。在这个步骤中,可以获得几十、几百甚至几千个名字。

(3) 将这些名称按照第一步所定义的命名目标和营销要素,连同一般的感觉一起进行筛选,得到一个操作性较强的名录。例如,福马公司是这样筛选的:①删除含有不必要的双重含义的名称;②删除比较难读、已被使用或者与已有名称过于接近的名称;③删除明显会引起法律纠纷的名称;④删除与产品定位有明显冲突的名称。

此后,福马公司又与管理层和营销伙伴展开深入的评估讨论,进一步精简了备选清单。同时进行了"粗线条"的法律检验,剔除一些在法律上可能有问题的候选名称。

(4) 第四步,对最后剩下的五个或十个左右的名称收集更广泛的信息。在投入大笔资金进行消费者调研之前,建议先做一个全面的国际法律研究。因为关系到成本,调研有时须按次序进行。检查一下那些已在一些国家通过法律筛选程序的名称,看看它们在新的国家是否会引起法律争端。

然后进行消费者测试。消费者调研的目的,是验证管理层对该名称的可记忆性和有意义性是否符合预期。消费者测试可以采取各种形式。许多公司都试图推行品牌营销计划,尽可能地刺激消费者的购买欲望。因此,厂家会向消费者展示产品及其包装、价格或促销手段,使消费者领悟品牌名称的含义及产品的使用方法。同时还可展示真实的三维包装、生动的广告等等。要根据涉及的目标市场,调查多种样本的消费者(如存在地区差异或民族差异的消费者)。

（5）品牌名称的持续公开效应。设计品牌名称的书面形式,也就是品牌名称的视觉形象设计,要考虑到和品牌其他要素的协调统一。

（6）最后,基于以上收集的所有信息,管理层就能确定使公司实现营销目标的品牌名称,而后正式登记该名称。

5.2.4 品牌命名的划分

5.2.4.1 按照品牌的文字类划分

1) 文字型品牌

文字型品牌即品牌完全由文字的组合来命名。这种品牌命名方式最为常见,例如在国际市场上颇有竞争力的中国品牌:海尔和长虹,以及全聚德、六必居、荣宝斋、西泠印社等一些中国的老字号。

在外国品牌中,著名的有擅长以第一个大写字母 H 为图标来刺激人们视觉的本田(Honda)。四个连接在一起的圆环给人以快感,同时也使人联想起四只车轮的奥迪(Audi)。IT 行业中的微软(Microsoft)和日本家电巨头东芝(Toshiba),还有玛氏(Mars)公司最强有力的国际品牌之一,都是这种文字型品牌的代表。

2) 数字型品牌

数字型品牌,即品牌名完全由数字或数字较多的组合来命名。因为阿拉伯数字通行全球,所以这种品牌很简洁、醒目、易读、易记,容易给人留下深刻的印象。例如,999 感冒灵、555 牌香烟、361 度运动、58 同城、566 洗发精等。

5.2.4.2 按照品牌名称的出处划分

1) 人名品牌

以人物姓名作为商品品牌名称时,大多选用创业者、设计者或名人姓名来命名,选择不同的人物命名,反映不同的意义。例如,宝洁公司(P&G)是 1837 年由威廉·宝特(Willian Procter)和詹姆斯·洁保(Games Gamble)创建的,取这两位功臣的"P"和"G"作为品牌,十分有纪念意义。还有著名的李维斯(Levi's)牛仔裤以创业者也是设计者李维·斯特劳斯(Levi Strauss)的名字命名。再如,以汽车发明人本茨(BENZ)先生的名字命名的"奔驰"(BENZ);以我国著名的体操运动员李宁的名字命名的"李宁"品牌。

在世界畅销商品中,以人物姓名作为商品品牌的名称占相当大的比重,几乎涉及各类产品,如酒类中有轩尼诗、马爹利;食品中有雀巢、麦当劳;电子产品中有王安;汽车产品中有福特、丰田、劳斯莱斯;服装产品中有皮尔·卡丹、李维斯、香奈儿;化妆品中有郑明明、羽西、丁家宜等。

2) 动植物名品牌

以动植物命名的品牌很多,但真正成为世界级著名品牌的的确不多,这可能与各国居民对动植物的熟悉度与爱好程度有关,所以运用这种品牌命名方式的企业想让产品在世界范围内畅销不太容易。但要想在地区内畅销,这种命名却不失为一种行之有效的方法。以动物命名的品牌有金狮、金鹿、熊猫、白兔、孔雀、斑马、鳄鱼(Crocodile)、蝴蝶。以植物名称作为品牌的有梅花、椰树、牡丹、菊花、兰花、苹果等,其中的苹果牌服装和鳄鱼(Crocodile)牌服装已算是此类品牌中的胜出者。

3) 地名品牌

即以产品的出产地或所在地的山川湖泊名胜名称为品牌名称。如科涅克(干邑)是法国地点名称,现成为法国多家著名白兰地通用品牌。香槟是法国北部的一个地区名,因盛产美味的葡萄酒,香槟已成为该地区诸多葡萄酒的通用品牌。再如我国啤酒业中的老大"青岛啤酒""哈尔滨啤酒"、"重庆啤酒"和"燕京啤酒"也采用此种命名方式,此外,"黄果树""香山""太阳岛""富士""古越龙山""天山""西藏"都在此列。

4) 联想名称

此类名称中有的以企业名称或功能名称的缩写词来命名,这种方法的好处是简单易记、特色鲜明,尤其能根据词性联想到一些对品质服务正面评价的含义,这种方法在电子类产品中运用较多。例如,国际商用机器公司(International Business Machine),简称为"IBM",充分表现了IBM的经营哲学、品质感和时代感,成为"前卫、科技、智慧"的代名词。汽车品牌宝马(BMW)是(Bayerische Motoren Werke,巴伐利亚发动机制造厂)的缩写,美国通用电气公司(GE)是(General Electronic)的缩写。另外,索尼公司(Sony)在50年代初原名为东京通信工业株式会社,但译成英文很笨拙,其创始人井深大和、盛田昭夫发现拉丁语中"Sonus"(声音)一词与产品功能比较接近,且有潮流感,而且当时日本"Sunny boy(可爱的少年或阳光男孩)"很流行,所以采"Sony"作为品牌。壳牌的创始人是靠制作饰有贝壳的纪念品发家的,所以以"Shell"命名。美国新泽西标准石油(Standard Oil of New Jersey)组织心理学、社会学、语音学、统计学专家用了6年花了12亿美元调查了55个国家和地区的风俗习惯,最后定名埃克森(EXXON),堪称世界上最昂贵的品牌。

5.2.4.3 按照品牌的特性划分

1) 功能性品牌

细细观察我们周围许多产品是以其本身功能、效用、成分、用途来命名的。很多药品采用了功能明示的命名方法,如肠虫清、感冒灵、胃泰、泻立停、六必治等。但在世界品牌中鲜见这种药品类品牌。其他如"冷酸灵""背背佳"等品牌也只在区域销售中有过佳绩。还有一些产品命名是通过含蓄的手法,命名中隐藏了产品功效,对消费者选择该产品起到了暗示的功效,这类产品多见于洗涤、卫生类产品和食品、饮料行业中。可口可乐暗示饮料可口宜人,百事可口暗示饮料令人惬意,"健力宝"使人联想起健康饮品的功效。在洗涤领域使用这一命名方式的典型是宝洁公司(P&G),其推出的许多品牌皆有暗示功效的特点,如舒肤佳香皂、佳洁士牙膏、汰渍洗衣粉、海飞丝洗发水等。

2) 效果性品牌

企业以此种方式给产品命名,实际上是向消费者传递产品在某方面具有很强的满足能力的价值信息,以期待在消费者心目中留下深刻的印象,如针织行业的名牌"宜而爽",化妆品"益肤霜",当消费者第一次结识这个品牌时就对这类价值信息有了一定的印象,继而做出选择。

3) 情感性品牌

消费者在对品牌的认知过程中,往往会对情感属性较强的品牌产生好感,有时还会产生共鸣。因此消费者在购买产品的功能利益的同时,也购买了产品带来的情感属性。如"乐百氏"愿将欢乐随产品送给千家万户,"万家乐"让千家万户快乐。有的品牌不会产生直接的亲和力,但能使人受启发,产生美妙的联想。如"美加净"护手霜让人想起南方秀美的城市、湛蓝的天空和一双轻柔的手,女孩子便有可能不知不觉地把自己纳入这一幅美景中,变成那双手的主人。此外,麦当劳的质量和服务也与"舒适、开心、快乐"联系在一起,"和路雪"的富有人情味的红黄搭配的"双心"标识,衬托出这个品牌的温暖亲切。这种品牌都不知不觉地成了企业与消费者的情感纽带。

5.2.5 品牌命名误区

5.2.5.1 抄袭雷同

产品的品牌名贵在创新独特,忌模仿和抄袭。看到别人品牌有了一个好名字,也跟着模仿,必然失去个性,也为消费者所厌恶,自然创不出品牌。市场上这样的情况很多,"森达"成名后,便有了"淼达";"五粮液"之后,便有了"五粮液"。这种例子不胜枚举,当然,后者都成不了名牌。据统计我国以"熊猫"命名的产品有311家,以"海燕"命名的有193家,以"天鹅"命名的有175家,但出名的都很少。

如果说前者只是失去商品独特的魅力和个性,那么后面这个例子所阐述的危害性将更大。固特异(Goodyear)和百路驰(Goodrich)是两家生产同类产品的美国企业。固特异(Goodyear)总部在美国俄亥俄州的阿克伦,曾以215万元购买我国呼和浩特轮胎厂的鹰牌轮胎商标。同在阿克伦的百路驰(Goodrich)的创始人是本杰明·富兰克林·古德里奇

(Benjamin Franklin Goodrich),后者在规模和知名度上都优于前者。虽然古德里奇是美国第一家推出"钢丝辐射层轮胎"的公司,然而,几年之后,当问及购买者,哪家制造钢丝辐射层轮胎时,竟有56%的人回答是未曾为内销市场制造此种轮胎的固特异(Goodyear),44%的回答是百路驰(Goodrich),所以阿克伦城里的人说"百路驰发明它,固特异销售它"。此种为他人作嫁衣的商场案例岂不让人觉得事态严重?因此,名字的设计必须具有独特性和难模仿性。

5.2.5.2 与地域文化相冲突

随着国际经济交往的日益频繁,许多产品在命名时就不仅只考虑适应本国销售状况,还要考虑将产品打入国际市场,适应国际市场以及享誉国际市场。要做到这三步就要对出口国家的风土人情有所了解,避免与当地文化相冲突,闹笑话且不提,严重的还会造成不必要的经济损失。

全世界最大的汽车制造商——美国通用汽车公司,因其一个叫"诺瓦"(Nova)的品牌在西班牙语中是"不走"或"走不动"的意思而在说西班牙语的国家销售受阻,后改为拉美人较喜欢的"加勒比"(Caribe)才打开市场。

我国有许多品牌在国内畅销,可出口销售却有很大问题,主要原因在于品牌命名没有考虑到文化差异。例如,在我国一直被看好的"白象"电池,从外表包装质量都无可挑剔,但"白象"在英文中比喻为沉重而累赘的东西,所以在国外就无人问津。又如,菊花在我国是一种典雅的花卉,我国以菊花命名的产品很多,但这一命名产品如果出口至法国和拉美等国,必会滞销,因为拉丁美洲视菊花为妖花,法国人则视菊花为不祥之物。仙鹤在我国和日本被视为长寿的象征,而在法国则被视为蠢汉和淫妇的代表。在中国人眼里,山羊象征着快捷与灵敏,而在英国,"Goat"(山羊)这个词则是人见人烦,因为它被喻为"不正经的男人""淫乱的人""恶人"等,有谁会购买山羊牌产品呢?国产品牌不符合当地的文化价值观念,被拒绝是必然的。因此,产品要想进入新市场,必先要入乡随俗,使产品有个适应当地文化环境并被消费者接受的名称。

5.2.5.3 缺乏美感

我们曾经提到过品牌命名要新颖、要有创新,要别具一格,但一味追求独特创新,缺乏美感的名字,甚至取"怪名",哗众取宠,不仅不文明,严重了还会损害企业形象,违反商标法,且很难给公众留下良好印象。我国部分企业在品牌命名中过分求异走向极端,致使品牌格调低下甚至过于粗俗,什么"刘文彩"豆腐、"南霸天"酒楼、"魔鬼"酒家、"18层地狱"商店、"小老婆"馅饼、"二房"佳酿、"猫不闻"速冻水饺等,这些品牌名称不仅没有起到标新立异的效果,反而让消费者心生反感。说到这里,有人可能会不理解,"王麻子""狗不理"这样的名字怎么也已流传至今呢?是因为"王麻子""狗不理"这样的牌子是时代的产物,与当时文化一致,不同的时代有着不同的审美观念和审美准则,人们的审美与所处的时代是密切相关的,已打上了一个时代的烙印。因此,名字的设计必须从当今的审美标准出发,设计出为当代人们所喜爱所接受的品牌名称。

5.3 品牌视觉形象设计

5.3.1 品牌视觉形象设计(VI)的基本内容及其原则

5.3.1.1 品牌视觉形象设计(VI)的基本内容

　　品牌形象识别包括品牌形象理念识别(MI),它是抽象思考的精神理念,难以具体显现其中的内涵及表达其中的精神特质;品牌形象行为识别(BI),它是行为活动的动态形式,偏重其中的过程,少有视觉形象化的具体;品牌形象视觉识别(VI),它是CI的静态识别符号,是具体化、视觉化的传达形式,其项目最多,层面最广,效果最直接。品牌形象视觉识别是以视觉传播为感染媒体,将企业理念、文化物质、服务内容、企业规范等抽象语意,转化为具体的符号概念,应用在形象的展开方面,如基本系统与应用内容的规划等,它以标准化、系统化、统一化的手法,塑造企业独特形象,凸显企业个性。如果把MI比作企业的"心",BI比作企业的"手",VI就是企业的"脸"。科学研究表明,人们所感知的外部信息,有83%是通过视觉通道到达人们的心智的。而且,由视觉感官感知的信息能留下较深刻的印象,因此VI是传达企业理念和企业精神的重要载体。

　　品牌形象视觉识别的基本要素主要包括:标识与图标、标记、标志字、标志色、标志包装、企业象征图案、吉祥物等。其中,标志、标准字、标准色三要素的创造最为艰巨,也最能表现设计能力,是整个VI系统的核心,同时,它也是企业地位、规模、力量、尊严、理念等内涵的集中表现,构成了企业的第一特征及基本气质。

5.3.1.2 品牌视觉形象设计的原则

1)以企业理念为中心的原则

　　企业视觉识别设计要素与一般商标是不同的,最重要的区别在于VI中设计要素是借以传达企业宗旨、企业使命、企业战略方向、企业价值观、企业精神等企业精神文化的重要载体,而脱离了企业理念、企业精神的符号,只能称作普通的商标而已。优秀的VI设计无不是在表达企业理念方面取得成功。

　　"在四通集团的VI设计中,其标徽整体外形为长方形,由一个正方形图案和英文'STONE'组成,正方形图案与'STONE'等宽,造型均衡,整体感强,不仅显得新颖别致,极具美感,而且令人产生信任感,传达了善良美好的语意。'STONE'为四通的英文名字,意为'宝石',正方形图案中的八角形与'S'形的结合,象征着坚石与物体撞击发出的耀眼夺目的光彩,体现了四通作为一个新技术企业不断向高新技术的尖端冲击,不断创新的宗旨。"

日本柯尼卡美能达公司的 VI 设计是以光为设计主体,它所传达的企业理念是"透过以光为原点的视觉器材,来提高资讯品质,使人人都能享受,并实现创造的梦想"。美能达标志以圆为基本形,中间的五道横贯细线精巧而细致,五条动感光带代表了图像信息领域的广泛技术技能:光学、化学、电力、机械和软件。

2) 人性化设计原则

这是一个富有情感的形象主题。目前市场流行的消费习惯已从理性消费阶段的强调均一化、普遍性与功能性,向强调个性化、多样化、差别化以及更富人性化的方向发展。与此同时,企业视觉识别的设计也顺应时代潮流,正在发生同样的转变。以广州太阳神集团的视觉识别设计为例子,"如太阳神的标志,以圆形、三角形的几何形状为设计基本定位。圆形代表太阳,表现着抛洒光明、温暖、生机、希望的企业经营宗旨,以及健康向上的商品功能;三角形呈向上趋势放置,即是 Apollo 的首写字母,又象征'人'的造型,体现了企业蓬勃向上的意境和以'人'为本的服务理念;以红、黑、白三种颜色形成强烈的色彩反差,显示企业突破自我、勇于创新的整体心态。"

著名的苹果(Apple)公司标志,在设计上同样也表现出充满人性的动态画面:一只单色的被人吃掉一口的苹果,表现出时代感和亲切感。最初的苹果公司是生产电脑的,这种人性化、感性化的标志设计让人们感受到苹果电脑的现代和人性,是最初苹果电脑成功的关键因素之一,苹果电脑的成功为苹果公司积累了一批忠诚的用户,是促成后来其智能手机大热的原因之一。

3) 习惯性原则

设计过程要兼顾视觉识别符号在发展过程中形成的习惯原则,以及在不同的文化区域存在的不同的图案及色彩禁忌。由于社会制度、民族文化、宗教信仰、风俗习惯不同,各国都有专门的商标管理机构和条例,对牌号、形象有不同解释,在设计标志、商标时要特别注意这一点。皇后牌在欧洲很少使用,因欧洲很多国家有王室存在,易引起非议。

4) 普适性原则

VI 设计中应考虑下列条件:
(1) 标志应具有清晰的可读性及辨识性;
(2) 具有竞争优越性;
(3) 具有国际性;
(4) 具有系统展开新获得的相乘积累效果;
(5) 具有相关产品能顺利推广的适应性符号和语言;
(6) 管理效率化,成本最低化。

5) 美学原则

虽然视觉符号主要功能在于识别,但这种识别毕竟是通过视觉传达完成的。换句话说,识别的功能是通过情感的功能实现的。在这个意义上,视觉符号是一种视觉艺术,而接受者进行识别的过程同时也是审美的过程。美学的原则一般包括统一与变化、对称与均衡、节奏与韵律、调和与对比、比例与尺度以及色彩的联想与抽象的情感等。美学原则需要与企业特征和产品特性进行匹配,例如有的产品适合用对称的标志,有的产品适合用不稳定的标志等。

5.3.2 视觉识别系统基本要素设计

5.3.2.1 标志设计

1) 标志及其特点

标志是企业(产品)精神内涵的形象表达,即通过造型简单、意义明确的统一标准的视觉符号,将经营理念、企业文化、经营内容、企业规模、产品特性等要素,传递给社会公众,使之识别和认同企业的图案和文字。企业标志和其他标志符号一样,有其共同性的一面,而作为企业形象识别系统的基本视觉要素之一,又有其自身的特点,具体表现在以下几个方面:

(1) 识别性。识别性是企业标志的基本功能,是最具有企业视觉认知和信息传达功能的设计要素。因为企业标志设计的题材丰富,造型的要素活泼多样,表现形式宽广,构成的原理也较多,因此通过整体规划和设计的视觉符号,必须具有独特的个性和强烈的冲击力。借助独具匠心、个性鲜明的标志,来区别本企业及其产品的识别力,是现代企业市场竞争的"利器"。当然,标志的识别性并不意味着哗众取宠,以怪异荒诞为美。

(2) 领导性。企业标志是企业视觉传达要素的核心,也是企业开展信息传达的主导力量,在视觉识别系统各个要素的展开设计中,标志具有独特的风格,其构成要素的内容也具有非常重要的地位。标志的领导地位是企业经营理念和经营活动的集中表现,它贯穿和应用于企业的所有相关的活动中,不仅具有权威性,而且还体现在视觉要素的一体化和多样性上,其他视觉要素都以标志构成整体为中心而展开。

(3) 同一性。标志不仅仅是单纯的符号,而且还是企业精神的具体象征,它代表着企业的经营理念、企业的文化特色、企业的规模、经营的内容和特点及企业的发展趋势。标志来源于企业理念,并表现着企业理念,因此,可以说社会大众对于标志的认同就等于对企业的认同。企业标志绝不仅仅是企业的脸面,更不能将其作为一种表面的装饰,只有当企业的经营内容或企业的实态与外部象征——企业标志相一致时,才有可能获得消费大众的认同。

(4) 造型性。企业标志设计的题材和形式要丰富多彩,如中外文字体、具象图案、抽象符号、几何图形等,这样标志造型变化就显得格外活泼生动。标志图形的优劣,不仅决定了标志传达企业情况的效力,而且会影响到消费者对商品品质的信心与对企业形象的认同,因此标志造型往往是图文并茂,但如何协调其关系,还必须精心设计,以符合审美规律。

（5）延展性。企业标志是应用最为广泛、出现频率最高的视觉传达要素，必须在各种传播媒体上广泛应用。因此，标志设计应考虑到平面、立体以及不同材质上的表达效果，在各种传播媒体、广告宣传上，针对印刷方式、制作工艺技术、材料质地和应用项目的不同，应采用多种对应性和延展性的变体设计，以产生切合、适宜的效果与表现。有些标志设计很美，但制作复杂、成本昂贵，则必然限制标志在应用上的广泛延展。

（6）系统性。企业标志一旦确定，随之就应展开标志的精致化作业，其中包括标志与其他基本设计要素的组合规定。这样做的目的是对未来标志的应用进行规划，达到系统化、规范化、标准化的科学管理从而提高设计作业的效率，保持一定的设计水平。此外，当视觉结构走向多样化的时候，可以用强有力的标志来统一各关系企业，采用统一标志不同色彩、同一外形不同图案或同一标志图案不同的结构方式，来强化关系企业的系统化精神。

（7）时代性。标志是企业识别系统的核心，也是企业同一化的象征。现代企业面对发展迅速的社会，日新月异的生活和意识形态，不断的市场竞争，其标志形态必须具有鲜明的时代特征。特别是许多老企业，有必要对现有标志形象进行检视和改进，在保留旧有形象的基础上，采取清新简洁、明晰易记的设计形式，这样能使企业的标志具有鲜明的时代特征。通常，标志形象的更新以 10 年为一期，它代表着企业求新求变、勇于创造、追求卓越的精神。

2）标志的分类

标志可以从不同角度进行分类，按标志的功能来分，可分为企业标志、商品标志、公共信息标志；"按标志的使用者来分，可分为生产标志、中间商标志、集体标志；按标志的使用对象来分，可分为商品标志和服务标志。根据我国商标法的法律状态来分企业的商标，可将其分为注册商标和未注册商标，此外，还有等级商标、亲族商标、联合商标、防御商标、证明商标等。"[①]

（1）按标志的构成要素分类。按标志的构成要素可分为字体标志、图形标志和组合标志三大类。

① 字体标志。所谓字体标志，是指以特定的明确的字体、字体造型或字体所衍生出来的图案作为企业的标志。其中，中文、英文大小写字母、阿拉伯数字等，都可作为字体标志的设计要素。若想字体标志简洁而富于表现力，可利用字母或文字的变形和排列来加强标识性，尤其是与企业名称相同的字体标志同时具有两种功能，它不仅传达了企业名称的信息，而且又具有图形标志的功效，以达到视觉、听觉的同步扩散效果。

② 图形标志。所谓图形标志，是指通过象形图案或几何图案来表示的企业标志。图形标志形象性强，如果设计恰当，则能通过丰富的图形结构及其结构组合规律表现或传达

---

① 朱健强.企业 CI 战略[M].厦门:厦门大学出版社,1995:170.

出有关企业名称特别是企业性质和经营领域的信息。由于这类标志无具体文字性特征，因而在世界任何地方都易于看懂，识别性较强，便于记忆。

③ 组合标志。即将上述两类结合起来，一般是将企业名称的主要单词与某种图像组合在一起，此类标志兼有前两种类型的优点，又在一定程度上避免了它们各自的缺点，既形象生动又简洁明了，因而被较多的企业所采用。

（2）按符号学原理分类。按符号学原理可分为表音符号和表形符号两类。

① 表音符号。即表示语言音素及其拼合的语音的视觉化符号。如大小写字母、汉字、阿拉伯数字、标点等日常用的文字或语素、音素，都可以成为标志表现的基本手法。表音符号又可分为三种：连字符号，是指由音素、字母、汉字连接而成的相对完整的词语，它意义明确，但印象平淡，表现力不强；组字符号，是取企业名称的首字母组成的表音符号，它图案性较强，可利用字母的变形和排列来加强标识性，它简洁而富有表现力，但容易产生歧义；音形符号，是表音符号与表形符号的结合，其中表形的要素既可以是抽象的，也可以是象征性的，表音的要素可以是连字，也可以是组字，一般以组字和抽象结合的为多，其表现力很强，印象性和辨识性较高，同时可避免歧义性。

② 表形符号。即由比较简明的几何图形或象形图案构成的视觉符号，它靠形而不靠音，因而形象性很强。其图形本身就能代表一定的含义，再经由平面设计师的处理，则更能蕴含深层的寓意。但因为没有表音符号，它不利于人们将企业名称与标志联系起来，因而在这类标志出现的场合最好能配以企业名称。表形符号也可以分为三种：抽象符号，即以非象形图案或几何构图来表达某种事物的概念或意义，设计这种标志最重要的是处理好线条的强弱、粗细，或是垂直线、斜上下线、波浪线等，经过巧妙的变形、加工，几何抽象类标志会显得简洁、明快、永久，能在瞬间吸引住人们的视线，并深刻地印入脑海，优秀的设计能在线条上创造微妙的效果，如独特性、亲切感、信赖度、高品质等；象形符号，是直接刻画对象的特征形态的符号，也可以说是图案画，由于其设计题材来源于现实生活中具体可视的形象，如动植物、山水、建筑等，因而其表现效果生动活泼、含义明晰，容易给人留下鲜明、深刻的印象；形征符号，即抽象符号与象形符号的结合，抽象中加象形，可以使标志更显生动活泼，同时削弱了呆板的感觉，弥补了抽象符号的不足。

3）标志设计的原则

（1）反映企业理念，突出企业形象。企业精神是企业的理念、特征、文化等的象征，标志设计必须有精神内涵并能表达出企业或产品的独特性格，要让消费者通过标志认清企业的独特品质、风格及经营理念。因此，标志不仅仅是一个简单的符号或图形，标志设计的难点是如何准确地将企业形象概念转化为视觉形象，而不是简单得像什么或表示什么。即要有新颖独特的创意，表现企业的个性特征，并用形象化的艺术语言表达出来。优秀的企业标志设计，还应该考虑注入企业深刻的思想与理念内涵，其设计必须别出心裁，富有文化意蕴，否则，就不能激发大众的心理认同，企业经营的内涵也就无法通过标志得以有效的表达。许多名牌标志都在图形与文字设计上,以鲜明的形象表达了企业的经营内涵和产品的功能特色,如德国奔驰轿车的标志(图5-2),圆环内的人字形造型给人以汽车方向盘和汽车轮子的联想,十分形象地表达出了产品的功能特色。而我国的东风汽车的标志(图5-3),圆环内的燕形物则表现了东风汽车速度快的性能特征。

图 5-2　奔驰汽车的标志

(资料来源:公开资料)

图 5-3　东风汽车的标志

(资料来源:公开资料)

图 5-4　雀巢公司的标志

(资料来源:公开资料)

(2) 寓意准确,名副其实。企业的标志要巧妙地赋予寓意,形象地暗示内容,达到耐人寻味的效果,这有利于企业形象的传播。也就是说,标志的设计要把握一个"准"字,要让标志真实、准确地表现并传达出企业的形象及理念,以达到两者的高度统一与融合,切忌标志、寓意与企业的理念分离,甚至背道而驰。如图5-4,在品牌名称中提起的雀巢公司,它的标志结合了图片和品牌名,图文并茂,一个给雀巢中小鸟喂食的母鸟,既巧妙地吻合了"依偎"(Nestle)的英文词,又使人在母亲、婴儿、营养品之间产生无限遐想,别具一格的形式将企业的理念表现得淋漓尽致。

(3) 构思深刻,构图简洁。企业标志是利用符号语言来传达信息的,标志作为一种视觉符号的设计和表现,有自己的规律。要想设计出一个成功的标志,并不是简单地将传达的内容进行图解或拼凑,而需要设计者在构思时,抓住企业标志的功能、特点和内在需要,充分发挥创造性和想象力,合理地提炼和归纳所要表现的内容。在设计中要充分体现构思的巧妙和手法的洗练,力求在信息视觉化过程中以最凝练的语言表达最丰富的内涵,尽可能将繁杂的信息内容用最简洁、最醒目、最有特色、最动人、最有序、最明晰准确的方式予以表达。一个好的灵感和创意,总是在几百个构思草图中,不断深入提炼后才产生的。好的标志应该尽可能地单纯凝练、简洁生动,切忌构图的复杂化或企图在一个标志上堆上大量的内容。如图5-5,

图 5-5　世界纯羊毛标志

(资料来源:公开资料)

世界纯羊毛标志是最简单不过的了,就是一团绒线,然而,却是全世界公认的最好的标志之一。

(4)独具创意,易于识别。企业标志形象应力求生动,富于个性与创意,避免自然形态的简单再现,在设计时应把握一个"奇"字,使用夸张、重复、节奏、象征、寓意和抽象等多种手段,使创意具有独特的风格和出奇制胜的效果,以便于识别和记忆。这样做是因为标志是以生动的造型图像构成视觉语言的,这种造型图像通过观众的眼睛,传到他们的精神系统,从而留下深刻的印象,起到视觉吸引力的作用。如果标志图形杂乱无章,平庸无奇,便不能引起观众的心理冲动,其结果必然是索然无味,过目即忘。因此可以说,创造性是企业标志设计的根本原则。名牌标志均有一流的创意,矗立在世界各地的麦当劳快餐连锁店,那金色双拱形M标志,像两扇打开的金色大门,象征欢乐与美味;中国银行的标志,方圆组合为中国古代"钱币"的象征,方口上下两竖为中国的"中"字,一目了然,传意明确;再例如图5-6,华硕在设计标志时对"A"做了处理,并且在整个标识中间画上一条白线,使得标志像是被劈开,易于识别。

图 5-6 华硕公司的标志

(资料来源:公开资料)

(5)造型优美,符合审美规律。标志也是一种艺术品,新奇美好的寓意,新颖别致的构思,都必须通过标志的造型表达出来,因而,标志设计还需把握一个"美"字,符合美的造型规律,使设计的标志符合人类对美的共同感知,使人们在视觉接触中唤起美感,引起对美的共鸣与冲动。在设计标志时,要以美的视觉效果为基础,处理好各图形所载信息的主次关系,避免喧宾夺主,要仔细推敲构成各元素之间的对比、调和、节奏、韵律等关系,利用人们的视觉流程规律,该强化的强化,该削弱的削弱,使承载主要信息的元素成为标志中的主要形象,成为标志的精髓,从而达到强化主题、诱导受者视觉的目的。另外,还可充分利用人的色彩心理给图形符号配好色彩,衬托主题,增强美感。

图 5-7 华为公司的标志

(资料来源:公开资料)

(6)运用世界通用语言,适于跨地区传播。企业标志设计必须运用世界通用的语言形态,避免过分强调本国传统的语言形态,而造成沟通上的困难,同时还要注意吸取民族传统的共通部分,努力创造具有本国特色的世界通用语言。例如,图5-7显示的民族品牌华为的标志,为了扩大国际市场,华为的标志设计得更具有国际性,在保留中国的红色和菊花元素的同时又弱化了中国特色,使得该品牌标志易于被国外消费者接受。同时,"对于出口创汇企业及其企业产品的标志设计则应特别注意具体交往对象的国别、宗教信仰、文化背景、民族特征、社会风俗和政治制度等的差异性,认真调查研究各国的禁忌图案和颜色,并严格避免与之相矛盾"。①

(7) 相对稳定,超越时代。标志要为公众熟知和信任,就必须长期进行宣传和使用,从而在公众心目中扎下根。因而在标志设计时要注意保持一定的持久性和相对的稳定性,以强化整体形态,引导消费者识别记忆。另一方面,随着时代的变化与发展,企业标志所反映的内容和风格,有可能与时代节拍不相吻合,因而,在设计标志时还必须具有一定的超前意识,使标志超越时代,具有持久的实用性。某些标志之所以历久不衰,主要原因就在于它们始终同时代合拍,相反,倘若标志设计缺乏超前意识,从开始设计时就落后于时代,然后常做大修大改或重新设计,就会给人以反复无常的混乱感觉,也就不可能在社会大众心目中树立良好的形象。

(8) 制作方便,应用灵活。标志一旦被设计出来,其运用十分广泛,在企业的建筑物上、产品的包装上、办公用品上、员工徽记上、各类传播媒体上都可应用。因此,在标志设计时,应充分考虑应用上的灵活性,注意设计出的标志能否适应各种场合,同时还应考虑标志在上述媒体上的制作方便,验证标志在各种大小不同的载体上是否都能很好地再造出来,如看看标志在各种物体上经过浮雕工艺或压花工艺或经由人工处理后的效果如何等。总之,必须保证标志在不同媒体上的传达效果。

4) 标志设计主题的选择

企业标志设计的主题、素材是标志设计的基本依据,企业标志的主题确定以后,造型要素、表现形式与构成原理才能展开。不重视主题的选择,缺乏严密计划,或是带有随意性和主观性的做法都会导致设计事倍功半,即使设计出的标志图形本身非常美,但因为难以符合企业的情况,不能达到统一性,也就不会有长久的生命力。标志设计的题材主要分为文字标志与图形标志两大类,细分又可分为中文、英文、字首、具象、抽象以及文字与图像综合等形式。企业标志设计的主题形式主要有以下几种。

(1) 以企业名称和品牌名称为题材。这是近年来国际上较为流行的做法,即所谓的字体标志,它可以直接传达企业情报。一般在企业名称的字体设计中,采用对比的手法,使其中某一字体具有独特的差异性,以增强标志图形的视觉冲击力。而差异部分往往是标志的重点,是标志图形的注目点和特征,也是企业信息的主要内容所在,具有辨认、识别和记忆的功能。

(2) 以企业名称和品牌名称的字首为题材。这是从企业名称或品牌名称中选取第一个字母作为设计造型的题材。以字首为题材的标志,有单字字首、双字字首、多字字首以及集合等形式,多字字首组合的标志,大多是没有意义的,但也有一些可能会有某种意义,或和某个英文单词的意义相近或相似。如遇到这种情况就必须引起重视,避免产生不利于企业或品牌形象的歧义。

---

① 余以游. CIS:名牌战略的王牌[M].武汉:武汉大学出版社,1999:265.

（3）以企业名称、品牌名称与其字首组合为题材。这种题材的设计特点，在于求取字首形成强烈的视觉冲击力，并结合企业名称字体的说明性特点。将强化的品牌名首字母和整个品牌名结合，能强化字首特征，增强字体标志的可视性，发挥相乘倍率的效果，同时也让消费者认知到整个品牌名称，说明性更强。如图5-8，曾经的"胶卷大王"柯达（KODAK）的标志就是由单词字首和整个品牌名称集合而成，其读音恰似相机快门的启闭声，非常生动易记，而且图形简练，使人很容易辨别出字母"K"的造型。又如图5-9表示的著名的电脑软件公司奥多比（Adobe）的标志，既有突出的首字母"A"的造型，又结合完整的品牌名称，既吸引眼球，也传递更多信息。

图 5-8　柯达公司的标志

（资料来源：公开资料）

图 5-9　Adobe 公司的标志

（资料来源：公开资料）

（4）以企业名称、品牌名称或字首与图案组合为题材。这种设计形式把文字标志与图形标志相结合，兼顾了文字说明与图像表现的优点。具象与抽象相结合，两种视觉样式相辅相成，具有视觉、听觉同步诉求的效果。

（5）以企业名称和品牌名称的意义为题材。按照企业、品牌名称的字面意义，将文字转化为具象化的图案造型，或象征表现或直接表现，能起到看图识物的作用，具有一目了然的功效。这种标志图案的设计，多以具象形式表现。

（6）以企业文化、经营理念为题材。将企业独特的经营理念、企业精神、企业文化，以具象化的图案或抽象化的符号传达出来，通过蕴含深意的、单纯的图形视觉符号，唤起社会大众的认可与共鸣。企业的产品、服务、广告传播活动的展开，将使标志图案与企业形象具有同一性。

（7）以企业经营内容与产品外观造型为题材。通过写实的设计，表达企业的经营内容和产品的造型。这种标志可以直接传达企业的行业特征、经营范围、服务性质和产品特色等信息。

（8）以企业、品牌的传统历史或地域环境为题材。这种设计构思强调和突出企业、品牌的悠久历史传统和独特的地域环境，能引导消费者对企业产生权威感、认同感和新奇感。这类标志的设计多采用具有装饰风格的图案或卡通造型,简练、生动、个性突出,不会与其他标志雷同。这种形式也常用于企业吉祥物的设计中。

5.3.2.2 标准字的设计

1) 标准字的种类和特征

标准字是指经过设计的专用以表现企业名称或品牌的字体。标准字是企业形象识别系统中基本要素之一,它应用广泛,常与标志联系在一起,具有明确的说明性,可直接将企业或品牌传达给观众,与视觉、听觉同步传递信息,强化企业形象与品牌的诉求力,其设计与标志具有同等重要性。标准字(Logo Type)本来是印刷术语,意指两个以上的文字铸成一体的字体。标准字将企业的规模、性质、经营理念、精神,通过具有可读性、说明性、鲜明性、独特性的组合字体,在各种媒介上进行传播,以达到识别的目的,并进而据此塑造企业形象,增进社会大众对企业的认知和美誉。

经过精心设计的标准字体与普通印刷字体的差异在于,除了外观造型不同外,更重要的是,它是根据企业或品牌的个性而设计的,对策划的形态、粗细、字间的连接与配置,统一的造型等,都做了细致严谨的规划,与普通字体相比更美观,更具特色。标准字体是指经过设计的专用以表现企业名称或品牌的字体。因此标准字可分为企业名称标准字、品牌标准字、字体标志、活动标准字、标题标准字等。

图 5-10 茅台公司的标志

(资料来源:公开资料)

(1) 企业名称标准字。经过统一设计的企业名称,主要用于传达企业的经营理念和品格,以树立企业的良好形象,建立信誉。企业名称标准字是标准字中最主要的,也是其他各种标准字的基础。有的企业会专门聘请书法大家或设计大师为企业名称设计标准字,如图 5-10 的"贵州茅台酒"字样是出自岭南书法家麦华三之手,铿锵有力又沉着稳重的五个大字显示了茅台的勃勃雄心和深厚底蕴,这个字体只属于茅台,其他企业难以模仿。

(2) 品牌名称标准字。考虑到企业发展的国际化、经营领域的多样化、市场占有率的扩张以及保护企业形象等方面的需要,企业往往强调品牌的个性特点,依据产品特性和目标市场,设立多种品牌,并竭力提高品牌的知名度,达到促销的目的。因此,设计品牌标准字就成为这类公司的业务发展需要。例如图 5-11 所示,可口可乐公司的产品除了可口可乐外,还开发设计出了适合雪碧、芬达等品牌的品牌标准字。

(3) 字体标志。将企业和品牌名称设计成具有独特性格、完整意义的标志,达到容易阅读、认知、记忆的目的,具有视觉、听觉同步表达的优点,是当今企业标志设计的主要趋势。

图 5-11 可口可乐、雪碧和芬达的标准字

(资料来源:公开资料)

这种字体标志相对于一般的标准字,整体性更强,可观性更强。如索尼(Sony)公司、国际商用机器(IBM)公司、富士胶卷(FUJI)和日本电气(NEC)公司等所用的就是字体标志。

(4)活动标准字。指专为新产品推出、庆典活动、展示活动、竞赛活动、社会活动、纪念活动等企业特定活动所设计的标准字。这类标准字因为使用时间短,设计风格大多自由、活泼,给人印象强烈。如柯达胶卷的彩色摄影大赛等。

(5)标题标准字。运用于各种广告文字、专题报道、电影电视广告、海报的标题字体设计。

标准字作为基本视觉要素有以下特征。

(1)识别性:标准字的识别性体现在独特的风格与强烈的个性形象上。它依据企业的文化背景和经营理念,塑造风格各异的字体,传达企业性质与产品特性,达到企业识别的目的。

(2)易读性:企业标准字应具备明确的传播信息,易于使观者产生共鸣与认可,提高视觉传达的瞬间效果。其基本笔画和组合必须遵循习惯规则,力求准确规范,避免随意性,以免造成辨认的困难。

(3)延展性:标准字广泛应用于各种媒体上,要和其他基本视觉要素进行多种组合,还要适应各种不同的场合和多种表现形式,因此必须具有延展性。

(4)系统性:标准字通常是与其他视觉要素组合运用的。考虑如何与其他基本要素配置运用,掌握未来企业的发展方向,预想可能的组合形式以贯彻视觉传达的统一感,这是具有预见性、系统性的设计表现。

2) 标准字的设计

(1)标准字的设计程序。标准字的设计程序如下:

第一步:调查研究。当企业、公司、品牌确定后,在着手进行标准字体设计之前,应先实施调查工作,尤其是注意广泛收集国内外同行业中各企业的标准字,并进行系统的整理分析及归纳比较,内容包括字体的总体风格、编排格式、识别性、易读性、延展性、系统性等。另外,还应避免雷同产生混淆不清的现象。调查要点包括:①是否符合行业、产品的形象;②是否具有创新的风格、独特的形象;③是否能为商品购买者所喜好;④是否能表现企业的发展性与值得依赖感;⑤对字体造型要素加以分析。

第二步:构思基本造型。组成标准字的各字符间的关系不是意义上的,而是造型上的。因此应根据企业的特点、实际应用字体的条件以及企业传达的内容和希望建立的形象,确定字体的造型。如:正方形,长方形,扁形,斜形或外形自由、样式活泼,或根据具象图案内嵌字体等。

第三步:校正视觉误差。由于字体结构、笔画繁简不一,实际粗细相同、大小一致的字形视觉上并不完全相同,这就是错视。校正错视的重点是字形大小的修正和字距修正。汉字的笔画多少不一,字形变化也很多,仅靠打格子控制字形大小并不能完全解决问题,必须进行调整。笔画顶天立地、左右充满的字体,由于形体丰满,容易显大,书写时应稍加缩小;而呈三角形或菱形的字容易显小,书写时宜略微出格。同样,英文字体本身形态也有很大变化,必须经过视觉修正来统一大小。中文字体多为方块字,字的间距容易把握,而英文字母则不然,容易发生字间松散的现象,甚至产生误读。这就只能依据视觉感受,适当斟酌加减,使之看上去匀称平稳。

第四步:统一字体形象。标准字体之所以能表现差异性的风格,传达企业的经营理念、文化精神,主要在于字体具有统一的特征。从现代美术字体角度来看,中文字体无论如何变化,基本是以宋体和黑体为最基本的字体形式。这两种字体在笔画造型上有着截然不同的风格和特征。另外,字体的统一还在于统一线端形式与笔画弧度的表现。

第五步:标准字的排列。由于中文字体多为方形,具有较好的适应性,因此可根据需要选择横排或竖排,比英文字体容易排列。但现代企业经营趋于国际化,在企业标准字中采用中英文对照的做法越来越多。这就需要在设计时考虑使用的需要,设计一个横排一个竖排,配合需要,选择使用。

(2)标准字的设计方法。标准字体的设计可划分为书法标准字体、装饰标准字体和英文标准字体的设计。

① 书法标准字体的设计。书法是我国具有三千多年历史的汉字表现艺术的主要形式,它既有艺术性,又有实用性。目前,我国一些企业多用政坛要人、社会名流及书法家的题字,作企业名称或品牌标准字体,比如:中国国际航空公司、健力宝等。设计书法字体作为品牌名称,活泼、新颖、富有变化,有特定的视觉效果。书法字体设计是相对于标准印刷字体而言的,设计形式可分为两种。一种是针对名人题字进行调整编排,如中国银行、中国农业银行的标准字体。另一种设计书法体或者说是装饰性的书法体,是为了突出视觉个性,特意描绘的字体,这种字体是以书法技巧为基础而设计的,介于书法和描绘之间。

在设计书法标准字时,要根据企业的经营特征以及消费者对各种字体所能产生的印象和对商品的联想,选择最有表现力、最适当的字体形式。汉字可分为传统书法和现代美术字体两种形式。传统书法分篆体、隶体、行体、楷体四种。篆体历史悠久,往往能唤起人们的怀古之情;隶书有古朴之感,稳重大方;楷体的特点是端庄清晰;行体则流畅活泼。现代美术字运用最为广泛,可分宋体、仿宋体、黑体等。其中宋体显得庄重,仿宋体较为刚劲、秀丽,黑体粗壮有力。在设计中可依据企业的形象定位,结合字体的表现力来选择,例如四通集团的标准字采用美术字体,显得严谨、稳重,其笔画在锐钝处理上协调均衡,充分显示了企业的实力与进取的精神。

② 装饰字体的设计。装饰字体在视觉识别系统中,具有美观大方、便于阅读和识别、应用范围广等优点。海尔、科龙的中文标准字体即属于这类装饰字体设计。

装饰字体是在基本字形的基础上进行装饰、变化加工而成的。它的特征是在一定程度上摆脱了印刷字体的字形和笔画的约束,能根据品牌或企业经营性质的需要进行设计,达到加强文字的含义和富于感染力的目的。

装饰字体表达的含义丰富多彩。例如:细线构成的字体,容易使人联想到香水、化妆品之类的产品;圆厚柔滑的字体,常用于表现食品、饮料、洗涤用品等;而浑厚粗实的字体则常表现企业的实力强劲;而有棱角的字体,则易展示企业个性等。

总之,装饰字体的设计离不开产品属性和企业的经营性质,所有的设计手段都必须为企业形象的核心——标志服务。它运用夸张、明暗、增减笔画形象、装饰等手法,以丰富的想象力,重新构成字形,既加强文字的特征,又丰富了标准字体的内涵。同时,在设计过程中,不仅要求字形美观,还要使整体风格和谐统一,具有理念内涵和易读性特征,以便于信息传播。

③ 英文标准字体设计。企业名称和品牌标准字体的设计,一般均采用中英两种文字,以便于同国际接轨,参与国际市场竞争。

英文字体(包括汉语拼音)的设计,与中文汉字的设计一样,也可分为两种基本字体,即书法体和装饰体。书法体的设计虽然很有个性、很美观,但识别性差,用于标准字体的不常见,常见的情况是用于人名,或非常简短的商品名称。而装饰字体的设计,应用范围非常广泛。

从设计的角度看,英文字体根据其形态特征和设计表现手法,大致可以分为四类:一是等线体,字形几乎都是由相等的线条构成;二是书法体,字形活泼自由、显示风格个性;三是装饰体,对各种字体进行装饰设计,变化加工,达到引人注目、富于感染力的艺术效果;四是光学体,由摄影特技和印刷用网纹技术原理构成。

(3) 标准字的设计原则。标准字的设计原则有下面三条。

① 易辨性原则。标准字设计出来要易于观者辨认,不能造成信息传达障碍,不能影响传达企业情报、告知信息的功效。易辨性体现在三方面,一是要选用公众普遍看得懂的字体,如果把长虹、联想的标准字换成甲骨文、秦小篆或是某种奇怪字体,大家可能会看不懂;二是要避免与其他企业,特别是同行业、同地区的企业具有似曾相识的标准字面孔;三是字体的结构要清楚、线条要明晰,放大、缩小都能看得很清楚。

② 艺术性原则。标准字的设计,应在文字基本结构的基础上使其具有一种创新感、亲切感和美感,创造企业美的形象,提高传播效益。只有比例适当、结构合理、线条美观的

文字，才能够让人看起来觉得比较舒服。在标准字上加以具有象征、暗示、呼应性的一些造型因素，可使标准字显现出不同的意境。法国电信业巨头阿尔卡特的标准字"ALCATEL"并不怎么样，单独一个"▲"也不怎么醒目，但将标准字中的第二个"A"用"▲"代替，再将两者组合在一起，却形成了独特的视觉效果，很醒目，很独特，其效果远远好于单独使用"ALCATEL"。欧米茄手表在做宣传时一般都把"Ω"和"OMEGA"放在一起。单独一个"Ω"已经足够醒目，单独一个"OMEGA"也十分不错，但将两个标志经常放在一起宣传，消费者常常将"Ω"这个图形标志和"OMEGA 欧米茄"联系在一起，其效果也显然好于单独宣传"OMEGA"。

③ 传达性原则。企业标准字是承载企业理念的载体，也是企业理念的外化，因此标准字的设计要能够在一定程度上传达企业的理念，而不能把设计作为孤立的内容，单纯追求形式上的东西。

（4）标准字设计应注意的问题。在设计标准字时要注意以下两点。

① 注意各字之间的协调配合与均衡统一。在标准字的设计中，最主要的就是注意各字之间的协调配合，均衡统一，使之具有美感。如"雪碧""芬达"的中文标准字，除了将字体造型处理得精美别致以外，还增加了一些造型因素，将雪碧英文名"Sprite"中"i"字的一点，采用了柠檬形象的高度抽象；芬达中文名的"达"字的一点，采用了橘子叶子的高度抽象，给人以传神之感。

② 标准字的设计应与时代节奏合拍。如果企业认为自己的标准字已落伍于时代，就应对标准字进行重新设计。对标准字的再设计主要有三种途径：第一，完全改变旧的标准字，设计出全新的字体。这种方法一般在原有的标准字非常陈旧，而且也不符合企业经营现状时采用。第二，分阶段逐步修正，使之接近理想的标准字。这种方法的采用一般是由于原有标准字形象已在公众的心目中根深蒂固，不易改变。只能采用循序渐进、潜移默化的途径，才不会使社会大众感到突然。第三，完全采用旧的标准字，或对其略加修正。这种方法适用于企业标准字仍有一定的生命力，能够适应时代的变迁，因而没必要对其进行改革。例如，我国享有盛誉的《读者文摘》杂志，每期发行300多万册，居国内期刊业前茅。但美国《读者文摘》亚洲中文版早已在中国注册，为了避免法律纠纷，《读者文摘》决定更名。由于原刊名已与广大读者建立了深厚的感情，《读者文摘》改名为《读者》，为便于广大读者接受认同，《读者》二字仍沿用旧的标准字，使读者感到同样的亲切自然。

可以看到图5-12所示的佳能（Canon）和施乐（Xerox）的标准字的变迁历程。

5.3.2.3 标准色设计

色彩作为品牌最重要的外部特征，它给产品的消费者带来的影响是直接和有效力的，具有非常重要的营销价值。"企业标准色是指经过设计后被选定的代表企业形象的特定色彩。标准色一般是一种或多种色彩的组合，常常与企业标志、标准字等配合使用，被广

图 5-12　佳能和施乐的标准字变迁历程

（资料来源：公开资料）

泛应用于企业广告、包装、建筑、服饰及其他公共关系用品中,是企业视觉识别重要的基本设计要素。"①

1) 色彩的特性

（1）色彩表现的要素。色彩大体可分为无色彩（如黑、白、灰等颜色）与有色彩（如红、黄、蓝等颜色）两大类。要认识和区别不同色彩,就必须了解色彩的三个基本表现要素,即色相、明度和彩度。

色相就是指色彩的相貌。它是一种色彩区别于其他色彩的名称,既有红、黄、蓝等原色,又有橙、绿、紫等混合色。

明度是指色彩的明暗程度。明暗是色彩的性质之一,表示色彩所受光度的强弱,光度强的明度高,光度弱的明度低。在无色彩上由白至灰到黑的整个过程都是明度所形成的,所以低明度色彩是阴暗的颜色,高明度色彩是明亮的颜色。在所有色彩中,黄色明度最高,蓝色明度最低。

彩度是指色彩的纯度,又称浓度或饱和度。色彩越强则纯度越高。三棱镜分解阳光得到的光谱中呈现的红、橙、黄、蓝、绿、靛、紫等各种色相就是彩度最高的纯色,或称饱和色。纯色除了本色外,有三种变化,即:纯色+白色＝清色;纯色+黑色＝暗色;纯色+灰色＝浊色,与纯色相比,清色、暗色、浊色的彩度都要低。

---

① 张德,吴剑平.企业文化与 CI 策划[M].北京:清华大学出版社,2000:213.

(2)色彩的感觉。调查研究表明,色彩具有冷暖、轻重、进退等不同感觉。

"冷暖感:即色彩带给人冷热的感受。令人感到温暖的色彩叫作暖色,如红、橙、黄等色彩;相反,使人感到寒冷的色彩叫作冷色,如绿青、青绿、青色;还有一些色彩介于冷色和暖色之间,谓之中性色,如绿色、紫色、黄绿色等。"①

"轻重感:即色彩给人以或轻或重的感觉。同样大小的面积或体积的东西,明度高的看起来比较轻,明度低的看起来比较重。"②

"进退感:即色彩带给人前进或后退的感觉。暖色和明度高的色彩有前进的感觉,反之,冷色和暗色则有后退的感觉。"③

在上述研究成果的基础上,心理学家经过调查实验发现,色彩与人的味觉、嗅觉以及商品形状之间也存在某些特殊的联系,这对视觉识别设计也具有一定的参考价值。

① 色彩与味觉的关系。

酸——从带黄色的绿到带绿色的黄等一系列色彩。

甜——从橘黄到带橙色的红色和从粉红到红色的一系列色彩。

苦——褐色、橄榄绿、紫色、蓝色等色彩。

咸——灰色、白色、淡蓝、淡绿等色彩。

一般情况下,冷色系列象征苦,暖色系列象征甜。

② 色彩与嗅觉的关系。

香辣——橙色、绿色等。

香——紫、淡紫、橙黄等类似香水或花卉的色彩。

芳香——高明度、高纯度的色彩。

恶臭——暗的、不明朗及暧昧色彩。

③ 色彩与商品形状的关系。

固体、硬物——暗褐色、深蓝色等普通发暗的色彩。

液体——墨绿、青绿等色彩。

浓乳状液体——粉白色、乳白色等。

粉状物——黄色、土黄色、浅褐色等。

(3)色彩的心理效应。由于色彩能给人不同的感觉,它不但能有力地传达不同的感情,而且能在不知不觉中影响人们的精神、情绪及行为。每一种颜色都能诱发出特定的情感。

① 红色的心理效应。在可见光谱中,红色光波最长,给视觉一种迫近感和扩张感,相当于暖色所引起的兴奋感觉。红色的感情效果富有刺激性,给人一种活泼、生动和不安的

---

① 万力.名牌CI策划[M].北京:中国人民大学出版社,1997:213-214.
② 同上.
③ 同上.

感觉。它包含着一种力量、热情、向上感和冲动,许多企业都以红色为标准色,就是取其视觉上的巨大冲击力。例如,2013年上线的网易云音乐选择"红色"作为企业的标准色。红色在稳定状态可表现出上述特点,但当改变其对比条件时,它就会使自身特性发生相应变化。譬如:"在深红底色上的红色能起到平静和熄灭热度的作用;在黄绿底色上,红色又幻化出一种冒失与鲁莽,激烈而不寻常;在橙色底色上,红色显得郁积、暗淡而无生气;在黑色底色上,红色能迸发出它最大的、不可征服的、超人的热情来,广州'太阳神'口服液的商标色彩设计就采用了这种红黑的强烈对比,给人以强烈的震撼。"①

② 橙色的心理效应。在可见光谱中,橙波长仅次于红色。实验证明,橙色能使人血液循环加快。橙色是活泼的、最富有光辉的颜色。但当它淡化时,很快就会失去生动的特征。白色与其对比,就会使其显得苍白、无力;而黑色与其混合时,它又衰退成模糊的、干瘪的褐色。橙色是色彩中最温暖的颜色,能够引起人的食欲,给人以香蕉般的香甜之感。它象征着充足、饱满、有活力、明亮、健康、向上、兴奋等。

③ 黄色的心理效应。在可见光谱中,黄色波长居中,是色彩中最亮的颜色。它给人以光明、辉煌、醒目、庄重、高贵、忠诚、轻快、纯洁和充满希望的印象。实验证明,黄色是使人愉快的颜色。它给人以幸福的感觉。

黄色因为让人觉得年轻、活泼、充满阳光和活力,所以年轻人的用品,如随身听、越野车等,使用鲜艳的黄色十分合适。

④ 绿色的心理效应。在可见光谱中,绿色波长居中。纯粹的绿色能使人稳定而平静,并有助于消除视觉的疲劳,绿色给人一种如同自然界那样的清新感,显出一种青春的力量,具有旺盛的生命力,给人以活泼、充实、平静、希望以及充实和忠实的感觉。同时,它又象征着和平与安全。像日本的"富士"胶卷,就是明亮的绿色,给人以娇艳欲滴的生命感。

明亮的绿色被灰色弄模糊后,会给人一种悲伤的感觉。绿色一倾向蓝色,就靠近了蓝绿色,是冷色的极端色,具有一种端庄的效果。

⑤ 蓝色的心理效应。在可见光谱中,蓝色的光波较短,与暖色比,它具有消极性,是收敛内在的色彩,易使人想到蓝天、海洋、远山、严寒,使人具有深远、透明、沉静、凉爽的感觉,它也象征着幸福、希望,是现代科学的象征颜色,给人以力量和智慧。蓝色也是后退色彩,给人以深奥莫测之感。在西方蓝色又是忧郁的同义语,有时也是不吉利的象征。在色彩对比中,蓝色也同样具有多种变化。黑底色上的蓝色,鲜明却略显神秘;淡紫红底色上的蓝色,显得退缩、空虚。

⑥ 紫色的心理效应。在可见光谱中,紫色的光波最短,紫色是色相中最暗的色彩,因此,在视觉上感觉度最低,它是高贵、庄重的色彩,给人以神秘、高贵、奢华和优越感。在古代中国和日本,紫色是高官显宦阶层的服饰颜色。在古希腊,紫色也用于国王的服饰。紫

---

① 伍奕.CIS企业形象设计[M].武汉:华中理工大学出版社,1998:136.

色系统,多用于化妆品,近年来家电用品也开始用紫色调了。

⑦ 黑色的心理效应。黑色在视觉上是一种消极性的色彩,它象征着悲哀、沉默、神秘、肃穆、绝望和死亡、不吉利。但另一方面,黑色又使人感到冷静,具有稳定、深沉、庄重、严肃大方、坚毅的特点。黑色和其他颜色一起使用,往往可以使设计收到生动而有分量的效果。如广州"太阳神"口服液的标志是红黑对照使用,形成强大的视觉冲击力。

⑧ 金属色(金、银色)的心理效应。这种颜色有光泽,如金色显示出质地坚实、表层光滑、具有反光能力,给人以辉煌、珍贵、华丽、高雅、活跃的感觉,具有现代化的气息,但多用会产生浮华之感。

(4) 色彩的民族特性。世界上不同的国家和地区由于受民族文化的影响,对色彩的象征意义的理解及喜好、禁忌各有所不同。了解、研究色彩的这种民族特性,选择有利于本企业的色彩,对于树立良好的企业形象,参与国际竞争大有益处。现将部分国家(地区)对色彩的喜爱与禁忌列于表 5-2,以供参考。

表 5-2 部分国家(地区)对色彩的喜爱和禁忌

国家(地区)	喜忌	
	喜爱	禁忌
德国	南部喜欢鲜艳的色彩	茶色、深蓝色、黑色的衬衫和红色的领带
爱尔兰	绿色及鲜明色彩	红、白、蓝色
西班牙	黑色	
意大利	绿色和黄、红砖色	
保加利亚	较沉着的绿色和茶色	鲜明色彩,鲜绿色
瑞士	彩色相间、浓淡相间色组	黑色
荷兰	橙色、蓝色	
法国	东部男孩爱穿蓝色服装,少女爱穿粉红色服装	墨绿色
土耳其	绯红、白色、绿色等鲜明色彩	
巴基斯坦	鲜明色、翠绿色	黄色
伊拉克	红色、蓝色	黑色、橄榄绿色
中国港澳地区	红色、绿色	青、蓝、白色
缅甸	鲜明色彩	

(续表)

	喜忌	
泰国	鲜明色彩	黑色(表示丧事)
日本	红色、绿色	
叙利亚	青蓝、绿、红色	黄色
埃及	绿色	蓝色
巴西		紫色、黄色、暗茶色
委内瑞拉	黄色	红、绿、茶、黑、白表示五大政党,不宜用在包装上
古巴	鲜明色彩	
墨西哥	红、白、绿色组	
巴拉圭	明朗色彩	红、深蓝、绿等不宜用作包装
秘鲁		紫色(十月举行宗教仪式除外)

2) 标准色设计的原则

(1) 突出企业风格,反映企业理念。企业视觉识别的各个要素都必须围绕企业理念这个核心,充分反映企业理念的内涵,标准色也不例外。由于色彩引起的视觉效果最为敏感,容易给人留下深刻的印象,因此选择适当的标准色对传达企业理念,展示企业形象,突出企业风格具有特别的作用。如蓝色象征幸福、希望和理性,是现代科技以及智慧的象征,高科技企业一般多用此色,表示科技力量,如IBM、四通等公司的标准色。海尔集团也采用蓝色为标准色,容易使人联想到海洋,象征企业阔步世界,向全球进军的目标,同时借蓝色冷静、理智的形象,体现企业对科技的追求,这无疑是一个成功的范例。

(2) 制造差别,体现企业个性。色彩无论怎么变化,人眼可视范围无非赤、橙、黄、绿、青、蓝、紫和黑、白这么几种,而成千上万的企业都要有自己的标准色,因此标准色的重复率或相似率是极高的。在此种情况下,就必须考虑如何体现出企业的个性,既要反映出企业的理念内涵、产品和服务特色,又要尽量避免与同行业的雷同或混淆。例如中国的在线音乐行业,QQ音乐采用了黄色和绿色作为企业标准色,体现企业的活力和勃勃生机;酷狗音乐选择蓝色,主要是要展现该平台是音乐的海洋,为听众提供海量音乐;酷我音乐选择橙色和蓝色作为标准色,一方面体现科技感,因为酷我在音质上下了巨大功夫,另一方面也体现平台的光辉,表明自身的行业领先地位。作为后进入者的网易云音乐为了与其他在线音乐平台制造差异,又不失独特个性,选择了红色作为标准色,在很大程度上体现了新进入者的野心和热情。

(3) 符合社会大众的消费心理。"这主要是考虑色彩的感觉、心理效应、民族特性以及大众的习惯偏好等因素。首先,要特别注意避免采用禁忌色,要使得社会大众普遍能够接受"①,否则,势必影响竞争力。例如,美国高露洁公司推出的高露洁(Colgate)牙膏的包装色彩以红色为主,当时在全美非常畅销,然而进入日本市场后却抵挡不住日本狮王(Lion)洁白牙膏的阻截,节节败退,最后竟不得不退出市场。究其原因,恰恰是败在色彩上,虽然两种牙膏的包装色彩均采用红、白两色,但高露洁以红色为主,狮王以白色为主,而日本人喜欢淡雅之色,尤其是白色(白色历来是天皇服饰的颜色),相反红色在其国民心理上却占着较弱的地位,高露洁牙膏正是以自己的标准去衡量他人的好恶,才遭此败绩。其次,是要尽量投其所好,选择大众比较喜爱的色彩。例如,富士胶卷采用绿色作为其标准色,使人联想到生机盎然的大自然、森林、绿树等等,给人带来积极、愉悦的心理感受。

(4) 适应国际化潮流。随着世界经济发展,跨国公司和金融资本的国际化,许多企业都已走上国际化经营之路,因此,标准色的设计也应符合国际潮流。目前,世界上企业的色彩正由红色系渐渐转向蓝色系,追求一种理智和高技术精密度的色彩象征,这值得我们注意和借鉴。

3) 标准色设计的步骤

(1) 确定企业理念。企业理念是整个企业识别系统(Corporate Identity System, CIS)的核心,CIS 要素中,理念系统是行为系统和识别系统的体现。作为视觉识别(Visual Identity, VI)系统的一个基本要素,标准色的设计,必须以确定的企业理念为指导。

(2) 设计企业形象。企业形象既是 CIS 战略的终点,也是 CIS 战略的起点。经营者首先要确定自己的企业应具备什么样的形象,才能选择设计出最能表现这种形象的标准色。

(3) 选择色彩。我们考虑选择哪种颜色才能体现企业形象的特质。一般而言,红色系适用于食品业、交通业、饮食业、金融业、百货业;橙色系适用于食品业、石化业、建筑业、百货业;黄色系适用于电气业、化工业、照明业、食品业;绿色系适用于林业、蔬菜业、金融业、建筑业、百货业;蓝色系适用于交通业、休闲用品业、药品业、电子业;紫色系适用于化妆品、装饰品、服装业、出版业等。

众所周知,"麦当劳"与"肯德基"是竞争对手。然而,出乎意料地,其标准色都是"大红色"。无独有偶,我国的"永和豆浆""乡村基"等,都采用"大红"作为企业标准色——这是由其"快餐"的行业理念与战略所决定的。快餐业的一个显著特点便是周转快、流量大,而"大红"的色彩有敦促消费者快吃快走的暗示之意。

(4) 搭配。即选用两种或两种以上的颜色,通过搭配追求色彩组合的对比效果,以增强色彩韵律的美感与充分说明企业的性质。颜色的搭配并非各种颜色的平均分配,而应

---

① 万力. 名牌 CI 策划[M]. 北京:中国人民大学出版社,1997:216.

有主次之分。如以什么颜色为基础色或主调色,以什么颜色搭配等。一般企业设定标准色大致有以下三种情况:"第一,单色标准色。单纯有力的单色标准色,可使人产生强烈的印象,留下深刻的记忆。如可口可乐公司的红色,全日空航空的蓝色等;第二,复色标准色。如美孚石油(Mobil)的红与蓝,日产汽车(Nissan)的红与蓝等;第三,标准色加辅助色。这种方式可用于区分企业集团、子、母公司的不同,或公司各个事业部门以及品牌、产品的分类等。色彩的差异性,有利于识别区分。如日本大荣百货公司,就针对各种产品、广告媒体规划了多达78色的色彩系统。"①

为了突出色彩的诱惑力以便于识别,标志色彩的诱惑性和明视性必须高,这样才能取得较好的设计效果。同时,设计还要注意配色调和的美感,根据色相、色调的合理组合,设计出高雅、宁静的感觉。

5.3.2.4 企业造型设计

企业造型,也就是人们日常所说的"企业吉祥物"。其英文是"Corporate Character"。"Character"意指"人物的性格、事物的特征,或小说、戏剧中特定的造型、角色"。所谓企业造型,是指由企业自行设计出来的,具有独特个性形象并被赋予生命的,夸张的、拟人化的、漫画式的形象。它可直接表现出企业属性、经营理念和产品特征。

1) 企业造型优势解析

一个优秀的企业造型一般都具有如下特点:

(1) 说明性:企业吉祥物以具象化的造型图案、图解内容来说明意义。较之抽象的标志、标准字,更具说明性与诉求力,更能一目了然地传达企业的信息。特别是面对不同层次的诉求对象,企业吉祥物有着很好的传达功能。②

(2) 亲切感:企业吉祥物的题材一般取自活泼可爱的人物、动物、植物、风景、抽象图案等,在企业情报传达的诸多设计要素中,是最有亲切感和吸引力的,容易给人以愉悦、甜润以及幽默风趣等好感,可以获得较好的视觉效果。作为品牌标志、标准字的重要补充,它还能进一步增强记忆的效果。

(3) 统一性:企业造型和企业品牌的其他视觉要素相协调,整合企业产品、宣传、促销和服务等多方面的行为,表现统一的企业形象。消费者和社会大众通过认知生动、形象、个性化的企业吉祥物,从而感受到该品牌的内涵。

(4) 传播中的灵活性:企业可以根据自己的市场经营状况,自由设计出企业造型的多种表情、姿势,甚至是系列故事,而且几乎可以用在所有的宣传媒体上。若能巧妙地利用吉祥物的感染力、表现力和亲切感,企业就更容易与消费者和社会大众建立起亲密无间的关系。一个企业要和其他企业明确区别开来,就必须要有明显的特征,所谓

---

① 李文库,李睿.形象·企业软黄金[M].天津:天津人民出版社,1996:169.
② 朱健强.企业CI战略[M].厦门:厦门大学出版社,1999:235.

百闻不如一见,企业吉祥物的吸引力与建立个性特征的功能,在信息化社会中有着不可代替的作用。

2)企业吉祥物的类别

(1)具备企业标志独立意义的视觉要素。这种企业吉祥物即把企业标志直接与吉祥物相结合,如"海尔"的图形标志"海尔兄弟",虽然不简洁,也不算十分醒目,但"海尔兄弟"的可爱与国际化弥补了这一点。该标志亲和力强,人性味浓,人见人爱。英国瓦特涅斯(Watneys)酿酒公司的酿酒桶、日本麒麟啤酒(Kirin)公司的麒麟图案等,都属于这个类型。

(2)表明企业标志意义辅助性的视觉要素。这种企业吉祥物虽然不带有企业标志,但是与企业标志有类似的风格,让他人可以很容易看出两者之间的联系。例如,麦当劳的"麦当劳叔叔"形象、迪士尼的动物形象、万宝路的牛仔形象、肯德基的"肯德基上校"形象、我国海尔电器集团的海尔兄弟形象、美的空调的北极熊形象等。

3)企业吉祥物的设计

企业吉祥物的题材选择与设定是设计的首要课题。

一般而言,题材的选择首先应考虑到宗教信仰、忌讳和风俗习惯。比如,法国人视孔雀为祸鸟;东南亚诸国视白鹤为色情鸟;印度、尼泊尔等国认为黄牛是神物;一般人认为百合花代表着纯洁,但在英国、加拿大,百合花则被认为是死亡之花。另外,还要就企业的经营内容、未来的CI的目标决定设计方向,选择设计的题材。如女性化妆品业较适合用植物或可爱的动物来表现温柔、典雅和秀丽;体育用品业则以充满力量、动感的动物为佳;传统食品业常以企业者的形象为题材,来表现传统风味和老牌形象。图5-13展示了互联网行业代表性企业——京东和携程的吉祥物设计,启示读者如何运用合适的动物形象进行企业吉祥物的设计。

图5-13 京东和携程的吉祥物设计

(资料来源:公开资料)

 小结和学习重点

(1) 品牌要素的构成与设计标准。
(2) 品牌命名的分类、规则、步骤。
(3) 品牌视觉形象设计的基本内容与原则。

品牌要素的选择与设计是品牌资产建设的基础,关系到品牌战略的实施,影响到品牌传播推广与长期管理。本章从品牌机构可控的显性要素入手,分别就品牌名称与品牌视觉形象介绍了品牌要素的内容分类、设计规则与设计步骤。

 案例分析

海澜集团(原三毛集团)更名策划纪实

中国海澜集团(原三毛集团),是世界毛纺十强之一,也是业内第一家高新技术企业和中国最大的高档男装生产基地,拥有资产 30 亿元,麾下集合了上市公司"凯诺科技"、上海克瑞特服饰(法国顶级品牌"奥德臣"总代理)、五星级"海澜大酒店"、中国顶级"国际会议展览中心"以及"海澜""圣凯诺"等强势品牌群。从昔日作坊式的毛纺小厂到如今多元化跨国集团,"三毛"这个毛纺色彩重、品牌个性弱、字面感觉差的品牌已很难适应公司发展的需要。为了适应国际化、多元化、集约化发展的需要,海澜集团(原三毛集团)决定聘请以余明阳博士为总策划的专家团(8 位品牌专家、5 位视觉专家)为公司更名。经过短短三天时间,专家团奇迹般地完成了企业更名。

1. 第一天(10月10日)

1) 上午 09:00—12:00

听取周建平董事长的介绍:公司从以毛纺为主向以服装为主的态势运作,确定了"一长一大一高一新"的战略目标,即毛纺长、服装大、品牌高、企业文化概念新。决定放弃毛纺巨头的单一定位,将服装做成产业链,到 2008 年成为全球产量最大的服装企业。

但是,经过一个上午的交流,周建平董事长并没有确定创意的基调和方向。所以只能从各种思路去寻找创意的源泉。

2) 下午 14:00—18:00

进入创意阶段。"头脑风暴法"是创意的基点,专家们集思广益、煞费苦心地不断地冒出一系列"洋派的""本土的""中西结合的"公司品牌。

下午 16:30,公司委派广告部的一位同仁乘机前往北京,以便能直接从国家商标事务局检索查询,及时完成注册。

3) 晚上 19:30—24:00

经过筛选整理出三种不同风格的公司品牌,并简明扼要地概括内涵,以供选择:

"洋派"品牌(品牌略),"阳光普照,心想事成;欧亚文化,百业俱兴。"

"本土"品牌(品牌略),"人为纽带,天时、地利、人和;全面文化象征出来,人才精英荟萃。"

"中西结合"品牌(品牌略),"事业追求卓越,文化深渊,做人真善美;不断否定自己,为万世开太平的一种使命感。"

听完介绍后,周董事长对其中一两个品牌感兴趣,但总体上还不太满意,并提出要求品牌名称最好是两个字。

2. 第二天(10月11日)

1) 上午 09:00—12:00

创意在有序地进行,创意,否定,再创意,再否定……

2) 下午 14:00—18:00

一些好的品牌创意有了新的进展。

3) 晚上 19:30—24:00

再次与周董事长进行了交流,专家团把昨晚与今天创意的"海澜"等一批新创公司品牌抛出"亮相",并从不同角度就"海澜"等品牌进行详细阐述。

3. 第三天(10月12日)

1) 上午 09:00—12:00

公司高层管理人员及就读 MBA 的学员对"海澜"等品牌进行评选。10:30,易经专家从易经的角度向企业解读"海澜"——

"海澜"二字整体形状饱满富态,没有破残之感。右边方正圆满,显示出稳固和严谨,左边挥洒动荡,又显出无尽活力。从整体来看,严谨稳定中不失灵动与活力。

"海"由水、人、母组成,"人"在上,体现一种人本至上的精神;"母"在下,承载起人,显示一种宽大包容的胸怀,人又在上庇护母亲。"三水"为多,为三点智水(显然不是三毛),体现出智者在侧、贤者在上、专者在下的管理模式。

"澜"由水、门、柬组成,"门"中可谏,无须多言(谏字去言),体现了能集纳众言,敢于自我否定,不断创新的企业精神;"柬"又为请柬书信之意,门中有柬,礼尚往来,由此可见一斑,而门就立于国际性的无边之水边,国际交往由此可见。

11:00,公司决定将"海澜"等一组公司品牌报给在北京国家商标事务局等候的公司同仁,请工作人员上机检索查询并办理注册手续。

公司品牌的注册检索是关键。尤其是两个字的公司品牌往往很容易"撞车"。

11:30,北京传来了"海澜"注册成功的消息。

"海澜"释义:

(1) 百川汇聚为海,奔腾澎湃为澜。海是存在,澜是灵魂;海是博大,澜是壮美;海是永恒,澜是创新。海澜是存在与灵魂、博大与壮美、永恒与创新的统一。

（2）海澜是本原,它是万物之本,生命之源。这是海澜的哲学,也是海澜的品格——包容与进取,智慧与理想,力量与开拓,灵感与创造……它是公司理念——不断否定自己,永远追求卓越的全息凝缩。

（3）海澜是文明的标志,是沟通的桥梁;海澜吸纳日月之精华,传播人类之思想。作为文明的标志,它是公司产业文明的真正开始;作为沟通的桥梁,代表着中国与国际的对接。立于东海之滨的海澜,将海外品牌奥德臣的引入和本土品牌圣凯诺走向海外,都是中西文化交流的产物。海澜的文化正是东西方文明融合的结晶。因此海澜是事业的平台、是发展的基础。

（4）海澜的本色是蓝。蓝色象征无限、永恒、真理、奉献、忠诚、纯洁、和平、智慧和精神境界。海天一色,蓝色是所有色调中最清爽,最超脱于物质世界的一种。海澜的事业是无限的、永恒的、纯洁的事业;海澜人用自己的忠诚和智慧打造了和平、奉献于真理、追求着最高的精神境界,也代表着人类的不朽。

（5）以海阔天空之博大,创波澜壮美之事业。海澜集团必将在有限的世界中发展无限的事业,从必然王国走向自由王国,实现作为世界一流企业的使命。

2）下午15:00—17:00

品牌注册后,给标志的制作确定了方向,视觉专家开始创意、制作"海澜"的视觉识别系统。

"海澜"的标志是一艘扬帆远航的大船,预示着"海澜"这艘大船从国内市场向国际市场远航。随着我国加入WTO,"海澜"将会以全新的形象、明确的定位、高品质的产品,在市场上掀起新的波澜。

此标志视觉识别性强,企业个性明显,紧扣公司的品牌。

下午16:00,"海澜"标志通过网络传输到北京,17:00,"海澜"标志及经过设计的中英文(HEILAN GROUP)组合标志注册成功。"海澜"的策划圆满成功。

图5-14　海澜集团最初版标志、标准字

（资料来源:公开资料）

图5-15　海澜集团最新版(截至2020年4月)标志、标准字

（资料来源:公开资料）

第 5 章 品牌要素的设计

思考:

1. 海澜集团在此次更名中,主要对哪些品牌要素进行了选择与组合?
2. 请从品牌资产的角度出发剖析海澜集团的更名对品牌建设有何影响?

 课后思考题

1. 按照不同的划分标准,品牌的名称可分为哪些类型?请每类各举出三个实例。
2. 举出你认为最成功的十个品牌命名的例子,并分析它们成功的原因。
3. 品牌命名要注意哪些问题,举出十个你认为存在不足的品牌名称,并给出修改意见。
4. 品牌形象识别包括哪些内容?
5. 标志设计需要遵循哪些原则,举出你认为最成功的十种标志设计。
6. 参照本章给出的"部分国家和地区对色彩的喜爱和禁忌"图表,分析你周围的品牌标准色设计是否符合各国色彩运用习惯。
7. 选择一个品牌,为其重新设计标志、标准字、标准色和企业造型。

第 6 章　品牌的传播推广

学完本章,你应该能够:
(1) 掌握品牌信息的传播沟通模式;
(2) 了解品牌整合营销传播的内涵与要点;
(3) 掌握品牌整合营销传播的制定;
(4) 了解各类品牌传播沟通的工具;
(5) 懂得品牌传播沟通工具选择的影响因素。

品牌传播推广模式　品牌整合营销传播　销售促进
人员推销　直接营销

6.1 品牌传播推广模式

前面三章阐述了如何制定品牌的战略与定位以及品牌要素的设计,这只是构建品牌资产的基础工作。要实现品牌战略,将品牌定位真正转化为消费者心中对品牌的定位,将品牌要素转换为品牌资产,还得经过传播推广这一环节。品牌塑造在于传播推广,品牌形成的过程,实际上就是品牌在消费者中的传播过程,也是消费者对某个品牌逐渐认知的过程。

6.1.1 传播的过程与模式

品牌的传播推广,实际上就是将品牌的相关信息按照品牌拥有者的意图编码、传播给品牌利益相关者,从而构建起品牌资产的过程。可见,品牌的传播推广实质上是特定信息的传播。要探究品牌传播的规律,必须先认识信息传播的一般规律。

传播学的鼻祖哈罗德·拉斯韦尔(Harold D. Lasswell),早在1948年就首次提出了传播过程的五种要素,即传播者、信息、媒介、受传者、效果。经过许多学者的不断完善,后来又添加了反馈与噪声两个要素,如图6-1所示。

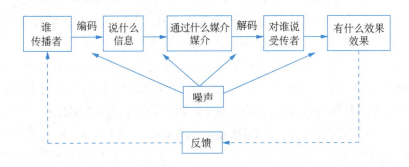

图 6-1 传播过程模式图示

(资料来源:作者绘制)

这个模式强调了有效传播的关键因素。传播者必须知道,要把信息传播给什么样的受传者以及要获得什么样的反应。他们必须是编译信息的能手,要考虑目标接受者倾向于如何解译信息,必须通过能触及目标接受者的有效媒体传播信息,必须建立反馈渠道,以便能够了解接受者对信息的反应。

要使信息有效,传播者的编码过程必须与受传者的解码过程相吻合。发送的信息必须是受传者所熟悉的。传播者与受传者的经验领域相交部分越多,信息越可能有效。信息源能编码,信息传播终点能解码,这需要各方具有相同的经验。这也把压力都加在来自某一社会阶层的信息传播者(如广告商们)身上,他们要把信息有效地传播给另一个社会阶层(如工厂的工人)。

传播者的任务就是把他的信息传递给受传者。然而受传者不一定能够按照传播者所预期的那样进行解码,因为在受传者接受信息时,存在着选择性接触、选择性理解和选择性记忆的现象。

(1) 选择性接触,又叫选择性注意,是指人们尽量接触与自己观点相吻合的信息,同时竭力避开相抵触的信息。人们每天受到1 600条商业信息的轰炸,但只有80条被意识到,大约12条被刺激而有反应。因此,信息传播者必须设计能吸引受众注意力的信息。选择性注意解释了为什么用大胆的通栏标题允诺某事的广告(如"如何赚100万")与有吸引力的插图和简短文字结合在一起时,就对读者产生了巨大的吸引力。读者只要付出很少一点儿努力就有机会获得很大报酬。

(2) 选择性理解,是指受传者总要依据自己的价值观念及思维方式来对接触到的信息做出独特的个人解释,使之同受众固有的认识相互协调,而不是相互冲突。受传者因已有自己的态度,从而导致其只期待他们想听或想看的事。他们只会听到符合他们想象的事,结果,受传者往往在原有信息的基础上添加原来没有的内容(扩大),并不注意原信息的其他方面。信息传播者的任务是力争使信息简明、清楚、有趣和多次反复,使信息的要点得以传递。

(3) 选择性记忆,是指人们根据各自的需求,在已被接受和理解的信息中,挑选出对自己有用、有利、有价值的信息,然后储存在大脑之中。人们只可能在他们得到的信息中维持一小部分的长期记忆力。信息是否通过受传者的短期记忆而进入他(或她)的长期记忆,取决于受传者接受信息复述的次数和形式。信息复述并不意味着简单地重复信息,从某种方面说,是受传者对信息含义的精心提炼,使短期记忆转变为受传者的长期记忆。如果接受者原先对目标的态度是肯定的,他(或她)所复述的又是支持性论点,这一信息就可能被接受,并有较强的记忆。如果接受者原先的态度是否定的,而且复述反对论点,信息就可能被拒绝,但也保持在长期记忆中。抗辩者提出禁止用反对信息来产生说服。由于大多数的说服要求接受者再三考虑他(或她)本身的想法,因此,很多所谓的说服都是自我说服。

除了"选择性"机理会影响信息传播的效果,在具体传播的过程中还存在以下一些因素影响传播的效果。

(1) 传播来源(包括传播者与传播媒介)的可信度和知名度越高,传播效果越好。所以,广告代理商往往选择公信度高、影响力大的媒介投放广告。并且许多公司都不惜重金请来体育明星、演艺明星做品牌代言人,在广告片中推介产品与品牌。

(2) 信息与接受者的意见、信仰及倾向越一致,传播的效力就越大。因此,跨国公司在全球推广品牌时往往制作多个版本的广告片,以针对不同区域、不同文化背景、不同宗教信仰的消费者。

(3)在大众传播时代,信息总是先由大众媒介传播给社会成员中少数舆论领袖,然后再由舆论领袖扩散给全体公众。舆论领袖又叫意见领袖,就是那些在传播活动中表现活跃的一小部分人,他们喜欢积极主动地给身边的人提供各类信息与自己的评判。因此,品牌机构在大笔投入广告经费的同时,绝对不能忽视口碑渠道的开发,尤其是在这个大众传媒信息泛滥、信息干扰度大、人们对广告的信任度下降的年代。

(4)情感型劝服比理智型劝服更加奏效。人的态度包括认知、情感和行为三种成分。在态度的形成与改变中,最关键的因素在于情感。而情感型劝服作用的正是态度中的情感部分,而理智型劝服影响的只是认知部分。认知改变,态度不一定变,而情感改变必然引起态度的改变。当然,如果将情感型劝服与理智型劝服结合起来,其效果要比单纯的理智型劝服或情感型劝服好得多。

(5)社会环境、社会群体和相关群体,不管其是否被承认,都是传递传播和产生影响的媒体。

6.1.2 品牌信息的传播沟通模式

从传播学的角度出发,品牌信息的传播沟通,其实质是品牌机构运用多种传播方式、通过一定的媒介或者直接向品牌利益相关者,传播有关品牌的信息。在传播过程中,传播受噪声的干扰,品牌机构通过对品牌资产的评估来反馈传播的效果。模式如图 6-2 所示。

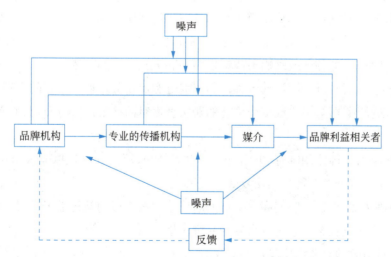

图 6-2 品牌传播沟通模式图示

(资料来源:作者绘制)

由图 6-2 可以看出，品牌信息传播是一个复杂的传播系统，品牌机构、专业的传播机构、媒介、品牌利益相关者、噪声和反馈是构成要素。

品牌机构是指品牌的拥有者，是传播者。专业的传播机构是指广告公司、公关公司、品牌顾问公司等服务于品牌机构的营销传播机构，也是传播者，他们按照品牌机构的要求负责信息的编码，存在典型的"委托代理"关系。品牌传播媒介是指传递或交流信息的途径，即传播者准备通过何种途径将信息有效地传递给目标受众，让其在信息传递过程中接受引导。媒介包括如报纸、电视、户外海报等传统大众媒体，随着互联网时代的发展，媒介还包括利用数字技术，以个人电脑、手机或数字电视为终端的新媒体，包括较早时候的贴吧、博客，以及在 2020 年仍占据新媒体主导地位的"两微一抖"（微博、微信、抖音）、企业官网、新闻平台、电子报刊、各大视频播放平台等。品牌利益相关者是指除品牌所有者之外的品牌利益人，包括员工、消费者、零售商、供应商、竞争者、公众和其他利益攸关者，是受传者。在此系统中，除了指信息传播本身的扭曲、衰减外，噪声主要是指品牌竞争者的信息干扰。反馈主要是指对品牌资产的评估，品牌信息传播效果的好坏直接反映为品牌资产的增减。

信息从"品牌机构"发出到"品牌利益相关者"接收，有四条途径，按照是否流经媒介，可分为人员传播与非人员传播。人员传播的途径是"一对一"的方式，优点是传播的控制度好，信息损耗少，能够迅速得到大量直接、全面的反馈信息；缺点是传播的速度慢，范围窄。非人员传播是"一对多"的方式，优点是传播速度快、范围广、形式多样，缺点是可控性差，信息损耗大，反馈速度慢。

显然，人员传播与非人员传播各有利弊，品牌机构往往综合运用人员与非人员传播的方式来进行品牌的传播推广，总体说来有六种主要的传播工具。

（1）广告，即以付款方式进行的创意、商品和服务的非人员展示和促销活动。

（2）销售促进，即各种鼓励购买或销售商品和劳务的短期刺激。

（3）公共关系与宣传，即设计各种计划以促进和保护公司形象或它的个别产品。

（4）人员推销，即与一个或多个可能的购买者面对面接触以进行介绍、回答问题和取得订单。

（5）直接营销，即使用邮寄、电话、传真、电子邮箱、短信和其他以非人员接触工具沟通或征求特定顾客和潜在客户的回复。

（6）口碑传播，即在互联网高速发展的时代中逐渐成形的新传播工具，目标消费者作为传播主体，利用其社会关系进行自发的品牌传播。

上述六种方式的具体内容参见表 6-1。

在以上传播推广工具中，有些是纯粹的人员传播或者非人员传播，例如推销展示陈说是人员传播，销售点陈列是非人员传播。有些是人员传播与非人员传播的综合运用，例如新闻发布会。

表 6-1　品牌推广六种主要方式的具体内容

广告	销售促进	公共关系	人员推销	直接营销	口碑传播
印刷媒体广告	竞赛、游戏	媒体软文	推销展示	目录	病毒式营销
电子媒体广告	兑奖	新闻发布会	推销会议	邮购	多媒体分享
外包装广告	彩票	研讨会	奖励节目	电信营销	社交网站介绍和推荐
包装插入物	赠品	年度报告	样品	电子购买	社区讨论与论坛
影视剧植入式广告	样品	慈善捐款	交易会	电视购买	社交网站讨论
简订本和小册子	交易会	赞助	展销会	传真邮购	……
招贴和传单	展览会	出版物	……	电子信箱	
工商名录	示范表演	关系		音控邮购	
广告复制品	赠券	游说		……	
广告牌	回扣	公司杂志			
陈列广告牌	款待	事件			
销售点陈列	打折销售	……			
视听材料	捆绑销售				
标记和标识语	……				
……					

6.1.3　整合营销传播

由以上的图 6-2 可以看出，品牌信息的传播推广是一个较复杂的系统工程，品牌机构往往经过多个信息传播渠道、采用多种传播工具、针对不同的品牌利益相关者发送信息。这给品牌信息传播的效果提出一定的挑战，如果传播的信息不一致，非但不能积累品牌资产，反而会削减品牌资产。加上竞争品牌信息传播干扰所造成的噪声，品牌机构必须要提高"声音"，这导致传播推广的成本直线上升。此时，整合营销传播成为品牌传播推广的必然选择。

根据美国广告协会对整合营销传播（Integrated Marketing Communication，IMC）的定义，整合营销传播是一种市场营销传播计划观念，即在计划中对不同的沟通形式，如一般性的广告、直接反应广告、销售促进、公共关系等的战略地位作出估计，并通过对分散的信息加以整合，将以上形式结合起来，从而达到明确的、一致的以及最大限度地沟通。

所谓整合营销传播，有两层含义：首先是不同沟通手段所传递的信息是一致的，共享品牌最核心的含义，清晰地将品牌定位传递给品牌利益相关者；其次是不同的沟通手段要能相互补充，优势彼此衬托、劣势互相弥补。

整合营销传播要注意以下要点。

6.1.3.1　品牌推广的重心是营造品牌关系

品牌整合推广，是为适应 21 世纪的商业大环境而产生的，它是经营品牌关系的一种交互作用过程，通过带领人们与企业共同学习来保持品牌沟通策略上的一致性，加强公司与消费者、其他关系利益人之间的积极对话，以积累品牌资产。大部分的公司都过于看重内部成本的缩减和运营效率的加强,却忘记了不管是他们的一举一动,还是无所行动,对消费者、员工、关系利益人、媒体及潜在消费者而言,都具有某种程度的意义。认清这些推广沟通方面的重要性,同时努力去经营,这便是品牌整合推广的精髓。所以,品牌推广的重心,应是营造基于消费者的品牌关系,不只是扩大知名度,而且还重在增加消费者对品牌的认知度、品牌美誉度、品牌忠诚度和品牌联想。

6.1.3.2 品牌推广要"以客为尊"

在卖方市场为主导的环境下,社会经济是一种短缺经济或者管制经济,但是在买方市场下,则是丰裕经济。在买方市场条件下,消费者的行为决定一切,因而,品牌推广的间接目的,就是培植与消费者或潜在消费者的良好关系。

中国的品牌经理或营销主管,常常把注意力集中在他们的营销传播工具上,忽略了起决定作用的推广或销售的对象。套用托尔斯泰曾经说过的一句话,"幸福的家庭都是一样的,而不幸的家庭却各有各的不幸",跨国公司的成功,最重要的少数几个原因之一就是特别关注消费者或潜在消费者,而中国的品牌"各领风骚两三年"的"罪魁祸首"则首推"不把消费者当回事"。有些市场因素可以不在乎,但是有些因素必须全力以赴去用心来关注。我们必须对消费者或潜在消费者透彻了解,必须明白:第一,消费者以他们的主观观念或主观情感来做决定而非事实或品牌组织看问题的方式和方法;第二,消费者的购买决定和品牌选择,很少是出自一个人的意见,哪怕是消费品;第三,消费者是以情感纽带接受亲近的人的参考意见,是以脑和心来做决定的;第四,消费者的欲望、需求和顾虑,不是长期固定不变的,而是经常变化的。

营销理论界把品牌关系解释为重复销售,是以交易为出发点的想法。当紧密的关系建立起来之后,公司所得到的利益绝不止于重复销售。也就是说,如果一个既定的品牌受到消费者青睐的时间越持久,此品牌从市场上获得的收益也越大,这是因为消费者对品牌的支持越长,也就越舍得掏腰包。

6.1.3.3 品牌推广的目的是积累品牌资产

汤姆·邓肯提出了一个品牌资产的方程式:

$$推广 \rightarrow 品牌关系 \rightarrow 品牌支持度 = 品牌资产$$

从这个方程式可以知道,推广是品牌关系的驾驭者。关系利益人自动整合出的一系列品牌特征信息代表了它们与品牌之间的关系,因而决定了它们支持品牌的程度。"将关系利益人对品牌的支持度累积起来,就构成了品牌资产。"(汤姆·邓肯,1999)我们利用各种媒介,采用各种方式,其目的都是为了积累品牌资产,即使是反复强调和追求的品牌知名度、消费者满意度、顾客忠诚度等,也只是间接目的,最终目的还是品牌资产的增值。

6.1.3.4 企业内部整合——建立跨职能的品牌管理机构

大卫·艾克(David A. Aaker)曾说过,"光是拥有一个跨职能的结构,并不能保证公司一定可以整合,但是如果没有一个跨职能的结构,则一定没有办法整合。"我们经营品牌、推广品牌与建立品牌关系的过程,不单单是品牌管理部门的事,也不单单是营销部门的事,同时也是生产、行政、财务、人事等部门的责任,因而需要建立跨职能的管理机构。

6.1.3.5 品牌整合推广要求全员参与

关注品牌推广,是品牌管理者的责任,但同时也是其他每一个关系利益人的责任。一个品牌绝不仅仅意味着广告和营销,它还意味着当任何人看到你的图标或听到你的名字的时候所能想到的任何事物。毋庸置疑,推广品牌是品牌经理领导下的品牌队伍的责任,但是,如果公司上下的每个员工都关注品牌推广和品牌塑造,那么,在面对一个可能的合并时,财务人员考虑的不再仅仅是总收入,他们开始担心一些不寻常的事——合并对象的名声;公司的律师开始制定一些特殊的条款以测定公司与消费者沟通中所存在障碍的合理性;公司的广告推广人员开始有了更加自信的勇气并拒绝让一些胡说八道的人干扰制作广告的过程;信息技术人员会考虑要确保向公司的消费者提供一种提高公司信誉的技术沟通方式;销售人员也会有更加灵活的处置手段,因为他们知道他们的言行就是一种品牌推广方式。

6.1.3.6 品牌特征信息的一致性

"所谓一致性,是指综合协调所有的品牌形象、品牌定位和口碑的信息","信息一致可以使一个平淡无奇的创意变得强而有力。"(汤姆·邓肯,1999)我们知道,品牌资产是一项多元功能下的产物,它是所有与品牌有关的推广信息的结晶。要进行品牌推广,以建立品牌关系,就要先了解品牌推广和传播的每一句话和所做的每一件事。对于所有接触点所传达出的品牌信息都要加以监控,检测它们是否与企业的整体品牌战略相一致。保持产品和服务的一致性,一直是一项基本的营销法则,尤其是近年来的全面质量管理更强化了这项目标。如果品牌推广所传播的品牌特征信息不一致,品牌是没有一致性可言的。品牌推广的信息与品牌组织的所作所为越不一致,品牌的核心价值就越不明确、越散漫、越模糊。就消费者观点而言,策略一致性代表品牌"不会做出令人惊愕的事情",同时容易辨识。

建立一致的品牌推广信息是整合推广的环节之一,在这个执行的阶段里,一致的要求会随着消费者群体和关系利益人团体而有所变化。品牌组织与关系利益人所进行的一对一沟通越多,一致性的标准越个性化。中国的公司普遍存在着无法执行一致、预定的品牌信息的问题,其原因在于,它们在基础层面上没有达成共识。"除非能确保策略上的一致性,否则,即使在执行上保持了一致性,也作用不大。"(汤姆·邓肯,1999)汤姆·邓肯认为必须从六个方面保持一致性：企业核心价值观与企业任务、以客为尊的营销哲学、品牌识别标志的一致性、产品与服务信息的一致性、品牌定位的一致性、执行上的一致性。

6.1.3.7 接触管理

北欧航空公司前 CEO 简·贾尔钟（Jan Garlzon）曾经说过，"竭尽全力，在最能取悦消费者的地方令消费者满意。"接触，在品牌管理领域，是与整合的概念相辅相成的；按照上海交通大学余明阳教授的观点，接触就是品牌信息经品牌推广与消费者或潜在消费者结合的过程。从接触管理的要求标准来说"品牌推广的关键是你能够在正确的地方合适的时间传播适当的品牌信息"（余明阳，2002），也即是说，品牌推广必须清楚在什么时间、哪个或哪些接触点、以何种方式与消费者或潜在消费者进行接触。接触管理要求，通过深度访谈理出足以推动消费者购买本品牌产品的接触清单，你必须清楚大部分消费者或潜在消费者所知晓的接触点，也必须明确不同的消费群体所确认的重要接触点。这就进一步要求用心来倾听来自消费者或潜在消费者的心声，充分利用自发的接触点以建立积极而有意义的互动关系。

6.1.3.8 建立数据库

21 世纪品牌成功与否的分界不是资料收集数目的多寡，而是如何将这些资料转换成可行的品牌推广策略和计划。IBM 商业咨询部主管罗勃特·豪（Robert Howe）曾说过："权力一词，过去是指对信息的控制；而现在，能够提供绝佳信息管理管道的人，才是握有权力的人。"我们的品牌推广活动，比如品牌的市场调查、品牌定位、各种品牌策略分析、品牌战略的制定执行以及监控等，都以数据库为基础。从某种意义上说，数据库质量的优劣和对数据库运用的优劣决定着品牌推广的成功与否。跨国公司都特别重视数据库的建设与科学而充分的运用，它们很清楚，科学地运用高质量的数据库可以帮助品牌找出最有利的消费者或潜在消费者；可以帮助品牌追踪包括交易在内的所有互动行为；可以帮助品牌发展出有意义的个性化对话以加强品牌关系；可以帮助品牌预测市场趋势以拿出预防措施；可以让品牌的推广策略更具隐蔽性。

6.1.4 制定整合营销传播方案

菲利普·科特勒认为，成功的整合营销传播必须经历八大步骤：

(1) 确定目标传播受众；

(2) 确定传播目标；

(3) 设计信息；

(4) 选择传播渠道；

(5) 编制总促销预算；

(6) 决定促销组合；

（7）衡量促销成果；

（8）管理和协调整合营销传播过程。

现就每一点做具体分析。

6.1.4.1 确定目标传播受众

营销信息的传播者必须一开始就要在心中有明确的目标受众。这受众可能是公司产品的潜在购买者、目前使用者、决策者或影响者。受众可能是个人、小组、特殊公众或一般公众。目标受众将会极大地影响信息传播者的下列决策：准备说什么，打算如何说，什么时候说，在什么地方说，由谁来说。

6.1.4.2 确定传播目标

当确认了目标受众及其特点后，营销信息传播者必须确定寻求什么样的反应，当然，最终的反应是购买，但购买行为是消费者进行决策的长期过程的最终结果，营销信息传播者需要知道，如何把目标受众从他们目前所处的位置推向更高的准备购买阶段。

6.1.4.3 设计信息

期望受众反应明确以后，信息传播者就该制定一个有效的信息。在最理想状态下，信息应能引起注意、提起兴趣、唤起欲望、导致行动。

6.1.4.4 选择传播渠道

信息传播者必须选择有效的信息传播渠道来传递信息。在不同的情况下应采用不同的渠道。在不同的阶段采用不同的信息传播渠道或者渠道组合。

6.1.4.5 编制总促销预算

公司面临的最困难的营销决策之一是在促销方面应投入多少费用。促销预算与销售额之间保持怎样的比例才能达到利润最优，这中间涉及短期利益与长期利益的权衡取舍。

6.1.4.6 决定促销组合

每种促销工具都有各自的特性和成本。营销人员在选择它们时一定要了解这些特性，并且根据行业特色、预算经费以及传播目标来进行组合。

经营消费品的公司一般都把大部分资金用于广告，随之是销售促进、人员推销和公共关系。经营工业品的公司把大部分资金用于人员推销，随之是销售促进、广告和公共关系。一般来说，人员推销着重用于昂贵的、有风险的商品以及少数大卖主市场（此处指工业市场）。值得关注的是，随着互联网的快速发展和各类新媒体的逐步完善，消费品公司传播中的口碑传播比重逐渐增加。

6.1.4.7 衡量促销成果

在促销计划得到贯彻执行后,信息传播者必须衡量它对目标受众的影响。可采用定量的方法,例如统计销售额,这是衡量受众行为最直观的方式;也可采用定性的方法,如用访谈法,询问目标受众,了解他们是否识别和记住这一信息,他们看到它几次,他们记住了哪几点,他们对信息的感觉如何以及他们对产品和公司过去和现在的态度。

6.1.4.8 管理和协调整合营销传播过程

品牌机构根据所制定的品牌战略与地位以及动态更新的品牌资产图与品牌资产报告,对整合营销传播的每一个环节、每一种传播方式都跟进,以确保品牌利益相关者得到一致、完整的品牌信息。为了确保品牌信息的一致性,很多品牌机构往往采取给新品牌建立品牌使用手册的方式来协调各类传播渠道以正确地阐释品牌的核心价值与定位。

6.2 品牌传播推广工具的选择

从品牌传播沟通的模式来看,品牌传播渠道的选择,即传播推广工具的选择,对传播的效果具有重大的影响。本节将分别介绍广告、销售促进、公共关系与宣传、人员推销、直接营销和口碑传播这六种当前社会常见的传播推广工具。

6.2.1 广告

广告是由广告主发起的通过付费对理念、商品或者服务进行各种形式的非针对个人的陈述或推销。广告是自品牌诞生就使用的传统主流传播推广工具,尤其是大众传播媒介广告在品牌资产建设中起着重要的作用。大众传播媒体广告可以准确无误地刊登或安排播放时间,因此能够较容易地计算出它的出现率,并可全面控制品牌特征信息内容。人们至今仍经常运用大众媒体来做程序性、规律性、经常性的信息传播。新媒体广告是网络营销兴起后一个重要的传播工具,主要的优点有传播成本比传统媒体更低、传播速度比传统媒体更快、传播面比传统媒体更广。

6.2.1.1 广告的特性

菲利普·科特勒认为广告作为重要的传播工具,具有独特的性质:

(1) 公开展示。广告是一种高度公开的信息传播方式。它的公开性赋予产品一种合法性并使产品的标准化特征更显著。因为许多人接受相同的信息,所以购买者知道他们购买这一产品的动机是众所周知的。

(2)普及性。广告是一种普及性的媒体,它允许销售者多次重复这一信息。它也允许购买者接受和比较各种竞争者的信息。一个销售者可以做大规模的广告,以肯定的语气介绍销售者的经营规模、名望和成功。

(3)夸张的表现力。广告可通过巧妙地应用印刷艺术、声音、颜色和形象,提供将一个公司及其产品戏剧化的展示机会。有时,这一工具在表现上是很成功的,但是,也可能冲淡和转移受众对信息的注意。

(4)非人格化。广告不会像公司的销售代表那样有强制性,受众不会因此感到有义务去注意或作出反应,广告对受众只能进行独白而不是对话。

6.2.1.2 广告的作用

广告一方面能用于建立一个产品的长期形象(如可口可乐广告),另一方面它能促进快速销售。广告就传达给在地域广阔而分散的广大购买者而言,每个显露点只需较低的成本,是一种有效的方法。具体说来,广告能起下列作用:

(1)建立知名度。那些不知道这家公司或产品的潜在顾客可能会拒绝与销售代表见面。进一步而言,销售代表也不得不花费大量时间来描述公司及其产品。

(2)促进理解。如果这一产品具有新的特点,对此进行解释的沉重负担就能由广告来有效地承担。

(3)有效提醒。如果潜在顾客已了解这个产品,但还未准备去购买,广告能不断地提醒他们,它比销售访问要经济得多。

(4)合法性。销售代表采用在有影响杂志上登载公司广告样张的办法可证明公司和它的产品合法性。

(5)再保证。广告能提醒顾客如何使用产品,对他们的购买再度给予保证。

6.2.1.3 不同媒介广告的优缺点

由于媒介本身的特点,广告登载在不同媒介上,具有不同的效果。具体的优缺点列于表6-2。

表6-2 常见媒体的优缺点分析和关键事项

媒介	优点	缺点	关键事项
传统媒体——电视	覆盖面积大 接触率高 有光、声、动态的影响 声望高 易引起注意 千人成本低	选择性低 信息生命短 绝对成本高 生产成本高 干扰大	1. 聚焦于恰当的目标市场 2. 创意应简单明了 3. 抵制干扰,吸引注意力 4. 品牌标识要清晰地出现 5. 注意设计展示者的体态语言、脸部表情、举止、服装、姿势和发型

(续表)

媒介	优点	缺点	关键事项
传统媒体——广播	地方性覆盖 成本低和接触频率高 有弹性 生产成本低 受众充分细分	只有听觉效果 干扰大 不易引起注意 信息易逝	1. 在广告中尽早地提出品牌 2. 反复提到品牌利益点 3. 注意广告用词口语化、语速适中、发音清晰、语调生动富于变化
传统媒体——杂志	易于细分目标受众 易重复阅读 信息容量高 有多种读者	前置时间太长 只有视觉效果 缺乏弹性	1. 信息要清晰直观，一眼能看清 2. 品牌利益点放在最显著位置 3. 标注出品牌的标识
传统媒体——报纸	覆盖面广 成本低 前置时间短 广告能置于有兴趣的地方 及时 读者控制信息展露 可以使用赠券	信息生命短 干扰大 不易引起注意 不易重复阅读 受众有限 信息展露有限	同为纸质媒体，见上
传统媒体——户外广告	具体地点 重复率高 易被注意	信息展露空间有限 形象不好 受地域限制	1. 选择人流量大的地点 2. 注意排除干扰 3. 画面富有冲击力
新媒体——数字电视广告	用户选择产品信息 用户注意和参与 交互式关系 直销潜力 弹性信息平台	有限的创作能力 主页干扰 落后的技术 无效的测量技术	1. 信息形式生动有趣 2. 定期更新
新媒体——"两微一抖"	覆盖面广 受众类型多 传播速度快 平台包容性强 提供用户互动 鼓励用户参与 灵活多样的广告投放形式 传播成本相对低廉	较大的干扰 易被海量信息淹没 受众针对性不强 难以评估传播效果 广告长度有要求	1. 设计高质信息内容 2. 采用创意表达方式吸引眼球 3. 设计鼓励用户互动和参与的内容
新媒体——企业官网	发挥空间大 易到达目标消费者 广告不限形式 成本非常低	传播面不广 容易被忽略	1. 注重官网中的内容营销，提供优质内容 2. 需要培养专门的传播人员负责官网设计和运营
新媒体——视频播放平台	覆盖面广 易于细分目标受众 信息容量高 对广告长度要求不高	用户容易屏蔽 不易重复观看	1. 制作有情节的有趣的广告内容 2. 控制广告长度与信息含量匹配 3. 针对特定的视频设计特定的广告

6.2.1.4 广告媒介策略

正因为每一种媒体广告都各有利弊,因此,在实际的品牌推广中需要制定一定的广告媒介策略,它决定了品牌推广所要传播的品牌信息到达消费者或潜在消费者的最佳途径。广告媒介策略的制定一般要经过以下程序。

1) 市场分析

虽然通过环境分析可能会得到许多目标市场,但是我们仍然必须仔细地确定哪一个具体的目标消费者群体或潜在消费者群体会支持我们的品牌推广,这样才能使品牌推广与客户、客户代表、营销部门以及创作指导一同发挥作用。许多因素都能在这一方面帮助我们。有些因素的分析可能需要第一手资料的调研,而另外一些可以从出版物来源中收集。一言以蔽之,我们该向谁做广告。

品牌推广的媒体战略要受到内外部双重因素的作用和影响,这种因素在任一既定时段都起着一定的作用。内部因素包括媒体预算的规模、品牌经理和品牌管理人员的能力或者代理商的组织结构;外部因素包括媒体正在上升的成本、新媒体的适用性、竞争因素;等等。

2) 确定媒体目标

设定媒体目标的目的是要把品牌推广的目标和战略转变成媒体能够完成的目标。正如通过环境分析可以确立品牌战略目标一样,通过媒体分析可以确定媒体目标,要求媒体目标必须做到具体化、可量化和可操作。媒体目标本身只是品牌推广的手段而并非目的或终点;它们是为了获取品牌推广的目标,即品牌的目标消费群。媒体目标是为媒体方案所制定的目标,它应该局限于那些通过媒体推广战略能够获取的目标之范围内。为了让读者更深刻地了解如何制定清晰具体的媒体目标,下面简单列举某个上海企业的媒体目标作为例子,该企业通过以下几步在目标市场中提高知名度:

(1) 在武汉用三个月时间通过印刷媒体来覆盖80%的目标市场;

(2) 在同样的三个月时间内,至少三次到达目标消费者的60%;

(3) 在冬季和春季集中最大力量来做广告,而在夏季和秋季则减少广告投入。

3) 媒体推广

在确定了媒体应该达到的目标之后,品牌媒体推广的任务就是要考虑怎样去实现这些目标,也就是说,我们要制定并执行媒体推广战略,这一战略直接从实现目标所需要的活动中演化而来。影响媒体推广的因素有如下几个方面:

(1) 媒体组合。对于品牌推广来说,许多媒体及其载体都是可以采用的。人们采用单一媒体或单一载体的情况相对很少,而更多的是进行多项选择。品牌推广所追求的目标、产品或服务的特征、预算的规模和个人的偏好,是决定要采用何种媒体组合的因素。例如,女孩喜欢时尚的服饰,这时用视觉形象来传播促销更有效,模特秀、电视广告和通过网络平台展示平面照片或视频是最有效的传播选择,如果你用广播进行推广促销,则效果无几,但是,如果促销战略需要用赠券来刺激购买,则印刷媒体就凸显其价值。有时候如果消费群体的年轻化十分明显,选择新媒体的传播效果会更好。由于每一种媒体都有其独特的优势,因此,品牌推广者通过采用某一既定的媒体组合,就能够使他们的媒体推广更加多样化且更有传播推广效果。

(2)市场覆盖率。品牌推广的媒体战略要对应于不同的目标市场,对不同媒体的重点与非重点来加以使用。比如上海某家销售袜子的企业的媒体计划书中,核心市场确定为20岁以上的白领女性,于是,该企业的品牌经理就从三个方面有重点地选择媒体着手进行品牌推广:一是利用电视扩大知名度和覆盖率;二是组织该企业模特秀时尚形象展示;三是利用印刷媒体——精美的贴画,在全国高校发送以培养潜在的品牌目标消费群。品牌推广的媒体战略涉及的一个核心问题,是通过何种媒体或媒体载体能够最有效地把品牌特征信息传递给消费者或潜在消费者,从而将最适当的媒体和目标市场具体结合起来。这里涉及的问题是市场覆盖率。理想的覆盖率是全部市场,但这种乐观的状态太过随意,而在操作中很难实现;第二种状态是覆盖了部分目标市场,这种情况需要品牌推广者加大工作力度或调整媒体组合;第三种状态是超过目标市场的覆盖范围,这种情况是媒体覆盖到达了那些不是消费者也不是潜在消费者的公众群体,这样就造成了某种程度上的浪费。第二种和第三种状态是市场中普遍存在的常态。

品牌推广的目标是在使覆盖率浪费最小化的同时,尽可能扩大目标消费者或潜在的目标消费者的覆盖率。这一情况通常涉及均衡问题,也即是说,由于种种原因,在实际操作中品牌推广有时不得不向小于既定的覆盖率让步,而即使是最有效的媒体也会把品牌特征信息传播到非消费者或非潜在消费者群体。其实,如果现在所采用的媒体或媒体组合是有效的,并且覆盖率浪费的成本小于因之而获得的收益,那么,这种覆盖率浪费是合理的,也是不可能完全避免的。

(3)地理覆盖率。一些较前卫的服饰搭配在中国城市比在农村流行,在东南沿海比在西北内陆流行,因而,如果卖点是前卫和时尚的服装企业在农村或在西北内陆进行大规模的广告促销可能是不明智的。尤其是在内陆的一些地区,如果进行较为暴露的模特秀展示演出,甚至有可能遭到抵制或斥责。

(4)时间选择。无论哪个品牌都想通过品牌推广长时间引起消费者对产品和品牌的持续关注,但是,在实际运作中,由于种种原因而达不到这一点。当然最主要的原因就是预算不足。时间安排的关键是怎样科学地选择促销的时机,以使它们与最高峰的潜在购买时间相符合。美国的学者乔治·贝尔齐(George E. Belch)把可采用的时间安排方法分为三种:连续式、间歇式和脉动式。

连续式是指一种广告的连续刊播形式,这种连续形式可以是每天、每周或每月,其关键是有规律、连续的形式;间歇式采用一种带有间断的广告期和非广告期,在某些时段内,促销的支出大一些,而有些时间段内可能就没有广告支出;脉动式则是前两种方法的结合。

(5) 创意与情绪。品牌推广的媒体环境也会影响消费者或潜在消费者的认知。通过强调创意的广告运动来促成品牌推广的成功,但是为了实施这一创意,就必须采用能支持这一战略的媒体。而且,由于某种媒体能够产生一种有利于品牌推广的情结,所以它们增强了品牌特征信息的创意性。由于电视声情并茂,极具情感煽动性,因而相对而言,它在营造气氛方面比其他媒体更有效;同时,新媒体自带年轻化和现代化特质,要向年轻消费群体传递信息的话,其他媒体不是其对手。这就要求,在进行媒体推广时,必须考虑创意和情绪方面的因素。

(6) 弹性。有效的媒体推广战略需要有一定的弹性。这主要是因为环境是迅速变化的,促使战略也需要因此做出迅速的调整和变动。有时市场上会出现一些有益于品牌推广的机会,比如一种全新媒体的开发就有可能提供推广品牌的机会;内部或者外部因素可能对品牌推广构成一种挑战,这时品牌推广媒体战略亦应有所调整,比如竞争者博弈;有时,某种目标媒体对品牌推广来说不能获得,比如一些中小品牌对于中央电视台的黄金档而言,由于财力有限而不能如愿;最后一种情况是媒体或某一特定媒体载体的改变可能会导致品牌推广的媒体战略发生变化,比如互联网的出现为品牌推广提供了无限的新机会。这些变化因素的波动意味着,媒体战略必须具有充分的弹性,这样才能使品牌推广适应具体的情况。如果所制定的推广计划缺乏弹性,就有可能错过良机,或者导致品牌无力迎接新的挑战。

(7) 到达率与接触频率。品牌推广有自己的目标,但是同时又受到财政预算的制约,所以必须在到达率与接触频率之间寻求平衡。选择是让更多的人看到或听到品牌特征信息,还是让更少的人更经常地看到或听到品牌特征信息。要使人们知道某一产品或品牌就必须要有一定的到达率,换句话说,也就是要使潜在消费者能够接触到品牌特征信息。例如,如果品牌推广的目标是使所有的潜在消费者知道新的产品或品牌,那么,品牌推广则需要高到达率。在这里,接触频率是指一个人接触的媒体载体的次数。有些研究已经估算出一条商业广告的实际受众比节目的受众低30%。

(8) 财政预算。社会活动讲求效率,经济活动追求效益,消费者考虑的是性价比,我们在进行媒体推广时,也受推广成本的制约,也就是说,我们的推广价值在于,以最低的成本和最小的浪费,最大限度地把品牌特征信息传播给消费者或潜在消费者。影响这一决策的因素有许多,比如上文所谈到的到达率、接触频率以及可得性。品牌推广试图通过成本与这些因素的平衡而达到最佳的推广效果。

4) 评估

在管理领域,所有的计划都要对它们的执行情况进行评估,品牌推广也不例外。在实施了品牌的媒体推广之后,我们需要知道推广是否成功。效果的测量需要考虑两个因素:一是品牌的媒体推广是如何实现媒体目标的;二是这种媒体推广对实现品牌战略目标起何作用。如果推广是成功的,就应该在未来的计划中继续采用它们;如果是失败的,就应该对它们的缺陷进行分析。

6.2.2 销售促进

销售促进是指生产厂家或零售商使用各种短期性的刺激工具,以刺激消费者和贸易商较迅速、较大量地购买某一特定产品或服务的行为,有时简称为促销。

6.2.2.1 销售促进的特征

销售促进的形式很多,各不相同,但相比其他传播工具而言,它们有以下3个明显特征:

(1) 传播信息。它们能引起注意并经常提供信息,把顾客引向产品。

(2) 刺激。它们采取某些让步、诱导或赠送的办法给顾客以某些好处。

(3) 邀请。它明显地邀请顾客来进行目前的交易。

就经济性而言,广告不是最佳选择,因为广告收费正在稳步上升,而媒介环境却在被稀释,观众也日趋散乱,很多广告会被海量信息淹没,潜在消费者因为主观或客观原因常常会忽视广告。在很多情况下,消费者是到了店里才做出购买决定,品牌忠诚度不高,对广告无动于衷,许多成熟的品牌区分度也不够。归根结底,零售商的作用不可忽视,启示零售商自身需要付出努力才能引起潜在消费者的购买行动。汤姆·邓肯认为,由于促销可以为品牌产品提供附加值,因而它是直接影响消费者行为最为直接有效的一种品牌推广方式。因此,零售商等企业往往使用销售促进工具来使得潜在消费群体产生更强烈、更快速的消费反应。销售促进能引起消费者对产品的注意,扭转销售下降的趋势,迅速扩大市场占有率。对消费者的促销,使生产者能够采用歧视定价策略,即对价格敏感性不同的顾客群制定不同的价格。除了向消费者传递紧迫感以外,精心设计的促销活动还能通过传递的信息增加品牌资产,以切实的产品经历帮助消费者建立强大、良好、独特的品牌联想。促销能鼓励中间商保证库存,获得分销渠道,积极支持生产者的努力。

另一方面,从消费者行为的角度看,促销又有一系列不利之处,如品牌忠诚度降低,品牌切换频繁,对质量感觉下降,对价格敏感性增加等。美国顶级营销机构的一项调研指出:许多人认为,大量地使用优惠券和折扣使消费者产生一种低价购买的错误的心理预期,并容易使之对品牌产品的价格产生怀疑,对建立长期的品牌偏好不利,有损于品牌的长期形象和定位。还有一个缺点是,在某些情况下,促销其实是补贴了那些本来就打算购买这个品牌的消费者。而且,品牌的新消费者可能只是由于促销才被吸引来的,而不是因为真正认识到了品牌的好处,促销结束后,他们也许就不会再购买了。由于促销的这些缺陷,很多公司不会把营销预算大规模地投入到促销活动中。

6.2.2.2 销售促进的实施

促销既可以针对中间商,也可以针对最终用户。与广告一样,促销有多种形式。广告

向消费者提供了购买的理由,促销则提供了购买的动机。所以,促销的目的在于:

(1) 改变中间商的行为,使它们积极地支持本品牌。

(2) 改变消费者的行为,使他们尝试购买本品牌,买更多本品牌的产品,或者更早、更频繁地购买本品牌的产品。

在设计促销活动时,有一些注意事项。哈佛大学的约翰·奎尔奇(John Quelch)提出了促销活动设计中的六个注意事项:

(1) 应当使用何种促销?

(2) 促销哪种尺寸、型号的产品?

(3) 在哪个地域的市场上开展促销?

(4) 促销何时开始? 持续多久?

(5) 促销应当包括哪些明了的和含蓄的折扣?

(6) 促销中应当附带什么样的销售条件?

在具体操作时,对消费者的促销和对中间商的促销是不同的。

(1) 对消费者的促销。对消费者的促销,意在改变消费者购买产品的品牌选择、数量及时间等。虽然消费者促销有多种形式,但不外乎两大类:消费者特许促销(如样品、演示、教育材料)和非消费者特许促销(如折价、兑奖、回赠)。这两者之间有明显的区别。消费者特许促销用来改变消费者对品牌的态度,提高他们的品牌忠诚度;换言之,是影响品牌资产的促销手段。

随着网络购物形式的兴起,有一部分消费者表示相对于传统的登报优惠券、店内赠票等方式,他们更喜欢电子优惠券。根据 Valassis 的 2018 年度调查①,约 39%的消费者更喜欢从网上获取电子优惠券,还有 36%的消费者更喜欢在智能手机和移动设备上获取电子优惠券。这启示企业应该结合时代发展的要求,选择消费者偏爱的促销方式,才能更好地达到引导消费者态度和行为的目的。

(2) 对中间商的促销。通常,对中间商的促销要么意在保证一个新品牌的货架空间和分销,要么希望在货架和店堂内突出产品。在商店里,货架和走道的位置是十分重要的,因为它关系到品牌能否吸引消费者,将某品牌产品放置在与眼睛齐高的地方,比放在货架底部的销售量会翻一番。

由于销售终端即中间商的推广对产品销售量的影响越来越大,一些公司正试图取消以消费者为导向的促销活动,改为以满足零售商和生产商的方式建立品牌资产。例如,宝洁公司为了获得更好的货架位置以提高销量,在 20 世纪 90 年代就开始分别为沃尔玛、凯马特、塔吉特及其他零售商制作了品牌系列的促销方案。玛氏也不断与各大超市合作,针对旗下的 M&M 巧克力豆、士力架等产品,为超市提供优惠进货价格和再

---

① 中文互联网数据资讯网. 2018 年优惠券报告:现代消费者[EB/OL]. [2020-04-27]. www.199it.com/archives/711270.html.

订货优惠。

总的来说，纵使时代发展使得促销在很多情况下不再成为品牌传播的最大一个板块，但是不容置疑，促销是一个非常重要的传播手段。为了提高促销效果，必须做好市场分析，了解最新技术和消费者的最新偏好，制定出符合潮流的促销方案。例如因为新媒体的快速发展，现在有很多促销会放在各种平台的直播上进行，这类引领潮流的直播促销对于引导消费者的马上行动有很好的效果。

6.2.3 公共关系

公共关系是指用来促进或保护公司形象及个别产品的做法，关键是促进企业与目标利益相关者之间的友好沟通，改善相互关系，促进双方相互理解、相互尊重、相互配合，为企业发展扫除障碍。一般公共关系包括新闻发布会、媒体采访、介绍性文章、新闻简报、照片、电影、磁带等所有非人际性的沟通方式以及年度报告、筹资、加入某团体、游说、特殊事件管理及公共事务等。

公共关系作为一门现代科学，是市场经济在现代社会发展的产物；它旨在使品牌组织内部环境与外部环境达到和谐统一；是一种通过品牌推广使品牌与公众尤其是消费者或潜在消费者相互沟通、相互了解，树立品牌良好形象的一种传播活动的职能。公共关系是以较低的成本通过公关活动引起新闻媒体和公众的关注，以期达到较大的推广效果的一种手段。它在为品牌"扬名立万"的同时，还通过各种活动与消费者或潜在消费者沟通情感，"攻心为上"，希望获得消费者心理上的认可，消除心理距离，增大重复购买率。在这里，公共关系扮演的是一个谈心者的角色，以推广沟通为途径，是消费者与品牌"恋爱"，在心中产生共鸣，使消费者的情感倾斜、欣赏、依恋、追随该品牌。通过与消费者的对话起到提升品牌魅力、巩固品牌形象、积累品牌资产的作用。

6.2.3.1 公共关系的特征

与其他传播工具相比，公共关系有以下三个明显特征：

（1）高度可信性。新闻故事和特写对读者来说要比广告更可靠、更可信。

（2）消除防备。很多潜在顾客能接受宣传，但回避推销人员和广告。以新闻的方式将信息传递给购买者要比销售导向的信息传播更好。

（3）戏剧化。公关宣传，像广告那样，有一种能使公司或产品惹人注目的潜能。

有的营销人员误解了公共关系这一传播手段，认为公共关系只适用于事后的思考。然而，公共关系不但在销售危机和品牌危机时显示其价值，而且日益在日常营销活动中发挥着巨大的作用。一个深思熟虑的公共关系活动同其他促销组合因素协调起来能取得极大的效果。

案例 6.1

麦当劳巧用公关活动

麦当劳每天在广告上投入约 100 万美元,同时开展折扣、赠送、开奖等形形色色的促销策略。为了庆祝"巨无霸"25 周年,麦当劳除了基本的广告和促销手段以外,还集中在一段时间里开展了全面的"巨无霸媒介出击"活动:

(1)发动当地、全国及世界范围内的媒体介绍"巨无霸"的起源及发展。

(2)在"巨无霸"的故乡匹兹堡开展周年庆联欢活动。

(3)美国各大广播和电视媒体普遍报道匹兹堡的联欢活动、对麦当劳代表的采访、过去和现在的"巨无霸"广告等。

麦当劳的调查指出,此次媒体出击活动带来了 3 亿次左右的公共形象展示(报纸 60%,电视 30%,广播 10%)。通过周年庆,消费者对麦当劳品牌的偏好程度也上升了 119%,与往年同期相比,"巨无霸"的销售量增长了 13%。

6.2.3.2 有效公关的要点

公关活动是公共关系这一传播手段的一个最主要的表现形式,其他表现形式还有日常的新闻报道、参加政府活动、拜访媒体有关人士等等。以下内容重点分析公关活动的策划事项,其余的公关表现形式可由读者自行查阅有关资料进行了解。

公关活动不是凭空想象出来的,而应该从社会的现实情况出发,挖掘创意点,使公关活动自身具有较大的社会意义和社会价值,符合社会情感需要,从而引起公众的注意,使公关活动效果最大化。公关活动有时要通过轰动效应来扩大活动影响,提高知名度。但寻求轰动效应,必须不落俗套,另辟蹊径。因此,一个成功有效的公共关系活动要注意以下几个要点。

(1)遵守法规。公共关系活动必须遵守政府的有关政策、法律和法规,接受政府对品牌管理活动的宏观控制和指导,及时与政府有关部门沟通信息,不可违反政策法规使自己陷入深渊。

(2)营销主旨。公共关系活动的展开不仅仅是为了活动本身的宣传效果,其主旨是为了品牌营销,否则,公关活动的根本意义将不存在。

(3)寓意深刻。公共关系应该主题鲜明、含义深刻,通过公关活动的实施和开展给公众留下深刻而良好的印象,使之在活动内容之外增加社会附加值,通过良好的社会关系提升品牌的影响力。

(4)企业愿意。公共关系是一种内求团结、外求发展的职能,所以公共关系活动的实施不能离开企业内部的上下支持,更离不开内部团结和团队精神,只有这样才能更好地进行公关操作。

(5) 策划得当。成功的策划是公关活动成功的关键,不经过精心和高质量的策划,策划的效果不理想,公关活动是很难成功的。

(6) 顾客乐意。俗语说得好:"千金难买我愿意。"没有消费者的认同和支持,公关活动以及品牌推广活动绝不可能成功,消费者就像水,品牌似舟,无水怎能行舟?

(7) 领导留意。政府部门的支持是公关活动成功的又一重要因素。品牌的公关活动得到政府的支持越大,其所产生的效果越好,没有哪一个公关活动能完全抛开政府部门或公共管理部门而成功的。

(8) 媒体注意。现代社会再大的权力离开了大众媒体都可谓"没有权力",换句话说,媒体的权力在当今社会是最大的。公共关系活动的目的,是在公众中树立良好的品牌形象,扩大品牌的影响,以积累品牌资产。如果没有大众媒体的参与,公众不知有此事,何来形象塑造?只有借助大众媒体,才能拓展公关活动影响的广度和深度,才能深化品牌的内涵。

(9) 富有创意。公共关系的艺术成分多于科学的成分,尽管它以科学为后盾。因而,公关艺术中的创造性的因素大大多于逻辑的因素。

6.2.3.3 公共关系的优劣势

公共关系涉及的主要是企业与目标受众之间的长远关系与沟通体系,公共关系在特定活动与介质上都有着其他传播手段没有的优势,同时在开展上也有一定的条件限制与不足之处。

1) 公共关系的优势

公共关系传播品牌企业相关资讯主要有以下几点的优势:

(1) 传播成本相对较低。较之传统媒体的广告策略,公共关系的活动开展在大众媒体上占用的时间和空间相对较少,收费低廉,在品牌企业的成本控制上有着较大的优势。

(2) 渗透性较强。公共关系活动具有一定的趣味性和吸引力,更容易吸引目标消费群体主动接近品牌,了解品牌资讯,例如印刷品的新闻、软文的写作与传播更容易引起消费者的共鸣,强化品牌资讯的可信度,在传播的过程中更容易提升消费者的美誉度与忠诚度。

(3) 协调能力强。与其他大众媒介传播手段相比,公共关系更具有一个特殊的优势,它在建立和保持同消费者、投资方、政府与公众之间的关系时,往往会建立一个良好平衡的外部社会大环境,从而为组织的运行提供支持。这种良好的关系态势一方面可以为品牌企业反馈公众的态度与影响其购买决策的原因,从而引导企业下一步的决策,另一方面可以通过有效的媒介整合、资源利用等手段,促进品牌企业与消费者之间的有效互动,影响与引导社会舆论。

2）公共关系的劣势

同时，公共关系在传播品牌相关资讯时也有其无法避免的劣势，主要为如下几点：

（1）受媒介控制性大。公共关系成本相对低廉，在媒介上占用的空间时间成本相对较少，具有一定的主动权，但是公共关系传播的信息大部分都需要通过媒体的过滤，很难完全通过企业控制公共关系宣传。例如广告活动，品牌企业可以直接控制通过媒介的传播信息的内容、形式、时长等，以保证它们更准确地定位到目标消费群体，并产生相关的良好影响，建立与品牌的密切关系。

（2）效果难以评估。公共关系活动的效果评测往往依赖于数据分析，包括被提及的次数、频率、印刷品的篇幅、位置、品牌信息在媒体中的曝光时段、长短等等总量来衡量。然而这些量化的信息与目标受众的心理活动、行为态势、决策可能都很难直接管理，对于效果评估有一定的困难性。

公共关系是一个非常有技术性的传播手段，做得好可以帮助企业扫清发展障碍，若做得不好可能会引起公众的反感，不利于品牌资产的建立，所谓"水能载舟，亦能覆舟"。因此，企业必须聘请或培训出专业的公共关系人才，制定出更完善的公共关系计划，协调公共关系和其他传播手段，帮助企业提高品牌传播效果。

6.2.4 人员推销

人员推销，是指以销售为目的的面对面地与一个或一个以上的购买者进行交流的方式。人员推销一般会影响品牌在消费者心目中的印象，成功的人员推销能让消费者了解更充分的品牌信息，促使他们建立对品牌有益的品牌信念，从而刺激购买。

因此，人员推销在购买过程的某个阶段，特别在建立购买者的偏好、信任和行动时，是有效的工具。理由在于，与广告相比较，人员推销有3个明显特性：

（1）人与人面对面接触。人员推销是在两个人或更多的人之间发生的，是在一种生动的、直接的和相互影响的关系中进行的。在咫尺之间观察对方的需求和特征，在瞬息之间作出调整。

（2）人际关系培养。人员推销允许建立各种关系，从注重实际的销售关系直至深厚的个人友谊，如果他们要建立长期关系，有效的销售代表会慎重地把顾客的兴趣爱好记在心里。服务营销领域的研究表明，顾客与某个品牌的销售人员或其他业务人员建立的深厚友谊，将大大提高顾客对该品牌的认可和忠诚。因此该特性是人员推销的一个突出优势。

（3）反应。人员推销会使购买者在听了销售谈话后感到有某种义务，感到有必要继续听取和做出反应，即使这个反应只是一句有礼貌的"谢谢"。

从人员推销的特征来看，人员推销的优缺点与广告完全相反。具体地说，人员推销的主要好处在于，可以因人而异地向消费者传递细节内容，其反馈信息可以帮助销售人员提高销售额。这种方式可以寻找、评价潜在的客户，向他们提供个性化的解决方案。同时，产品也能向消费者一一演示。人员推销在处理消费者售后问题方面也十分有效,可以提高消费者的满意度。人员推销的主要缺点是成本太高、广度不够。对许多市场大宗产品而言,人员推销会受到成本的限制。

人员推销的具体做法常随着市场环境的变化和消费者的偏好而变化。根据《商业周刊》的报道,"精明推销"意味着整个公司都要着眼于它的顾客,包括销售队伍如何选拔、培训、付酬等。一些评论家认为,扩大销售的关键如下:

(1) 对培训的再思考。摒弃高压推销的模式。销售人员需要新的技巧,他们必须熟知客户及其业务,以便寻找销售良机,发现服务的问题所在。

(2) 全员参与。不应当让销售人员唱独角戏。公司里的每一名员工,从产品设计者、工厂经理,到财务主管等,都要成为向消费者提供产品和服务的一部分。

(3) 从最高层做起。总裁和高层经理必须经常地、实质性地领导公司的"精明推销"活动,必须由他们定期地访问消费者,指导销售培训。

(4) 改革驱动力。对销售人员需要时常进行鼓励,但不能采用过时的形式。不是令他们在短期内突破销售记录,而是促使他们着眼于长期的客户满意度。

(5) 创立电子化联系。使用电脑化的营销及分销技术追踪与消费者的联系可以确保正确的产品在正确的时间里到达正确的商店,简化订货手续。这涉及高新技术的应用。

(6) 与客户交谈。经常给客户打电话,指派一名公司成员专门与客户联系,传递信息。客户喜欢受人重视,而且,多多沟通能更好地获得有关情报。

目前,随着互联网技术的发展,这种传统的人员推销逐渐被替代,因为通过互联网,人员推销涉及的"展示产品细节""获得及时反馈""处理售后问题"等优点可以被轻易实现。例如现在大部分中国的城市居民都使用过的"淘宝商城","淘宝商城"会通过系统向潜在消费者推送相关产品信息,通过视频、图片和文字的方式可以非常清晰地展示产品细节,再结合其他用户的评论,消费者能非常容易掌握整个产品的情况,并且店铺的客服会针对顾客的售前售后问题进行及时的答复,以上这些功能的普及让专门派出一个人挨家挨户进行推销的做法显得多余和过时。未来可能会结合虚拟现实技术和增强现实技术在线上进行产品展示,人员销售的优点会被进一步削弱。并且,社会逐步进入关系整合程度低的高频社交时代①,人们忙于处理各种人际关系,个人能与某个品牌的销售人员建立深厚联系的例子越来越少,因此人员推销中的"人际关系"优点也逐渐难以体现。

当然,尽管互联网技术的存在,有些行业还是需要建立销售团队与消费者进行一对一或一对多交流。主要有大型产品的定制行业,如家具、装修等;还有高科技的行业,例如向企业客户销售电脑软件、硬件等;还有医药行业等。这些行业具备销售产品信息含量较

---

① 北京大学光华管理学院. 彭泗清教授:疫情之下,社会情绪和消费信心靠什么稳定?[EB/OL]. [2020-04-28]. https://mp.weixin.qq.com/s/zNfg7OGldSzreJ7-YODY0w.

多、较复杂,产品价格较高,产品不宜替换等特点,因此消费者的选择会更加谨慎,面对面的推广比线上推广显得更加正式和可信。

6.2.5 直接营销

根据美国直接营销协会(DMA)对直接营销所下的定义,直接营销,也被称作"直复营销",是一种为了在任何地方产生可度量的反应或达成交易,而使用的一种或多种广告媒体的交互作用的营销体系。所谓可度量的反应就是从顾客处获得订单。常见的直接营销形式有面对面推销、直接邮寄营销、电话推销、传真销售、电子邮件、电视直销、网络直销等。直接营销被广泛地应用于消费者市场、企业对企业市场和慈善募捐。有的情境下,人员销售也属于直接营销的一种,届时销售人员向消费者宣传本品牌的产品,并希望获得潜在消费者的马上回应,例如马上交付定金、马上加入会员、马上购买套餐等等。

6.2.5.1 直接营销的特征

直接营销具有以下明显特征。
(1) 非公众性。信息一般发送至特定的人,而不给予其他人。
(2) 定制。信息为某人定制以满足他的诉求并发给他。
(3) 及时。为了发送给某人,信息准备得非常快捷。
(4) 交互反应。信息内容可根据个人的反应而改变。

直销最主要的优点是它可以提供个性化的服务,可以针对个人设计个人化的信息,而且具有可测性。但是它的每千人成本过高,只能适用于接触小范围的群体且要求目标对象清楚。

6.2.5.2 几种常见的直接营销方式

(1) 面对面推销。这是最基础和最原始的直销方式。这种直接营销同时也属于上述人员推销的范畴。该直接营销方式一般是公司依靠专业的销售队伍访问预期客户,发展他们成为顾客,并不断增加业务。这种方式多应用于保险业、金融证券业、医药等行业,此时的销售人员也有独特的称谓,例如保险代理商、医药代表等。

(2) 直接邮寄营销包括向一个有具体地址的人寄发产品样品、产品促销信息、商家活动信息或其他项目。直接邮寄的好处在于,它能有效地选择目标市场,可实现个性化,比较灵活,较易检测各种结果。在网购发展之后,各个品牌商主要是向已通过线上商城购买该品牌相关产品的消费者寄送同一品牌的其他产品项目,将其他产品项目伴随消费者购买的商品直接寄送到消费者家中。

(3) 电子邮件营销也是直接营销的一个普遍方式。早在 20 世纪 80 年代,在传统的信件邮寄的基础上,已经发展出传真传送邮件、E-mail 传送邮件的方式。国外很多国家依旧保留邮件传送产品信息和购买途径的方式。

(4) 电视购物平台和电话推销仍然是当今社会直接营销的方式,但占比远远不如以前。电视购物平台一般全天 24 小时播放,有专门的主持人向观众展示不同商品,并以较低的价格销售,观众可以通过热线电话订购相关产品。电话推销主要是通过电话向潜在消费者介绍产品,并吸引他们的注意,进而提高他们下单的可能。

(5) 随着互联网技术的发展,市场涌现出大量新颖的直接营销方式,例如 2015 年上线的微信朋友圈广告,可以了解人们需求和偏好后向特定的人推送产品信息,并提供购买链接,这种方式代替了大部分面对面推销、直接邮寄、电子邮件营销和电话营销的功能。又例如 2019 年突然兴起的"直播带货"方式也是新型的直接营销方式,可以在很大程度上替代电视购物平台。时代变迁之快速启示品牌商必须把握市场变化,选择合适的方式进行品牌传播。

6.2.6 口碑传播

网络的新兴与蓬勃导致信息的快速传播,信息爆炸的时代逐渐来临,人们在面对品牌传播时往往难以相信那些一眼就能看出的"品牌营销活动",通过广告使受众对品牌理解从认知到关注到感兴趣的过程的资源成本越来越高,效果也不同往日。广告能够快速使受众认知产品,但是在受众从认知到转为关注的过程中广告的效果大大减弱,仅仅依靠广告而诱发购买者进行购买决策变得越发困难。

口碑传播是一种不同于大众传播,更依赖于人际传播、点射状传播的方式。它聚焦于个人,更多地考虑到目标消费者自身携带的社会关系及传播方式,是消费者作为传播源,向其他与他有关系的个体进行信息传播的过程。在互联网普及之前也存在口碑传播,体现在街坊邻里的口口相传,例如街口哪家水果摊物美价廉、哪个早餐店的食材更新鲜等,但这种口碑传播的规模很小,传播面也不广。在完全步入互联网时代之后,人们可以通过互联网分享自己的看法,这时口碑传播的速度大大加快、传播面大大扩宽。因此,市场中的各种品牌商开始注重口碑传播,正面的口碑传播能帮助企业快速成长,节省大量传播成本,而负面的口碑传播能让一个成熟的企业面临倒闭的悲剧。

口碑传播能发挥重大作用的原因主要有两个:一是目标消费者的家人、朋友的推荐说辞会使消费者产生一种信赖和亲近的情感,让购买者更放心地接近产品,或者在一开始认知产品前就已经拥有好感度倾向。二是高信任度的社会关系的介绍也会让潜在消费者放心地使用该品牌的产品(服务),并倾向于在使用后增加对于品牌的美誉度,如消费者认同的意见领袖、专家、权威等对产品进行推荐的传播效果比广告效果要好得多。

6.2.6.1 口碑传播的特征

口碑传播具有以下明显特征:

(1) 成本低廉。较之其他要大量运用大众传播媒介的品牌信息传播手段,口碑传播可谓是其中最具有价格竞争力的一项选择。口碑传播甚少占用大众传播媒介的时间与空间,往往会以人际传播与网络病毒式扩散传播相结合,是以建立品牌美誉度为基准的一种低资源需求的传播手段。

(2)可信度高。通过大众媒介传播的品牌信息往往较有距离感,同时一些公共关系或宣传手法通常都站在企业的角度,为企业的利益服务,所有受众往往会在决策过程中对产品或服务的真实性表示怀疑。而根据之前介绍可知,口碑传播的传播载体往往是消费者所信赖的个人或组织,就消费者而言与企业没有任何利益联结,完全独立在品牌之外,即便推荐该产品也无法得到相关收益,所以往往口碑传播被认为具有亲和力和高可信度,口碑传播载体的信息也通常被认为是客观独立的,更容易被采纳。

(3)具有针对性。相较于其他广告或公共关系活动的覆盖面之广,口碑传播的信息汇入点更为狭窄,针对性更强。往往可以根据目标消费者的性格、爱好、需求、了解程度等等从而进行更高匹配性的信息调整与传播,满足对方的需求,增强说服力,产生基于一对一信息交流的高传播效果。

6.2.6.2 口碑传播的常见类型

已知口碑传播的信息之所以有效,是因为消费者倾向于相信其他消费者和各类意见领袖的看法。按照发起口碑传播的个体类型对口碑传播进行分类可主要分为消费者和意见领袖两类,这两类口碑传播均是以口头传播为主要传播形式、以图文音频等为辅助工具进行传播的。

(1)消费者。消费者本身可以作为传播来源。如果某次消费经历是愉快的,那么该消费者更倾向于将此次消费经历和体验分享给其他的消费者,并帮助传播给潜在消费群体,挖掘待开发顾客。在消费竞争日趋白热化的现代市场竞争中,品牌企业如何合理、巧妙、高效地运用消费者之间的品牌资讯人际传播,将在快速及信息爆炸时代极大程度地影响消费者的决策。目前人气极高的购物分享网站如主攻化妆品和行业的小红书、旅游行业的蜂窝、女性时尚穿搭的蘑菇街等便是基于消费者的口碑传播形成的,受到大批消费者的喜爱。

(2)意见领袖。在人际传播过程中,有些消费者会比其他消费者更频繁或更多地为他人提供信息,从而在更大程度上影响别人的购买决策,这样的消费者被称为"意见领袖"(Opinion Leader)。意见领袖进行进一步的人际传播,使得人际传播能层级性地扩散开来,这不仅能提升知名度,更能建立品牌的美誉度。意见领袖对品牌的评价越高,其推动品牌进行多极的传播的力量就越大,影响效果则更为显著。因此,企业须生产出高品质的品牌传播产品,从而来赢得更多意见领袖的青睐,推动品牌的人际传播。

为了获得更正面的口碑传播,现在很多企业会选择主动出击,引导消费者和意见领袖发表有利于品牌的言论,例如与网络上的红人合作为品牌做宣传、发动有趣的营销活动鼓励用户参与和传播、及时解决消费者的投诉问题等。

6.2.7 传播工具选择的影响因素

从以上论述来看,六大类品牌传播推广工具各有特色,企业往往采用组合战略,不会只使用某一种单一的工具。那么,在进行传播工具选择与组合时,菲利普·科特勒认为需要考虑以下因素:产品的市场类型、推拉战略、消费者购买决策、产品生命周期和公司的市场排位。

6.2.7.1 产品的市场类型

品牌传播推广工具的有效性因消费者市场和工业市场的差异而不同。经营消费品的公司一般都把大部分资金用于广告,随之是销售促进、人员推销和公共关系,同时兼顾口碑传播。经营工业品的公司把大部分资金用于人员推销,随之是销售促进、广告和公共关系。一般来说,人员推销着重用于昂贵的、有风险的商品以及少数大卖主市场(此处指工业市场)。

6.2.7.2 推拉战略

品牌传播推广组合较大程度受公司选择推动或拉引的战略以创造销售机会的影响。对这两种战略加以对照(图6-3),推动战略要求使用销售队伍和贸易促销,通过销售渠道推出产品,制造商采取积极措施把产品推销给批发商,批发商采取积极措施把产品推销给零售商,零售商采取积极措施把产品推销给消费者。拉引战略要求在广告和消费者促销方面使用较多的费用,关注口碑传播的方向,建立消费者的需求欲望。如果这一战略是有效的,消费者就会向零售商购买这一产品,零售商就会向批发商购买这一产品,批发商就会向制造商购买这一产品。各公司对推拉战略有着不同的偏好。比如,利威尔兄弟公司偏重于推动战略,宝洁公司则偏重拉引战略。

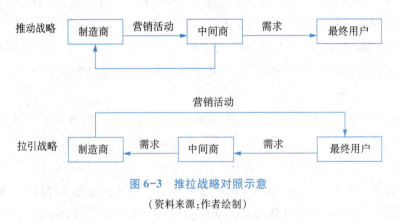

图6-3 推拉战略对照示意
(资料来源:作者绘制)

6.2.7.3 消费者购买决策

品牌传播推广工具在不同的购买者准备阶段有着不同的成本效益。广告和公共宣传,在创声誉阶段起着十分重要的作用,远远超过销售代表随意地访问推销或销售促进所起的作用。顾客的理解力主要是受广告和人员推销的影响,顾客的信服大都受人员推销的影响,而广告和销售促进对他们的影响则较少。销售成交主要是受到人员推销和强大的促销的影响。产品的重新订购也大都受人员推销和销售促进的影响,并且广告的提醒在某种程度上也起了一定作用。很明显,广告和宣传推广在购买者决策过程的最初阶段,是最具成本效应的,而人员推销和销售促进应在顾客购买过程的较晚阶段采用,以获得最大的效应。口碑传播的作用贯穿在消费者购买决策的各个阶段,对品牌声誉的积累、产品销量的扩大均有重要的影响。

6.2.7.4 产品生命周期

在产品生命周期的不同阶段,促销工具有着不同的效应。

(1) 在引入阶段,广告和宣传推广具有很高的成本效应,随后是人员推销,以取得分销覆盖面积和销售促进以推动产品试用。

(2) 在成长阶段,由于消费者的相互传告,需求自可保持其增长的势头,即此时口碑传播发挥着最关键的作用,因此,所有促销工具的成本效应降低了。

(3) 在成熟阶段,销售促进比广告的成本效应更大,广告的成本效应比人员推销更大。

(4) 在衰退阶段,销售促进的成本效应继续保持较强的势头,广告和宣传的成本效应则降低了,而销售人员只需给产品最低限度的关注便可。

6.2.7.5 公司的市场排位

对于排在顶端的品牌,能从广告对销售促进的关系上导出更多的利益。对顶端的三个品牌,推广费用花在销售促进上的比例越高,投资报酬率(ROI)也越高。这排除了排列第四位或更差的品牌,因为在这里随着广告费由低到高,盈利能力也在下降。

(1) 品牌信息的传播沟通模式。
(2) 品牌整合营销传播的内涵与要点。
(3) 掌握品牌整合营销传播的制定程序。
(4) 各类品牌传播沟通的工具。
(5) 品牌传播沟通工具选择的影响因素。

品牌的传播推广是品牌资产建设和增值的重要环节。本章从一般信息的传播模式入手,提出了品牌信息的传播沟通模式,并且指出采用整合营销传播是关键。接着阐述了品牌整合营销传播的内涵、要点与方案制定程序。最后,介绍了各类品牌传播沟通的工具,以及选择组合的影响因素。

 案例分析

新媒体全方位激活品牌——国家电网北京电力公司[①]

在"互联网+"时代的大背景下,社会媒介生态和公众信息需求的变化倒逼企业必须进行品牌传播创新实践。国家电网北京市电力公司(以下简称国网北京电力)创新品牌传播,积极践行"互联网+"理念,加速新旧媒体融合发展,注重与用户良性互动,为品牌传播开拓了新的局面。公司按照"三集五大"体系建设要求,创新实践品牌建设管理一体化运作模式和全媒体联动工作机制。不断整合媒体资源,形成"一站一刊,两微一端"的公司媒体新格局。

1. 建设"互联网+"品牌传播机制

品牌传播创新,必须以健全的工作机制作为基础,首先,对内部机构人员进行调整和组织,确保人力资源、财务、物资集约化管理;其次,建立传播会商机制,以提高创意策划与传播能力,做到重大选题统一策划,上下联动,打造精品内容;最后,通过完善的考核激励机制,调动员工积极性和创造性。

1) 调整充实新媒体力量

媒体资源整合的过程中,将媒体业务部保持现有的岗位定编,通过调整处室职责实现资源合理配置;而编辑处不再承担报纸编辑业务,增加新闻客户端业务;同时为了充实新媒体业务力量,将原编辑处一个岗位调至网宣处,负责微信运营业务。资源整合过程中的部门人员调整,优化了传统媒体资源,完成了微博、微信等新媒体管理的初步顶层设计。

建立国网北京电力新媒体联盟,以新媒体内容发布和渠道推广为合作基础,整合公司外联部、报社、各专业部门、基层单位和个人的新媒体资源,共同服务于微信、微博、移动新闻客户端及参与者的互动合作交流。新媒体联盟的成立及新媒体运营机制的建立和完善,充分调动了各部门的专业资源,集各方力量服务于公司主营业务的内外部宣传,以实现选题内容的统一策划、产品共制、上下联动、信息共享、内容互推。

2) 建立传播会商机制

公司建立了一套具体可行的品牌传播创意策划机制,各部门横向联通,各层级纵向贯通,不断完善重大选题沟通制度。高度重视与外部媒体的深度合作,坚持"一媒一策"原则,公司逐渐梳理完善了对外新闻发布的各项工作流程及要求,面对紧急突发事件,统一口径,以发布新闻通稿的形式,引导媒体正面报道,从源头转化舆情危机。建立常态化的合作方式,围绕重要主题、突发事件等进行统一策划,合力制作,联动传播,逐渐建立起常态化的外部媒体合作方式。

[①] 陈爽,曹瑾,李艳娜,等. 新媒体全方位激活品牌[J]. 企业管理,2017(5):83-85.

3) 完善品牌传播考核机制

制定考核激励办法和细则,系统评估所属媒体品牌传播创新能力,评估结果通过月报公之于众。公司明确划分了各单位年度"品牌建设与新闻宣传完成率"考核结果的具体标准;将绩效工资与个人绩效、所在组织绩效充分联动,加大绩效工资与考核目标完成情况挂钩的力度;同时优化了岗位绩效工资制度体系和运行机制,完善了薪档动态调整积分管理规范,引导员工关注能力发展与绩效提升。

2. 完善品牌传播平台建设

公司强化互联网思维,已经建立起"一站一刊,两微一端"的媒体矩阵,全面助力"互联网+电力"品牌传播。

1) 报网联动,利用社会媒体平台正面发声

搭载权威媒体,开展深度传播活动。国网北京电力与中央电视台、新华社、《人民日报》三大中央权威媒体建立了长期互通互信的合作关系,进行了多次主题报道。利用"报网联动"开展全媒体品牌传播。如利用新京报"纸质+网络"的融合平台,对公司重大议题进行全媒体式报道,使报纸和互联网优势互补,引导全媒体的舆论方向。

2) 微博微信,合力维护品牌传播

公司按照"总体设计、两级建设、分步实施"的原则,建立了以"国网北京电力"新浪官方微博为核心,16家供电公司官方微博及4家专业公司官方微博为支撑,各单位群团组织和个人微博为补充的"1+20+X"官方微博互动传播矩阵,形成了官微矩阵传播合力,持续强化了形象展示、信息互动、新闻应急功能,通过议题的转发评论,统一对外发声,形成了舆论引导的规模和声势。

公司官方微博通过加强管理建立起"基础管理规范、内部协同高效、外部合作共赢"的微博运营机制,还通过加强选题策划、强化服务导向积极建构起"策划精良,内容优质,服务驱动"的品牌传播平台;通过全面受理客户信息,正面积极开展舆论引导和及时应对突发事件,成功打造出"与客户交流互动,全面释疑解惑,有效应对危机"的品牌维护平台。经过持续努力,官方微博账号"国网北京电力"成为公司对外信息发布和舆情引导的主要阵地,在信息发布、舆论引导、传播影响力等方面处于国网省公司官微体系的前列。

同时,公司设立了专门的官网微信。微信公众号注重感性传播,价值性和趣味性有机结合,因此策划了包括用电服务信息,与用户关系密切的电力行业信息等在内的贴近百姓日常用电生活、满足用户用电需求的内容,获得百姓的极大认可。

3) 线上客户端,强化双向互动

公司开通并完善面向用户群的手机客户端"网上国网"(原名"掌上电力""掌上电力2019"),作为官方统一线上服务入口,"网上国网"集住宅、电动车、店铺、企事业、新能源五大使用场景,提供信息查询、电费交纳、用能分析、能效诊断、找桩充电、光伏新装等服务。该客户端提供了用户和企业便捷互动的方式,已成为吸引客户对公司品牌持续关注、对公司形象深度认同的有力平台。

4) 公司网站，与新媒体形成互补

公司网站作为公司"一站一刊、两微一端"全媒体矩阵的重要成员，在传播形式和传播范围上与杂志和"两微一端"新媒体矩阵形成了互补，更全面系统地传播了公司品牌形象。网站围绕公司不同阶段的重点，既从工作的背景、意义、过程、成效等不同角度入手，又由点到面、由局部到整体采用不同方式开展，有计划地进行深度报道，提升网站的可读性。

3. 丰富传播形式，增强传播效果

1) 充分利用新媒体现场直播，加强互动体验

在信息碎片化的移动互联网时代，公司通过自有新媒体矩阵的联动和与外部新媒体平台密切合作的方式，一方面通过微博，以短视频+图文的多重形式，采用通俗化的语言和碎片化的报道形式，第一时间发布权威可靠的信息；另一方面，依托新华社、《北京日报》、北京电视台、《新京报》等权威传统媒体的微博、微信、客户端等新媒体平台进行多次直播，进一步传播权威信息，扩大传播范围，减少了谣言的滋生与传播，为暴雨应急、救灾等事件提供良好的外部舆论环境。

2) 强化线上线下互动，实现网上网下联动传播

公司在"互联网+电力服务"的理念下，开展了一系列线上联系线下、高度配合、紧密互动的品牌传播活动。在"国网故事汇"活动中，通过线下深入挖掘道德模范、先进典型和一线员工的先进事迹与感人故事，运用新闻故事、微视频、歌曲等多种形式，依托微信、微博、新闻客户端等内外宣媒介，面向公司员工、社会大众进行线上传播，通过典型人物的深入挖掘和新媒体平台的线上互动报道，以平凡的人展现不平凡的精神，传递正能量。

4. 创新品牌传播内容

媒介平台和渠道趋于同质化后，优质、独特的内容显得至关重要。基于此，公司秉持"内容为王"的理念，坚持"统一策划、对内对外、线上线下、一个选题，各个渠道针对性传播"的方针，围绕社会发展需要、国网重点部署、公司自身发展战略、用户需求等，通过能凸显公司社会价值和理念等诸多方面的优质内容，从多个角度进行宣传报道，向社会传播了公司的价值理念，塑造了公司负责任、有担当的企业形象。

1) 强化重大议题输出，保持高密度正面传播态势

在品牌传播创新的过程中，公司紧紧围绕重大决策和重点工作部署进行选题策划，有意识地塑造公司服务社会、服务北京的履责央企形象，如策划报道"北京行政副中心配套电网建设""煤改电工程""特高压入京工程"等专题。

2) 把握用户需求，提供精准服务类信息

公司自有的外宣媒体以服务广大用户为导向，深刻把握用户的需求，通过大量的主题策划，制作了满足用户需求，传播公司价值的信息服务类系列产品。通过对微信、微博、"网上国网"等外宣新媒体用户使用行为的深入研究，把握用户的"痛点""笑点""泪点"及社会"热点"，以此"四点"作为新媒体选题策划的标准，同时注重价值性和趣味性有机

结合,传播贴近百姓日常生活的用电服务内容,全方位满足用户的用电需求。

官方微信根据用户比较关注的家电使用方法或注意事项类信息,策划了满足用户用电需求的"电器总动员"系列推文共五期,涉及冰箱正确使用方法、家电受潮、家电耗电排名等服务性内容,以易于理解的动漫图为主进行传播;还借势推出了智能电表系列——"电表侠来了"推文共六期,电动车充电服务系列推文六期+三期,电采暖系列——"一分钟玩转电采暖"3期等一系列内容,主动解答疑问,提升了用户的满意度。

官方微博通过微博舆情动态,发现大家对智能电表的使用有很多疑惑和不信任,借此开展"智能电表你问我答"系列专栏报道,用简单明了的插图生动解答用户关心的用电常识;还以"520世界计量日"为契机,开展了"计量日进您家"系列专题活动,以亲切诙谐的语言和丰富生动的图片与受众紧密互动,面对面为用户分析用电常见问题,提供一对一、精准化、个性化的用电信息服务,弱化了"用电量大"与"智能电表不准"之间的惯性联想,并首次通过微博直播的形式进行报道,引发了用户的热烈讨论。

作为对外宣传、联系用户的主要窗口,官方微博、官方微信、"网上国网"等外宣新媒体平台,深度把握用户需求,变被动宣传为主动服务,有效提升公司品牌的亲和力和美誉度。

点评:

身处一个供求关系相对缓和的行业,国家电网公司仍然非常重视品牌传播,是国内最早导入企业识别系统(Corporate Identity System,CIS)的央企之一,也是最早委托第三方专业团队进行品牌策划和品牌规划的公司之一。有效的品牌传播使得国家电网公司多年来一直处于舆论评价的较高水平,有效地避免了负面新闻的出现和扩散,保证了国家电网公司作为重要央企的正面形象。

进入互联网高速发展的时代后,国家电网公司积极应对时代变化,修改企业定位为"建设具有中国特色国际领先的能源互联网企业"。并且,国家电网公司以国家电网北京市电力公司为首,带领其他地区的分支机构开始了品牌传播方式的创新。国网北京电力把握新媒体时代,形成了"一站一刊,两微一端"的公司媒体新格局,通过使用广告、公共关系和口碑传播这几个传播工具,结合传统媒体和新媒体,联动线上和线下,为消费者传递了统一的品牌信息,利于消费者形成正面的品牌联想,对企业品牌资产的建立有巨大的帮助。

国家电网公司作为央企中的杰出代表,在品牌基础建设、品牌传播和品牌创新方面的成就惊人,不仅为央企品牌塑造提供了良好的范本,也在很大程度上为国际同行在该行业品牌塑造方面做出了表率,同时也为其他行业企业的品牌传播提供了新思路。

思考:

1. 请分别说明国网北京电力媒体新格局中"一站一刊,两微一端"的传播特点和传播作用。

2. 参考国网北京电力的新媒体建设,为你熟悉的消费品品牌设计一套新媒体传播方案。

 课后思考题

1. 对于麦当劳的推广活动,为取得最佳效果,应选择哪些媒体？请分别说明。

2. 为你所在地区的一个品牌制定品牌推广计划与具体方案。

3. 中国已出台《直销管理条例》与《禁止传销条例》,请查阅相关资料并回顾直销在中国的发展历程,谈谈直销企业应如何进行品牌的传播推广。

第 7 章　品牌维系与保护

学完本章,你应该能够:
(1) 掌握品牌维系的措施;
(2) 了解品牌保护的内涵;
(3) 掌握品牌保护的措施。

品牌维系　品牌保护

7.1 品牌维系

品牌是易碎品,在瞬息万变的商海中,稍不留意,品牌资产就会化为乌有。本章介绍了如何进行品牌的维系和保护,以保持品牌资产的增值。良好的品牌维系是企业获得成功的保证,也是企业的重要职责之一,品牌维系要以品牌调查为基础,品牌调查是进行品牌维系的必要前提条件,在此基础上进行的维系才最有针对性、最有实际价值。品牌保护是品牌运行的一个关键环节,品牌保护可分为品牌的法律保护和品牌的自我保护,品牌,特别是知名品牌,很容易被侵权或是受到不正当竞争行为的损害,使品牌的无形资产流失、品牌价值降低。因此,每个品牌所有者都应树立起品牌保护的意识。

7.1.1 常规品牌维系

品牌维系是指对品牌资产进行维护管理,可以分为两种形式:保守性维系和积极性维系,前者包括品牌危机处理(详见第 11 章)和常规品牌维护,指在企业经营战略中,采用非进攻性的、用于加强稳固品牌地位和声誉的传播及经营手段;后者包括管理创新、形象更新、定位的修正和科技革命等,指企业采用的提升企业形象、品牌产品形象的传播经营手段以及内部产品创新、质量管理等方式,是一种积极的开拓市场、加强品牌形象的进攻性战略,其核心是追随消费者心理和市场变化,不断创新(详见第 10 章,品牌的老化与创新)。品牌维系主要是企业的职责,而政府和消费者也是进行品牌维系的重要力量。

7.1.1.1 企业的常规品牌维系

作为品牌维系的一个组成部分,这部分是最实在、最基础的。任何企业都必须从最为琐碎的日常小事做起,以体现出企业理念,烘托企业品牌形象,打动消费者的心。具体来说,企业的常规品牌维系包括产品保证、质量管理和广告宣传三个方面。

1) 产品保证

产品具体包括核心产品、形式产品及附加产品。其中核心产品是指抽象的需求满足;形式产品是指产品的实物形态,包括愉悦人心的包装设计、安全性能及操作方法设计;附加产品是指消费者在购得产品时所获得的附加利益,如完善的售后服务,免费安装及培训等。

产品观念作为现代市场营销学的一个组成部分,其内容非常丰富,它是指对满足市场需求的产品所持的观点和看法。名牌产品在维系其市场地位时,必须从市场需求出发,坚持产品的高质量、良好的外部设计和优质的服务。

第7章　品牌维系与保护

任何产品质量的设计都要从满足消费者的需求出发,并考虑到产品的安全性、耐用性、适用性、新颖性。

（1）安全可靠是消费者对于产品质量最起码的要求。安全性能是否良好,直接关系到产品的市场发展前景和品牌形象。尤其对那些可能造成重大安全问题的产品,比如汽车、热水器等,这一点更是至关重要。

（2）结实耐用是产品质量的基本要求,能够长期无故障使用的产品当然更容易得到消费者的喜爱。当然,从现在的消费观念来看,耐用性不一定符合时尚性需求的市场发展趋势。比如前些年,人们对服装的要求是耐穿,一件衣服可能会穿几年、几十年甚至几代人,而现在,出于对时尚的追求,有些衣服人们只穿一季甚至一次,因此对很多产品而言,耐用性已显得无足轻重。

（3）适用性是完全从目标市场的消费者需求出发,调整产品的局部性能,以增加产品对消费者的有用性。有些产品本身融入了许多高科技成分,功能齐全,不可谓不新颖,不可谓不方便,但多数消费者恐怕只需要其中最基本的某几项功能,而永远都不会尝试其他功能,此时,投入巨额成本打造出来的新颖技术对于消费者而言是毫无价值的。

（4）严格来说,产品的新颖性不能算产品的质量范畴,但从市场竞争角度来看,产品具有新颖的功能往往能使产品的质量明显提高,更能持续满足甚至超过消费者预期。如日本三洋电器公司发明了自动关闭的磁性冰箱门,原来的冰箱都是在外面用插销插上的,结果多次发生儿童钻进冰箱而外面被插上的悲剧。磁性冰箱门的使用解决了这一安全问题,使冰箱更方便适用,更灵活美观。

随着人们生活水平的提高,对美的追求越来越丰富、越来越强烈。企业应积极考虑对产品的设计、包装加以改进,以适应、甚至引导消费者的不断改变的审美观,使产品在消费者心目中始终保持美好、新颖的形象,也使品牌在消费者心目中历久弥新。可口可乐、百事可乐这些世界著名品牌都非常注重产品外部形象的更新,百事可乐的易拉罐上不断更换明星形象,一会是郭富城,一会是王菲,一会又是著名球星,但始终凸显百事可乐是"新一代的选择"。第5章品牌元素设计中提及,品牌标志或标准字等元素也需要根据时代变迁和消费者偏好变化进行创新,否则会使消费者感觉到品牌的过时,进而疏远该品牌。

由于现代消费者选择商品,更注重产品之外的附加利益,所以要注意加强竞争性配套服务,以增强品牌竞争力,维系品牌地位。如空调公司提供的销售、包装、运输、安装和维修的一条龙服务,和路雪冰激凌公司为其零售商提供冰柜和运送服务等,这些服务措施有效地维系了消费者的品牌忠诚,维系了企业的品牌形象。而我国许多老字号因包装呆板不变、服务不周到而丧失竞争力、进入老化状态的例子比比皆是。

产品是品牌的基础,保证产品质量和增加配套服务是维系品牌的必要条件。

2）质量管理

上述"产品保证"更多强调的是理念,即如何设计产品才是好质量的体现;此处的"质量管理"更多强调的是实操,即如何实施科学高效的质量管理以保证产品质量。"质量第一"是品牌维系的根基,"以质取胜"是永不过时的真理。企业要制定切实可行的质量发展目标,积极采用国际国内的先进标准,形成一批高质量、高档次的名优产品,提高名牌产品的市场占有率,突出品牌形象。以上针对名牌产品的市场地位的维系所提出的三点要求,也必须以全面的质量管理为保障。"企业的质量管理是指为满足消费者的需要,运用系统的理论和方法来研究质量问题,组织全体员工参与并综合运用各种科学手段和方法,对产品的设计、制造、销售和使用等全过程进行的质量管理活动。"①质量管理包括以下三个方面。

(1) 质量维持。是通过 SDCA 循环来进行的。S 是标准(Standard),即企业为提高产品质量编制出的各种质量体系文件;D 是执行(Do),即执行质量体系文件;C 是检查(Check),即质量体系的内容审核和各种检查;A 是总结(Action),即通过对质量体系的评审,做出相应处置。不断运行的 SDCA 循环将保证质量系统有效运行,以实现预期的质量目标(图 7-1)。

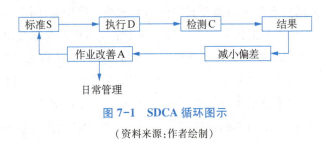

图 7-1　SDCA 循环图示

(资料来源:作者绘制)

(2) 质量改进。它是将产品和服务的质量不断改进提高,是通过 PDCA 的循环来实现的。P 是计划(Plan),D 是执行(Do),C 是检查(Check),A 是总结(Action)。质量改进要注意定期更新产品,使产品升级与市场变化保持一致;保持和发挥产品的特色,以满足不同的消费者;根据市场变化作出快速、准确的反应,降低成本,提高产品性能(图 7-2)。

图 7-2　PDCA 循环图示

(资料来源:作者绘制)

(3) 重点分配。针对品牌的维系应根据品牌的优势,分配产品质量控制和研发更新的重点,以保持产品差异的优势。许多拥有多种品牌的企业不可能对每种品牌都投入大量的资金和精力,而且对于业绩较差的品牌,这种投入也是不必要的。所以,应把管理和创新的重点放在业绩较好的品牌和产品上。

3) 广告宣传

第 6 章介绍了广告作为传播工具对于品牌建设的重要性,此处将介绍广告作为常规品牌维系手段时的基本功能。现代广告在企业形象塑造、企业知名度的提升、独特形象的

---

① 韩光军.打造名牌[M].北京:首都经济贸易大学出版社,2001:119.

建立和传播、品牌的推广和维系等方面起着不可低估的作用。在很多企业的发展中,广告是翅膀,它能在较短的时间内将品牌信息传给消费者,著名广告学家大卫·奥格威说,"每个广告都是对品牌印象的长期投资"。用合理的费用开支、合理的媒体选择进行有效的广告创意及发布能够不断强化品牌在消费者心中的印象,引导消费者在品牌选择中建立品牌偏好,逐步形成品牌忠诚。

需要强调的是,广告作为引导消费者购物的重要手段,应注意以下几点。

(1) 不断强化品牌声誉。同时注意公众舆论的集体效力、专家学者的权威效力对品牌声誉的树立和强化都很有作用。

(2) 应加大广告宣传力度,使产品有形而且有"声"。通过广告品牌促进产品销售,通过产品销售提升品牌市场地位。

(3) 应坚持广告宣传的长期化。广告宣传出来的品牌只是知名度较高的准品牌,其市场地位仍然非常脆弱,要巩固其品牌地位还需要在产品质量上、管理上下功夫,并辅以持续的广告宣传。

(4) 现代广告注重把品牌形象放在醒目的位置,而不是重点介绍产品的功能。因为同类产品太多,不同产品可能具有同种功能或类似功能,如果只注重产品广告而忽视品牌宣传,就可能为他人作嫁衣。

除了广告以外,结合第6章介绍的传播工具,还有一些其他的用于品牌日常维系的宣传方式。

(1) 赠送样品。赠送一些样品给消费者免费使用,可以使消费者通过亲身体验该产品的用途来认识和注意该产品和品牌,并且让企业了解自己的产品是否能较好地满足消费者的需求。日用品生产商和化妆品企业派送产品试用装的做法已是司空见惯了。

(2) 促销。企业利用打折、附送纪念品等刺激性促销手段,吸引新的尝试者,或促使一些原有消费者的重复消费,这已成为一种常用方式。但是,这种方法不宜频繁使用,这会损害品牌形象,使消费者怀疑产品的品质并抑制产品正价时的现时消费。许多行销专家认为促销活动不像广告那样能建立消费者的品牌忠诚,它是一种短期行为,起到在一段较短时间内吸引大众注意的效果。

(3) 公关活动。如利用公共宣传提高品牌知名度,以赞助名义提高品牌美誉度。公关与广告不同,广告是让人们"买我";公关是让人们"爱我",然后"买我"。公关比广告有更高的可信度以及相对更低的成本,但是成功的公共关系需要符合多个条件(详见第6章),例如公众必须对公关活动宣传的品牌有一定印象才能发挥公关效果。所以,公关活动是创建品牌知名度的后续步骤之一。广告和公关配合使用常常会收到意想不到的良好效果。

(4) 业务会议和贸易展览。企业可以通过这样的活动向中间商和零售商宣传自己的品牌,以招徕新老顾客,介绍新产品或新品牌。

(5) 寻求权威支持。企业为产品寻求官方或民间有关组织或权威个人的认可和支持有利于增强品牌及其产品的可信度,增强消费者购买产品的安全感。获得了消费大众的信任,品牌形象自然会得以广泛传播,这便是常提及的口碑传播。

对于企业而言,品牌的常规维护是一个长期的过程,它需要从每一件具体的业务和业务的细节做起,日积月累,才能在人们心中树立牢固的品牌形象,稍有不慎则可能全盘皆输。所以企业的常规品牌维系必须从小事情认真做起,从每一天努力做起。

案例 7.1

古驰(Gucci)品牌的维系

创建于 1923 年的意大利古驰品牌主要有服装、香水、鞋、包、箱及玻璃器皿等产品。古驰时装定位于高收入、崇尚奢华的消费群体,以高档豪华而闻名于世。但在 1993 年,公司的销售额才 2.3 亿美元,亏损了 2 200 万美元。

1994 年,古驰被 Investcorp 收购,古驰的家族掌权制度不复存在。汤姆·福特被提升为首席设计师。要彻底扭转业务面貌,就必须进行全面改革,管理业务的多梅尼克·德索尔力排众议,坚持把古驰定位为一个品牌而不是零售商,这是品牌得以维系与振兴的关键。

福特使古驰品牌的时装大为改观,使该品牌的风格不断深得高级时装精髓且极具时尚感。一方面使得原有的高档品牌线产品保持奢华雅致的贵族品位;另一方面致力于新系列的开发,将传统的贵族戏剧化元素与现代生活的真实感受相结合,使原先的奢侈荣耀的象征成为一种必需的时尚。人们喜欢福特设计的 20 世纪 60 年代的复古款式。另外,还增加了产品系列的色彩变化和成衣种类,并多次举办成衣展。

到 1995 年,公司销售额达到 5 亿美元,利润 850 万美元。这时古驰的新决策是花 2 亿美元收回特许经济权,开设新的专卖店,并对旧的商店重新装潢。这有利于公司掌控建立强势品牌的两个必备要素——经营控制权和品牌的统一性。

古驰现在已成为全世界最受欢迎的品牌之一,品牌价值也巨幅提高,2000 年品牌价值为 52 亿美元(世界最有价值品牌排名第 44 位),2020 年品牌价值 176.3 亿美元(2020 全球最有价值的 50 个服饰品牌第 2 位)[1],同时,它一直是一些宏伟收购计划所瞄准的对象。古驰成功的品牌维系可以概括为:坚定的高档品牌定位;高品质和不断更新的优质产品;焕然一新的公司面貌;广泛而合适的广告宣传;高度统一的品牌管理。

7.1.1.2 常规品牌维系的其他力量

1) 政府对品牌的维系

政府从不同的角度针对品牌采取的行为对品牌的维系具有极其重要的作用,主要表

---

[1] 新浪财经. 2020 全球最有价值的 50 个服饰品牌排行榜[EB/OL]. [2020-04-29]. https://baijiahao.baidu.com/s?id=1664362746949884491&wfr=spider&for=pc.

现为:

(1) 制定政策、规划,提倡和推动质量振兴和品牌战略。这在总体上提供了有利于品牌的大环境,并且能引导企业和社会关注品牌的维系和发展。

(2) 对实施品牌战略和质量振兴规划实行有效的支持和帮助。政府应该在力所能及和适可而止的范围内,为企业创造、推广、维系品牌提供物质的和精神的支持和帮助。

(3) 加强监督,认真执法,有效打假。不断防止假冒伪劣产品对品牌的损害,是品牌维系的一个重要方面。政府一方面积极引导企业实施品牌战略,另一方面加大打击假冒伪劣的力度,这样才能保护品牌的健康发展,有助于企业顺利实施其品牌维系。

2) 消费者对品牌的维系

消费者应当增强品牌辨识能力,不断对品牌及其产品提出宝贵意见,以促进品牌形象及其产品的改进,使企业对品牌的维系沿着健康而积极的方向发展。

品牌维系涉及的面很广,而当以上各方面形成一种合力,品牌必能长盛不衰。

7.1.2 常规品牌的调查

品牌维系首先是确保品牌不受损害,这要求在开展有关品牌的每一项活动时,正确认识品牌的现状和发展方向。"知己知彼,百战不殆",品牌调查是企业知己知彼、进行品牌决策的重要依据。常规品牌维系必须以常规品牌调查为其决策基础。

美国权威调查机构 Grossman 以品牌和销售效果相关研究为主题,对本土行销的数十万个品牌中的五百个品牌深入调查后发现,36%的品牌名称对销售构成严重伤害,52%的品牌名称对销售帮助甚微,只有12%的品牌名称能实际促进销售。美国企业平均每年改换名称者至少在5 000家以上,因营运不佳而被迫改名的不计其数[①]。企业家无不殚精竭虑地渴望成就大品牌,却忽视花一点钱进行针对目标消费者的品牌名称调查,以避免命名失误带来的损失。这只是一个关于品牌名称的例子,但反映了品牌调查的必要性。

可见,常规情况下的品牌调查对于企业了解市场需求状况、品牌现行状态、自身优势与差距以实施有效的品牌维系至关重要。当然,特殊情况下的品牌调查除有其共性外,还有着针对特殊情况的个性,在此,不作详细说明。

7.1.2.1 品牌调查的前提

为保证品牌调查的科学有效性,应具备以下三个基本前提条件:

(1) 一个客观公正、高素质、适合企业品牌的专业调查团队,该团队可以来自企业外的第三方专业调查公司。例如,国际品牌在进入新的市场时,一定会选择优秀的国际调查机构;中小型品牌则会选择中小型国内调查公司。调查团队也可以来自企业内部。

(2) 科学的、适用的调查组织方法和技术。针对品牌的调查有其普遍性和特殊性,因

---

① 陈云岗.品牌批判[M].广州:广州出版社,1999:52.

此,有必要将传统的、经典的调查方法和特殊的调查方法、技术结合使用。

(3)科学的调查评估指标和测算公式。这是任何科学的社会调查所必须遵循的前提。我国在这方面尚处探索阶段,存在不足之处是正常的,这也正是我们要花大力气加以改进的。

7.1.2.2 品牌调查的方法

从方法体系上来说,分为定性调查和定量调查。定性调查是发现问题,深度研究,力图找出有代表性的问题;定量调查是证明问题广度研究,力图验证问题的代表性。定性调查常用方法有深度访谈、小组座谈、个案研究等,与定量调查相比,选择使用定性调查的情况大多是决策人不需要特别标准、特别严谨的答案,只需要了解方向、态度、可能性和可行性。因此,使用定性调查更多是判断性地帮助人们发现问题,它的可靠程度有赖于调查操作人的经验。而定量调查有必要对调查结果的信度和效度进行检验,以得到更严谨的结论。效度是指结果的有效性,即调查的结果是否足以说明想研究的问题;信度指调查方法的可信程度,它还指问题设置与提问方式上人们如实回答问题的可能性。具体而言,定量调查包括实地调查法、控制实验法、内容分析法等。

从品牌调查的执行方法上来说,主要分为内部执行和外部委托。而无论是企业内部执行调查还是委托专业的调查公司,它们的调查目的、执行程序没有本质差别。但是,有调查能力上的差别。一般来说,专业调查公司更具有专业性、客观性、经济性,调查有相当的广度和深度。

从调查组织方法上来说,体系如图7-3所示。

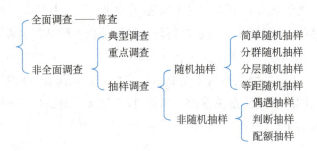

图7-3 调查组织方法体系

(资料来源:作者绘制)

其中,普查是对总体中所有单位逐一调查的方法,属于完全归纳法,把握度比较大;但事实上,这种调查法在许多环节也会出现误差,且受时间和经费的限制,一般不宜采用。以上列举的调查方法在许多调查书籍中很容易查到。值得注意的是品牌调查应根据其特点选择多种方法,互相补充、互相验证。

以上都是相对传统的调查方式,值得注意的是,网络的兴起将新的调查方式引入其中。传统的调查方式在因特网上产生了演变,网络调查的好处众多:调查面广泛,速度快,成本低、容易整理等，但网络调查受到的干扰较大，其结果的信度和效度还有待进一步的验证，对此应有清醒认识。当然，互联网作为一种有效推动品牌调查的媒体手段，品牌的建设经营者们必须注重将传统的品牌调查方式与以新技术为基础的调查方式相结合。

7.1.2.3　品牌调查的内容

品牌调查应主要把握品牌生产力调查、品牌市场力调查、品牌形象力调查等三个方面。

（1）品牌生产力包括产品生产能力、产品品质、产品系列、产品价格等。

（2）品牌市场力包括品牌市场建设、市场业绩、客户服务等。

（3）品牌形象力包括品牌形象渠道、常规宣传方式和力度等。

在常规情况下，通过科学的品牌调查，对品牌现行状况实行有效监控，是进行品牌维系的必要前提条件。品牌调查可以提供消费者对品牌的意见和建议，同时也会引导消费者对品牌做出反应。在品牌调查的基础上进行的品牌维系才是最有针对性、最有实际价值的。

7.2　品牌保护

7.2.1　品牌保护的内涵及其必要性

7.2.1.1　品牌保护的内涵

品牌保护，实质上就是对品牌所包含的知识产权进行保护，即对品牌的商标、专利、商业秘密、域名等知识产权进行保护。品牌战略的关键，是提高品牌的知名度和美誉度。一方面，品牌的知名度是保持品牌市场竞争力的重要条件，但品牌一旦有了知名度后他人便会群起而仿冒。因此，利用商标、域名等知识产权法律制度保护品牌，可以避免不法经营者随意仿冒。另一方面，品牌的美誉度是品牌保持旺盛生命力的关键，其核心就是高质量，产品要具有高质量就必须进行技术开发和创新。但是如果开发出的科技成果不申请专利或者采取商业秘密的方式予以特别保护，便会被竞争对手仿冒，很快失去市场。因此，我们认为，商标权、专利权、商业秘密权、域名权等知识产权的保护是品牌保护的核心。

7.2.1.2　品牌保护的必要性

过去，由于我国品牌管理者的品牌保护意识普遍不高，曾有过不少诸如传统工艺秘密被窃、名牌商标被抢注等惨痛的教训。近些年来，随着国民法律意识提高以及知识经济带来的观念上的革新，我国企业的品牌保护意识有所加强。再加上知识产权强国建设加快推进,专利商标审查质量和效率持续提升。据统计,2019 年国内(不含港澳台)有效商标注册量达到 2 521.9 万件,平均每 4.9 个市场主体拥有 1 件注册商标。专利申请数也有很大的增加,2019 年国内(数据不含港澳台地区)有效发明专利拥有量达到 186.2 万件,每万人口发明专利拥有量达到 13.3 件[①],位列全球第一。我国品牌所有者在二十一世纪初期已经越来越重视用法律来保护自己的合法权益,利用品牌附加值获取更大的经济利益。例如,山东寿光市一位农民黄荣名,是葡萄种植能手,种葡萄出了名后,不仅著书《大棚葡萄经验总结》,还申请注册了"荣名"牌葡萄商标,当上了"荣名水果店"的老板。

但是,我国品牌保护的总体情况并不容乐观,特别是在对外贸易和高科技领域尤为薄弱。据统计在我国的高科技领域申请商标的多数为国外企业,且差距正逐年拉大。国外来华申请的大量专利大都不是目前市场热销的技术产品,而是争占未来市场的技术产品。对此,我国的相关企业应予以高度警惕,不要只顾埋头进行科研开发,到头却连获得专利权保护的资格都没有。

品牌保护是品牌运行的一个关键环节,不可忽视。

7.2.2 品牌的法律保护

7.2.2.1 商标权的保护

商标是商品识别的标记,是品牌在法律上的重要表现形式,保护商标是品牌保护的重要途径。我国最早使用商标的是北宋时期山东刘家"功夫针"铺使用的"白兔"商标,其中心图案是一只白兔,旁刻"济南刘家功夫针铺,认门前白兔儿为记",图形下方还有文字:"收买上等钢条,造功夫细针,不误宅院使用。客转与贩,别有加饶,请记白。"它图文并茂,且用于"功夫针"上的"白兔标识",与提供商品的"刘家铺子"(商号)分别存在,已基本具备了现代商标的大部分特征。但由于中国封建时期重农抑商,宋代并没有对商标进行保护的官方榜文,直到清代才有了对他人商品标识冒用行为的地方禁令。1904 年,清政府颁布了我国第一部商标法——《商标注册试办章程》。1949 年后,商标保护逐渐步入正轨,我国于 1982 年出台了新的《商标法》。随着经济的发展以及加入 WTO 的需要,全国人大常委会于 2001 年 10 月 27 日对《商标法》进行了第二次修正。2019 年 4 月 23 日对《中华人民共和国商标法》进行了第四次修正,修正版于 2019 年 11 月 1 日起正式施行[②]。此次修正使我国的商标保护更趋于公平,加大了商标专用权的保护力度,并强调诚实信用,遏制抢注商标行为。

---

① 中国青年报. 中国国际专利申请量世界第一 每万人口达 13.3 件[EB/OL]. [2020-04-29]. https://baijiahao.baidu.com/s?id=1664362746949884491&wfr=spider&for=pc
② 中国人大网. 中华人民共和国商标法[EB/OL]. [2020-04-29]. www.npc.gov.cn/npc/c30834/201905/dacf65eec798444e821a1a06a347f3ee.shtml.

1）商标权及其特征

商标权是商标使用人对其商标所依法享有的权利。在中国，由于商标权的取得以注册为要件，所以商标权又特指商标使用人对其注册商标所享有的权利。商标权包括商标的独占使用权、续展权、禁用权、转让权和使用许可权等，其中独占使用权是核心权利。商标经注册后，商标权人对其注册的商标享有所有权，即享有排他的支配权，可以被继承、转让、独占使用，可以质押或许可他人使用，并通过商标权的利用获得利益。

商标权属知识产权的范畴，具有知识产权的共同特征，即独占性、时间性和地域性等。但由于商标权具有独特的经济利益，因此又有别于其他类型的知识产权。概括来说，商标权具有以下四个基本特征。

（1）商标权的取得以注册为要件，由国家依法授予。与著作权不同，著作权是作品一经完成即自然产生，不需经权利人申请和登记。商标权一定要经商标使用人向商标局提出申请，按法定程序对其商标进行核准注册后，才能依法产生，仅完成对商标的设计和使用是无法取得商标权的。

（2）商标权具有独占性。商标的独占性，是指注册商标的所有权人有权在核定的商品上使用其注册商标，同时可以禁止其他人在未经许可的情况下在相同或相似的商品上使用该注册商标。

（3）商标权具有时间性。商标权是一种有期限的权利，商标经核准注册后，在正当使用的情况下，可以在某一法定期间内享有商标权，这一期间称为注册商标的有效期。《中华人民共和国商标法》第三十九条规定我国注册商标的有效期为十年，自核准注册之日起计算。这点和专利权、著作权不同，专利权和著作权的期限届满后，即丧失专有权不可以续展，但注册商标在有效期届满前，商标权人可以按法定程序，进行续展。《商标法》第四十条明确了续展的具体要求："注册商标有效期满，需要继续使用的，商标注册人应当在期满前十二个月内按照规定办理续展手续；在此期间未能办理的，可以给予六个月的宽展期。每次续展注册的有效期为十年，自该商标上一届有效期满次日起计算。期满未办理续展手续的，注销其注册商标。"商标的续展次数不限。

（4）商标权具有地域性。地域性是指在一国核准注册的商标只在该国领域内有效，对其他国家不发生效力。因此，商标要取得某国的法律保护，就必须按照该国法律申请注册、获得授权。这点对于要开拓国际市场的品牌尤为重要，为了保护自己的品牌，企业必须预先在自己商品的输出国逐一注册，符合条件的可以申请国际注册。

2）商标注册的条件及程序

商标注册制度是商标保护制度的一项重要内容。我国《商标法》第三条规定："经商标局核准注册的商标为注册商标，包括商品商标、服务商标和集体商标、证明商标；商标注册人享有商标专用权，受法律保护。"可见，商标注册是商标免受其他侵权行为损害，维护自身利益的前提条件。

商标通过核准成为注册商标要满足两个条件：一是商标的设计要符合法定的构成条

件;二是要经过法定的注册程序。

(1) 注册商标的法定构成条件。组成商标的要素可以是文字、图形、字母、数字、三维标志和颜色组合以及这些要素的组合。在应用这些要素进行商标设计时要满足两个方面的要求。

第一,商标要具有显著特征。《商标法》的第九条和第十一条都对商标应当具有显著特征进行了规定。商标是商品之间区别的标志,如果缺乏显著性,不仅不利于保护自己的权益而且还有可能与他人在先取得的合法权利相冲突。因不具有显著性而不得作为注册商标的标志有:①仅仅有本商品的通用名称、图形、型号的,如"盘尼西林""尼龙"为商品通用名,所以不能注册;②仅仅直接表示商品的质量、主要原料、功能用途、重量、数量及其他特点的,如"绝缘"电工、"载重"自行车就因仅直接表示了商品的质量和功能而不能注册。当然在驰名商标保护中也有例外,如"五粮液"酒仅直接表示了商品的主要原料但仍然成为注册商标,这是因为"五粮液"商标满足《商标法》第十一条的附加应用情景,即"标志经过使用取得显著特征,并便于识别的,可以作为商标注册"。

第二,根据《商标法》第十条规定,下列标志不得作为商标使用:

① 同中华人民共和国的国家名称、国旗、国徽、军旗、勋章相同或者近似的以及同中央国家机关所在地特定地点的名称或者标志性建筑物的名称、图形相同的;

② 同外国的国家名称、国旗、国徽、军旗相同或者近似的,但该国政府同意的除外;

③ 同政府间国际组织的名称、旗帜、徽记相同或者近似的,但经该组织同意或不易误导公众的除外;

④ 与表明实施控制、予以保证的官方标志、检验印记相同或者近似的,但经授权的除外;

⑤ 同"红十字""红新月"的名称、标志相同或者近似的;

⑥ 带有民族歧视性的;

⑦ 带有欺骗性,容易使公众对商品的质量等特点或者产地产生误认的;

⑧ 有害于社会主义道德风尚或者有其他不良影响的。

县级以上行政区的地名或者公众知晓的外国地名,不得作为商标。但是,地名具有其他含义或者作为集体商标、证明商标组成部分的除外;已经注册的使用地名的商标继续有效。

(2) 商标注册的法定程序。商标注册的法定程序包括申请、审查和核准三个步骤。

第一,注册申请。申请人在申请时应提交申请书、商标图样、证明文件和申请费。申请书中应当按规定的商品分类表填报使用商标的商品类别和商品名称。

第二,注册审查。商标注册审查包括形式审查和实质审查。形式审查主要审查商标注册的申请是否具备法定条件和手续,从而确定是否受理该申请。实质审查主要审查商标的构成要素是否符合法律规定、商标是否与他人在同一种商品或者类似商品上已注册或申请注册的商标相同或近似。如果商标经审查,构成要素合法且没有同他人在先取得的商标权相冲突,则初步审定,予以公告。

在注册原则上,中国商标法采用的是申请在先原则。《商标法》第三十一条指出:"两个或者两个以上的商标注册申请人,在同一种商品或者类似商品上,以相同或者近似的商标申请注册的,初步审定并公告申请在先的商标;同一天申请的,初步审定并公告使用在先的商标,驳回其他人的申请,不予公告。"

第三,核准注册。对初步审定的商标,自公告之日起三个月内,如无人提出异议或异议经裁定不能成立的,予以核准注册,发给商标注册证,并予公告。

3) 商标注册的原则

由于对注册商标的保护范围限于商品(服务)注册的类别,且注册商标具有地域性等特征,因此为了更好地保护自己的品牌以及适应品牌发展的需要,企业在进行品牌商标注册时,应坚持以下几个基本原则。

(1) 先期注册原则。先期注册,即在产品生产出来之前就应申请注册。我国商标注册同大多数国家一样采用的是先申请原则,虽然在某些情况下没有美国的先使用原则公平,但易于操作,效率高、成本低。这就要求品牌所有人应提前注册商标,以免耗费大量的人力、物力对产品进行开发和宣传后,却落得个为他人作嫁衣的后果。如中国甘肃人民出版社出版的《读者文摘》在我国是知名度很高的畅销杂志,发行量曾居全国同类刊物之首。然而,由于一直没有申请注册,后来与已在中国注册的美国《读者文摘》发生了冲突,该杂志不得不于1993年7月将其更名为《读者》,结果导致发行量骤降。这是我国首例出版物刊名注册冲突,曾引起很大的影响,人们在惋惜之余也认识到了商标注册的重要性。需要注意的是,不仅新企业在生产前应申请商标注册,老企业开发新产品,也应在新产品生产前申请注册。不要在产品生产出来后,甚至已投入了大量资金进行宣传后才发现自己的品牌名已是他人的注册商标,白白浪费了许多的宣传费。总之,为了避免可能出现的风险和纠纷,先期注册是十分必要的。

(2) 宽类别注册原则。宽类别注册,即企业在申请注册时,不应仅在某一类或某一种商品上注册,而应同时在很多类商品上注册。这是因为,第一,受商标法保护的商标专用权仅限于该商标申请注册的品种和类别,宽类别注册有利于防止竞争对手使用与自己的商标相同的商标生产其他类别的商品,引起消费者误认,影响自己的品牌形象。如"格兰仕"是中国微波炉的知名品牌,但却有企业将其注册在自己生产的电子打火灶上,不知内情的消费者在购买后,将该打火灶的所有质量问题都归咎于"格兰仕"企业,影响了"格兰仕"在消费者心中建立的良好形象。第二,每个品牌都有生命周期,都会面临品牌老化,应对品牌老化的有效方式就是品牌延伸,即开发新产品并用老品牌来命名新产品。如果原注册类别过窄,品牌延伸就会受到很大限制。

我国商标注册采用的是国际通用的《关于供商标注册用的商品和服务的国际分类的尼斯协定》(简称《尼斯协定》),的商品分类法。商品分类表不是一成不变的,它会随着商品的丰富及人们对商品的认识而逐步增加及修订,大的修订会更新商品类别个数,小的修订则在制定好的商品类别下更改具体的商品情况。根据世界知识产权组织的要求,尼斯联盟各成员国于 2017 年 1 月 1 日起正式使用尼斯分类第十一版①,于 2020 年 1 月 1 日起正式使用尼斯分类第十一版 2020 文本②,规定商标国际分类共包括 45 类,其中商品 34 类,服务项目 11 类。这样,每一件商标,可以申请注册 45 个类别的商品,但需一一申请。现在越来越多的企业意识到商标的重要性,多采用宽类别注册。

(3) 防御注册原则。很多资料上都提到防御商标注册且有两种不同的解释,但都一致认为,防御商标注册的作用是防止他人利用自己的商标规避法律,谋取不正当利益、损害自己的品牌形象。第一种对防御商标的解释近似于商标的宽类别注册,在此不赘述。这里,主要讲第二种解释,即在同一商品上,申请注册除正商标以外的多个近似商标的行为(又称"联合注册")。这些近似商标由正商标文字、图形交替颠倒或衍生而成。如,红豆集团就注册了与"红豆"商标近似的"虹豆""相思豆""南国"等 10 多个防御商标;剑南春酒厂以"剑南春"为正商标,注册"剑南美""春南剑""南春剑"等为防御商标,从一定程度上防止了他人打法律擦边球,保护了品牌。但需要说明的是,防御注册的要求较严,一般只有驰名商标才能注册防御商标。

(4) 宽地域注册原则。宽地域注册,即商标注册的地域要广,不能仅仅在某一个国家或地区注册,而应同时在多个国家和地区注册。品牌的市场占有与拓展能力是品牌价值的重要体现,打入并占领国际市场是品牌成功的标志之一。但商标权具有地域性,即商标专用权仅受其注册国或地区的法律保护,因此,如果品牌想顺利实施其国际战略,宽地域注册商标是不可或缺的程序之一。我国的很多知名品牌就是因为忽略了商标的国际化注册,被他人抢注而痛失海外市场,如"杜康"商标在日本,"健力宝"在韩国,"蝴蝶"在东南亚等。当然,国际注册做得好的企业也有不少,如"娃哈哈""咸亨"等。"咸亨"酒店是我国第一批申请注册服务商标的企业,为了适应国际化战略的需要,"咸亨"分别在境外陆续申请注册商标,在美国、韩国、新加坡、泰国、印度尼西亚、马来西亚、日本等国以及我国港澳台地区获准注册。

目前到国外注册商标有两个途径:

第一,通过《商标国际注册马德里协定》(简称《马德里协定》),办理国际注册。马德里商标国际注册有很多优点:经济、方便、快捷,只需填写一份申请书就可以在指定的多个成员国国家进行商标注册。截至 2019 年底,随着马来西亚的加入,《马德里协定》有 106 个成员,覆盖 122 个国家和地区,这些成员代表了世界贸易的 80%③。在非成员国,

---

① 商标局. 关于启用尼斯分类第十一版的通知[EB/OL]. [2020-05-04]. https://www.chtow.com/h-nd-407.html#fai_12_top&_np=212_734.

② 商标局. 关于启用尼斯分类第十一版 2020 文本的通知[EB/OL]. [2020-05-04]. https://www.chtow.com/h-nd-407.html#fai_12_top&_np=212_734.

③ 世界知识产权组织(WIPO). 马来西亚加入马德里体系[EB/OL]. [2020-05-04]. https://www.wipo.int/madrid/zh/news/2019/news_0027.html.

《马德里协定》无法发挥效力,还必须逐一申请注册。

第二,逐国申请注册。即企业分别向不同的国家逐一提出商标注册申请,办理商标注册。

4) 商标的侵权及救济

(1) 商标的侵权行为。根据我国《商标法》第五十七条的规定,侵犯注册商标专用权的行为有以下几种:

① 未经商标注册人许可,在同一商品上使用与其注册商标相同的商标的;

② 未经商标注册人的许可,在同一种商品上使用与其注册商标近似的商标,或者在类似商品上使用与其注册商标相同或者近似的商标,容易导致混淆的;

③ 销售侵犯注册商标专用权的商品的;

④ 伪造、擅自制造他人注册商标标识或者销售伪造、擅自制造的注册商标标识的;

⑤ 未经商标注册人同意,更换其注册商标并将该更换商标的商品又投入市场的;

⑥ 故意为侵犯他人商标专用权行为提供便利条件,帮助他人实施侵犯商标专用权行为的;

⑦ 给他人的注册商标专用权造成其他损害的。

(2) 司法救济。我国《商标法》第六十三条规定:"侵犯商标专用权的赔偿数额,按照权利人因被侵权所受到的实际损失确定;实际损失难以确定的,可以按照侵权人因侵权所获得的利益确定;权利人的损失或者侵权人获得的利益难以确定的,参照该商标许可使用费的倍数合理确定。……权利人因被侵权所受到的实际损失、侵权人因侵权所获得的利益、注册商标许可使用费难以确定的,由人民法院根据侵权行为的情节判决给予五百万元以下的赔偿。"因此,企业应充分利用法律赋予自己的权利,有效地保护自己的商标专用权。

7.2.2.2 专利权的保护

商标、商号、域名是品牌的识别特征,而专利、商业秘密则是品牌的内在性特征。在经济科技迅猛发展的今天,现代企业越来越注重科技的投入,可以说高科技意味着强竞争力。但是这些高科技如果被他人窃取或仿冒,就会给企业造成巨大的经济损失。专利制度就是这些高科技的守护神,产品中的科技成果,经申请人申请,依法被授予专利权后,即可获得专利保护;专利权人对此技术成果拥有专有权,未经专利权人许可,任何单位和个人都不得使用该专利。世界上的许多著名企业都重视利用专利制度保护自己的科技成果,提高竞争力。

1) 申请专利的必要性

(1) 专利的特征。对企业来说,专利是一种经济"特权"和"无形资产"。它有四个特征:

① 专利的取得需要权利人申请并由国家依法授予;

② 专有性,即仅授予某一个申请人的权利;

③ 地域性,即来自某授权机关,同是一项发明创造,如果没有获得某国政府授权,就不具备专用权;

④ 时间性,专利权是一种有期限的权利,被授予专利后,在正当使用的情况下,可以在某一法定期间内享有专利权,这一期间称为专利的有效期。根据我国《专利法》的规定,发明专利权的期限为二十年,实用新型专利权为十年,外观设计专利权的期限为十五年,均自申请日起计算,到期不能续展。

(2) 中国企业要加强专利申请意识。专利的魅力在于经济价值,国家通过授予一定时期的垄断权,让专利权人可以短期内独霸市场。专利处置与专利战略运用是否得当,可决定企业乃至产业的兴衰。例如,20世纪70年代,瑞士一位工程师发明了电子表技术,但瑞士手表业满足于称雄世界机械表市场,没意识到它会引起手表工业的革命。日本人却看到了其巨大市场价值,买下专利投入巨资开发,一举登上电子表王国的宝座。再如,我国的海尔集团现已跻身于世界冰箱生产十强,历来重视技术革新和专利申请,自1997年来平均每天申请1.3项专利,推向市场的每一项产品都包含一项或数项专利,有的甚至高达10余项。又例如,2020年4月7日世界知识产权组织(WIPO)公布了2019年国际专利申请数量,中国华为以4 411份PCT(*Patent Cooperation Treaty*,《专利合作条约》)专利申请遥遥领先,连续三年位列全球第一,日本的三菱电机株式会社则以2 661份排名第二,随后是2 334份的韩国三星电子、2 127份的美国高通,以及1 927份的中国广东欧珀移动通信有限公司①,足以说明中国企业研发能力的提高以及专利申请意识的增强。

随着中国近几年研发投入的增大和法律意识的普遍提高,中国在专利方面迅速发展,整体专利申请数量大大提高,扭转了之前中国专利申请数量远远不如美国等发达国家的局面。据2020年4月世界知识产权组织公布的数据,2019年中国在世界知识产权组织所发布的《专利合作条约》管理下,总共提交了58 990份国际专利申请,中国首次超过美国,成为2019年全球国际专利申请量最大的国家②。

企业拥有一项专利权,就等于拥有了一个市场,我国企业应充分认识到申请专利的重要性,在开发新技术的同时要重视申请专利保护技术成果,不断提高中国国际专利申请数量。

2) 专利的取得

科技成果要成为受法律保护的专利要满足两个条件,即科技成果要符合专利的实质性条件和形式条件。

---

① 世界知识产权组织(WIPO). 中国2019国际专利申请量首获全球第一,华为连续3年位居榜首[EB/OL]. [2020-05-04]. http://www.pcpop.com/article/6172115.shtml.

② 同上。

(1) 授予专利的实质性条件。授予专利权的实质性条件是确定申请专利的科技成果有无专利性。专利有三种类型,即发明、实用新型和外观设计。下面主要讲发明和实用新型的实质性条件:

① 新颖性。根据《中华人民共和国专利法》第二十二条的规定,新颖性是指该发明或者实用新型不属于现有技术;也没有任何单位或者个人就同样的发明或者实用新型在申请日以前向国务院专利行政部门提出过申请,并记载在申请日以后公布的专利申请文件或者公告的专利文件中。

② 创造性。根据我国《专利法》第二十二条的规定,创造性是指与现有技术相比,该发明具有突出的实质性特点和显著的进步,该实用新型有实质性特点和进步。

③ 实用性。根据我国《专利法》第二十二条的规定,实用性是指该发明或者实用新型能够制造或者使用,并且能够产生积极效果。

上述提到的"现有技术"均指申请日以前在国内外为公众所知的技术。

(2) 授予专利的形式条件。所谓形式条件,是指国务院专利行政部门对专利申请进行初步审查、实质审查以及授予专利权所必需的文件格式和履行的必要的手续。

3) 专利的侵权及救济

(1) 专利侵权行为。根据我国《专利法》的规定,中华人民共和国工业和信息化部总结了专利侵权行为的主要类型①:

① 未经许可制造专利产品的行为;

② 故意使用发明或实用新型专利产品的行为;

③ 销售、许诺销售未经许可的专利产品的行为;

④ 使用专利方法以及使用、销售、许诺销售依照专利方法直接获得的产品的行为;

⑤ 进口专利产品或进口依照专利方法直接获得的产品的行为;

⑥ 假冒他人专利的行为;

⑦ 冒充专利的行为。

(2) 司法救济。对于侵犯专利权的单位和个人,专利权人有权让其停止侵害,并有权要求其赔偿损失。根据我国《专利法》第七十一条的规定:"侵犯专利权的赔偿数额按照权利人因被侵权所受到的实际损失或者侵权人因侵权所获得的利益确定;权利人的损失或者侵权人获得的利益难以确定的,参照该专利许可使用费的倍数合理确定。对故意侵犯专利权,情节严重的,可以按照上述方法确定数额的一倍以上五倍以下确定赔偿数额。权利人的损失、侵权人获得的利益和专利许可使用费均难以确定的,人民法院可以根据专利权的类型、侵权行为的性质和情节等因素,确定给予三万元以上五百万元以下的赔偿。

---

① 中华人民共和国工业和信息化部. 什么是侵犯专利权行为? 都有哪些类型? 专利侵权应负哪些法律责任? [EB/OL]. [2020-05-04]. http://www.miit.gov.cn/n1146285/n1146352/n3054355/n3057527/n5303496/c5321948/content.html

赔偿数额还应当包括权利人为制止侵权行为所支付的合理开支。"

7.2.3 品牌的自我保护

7.2.3.1 珍惜商标权

企业依法取得商标专用权后,还要注意以下几个问题:

1) 注册商标具有时间性,注意续展

商标权具有时间性,仅在法定的存续期内有效,受法律保护,一旦有效期届满,就会丧失商标权,不再受法律保护。因此,企业应在商标有效期满前,进行续展。注册商标的有效期为十年,以后每次续展的有效期均为十年,续展次数不限。我国《商标法》第四十条规定:"注册商标有效期满,需要继续使用的,商标注册人应当在期满前十二个月内按照规定办理续展手续;在此期间未能办理的,可以给予六个月的宽展期。每次续展注册的有效期为十年,自该商标上一届有效期满次日起计算。期满未办理续展手续的,注销其注册商标。"

我国一些企业的商标续展意识很差,其中不少企业都因为没有及时续展商标而丧失商标权。如长沙中药一厂的"九芝堂"商标从 1956 年开始使用,但在其有效期届满时,因续展不及时而痛失商标权。因此,我国企业一定要增强商标续展意识,保护好自己的商标权。

2) 定期查阅商标公告,及时提出异议

商标公告是商标注册的必经程序,也是企业进行权利救济的一个途径。我国《商标法》第三十三条规定:"对初步审定的商标,自公告之日起三个月内,在先权利人、利害关系人认为违反本法第十三条第二款和第三款、第十五条、第十六条第一款、第三十条、第三十一条、第三十二条规定的,或者任何人认为违反本法第四条、第十条、第十一条、第十二条、第十九条第四款规定的,可以向商标局提出异议。公告期满无异议的,予以核准注册,发给商标注册证,并予公告。"因此,企业应定期查阅商标公告,一旦发现有侵权行为,就应及时提出异议,收集异议的证据,最大限度保护自己的合法权益。

3) 商标权转让和变更商标的,要登记注册

根据我国《商标法》的规定,注册商标有下列四种情形的,要到商标局办理登记手续:
（1）改变注册商标的标志的;
（2）改变注册商标的注册人的名义、地址或者其他注册事项的;
（3）转让注册商标的;
（4）注册商标需要在核定使用范围之外的商品上取得商标专用权的。

4) 合资企业转制时,保护好商标尤为重要

引进外资可为企业注入新的活力,但是如果放弃自己的商标,就显得得不偿失了。如"美加净"曾是中国护肤行业的一颗明珠,但由于在 1989 年与美国庄臣合资时时没有重

视自己品牌的价值而失去了宝贵的市场和发展时机。虽然在1994年它花重金买回"美加净"品牌并几经努力拓展市场,但已难现昔日辉煌。

"娃哈哈"的品牌运作是个成功的合资范例。现已是老牌饮料代表的"娃哈哈"集团,1996年与达能合资,但其合资不合品牌,且合资公司使用"娃哈哈"商标还必须有偿付费,很好地保护了品牌的独立性。

企业在转制时,也会遇到商标归属的问题,主要有两种情况。一种是企业在转制时,无视注册商标的价值,不进行量化评估和作价,不将注册商标作为企业资产参与转制,轻易送给转制后的企业无偿使用,造成国有、集体资产流失,这种情况较为普遍,占转制企业商标数的70%;另一种情况是,企业在转制合同中未提注册商标的归属问题,使商标权归属含糊不清,产权关系不明晰,造成了日后的经济纠纷。

7.2.3.2 保护商业秘密

商业秘密是指不为公众所知悉、能为权利人带来经济利益、具有实用性并经权利人采取保密措施的技术信息和经营信息。商业秘密主要包括企业的生产方法、技术、配方、营销计划等。商业秘密的早期表现形式通常是"祖传秘方""家传绝技",保护方法也只是如"传男不传女"等"祖宗家法",没有官方条例对其进行保护。现代意义的商业秘密是伴随着工业化大生产和商品经济的发展作为专利制度的补充而产生的。商业秘密与专利最大的区别,在于其权利的保护无期限限制,有利于长期维护其所有人的垄断地位。我国保护商业秘密的法律主要有《反不正当竞争法》《劳动法》和《刑法》。1993年出台的《反不正当竞争法》的第十条首次将侵害商业秘密行为列为不正当竞争行为,2019年修正后的第九条详细总结了属于侵犯商业秘密的行为。《劳动法》第二十二条规定,劳动合同当事人可以在劳动合同中约定用人单位商业秘密的有关事项。此外,《刑法》在"侵犯知识产权罪"一节中,与侵犯专利、商标、著作权等三种侵犯知识产权犯罪行为并列,规定了侵犯商业秘密罪。商业秘密最显著的特征是秘密性和经济性,保护商业秘密能为所有者带来巨大的利益和保持长期的垄断地位,取得长远的独占经济利益。因此,保护商业秘密是品牌保护的一个重要方面。

在商业秘密保护方面,做得最成功的当属可口可乐公司。可口可乐这种从1886年问世的饮料,早已称霸世界饮料业,日销量超过2亿瓶,一度成为全球身价最高的品牌。但至今,竟没有几个人知道它的完整配方,这主要归功于可口可乐公司完善的保密措施,同时也使其品牌地位更加稳固。

令人遗憾的是,我国企业的保密工作做得很差。不仅保密措施不完善,有时甚至自我泄密,究其原因主要是没有保密意识。例如,我国独有的陶瓷技术、景泰蓝制作方法等传统工艺都被他国窃取,并推出了产品,中国的民族工艺的价值因此大为贬损。再如,某建筑公司在一次很关键的工程投标中,以微弱的差价输给了对手,事后经调查才知道,是其职员将公司的竞标底价泄露给对手,导致了竞标失败,使公司失去了一次极好的发展机会。每个企业都应从这些案例中吸取教训,认识商业秘密对企业生存和发展的重要性,树立保密意识。

1)商业秘密的侵权及救济

(1)根据我国《反不正当竞争法》第九条的规定,侵犯商业秘密的行为有:

① 以盗窃、贿赂、欺诈、胁迫、电子侵入或者其他不正当手段获取权利人的商业秘密;

② 披露、使用或者允许他人使用以前项手段获取的权利人的商业秘密;

③ 违反保密义务或者违反权利人有关保守商业秘密的要求,披露、使用或者允许他人使用其所掌握的商业秘密;

④ 教唆、引诱、帮助他人违反保密义务或者违反权利人有关保守商业秘密的要求,获取、披露、使用或者允许他人使用权利人的商业秘密。

(2)司法救济。我国《反不正当竞争法》第十七条规定:"经营者违反本法规定,给他人造成损害的,应当依法承担民事责任。经营者的合法权益受到不正当竞争行为损害的,可以向人民法院提起诉讼。因不正当竞争行为受到损害的经营者的赔偿数额,按照其因被侵权所受到的实际损失确定;实际损失难以计算的,按照侵权人因侵权所获得的利益确定。经营者恶意实施侵犯商业秘密行为,情节严重的,可以在按照上述方法确定数额的一倍以上五倍以下确定赔偿数额。赔偿数额还当包括经营者为制止侵权行为所支付的合理开支。……权利人因被侵权所受到的实际损失、侵权人因侵权所获得的利益难以确定的,由人民法院根据侵权行为的情节判决给予权利人五百万元以下的赔偿。"同时,第二十一条规定:"经营者以及其他自然人、法人和非法人组织违反本法第九条规定侵犯商业秘密的,由监督检查部门责令停止违法行为,没收违法所得,处十万元以上一百万元以下的罚款;情节严重的,处五十万元以上五百万元以下的罚款。"因此,企业应充分利用法律赋予自己的权利,有效地保护自己的商业秘密。

2)商业秘密的保护

保护商业秘密事关企业的生存和发展,任何商业秘密的损失都会对企业造成不利影响,甚至是毁灭性的灾难。尽管权利人依靠诉讼可能挽回一些损失,但预防重于救济,企业应采取有效的措施来保护自己的商业秘密。

(1)宣传要适度,不能泄密。经调查发现,有不少商业秘密都是在参观访问、国际学术会议中被窃取的。我国独有的景泰蓝技术就是被一个以参观为名的日本华侨窃取的。在一些国际学术会议上,我国的某些代表把不应该报告的具体科研技术细节和盘托出而造成泄密。如一次在日本举办的国际蚕业学术会上,我国代表在会上把我国独创的"柞吞空胴病防治法"的关键部分,如病原、传染规律、防治药物的配方、施药方法等,当作纯学术的交流详尽地做了报告,使日本人不费吹灰之力获得了该技术。

我国企业应以此为戒,对于那些有可能造成商业秘密被窃的参观访问,应有技巧地予以拒绝。在开国际会议时,也应回避那些涉及商业秘密的内容。

(2)内部管理严谨,防止泄密。企业为了保护本企业的商业秘密,就必须把企业经过多年研究所取得的技术信息和经营信息作一个全面的回顾和分类,以确定什么要保护、什么能够保护、采取什么样的措施来保护等。确立保密对象,确立需保密的技术信息和经营信息。确立保密义务人,保密义务人应为一切知悉商业秘密的人,如技术人员、资料保管人员、合作伙伴等。

制定保密规章制度,对需保密的资料、文件由专人保管;规定借阅范围、时间和手续;电子类资料、文件,应有特别防护措施,以防失窃。

签订保密协议,企业在确立了保密义务人后,应与他们签订保密协议,或在合同中增设保密条款,使其受到法律约束。

7.2.3.3 注重互联网域名权

域名是互联网时代一个企业与外部社会交流的身份证,它不但是企业的网上名称、网上商标,也是客户与企业双向交流的高速入口。注册域名是企业进入互联网世界从而进一步实施电子商务的第一步,一个好的域名能帮助企业树立形象,在宣传时起到事半功倍的效果,也可以使企业在互联网世界里获取无限潜在商业机会、赢取最大的经济利润。

1) 域名具有商标属性,不可忽视

(1) 域名的重要性。域名是互联网的单位名称和在互联网上使用的网页所有者身份标识。域名不仅是用来区别不同网站主页的网络地址,而且还具有商标属性,能传达很多重要信息(如单位属性、业务特征等)。我们之所以说互联网域名具有商标属性,是因为:①域名的专用权属于注册者,若某个域名被他人抢先注册了,那么,其他企业就不能注册与此相一致的域名了;②在当前已经注册的域名中,多数是用商标来做域名的;③对域名管理上的很多规定,是以商标法为渊源的;④对域名争议的处理,基本上也是以商标问题为中心来进行。

但是,域名不等同于商标,有自己的特征:①域名具有较强的可辨识性,域名由字母和数字等符号构成,只要两个符号之间存在细微的差别,就可将二者完全区别开;②域名具有全球唯一性,互联网上的每一个域名都是独一无二的;③域名注册的要求简单,除因申请人本身的法律属性而在选择顶级或二级域名时受到限制外,其他诸如经营活动、商品(服务)种类均不用申明。

正是由于域名有商标的属性又拥有自己的特征,具有很大的经济价值,所以它极易被他人抢注。我国"域名抢注"事件最早发生在1996年,到1996年底,经北京创联信息网络公司检索表明,我国已有600多个著名企业和商标在互联网上的域名被抢注,其中包括长虹、全聚德、健力宝、三九等等。直到1997年,实施了《中国互联网域名注册暂行管理办法》,大规模的域名抢注才得到遏制。但是,我国企业的域名注册并不令人乐观,《中国互联网域名注册暂行管理办法》出台后仍能时常看到"域名被抢注"的报道,因此中国不断研究域名注册相关的法律问题,于2017年11月1日出台《互联网络域名管理办法》。然而法规的完善只能大大减少域名抢注的发生,而不能完全杜绝。

我国的企业必须认识到域名的重要性。域名注册同时是一项非常有限的资源开发工作，互联网上的每一个域名都是独一无二的，越早行动，越有可能获得企业所需要的域名，越能防备已经培育好的品牌被别人抢注为域名。

（2）域名的构成。在国际域名中，英文26个（包括后缀）字母和10个阿拉伯数字以及横杠"-"可以用在域名构成里，并且字母的大小写没有区别，中文域名中国互联网域名体系的重要组成部分。国家鼓励和支持中文域名系统的技术研究和推广作用。

① 未经国家有关部门的正式批准，不得使用含有"china""chinese""cn""national"等字样的域名；

② 不得使用公众知晓的其他国家或者地区名称、外国地名、国际组织名称；

③ 未经各级地方政府批准，不得使用县级以上（含县级）行政区划名称的全称或者缩写；

④ 不得使用行业名称或者商品的通用名称；

⑤ 不得使用他人已在中国注册过的企业名称或者商标名称；

⑥ 不得使用对国家、社会或者公共利益有损害的名称。

（3）域名注册。域名注册手续十分简便。域名注册采用"先申请，先注册"的原则，一般来说，只要是他人未注册的域名都可以申请注册。申请国际顶级域名可以通过电子邮件的方式进行，通常在24小时内就可以完成；在中国，申请CN下的域名则需要递交书面材料，并经中国互联网络信息中心（CNNIC）审批，约需一周时间完成。

2）域名被抢注后的补救办法

（1）向域名注册机构提出注册异议。根据《互联网络域名管理办法》及其实施细则的规定，域名命名不得使用他人已在中国注册过的企业名称或者商标名称，对于域名与被注册商标或者企业名称的纠纷，中国互联网络信息中心采取的是"不告不理"的原则。所以，域名被抢注的企业可向域名注册机构提出异议，并提供自己拥有企业名称和注册商标的相关权利的证明，以要求撤销侵权域名的注册。

（2）与域名注册人进行交涉，使其放弃该域名。某些将他人的知名企业名称和商标注册为域名的企业个人，可能仅为巧合，此时，可通过与对方谈判，要求对方转给或低价转让其域名。有些资金雄厚的企业若认为某域名对企业发展非常重要的话，即使价格不菲也会出钱将域名收购，如京东花费3 000万元重金收购JD.com，被国内人士称为"天价域名"。

（3）求助法律用诉讼解决争端，对域名恶意抢注者，企业可援引法律规定，将抢注者的行为诉诸法律，取得域名。

（4）使用另外的域名，也称"周边注册"，即注册与自己的商号或商标相似的域名，或是在自己的文字商标或商号中加连字符、加点、加"中国"等不影响自己商标整体的简单内容，自行再申请注册。例如，大宝公司在"dabao"已被注册后，新注册了"dabao-sanlu"为自己的域名，但之后用一定金额将"dabao"交易回来。必要时甚至可以向公众声明被抢注的域名与本企业毫无关系。

7.2.3.4 打击假冒侵权行为

假冒侵权行为对品牌具有很大的负面影响,据有关方面测算,2000年左右,中国年均假冒产品的产值已达到1 300亿元,对品牌产生了极大的负面影响。品牌的无形资产被侵害,市场被挤占,利润连连下降,有的甚至连生存都成了问题。比如,1915年即获得巴拿马博览会金奖的名牌产品杏花村汾酒,受山西朔州假酒案连累,销售量曾一度下降了一半多,多年盈利的企业一下子出现了亏损。因此中国政府提出必须建立长效机制,始终保持对侵权假冒行为的打压。

据有关方面对146家被假冒产品侵害企业的调查,其中23家假冒产品的销售额占真品销售额的50%以上,有11家超过了100%,最严重的一家,假冒产品销售额是真品销售额的568倍。

品牌所有者面对如此猖狂的假冒者,不得不采取各种方法应对,常用策略有:

1) 利用高科技,提高自身防伪能力

将高科技防伪技术应用在产品上,可以在一定程度上提高产品的"免疫力"。目前,较普遍的防伪技术有以下几种。

(1) 滴水消失新型防伪技术,其印刷图案在滴水后使光的折射及透射发生变化,鉴别时只需一滴水在标识上涂抹,图案即消失,将水分擦干,图案立即恢复。

(2) 记忆型功能防伪技术,即热敏防伪技术,使用50℃热源接触标识,图案会由无色(稳定态)转为有色状态;在特定条件下有色状态可恢复到无色状态(稳定态)并可通过荧光灯对无色的图案进行检测。

(3) 货币版纹防伪技术,其是将防伪图案实线条化(扫描后线条将变为点状)、复杂化、美观化,使线条的位置、长短、粗细灵活变幻,令假冒者无法仿造,它适用于各种证书、证件、票据防伪,也可直接印刷在包装上。

(4) 电话数码防伪技术,是对每一个商品赋予一串数码,通过电话对产品真伪进行查证,具有一一对应效果。

此外,还有诸如激光全息防伪、语音音乐瓶盖等防伪技术,2019年末最新推出了"结构三维码"防伪技术,但几乎每一种防伪技术都有弱点,因此,如果要使产品取得很好的防伪效果,还需要综合运用多种防伪技术。如脑白金就综合使用了货币印刷防伪、激光全息防伪、电话数码等多种防伪技术。又如2019年正式启用的新版记者证上,有七大全新防伪技术运用于一身:红外非吸收油墨印刷技术、无色荧光印刷技术、防复印二维码技术、开窗安全线技术、防伪花团技术、红色双波段号码技术、全息标技术。

2) 利用法律武器,借助市场监管部门的力量,全力打击假冒侵权行为

仅仅依靠产品自身的防伪标志是不足以制止假冒行为的,打击假冒还需要拿起法律武器。在我国对假冒侵权行为进行规制的法律主要见于《商标法》《专利法》《反不正当竞争法》和《刑法》，其内容前文已经提到，在此不再重述。品牌所有者也要积极收集有关制假的线索，配合市场监管部门的工作，共同打击假冒侵权行为。

小结和学习重点

（1）品牌的维系及其方法。
（2）品牌的法律保护。
（3）品牌的自我保护。

本章介绍了如何进行品牌的维系和保护，以保持品牌资产的增值。良好的品牌维系是企业获得成功的保证，也是企业的重要职责之一，品牌维系要以品牌调查为基础，品牌调查是进行品牌维系的必要前提条件。品牌保护也是品牌长期管理的一个关键环节，品牌保护可分为品牌的法律保护和品牌的自我保护。

案例分析

张裕"解百纳"的商标保卫战

2001年5月8日，张裕向国家工商行政总局商标局申请"解百纳"商标注册，2002年4月商标局下发了注册证书。但这一行动遭到了长城、威龙、王朝等企业的反对，2002年6月中粮长城葡萄酒（烟台）有限公司、山东威龙集团公司、中粮酒业有限公司、中法合营王朝葡萄酿酒有限公司联合提出了撤销注册申请，从而引发了持续6年之久的解百纳知识产权案。

1. 争议焦点

在这场商标之争中，双方争执的焦点在于，"解百纳"是品牌还是品种。张裕认为"解百纳"是其70年的原创品牌、几代张裕人的心血结晶；而威龙等企业则认为，解百纳是葡萄品种和品系，为葡萄原料的通用名称，非张裕所独有。说得直接一些，"解百纳"之争的焦点在于其究竟是张裕的私人财产还是葡萄酒业的公共财产？

在这次争议中，中国酿酒工业协会、中国食品工业协会、中国农学会葡萄分会、中国园艺学会葡萄与葡萄酒分会等多家行业机构均向商标评审委员会提供了"'解百纳'不是葡萄品种"或"'解百纳'是知名品牌"的证明。

商标争议裁定书中最终表示，"解百纳"不属于葡萄和葡萄酒的法定通用名称，"解百纳"长期被张裕公司作为葡萄酒的商标或特定名称使用，能够起到区分葡萄酒商品来源的作用，具备商标的显著特征。自20世纪80年代后期以来，确有部分专业书籍将"解百纳"解释为一种或几种葡萄名称，或者认为"解百纳"代表一定的葡萄酒口味，张裕公司在

自己的产品和网页上也曾将"解百纳"介绍为葡萄的品种。但此种情况相对于张裕公司及其前身几十年长期独家在特定葡萄酒商品上使用"解百纳"称谓所产生的商标显著性,尚不能认定"解百纳"已丧失商标应有的显著特征。

对此,法学专家表示,根据《商标法》第十一条第二款的规定,即使退一步讲"解百纳"是葡萄原料的名称,也会因张裕首创并长期使用而具有品牌的显著性特征,就像五粮液、两面针等品牌一样,准予商标注册。张裕方面认为,左右复审裁决结果的是几份商标注册的关键证据:1937年6月28日,经当时的实业部商标局批准,张裕公司正式注册了"解百纳"商标,注册证书号为"第33477号",该文件现存于南京的中国第二历史档案馆。而且,在新中国成立后张裕又先后三次(1959年、1985年和1992年)申请注册并备案,但因种种历史原因未能最终取得"解百纳"商标。这说明了公司使用"解百纳"作为商标已有70年历史。

2. "解百纳"的由来

张裕公司曾提供了"解百纳"由来的一个版本:早在20世纪30年代,当时兼任张裕经理的中国银行烟台支行经理徐望之,组织一批公司和银行人员研究定名,他们决定秉承张裕创始人张弼士倡导的"中西融合"理念,取"携海纳百川"之意,将这种高档葡萄酒命名为"解百纳干红"。"解百纳干红"一直作为张裕的核心子品牌,已有70多年的历史了。

但是,长城、王朝、威龙等企业有不同看法,"解百纳"目前已经成为一个品种的通称,如果这三个字为张裕所独有的话,其他众多厂家必将大受影响。他们认为,"解百纳"一词是由法文"Cabernet"翻译而来,"解百纳"并非张裕所独有。

3. 激烈争夺

就在"解百纳"的商标所有权悬疑未定的6年间,张裕和长城、王朝、威龙等企业都在商战中展开了激烈的争夺。

在中央电视台2004年广告招标大会上,张裕集团以1 950万元投入成为葡萄酒行业唯一成功中标者,买下央视黄金档15秒广告。这1 950万元的广告,将全部用于张裕高端品牌"解百纳"的市场推广上。

长城、王朝、威龙等其他企业都相继推出瓶身印有"解百纳"字样的产品。如今到超市走一圈就会发现,林林总总的"解百纳"不下30种。据央视市场研究公司《中国葡萄酒行业现状报告》显示,1998年以前,市场上生产"解百纳"的企业仅有张裕一家,此后不断有企业加入这一行列,尤其在2003年商标案爆发之后达到高潮。

这30多种"解百纳"分为三派:一派是一些不知名品牌"草船借箭",趁商标案之机赚取利润;一派是知名品牌产品,大多走低价路线;还有一派是洋品牌,其推出"解百纳"葡萄酒,期望借"解百纳"的知名度打开中国市场。

对于这30多种"解百纳",今后这些葡萄酒品牌的瓶标上将不能出现"解百纳"字眼。张裕方面表示,将保留追究的权利,但也会给兄弟企业留有一定的自我纠正时间,希望这些企业尽快停止标注"解百纳"字样。

这场旷日持久的解百纳商标之争终于有了阶段性结果,在商标评审委员会的商标复审决议中,张裕得到了支持。这份编号为商评字〔2008〕第05115号的《关于第1748888号"解百纳"商标争议裁定书》于2008年5月26日正式发出,其中表明:"解百纳"长期被张裕公司作为葡萄酒的商标或特定名称使用,能够起到区分葡萄酒商品来源的作用,具备商标的显著特征。最终裁定张裕公司"解百纳"商标予以维持。

中国园艺学会葡萄与葡萄酒分会、中国农学会葡萄分会都表示没有"解百纳"这个品种和品系。北京万慧达律师事务所资深律师黄义彪从法学角度分析后认为,"解百纳"不是葡萄品种和品系,因此不能作为葡萄原料的通用名称使用。即使"解百纳"是葡萄原料的名称,根据《商标法》第十一条第二款的规定,也会因张裕首创并长期使用而具有品牌的显著性特征,准予商标注册。

然而,长城、王朝、威龙等企业仍有扳回局面的可能性,如果不服商标评审委员会的裁定,可以自收到裁定书之日起30日内向北京市第一中级人民法院起诉。因此这场商标战并没有因为上述决议的生成而停止。中粮酒业、长城、王朝等企业仍然认为"解百纳"是葡萄酒的通用名称,是酿造葡萄酒的主要原料,是行业的公共资源,任何企业都无权私自占有,随后于2008年6月向北京市第一中级人民法院对国家工商行政管理总局商标评审委员会提起行政诉讼。2009年12月30日,北京市第一中级人民法院做出了一审判决,撤销被告商评委做出的商评字〔2008〕第05115号《关于第1748888号"解百纳"商标争议裁定书》,要求商评委就第1748888号"解百纳"商标争议请求重新做出裁定。据判决书,法院一审结果认定商评委做出的商评字〔2008〕第05115号裁定程序并无不当,因而对原告提出的"认定争议商标属不当注册"的请求未予支持。

2010年1月,中粮酒业、长城、王朝等企业再次向北京市高级人民法院提起上诉,要求"撤销一审判决,认定解百纳商标属不当注册"。对于"解百纳"商标案,北京市高级人民法院做出终审判决,驳回原告上诉请求,判定被告商评委就第1748888号"解百纳"商标争议做出的裁定程序合法,并要求商评委基于双方提交的新证据做出重新裁定。"解百纳"商标争议案再次回到原点①。

4. 尘埃落定

2011年1月,在商评委的主持调解下,双方当事人达成如下协议:(1)中粮酒业、中粮长城烟台公司和王朝公司撤回对"解百纳"商标所提出的撤销注册申请,张裕集团无偿、无限期许可中粮酒业、中粮长城烟台公司和王朝公司使用"解百纳"商标;(2)张裕集团不得解除商标使用许可,中粮酒业等公司今后也不得对张裕集团的"解百纳"商标提出争议。至此,"中国葡萄酒行业知识产权第一案"以张裕获得商标归属权正式告终②。

---

① 中国新闻网. 解百纳商标案终审:张裕拥有解百纳商标专用权[EB/OL]. [2020-05-04]. https://news.qq.com/a/20100621/002148.htm.

② 人民网."解百纳"商标纠纷8年后与中粮和解[EB/OL]. [2020-05-04]. http://ip.people.com.cn/GB/13755369.html.

思考：

1. 张裕采取了哪些措施来保护其旗下的"解百纳"品牌？
2. 收集最新的资料，张裕对"解百纳"品牌的维护措施是否得当？
3. 你如何看待最后的和解？你认为和解对于张裕而言是最好的结果吗？

课后思考题

1. 企业的常规品牌维系包括哪些方面，它们在品牌维系中作用如何？
2. 品牌调查的方法有哪些？如何运用？
3. 举出一个品牌维系成功的案例，并加以分析。
4. 根据我国《商标法》规定，哪些标志不得作为商标使用，哪些行为构成商标侵权？
5. 根据我国《专利法》规定，侵犯专利权的行为有哪些？如何防范？
6. 如果你是一大型企业负责人，你会采取哪些方法应对假冒侵权行为？

第8章 品牌延伸

学完本章,你应该能够:
(1) 了解品牌延伸的含义与作用;
(2) 掌握品牌延伸的策略、准则与步骤;
(3) 了解品牌延伸的风险与规避方法。

品牌延伸 产品线延伸 主副品牌策略 特许经营策略

8.1 品牌延伸概述

8.1.1 品牌延伸的含义

作为一种经营战略,品牌延伸在二十世纪初就得到广泛的应用,诞生在二十世纪初的一些国际品牌,如沙驰(Satchi)、奔驰(Benz)等,都采用过类似的策略。但是,作为一种规范的经营战略理论,品牌延伸则是在 20 世纪 80 年代以后才引起了国际经营管理学界的高度重视。现在我们所能见到的绝大多数品牌延伸战略方面的著作都是 20 世纪 80 年代乃至 90 年代面世的。一般来说,品牌延伸,是指将某一著名品牌或某一具有市场影响力的成功品牌使用到与成名产品或原产品完全不同的产品上,凭借现有品牌产生的辐射力事半功倍地形成系列名牌产品的一种名牌创立策略,有人形象地称为"搭名牌列车"策略。比如将"雀巢"品牌使用到奶粉、巧克力、饼干等产品上,将"万宝路"品牌使用到箱包等皮革制品上。

但实际上,品牌延伸应有狭义和广义之分。"狭义是指现有品牌延伸使用到新产品上的经营行为,美国的品牌战略专家爱德华·N. 涛伯(Edward N. Tauber)也称其为'特许延伸'(Franchise Extension)。这里,新产品的概念是标准的市场营销用语,即与公司原有产品在原理、技术和工艺结构、所使用的主要材料上存在巨大差异的那些产品。"[1]如生产彩电的企业进入洗衣机、空调、冰箱等领域;生产服装的厂商展开鞋类、箱包的生产与销售;从事房屋租赁的商家开发婚姻介绍服务。

"广义的品牌延伸不仅包括将现有品牌延伸使用到新产品上,还包括将现有品牌延伸使用到经过改进的现有产品之上的行为。我们所说的'改进'包括口味、包装、容量甚至形状的变化。这里,产品不再是一种具体的产品,而是一条产品线。在这条产品线上,单个产品与产品之间既存在着工艺、技术和结构上的相同之处,又存在着容量、口味、颜色等方面的差异。"[2]大部分生产食品的大公司产品都差不多,只是形状上有意大利长条面、贝壳面点、烘烤用的面皮和一般面条等,还有其他奇形怪状的产品,有的像花朵,有的像领结。一种品牌包含六种或八种不同形状的面点也算一种产品线延伸,一种品牌延伸。一个品牌一旦推出到市场上之后,接着就会有大、中、小等不同包装出现,这也是一种延伸。接下来,厂商还可能会推出超大型经济包装和完全相反的"迷你"包装以迎合消费者的不

---

[1] 韦福祥. 品牌延伸基本理论及其应用[J]. 天津商务学报,2000(1):42-46.
[2] 同上.

同需求。应该说,同一产品有五六种大小不同包装是产品线的延伸。实际上,企业营销实践中,我们更常用的是一个品牌在某一条产品线上进行移动的这种策略,我们也称为品牌的"产品线延伸",或"产品线扩展"。一次针对产品的主导生产公司的调查发现89%的新产品是产品线延伸。

上海交通大学余明阳教授总结了包括上述狭义品牌延伸和广义品牌延伸中的"产品线扩展"在内的四大品牌战略①,如图8-1所示。

图8-1 四种品牌战略

(资料来源:余明阳,戴世富.品牌战略[M].北京:清华大学出版社,2009:225)

为了便于大家深入体会品牌延伸广义含义与狭义含义的区别,特举一个全面的例子。"康师傅"曾在中国方便面市场上独领风骚多年,到1997年,在方便面市场上占有率已高达58.37%。在其成为名牌的同时,为了充分利用这一品牌的巨大资产辐射功能,"康师傅"在原"康师傅"碗面的基础上推出了"康师傅面霸120",与原有产品相比,后者只是容量发生了变化,而产品类别等并没有任何变化,这就是一种典型的"产品线延伸",属于广义的品牌延伸。几乎与此同步,"康师傅"纯净水也于1998年进入市场。纯净水与方便面相比,虽然都是入口的东西,但是两者不仅产品类别不同,而且所使用的原材料、工艺和技术特点显然也存在着极大差异,相对于方便面来说,纯净水是另一种产品,而这种将原有品牌延伸使用到新产品上的经营行为就是我们所说的狭义的品牌延伸。

市场上品牌延伸的例子还有很多,例如,维珍(Virgin)从唱片延伸到化妆品、婚纱、酒类、航空业、移动通信甚至养老金。苹果(Apple)公司将品牌从电脑延伸至 MP3、MP4、iPod、手机、平板电脑等众多产品。品牌延伸日益成为企业发展、品牌壮大的有效途径,企业利用品牌延伸使销量增加、企业成长,获得了良好的经济效益和社会效益。

8.1.2 品牌延伸的类型

8.1.2.1 线延伸和大类延伸

爱德华·涛伯(Edward N. Tauber,1979)和彼得·法古哈(Peter H. Farquhar,

---

① 余明阳,戴世富.品牌战略[M].北京:清华大学出版社,2009:225.

1985)最早提出延伸可以分为线延伸和大类延伸两种类型。著名品牌研究专家凯文·莱恩·凯勒也在之后提出了相同的分类方法,并在他之后的研究中采用了这种分类方法。经过几十年的发展,把品牌延伸分为线延伸和大类延伸已经成为一种较为成熟的分类方法,得到了国内外学者的广泛肯定。

线延伸指将已经建立的品牌运用于相同种类的新产品,也叫线内延伸(Line Extensions)。因此延伸产品与原产品相比,往往只在口味、包装、容量、形状上发生变化。由于线延伸是在同一产品类别里的延伸,因此延伸的新产品与原产品的联系较为紧密,新产品也更借助原产品的品牌效应打开市场。然而,也因为两者的差别较少,新产品容易与原产品争夺市场,蚕食原产品的市场份额。因此,企业在进行线延伸时应权衡延伸新产品带来的销售增长与其对其他产品造成的销售损失,做出正确的选择。

大类延伸是指将已经建立的品牌运用于完全不同种类的新产品,也叫作授权延伸(Franchise Extension)、线外延伸。大类延伸的新产品在原理、技术和工艺结构、材料等方面与原产品存在着巨大的差异,例如,三星利用其公司品牌从电视延伸到手机、洗衣机、电脑等产品上。

为了便于大家深入体会品牌延伸线延伸与大类延伸的区别,特举一个全面的例子。"多芬"品牌近年来在中国洗护市场逐渐崛起。多芬清爽水润沐浴乳系列是多芬沐浴乳的夏季主系列,这一系列下共有分别以黄瓜绿茶、睡莲薄荷、红石榴柠檬马鞭草和西柚柠檬四款香氛为区分的沐浴乳,这四款沐浴乳只是香味发生了变化,而产品类别等并没有任何变化,这就是一种典型的线延伸。几乎与此同步,"多芬"也进军洗发水市场。洗发水与沐浴乳相比,虽然都是洗护类的产品,但是两者不仅产品类别不同,而且所使用的原材料、工艺和技术特点显然也存在着极大差异,相对于沐浴乳来说,洗发水是另一种产品,而这种将原有品牌延伸使用到新产品上的经营行为就是我们所说的大类延伸。

资料表明,63%的新产品采用产品延伸线延伸,而只有18%的新产品采用大类延伸。然而,品牌延伸涉及原有品牌的市场定位变化、消费者对不同种类新产品的接受能力以及品牌资产变化等一系列复杂的问题,需要企业根据自身情况做出适当的选择。

雷迪(Reddy)等人选定了34个香烟品牌,对其75条延伸线在前后20年跨度里的市场表现进行检验,以探寻线延伸的成功特征。通过提出假设,并以香烟行业线延伸的各项市场数据对假设进行验证,他们具体针对线延伸得出了如下结论:

(1)强势品牌的线延伸比弱势品牌更成功;

(2)比竞争对手先实施的线延伸有助于母品牌的市场扩张;

(3)广告和促销支持有利于线延伸的成功;

(4)先行进入某一产品类别的线延伸比后进入的更易成功,但是这种情况只适用于强势品牌;

(5)推出线延伸产品的公司的规模大小影响着线延伸的成功;

(6) 线延伸带来的销售增长比由于线延伸导致的其他产品的销售损失要大。

这些发现对于企业进行线延伸有着重大的指导意义。

8.1.2.2 垂直延伸和水平延伸

品牌延伸还可以从水平和垂直两个角度进行分类。

垂直延伸(Vertical Extensions)指品牌在同一产品领域里的产品延伸,根据方向的不同有向高端市场、低端市场的延伸或双向延伸。向高端市场的垂直延伸称为向上延伸(Upward Stretches),向低端市场的垂直延伸称为向下延伸(Downward Stretches)。也有学者把垂直延伸称为纵向延伸。

向上延伸主要有以下几点原因:提升企业的品牌形象;丰富产品种类,成为全面发展的企业;高档商品销售能力强,利润高;低端市场受挫,高端市场竞争弱,有进入优势。向上延伸也存在着风险:如受到高端产品竞争者的挤压;企业的经销环节与终端在经营高端产品上能力欠缺;潜在消费者对企业的向上延伸能力持怀疑态度。虽然风险重重,但向上延伸不乏成功案例,如脉动在保持中端饮料市场占据一定优势份额的同时,成功推出了脉动 360 度,向上延伸了脉动的产品线。作为四川全兴集团向上延伸的产品,水井坊一经推出就占据了高档酒的市场。

向下延伸则是由于:填补低端产品的空白,为品牌的中高端产品构建侧翼防御,以免竞争者有机可乘;高端产品增长缓慢,躲避高端产品的激烈市场竞争;以低价吸引新的消费者,扩大市场份额。向下延伸同样存在风险,如高品质形象受损;经销商拒绝经营利润率较低的低端产品;遭到低端产品行业的挤压反击等。长久以来,帮宝适一直定位在高价位纸尿裤市场,但市场资料显示,并非所有消费者都需要那么高级的棉柔纸尿裤,消费者对较低价位的产品有未获满足的需求。因此帮宝适向下延伸,开发出超薄系列,因为与原有的特级棉柔系列主打的吸收力强、干爽有所区分,对消费者具有足够的吸引力与说服力,且产品力够强,再加上 15%—20% 的合理价差,最终让超薄系列成功切入低端产品市场,使帮宝适成功向下延伸。

水平延伸(Horizontal Extensions)指企业利用原有的品牌资源,在产品质量定位不发生明显变化的情况下,进行其他产品领域的延伸或同一产品类别内的延伸。企业对于消费者的需求差异及需求变化十分敏感,会根据地区、年龄、性别、文化背景等差异进行区分,有针对性地实施品牌延伸。这样的延伸能减少消费者对于新产品的观望与审视,利用消费者对于原品牌的信任与良好印象,引导消费者对新产品做出顺势选择。例如飘柔在"新滑柔主义"思路的指导下推出飘柔香皂和飘柔沐浴露,使消费者能顺势对新产品建立信心,选择新产品。

垂直延伸、水平延伸和线延伸、大类延伸这两组概念相互区别的同时也存在着一定的联系。根据垂直延伸在同一产品领域延伸的特性,从本质上看垂直延伸是线延伸的一种。因此,垂直延伸也具备了线延伸的相似属性:转移性强、反馈性强和蚕食性强。同时,因为垂直延伸产品质量定位发生变化,一旦品牌延伸失败将会给原品牌带来更大的伤害。在1992年,彼得·法古哈等人提出架桥术,其中包括低端品牌采用副品牌(Sub-Branding),高端品牌采用超品牌(Super-Branding)的方法,这样使得新产品在利用原品牌影响力的同时,与之保持了一定的距离,减少了新产品延伸失败对原产品及品牌的负面影响。水平延伸因其既可在同一产品领域进行延伸,也可跨产品领域延伸,所以水平延伸可能是线延伸,也可能是大类延伸。垂直延伸和水平延伸的分类侧重于产品质量定位和形象定位的变化,用于研究在品牌延伸中产品类别发生变化对母品牌造成的影响。线延伸和大类延伸则侧重于区分产品类别是否变化,有助于对品牌进行大跨度延伸时消费者接受度的研究。

8.1.2.3 持续延伸和非持续延伸

从延伸产品的相关程度看,品牌延伸可以细分为两种类型:持续延伸(或称相关延伸)和非持续延伸(或称间断延伸)。

所谓持续延伸,是指在同一大类或近类产品之间进行延伸。持续延伸往往借助于技术上的共通性进行延伸,如光学品牌可以延伸到复印机上,佳能、美能达等品牌都是这样的延伸。再如阿迪达斯、耐克、李宁和双星等运动品牌可以包括所有满足运动需求的产品,这意味着延伸与最初的产品技术领域相接近,品牌伞下覆盖了较狭窄的范围。

非持续延伸是指品牌延伸超出了产品之间的技术和物理上的局限,覆盖完全不相关的产品类别行为。即间断延伸抛弃了作为产品之间的物理桥梁的技术上的亲密关系。比如海尔电器延伸到海尔生物医药业、金融业,这意味着延伸到远离品牌原有的最初领域,品牌伞下覆盖了宽广的产品范围。

每一种延伸都会对品牌和其他资产产生重大影响。在品牌延伸之前,要认清形势,做出恰当的品牌延伸。表8-1呈现三种品牌延伸分类情况的比较。

表8-1 三种分类比较

	线延伸/大类延伸	垂直延伸/水平延伸	持续延伸/非持续延伸
分类标准	产品类别的变化	产品质量定位和形象定位的变化	产品间联系紧密度的变化
联系	• 垂直延伸属于线延伸 • 水平延伸可能是线延伸,也可能是大类延伸 • 非持续延伸属于大类延伸 • 持续延伸可能是线延伸,也可能是大类延伸		

8.1.3 品牌延伸和品牌资产的关系

品牌研究人员很早就发现,品牌的过度延伸会消耗和削弱品牌资产,并最终导致一个品牌从市场上消亡。尽管学者们对这个结论的认识是一致的,但却从未进行过实证性和定量研究。1993年7月,芭芭拉·露肯(Babara Loken)和迪泊拉·R.约翰(Deboarh Roedder John)在《市场营销》杂志上发表了题为《在何种情况下品牌延伸对品牌资产造成伤害》的论文,这是第一篇以定量分析为依据的探讨品牌延伸对品牌资产产生"蚕食"现象的文章。这篇文章得出了几个非常重要的结论。

第一,品牌延伸并不总是对品牌资产造成伤害。在有些情况下,品牌延伸确实会对品牌资产造成伤害,最突出的一种情况就是当延伸品牌的特性与原品牌的特性有相同之处,又有相异之处,这时进行品牌延伸比延伸品牌特性远离原有品牌特性的风险要大得多。

第二,不同的品牌特性,在品牌延伸过程中被"蚕食"的程度不同。那些具有共性和不十分独特的个性,如质量,不太容易被"蚕食"掉;而那些异常独特的个性,在品牌延伸过程中更容易受到伤害。例如,"粗犷"是"万宝路"(Marlboro)的个性,那么,这个特性在向新产品的转移过程当中,比该品牌其他的个性,如"雄性化"更容易被"蚕食"掉;而"古驰"(Gucci)品牌可以将它的高质量特性从皮包任意地转移到皮靴、太阳镜,甚至女性时装上面。

第三,品牌资产被"蚕食"现象的出现与品牌延伸的领域基本无关。换句话说,不管品牌延伸是狭义的,还是广义的,品牌资产被"蚕食"现象的出现只与品牌特性的一致性或者差异性相关,而与产品的类别无关。例如"万宝路"品牌资产是否受到伤害,与"万宝路"品牌是延伸使用到与香烟有关的产品(如烟具、打火机等),还是与香烟无关的产品(如服饰、家具)并不存在相关关系,而只是与品牌特性具体的转移方式有关。

8.1.4 品牌延伸的必要性

许多企业将品牌延伸作为其市场营销战略的重要组成部分,原因如下。

8.1.4.1 市场竞争

随着生产技术水平的不断提高,不同企业的同类产品在质量、性能、价格等方面的差异越来越少,企业的有形营销手段对产品的宣传推广作用不断减弱,市场竞争更加激烈。而品牌所具有的资源独占性,使得它成为企业竞争的重要筹码,品牌营销成为差异化竞争、体现竞争优势的重要营销手段。联合国工业计划署的一份统计显示,全球市场份额的40%和全球销售额的50%由占全球品牌不足3%的品牌产品所占据。产品的市场份额正逐渐集中于少数品牌,知名品牌的市场优势毋庸置疑。消费者在选购产品时,将目光更多地投注于品牌。因此企业利用品牌自身已有的优势,延伸新产品,使新产品借势增强市场竞争力。一些主要的品牌经常频繁使用产品线延伸战略来抬高新品牌或自营商标竞争者进入这一大类商品的成本,并耗尽位于市场第三位和第四位的品牌的有限资源。例如:佳洁士和高露洁牙膏都有超过35种型号和包装尺寸的产品,在过去的20年里,它们通过挤占无法跟得上它们推出新产品步伐的稍小品牌的市场,增加了它们自己的市场份额。

8.1.4.2 新品牌培育

开发和建立一个新品牌,需要投入包括新品牌的设计、测试、鉴别、注册、包装设计、宣传在内的大量费用,随着品牌的不断丰富和市场竞争的日趋激烈,建立新品牌所需的成本越来越高。在欧美成熟的市场环境下,建立一个新品牌仅广告投入就要花费至少两亿美元。北京名牌评估事务所研究中国最有价值品牌的广告投入后指出,在中国建立一个新品牌每年需要的广告投入至少1亿至2亿元人民币。而与高投入相对应的却是不尽如人意的低成功率,一个新品牌要获得成功,则要经历获得消费者的认识、认同、接受、信任这一漫长的过程。在美国,创立新品牌的成功率低于10%。高投入与低成功率使得建立新品牌的难度变高,企业在开发新产品时不得不在创立新品牌和品牌延伸间进行权衡,将更多的目光投向品牌延伸。

8.1.4.3 消费者

高科技的发展和数字化的经济模式推动了产品生产的多样化,也使得消费者市场被不断细分。产品延伸以低成本低风险的方式满足了细分消费者群的产品需求,并且通过现代多渠道媒体收集消费者信息,实现更为复杂的细分规划,据此制定有效的宣传计划。

在消费者市场被不断细分的同时,消费者也愿意转换品牌,尝试新产品。产品延伸在同一品牌为消费者提供了更多选择、满足了消费者"尝新"的消费心理,同时又保持了消费者对这一品牌的品牌忠诚度。

另外,根据购买点广告研究所(Point of Purchase Advertising Institute)进行的研究,现在的消费者对日用杂货和健康美容用品的购买决定中,有2/3是出于他们的冲动。如果零售商愿意将延伸的产品摆上货架的话,那么产品线延伸可以帮助一个品牌占据更多的货架空间,从而吸引消费者的注意力。当市场营销人员把一个产品线中的所有种类产品的包装和标签都协调一致时,这些产品就可以在商店的货架或展台上获得一种吸引消费者注意力的公告牌效果,从而对品牌资产产生积极的影响。

8.1.4.4 价格跨度

管理者经常极力抬高延伸产品的优越质量,并且为这些产品搭上比核心产品更高的价格。这样,在销售量增长缓慢的市场中,市场营销人员可以通过把现在的消费者转移到这些"高档"产品上,从而提高单位产品的利润率。用这种方法,即使销售额被挤占也是有利可图的,至少在短期内是如此。出于类似的考虑,一些产品线延伸的定价要低于主要产品。例如美国运通信用卡公司(American Express)提供一种 Optima 信用卡,其所需的年费低于公司的普通信用卡;而万豪酒店集团(Marriott)则推出了庭院连锁酒店,提供了一个价格低于它旗下普通饭店的替代选择。产品线延伸给了市场营销人员一个机会,使他们能够提供更广的价格选择空间,从而获得更大范围的消费者认可。

8.1.4.5 资源

20世纪80年代,许多生产企业增添了更快的产品生产线,以提高效率和质量。然而,引进新的生产线并不意味着必须淘汰旧有生产线,多条生产线反而鼓励了延伸产品的推出,企业只需对产品进行微调就能充分地利用过剩的生产力资源。从经济学上讲,合理配置资源才能物尽其用。企业或者产品成为名牌,意味着企业品牌资源迅速增加,意味着企业资源中的有形要素与无形要素的比例平衡被打破,过多的品牌资源被闲置。品牌延伸恰恰能增加企业有形资源,恢复资源平衡,充分利用名牌资源,促进企业发展。

8.1.4.6 短期获利

除了促销,产品线延伸是迅速、经济地提高销售额的最有效现实的方法。产品线延伸的开发时间和成本要比开发新产品所需要的时间和成本更容易预测,而且,不同职能部门之间需要进行的协调合作工作减少。

实际上,很少有品牌管理者愿意花时间或承担职业风险向市场导入新品牌,因为他们非常清楚,强势品牌具有持久力(在消费者中最知名的20个品牌榜单20年间变化甚微)。现在,在美国成功推出一个品牌的成本估计是3 000万美元,而推出一个产品线的延伸产品只需50万美元。冠以新品牌的产品成功率很低(5个商业化的新产品中,只有1个在市场上维持了一年以上),且消费品生产技术成熟,新品牌产品上市后可能会因竞争者模仿而立刻失去市场优势。产品线延伸可以以最小的风险提供最快的回报。

最后,高级管理人员往往为新品牌设立销售目标,同时面临华尔街对每季度收入增长评估的压力,企业可能难以在研发上长期投入足够资金,新品牌持续成长缺乏动力,这些因素都刺激企业选择产品线延伸。

8.1.4.7 销售压力

大量不同的消费品零售渠道的涌现,从会员商店到超级市场,都在迫使制造商提供更广泛的,富于变化的产品线。尽管零售商不赞成推出大量不同利润率的产品和"跟风"式的产品延伸,但是另一方面,他们却要求制造商提供特定尺寸的包装来适应自己特定的营销战略(如低价格的会员商店的大容量包装或多种套装),或者让制造商提供定制的衍生型号,以阻止消费者进行比较购物,这些都对库存品种(SKU)的激增起了推波助澜的作用。例如,布莱克-德克尔公司提供19种熨斗,部分原因就是为了使相互竞争的零售商们能够采购这个产品线中不同的产品。

在这个背景下,很容易明白,为什么有那么多的管理者卷入到产品线延伸的狂热中去。但同时应注意品牌延伸的负面效应和潜在风险。

8.1.5 品牌延伸的作用

经济学讲究资源的合理配置,只有经过合理配置,各种资源的作用才能充分发挥。企业或者产品成为名牌,意味着企业品牌资源迅速增加,意味着企业资源中的有形要素与无形要素的比例平衡被打破,过多的品牌资源被闲置。品牌延伸恰恰能增加企业有形资源,恢复资源平衡,充分利用名牌资源,促进企业发展。

行为科学研究表明,公众往往对名牌情有独钟,而对于陌生品牌则总是抱有戒备和观望的态度。品牌延伸能为新产品扫清障碍,使新产品能迅速打开局面,有所作为。同时,还可节省费用,为消费者提供多样选择。

总之,品牌延伸是企业发展的重要手段,如果运用得当,会大幅度提高产品的竞争力和企业效益,并反过来促进品牌的进一步升值。具体讲,品牌延伸具有下述几个方面的作用。

8.1.5.1 品牌延伸有利于新产品迅速占领市场

新产品冠以企业的初始品牌,可以借初始品牌的声誉使消费者迅速识别企业的新产品,从而有助于消费者对延伸产品产生好感。心理学告诉我们,人的情感归属,人对某些事物的好恶是有传递性的。品牌延伸中的原品牌是受到消费者欢迎和信赖的,消费者对这些品牌的总体态度和质量评价都比较高,消费者对原有品牌的这种好感,可以消除消费者接受产品时的心理抵触情绪,并且可以诱导消费者将其对初始产品的印象和好感转移到新产品上。据一项美国超市的调查发现,在 20 世纪 70 年代上市的 7 000 种产品中,只有 93 种达到年销售额 1 500 万美元的水平,其中 65% 以上采用了品牌延伸策略。另一项调查研究也揭示出:只有 30% 的新产品能够生存 4 年以上,然而,若新产品采用的是品牌延伸方式,则 50% 能够生存 4 年以上。成功的品牌延伸以其自身核心价值的影响力,能使新产品尽快获得认知,有利于新产品迅速进入市场。

案例 8.1

"青岛啤酒"和"燕京啤酒"

中国青岛啤酒曾被誉为"啤酒中的茅台"。在 1978 年,港商曾提出要与其合作,并在香港建立分厂,青岛啤酒公司拒绝了这个良机,结果生力、嘉士伯等洋品牌啤酒乘虚杀入香港建厂,青岛啤酒在港的市场份额迅速从 50% 下滑到 10%。"青岛啤酒"作为国际品牌未能及时进行品牌延伸,不能不说是一个遗憾。相反,借助品牌延伸,企业可以成功地实现低成本市场扩展,以更大的优势来占领市场、立足市场。青岛啤酒公司的同行——燕京啤酒集团汲取了青岛啤酒的教训,使"燕京"出京,挥师南下,于 1999 年毅然收购了江西吉安啤酒厂和湖南湘乡啤酒厂,使"燕京"迅即登陆湖南和江西。

8.1.5.2 品牌延伸有利于降低新产品的市场导入费用

西方企业创一个名牌平均需要花费数千万美元,我国需要数亿元,而在一个已建立的品牌下发展一种新产品则可使市场导入费用大为减少。企业用某一强劲的品牌使新产品很快获得认知,企业便因此节省了包括使消费者熟悉新品牌在内的所有广告费。当新产品或重新定位的产品有消费者熟悉的成分时,消费者对此定位所传达的信息有一种熟悉的感觉,这种感觉是通过对原有产品的认知和品牌联想的延伸而获得的,这也就是原品牌积淀的广告效果对后续延伸的产品存在波及效应。另外,在品牌伞下,对核心品牌做广告,就意味着企业对同品牌的所有产品都进行了宣传。例如,海尔在推出冰箱、空调、洗衣机等成功后,又相继把品牌延伸到吸尘器、洗碗机、电视机、电脑、手机等产品上。"海尔,中国造""海尔,真诚到永远"的广告将这些产品高质量、高品位、高水平服务的相同承诺统一地传递给了所有消费者,取得了以点带面的效果,这自然比一对一的广告宣传节省费用。

8.1.5.3 品牌延伸有利于增加新鲜感,为消费者提供多样化选择

成功的品牌延伸能为现有的品牌或产品带来新鲜感,可以丰富企业的产品组合,壮大企业声势,为它们增强活力,同时可以为消费者提供更充分的选择。一般说来,消费者很容易"喜新厌旧",很少有消费者对某一品牌忠诚到对其他品牌不想一试的程度,面对这些品牌转移者,最好的方法就是品牌延伸。随着品牌伞下聚集的延伸产品的增加,品牌的声势日渐壮大,消费者在同一品牌对不同用途产品的选择将更加完整。如可口可乐公司推出的第一个延伸品牌是"健怡可口可乐",获得了极大的成功,受此鼓舞,可口可乐公司开展了一次重大的品牌延伸计划。现在,消费者可以选择的"可口可乐"系列产品包括"可口可乐""不含咖啡因可乐""健怡可口可乐""不含咖啡因健怡可口可乐""樱桃可口可乐",还有不属于可乐系列的产品如"雪碧"(Sprite)、"皮普先生"(Mr. Pibb)和"芬达"汽水(Fanta);以及"醒目"水果味汽水系列(Indigenous CSD)和"天与地"非碳酸饮料系列(CSD)以及含有巧克力、香草、香蕉和蓝莓的"Swerve"牛奶饮料等,这些品牌的推出极大地丰富了产品的组合,为可口可乐家族注入了新的活力,提高了品牌竞争力。

8.1.5.4 品牌延伸有利于形成规模经济优势

品牌延伸能够提高整个品牌家族的投资效应,即当一个品牌整体的有效投资达到一定经济规模时,则每个产品线都会从整体投资经济中受益,从而提高品牌家族的经济效益。如美国的师林·普飞公司的科普特品牌从单一防晒产品到发展旗下水宝宝系列防晒产品就是成功的品牌延伸。由于消费者对日光浴的观念发生了变化,新的细分市场由此产生。师林·普飞公司及时抓住这一时机,决定进行品牌延伸。经过长期准备,公司不但成功地进行了品牌延伸,同时也巧妙地将核心品牌的定位由"晒黑肌肤"转换到"防晒"。这次品牌延伸不仅丰富了科普特品牌家族,而且也为师林·普飞公司带来了规模经济效应。同样地,"2019年度全球最有价值食品品牌50强"榜首的雀巢公司也完成了众多成

功的品牌延伸,为公司带来了规模经济效益。

8.1.5.5 品牌延伸有利于品牌保护

当一种品牌只包含一种产品时,品牌越成功越强大,越有可能形成以品牌名称取代产品类别名称的趋势,这是品牌名称的死亡陷阱。因为一旦品牌名称变成产品类别名称,就不再具有可保护性,任何人都可以用它来作为产品的通用名称,而这必将导致品牌原先具有的市场力减弱甚至消亡,等于为他人作嫁衣。如阿司匹林、沙发、摇摇(YO-YO)都是这样的例子。品牌延伸能使消费者认识到品牌与产品的联系与区别,充分发挥品牌的强势作用,并保护品牌不被竞争者利用或钻空子。

8.2 品牌延伸的路径

8.2.1 产品线延伸策略

产品线延伸策略实际上是从品牌延伸的广义含义而来的。20世纪70年代以后,国际企业界新产品的风险急剧增加,即使是使用狭义上品牌延伸策略,其风险与成本也逐步增加,从而迫使企业更加依赖以产品线延伸的方式来获得规模经济效应。1991年,美国食品市场上推出的6 125种"新"产品中,只有5%是采用了新品牌新产品这种经营形式。另外95%是在充分利用老品牌辐射力的基础上,以品牌延伸特别是产品线延伸的方式推出的"新"产品。现在,产品线延伸是常见的形式,事实上,几乎所有的产品类别都有自然的产品线延伸。产品线延伸是企业常用的产品策略,一方面是为了增加消费者的选择范围,另一方面也是为了争夺销售现场的展示空间。

产品线延伸有三种具体的形式,即向下延伸、向上延伸和双向延伸。与前述的品牌延伸分类相同,向下延伸、向上延伸和双向延伸均属于垂直延伸的范畴。所谓向下延伸指原品牌定位于市场顶端,即高档产品定位,为了更好地开拓市场,企业将高档品牌向中低档品牌方向延伸的一种策略;向上延伸正好相反;而双向延伸则是指如果企业将品牌定位于中档产品上,为了大幅度拉长品牌线,同时将品牌向上、下两方向延伸。注意这里讲的垂直延伸与本章第1节分类处介绍的垂直延伸有一定区别,前述的垂直延伸范畴更广,而此处的向下延伸、向上延伸和双向延伸仅限于产品线延伸,即限于改进现有产品,而不包括开发全新产品线。

向下延伸,比较通俗地说,就是对于高档和豪华品牌的扩展。高档品牌,从其本质来说,限制了自身的延伸范围。因为这些品牌在消费者心目中被定位为高档的东西,所以,通过降低质量标准或降价来进行扩展是危险的。正是由于这些品牌体现了人们的身份地位,因此显示出它们的独特性。用市场术语来讲,这些品牌被称为象征性品牌。如果派生出一个中低档的大类,利用高档品牌产品的声誉,吸引购买力水平较低的顾客,慕名购买这一"品牌"中的低档廉价产品,就会使品牌贬值,极易损害品牌高品位的信誉,风险很大。因此,唯一可行的办法是将品牌跟其延伸品牌拉开距离,采用不同名称,但是同时对品牌的核心价值予以保留。劳力士的帝舵(Tudor)品牌,就是很成功的实践。

向上延伸是在产品线上增加高档次产品生产线,使商品进入高档市场。日本企业在汽车、摩托车、电视机、收音机和复印机行业都采用了这一方式。目前发展中国家从国外引进的类似产品生产线往往都是高档生产线,20世纪60年代率先打入美国摩托车市场的本田公司将其产品系列从低于125cc延伸到1000cc的摩托车,雅马哈紧跟本田陆续推出了500cc、600cc、700cc的摩托车,还推出一种三缸四冲程轴驱动摩托车,从而在大型旅行摩托车市场上展开了有力的竞争。

双向延伸,是定位于中档产品市场的企业在掌握了市场优势以后,一方面增加高档产品,另一方面增加低档产品,扩大市场阵容。在20世纪70年代后期的钟表业市场竞争中,日本"精工"采用的就是这种策略,当时正逐渐形成高精度、低价格的数字式手表的需求市场。精工以"脉冲星"为品牌推出了一系列低价表,从而向下渗透了这一低档产品市场。同时,它亦向上渗透高价和豪华型手表市场,它收购的一家瑞士公司,连续推出了一系列高档表,其中一种售价高达5 000美元的超薄型手表进入最高档手表市场。

案例 8.2

永远的万宝路男人

曾经盛极一时的"帕摩"香烟因为没有自己的个性,无法巩固自己的地位,终于败下阵来,而"维吉妮亚"香烟则大获全胜。至于目前的香烟类领导品牌"万宝路"之所以能有这番成就,是因为它所采用的策略和定位手法奏效。"万宝路"在欧洲地区的总裁布齐针对该公司的定位,作了这样的结论:"我们是世界第一品牌,我们想要促销一个特别的冒险形象,当然,是属于非常男子气概的特质……"

布齐并没有吹牛,"万宝路"不只是世界上最畅销的香烟,更是销售总"包"数最多的产品。不论成为领导品牌,或是成为现代广告经典杰作而言,"万宝路"都是个令人叹为观止的成功故事。你可以随便找个人来问,问他听到"万宝路"时会想到什么,结果十有八九会回答"万宝路男人"(The Marlboro Man),也就是电视广告中不断传送的粗犷西部牛仔的形象。经过二十年后,"万宝路"的形象和它惯用的豪迈、舒缓的西部音乐主题,至今仍然会余音缭绕,深植人心。此外,"万宝路男人"也是有史以来最成功的广告活动之一,目前全世界一百八十个国家都看得到这个品牌。

"万宝路男人"几乎已经成为解说营销力量时的陈词滥调了。在所有的香烟广告中,"万宝路"的广告可能具有最露骨的遁世思想,它为苦恼的、匆忙的、仓促的都市男人提供想象中的开阔空间、休闲气息,以及"万宝路"乡野特有的粗犷和单纯。

"万宝路"后来把广告词扩充为"迎向真正的风味,拥抱万宝路乡野。"随后开始建立自己的扩张品牌,从最初的男性化形象,衍生出典雅的"万宝路十公分长支香烟",包装盒上金色取代了红色,这是一种长支大包型香烟。接下来又推出了"万宝路淡烟"(Marlboro lights),包装是金色、白色相间造型,结果异常成功。

有些烟草公司一开始就以淡烟(低焦油和低尼古丁)形象推出了品牌,并没有太多的扩充机会,如"真理"(True)、"卡立顿"(Carleton)和"即刻"(Now),因为它们不太可能再去推出口味较重、焦油和尼古丁较多的香烟;"万宝路"就没有这个问题,从一开始最重的口味,到长一点的十厘米长支品牌,再到淡烟,甚至还出过一种薄荷口味的,品牌"万宝路"一直都很成功,广受消费者的欢迎,并保持领导品牌的地位。

根据市场调查显示,传统上主要的吸烟男性认为极畅销的"万宝路"用金色和白色包装,显得有点娘娘腔,抽起来味道不错,但是粗犷的"万宝路"形象哪里去了呢?好几年来,该公司都在认真琢磨要如何塑造这个形象。

答案是"万宝路适中口味香烟"(Marlboro Mediam),这种新品牌只略为修改原创的红、白包装,而所含的焦油和尼古丁也仅略高于淡烟,这么做仿佛在对吸烟者宣示:"万宝路男人又回来了。"

结果抽烟大众对新的品牌延伸反映还不错,销售数字称得上稳健。业界观察家指出,"万宝路"成为第一品牌并维持该地位不动绝非偶然,它能领先其他品牌这么多,正是因为它充分掌握了市场动脉。"万宝路"先是建立起一个品牌。然后每一种品牌都有软盒、硬盒两种不同的包装,所以至少有十种购买"万宝路"的方法。

如果你希望更接近万宝路,以舒放自己的心情,你还可以买到以"万宝路"为品牌的衣服,以及相关的西部食品等。"万宝路"一直走稳健的路线。负责这个品牌的管理人和广告代表商不断更新、改善广告摄影的品质,甚至在深思熟虑之后,选用一个更年轻的开路先锋角色,取代了最早的"万宝路男人"。虽然如此,他们也没有忘记原先那个形象,仍然保有"万宝路男人"的概念,只是把过去老化的地方加以修正,维持万宝路的清新形象。他们的做法显得很尊重原来的这个打出一片江山的广告概念,而且未来任何新推出的产品,也都以此为出发点。

8.2.2 主副品牌策略

主副品牌策略是指一个主品牌涵盖企业的系列产品,同时给各个产品打造一个副品牌,以副品牌来突出不同产品的个性形象。一般是同一产品使用一主一副两个品牌。所谓副品牌是指企业在生产多种产品的情况下,给其所有产品冠以统一名称的同时,再根据每种产品的不同特征给其取上一个恰如其分的名字。这样充分利用了原有品牌的资源,增强品牌延伸时新产品的识别性与信誉度,使各种产品在消费者心目中有一个整体的概念,又使得消费者对企业的各类产品形成一定的比较距离,能体现一类产品的共性,又能突出单个产品的个性,较之直接延伸降低了风险,减少了对品牌的消极影响。因此,主副品牌策略能够避免品牌延伸不当带来的跷跷板效应和株连效应等不良影响。主副品牌策略的基本特征和运用如下。

8.2.2.1　广告主宣传的中心是主品牌,副品牌处于从属地位

这是由于企业必须最大限度地利用已有的成功品牌,这跟品牌延伸的最初出发点是一致的。广告受众识别、记忆以及对产品品牌认可、信赖和忠诚的主体也是主品牌,因此,企业必须最大限度地利用已有的成功品牌的形象资源,否则就相当于推出一个全新的品牌,成本难度很大。当广告宣传的中心是主品牌时,副品牌可以依附于主品牌联合进行广告活动,扩大副品牌的传播面。主品牌在宣传作用下品牌形象不断加强时,副品牌则可利用主品牌的品牌优势,依靠自身突出的产品特色,方便消费者选择。同时,副品牌的不断推出,可以提升企业主品牌的荣誉度。比如"海尔-神童"洗衣机,其副品牌"神童"传神地表达了该洗衣机"电脑全自动""智慧型"等产品特点和优势,但消费者对"海尔-神童"的认可、信赖乃至决定购买,主要是由于对海尔的信赖。因为海尔作为一个综合型家电品牌,已拥有很高的知名度和美誉度,若在市场上没有把"海尔"作为主品牌进行推广,而是以"神童"为主品牌,那将是十分困难的,一个电器品牌要被消费者广为认可,没有几年的努力是不可能的。又如"苹果(Apple)-nano",副品牌"nano"形象地传达了 MP3 小巧轻便等产品特点和优势,但消费者对此品牌的认可、信赖乃至决定购买,主要是基于对苹果(Apple)的信赖。再如原华为旗下的"荣耀"(Honor)系列,"荣耀"最初也是作为华为的子品牌进行宣传推广。

8.2.2.2　主副品牌之间的关系不同于企业品牌与产品品牌之间的关系

这主要是由品牌是否直接用于产品以及刚才所提到的认识、识别主体所决定的。如"海尔-帅王子"冰箱和"三星-名品"彩电,海尔、三星是企业品牌同时也直接用于产品,它们也是产品品牌的识别重心,故"海尔"与"帅王子","三星"与"名品"是主副品牌关系。

8.2.2.3　副品牌具有口语化、通俗化的特点

由于企业产品种类繁多,"主品牌"不可能把每个产品大类的个性都充分显示出来,而"副品牌"正好可以弥补它的不足。副品牌往往通过内涵丰富、通俗易懂的词汇直观、形象地表达产品的优点和个性形象。正是由于这种口语化、通俗化的特点,让人能直接感知到特色和功效,使得传播快捷广泛,易于较快地打响副品牌。"康佳-画王"、"TCL-巡洋舰"超大屏幕彩电均有这一特点。

副品牌由于要直接表现产品特点,与某一具体产品相对应,大多选择内涵丰富的词汇,因此使用面比主品牌窄,而主品牌的内涵一般较泛,有的甚至根本没有意义,如Google、Sony、Walmart 在英语中无非是发音比较响亮的词而已,中文名如谷歌、索尼、沃尔

玛都没有任何字面上的意义。副品牌则不同,"小厨娘"用于电饭煲等厨房用品十分贴切,能产生很强的市场促销力。现在,越来越多的国际著名企业选择用副品牌来推广自身特色鲜明的新产品,如"飞利浦-视霸""索尼-特丽珑""TCL-巡洋舰""长虹-红太阳""康佳画王"等都取得了不错的营销业绩。

8.2.2.4　副品牌一般不要额外增加广告预算

采用副品牌后,广告主广告宣传的中心仍是主品牌,副品牌从不单独对外宣传,都是依附于主品牌联合进行广告活动。这样,一方面能尽享主品牌的影响力,另一方面,副品牌识别性强,传播面广且张扬了产品的个性形象。

8.2.3　特许经营策略

遍及世界各个角落的"肯德基"和"麦当劳",以其优质的服务、整洁明快的用餐环境、可口的快餐食品享有盛誉。他们的成功有许多相似之处,其中重要的一点在于他们都是特许专卖权所有者,都成功地应用了特许经营方式。可以说,没有特许经营,麦当劳和肯德基快餐店就不可能如此迅速地在全世界繁衍,也难以成为全球性品牌。

品牌的特许经营(Franchise)是一种以契约方式构筑的特许人(Franchisor)允许受许人(Franchisee)共同借助特许品牌进行经营的方式,它可以让特许人与受许人在共享品牌的过程中得到发展,增值品牌。这种品牌经营方式以品牌连锁为核心,是一种低成本、低风险的品牌延伸。

特许经营作为以品牌连锁为核心的品牌延伸方式,欲使特许人与受许人共享的品牌能够得到发展,使品牌在特许经营这个总品牌延伸方式下得到增值,这不仅需要塑造统一的外部形象,而且还要有维系品牌内在质量和外在形象的专有技术、独特配方和有效的经营方式、管理控制手段等的继承与发扬,这是品牌的灵魂所在。在特许经营过程中,在规范共性的同时还要考虑保持个性。虽然追求一致性是特许经营方式的最基本的原则,但这并不是否定各加盟店具有个性的合理性。因为受文化等因素的影响,各加盟店所面对的目标市场不尽相同。在保持一致性的同时,为适应市场的需要,各地的加盟店保存一定比例的个性是保障品牌在异地做"活"的客观要求。如"全聚德"这个拥有百年历史的老字号,要求各加盟店除了必须按统一标准经营其特色烤鸭及22种标志性的菜品以外,可以为适应市场经营其他菜肴(四川全聚德可以经营川菜、广东全聚德可以经营海鲜),将全聚德的共性与各加盟店的个性有机结合起来,使消费者既有目标性又有选择性。但是要注意个性化程度不宜过高。

品牌特许经营主要遵循四个基本原则:

(1)品牌理念一致。受许人对特许品牌的经营首要一点就是做到品牌经营理念的一致,以从本质上保护原品牌的核心价值。

(2)品牌识别一致。特许品牌要求其品牌的形象识别系统一定要与原品牌保持一致,使消费者不论在何时何地都能一眼认出。

(3) 品牌服务一致。对于特许经营来讲,服务一定要经过一致性的培训,让消费者无论到哪一家特许店都能感受到与原品牌一样的一流的质量、一流的服务。

(4) 品牌经营管理一致。品牌特许经营在品牌战略、品牌经营策略上采取集中管理,由总部统一规划,并对各分店授权,由分店直接执行。

在特许经营过程中,除了要遵循以上四个基本原则外,还要根据不同地域的文化民俗特征考虑保持一定比例的个性。受文化等因素的影响,各加盟店需要面对的市场环境不尽相同,在保持一致性的同时,为适应市场的需要,各地的加盟店保存一定比例的个性是保障品牌在异地做"活"的客观要求。但要注意的是个性化程度不宜过高。肯德基的异地个性化则是一个非常好的例子,它在中国的特许经营店就推出了具有中国特色的"鲜蔬汤"、"老北京鸡肉卷"、各种饭类等品种,使消费者既有了目标性又有了选择性。

对于特许方来说,特许经营有如下主要优点:

(1) 特许人可以借助其他企业的财物资源和营销力来帮助提高品牌知名度,扩展市场。这样,特许人既节省了资源,降低了运营成本,同时又能以更快的速度扩展业务、拓展市场而不受资金限制,使得特许经营成为迅速扩大品牌影响力、提高市场占有率的较佳方式。

(2) 商标保护一直以来都是困扰知名品牌的一个问题,根除其他企业在其他领域里非法使用商标是非常困难的。授权许可通过将品牌合法地扩展到其他领域,对品牌起到了一定的保护作用。对于受许人来说,特许经营意味着他必须放弃自有品牌。受许人冒此风险而乐于加盟,是因为特许经营能给受许人带来许多益处:①借助特许人的品牌优势,可迅速获得良好的市场效益;②成为加盟者的企业,借助特许人的品牌优势,增加了抗风险的能力,易获得条件优惠的贷款;③通过引进特许人成功的经营管理模式,能够提高自身的经营管理水平。必须提请注意的是,作为有意扩展自己品牌的特许者,必须考虑特许经营对于品牌、市场声誉等无形资产可能带来的负面影响,应对构建特许加盟体系或系统有预先的理性而深入的调查分析,这是确保特许经营健康发展并在特许过程中实现双赢的必要前提。另外,还要选择合适的加盟者,建立统一的经营管理制度和严格的检查监督制度,注意专有技术的保密工作。

8.3 品牌延伸的应用

8.3.1 品牌延伸的影响因素

品牌进行成功的品牌延伸,其影响因素是复杂多变的,在进行品牌延伸前必须对这些因素进行全面、综合地分析和考虑。

品牌延伸主要的决定因素有五个:品牌强势度、延伸产品与母品牌的相关性、消费者知识、市场环境、品牌管理能力,见图 8-2 所示。

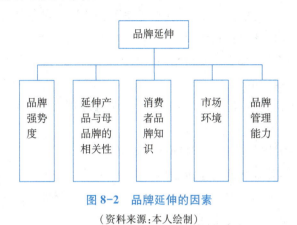

图 8-2　品牌延伸的因素

(资料来源:本人绘制)

8.3.1.1　品牌强势度

品牌的强势度是指品牌竞争力强弱和势能的度量,它既是品牌资产价值的集中表现,又是一个品牌区别于其他品牌的核心特征。品牌的强势度是品牌延伸的决定因素,因为一个没有强势度的品牌就没有延伸的必要。一般而言,核心品牌越强大,品牌延伸的成功率越高,品牌强势度的衡量指标就是品牌资产。它主要包括品牌美誉度、品牌定位度和品牌知名度。从某种意义上讲,品牌延伸的实质就是对原有品牌资产的利用,因而品牌延伸最基本的前提是现有品牌已经积累了相当的品牌资产,有较高的强势度。

1) 品牌美誉度

关于品牌美誉度,前文已有所涉及,本节主要从"感知质量"的角度分析品牌美誉度。品牌的美誉度也可被视作产品在消费者心目中的称赞、赞美程度,是消费者对品牌的"感知质量"(Perceived Quality)。企业主要通过公共关系活动等系列手段来树立、宣传品牌的美誉度。

所谓感知质量(主观质量),是顾客对一种产品或服务的整体质量或优势的认识,是从消费者角度来识别质量。与感知质量相对应的是客观质量,是从生产者角度来识别的,即产品是否达到规定的标准。判断客观质量一方面要熟悉各种专业的技术指标,另一方面要借助于仪器仪表等科学手段,普通消费者一般很难对产品的客观质量做出判断。感知质量是指产品质量是否达到顾客的质量期望。感知质量有可能与客观质量一致,也有可能不一致。一般来说,顾客感知质量大于客观质量时,顾客会感到失望,购买该品牌的重复性降低;如果顾客感知质量等于客观质量,顾客反映一般,可能会持续购买;如果顾客感知质量小于客观质量,会大大刺激顾客的购买欲望,购买重复性增加。感知质量具有抽象性质,既可以依赖于具体的属性评价(如饮料的味道好)或事实(饮料中加蜜),也可以脱离具体的信息或事实,还可以脱离具体的产品或服务,迁移到其他产品或服务上。例如,消费者在购买使用了阿迪达斯运动鞋之后,发现其外观造型设计、穿着舒适度等都不错,而且穿着很久仍没有任何质量问题,因而认为阿迪达斯运动鞋质量很好。后来又使用了阿迪达斯的其他产品,仍然发现质量不错,于是阿迪达斯质量好就逐渐地抽象化了。当阿迪达斯推出新产品时,此时消费者没有了解产品就可能作出质量判断。所以感知质量高,对产品延伸是有利的。那么感知质量由哪些因素组成呢? 不同学者提出了不同观念。

帕拉休拉曼(Parasuraman)、泽瑟摩尔(Zeithaml)和贝里(Berry)(1985)研究了机械维修、银行服务、长途电话、债券经济、信用卡等七个服务领域,认为服务的感知质量由五个方面构成:

(1) 可靠性:是否能够一贯地达到同样的效果;

(2) 反应:对顾客质询和意见是否做出反馈,反馈及时与否;

(3) 保证:能否在不同的时间、地点向顾客提供同样的服务;

(4) 移情:能否从顾客角度来考虑问题,解决问题;

(5) 有形资产:看得见、摸得着的条件或设备。①

布鲁克斯(Brucks)和泽瑟摩尔(Zeithaml)(1991)认为耐用品有六个质量维度,它是:

(1) 使用容易度:能否迅速读懂产品说明书,能否迅速开始使用产品。例如,座谈会的调查发现,像微波炉、汽车、计算机、摄像机、录音机和割草机等产品,使用的容易度被视为质量的重要方面。

(2) 功能:功能的数量和复杂性。

(3) 服务:获得维修服务的容易程度(包括比较接近服务中心或者可以自我维修),服务人员的反应(包括得到服务约定的容易程度、维修人员是否愿意听从顾客),服务的可靠性(在第一时间得到服务)。

(4) 耐久性:产品的寿命,包括在正常条件下工作的持续时间,以及在不利条件下的运作情况。

(5) 性能:产品作用如何,作用的稳定性如何。例如,对于汽车来说,马力大小,噪声大小,是否安全、舒适都是性能的表现。

(6) 声誉:产品本身是否让消费者觉得的确有其自身的优势。

哈佛大学的加尔文(Garvin)(1994)教授认为产品主观质量由七个方面构成,它们是:

(1) 性能:产品的主要操作性特征,如汽车的加速器;

(2) 部件:如电视机的遥控器,电脑的 CPU、主板、声卡、光驱、键盘、音箱等;

(3) 细节的一致性:即无缺点,这是传统制造业的质量观点;

(4) 可靠性:功能的一致性;

(5) 耐久性:产品的寿命;

(6) 服务(与上述布鲁克斯〔Brucks〕和泽瑟摩尔〔Zeithaml〕的观点相同);

---

① Parasuraman, A., Zeithaml, V. A., and Berry, L. A conceptual model of service quality and its implication for future research [J]. Journal of Marketing, 1985(6): 234-243.

（7）适当和完美：外观的质量感，如汽车的油漆质量，车门是否合适等。①

对于制造业中品牌延伸问题，可以认为影响消费者感知质量的因素为：

（1）产品性能。包括产品作用如何，作用稳定性如何，主要操作性特征；

（2）产品特色。产品区别于其他产品所独有的特征；

（3）可靠性。是指在特定的时间和使用条件下，可以正常工作的可能性；

（4）耐用性。反映产品的经济寿命，包括正常条件下工作的持续时间，以及在不利条件下的运作情况；

（5）服务。是指获得维修服务的容易程度，服务的反应，服务的可靠性（在第一时间得到服务）；

（6）美学质量。指产品外观质量，包括视觉、触觉、听觉、味觉和嗅觉；

（7）使用容易度。能否迅速读懂产品说明书，能否迅速开始使用产品；

（8）声誉。产品本身是否让消费者觉得的确有其自身优势。

如何测量和评价顾客感知质量呢？一般来说分为以下步骤：

（1）根据企业产品的销售网络，确定生产厂家的产品达到顾客手中的层次，构造出由批发商、零售商、消费者所组成的多层次的质量感知路线图；

（2）根据质量标准和初步的市场分析，针对本企业所生产的具体产品，拟定主要的顾客感知质量的参数，确定可能影响顾客感知质量的因素，设计顾客感知质量调查表；

（3）确定主要竞争对手，以便让顾客对本企业的产品与竞争对手的产品进行比较，从而做出判断；

（4）进行抽样设计。由于企业的经费和人力有限，一般选择足够的有代表性的顾客作为调查对象；

（5）进行调查。通常采用的方法有直接自由交谈、按事先设计的调查表进行询问或直接由顾客填调查表等；

（6）数据分析，计算感知质量参数。

2）品牌定位度

品牌定位度是指品牌的独特档次与个性特色。企业将自己的产品推向市场，对其特性、品质和声誉等给予了明确界定，通过精心设计的营销策划，将其融入顾客和潜在顾客的生活过程，从而形成明确的市场定位，具有个性化、独特化、专门化的特点。任何品牌都有定位，任何品牌都是特定定位的展示，不管品牌拥有者是主动、自觉地寻求定位，还是被动、自发地接受定位，公众对品牌的定位评价是与品牌本身共存的，是构成品牌强势度不可或缺的因素。品牌定位可分为产品导向定位、利益导向定位、目标市场导向定位、档次导向定位、竞争品牌导向定位、情感导向定位、文化导向定位。

如果某一品牌定位代表产品特色、特定的配方或者代表一种特定的技术，其跨行业延

---

① Garvin. Product Quality：An Important Strategic Weapon[J]. Business Horizons，1994(27)：256-267.

伸能力将大打折扣。反之,如果一个品牌所代表的是一种经营理念或是对消费者的一种利益承诺,则其跨行业延伸能力将远远超过技术型或配方型的品牌。以价值型为核心特性的品牌定位,延伸能力最强;如果一个品牌完全成了一种产品的代名词,那么,它的延伸能力就几乎为零。例如,"云南白药"品牌在消费者心目中的核心定位就是"有效止血"的功效,这是云南白药独特的、个性化的品牌属性。云南白药在此基础上进行品牌延伸,推出云南白药系列牙膏,其止血健齿的功能诉求与云南白药在消费者头脑中的定位以及企业的特有优势相吻合,其品牌的核心价值能有效传递,并且容易得到消费者的认同。"王老吉"品牌可以说已经成为凉茶产品的化身,因此它的延伸产品只能是饮料类的产品,而不可能是牛奶或面包。品牌的价值、品牌对消费者所做出的承诺比较容易转移到非同类产品上。而特定的配方、技术通常与特定的产品紧密联系在一起,想要将其延伸使用到跨行业的一个新产品之上是比较困难的。因此跨行业品牌延伸的可能性,在很大程度上取决于原有品牌的核心特性能否完全和真实地转移到延伸产品上。

3) 品牌知名度

品牌知名度是指品牌在消费者群体中的知晓熟悉程度,包括品牌识别和品牌记忆。品牌识别是指人们在认识了一个品牌之后,一旦看到或听到它就能说出它与其他品牌的区别,其主要表现为:标志、标语、名字、包装、吉祥物、颜色等视觉特征。品牌记忆是指提到某个品牌时,人们对于它的记忆程度如何。如果消费者是事先制定了计划来进行购买的,其记忆程度就会起很大的作用。因此,品牌知名度在一定程度上反映了消费者对品牌已有的经验知识程度,对消费者的初期购买决策行为有重大影响。高知名度可以引发消费者熟悉和好感,体现品牌背后的实力。因此,品牌知名度越高,可转移的品牌资产就越大,品牌延伸也就越容易成功。问卷调查法可以用来测量品牌知名度大小,其中包括两个要素:提示知名度和无提示知名度。

8.3.1.2 延伸产品与母品牌的相关性

产品相关性,也就是品牌状态,是品牌在消费者心中得到赞同的相关度,最有效传递品牌多数不是通过文字,而是通过那些在我们大脑里储存和记忆的东西所形成的相关度。核心品牌与延伸产品的相关性是指核心品牌与延伸产品的相关程度。这是品牌进一步延伸的保证并与其他企业品牌加以区别的关键。大量研究显示,延伸产品与母品牌的相关度(或称为合适度)是品牌延伸能否成功的关键因素。与关联程度低的产品相比,对高关联度的产品进行延伸更容易依托在原产品领域建立起来的优势地位和核心竞争力,以较低的成本和风险取得市场优势。同时,对关联度高的产品进行延伸有利于原产品和新产品的技术构成一定的互通,便于以已有的技术力量对新产品进行生产和质量监控,有利于产品技术向纵深开发。关联的程度越高,新产品与原产品之间越能有效沟通融合。在此基础上,某一方面的优势才能顺利地转移到另一个方面,形成优势互补或优势的品牌延伸,相关性与品牌延伸的模型,如图8-3所示。

图 8-3 核心品牌与延伸品牌的相关性模型

(资料来源:Chernatony. Strategid Brand Management[J]. Journal of Brand Management, 1993, 5(6):457−459)

由此可见,品牌的概念与原产品不仅是相互作用的,而且它们共同影响着品牌的延伸。在品牌已具有包容性的前提下,延伸品牌与原产品的相关性越小,延伸的难度、失败率就越大。对于相关性的分析主要可分为:产品相关性和受众相关性两方面。

1) 产品相关性

产品相关性是指核心品牌与延伸产品在产品工艺、功能、材料等方面的相互关联程度,产品相关性越高,产品生产、营销、研发的借鉴越多,消费公众的接受也越容易,其品牌延伸的成功率也越高,反之亦然。

产品工艺相关性是指核心品牌产品与延伸品牌产品在生产工艺方面的相关联程度。这种相关不但导致工艺上技术共享,而且影响消费者对延伸品牌的评价,影响消费者对企业及新产品的信心。麦当劳(Mcdonald's)快餐店能够受公众的喜爱,就是因为其核心品牌产品与延伸产品在工艺方面具有相关度。如图 8-4 所示。

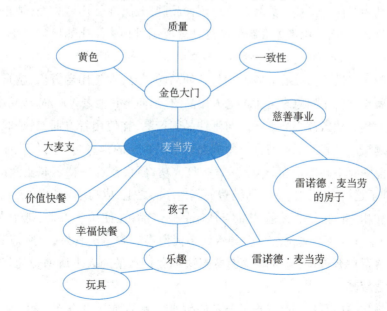

图 8-4 麦当劳产品的相关性模型

(资料来源:佩蒂斯.创建技术品牌[M].成良,译.上海:上海人民出版社,2000:77)

麦当劳的原产品为快捷、超值的汉堡包快餐。它的金色大门不断向消费者阐述的是"开心无价麦当劳",因此它以汉堡包为主的价值快餐、幸福快餐的延伸与原产品有着工艺上密切的相关性。这也是它延伸成功的重要因素。

产品功能相关性是指核心品牌产品与延伸品牌产品在使用功能方面的相关联程度。在品牌延伸中,不少产品尽管在工艺上和材料上相去甚远,但使用功能相似,也会促进延伸的成功。如联想这一电脑品牌,提起它就会让人想到电脑,而不会想到微波炉。因此,可以将它延伸到各种电脑相关的产品上去,如主机电脑、个人电脑、笔记本电脑等,甚至延伸到电脑周边的各种设备也不会误入"陷阱"。这是因为它的相关性十分强。

产品材料相关性指核心品牌产品与延伸品牌产品在原材料方面的相互关联程度。这种相关基于品牌拥有者对产品生产材料的驾驭能力,也基于消费公众认知上对原产品与延伸产品的一体化联想。基于这一个原理,达能公司从加工奶酪向奶制品延伸的成功就属此类。

一般而言,延伸品牌产品与原品牌产品在消费者心目中的概念一致,就得以延伸,其相关性越强,延伸的成功率就越大,其相关性越小,延伸的成功率就越低。

2) 受众相关性

受众相关性是指核心品牌与延伸产品是由受众性别、年龄职业、文化、地域等方面的差异性和特点来确定的,即不同的受众接受不同的品牌与产品,在品牌延伸过程中,把原有品牌延伸至原有忠诚消费群及其所消费的其他产品中去,成功率自然就比较高。像金利来品牌在男士高档领带中成功后,延伸至男士衬衫、西服,继而再延伸至男士皮带、手提包、男士香烟等。尽管这些产品本身从工艺、功能到材料相关度不大,但由于受众相关性高,故延伸得颇为成功。

受众性别相关性是指核心品牌产品与延伸品牌产品,在使用者方面,越是性别相同,延伸成功率就越高,而使用者方面跨性别延伸就要困难得多。比如恩威集团以生产女性用品为核心品牌(洁尔阴),其品牌延伸至卫生巾,成功率高于延伸至剃须刀(男性用品)。

受众年龄相关性是指核心品牌产品与延伸品牌产品,在使用者方面,越是年龄相仿,延伸成功率就越高。比如原来是生产老人用品的,延伸至其他老人产品,成功率很高。

受众职业相关性指核心品牌产品与延伸品牌产品,在使用者方面,越是职业相近,延伸成功率就越高。共同的职业特征会影响而产生出共同的消费习惯与价值标准,最终导致不同的职业圈有不同的消费喜好,品牌一旦成功,便会在这一特定职业圈产生品牌忠诚,一旦延伸至这一职业圈内人士所消费的其他产品之上,成功率就会比较高。

受众文化相关性指核心品牌产品与延伸品牌产品,在使用者方面,越是文化水平相近,延伸成功率就越高。文化水平会导致许多消费喜好和审美喜好,正所谓"物以类聚,人以群分",在品牌延伸中,延伸至原消费圈这一文化水平的人士所消费的其他产品时,成功率自然比较高。

受众地域相关性指核心品牌产品与延伸品牌产品,在使用者方面,越是地域相近,延伸成功率越高。地域差异,是消费者差异性的重要内容,不同地域的人士会产生出不同的消费取向与品牌忠诚,延伸时,面向消费区域人士所欣赏的产品延伸,成功率就比较高。比如"咸亨"是浙江绍兴的名牌,其"咸亨酒店""咸亨腐乳"在江南均是强势品牌,若延伸至"咸亨黄酒""咸亨霉干菜""咸亨萝卜干"这些江南地域人士喜好的消费品方面,成功率是比较高的。

综上所述,受众对品牌延伸的态度是与原品牌产品的特征的认知、适应度的认知、可信度的延伸、延伸增值的认知有关的。品牌延伸成功与否主要取决于产品的内在特征。图 8-5 清晰表示出受众是如何评价品牌延伸的。

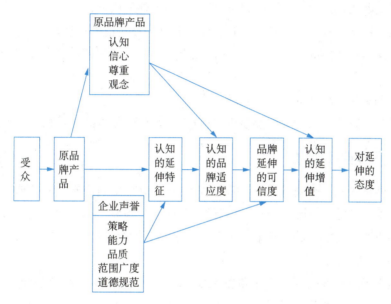

图 8-5　受众与原产品相关度模型

(资料来源:作者绘制)

8.3.1.3　消费者品牌知识

1) 品牌联想度

品牌联想指记忆中与品牌相连的每一件事,即一提到品牌名称,消费者脑海中出现的所有事物。品牌联想源于企业的品牌传播、口碑和消费者的品牌体验。美好丰富的品牌联想,意味着品牌被消费者接受、认可、喜欢,及该品牌在市场上的差异力和竞争力强,增强了消费者的购买信心,极大地丰富了品牌价值和品牌资产。品牌通过延伸后,可在一定程度上把品牌联想转移到产品上,创造延伸品牌的联想。品牌联想可以从三方面来评价:第一是品牌联想的强度,是指消费者回忆品牌联想的难易程度。如我们谈到美的就很容易想到其蓝色的标志、空调及广告语"原来生活可以更美的"等,这说明了美的品牌联想强度高。第二是品牌联想的喜欢度,指对品牌联想的正面积极的态度。品牌联想被消费者喜爱是由于品牌产品通过品牌的功能价值,如品质、利益和品牌的象征意义如身份、地位、个性等满足了消费者的需求。品牌联想的喜欢度越高,越容易为顾客提供满意服务,延伸产品越容易成功。第三是品牌联想的独特性,是指品牌在消费者脑海中产生的异于竞争品牌的联想,这些差异的联想使得该品牌能在众多品牌中脱颖而出,引起消费者的注意,赢得消费者的信赖。

2) 品牌忠诚度

关于品牌忠诚度,前文已做了一定的阐述。品牌忠诚度的测量最为直接的是行为测量,即考虑消费者的品牌购买模式。通常包括以下四个指标:

(1) 重复购买比率:品牌使用者再次购买同一品牌的比率;

(2) 购买比率:在规定的范围内,顾客购买各种产品所占的比例;

(3) 购买单一产品的比率:在同一类产品类别的消费者中,购买单一品牌的消费者所占的比率;

(4) 常购买某一品牌的消费者比率。

另一种方法就是对消费者的满意度进行调查,来反映品牌忠诚情况。

8.3.1.4 品牌管理能力

品牌延伸进入到一个新行业时,不仅需要依靠品牌的知名度和核心价值等力量,还必须对延伸品牌进行管理,使品牌具有良好的竞争能力。因此,企业的品牌管理能力是决定品牌延伸的重要因素。品牌管理能力一般取决于品牌的营销能力、品牌管理人员的素质。

1) 品牌营销能力

企业能否采取有效的营销策略和强有力的营销手段会影响到品牌延伸的效果。企业应该在延伸产品本身及价格、销售渠道、促销、广告、公共关系等方面有所创新和突破。在产品方面,要采用差异化策略,进行产品和概念创新,不与竞争对手正面冲突,否则难以成功。康师傅从方便面起家延伸到果汁、茶饮料、纯净水、饼干等食品都取得了成功,但唯有雪饼的延伸没有成功,主要原因在于产品没有创新,无论产品口感、还是包装都与市场上的首创产品旺旺雪饼雷同,甚至在一定程度上还不如旺旺雪饼。另外,有效的品牌营销渠道和训练有素的营销队伍,是品牌延伸的关键因素。因为即使消费者愿意购买,也会因为铺货不到位、销售员素质差等原因而使之买不到,或因为不清楚延伸产品为何物而放弃购买等,这些现象的存在会降低品牌延伸的成功率。品牌延伸后新产品的促销强弱、广告的数量和效果对提高延伸产品的知名度有重要作用。如果消费者购买时无法想到该品牌,那么延伸产品就无法被消费者列入购买的候选名单,所以强化营销队伍的建立、营销网络的建设,是品牌延伸中市场资源的主要组成部分。

2) 品牌管理人员素质

品牌管理人员的素质是影响延伸决策的重要因素。如果品牌管理人员的能力强,对延伸十分有利。在这里,素质包括管理人员的文化知识、学历、从业经验、领导指挥能力、人际沟通能力、业务能力等。

8.3.1.5 市场环境

1) 市场容量

市场容量大小是品牌延伸能否成功的一个市场因素。一般来讲,市场容量大,只要企业有实力,就有机会把一个品牌做大做强,因此宜用多品牌;而市场容量小,采用独立品牌即使做成功了,也是没有效益的,因此适宜采用品牌延伸策略。例如我国台湾在经济发展初期,几乎所有企业的目标市场都局限于台湾地区本岛,市场容量有限,更多采用品牌延伸策略即"一牌多品",如统一、味全公司的奶粉、汽水、茶、饮料、方便面一概冠以统一、味全的品牌名称。同一时期的大多数国际品牌,它们面临的是全球市场,相对多的企业采用多品牌策略。品牌延伸还与产品的生命周期和产品所处市场的竞争程度有关,研究表明,品牌延伸适宜在延伸产品的同类产品处于产品生命周期的早期进行,而不是在产品生命周期的成熟期进行。

2) 市场竞争程度

竞争度是指在同一个细分市场上各产品之间的竞争激烈程度。当延伸产品所在行业的竞争不激烈时,品牌延伸较容易成功;反之,品牌延伸较难成功。比如,在饮用水市场发展早期,市场竞争尚不激烈,娃哈哈果断介入该市场,迅速成为饮用水的领导品牌,而它向纯牛奶市场的延伸就明显受制于光明、伊利、蒙牛等实力品牌的压力,延伸效果难如其意。市场竞争程度可用延伸产品所在行业的竞争对手品牌力、竞争者数量、产品推广力来测量。

3) 产品生命周期

产品生命周期是指产品从投放市场开始,到最后被淘汰退出市场为止的全部过程所经历的时间。一般划分为投入期、成长期、成熟期和衰退期四个阶段。当产品处于投入期时,一般不适合采用品牌延伸。因为新产品市场存在较多不确定因素,风险较大,使用品牌延伸一旦失败,就会极大地冲击原品牌的形象和信誉。而当产品进入成长期、成熟期,市场会不断地完善,竞争者之间力量对比会达到一种均衡,此时以全新品牌进入,市场开发费用很大。如采用品牌延伸战略,可以利用原品牌的知名度和良好信誉,争取消费者试用,并使产品迅速扩张销路。

8.3.2 品牌延伸的准则

8.3.2.1 有共同的主要成分

主力品牌与延伸品牌,在产品构成上应当有共同的成分,即具有相关性,这些成分包括价格档次、品牌定位、目标市场、产品属性等。如果主力品牌与延伸品牌在这些方面不具备相关性,消费者就不会理解两种不同的产品为何存在于同一品牌识别之下,企业就不能运用品牌资产使消费者感受到原品牌试图传递给延伸品牌的优点,也就不能将对原有品牌的认知和联想潜移默化地转移到延伸品牌上。品牌资产作为品牌最大的优点也必须沿用到延伸品牌中,让目标消费者一看就能知道这个品牌有什么个性。如果品牌资产是属于视觉的,诸如包装、颜色、图案等,那么传递给延伸品牌的优点对消费者而言是模糊不清的;如果这些优点是深层次的,例如来自产品的效用、品质、售后服务、性能等,对消费者而言,它就是一些清晰的概念,他们会将对原有品牌的认知和联想潜移默化地转移到延伸品牌上来。例如:皮尔·卡丹服装在消费者心目中属于优质高档的品牌,如果将这一品牌延伸到中低档服装市场,那绝对不是明智之举。延伸的主要目的是要与品牌的好印象连接起来,共同的成分强化了这一连接点,延伸就容易成功。若两者的共同的主要成分太少,延伸就失去了效果,同时也将给主力产品的品牌带来负面影响。又如,派克笔是高档产品,是象征体面身份的品牌,但彼特森上任后不是把精力放在改进派克笔的款式和质量,巩固发展已有的高档产品市场上,而是热衷于品牌延伸,将"派克"这一金子般的品牌用于每支售价在三美元以下的钢笔上,于是,派克钢笔作为"钢笔之王"的形象和声誉受到损害。这正中克罗斯公司等竞争者的下怀,他们趁机大举进军高档笔市场。结果,派克公司不仅没有顺利打入低档笔市场,反而使高档笔市场的占有率下降到20%,销售额只有克罗斯公司的50%左右。

8.3.2.2 有相同的服务系统

服务系统相同是指延伸产品与核心产品的售前服务和售后服务应该完全一致,使消费者不会产生差异感,使他们产生"和原来的一样好"的感觉,这样延伸品牌就不会伤害核心品牌的定位。如果延伸品牌的服务系统明显不如核心品牌的服务系统,这必将导致消费者改变对核心品牌的原有价值的认知。问题的关键就是要找出在服务系统中消费者最赞赏的某一环节,而这一环节又是延伸产品服务体系中最重要的环节。企业为找到这一环节,可能花费很大的精力进行调查研究。反之,如巨人集团从汉卡延伸到营养品(巨人脑黄金)、蓝宝石集团从手表延伸到生命红景天(营养保健品),其服务体系上都很难找到共同点,就必然会导致消费者对核心品牌的原有定位模糊,就使得延伸较为勉强了。而雅戈尔从衬衣延伸到西服,由于营销和服务存在相同之处,品牌延伸就可能成功。雀巢的品牌延伸也是成功的,这是由于雀巢的延伸品牌营销和服务体系之间存在着相同之处,均为食品类、消费对象也多以女性、儿童为主,所以这使得其品牌延伸得以成功。因此,企业经营者进行品牌延伸决策之前,必须对延伸品牌的目标市场进行调查,以识别消费者最重视的主要服务项目及其相对重要性是否与核心品牌的相同,如果不同,就不宜进行品牌延伸。

8.3.2.3 技术上密切相关

主力品牌与延伸品牌的产品在技术上的相关度是影响延伸成败的重要因素,新产品与名牌产品技术相近,使人易产生信任感,若相差悬殊,延伸就失败。像三菱重工在制冷技术方面非常优秀,将"三菱"冰箱延伸到三菱空调上理所当然;像英特尔在半导体技术方面非常优秀,将"英特尔"半导体延伸到英特尔处理器上也是正确的品牌延伸。海尔品牌、东方红机车的延伸也都是如此。然而春兰空调与其"春兰虎""春兰豹"摩托车在技术上相关度低,雕牌肥皂与雕牌牙膏在技术上相关度也低,这些延伸就没有多大意义。

8.3.2.4 相似的使用者形象

使用者在同一消费层面和背景下,品牌延伸也易于成功。比如海澜集团的品牌,从面料到西服都紧紧围绕白领和绅士阶层进行延伸,自然容易成功。迪士尼的成功也是如此。从 1930 年迪士尼设计了"米老鼠"并获得成功开始,他们就十分关注面向的消费者关心什么、喜爱什么。从《艾丽丝漫游仙境》到《白雪公主和七个矮人》再到《美女与野兽》、《狮子王》,其主要的消费者为青少年,根据这一特点,它延伸到富有动感、新奇的迪士尼主题公园、迪士尼动物王国、迪士尼游轮、迪士尼品牌专卖店、迪士尼网站等方面。现在迪士尼已经从经营日用品发展到儿童食品和饮料。正与可口可乐公司合作,以迪士尼为品牌生产一种专门供孩子喝的、纯果汁的健康饮料,还与其他一些公司合作,开发了"迪士尼牌儿童健康早餐"。这些延伸品牌提供的大多根据青少年的特点来设计,以至于许多孩子在成长为大人之后,还会带他们的孩子到迪士尼的世界中去寻找欢乐、重温旧梦。因其主力品牌与延伸品牌的消费者群落相当接近,主力品牌的概念就很容易延伸至延伸品牌上,延伸品牌得以成功就不言而喻了。仅以迪士尼品牌专卖店为例,它的产品已有 2 400 多种,主要产品包括:孩子的玩具、卧具、文具、服装和儿童出版物,迪士尼电子玩具、电脑游戏软件,以及以迪士尼品牌与厂商合作发展的手机等各种产品。难怪人们常常说迪士尼的成功是因为它有一大批迪士尼的孩子。"迪士尼是青少年的天堂与乐园"让迪士尼乐园在这一层面的消费者支持下,不断地延伸品牌,发展壮大。

8.3.2.5 回避已高度定位的品牌

若某品牌已成为这个产品的代名词,在消费者心目中已经确立固定的形象,就不应冠之他物。提起好莱坞,人人都知道是美国电影城,谁也不会接受是好莱坞饭店。某品牌高度定位后,在人们心目中以一个完整的形象存在,品牌完全取代了产品作用,是容不得一点节外生枝的,若强求,外溢品牌将会受到影响。索尼(SONY)公司的产品系列化细到不能再细的程度,成了家电视听产品的代名词。提到索尼自然会想到收音机或彩电。又例如,星巴克(Starbucks)是全球最大的咖啡连锁店,其高品质的咖啡深受人们喜爱。如果将星巴克延伸至连锁干洗店则会显得怪异而与大众心目中的形象格格不入,因为星巴克作为咖啡连锁店产品的形象已经深入人心。

8.3.2.6 质量档次相当

质量是名牌的生命,是其存在和发展的基础,新开发的产品的质量应相当于或高于原名牌产品的质量,借名牌促进产品上市,容易也得到广大消费者认同和赞赏,容易达到延伸的目的,同时还能提升原名牌的"价值"。如果新开发的产品质量低劣,只会骗取一次消费,终将被遗弃。"Anta"(安踏)在希腊语中释为"大地之母",1991年创立于福建晋江。最早是一家制鞋作坊。2001年,安踏由单一运动鞋生产向综合性体育用品品牌经营过渡。不仅生产安踏运动鞋,还生产安踏系列体育用品。由于产品质量的过硬,安踏品牌的知名度和美誉度,迅速延伸至其他体育产品。同时,也因为产品线的丰富,可以支撑其专卖店的 SKV(库存量单位),几千家专卖店又能强化消费者的品牌认知,使安踏成为体育用品领域的著名品牌。

8.3.2.7　品牌名称联想所及

名牌名称联想所及就是基于相同主体部分而延伸的产品,用主体的品牌。提起戴尔这一电脑品牌,人们自然会想到电脑而非其他物品,同时可以将它延伸到各种与电脑相关的产品上去,如个人电脑、笔记本电脑、平板电脑等乃至周边设备,这种产品的知名度、美誉度越高,所延伸出的产品给消费者的可信度就越高,延伸就越成功,因为主力产品和延伸产品的主体是相同的部分。

总之,延伸要使消费者能接受,这是考核品牌延伸最基本也是最重要的原则。

8.3.3　品牌延伸的步骤

品牌延伸的过程是一个系统过程,它主要包括四个步骤。

8.3.3.1　确定品牌联想

发展延伸品牌的第一步就是确定由核心品牌名称所产生的品牌联想。主力品牌只有在消费者心目中具有一定的联想性,才能借助其联想进行品牌延伸。对品牌联想的识别可通过多种技巧达到:如名称联想法,即选定一组消费者,向他们询问,即当品牌被提及时,有什么东西进入脑海(如可口可乐一被提起,人们就想到一种有特殊口感的饮料,以及其特殊包装等);放映技巧法,比如询问消费者吃下了亨氏番茄酱后,其对该产品的印象如何;探寻智力差异,即探询某品牌同其他品牌有何区别。例如,香奈儿产生了昂贵、品质、典雅、时尚等联想;索尼产生了优质、日本、家电等联想;Swatch 就产生了时髦、快乐、年轻和充满活力的联想等,一种品牌往往会产生一整套联想,包括了许多种类,此时企业必须找出与核心品牌联想度较强的,将其重点放在仅有的几种或十几种联想上。

8.3.3.2　选择最好的延伸产品候选者

在此过程中,先假设品牌是适宜延伸的,它应当提供一些有优势的立足点,然后从产品结果的清单中选择有限的数量来进行概念测试和检验。检验的主要内容之一是延伸品牌的适应性,即消费者对延伸品牌感觉是否舒适。对适应性进行评价的方法之一就是简单地询问受调查的某种品牌名是否适应一系列可选择的产品。当然低适应度并非必定致命,有些产品看着不适应,但如果以强化品牌和产品间的联系方式来看,实际上可能是适应的;检验的内容之二是延伸是否提供一些优势的立足点,品牌名称是否能成为购买的原因,它是否能成为一种类似更高的质量、更多的价值、更可靠的性能或一种有地位感觉之类的立足点。然后从产品系列中选择最好的候选者。根据调查检验的结果,如果有较少,甚至没有相同的部分,则说明二者之间的联系不紧密或者无联系,核心品牌就不应该向该产品延伸,应另选延伸产品。

8.3.3.3　选择候选品牌名称

在确定了延伸产品之后,紧接着要为其选择相应的品牌名称,选择延伸品牌名称时,要从两点出发:

1) **消费者从心理上是否接受延伸品牌的名称**

如果核心品牌准备通过转移一种质量感受或消费者的一种强劲有力的品牌联想来帮助延伸,那么延伸品牌名就比较容易使消费者感到愉快。例如,长虹彩电给消费者的主要印象是优良的品质,他们也会因此认为该品牌的音响也具有同样的品质水准。如果消费者觉得延伸品牌名称使他们感到不舒服,他们就不希望原有品牌名称转移到新产品上。判断延伸品牌名称是否使消费者感到舒服的方法是选择一组消费者,询问他们某品牌名称是否适应一系列可供选择的产品,例如下面一个例子:

下列产品中,您认为哪类产品应以"索尼"命名:

(1) 书籍;

(2) 文化产品;

(3) 计算机;

(4) 摩托车;

(5) 化妆品;

(6) 烟。

2) **延伸品牌名称应当为延伸产品提供一些好处**

这些好处主要来自消费者对延伸品牌名称的感觉。由于核心品牌是成功的品牌,一般都能给消费者留下良好的印象,而延伸品牌应该是这种良好印象的延续或加强,它应该成为消费者购买延伸产品的原因。或者说延伸品牌相对于核心品牌而言,应当成为一种具有更高质量、更多文化附加值、更可靠的性能或有一定地位的品牌。当品牌名称有助于在一个混乱的市场上树立消费者的品牌意识或者增加产品销售时,品牌延伸就会在某个已成熟的产品市场上具有更大的比较优势。在产品市场还不成熟时,品牌延伸将有较大的风险。衡量品牌名的吸引力是有利的。

8.3.3.4 进行战略考虑

由于品牌延伸是一个战略性的问题,在对品牌进行延伸时,必须对各种市场因素进行审视,对延伸问题进行战略性考虑,不能以短期利益或当前利益来衡量品牌延伸工作。巨人集团、爱多VCD等红极一时的品牌,都是因其品牌延伸上的误区而导致整个企业的破产。

8.4 品牌延伸的风险及规避

8.4.1 品牌延伸的风险

品牌延伸给许多企业带来了成功,但它并非完美无缺,一旦出现失误,延伸不当,后果也不堪设想,甚至置企业于破产境地。所以,著名营销专家阿尔·里斯和杰克·特劳特不无遗憾认为:品牌延伸不是错误,而是一个可能置企业于死地的充满诱惑的陷阱。阿尔·里斯也曾说过:"品牌是根橡皮筋,你多伸展一个品种,它就多一份疲弱。"[1]品牌延伸本身就是一项综合管理品牌的未来和资本决策的过程,是一项细致复杂需要循序渐进的方法和手段的工作。因此,我们在进行品牌延伸时,也不得不注意其风险所在。品牌延伸的陷阱主要有以下四点:

8.4.1.1 损害原品牌形象

品牌是属于消费者的,这是把握品牌延伸的精髓。企业收集许多资料来描述、定义他们的品牌。但消费者却以不同的观点对品牌进行区别。每种商品就是人们心目中的一个梯子,而该种商品的不同延伸品牌则代表着梯子上的不同阶,这个梯子上的某个品牌如果成为该种商品的名牌,那么当人们提到这个牌子时,指的也就是这种商品。这时,品牌已不仅仅是商品的牌子,它已成为一类产品的代称。对许多交易来讲,质量声誉是可靠的竞争优势,因此应当有这样一种忧虑,如果延伸的产品质量不好,会损害原品牌的好声誉。当可能出现这种危险时,企业应对向这种低档产品延伸的计划加以慎重考虑。如"皮尔·卡丹"时装一度与"香奈儿"香水、"路易威登"皮包齐名,以高贵的品质拥有自己的优越地位。为了吸引更多的消费者,皮尔·卡丹品牌延伸到日用品上,从家具到灯具,从钢笔到拖鞋,甚至包括廉价的橱巾。结果是"皮尔·卡丹"在大多数市场上丧失了高档品牌的形象,也丢掉了追求独特的品牌忠诚者。

---

[1] 王新新. 新竞争力——品牌产权及品牌成长方式[M]. 长春:长春出版社,2000:125.

8.4.1.2 品牌个性淡化

由于"优先效应"的影响,最先进入消费者心理的品牌给消费者留下个性鲜明的深刻印象。如果这一品牌被盲目不当地延伸,则会摧毁消费者对核心产品、核心利益以及核心概念的支持,稀释、淡化消费者对品牌的印象,失去与原有品牌的连接点,从而丧失品牌忠诚度,导致竞争对手乘虚而入。如拜耳非阿司匹林镇痛剂的推出并未带来新产品的市场成功,反而使拜耳阿司匹林镇痛剂原有的市场领先者地位被对手泰宁诺给夺走了。如在20世纪50年代,美国市场上有较强的品牌优势的"金龟车"或称"甲壳虫"一则"想想还是小的好"这句经典绝妙的广告语,使它声名鹊起。"甲壳虫"作为小型坚实的汽车化身,得到了美国消费者的广泛认同,成为当时美国进口车之王,就在"甲壳虫"获得品牌强势的时候,德国大众汽车公司作出了品牌扩展的决策,将"甲壳虫"扩展到较大型车,较昂贵的汽车上,甚至还延伸到了公交汽车上和吉普车上,试图大规模地占领美国汽车市场,其结果事与愿违,"甲壳虫"非但没有能扩大市场,相反却使其原有市场萎缩,70年代"甲壳虫"从美国进口第一的王位上被竞争对手日产的本田拉了下来,其原因,主要是改变了品牌个性。① 又例如,美国的宝马牌香烟,在最辉煌时,市场占有率达14.4%,公司决策者很是高兴,便利用这一品牌延伸出宝马薄荷烟、宝马特级淡味烟、宝马淡味百公厘,这三种烟市场占有率是7%,公司赚了一笔钱,可是宝马原品牌市场占有率从一年前的14.4%跌到3.4%,正负相抵,反而失去了4%的市场。品牌犹如橡皮筋,愈延伸就可能变得愈疲软,致使品牌个性淡化。一些产品之所以为消费者所选购,关键在于其独特而明晰的品牌个性,如果盲目地延伸此品牌,由延伸而产生的品牌联想往往将这一种原有的品牌个性模糊化。一旦这一品牌个性被弱化,也就失去了吸引消费者的基础。因此,若延伸会弱化品牌,企业最好不要盲目地延伸。

8.4.1.3 产生不好的心理联想

有些企业在进行跨行业的品牌扩展过程中,不顾核心品牌的定位和"兼容性",把同一品牌用在两种不同行业的产品中,当两种产品在用途上存在矛盾时,消费者通过联想就会产生心理冲突。我国的三九集团以"999"胃泰起家,企业的品牌经营十分成功,许多消费者把"999"视为胃泰这种药的代名词,这可以说是品牌经营所追求的最高境界。随后,三九集团开始延伸品牌了。它们把"999"延伸到啤酒,消费者就不知所措了。虽然广告上说的是"999冰啤,四季伴君好享受",但是消费者一拿起"999"啤酒,第一个潜意识恐怕是联想起"999"胃泰这种药,喝带有"心理药味"的酒自然就不是一种享受了。如果进一步联想到饮酒伤胃,"999"品牌无疑是在提醒消费者少喝酒甚至不喝酒。如此这般,"999"冰啤还会有好的销路吗?从另一角度想,"999"胃泰分明在劝人喝酒,这还算是"胃

---

① 里斯,特劳特.广告攻心战略——品牌定位[M].刘毅志,译.北京:中国友谊出版公司,1999:125.

泰"吗？可见，不注意选择延伸的方向而随意地将已成功的品牌延伸到不恰当的产品中，必然会带来许多意想不到的恶果。同样，就算不用同一品牌，但因公司是一样的，其延伸的产品也应慎重选择，否则，也会跌入品牌延伸失误的陷阱。山东烟台的荣昌公司是以生产"肛泰"而著名的一家厂家，它的"贴肚脐，治痔疮"的口号可以说是深入人心。但其成功之后推出的第二个产品就是"甜梦口服液"，医治失眠。可这两个产品的关联度实在太少了，甚至可以说是完全没有。因此，人们在喝"甜梦口服液"时总感到有些不对，因为此时消费者的脑海中出现的是先入为主的"肛泰"。因此，如若不谨慎选择合适延伸的产品，品牌延伸不但没有成效，而且还会影响原有的品牌在消费者心中的特定心理定位。再举一个例子，将"活力28"延伸于厨房、厕所的清洁剂上可能会成功，而如果延伸到香水或矿泉水上，恐怕就没有成功的把握。因为"活力28"已被大部分消费者固化在"洗涤用品"上了，当消费者饮用"活力28"矿泉水时，潜意识中会想到洗衣粉的味道，自然也是个非常失败的品牌延伸。

8.4.1.4 跷跷板效应

阿尔·里斯曾经提出的"跷跷板效应"：即一个名称不能同时代表两个完全不同的产品，当一种产品的市场地位上来时，另一种就要下去。当延伸品牌的产品在其市场上处于绝对竞争优势时，那么消费者就会把原品牌类别定位在延伸品牌上，这样，随着延伸品牌产品的崛起，无形之中就削弱了原品牌产品的竞争优势。这种强力品牌产品与延伸品牌产品竞争态势的交替升降变化，即为"跷跷板现象"在美国，亨氏(Heinz)原本是腌菜的品牌，而且它占有最大的市场份额，后来公司使亨氏(Heinz)成为番茄酱的代表，做得也十分成功，使亨氏(Heinz)品牌番茄酱夺得第一位，然而与此同时，丧失了腌菜市场上的头把交椅，由Vlasi取而代之，这就是阿尔·里斯所说的跷跷板效应。一个名称不能同时代表两个完全不同的产品，当一种上来时，另一种就要下去。当然更可悲的是堡垒从内部攻破。竞争对手费尽心机也没有能够把亨氏(Heinz)从腌菜第一品牌的位置上挤掉，却被自己挤下去了。登喜路原是一家很著名的烟草公司，登喜路羊毛衫是登喜路品牌下的著名产品，因为登喜路有计划地将自己定位为横跨许多不同商品种类的高级奢侈品，它所付出的代价是不再被认为是一家专心致力于生产烟草的企业，同时也失去了烟草市场的领导地位。①

8.4.1.5 产生株连效应，影响整个品牌的声誉

所谓"株连"效应是指当扩展品牌经营不善时，会影响核心品牌在消费者心目中的形象。许多产品使用同一品牌或同一系列品牌，其品牌关联度大，一旦某种产品（或一个领域）的经营出现危机，将引起连锁反应，危及其他产品（或其他领域），而这些往往是名牌

---

① 卡菲勒. 战略性品牌管理[M]. 王建平，曾华，译. 北京：商务印书馆，2000：293.

延伸的决策者始料未及的。如美国A.C吉尔伯特公司有着58年制造儿童玩具商的形象,但1961年公司决定品牌延伸,改变了公司原来只制造男孩玩具的传统,把目光瞄准女孩。但由于价格低、质量次,加之对女孩玩具市场缺乏了解,结果使顾客非常失望,使公司作为高质量男孩玩具制造商的形象受到了极大损害,1966年,吉尔伯特公司不得不宣布破产。

因此企业在进行品牌延伸时,应抓住延伸时机,正确应用延伸的步骤和方法,谨慎地提防陷入延伸的陷阱中去。

8.4.2 品牌延伸风险的规避

在有些消费市场上一种新品牌进入市场,其市场培育成本是非常高的,没有充足的品牌形象推广投入,是很难保证成功的。实际上,新产品的平均水平很难令人满意,甚至在众多支持下。比较而言,已建立起来的品牌名的运用能相当可观地降低投资并增加成功的可能性。因此成功的品牌延伸能够使品牌放大、增势,进而使品牌资产得到充分利用,并在利用中增值。但品牌延伸毕竟有很多陷阱,存在潜在的风险,企业必须从长远发展的战略高度审视品牌延伸,要了解品牌延伸的陷阱,认清品牌延伸的负面影响,理智权衡利弊得失,采取一些措施来降低甚至避免品牌延伸的风险,以确保品牌延伸成功。

8.4.2.1 正确评估原品牌实力

在品牌延伸之前,评估原品牌实力,正确认识现有品牌是确保品牌延伸成功的必要的基础性工作。我们说,既然品牌延伸的目的就是要借助已有品牌的声誉及市场影响向市场推出新产品,那么,拟延伸的原品牌必须是具有较高知名度和美誉度、在消费者心目中有很高的地位的品牌。如果拟延伸的原品牌尚无延伸优势而强行将品牌拉长、拉宽,结果必然适得其反。如美特斯邦威原本在服装市场的影响力就比较小,在其功力不足的情况下,过高地估计品牌实力,贸然进军中高端服装市场,致使其延伸品牌ME & CITY很难与中高端品牌相联系,最终落得一个"只开花,不结果"的结局。所以,企业必须在品牌延伸前评估其品牌实力,品牌实力是品牌延伸的基础。当然,这需要企业在做活品牌时,一方面要重视品牌外部形象的设计和塑造,另一方面要练好支撑品牌形象的内功。只有品牌的内功足、外部形象佳、品牌知名度和美誉度较高,才能使品牌为延伸的产品提供一种附加价值,也才有可能使延伸富有成效。

8.4.2.2 考虑现有品牌的定位及其适用范围

产品定位准确,往往会起到事半功倍的好效果。它就像一杆秤的"定盘星"那样,差之毫厘,失之千里。我国古代做生意的人有句行话,叫作"斥候问市",意思是企业的产品定位首先要进行市场调查研究。按现代市场学的要求,就要做好这样几方面的工作:运用定量分析和定性判断的方法,分析消费者的心理需求;周密研究有关国家和地区的政治、经济、市场、流通渠道等情况；深入调查同行业同类和相似的产品等等。同时，除了一个国家的文化传统和生活习惯外，民族心理也是必须考虑的一个重要因素。瑞士雀巢公司的一个经理说："我们花了数十年的时间，才在印度找准了自己产品的定位。"雀巢公司在1962年就打进了印度市场，但一直没有很大起色。1983年，该公司向印度市场上推出了"麦吉"牌方便面，而且将它作为正餐之间的"点心"来推销，结果销量大增，考虑印度人的收入水平和节俭风尚，雀巢公司的产品大多采用小包装以降低价格，因此在印度市场销售的19种雀巢产品中，有一半以上价格低于25卢比，由于把握好了市场的"定盘星"，该公司1998年的销售额比5年前增加了1倍多，盈利增加了50%。把握好产品市场的"定盘星"，是搞活企业的法宝。另一个失败的例子是宝洁的激爽沐浴露，宝洁公司三年花费10亿元力推的沐浴产品激爽（Zest），最终却以停产退市告别中国市场。究其失败的原因，其中之一在于其产品定位诉求的超前性。类似新奇和刺激的体验的沐浴概念并不被普通消费者接受，因为，目前中国大多数消费者对沐浴的概念还停留在清洁除菌的层面。不恰当的定位必然导致激爽的失败。因此，企业在研制开发新产品之前，就要确定好自己产品的市场定位，选准所要开发新产品的目标市场，而后有的放矢，将新产品推向市场，占领市场。这样既可避免竞争对手，又能起到"投资少，见效快"的效果。

8.4.2.3 谨慎延伸个性强的品牌

如果一个品牌个性极强，即已成为某一种（或某一类）产品的代名词时，最好放弃品牌延伸策略。如果将这一类品牌冠到另一类产品上去，那么，品牌延伸将成为一种最快捷地自我销毁品牌的做法。如可口可乐几乎成为可乐饮料的代名词，该公司数百年以来没有进行品牌延伸，可口可乐公司是利用多品牌战略进行业务拓展，实践证明这种策略是值得国内某些企业效仿和借鉴的。一般来说，每一品牌尤其是知名品牌都有自己独特的个性。这是由品牌标定下的产品属性所决定的，也是品牌在消费者心里形成的思维定式。"奔驰"就是汽车，它与豪华、昂贵、富有、成就相联系；"万宝路"就是香烟，它是勇敢、强壮、拼搏的象征（真正的男人世界）。若将"奔驰"延伸到"夏利"这样档次的汽车上，消费者将难以接受，因为，从新延伸产品上已找不到原有"奔驰"的崇高形象了，也就敬慕不起来了，以至于影响原有真正的"奔驰"汽车的销售。所以，为了不使品牌延伸落入陷阱，确保延伸成功，对个性较强的品牌更要注意形象的统一，使新延伸的品牌与原品牌具有一致的形象。

8.4.2.4 勿忘产品的市场生命周期

产品的市场生命周期理论揭示了产品更新换代是市场竞争的必然结果。随着科技水平的提高，消费者需求的改变以及市场竞争的加剧，产品市场生命周期大有缩短之势。如果新延伸产品已进入产品市场生命周期的成熟期后期甚至是衰退期，就会加大品牌延伸的风险。因此，进行品牌延伸时，要考虑新延伸产品的市场的生命周期。不仅如此，市场生命周期理论还告诉我们应该通过采用新材料、新工艺、新管理方式等创新活动,提高原产品的质量与服务水平;或通过实施产品地域转移战略,放弃市场需求趋向饱和的市场,而向其他新市场进行延伸,从而使同种产品的品牌延伸获益。

8.4.2.5 考虑采取给延伸品牌取个新名字策略

为了避免品牌延伸的风险,减缓对原品牌的消极影响,可以考虑在保持原品牌名不变的情况下,再为新产品起个名字——即小品牌,所谓主副品牌策略。这样不仅可以引导消费者突破原有观念,接受和认可新产品,而且能迅速地将对主品牌信赖、忠诚转移到新产品上来,从而有效地减少"株连"的危险性,一般成功可能性较高。例如,娃哈哈集团在成功做强其核心品牌"娃哈哈"之后,延伸了一系列品牌。这些延伸品牌都使用了新的名字,但娃哈哈集团都给予了背书。这其中像"爽歪歪""乳娃娃""营养快线""格瓦斯"等,既有单品独特的定位与个性,又有"娃哈哈"这个集团核心品牌的赋能与加持,其中许多单品已成为该品类的头部。前面对品牌延伸的策略介绍已经提及,副品牌大多轻松活泼、灵性十足、直白通俗,有效地弥补稳健、持重的主品牌在此方面的缺陷,在媒体传播上快捷广泛,易于形成市场影响力,因而企业在进行品牌延伸时可以多考虑采取主副品牌策略。

8.4.2.6 与企业的长远规划相一致

过分倚重于品牌延伸战略,会影响到企业开创新品牌的进度,因此必须以企业长远规划为中心,及时分析企业内部资源和外部营销环境的变化,结合新品牌的开发而全面发展企业的品牌战略。如健力宝集团推出强力芒果汁,就是在健力宝品牌延伸到适当的程度后,审时度势,成功地扩展了整体实力,同时又丰富了原来以电解质碳酸饮料为主要定位的品牌形象,增加了市场机会。

总的来说,品牌要立足于不败之地,发展是硬道理。品牌延伸是产品向新领域和市场开拓的手段,唯有如此,企业的影响力才会不断上升,品牌才会保持永久的吸引力。

 小结和学习重点

(1) 品牌延伸的含义、类型、必要性和作用。
(2) 品牌延伸的路径。
(3) 品牌延伸的影响因素、准则和步骤。
(4) 品牌延伸的风险及规避。

通过一次对美国超级市场快速流通商品的研究显示,过去十年的成功品牌有2/3 是属于品牌延伸,而不是品牌上市。品牌延伸是企业扩大规模,进入新领域,获得更大利润,求得进一步发展的有效途径;同时也是企业应对市场竞争加剧,产品生命周期缩短,消费者需求多样化等问题的积极策略。本章中对品牌延伸的路径、影响因素、准则、步骤、风险及其规避的叙述,是对品牌延伸的共性总结,旨在使阅读者对该问题有个基本而全面的了解,其中大量生动翔实的案例,在充实本章内容的同时,将会使读者对品牌延伸的各个方面具有更加感性的认识。

案例分析

娃哈哈品牌延伸的成败得失[①]

1. 从营养液到果奶:巩固形象

娃哈哈公司前身是杭州当地校办企业的经销部。"娃哈哈"品牌诞生于1989年,1990年凭借"喝了娃哈哈,吃饭就是香"这一广告语,享誉大江南北。1991年在杭州市政府的支持下,娃哈哈公司兼并了全国罐头生产骨干企业之一的杭州罐头食品厂,组建成立了杭州娃哈哈集团公司,使娃哈哈的产品延伸到饮食行业。1992年,娃哈哈又开发出第二个产品——果奶。虽然当时市场上已存在不少同类产品,但凭借娃哈哈营养液的品牌影响力,再加上两年来建立的销售渠道和规模生产的优势,果奶上市并没遇到什么困难,一度占据市场的半壁江山。显然,这次品牌延伸,由于目标市场没有变,新产品的核心诉求"有营养,味道好"和营养液切合度非常高,得到大部分业内人士和第三方咨询专家的认同。1995年宗庆后在当时发展迅速的保健品市场上发现了一个市场空白———儿童市场,遂开发出以"给小孩子开胃"为诉求的儿童营养液产品。

2. 突入纯净水:价值转型

经过2年多立足"营养液"和"果奶"的发展,羽翼渐丰的娃哈哈的扩张欲望变得更加强烈。在扩张道路上,娃哈哈有两个清晰的发展方向:一是向儿童产业的其他产品发展;二是向其他饮料产品发展。但显然,娃哈哈在发展战略路径的选择上更多的是基于硬件资源上的考虑,比如生产线、技术积累、现有渠道等。正如宗庆后所说:"不管是生产线、研发力量、还是销售网络,当时我们的实力都更适合于向关联度更高的饮料行业突破。"这是娃哈哈进入纯净水领域的根本原因,和当时中国企业大多受制于实物资源的状况是相一致的。在品牌等软资源上,娃哈哈显然考虑不多。当娃哈哈决定进入成人饮料市场,并沿用"娃哈哈"品牌生产纯净水时,受到了几乎一边倒的非议。一个儿童品牌如何能打动成人的心,是娃哈哈面临的最大挑战。针对这个垂直性的品牌转型,很多人认为此举并不能利用娃哈哈原有的品牌优势,只会让品牌个性变得模糊,建议娃哈哈应该采取多品牌战略。但考虑到创造新品牌所涉及的巨额推广费用(估计每年要1亿—2亿元),以及娃

[①] 案例改编自:洪磊. 娃哈哈品牌延伸的借鉴意义[J]. 销售与管理,2005(2):77-80.

哈哈当时的资金情况，宗庆后毅然坚持了品牌延伸之路。相应地，在广告宣传上，娃哈哈纯净水淡化了原先的儿童概念，采用了"我的眼里只有你""爱你等于爱自己"等宣扬年轻、活力、纯净的时尚感觉，寻找在成人特别是年轻人心中的品牌认同。

1995年底，娃哈哈已包含儿童营养液、果奶、纯净水、八宝粥等30多种产品。

3. 挑战"两乐"：隐性延伸

经过在纯净水上的胜利转型，娃哈哈的成长欲望并没有得到满足。1998年，娃哈哈毅然杀入碳酸饮料领域，推出了"非常可乐"。娃哈哈使用了"娃哈哈·非常可乐"的联合品牌，在宗庆后看来，是品牌延伸和多品牌战略的相互渗透，能同时提升两个品牌的影响力。在品牌专家眼中，这是品牌延伸中较为稳妥的方法之一，即隐性品牌（Hidden Brand）战略，类似于丰田在高档车上推出"凌志"品牌，其实是一种准多品牌战略。

总的来说，"非常可乐"在挑战"两乐"战役中的小胜是娃哈哈营销战略上的胜利，与品牌战略关系不大。但如果从品牌战略上来细析这次操作，宗庆后实际上丧失了一次进一步提高"娃哈哈"品牌影响力的机会，该延伸时却手软了。唯一值得欣慰的是，娃哈哈得到了一个侧翼的"非常"品牌，其旗下除"非常可乐"外，还拥有"非常柠檬""非常甜橙""非常茶饮料"等补充品牌。在"时尚、健康"之外用"非常"品牌开拓新的品牌内涵也是一个可以接受的选择。

4. 拓展童装："回头草"不存

2002年8月，娃哈哈开始向童装领域进军，显然"好马要吃回头草"，回到最初娃哈哈起家的儿童市场。但在质疑声中成长起来的娃哈哈显然没有经受起这次考验——800个专卖店的建立、2亿元的销售额和巨大的投入不相匹配。

据一份调查资料显示，当时中国0—14岁的少年儿童有2.87亿之多，占全国总人口的22.5%，而中国的童装年产量只有不到6亿件，人均3件还不到。娃哈哈看中了这个市场的巨大潜力，毅然进入童装领域。娃哈哈对儿童服装产品的定位是"高中档的服装，中低档的价格"。

娃哈哈采取的是委托生产，自己建立渠道的策略，按照娃哈哈的计划，首批会有2 000家娃哈哈童装专卖店出现在全国各地。但最终由于费用较高，娃哈哈首批童装专卖店只开业了800家，这些专卖店主要集中在一些地级、县级的中心城市，很多还采取的是特许加盟的方式。娃哈哈的服装产品在市场遇到了不少挫折，也出现了一些营销问题，从结果来看，在2015年"娃哈哈"主打产品年销售收入中，童装产品在其中占比10个百分点，通过将其比较于公司其他产品，收入比例较低。不得不说，"娃哈哈"公司延伸产品至童装行业的选择冒险性很大，该品牌延伸的决定至今仍存在争议。

通过进军童装行业重新回到儿童市场的娃哈哈继续深入该市场，在2010年开始销售婴幼儿配方奶粉。同时，娃哈哈不想放弃年轻人市场和其他市场，开始利用新的副品牌名称推出更多新产品，例如面对年轻人的茶饮料和无糖茶饮料，面对大众市场的娃哈哈大厨艺方便面等。娃哈哈品牌延伸的脚步还未停止，在2019年，"四红粥""火锅凉茶"等新品不断推出,这些新品能被市场广泛接受吗?娃哈哈的品牌延伸效果究竟如何?娃哈哈未来又该走向何处?我们可以拭目以待。

思考:

  1. 在"娃哈哈"企业的一系列品牌延伸中,你认为成功的品牌延伸有哪些,失败的有哪些?

  2. 请搜集麦当劳延伸到童装的相关资料,结合本案例,比较分析其与"娃哈哈"的童装延伸的异同。

  3. 结合相关资料,为娃哈哈未来的品牌延伸制定策略和执行计划。

 课后思考题

  1. 品牌延伸的广义含义和狭义含义分别是什么?各举两例加以说明。

  2. 为什么要进行产品线延伸?举例说明如何进行产品线延伸。

  3. 请谈谈品牌延伸中使用特许经营的优点何在。

  4. 品牌延伸应遵循什么样的准则?

  5. 品牌延伸的基本步骤应该有哪些?以某品牌为例,试想如何对其进行恰当的品牌延伸。

第9章 消费者品牌体验

学习目标

学完本章,你应该能够:
(1) 掌握品牌体验和体验式营销的由来;
(2) 掌握品牌体验的含义、特征、分类和目标;
(3) 了解品牌体验与品牌忠诚的关系;
(4) 了解体验式营销的产生及其特征;
(5) 了解当今体验式营销的现状与趋势。

基本概念

品牌体验 体验式营销

9.1 品牌体验的界定

9.1.1 品牌体验的含义

品牌体验是品牌一个新的发展,它是在"全面体验消费模式"这一大背景下产生的。随着物质文明进步和生活水平的提高,人们对功能利益的需求已经得到极大满足,按照马斯洛的需求层次理论,消费者将追求更高层次的满足,"快乐""幸福""激动"正是这种需求的表达。央视调查咨询中心结合多年来在消费者研究领域的成果提出了中国消费市场十大趋势之一就是"全面体验消费模式",认为进入 21 世纪消费者对产品和服务的要求将不止于功能上的满足。品牌能否超越产品功能而给他们带来种种的感官、情结或价值上的满足将变得越来越重要。简单说,就是品牌不但要具备"功能"上的效益,而且还要有"体验"或"情感"上的效益。

以下就是国内外学者对品牌及体验的研究。

9.1.1.1 国外学者的研究

哥伦比亚大学商学院教授伯恩德·H. 施密特(Bernd H. Schmitt)在其《体验式营销》中将体验分为感觉、情感、思维、行动、关系五种类型,即 SEMs(战略体验模块)。他认为交流、信誉、产品、品牌、环境、网络和人员构成体验战术工具,即 ExPros,每个战术工具的运用都可以和 SEMs 的五个层面进行组合。

在研究品牌体验的过程中,国外很多学者将品牌体验划分为多个维度并在各个维度上测量品牌体验对品牌忠诚的影响,如施密特(1999);班尼特(Bennett Rebekanetal,2004);奥斯瓦尔德(Mascarenhas Oswald Aetal,2006)和特布兰赫(N. S. Terblanche)与博肖夫(C. Boshoff)(2006),但他们的划分方式又各自不同。

施密特(1999)将体验划分为五个测量维度:包括感官体验、情感体验、思考体验、行动体验和关联体验。感官体验的诉求目标是创造知觉体验的感觉;情感体验的诉求目标是创造顾客内在的情感及情绪;思考体验的诉求目标是用创意的方式使顾客创造认知与解决问题的体验;行动体验的诉求目标是创造影响身体的有形体验、生活形态与互动;关联体验包含了感官、情感、思考与行动体验等层面。

班尼特(Bennett Rebekanetal)等人(2004)认为品牌体验有两个方向:一方面,品牌体验是外部信息获取的过程,是顾客对品牌从最初的认识,通过选择、购买、使用,到坚持重复购买的信息获取过程;另一方面,品牌体验也是顾客的内部价值感受,顾客对品牌的个别化感受有程度高低的区别。2006年,奥斯瓦尔德等人在前人的研究基础上,扩展了品牌体验的内涵,将其延伸到价值关系这一层面,并在此基础上提出了品牌体验的三个力矩:物理属性介入力矩、情感介入力矩和价值主张介入力矩。顾客的品牌体验首先是从体验产品开始的,物理属性介入力矩是品牌体验的初级层面;顾客对一个品牌物理属性的体验产生了好感,通过持续积累,这种好感会上升到情感层面;当顾客将自己的人生主张、价值观、生活态度向某商品传达时,就到了品牌体验的最高境界。奥斯瓦尔德等人提出的品牌体验三力矩模型使得品牌忠诚的阶梯性可信,并具有战略意义。

基于品牌忠诚的阶梯性理论,特布兰赫和博肖夫(2006)在对零售业的品牌忠诚进行实证研究时,将品牌体验划分为员工与顾客的交互作用、产品价值、商店内部环境、产品分类及多样性、顾客抱怨处理五个因素来测量对品牌忠诚的影响作用。通过数据分析发现,在品牌忠诚的两个层次模型——品牌态度忠诚模型和品牌行为忠诚模型中,品牌体验的五个因素对品牌忠诚的影响作用有所不同,在第二节会详细说明五个因素不同的影响作用。特布兰赫和博肖夫以品牌体验的五个因素结合品牌忠诚阶梯性的实证研究分析对未来研究很有意义。

9.1.1.2 消费者对品牌理解的综述

消费者对于品牌的认知与理解常常会有别于专家学者,然而,品牌真正的形成与强大却根植于消费者。尽管消费者由于文化水平不一、认识能力参差不齐,视点角度有所不同,对于品牌的理解也难免有些偏颇或局限,但他们的看法是绝对不能被忽视的。

品牌体验跟消费者的关系更加密切。消费者是品牌的最后拥有者,品牌是消费者经验的总和。在品牌的整个形成过程中,消费者扮演了一个把关人的角色,他们对品牌的信任、满意、肯定等正面情感归属,能够使品牌历久不衰,而他们对品牌的厌恶怀疑拒绝等负面感知,必然使品牌受挫甚至夭折。使用一个品牌的主观经验不同于使用同类但没有承诺的品牌产品的感觉。品牌确实能改变人们应用产品的真实情感,而这些往往就形成了一种无形的价值。品牌体验是品牌与顾客之间的互动行为过程,是通过令人耳目一新的品牌标识、鲜明的品牌个性、丰富的品牌联想、充满激情的品牌活动来让顾客体验到"快乐""幸福""激动"等感受,从而与品牌建立起强有力的关系,达到高度的品牌忠诚。

综上,我们认为,品牌体验是顾客对品牌的具体经历和感受。也就是说,品牌体验是顾客个体对品牌的某些经历,包括经营者在顾客消费过程中以及品牌产品或服务购买前后所做的营销努力,产生回应的个别化感受。品牌体验的内涵包含了顾客和品牌或供应商之间从最初的认识,通过选择、购买、使用,到坚持重复购买的每一次互动。

9.1.2　品牌体验的特征与分类①

9.1.2.1　品牌体验的特征

1）品牌体验是消费者与品牌双向交流

人们的主动参与比被动观察学到的东西更多。品牌体验就是要让顾客以个性化的、互动的方式参与刻意设计的事件,获得深刻的感受。在体验中,顾客处于主体地位,通过亲身参与,可以强化对品牌的认知。互动过程,也是品牌和顾客之间的学习过程。通过与顾客的接触,企业可以深层次、全面地了解顾客,深度洞察顾客如何体验品牌旗帜下的产品和服务,从而创造出高峰体验。

蒙牛相比于伊利是一个新品牌,其最早面世选择了伊利相对薄弱的深圳市场,在街头通过品尝、小礼品、拱门、招贴等一系列互动性体验活动营造气氛,并完成消费者第一次尝试,起到了很好的效果。

2）品牌体验可以彰显消费者的个性

体验是消费者内心的感受,由于人们的心智模式存在差异,所以即使是同样的情景不同的参与者也会生成不同的体验。品牌体验要吸引消费者充分参与达到互动,就必须体现较强的个性化。当前,个性化消费也成为一股潮流,消费者愈来愈追求能够表达个人价值、性格、审美情趣的东西,正如一句广告词所言"我选择,我喜欢"。什么是个性?个性就是与众不同。品牌只有与众不同才可能给予消费者独特的体验。由于人们往往喜欢与自身相似的个性,所以品牌个性应该和目标消费群的个性相一致,在以后的品牌传播中应集中表现这一点。

在 2002 年的北京国际汽车博览会上,宝马公司推出专为中国新贵们量身定制的宝马"新 7 系列""宝马个性极品"系列等数十款豪华轿车。每一部个性极品车的内饰选材和色彩都是完全不同,充分满足了中国消费者"专属独尊"的个性要求。宝马公司中国区总裁毫不掩饰他们的目的,让顾客通过宝马的产品来显示他们的成功,把宝马品牌和消费者本身的成功很好地融合在一起,让使用宝马产品成为客户的一种生活方式,这就是一种彰显消费者个性的品牌体验。宝马一直重视为顾客打造更完美的品牌体验,于 2020 年 4 月在中国推出的 X5 M 及 X6 M 车型,无论是外形还是内饰,依旧像二十年前一样给消费者带来专属的至尊感受,宝马仍是消费者彰显身份和个性的品牌。

3）品牌体验蕴含消费者对品牌的情感

在产品和服务越来越同质化的今天,消费者更关注品牌的象征意义。品牌体验强调的是顾客心理所发生的变化,要触动他们的内心世界,目的在于创造喜好的体验,从而对品牌产生强烈的偏爱。

---

① 陈鼎藩,张吉军.品牌体验[J].管理科学文摘,2004(6):33-62.

哈根达斯把自己和浪漫爱情联系在一起,在亚洲推出一系列浪漫主题的冰激凌蛋糕,如"华尔兹的浪漫""幸福相聚"等。以至马尼拉一家报纸写道:"马卡提城区里香格里拉饭店周围挤得水泄不通,年轻人和冰激凌迷们感到哈根达斯的入住并没有对本地的冰激凌市场形成威胁,反而增添了活力……"因为,哈根达斯推销的是浪漫感受,而非冰激凌产品。

4) 品牌体验往往能创造快乐

快乐是人类最原始的体验之一,人们天生都愿意寻求欢乐而避免痛苦,几乎没有人会排斥促使其开怀大笑的快乐瞬间。芝加哥大学心理学家米哈里·思科琴特米哈伊(Mihaly Skincentmihaye)认为最优的体验标准是"flow",即"具有适当的挑战性而能让一个人深深沉浸于其中,以至忘记了时间的流逝,意识不到自己的存在"。迪士尼乐园为何会让人们流连忘返?因为在那里可以寻求无穷的乐趣。品牌体验就要通过精心设计的具有挑战性活动吸引人们来参与、来"玩",在"玩"的过程中达到心神愉悦。

5) 消费体验可以增加品牌的购买

除了上述四个特征以外,消费体验还可以增加品牌的购买。因为如果一个消费者在跟某个品牌有高频的互动后,他认为这个品牌可以彰显他的个性,或者他对这个品牌商寄托了他的情感,或是认为这个品牌给他带来了充分的快乐,自然他会对该品牌形成好感,从而直接刺激消费者对该品牌购买频率和数量的增加。

9.1.2.2 品牌体验的分类

体验就是指人们用一种从本质上说很个人化的方式来度过一段时间,并从中获得过程中呈现出的一系列可记忆事件。品牌体验便是要让消费者的体验缘于品牌且依赖于品牌,这样才能使品牌体验成为品牌价值。名噪一时的《体验经济》一书中,将体验分成了四个部分,分别是:娱乐(Entertainment)、教育(Education)、逃避现实(Escape)和审美(Estheticism),如图9-1,这是企业创造具有价值的品牌体验的出发点:

1) 娱乐体验

娱乐体验是吸引消费者,并创造品牌体验的一种方式。席勒在《美育书简》中提出:人有两种本能,感性本能与形式本能——结合起来产生了游戏本能。这里的"游戏"不是狭义的"游戏",指的正是娱乐。追求娱乐体验是人类的本能。

在提供娱乐体验方面我们最熟悉的例子莫过于"迪士尼"(Disney)乐园。迪士尼世界以其独有的梦幻般的魅力,每天都吸引着成千上万来自世界各地的游客。园内彩车游行、旧日的街道、迪士尼动画中的形象、古老的童话传说、惊险刺激的游戏、未来世界的梦想,这一切构成的极尽娱乐之事的品牌体验,让所有人流连忘返,无论成人还是孩子,都会被它深深地吸引,一次又一次地踏入迪士尼乐园的大门。

2) 教育体验

教育体验,是指使消费者能在与品牌互动的过程中获得知识。它与娱乐体验不同,在

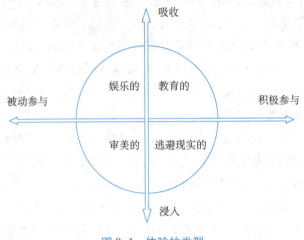

图 9-1　体验的类型

(资料来源:余明阳.品牌营销管理[M].武汉:武汉大学出版社,2008)

娱乐体验中人们被动地受到吸引;而对于教育体验而言,人们为了获得某种知识技能而主动地参与到一项活动中。近年来,许多针对客户的商业会展,无论汽车展、食品展,还是电器展甚至建材展,都吸引了众多普通消费者的关注和参与,他们正是奔着教育体验而去的。

索尼(Sony)有一种终端,会展示索尼最新研制和开发的顶尖产品,如机器人。人们在那里可以看到最先进的电子产品,了解到它们的特点和使用方式等,窥探到科技发展的方向,感受到人类创造力的伟大。索尼所创设的这种具有教育体验价值的品牌体验,和其品牌定位以及品牌个性相互呼应,相得益彰。现在很多销售电子产品的企业都会设有大型的线下体验店,例如苹果、小米和华为等,在线下体验店中,顾客可以了解到技术的最新发展现状,也可以免费试用各种新型产品,这体现的就是教育体验。

3) 逃避体验

逃避体验,指消费者不仅完全沉浸在某种体验里,而且还主动积极地参与到这种体验的营造过程中,以此获得逃避现实的感受,如玩角色扮演类的网络游戏、蹦迪、玩惊险刺激的极限运动等。这并不是一种心理的病症,而是一种心理调节的方式,每个人都会有这样的心理需求。俗话说:当局者迷。或许使自己暂时逃开现实的某种状态,而沉浸在另一种体验里,反而能够找回在原有世界中失去的平衡。

创造逃避型的品牌体验,在于鼓励消费者积极参与,全情投入。日本人发明的卡拉OK这种娱乐方式和娱乐工具,被含蓄且内敛、自制而害羞的东方人迅速地接受和喜欢了,许多人唱卡拉OK,就是寻求逃避式体验,是为了宣泄情绪,为在声嘶力竭中体验刹那间的放纵。钱柜KTV提供舒适的私密空间,良好的音响设备,齐全的备选歌曲,加上可口的食品饮料,其为了给消费者提供更完美而纯粹的逃避体验所做的所有努力,都成为自己品牌体验的利益所在。

4)审美体验

在审美体验里,消费者沉浸于美好的事物或者环境之中,但是他们自身对事物或者环境极少产生影响或者根本没有影响。仿佛有一种"体验太奢侈,旁观最优越"的姿态,其实同样是在参与和经历着一种体验。比如观光旅游、看芭蕾舞演出,或者坐在江南小镇的乌篷船上。审美体验绝不是矫揉造作,它宠辱不惊地融于与品牌相关的细节之中,人人都爱吃美食,人人都爱看美人,人人都爱听好歌,这都是审美体验需求的驱使。无论是娱乐、教育或者逃避的体验,都需要审美体验与之共存。

在电子游戏被誉为"第九艺术"的今天,任天堂(Nintendo)已经成为电子游戏的代名词。作为全球电玩市场上的"大哥大",任天堂把人类对视听的审美需求深深植入自己的品牌体验。借助于多媒体技术,电子游戏极力创造出一个美丽得近乎残酷的虚拟世界,使得人们能在游戏世界中尝试在现实世界中无法奢望的视听体验。电子游戏创造了视听的盛宴,即使暴力,即使逐金,即使变异,也有着它们对美学的固执追求。当然电子游戏也会存在娱乐体验和逃避体验,这便可以解释为何电子游戏的玩家群体越来越庞大。

以上四类体验是企业根据自身品牌定位和品牌个性创造符合消费者需求的品牌体验的基础。企业可以围绕其中一种深刻发掘与品牌相关的体验,也可以结合运用和构建。品牌体验的确是一种心理现象,是属于情感领域的事情,是看不见摸不着的,但是提供品牌体验的方式和道具是现实而物质的。就像评论家对迪士尼乐园的赞美:"迪士尼的精髓不是它的幻觉,而是它的写实主义。"

我们认为,还可以从心理的结构出发,以心理结构的分化与组合过程及人的精神追求的阶段的区分作为划分标准,可把与品牌体验相关的体验系统分为五个方面:

1)感官体验型品牌

人与外界互动时,依靠的工具是感官,因此感官体验是人最基本的反应,是其他体验的基础。它是眼、耳、口、鼻、身与外界进行信息交换过程中所体会到的愉悦感。比如看好的色彩与形状,听悦耳的声音,吃可口的饭菜,闻香味,摸手感好的物体,都会带来人们心中的愉悦感。在五官与外界接触过程中形成的快感、痛感、质感都属于感官体验的范畴。与此对应的品牌就是感官体验型品牌。

2)情感体验型品牌

人有七情六欲,人的感官体验会在心中引起其他的反应,如看到红色的火焰或灰暗的天空,随之而感到的就是一种愉快或阴沉的情绪,这是感官体验基础上情感的体验。人的情感会对感官所感知到的对象进行投射而赋予其本身没有的属性,如花草树木、流水白云本身并没有什么情感,但由于特定的情感作用,我们会把某种主体的联想赋予它们:树木的呻吟、花儿的飘零、风的怒吼、水的低语、白云的来去匆匆,这是人的情感体验的具体表达。当然,人的情感不仅仅表现为情与物的融合,而且表现为人与人之间的互动,追求关爱与被关爱,追求亲情、友情和爱情。这种种情感都会在心中形成体验,都属于情感体验的范畴。总之,情感体验包括了人与物及人与人的情感过程。与此对应的品牌就是情感体验型品牌。

3）成就体验型品牌

按照马斯洛的需求层次理论，人除了基本的生理、安全和社会需要，还有追求自我尊重和自我实现的需要。这种需要是人的社会性的一种表达。人的心理、行为与社会价值观念密切相关。人在满足情感生活需要的同时，还需要得到社会的认可，需要通过拼搏奋斗来获得社会成就。因此人在追求或享受成功的过程中，就会产生成就体验。社会的认可是广义的概念，可以通过多种方式实现，所以成就体验也有多种表现形式。但从本质上讲，社会认可无非名与利。对成就的追求也就是对名利的追求，它表现为人的控制欲、权力欲、占有欲。这种种欲望的满足是成就体验的具体表现。与此对应的品牌就是成就体验型品牌。

4）精神体验型品牌

名利的满足并不足以让所有的人感到快乐。现代心理学的研究表明，人的幸福感更大程度上在于精神的满足而不是物质的满足。在满足了物质和名利之后，精神需要更加凸显。精神不同于情感，它超越于物质名利之上。比如我们沉浸于画的美感与意境中，通过吟诗作赋来言志，通过养花或读书来陶冶情操，都是精神生活的表现，这一过程中产生的体验则属于精神体验。它表现为我们对世俗名利的舍弃，对高雅情趣的追求。精神体验不是我们日常生活中体验的主体，但人一旦有机会超越名利的羁绊，这种体验就会显现出来。精神体验与精神寄托是密不可分的。缺少精神寄托的人精神体验也会相对较少。在追求精神寄托的过程中，精神体验会在不同的时空点上以不同的形式实现。与此对应的品牌就是精神体验型品牌。

5）心灵体验型品牌

精神体验超越了物质和普通情感的束缚，使人得到了精神的放松与满足，但精神满足并非人追求的最高境界。当代日本著名佛学大师阿部正雄在《禅与西方思想》一书中指出，人是一个形而上学的动物……，真善美的追求和终极关怀的产生是植根于人性之中的。每个人都面临着生死的问题，人到底从何而来，又到哪里去？心灵深处有一种力量使我们不断追问着类似的问题，这些问题的回答属于形而上本体的范畴，它已超越了普通的精神体验，而与形而上本体存在着某种融合，是超道德而与无限相统一的精神感受。人对心灵归宿的追求是最深层、最本质的追求，也是最难达到的追求。人们在追求心灵归宿过程中产生的体验就是心灵体验，比如宗教体验，还有心理学巨匠荣格所说的超级体验以及马斯洛所说的高峰体验。这种体验只可意会、不可言传，它不可捉摸，但又无处不在。与此对应的品牌就是心灵体验型品牌。

心灵体验是人对最本质生命问题——终极关怀的关注而产生的体验，它与人的心灵归属密不可分。所以在这一层次的品牌体验更多是一种哲学或宗教层面上的体验。把品牌体验上升到心灵体验层次，是一个品牌的最终归属。要实现这一目标，就必须有别于传统的品牌战略与策略，甚至于改变整个经营思想。比如，不能太功利，有崇高的道德观和社会责任感,完全的商业化和唯利是图是不可能达到这一境界的。

9.2 品牌体验的内容

9.2.1 品牌体验的作用[1]

如今的品牌已经具有人性化特征,它的魅力随着其内在价值的不断增长和外在表现的更加完善而深入消费者内心。品牌战略、品牌策划、品牌创意、品牌体验等等的研究已经使品牌这个词成为动词,它是在不断变化着并且需要消费者参与的。可以说没有消费者的参与,品牌难以被称为品牌,正是对品牌的长期体验使消费者获取对品牌的正确认知。品牌体验并不是仅仅指传统意义上的电视或印刷广告,而是指随时随地创造消费者与品牌的互动,增加品牌与消费者接触点,如举办行销活动和寻找更多的媒体机会,以促使互动达到最大化。有些时候消费者已无需了解产品的基本功能,如饮料是不是解渴,而更多的是体验有利于情感沟通的感性的认知,即感知品牌。品牌是要赢利的,但是只有消费者在情感上有了正面的品牌体验,才可能生成品牌情感忠诚度,也只有当消费者对品牌产生情感忠诚度,盈利才会长久。品牌体验的作用就是要创造品牌与消费者之间的情感联结,增强情感忠诚度。

9.2.2 品牌体验的原则

品牌体验需要遵循在传达内容上的一致性、差异性、持久性和情感性四原则。

9.2.2.1 一致性

品牌体验在传达的内容上需要有一致性。品牌一致性,就是指在品牌传播和品牌体验中对品牌的主题、名称、创意等应该保持其一致性,这可以使消费者产生清晰的认知。没有清晰的认知消费者很难对品牌有记忆点。但品牌一致性并不是要局限于单一的媒体或有局限的形象,而是通过多渠道的传播和沟通保持灵活性。

9.2.2.2 差异性

品牌体验在传达的内容上又要有差异性。差异性,就是指使消费者体验到与其他品牌的不同特点,这些差异化特点不仅仅指产品的优势。而是从人的全方位研究所导出的个性的品牌定位。

---

[1] 王炜.品牌体验与情感沟通[C].D2B——第一届国际设计管理高峰会,2006:44-47.

9.2.2.3 持久性

品牌体验需要设定品牌核心并始终如一地坚持,将品牌核心转化为清晰个性的形象和视觉冲击力;创造利于传播并朗朗上口的口号;尽量使消费者直接地感受到品牌的核心价值。

9.2.2.4 情感性

品牌体验需要关注情感的连接。感染人比教育人要更有力。情感的连接可以使消费者在品牌体验中全面并主动地感受品牌的核心价值及品牌一致性和差异性。

9.2.3 品牌体验的层次[①]

使消费者对品牌产生全面体验,主要可以从三个层次创造体验:信息体验、物质体验、服务体验。这三个层次是使消费者认知品牌的三个重要环节,要想使消费者对品牌产生好感并提升情感忠诚度,就要在这三个环节中运用好情感沟通的作用。

9.2.3.1 信息体验

信息体验主要是使消费者在初期对品牌信息的获取,包括在需求某产品时脑子里首先想到的品牌是什么,即想法;还包括随之脑海里产生的几个品牌的比较,这都是品牌为消费者创造的信息体验。如果消费者在脑海里永远都想不到某品牌,那么该品牌在信息体验环节就失败了。那么如何创造信息体验使消费者认识品牌并记住品牌呢? 如今消费者大多是通过广告认识品牌,如报纸杂志广告、电视广告、广告牌以及车体广告等众多媒体对品牌的宣传。好的品牌还可以通过口碑确立不可替代的位置,因为口碑比广告更有说服力。以广告来说,如何在林林总总的广告中使消费者产生直接准确的信息体验,要记住该品牌就不得不进行全面的分析,包括对品牌的特点和广告的诉求、对竞争产品的分析、对消费者的分析等。在信息体验中应该创造清晰的记忆点:要想使品牌在消费者心中留下永恒的记忆并非不能做到,但是要付出相应的努力,要挖掘品牌独特的个性并使品牌核心价值在品牌体验中以独特的方式展示,从而使消费者对品牌产生清晰的认知。如迪拜帆船酒店让人体验到的是无与伦比的奢华与尊贵享受,而2019年大火的元气森林饮料则提出"无糖专门家"。把饮料与专门做无糖这个清晰的记忆点准确地传达出来,它符合现代注重体型的年轻人的需求,销量也在不断增长。可见创造品牌清晰的记忆点是挖掘品牌的特点,是对"特"的研究。对于品牌的广告诉求来说有些产品就不一定从使用和功能出发,即理性诉求,比如果汁诉求并不是纯天然,而是从感性诉求出发,如何在情感上使消费者体验到品牌,情感沟通的作用应该在信息体验这个环节得到充分的发挥,激发情感

---

① 王炜.品牌体验与情感沟通[C].D2B——第一届国际设计管理高峰会,2006:44-47.

和创造共鸣。物质水平的提高和生活节奏的加快使人和人之间的关系容易变得冷漠,人对情感的需求和对真诚的渴望也更为强烈,也正因此在品牌体验中的情感沟通就更重要,情感吸引力和感性刺激以及温情都围绕着感情出发,与人们的渴望相一致。例如在中国白酒行业闯出一片新天地的"江小白",它的品牌策划就是从情感出发,不同于其他白酒企业诉求突出白酒质量和口味,而是从年轻人的情感诉求出发体现"江小白"的个性,"江小白"像是年轻人的代言人,一次次在酒瓶上说出了年轻人的心声,有关于爱情苦涩的、创业艰辛的、兄弟豪情的、家人温情的,也有一些内心对社会残酷或对自己不争的吐槽,极大地引起了消费者的共鸣。这种不从理性诉求出发,而注重情感诉求的品牌体验打造能强化与消费者的情感沟通,取得很好的效果。

9.2.3.2 物质体验

儿童玩具可以玩了再买、香水可以试闻了味道后再购买、饮料可以免费品尝并提出建议,这样的促销并不陌生。物质体验就是消费者通过产品本身的使用或者试用所产生的品牌体验。那么消费者的物质体验过程可以总结为:试用以感知品牌——买走后回家打开包装看到产品——使用产品并感觉快乐。在消费者对品牌物质体验的过程中如果有任何一个环节产生负面印象也同样都会给品牌带来毁灭性灾难。比如在产品试用上就觉得很难用或食品很难吃,或者试用还不错但买回家和试用品的品质相差甚远,或者使用的经历很不愉快等都是物质体验的失败。

创造物质体验使消费者感知品牌:消费者对品牌的印象往往是感知的,因感而知。他们对品牌的认知往往并不是经过分析后得出的结论,品牌可能给人的是一种感觉,通过品牌体验,即品牌通过体验与消费者接触后,占领相应的感觉空间,强化这个感觉空间其威力就更强大。虽然消费者在物质体验这个层次是通过产品认识品牌,但是使用产品的经历给消费者带来的是心理的接受或者拒绝。消费者使用中喜爱或是厌恶的感受是物质体验的最终结果。随着科技产品和信息产品的发展,物质体验往往为消费者带来全新的感受,如对新科技产品的体验、对产品界面的体验,使用中的舒适程度、颜色和造型产生的喜爱程度等都是通过物质体验,创造品牌与消费者的情感沟通。物质体验是为了创造消费者对品牌喜欢和使用愉快的经历,创造情感上的接受和依赖。品牌也正因此具有了生命力并使消费者对品牌的感觉延伸从而产生更丰富和正面的联想。

创造互动:网络的发展使品牌体验的互动性和消费者参与性更普遍,要创造使人们可以得到全方位体验的品牌,让消费者不再认为品牌只是要他们买东西,而是品牌已经升华为具有人性化特征,是可以进行交流的人并能给他们带来惊喜的朋友。

9.2.3.3 服务体验

服务体验是如今品牌体验中不能被忽略的,因为服务体验可以使消费者更全面地感受企业和产品。它包括售后服务,使消费者感受到承诺的兑现;消费者参与,举办活动与讲座,讲授生活常识等。通过一系列的活动传达了企业和品牌所具有的人性化特征,对消费者表现出信任和关爱。因此它可以更全面地引导消费者,使这种参与和沟通的价值最大化。服务体验的回报是巨大的,因为消费者一旦对品牌产生强烈的依赖感和归属感,会对品牌拥有更多的信任和爱,从而提升情感忠诚度,这是情感沟通的力量。

服务体验可以通过增进理解,创造归属感,传递智慧和情感等方面增进情感的沟通。

1) 增进理解

人的情感如何得以沟通。冷漠的世界难以想象,人们相互之间没有关心,相互不理解,即使社会再发达,科技再进步,对人类的发展来说也是无益的。年轻人提出"理解万岁"的口号也许是针对保守的父母,但哪一行哪一业不需要伟大的理解呢?对于品牌体验的情感沟通来说理解是基础。只有深切体会到并真正理解了消费者才能使品牌体验的价值最大化,只有对消费者有了真心理解才可能在情感上吸引他们。品牌创意人员要对消费者生活和心理等多方面有深刻的理解,这种理解还应该包括对社会、文化、新环境、对未来的设想、情感等的理解。理解的另一层意义是消费者可以准确直接地领会和感受到品牌并产生情感上的归属。只有双方相互理解并不断加深这种理解,沟通才能生成。

2) 创造归属感

创造归属感使消费者"拥有"品牌,而不仅仅是使用。创造品牌归属感就不得不从消费者的情感和精神需求出发,创造与他们精神中的向往相吻合的东西。这就要从消费者的心理和情感入手,找到他们的真正所想,因为有想法才会有行为。

3) 传达智慧和情感

思想和情感的力量是伟大的。品牌通过体验和沟通传递出来的精神境界和独特的文化价值都是伟大思想的结晶,人们在智慧面前只能惊叹并感受到强大的感召力。品牌应该体现对人类的终极关怀,与人产生共鸣,品牌因此更具有人性化和感染力。

由此可见,在品牌体验中的三个层次是三个至关重要的环节。其中任何一个环节都不能被忽视和出错,因为它们都对消费者对品牌的认知和感受起着决定的作用(图9-2),一个环节出错都会使其他环节的效果大打折扣。在如今科技发展和品牌林立的多样化社会中情感的沟通变得更为重要,在信息体验、物质体验、服务体验这三个环节中也都不能忽视情感沟通的作用,它是联系品牌与消费者、创造品牌的人性化特征、创造消费者对品牌的情感忠诚度的重要内容。

如今的品牌已经具有人性化特征,它的魅力随着它的内在价值和外在表现深入消费者心中。品牌体验把品牌的核心思想统一而灵活、准确又长久地传达给消费者,它不断创造着品牌与消费者之间的情感联结,促进情感沟通、增强情感忠诚度,这对品牌的发展,品牌的盈利和对消费者都是双赢的。

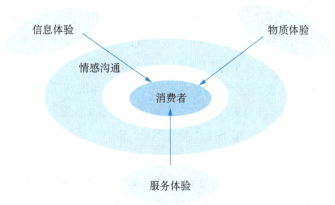

图 9-2　信息体验、物质体验、服务体验三个环节之间的关系

（资料来源：作者绘制）

9.2.4　品牌体验与品牌忠诚[①]

影响品牌忠诚的因素很多且比较复杂，品牌体验是其中一个重要因素。品牌体验对消费者品牌忠诚的作用可以分为直接的驱动效应和间接的调节效应。这两种效应对于企业实施品牌忠诚战略均具有重要现实意义。

情感沟通在很大程度上有助于提升消费者对品牌的情感忠诚度，而且情感沟通是相互的。作为品牌传播的创意人员和企业来说，只有真正在情感上关心消费者，站在他们的立场为他们着想，才可以找到消费者的真正和潜在需求。当他们感受到一种亲近的欲望，发现品牌与他们心中愿意信仰的某种东西不谋而合，他们就会对这个品牌产生相应的情感忠诚度。情感沟通分为初期情感沟通和长期情感沟通。重新获得一个流失的客户比获得一个新客户的成本高七倍。这个事实可以说明在初期的情感沟通上成功的重要性，从心理上来讲人往往有先入为主的倾向即首因效应，品牌体验的第一印象对品牌传播来说意味着什么就不用说了，这也是为什么负面的品牌体验会扼杀品牌的道理。但初期情感沟通并不是一成不变的，还需要长期的情感沟通，因为消费者是通过对品牌的长期体验获取对品牌的认知。俗话说：打江山难，守江山更难。长期的情感沟通更像是持久战，但消费者并不是敌人，而是需要进行帮助，需要关心爱护和需要引导的朋友，你通过感动他，有时候则需要震惊他来获得他对你的类似信仰般的忠诚。这可不是容易的事，需要长期的努力和百折不挠的精神，还需要极其灵敏的敏感度。

情感忠诚度是品牌体验的终极目标，因为只有消费者在情感上忠诚于品牌其后行动才会忠诚于品牌。奥美在实战报告中将消费者对品牌的情感忠诚度分为五个级别：第一

[①] 钱佳,吴作民.品牌体验与品牌忠诚关系研究相关理论研究述评[J].华东经济管理,2008(6):143-148.

个级别是"不存在";第二个级别是"存在";第三个级别是"相关和表现";第四个级别是"优势";第五个级别是"捆绑"。在第一个和第二个级别中,品牌的情感忠诚度可以说是没有或者是极低的,在第三个级别的情感忠诚度就已经表现出来,消费者和品牌之间已经存在情感沟通,消费者相信品牌是他们所要的,可以满足他们的需求。到第四级别品牌已经成为消费者最心仪的选择,这个级别的情感忠诚度已经很高了。而第五个级别则是最高级别,消费者和品牌之间已经不仅仅满足需求的性质,该品牌所具有的个性和价值令消费者着迷,他们认为其不是"使用"而是"拥有"这个品牌。他们将品牌与自己紧紧地联系起来,从物质范畴上升为精神领域。

消费者是否对品牌产生情感忠诚度是直接关系到品牌赢利的,因为情感忠诚度的级别直接影响着其背后的财务价值。所以说情感忠诚度是品牌体验的终极目标,而要想提升消费者对品牌的情感忠诚度则需要更全面和积极正面的品牌体验。

9.2.4.1 品牌体验对品牌忠诚的驱动效应

有关品牌忠诚驱动因素的相关研究是在最近几十年逐步完善并形成体系的,学者们在这一方面也做了相当多的理论和实证研究分析。通过对国外相关文献的梳理,我们发现影响品牌忠诚的驱动因素主要包括品牌体验、顾客满意、品牌一致性、顾客介入、品牌关系质量等。品牌体验作为品牌忠诚的一个驱动因素,两者的关系研究得到很多学者的关注。

阿哈默德·阿尔迪(Ahmad Al-Awadi, 2002)对零售业的研究及隅野美砂辉(Misaki Sumino)、原田宗彦(Munehiko Harada, 2004)的研究均指出体验对品牌忠诚有直接的相关关系。马德林·普尔曼(Madeleine E. Pullman)、迈克尔·格罗斯(Michael A. Gross, 2004)和何(Hong-Youl Ha)、海伦·佩克思(Helen Perks, 2005)等人的研究得到进一步深化,他们指出品牌体验不仅与品牌忠诚有直接的关系,还通过其他因素间接影响品牌忠诚。但是,在他们的研究中均没有对品牌体验进行维度划分,因此研究框架也较简单。基于此,一部分学者划分了品牌体验的维度,进一步完善了两者关系研究的框架。但是,他们没有进一步阐述品牌体验如何进一步对品牌忠诚的不同层面产生影响,如图 9-3 所示。

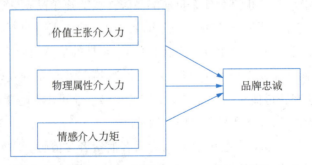

图 9-3 为品牌体验三力矩对品牌忠诚驱动关系研究框架

(资料来源:钱佳,吴作民.品牌体验与品牌忠诚关系研究相关理论研究述评[J].华东经济管理,2008(6):143-148)

品牌忠诚可以分为品牌态度忠诚和品牌行为忠诚,这两者是相互联系,又是相互区别的。品牌体验在驱动品牌忠诚的过程中,在这两个层面上的影响作用应该是不相同的。

特布兰赫和博肖夫(2006)的研究结果显示,在品牌态度忠诚模型和品牌行为忠诚模型中,员工与顾客的交互作用、产品价值、产品分类及多样性这三个因素对顾客满意和品牌忠诚都有显著的正面影响。但是,商店内部环境和顾客抱怨处理这两个因素在两模型中对品牌忠诚的驱动作用有所差别。商店内部环境在品牌态度忠诚模型中对顾客满意有显著影响,但是在品牌行为忠诚模型中影响作用却不显著;顾客抱怨处理在品牌行为忠诚模型中对顾客满意有显著影响,但是在品牌态度忠诚模型中影响作用却不显著。

特布兰赫和博肖夫(2006)的研究同时指出商店内部环境和顾客抱怨处理这两个因素对顾客品牌忠诚起保健效应的作用,即顾客对这两个因素感到满意不一定会带来品牌忠诚;但是,没有这两个因素的满意则会负面影响品牌忠诚。综观上述研究可以发现,影响品牌忠诚的驱动因素多且复杂,品牌体验作为其中一个重要因素对品牌忠诚的驱动效应显著。部分学者还对品牌体验进行了维度划分,并进一步深入探究了品牌体验与品牌忠诚的关系,他们的研究结果显示品牌体验在驱动品牌忠诚的同时各个维度的品牌体验对品牌忠诚的驱动力量不同。

9.2.4.2 品牌体验对品牌忠诚的调节效应

品牌体验的调节效应是品牌体验对品牌忠诚的另一个显著作用。品牌忠诚的调节因素很多,主要包括个人特性、关系特性、情境特性和产品介入等。国外有关品牌体验的相关研究显示品牌体验对品牌忠诚有显著的调节效应。麦克亚历山大等人(James H. McAlexander et al,2003)、瑞贝卡等人(Bennett Rebekan et al,2004)和西塔尔(Flavion Cetal,2006)的实证研究都指出品牌体验对品牌忠诚的形成机制有调节效应。

麦克亚历山大等人(2003)指出顾客品牌体验高时,顾客满意对品牌忠诚影响不显著。但是,瑞贝卡等人(2004)的实证研究显示,顾客品牌体验高时,顾客满意对品牌忠诚的作用比顾客介入的作用更显著。瑞贝卡等人(2004)的研究是以顾客满意和顾客介入为驱动因素来分析品牌体验对品牌忠诚的调节效应的,因此,可以认为在品牌体验高时,顾客满意对品牌忠诚的影响是显著的。瑞贝卡等人的结论与麦克亚历山大等人(2003)的结论看起来似乎存在冲突。

在瑞贝卡等人的研究中,他们将品牌体验分为两个方面:外部信息获取和内部价值感受。从品牌体验的横向维度看,品牌体验是外部信息获取的互动过程。顾客与某一品牌最初认识时,顾客可以获得的外部信息较少、对品牌的感知风险高;随着对该品牌产品的购买、使用等,顾客积累的品牌信息增多、对品牌的感知风险降低。因此,品牌体验的横向维度即品牌感知风险的降低过程。从品牌体验的纵向维度看,顾客对品牌的内部感受有程度高低之分,即品牌体验价值的不同。品牌体验通过外部品牌信息的获取和内部感受程度的高低这两个方面来对品牌忠诚产生调节效应。班尼特等人的研究显示,不同的品牌体验,品牌忠诚的形成机制有所区别(图9-4)。

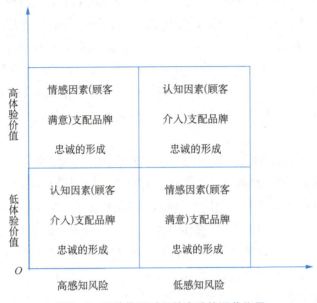

图9-4 品牌体验对品牌忠诚的调节作用

(资料来源:钱佳,吴作民.品牌体验与品牌忠诚关系研究相关理论研究述评[J].华东经济管理,2008(6):143-148)

当顾客对品牌处于初始认知阶段时,顾客处于品牌高感知风险阶段,若顾客获得较低的品牌体验价值,则顾客介入主导品牌忠诚的形成,反之则为顾客满意;随着顾客对品牌的熟悉及品牌知识的增加,顾客向低感知风险阶段过渡,若顾客获得较高的品牌体验价值,则顾客介入主导品牌忠诚的形成,反之则为顾客满意。

结合图表的分析,麦克亚历山大等人(2003)和瑞贝卡等人(2004)的结论其实并不矛盾,只是不同品牌体验阶段导致其对品牌忠诚的调节效应有所区别而已。麦克亚历山大等人(2003)的研究是针对品牌赞助商进行的,品牌感知风险低,当处于高体验阶段时,在品牌忠诚的形成机制中,认知因素占主导作用,顾客满意对品牌忠诚影响不显著;瑞贝卡等人(2004)的研究是针对目录广告这一品牌感知风险高的行业,当处于高体验时,顾客满意主导品牌忠诚的形成。

因此,由于品牌的外部信息获取和内部体验感受程度的不同,特定因素对品牌忠诚的驱动效应会有区别,即品牌体验对品牌忠诚会产生调节效应。

综观相关研究可以发现,驱动品牌忠诚的因素多并且复杂,这些因素可以分为两大类:内在的个性因素和外在的情境因素。品牌体验是品牌忠诚的一个重要驱动因素,其对品牌忠诚具有驱动效应,同时品牌体验的各维度对品牌态度忠诚和品牌行为忠诚的驱动作用又有所不同。一些实证性的研究也给出了相关的证明和合理的解释。品牌体验与品牌忠诚的相关理论研究也在不断发展,关于品牌体验与品牌忠诚关系的实证研究也正处于发展阶段。现有很多的相关实证研究结论也仅限于某些特定行业,并且研究分析中对品牌体验的维度划分标准区别较大。因此,品牌体验对品牌忠诚的驱动效应仍然有待深化。

此外,学者们虽然将品牌体验进行了维度划分,并探究了各个维度对品牌忠诚的不同驱动作用。但是很多文献研究仅仅将品牌体验作为品牌忠诚的一个变量来看待,运用品牌体验分析方格的方法探究品牌体验对品牌忠诚形成机制的调节效应的研究相对较少。西塔尔等人指出基于产品服务的体验和特殊接触,顾客对产品服务的知识也会增加,顾客决策的不确定因素和机会主义行为冲击的降低,会调节其他驱动因素和品牌忠诚之间的特定关系和行为。因此,简单地考察品牌体验与品牌忠诚之间的驱动效应,只能得到一些较浅显的结论,要想更加准确、严谨地解释品牌忠诚的形成,应当基于权变视角引入调节变量。当然,对品牌忠诚起调节效应的因素也有很多,比如 Jung-Chae Suh 和李 Youjae Yi 基于权变视角引入顾客产品介入这一调节变量,通过对产品介入程度不同的两个行业的顾客进行分析,发现顾客满意、品牌态度对品牌忠诚的作用有区别。品牌体验也是品牌忠诚的一个重要调节因素,综观国内外相关文献可以发现,品牌体验对品牌忠诚调节效应的理论和实证研究不是很多,因此相关方面的研究分析尚有很大的发展空间。

我国独特的环境因素为这一方面的研究创造了特殊的条件,在我国背景下结合品牌体验的驱动效应和调节效应来考察品牌忠诚的形成机制,有可能得出不同的研究结果,我国的学者有很多的机会研究验证、补充或修正国外的相关研究。

品牌资产中最重要的部分是品牌忠诚。如果没有忠诚于品牌的顾客,品牌不过是一个仅用于识别的符号。现有顾客的品牌忠诚是一项战略性资产,它能够为企业创造价值。因此,品牌忠诚的巩固对理论界和企业界都有着重要的意义。这就要求企业管理者不断提升产品服务的质量,采取顾客导向的营销策略加强客户关系管理,提供个性化的产品服务等增强顾客的品牌体验、营造顾客的品牌忠诚。此外,品牌体验也调节着品牌忠诚的形成机制。

因此,企业管理者一方面应通过广告、渠道等方式将品牌信息有效地传达给顾客,增加顾客外部可获得的品牌信息,降低顾客的品牌感知风险;另一方面,企业应增强顾客感官、情感、思考、行动、关联层面的体验,增强顾客内部的品牌感受。通过提升品牌体验、利用品牌体验的调节效应,放大其他驱动因素对品牌忠诚的正面影响作用,企业可以因此提升顾客品牌忠诚。因此,在这一体验经济的时代中,企业如何有效运用品牌体验增强顾客的品牌忠诚,已成为一个建立新利基的营销策略。

9.3 品牌体验的模式——体验式营销

9.3.1 体验式营销的产生[①]

体验经济已经成为继知识经济和服务经济之后的一种新的经济形态。越来越多的消费者渴望得到体验,愈来愈多的企业精心设计销售体验。各行各业的顶尖企业都将发现,未来的竞争战略,重在体验。正如英特尔公司前总裁葛洛夫所说的:"我们的产业不仅是制造与销售个人电脑,更重要的是传送信息和形象生动的交互式体验。"

强化品牌体验的首要目标便是提高顾客的忠诚度。而要切实将品牌承诺传递给目标群体,最终实现和提高顾客忠诚度,以此推动业务发展,并非一件容易的事。为此,各知名品牌使出了浑身解数。苹果注重线下体验店的建设,截至2018年,苹果的Apple Store官方零售店数量为511家,预计到2023年,苹果会在全球范围内开设600家零售店。苹果体验店是帮助苹果展示其"质量、体验、设计、灵感、易用性和隐私性"的最佳渠道,在体验店中,顾客可以尽情了解最新的苹果科技,亲身体验最新的苹果产品。在北京东方新天地里面的索尼专卖店,再复杂的数码相机店员都让消费者随便玩,甚至教他们使用。消费者可以尽情享受数码乐趣及音乐,这种体验带来的对品牌的理解不是一般的广告公关能做到的,而是促使消费者达成购买的最有效的推动力。亚马逊总裁贝索斯发明了"购物乐趣"的说法,承诺消费者在网上购物能够享受无穷的乐趣。进入网站后,无论你有没有购买它的产品,都可以看到丰富的信息。参加拍卖会,或寄电子贺卡给朋友,提供的个人空间使消费者体验到他受到的特别服务和个性化需要的满足。维珍音乐公司在纽约市的一家商场门前安装了一个三米高的巨型互动墙。用来播放有关音乐、电影甚至服装的视频节目,过路者可以通过触摸屏来了解产品的详细信息。

在品牌体验的过程中,有形产品变成了道具,无形的品牌变成了目标消费者所有体验的精神寄托,消费者体验的记忆就是品牌消费场所的印象。企业通过出售体验,赚取经济效益。消费者既是产品消费者,又是品牌体验的参与者。在参与互动中,消费者真正成为品牌的主人,从而促使消费者接受品牌所传递的信息,并产生消费的引力,企业同时塑造了品牌形象,建立了品牌忠诚。体验营销已成为越来越多的公司进行品牌塑造、品牌管理和消费者互动的重要战略方法。

9.3.1.1 体验式营销的产生

在激烈的超竞争环境中,同质化现象严重,不仅仅是产品的同质化、营销的同质化,甚

[①] 汪英泽.品牌真相[M].上海:上海交通大学出版社,2008.

至是品牌也存在着同质化的现象,任何企业试图仅仅依靠产品质量或者传统的打广告方式获得突破都是不可行的。当前顾客的经验感受被提升到前所未有的高度,它成为建构公司品牌认识的不可或缺的一个部分。恰当处理消费者对于品牌的体验,对每一家现代企业都非常重要。品牌体验涉及产品的购买和使用过程的方方面面,不仅是产品的品质。对于服务行业、航空业、娱乐业、餐饮业以及时尚业等行业而言正确地处理品牌体验对于企业的生存和发展尤其关键。

因此,品牌的运作并不一定需要大投入,把握住打造品牌的关键点往往能达到事半功倍的效果。

1) 消费者的需要

当人们经历了太多的电视和收音机广告、报纸广告、车架广告,还有因特网上的广告轰炸后,消费者对于广告的信任也越来越低,消费者们异常疲惫。当宣传的信息再一次出现的时候,他们往往是带着怀疑来看待。于是,现在的消费者也越来越趋向于通过自身的实际消费过程中的感受来对各种品牌进行判断,而不是盲从于企业在各类媒体上发布的广告或信息等。另一方面,激烈的市场竞争导致市场过剩、同质化严重,消费者拥有的选择越来越多。在种类繁多的商品中,各类产品或服务之间的差异性几乎很小,市场的竞争者想用自己独一无二的产品作为吸引消费的卖点难度极大。消费者也清楚,在众多的商品中,绝大多数的商品都能够满足他们的需求,他们完全可以在对性价比进行仔细权衡之后再选择,通过知名品牌的身份象征刺激消费的作用也被削弱。因此,在产品同质化、市场供过于求的超竞争时代,传统的品牌策略对于消费者的作用日渐式微。

那么在众多的选择面前,消费者会为了什么而为品牌买单?举个例子,同样是纯净水品牌,大家卖的水都一样,没有哪个会更营养、更解渴,可是农夫山泉就是靠着"我们只是大自然搬运工"这种体验打动消费者,让消费者感知到农夫山泉的天然、安全和好味道,因而选择农夫山泉矿泉水。在服装行业,美特斯邦威以"不走寻常路",突出其设计、个性、动感的风格,在休闲服饰市场竞争激烈的背景下,找到了属于自己的价值定位。这两个例子揭示了品牌后来居上并迅速赢得高的品牌价值的秘诀:营造一种独特的情感共鸣或品牌体验,形成了一种广为顾客接受并感到欣喜的附加价值,从而赢得顾客忠诚度及新顾客的强烈偏好。反之,如果消费者经常为品牌提供不尽理想的产品、服务以及不可恭维的购物体验而感到失望,而这些体验又进一步加深了他们对品牌的不良印象,长此以往必将在消费者心中产生根深蒂固的负面影响,使消费者对品牌失去信任。而信任是在客户与公司的每一步接触中一点点营造累积下来的,许多公司过于关注在这个体验历程中自己的期待,偏偏忽略了顾客的感受。设想你是公司的一个顾客,在购买、付款时、货物的运送、使用中以及在售后服务时,不愉快的经历将带给你怎样的感受?而顾客这些经验主义的印记是难以磨灭的,所以,在决策之前,企业最好能够确定品牌所要传递给客户的是什么。

2) 消费行为催生体验营销

所谓体验,通常是由于对事件的直接观察或是参与造成的,不论事件是真实的,还是虚拟的。体验会涉及顾客的感官、情感、情绪等感性因素,也会包括知识、智力、思考等理性因素,同时也包括身体的一些活动。体验的基本事实会清楚地反射于语言中,例如,描述"体验"的动词:喜欢、赞赏、讨厌、憎恨等,形容词:可爱的、诱人的、刺激的等等。体验通常不是自发的而是诱发的,当然诱发并非意味顾客是被动的,而是说明营销人员必须采取体验媒介。

伯恩·施密特在他所写的《体验式营销》(*Experiential Marketing*)一书中指出:体验式营销(Experiential Marketing)是站在消费者的感官(Sense)、情感(Feel)、思考(Think)、行动(Act)、关联(Relate)五个方面,重新定义、设计营销的思考方式。此种思考方式突破传统上"理性消费者"的假设,认为消费者消费时是理性与感性兼具的,消费者在消费前、消费时、消费后的体验,才是研究消费者行为与企业品牌经营的关键。

这种基于消费心理分析的营销方式轻松地为企业界所认可,使体验式营销一度成为业界的流行词汇。然而,诸多言及体验式营销的人却并没有真正理解其真实内涵,而更多的是作为追捧潮流的作秀道具。

由此,体验营销远不止是简单地感受产品和服务,而是给消费者一种感觉,一种情绪上、体力上、智力上甚至精神上的体验。用美国营销专家菲利普·科特勒的话来说,就是以商品为素材,塑造感官体验和思维认同,抓住消费者注意力,为他们制造出值得回忆的感受,并为产品找到新的存在价值与空间。从品牌接触点管理的角度上看,体验营销的重点应该是,发现销售过程中与消费者的所有接触点,研究这些点并加以包装,通过每个点的体验建立起品牌在消费者心智中的不同印象。这样表述更为通俗化,容易为企业界、营销界所理解。

事实上,在国外,一些企业已经成功地开创了体验商品,最典型的就是迪士尼和环球嘉年华,前者在全球设立的主题公园已经成为全世界人们享受体验的王国,后者虽然规模不如迪士尼,它的全球正式管理人员只有区区几十人,但其独特的商业运作模式却为它创造了惊人的效益,即通过向全世界各大型游艺机公司租赁游艺器械,又在各地招募临时员工进行培训为顾客提供服务,在全球各地举办声势浩大的游乐狂欢活动为游客提供体验,这种纯粹为体验收取费用的活动设计为环球嘉年华带来了丰厚的收入。2003年6月,环球嘉年华首次登陆中国上海,让中国消费者狠狠地过了一把体验瘾,同时在商业上取得了巨大成功。除了迪士尼和环球嘉年华外,全球娱乐品牌还有环球影城,国内运营较好的娱乐品牌还有长隆、方特,娱乐业这种给消费者留下深刻印象的活动往往被视为体验经济的典型代表。

9.3.1.2 体验从产品转移为品牌

"我们要给人留下一个非常具体的体验,一些零售店其实不只是买东西的地方,更是浏览和体验的地方。今天人们到餐厅不只是为吃一些好菜,还要去感觉那里的服务和气氛,这些都能体现品牌的精神。"奥美行动营销中国董事总经理郭伟琼在谈到品牌管理时说道,影响消费者品牌决策的关键在于让消费者获得对产品的切身感知体验,这也是品牌塑造的重要环节之一。

然而随着市场竞争的激烈,消费者在接受产品和服务时对于个性化的要求越来越强,希望带来愉悦情感和直接参与到过程当中的心理也日益增强,这使得消费者已经从关注产品体验逐渐转移到注重整个品牌带来的感受,对彰显个性的产品或服务品牌的需求越来越高。现代人消费时不仅仅关注得到怎样的产品,而且包括消费前、消费时和消费后等整个与消费有关的体验。消费者通过各种广告、公关、销售传播以及人际传播等手段或渠道所获得的对于特定品牌的体验感受,已经成为消费者感知、识别和认同品牌的第一要素。

在品牌统治的世界里,品牌不再仅仅表示有功能特性的产品,而是意味着为顾客提供并改善体验感觉。在一些休闲书吧,包括从商店地址到内部设计、照明、可供选择的产品和精心组合在一起的音乐等构成了体验情景,这些情景因素能够让顾客放松、轻松地阅读资料,并和朋友畅快地聊天或者只是享受一段时间。在塑造广泛的体验环境的同时,它也赋予个体一定的空间,使顾客能够塑造自己的情景并获得各不相同的阅读体验。有些人喜欢那里是因为可以自由移动家具,满足特定小组聚会的期望和要求,有些人则喜欢享受书吧中咖啡的香味和口感;还有些人仅仅是喜欢那里愉快而随和的气氛。品牌体验把产品、服务人员及消费者社区创造性地融合到一起,为每个个体塑造了独特的体验。哥伦比亚大学商学院的伯恩德·施密特教授认为,品牌不再只是将品牌产品与普通产品区分开来的识别物和注明所有权与质量保证的标志,在体验经济和"品牌化"趋势下,品牌首先是体验的提供者,是值得记忆的美好体验产生的感官、情感和认知的丰富源泉。传统品牌的经营模式越来越受到挑战,经营者应该提高品牌的知名度,运用体验营销方式把品牌与顾客关心的事件相连,从而融入顾客的日常生活中去。

9.3.1.3 体验式品牌

在品牌统治的世界里,品牌不再仅仅表示有功能特性的产品,而是意味着为顾客提供并改善体验感觉。旨在识别产品、吸引公众的标识宣传经常是无效的,传统品牌的经营模式越来越受到挑战,经营者应该提高品牌的知名度,运用体验营销方式把品牌与顾客关心的事件相连,令人赏心悦目,从而融入顾客的日常生活中去。这就需要运用各种交流、活动和联络方法来提供整体的体验,在这个过程中,品牌是体验提供者的名称、标志、口号、活动及其他与顾客的联络触点,品牌所表达的应是顾客的感官、感情、生活方式以及与顾客之间的创造性关系,采用这种沟通方式的品牌策略就是体验式品牌。伴随着激烈的市场竞争,消费者的消费行为日益表现出个性化、情感化和直接参与等偏好。消费者从注重产品本身转移到注重接受和使用品牌时的感受,对彰显个性的产品或服务品牌的需求越来越高,同时,消费者在接受产品或服务时的"非从众"心理日益增强,相信自己判断和感觉的趋势日益明显。这就使得现代人在消费时不仅仅关注得到怎样的产品，而是更加关注在使用或消费产品时的体验感受。

9.3.1.4 体验式品牌的特征

1) 消费者就是品牌的一部分

体验型品牌超越了产品或服务层面，直接实现品牌与消费者情感的沟通。体验型品牌带给消费者的不仅是消费商品和品牌本身，更包括了消费时的心情、美感、希望、气氛和情调。体验型品牌除了卖给消费者产品和品牌的象征形象之外，还附加了一种最终的体验，包括他们的感官、情感、思考、行动、关联，同时这些情感元素也参与构建了品牌的社会文化意义。

随着社会物质生活水平的不断提高，消费市场上的产品和品牌的日益丰富，消费者消费心态日益变化。"90后"消费者成长为主流消费群体，他们买不起房子但很有可能花钱去迪士尼游玩，消费者在消费过程中越来越注重感性的个体体验，产品或服务所带来的心理上的效益占据越来越重要的位置。品牌的作用开始向为消费者提供一种感觉，一种情绪上、体力上、智力上甚至精神上的体验方面延伸。用美国营销专家菲利普·科特勒的话来说，就是以商品为素材，塑造感官体验和思维认同，吸引消费者注意力，为他们制造出值得回忆的感受，并为产品找到新的存在价值与空间。

20世纪80年代，雀巢咖啡的一句"味道好极了！"把速溶咖啡产品引入商业成功人群，"咖啡"成为成功人士的象征；如今星巴克将美式文化分解成视觉的温馨、听觉的随心所欲、味觉上咖啡豆的浓香等，用"浪漫的咖啡体验、温暖和共享的感觉"这个风靡全球的品牌体验将咖啡卖到40元一杯。消费者为什么会对高价咖啡产生兴趣，原因在于星巴克的卖点是"第三空间"，即为消费者提供了一个不同于家和办公室的消费环境，温暖而具有现代感的环境、轻松愉快的格调、高素质的服务员，共同营造了一个"小资聚集地"的氛围，消费者走入其中不自觉地会遵守这个氛围的行为准则，这就是浓重的"小资体验"。在这个体验式消费的过程中，消费者的行为体验构成了品牌核心价值中最重要的一个因素。体验型品牌的关键在于定义一个消费者心目中希望的自我，将概念外化成一种可以执行的行为准则，并使消费者认同这种准则，将自身与消费行为过程及情感体验共同构建成品牌准则的一部分。

2) 用品牌体验"黏"住用户

品牌营销不仅仅是包装和大规模宣传，这些只是品牌营销入门的第一步，如果运营商和用户都把这第一步当作重点，那么品牌营销的建立是失败的。品牌是塑造客户体验的很重要的一部分。品牌营销的重点在于在品牌的影响下提供独特的用户体验，并将用户体验与品牌的成长紧密联系起来。成功用户品牌其本身就能够给忠诚用户带来一种独特体验。因为品牌本身就具有体验的差异化特征。在品牌体验塑造方面，华为的摄影功能被广泛推崇，尽管在手机诸多功能中，摄影可能不是第一位的需要，但华为手机在镜头和色泽上下足功夫,使得偏爱拍照的手机使用者,通常会考虑这一因素。

品牌的建立给各种营销活动带来一个统一的标志,久而久之,这个标志就与营销活动带给用户的各种体验融合在一起,品牌成为体验的化身,体验增加了品牌的内涵和外延。而一旦用户通过体验接受了品牌的内涵,那么这个用户就会成为一个忠诚度高的用户,品牌的"粘性"也就体现出来。

9.3.2 体验式营销的特征

9.3.2.1 消费者"主动参与"

消费者的"主动参与"是体验营销的根本所在,这是区别于"商品营销"与"服务营销"的最显著的特征。离开了消费者的主动性,所有的"体验"都是不可能产生并被消费者自己消费的。

9.3.2.2 消费者体验个性化

众所周知,当今的休闲时代,精神追求个性化,审美趋向多样化,价值诉求多元化,形形色色的消费者,能在一个体验情景中求得共鸣吗?

正是针对追求个性、讲究品位的消费者,作为2016年创立的新晋饮料品牌元气森林推出了系列无糖饮料,元气森林利用"无糖专门家"这一独特的定位,充满创意的品牌标准字和日系包装,还有淡粉色、淡绿色、淡黄色等清新现代的颜色,向消费者呈现了突出的品牌个性和内涵。元气森林不再是只做饮料或者无糖饮料,更强调的是它想成为能够代表年轻人时尚品位的品牌,这是赋予消费者个性化体验的体现。

9.3.2.3 消费者是理性和感性的结合体

传统营销把消费者看成理智购买决策者,把消费者的决策看成解决一个问题的过程,非常理性地分析、评价,最后决定购买;而体验营销则不同。正如伯恩德·施密特所指出的那样:"体验式营销人员应该明白,顾客同时受感情和理性的支配。也即是说,顾客因理智和因为一时冲动而做出购买的概率是一样的。"这也是体验式营销的基本出发点。

体验式营销的以上三个特征相互联系、相互影响,共同影响着体验式营销的实施效果。

9.3.3 创造体验式营销

从经济价值递进的规律来看,在服务经济中,产品被商品化,产品间几乎是没有差异的,消费者不再关心这些产品的来源、特性、质量,他们只关心价格。企业为了使自己的产品有别于竞争者,不得不将服务融入进来,以新的价值吸引消费者。同样,服务现在也正向商品化方向发展,所有的电器都承诺上门保修,电信服务比拼的也主要是价格。曾经的

"新的价值"已经老化,新的"新的价值"——体验,正在被期待。当人们购买商品时,获得物品;当人们购买服务时,购买"一组按自己的要求实施的非物质形态的活动",当人们购买一种体验时,"他是在花时间享受某一企业所提供的一系列值得记忆的事件——就像在戏剧演出中那样——使他身临其境。"所以说,"产品满足需要,体验满足欲望"。①

在体验经济的时代,品牌之间的竞争表现为向消费者提供一种全新的体验和感受。人都追求一种社会认同感,物以类聚、人以群分,人在社会中要寻找自己的阶层属性、社群属性。消费者通过消费同一类产品使自己拥有社会归属感,同时消费者通过消费体验获得一种感觉,释放自己的恋物情结,得到一种社会认同。为什么假冒的名牌也有市场,就是因为对有的人来说,即便是假的也可以提供一种虚幻的满足。

体验在品牌的创立、维持和提升上具有不可轻视的作用。体验式营销是一个或者一系列的消费者与品牌之间的互动,这些互动会造就一种反应;如果反应是正面的,就会使顾客认可品牌的价值。任何一项产品或服务都包含着无数的体验细节——信息搜寻、购买过程、使用和服务等,消费者全都亲历其中。很多时候消费者离去的原因不是产品或服务本身的问题,而是对体验的不满,如不经意地冷落,或服务上的不周。正是这些体验,对品牌价值造成影响。消费者对品牌的反应是产生在消费者与诸多体验的互动过程中,这种反应又会直接影响其对品牌的判断。当消费者使用产品时,让消费者参与到更多的体验中去,对品牌创建有很大的推动作用(戴维·阿克〔David Aaker〕,1997)。

品牌质量必须在竞争中给人留下良好印象,但是,相对于物质方面,体验式营销对心理的影响和决定作用更甚。体验式营销不仅包括购买、使用该品牌时的各种经历和感受,还可以包括以下的方面:

(1) 别人对他或她的评价;
(2) 别人羡慕的眼光;
(3) "我也有"的表情;
(4) "哇"的一声,惊讶万分;
(5) 神秘的微笑;
(6) 瞪大眼睛,嫉妒不已。

这些都是构成体验式营销的丰富素材,它们既能打动消费者的情感,又能吸引他们的理性判断,从而树立起品牌形象。甚至对没有购买过该品牌,没有用过该产品的人来说,也能在其心目中形成强烈的品牌形象感觉。但是,如果最终的体验没有达到期望水平,那么树立的"与众不同"的形象便会很快消失,负面反应随之产生。

品牌的体验依赖于对消费者需求的不断满足。这些需求包括与购买产品或服务相关的功能性需求,以及从品牌衍生出来的情感需求和效应。如果品牌的主题是产品,那么其要素就是质量、有效性,以及通过不断的、适宜的广告和促销来巩固品牌的价值与个性。

---

① 戈贝.情感品牌:如何使你的企业看上去与众不同[M].向桢,译.海口:海南出版社,三环出版社,2004.

如果品牌是一种服务,那么服务的质量水平以及独特性就代替了产品质量的水平。

约在2010年左右乘坐过东方航空云南公司飞机的乘客,若是遇到"金孔雀"班组或者"莺"班组的空中小姐都会眼前一亮,她们穿着的不是一般的航空制服,而是绚烂多彩的民族服饰。有时候是"佤族",有时候是"布依族",有时候是"傣族",总之是云南26个少数民族中的一个。"少数民族"姑娘们在机舱里走动时粘住了无数双乘客的眼睛,接下来的旅程中,空姐还介绍了许多云南少数民族的风俗,其中傣族等好几个民族都有"抛香包"定情缘的风俗,就是在部落聚会时,姑娘把香包抛给心仪的男子,如果男子接受了香包就表示对那位姑娘"有意思",当晚他们就可以约会,香包就像那丘比特的爱情神箭。正当乘客们听得入神的时候,空姐开始在机舱内抛香包,乘客们无不感到兴奋,接到香包的乘客更是像中了头彩一样欣喜若狂,机舱内顿时充满欢声笑语,本来平淡乏味的旅程因此让人欣喜不已并且难以忘怀。东方航空云南公司没有采取单纯的价格比拼,而是提供美好而独特的体验式营销使消费者愿意为之付钱、愿意再次乘坐享受。

消费者的体验是多方面的,要将其体验集中到体验式营销上,即一切的体验都归结为对品牌的体验。品牌是值得记忆的美好体验产生的感觉、情感和认知的丰富源泉,商品和服务成为消费者产生体验的道具,"创造一种与公司品牌同义的顾客体验已被认为是公司业绩的关键驱动力"。[肖恩·史密斯(Shaun Smith),乔伊·惠勒(Joy Wheeler),2004]

伯恩德·施密特教授(Bend H Schmitt)提出的SEMs(战略体验模块)为实施体验式营销指明了方向,即按照消费者心理认知过程,从感觉、情感、思维、行动和关系五个层面来提供体验。

1)感觉

体验式营销要给消费者全面的感官刺激。如果消费者的视觉、味觉、嗅觉、听觉、触觉不时受到刺激,那么他们的感受将更深刻。像哈根达斯在冰激凌大厅准备样品让人们品尝;宝马赞助的网球与高尔夫巡回赛为人们提供试车的机会;星巴克咖啡店里随处放有咖啡豆;装在金色或铂金容器里的机油让人感觉比放在蓝色或黑色容器里的机油品质要高,这些都是感觉体验的成功运用。

2)情感

在这一层面,要使用情感刺激物(活动、催化剂和物体)引出一种心情或者一种特定的情调,来影响消费者的情绪和情感。现在许多咖啡店、私房菜馆堪称提供情感体验的典范。起居室般的家具摆设、典雅的色调、清雅的音乐、热情的服务、浓浓的咖啡香味和饭菜香味,这一切让每一位进店的顾客无不体验到优雅、安静、和谐、舒适与温馨。

3)思维

以上两种体验都是感性方面的,而思维体验则是理性方面的。它要启发的是人们的智力,创造性地让人们获得认识和解决问题的体验。它运用惊奇、计策和诱惑引发顾客产生一系列统一或各异的想法。比如微软"今天你要去哪里"的宣传,目的就是启发人们去理解"计算机在20世纪90年代对人们的意义"。

4) 行动

人们的主动参与将会获得更深刻的感受。在此阶段,体验式营销要通过吸引人们主动参与,提高人们的生理体验,展示做事情的其他方法和另一种生活方式来使品牌成为人们生活的一部分。

5) 关系

体验式营销的最终目的就是要使品牌与消费者结成某种关系。要建立关系必须对消费者有深刻的了解。先要找到他们的动心之处——他们生活的一部分,能够表现出自我观念和认同;其次,把其当作一个个体而非群体来了解品牌是如何与消费者的自我观念和生活方式发生联系的,最后要观察消费者的价值观、信仰、行为、兴趣和所拥有的物品。像哈雷摩托车车主们将哈雷的标志纹在胳膊上或全身,哈雷摩托已成为车主生活的一部分,象征着一种自由、洒脱、叛逆的生活方式。正如《纽约时报》写道:"假如你拥有了一辆哈雷,你就成为兄弟会一员;如果你没有,你就不是。"

"事实上,产品终会腐烂,建筑终会老化,人也终有一死,而品牌却可以历经久远而不衰。"这是联合饼干公司前董事长海科特·赖宁爵士(Hector Laing)对品牌的理解。确实,有形的东西会消逝,而无形品牌却可以通过体验式影响,在消费者心中永续。

9.3.4 体验式营销需要注意的内容①

在实施体验式营销的过程中,我们需要关注以下两点。

9.3.4.1 体验式营销的关键接触点

现代的企业和商家都知道"消费者是上帝",但是在进行品牌传播时却往往失去了方向,不知道塑造品牌也要以消费者、顾客为中心。建立体验式品牌关键在于建立"以消费者为中心"的战略平台,站在消费者的角度为消费者提供价值并使其能够切身地感受到品牌带来的体验。建立体验式品牌必须充分地发掘企业或品牌与顾客的接触点,并通过在彼此的各个接触点上开展行之有效的"互动",有效构建和稳固彼此间的关系,激发品牌的忠诚度扩大品牌的影响力,从而达到扩大市场占有、提高销量的目的。

1) 抓住品牌关键接触点

品牌在市场上的地位和在消费者心中地位不是凭空确立,不论品牌是通过广告的方式还是在销售、服务等过程中与消费者的互动等,只要品牌与消费者发生了接触就会让消费者在获得对品牌的认知和感受,品牌在营销整个过程中与消费者发生接触与联系的各个环节,就是品牌的接触点。

而在这些各类的接触、联系中,对于消费者和潜在消费者来说,总有一些是最有意义、最能给他们带来积极的品牌体验的,这些环节则是品牌的关键性接触点。找到品牌的关

---

① 汪英泽. 品牌真相[M]. 上海:上海交通大学出版社,2008.

键性接触点是用最低成本打造品牌快速而经济的最佳办法。因此,企业必须了解消费者希望什么时候、什么地方、什么场合、从品牌那儿获取什么信息,也就是说品牌必须能做到不只是通过媒介说企业想说的,而是说消费者愿意听和愿意体验的。那么,品牌的经营管理者如何找出品牌的接触点,从而可以有效地加以利用?

首先,品牌的经营者必须准确地洞察消费者的消费需求,了解其对品牌体验的期望,并审视自己的品牌是否符合消费者对于品牌体验的期望,通过这一过程,找到属于自己品牌的关键接触点。

其次,品牌的经营者必须清楚自己品牌产品的根本属性是什么,即:产品是什么?不是什么?能做什么?不能做什么?借此推断顾客的购买决策过程。产品属性不同,品牌的接触点也各有不同,快速消费品、耐用消费品的品牌接触点就存在着很大的差异。一些快速消费品,例如休闲食品、日用品等购买决策风险低、决策过程简单的类别,则品牌就有机会能够从有限的顾客决策过程中快速地找到带有感性色彩的"关键时刻"的切入点了,因此这类品牌的关键接触点往往通过包装和终端氛围等能够刺激消费者购买冲动的方面体现出来。而耐用消费品,如家电、汽车、房产等,这些顾客购买决策的感知风险度很强的产品,顾客的购买决策过程时间会较长,而且理性的指标也会增多。这就意味着感性层面的接触点很难成为关键的因素,而基于可感知品质的能降低购买决策的感知风险的接触点才会对顾客产生较大的影响,那么既然如此,就说明从完整产品这个角度来审视,降低产品使用成本的感知风险才是关键性的接触点。

2) 利用品牌关键接触点

不容忽视的品牌三大关键接触点:

(1) 产品体验。产品作为品牌最直接的承载者,是让消费者获得品牌体验最重要的关键接触点,产品能否给消费者带来满意甚至超乎消费者期望的体验决定了品牌的成败。在当今产品同质化严重的市场环境中,产品如何提供消费者与众不同的消费体验?以中国凉茶市场为例,同样是凉茶,营养成分都差不多,味道也没什么区别,消费者为什么选择加多宝而不选其他的品牌?加多宝集团热心公益,2008 年汶川地震捐款 1.1 亿元,2020 年为新冠肺炎疫情捐赠总价值约 700 万元的 10 万箱凉茶和 1 000 箱昆仑山雪山矿泉水;同时加多宝还成功冠名赞助"中国好声音"选秀节目,这些企业行为都为消费者提供了更好的消费体验,消费者感知到这是一个有人情味的、贴近生活的品牌,因此会更倾向于认为该品牌的产品更好。即使是在消费决策过程复杂、理性的高科技消费领域,产品的体验力所带来的积极作用也越来越不容忽视。例如,爱普生作为数码照相机、打印机领域的领先企业正是因为意识到产品体验的重要性才最终使得品牌获得成功。以往爱普生单纯地追求技术、追求高端,而现在将产品体验的策略定为"数码照片精致到家",让人们明白,爱普生拍出来的照片给人们带来最佳的视觉效果享受。OPPO 是在中国销量领先的国产手机品牌,OPPO 正是因为意识到产品体验的重要性才最终使得品牌获得成功。OPPO 没有单纯地追求技术、追求高端,而从消费者出发,力求满足消费者的需求以为消费者提供最好的体验,2016年OPPO发布一款明星产品为OPPO R9,这款产品至今仍被看作该品牌最成功的单品,OPPO R9将产品重点转向拍照这一普遍和重要的消费者需求,"这一刻,更清晰"的广告语描述了产品使用的场景,启示消费者OPPO R9能在拍照上给消费者带来极致体验。

产品给消费者带来的体验,必须要得到消费者的认同。因此,首先要找到产品的目标消费群体。不同的消费群体对相同产品所获得的体验也是不同的,只有找对群体,抓对整个群体的共同感受,产品或服务才能获得认同。其次,在确保自己的产品和服务符合消费者的基本需求的基础上,有针对性地来为消费者开发、设计和销售更个性化、人性化的产品以及相应的服务,以此来满足消费者的体验需要。

(2) 服务体验。服务作为整体产品中的附加产品,包含了基础服务和附加服务两个部分。基础服务是国家标准或行业规则指定必须提供的服务,附加服务是指所有在此以外的服务内容。服务虽然是整体产品的附加部分,却也是十分重要的一部分,是最能为产品增值的部分,尤其是在消费决策过程复杂、理性的产品中。一些比较成熟的行业里(比如家电、个人电脑)的知名企业早在几年前就已经十分重视服务,并推出了各自的服务品牌。

在服务业,服务的重要性更加明显。服务业的产品就是服务,这就决定了客户的体验从一开始就伴随着产品同步产生,而服务中的任何错漏或瑕疵都会直接带来负面的体验,这种失望情绪所积蓄的能量,足以摧毁任何客户的忠诚。对于服务业来说,品牌的经营则完全体现如何给消费者带来积极的体验,随着市场的开放和竞争深度与广度的不断开发,决定了在服务中只有以客户需求为导向,不断提升客户感知和服务体验的水平,才能在经营活动中持续创新,从而推进品牌整合战略的实施,为品牌在市场竞争中奠定强势地位。做好客户服务,不仅仅是成立一个客户服务部、培训若干个售后服务人员那么简单。随着市场竞争的日趋激烈,服务也应提升到战略的高度来进行考虑。在利用服务这一关键的接触点制造品牌体验时,要把握好体验的强度、体验的丰富程度和体验的独特程度。体验强度指的是品牌服务及时性和服务质量。企业首先需要做好的工作是研究自己的消费者,了解消费者在售前、售中、售后的行为习惯和方式,从而找到提供服务的关键时刻。

服务体验的丰富性指的是多样化体验渠道带给消费者的不同消费体验。服务的方式有很多种,人员、网站、呼叫中心、终端、俱乐部等都是企业提供客户服务最常用的渠道。不同渠道和消费者接触的方式不同,因而引发的消费者体验是不一样的。企业不能寄希望于单个传递渠道就能达到全面体验的效果,消费者也无法从单调的体验类型中理解服务品牌的全部内涵。因此,企业需要根据不同的营销目标和消费者所处的认知阶段来制定最优渠道组合,并且保证所有渠道在形象和质量上的一致性。体验的独特性是提供其他品牌所没有的特殊服务,并通过公共关系、口碑、广告等各种传播手段在消费者心中占据一个独特的印象,由此给消费者带来独特的体验。但是这种独特性只有在和企业产品及服务的功能、特性相呼应的情况下,才能够在消费者心智中长久占据一个位置。

(3) 终端体验。零售终端已经成为企业寸土必争的前沿阵地。无论是年销售几十万、上百万的中小企业,还是年销售几百亿美元的全球500强公司,其产品无不是从零售终端一点一滴流到消费者手中来实现的。越来越多的企业把零售终端看作一个行之有效的媒体,通过零售终端这一平台,企业可以和消费者进行有效的品牌互动沟通,而不仅仅是单纯的产品买和卖的场所。而终端展示品牌的功能,也越来越受到企业的重视。这里提及的终端大部分指的是线下零售终端,但在网络购物大规模发展的时代,线上零售终端的品牌展示作用也逐渐凸显。

利用终端为消费者提供品牌体验能为企业提供的作用有以下四点:

① 为企业反馈准确的市场情况。在终端进行市场调查,与报纸媒体、网络媒体的市场调查问卷不同的是,在终端媒体上调查,其数据的真实性远远大于前两者。

② 塑造品牌形象。如果只是在报纸、电视上投放品牌形象广告,那你可是"浪费了一半,但不知道浪费的是哪一半",但是在消费者体验活动之前、活动中、活动后,都能持续向消费者灌输比较详细的品牌信息。并且终端的货架拜访、销售人员的素质、购买过程的互动等都可以向消费者传达品牌形象,例如在小罐茶的门店中,现代化的装饰、整齐的茶叶摆放、专业的茶叶导购以及现场冲泡试饮等都为消费者提供了难忘的终端体验,让消费者感知到小罐茶和其他茶叶品牌不一样,就会认为它是一个更时尚、更现代、更高端的茶叶品牌。

③ 增强口碑效应。随着口碑传播成为企业重视的营销传播策略,为品牌的消费者忠诚度贡献着力量。口碑效应最重要的特征就是可信度高,因为在一般情况下,口碑传播都发生在朋友、同事、同学等关系较为密切的群体之间。在口碑传播过程之前,他们之间已经建立了一种长期稳定的关系。相对于纯粹的广告、促销、公关而言,可信度要更高。到了互联网时代也一样,无论是认识或者不认识的,消费者的评论和分享对于一项服务或产品都很重要。这时候往往有所谓"脱媒现象",即企业和营销者被排除在外,消费者更愿意倾听朋友的建议决定买还是不买,而且这种讨论还是处于相对隐形的状态。良好的终端体验,让消费者打开所有感官,对品牌有更深的认知,这种强烈的印记会增强品牌的口碑效应。

④ 打击竞争对手。零售终端作为一个关键的接触点,是品牌打造与竞争者差异的重要领域。现在消费者在零售终端的转换成本都不高,如果一个品牌的终端具有更高的识别度,能给消费者带来更好的终端体验,则消费者会更倾向于留在这个零售终端,而不是马上转到竞争者那边去。若是一个零售终端给消费者带来非常不好的感觉,则消费者一定会头也不回地走向竞争者。例如在大型购物中心,一楼通常是各种品牌的化妆品,化妆品门店相互连接,消费者不费丝毫力气便可以穿梭在各类品牌的门店中,只有某个门店通过提供更多样的产品或更贴心的服务等,让消费者的体验很好,消费者才会留下来。久而久之,消费者会被能为他提供良好终端体验的品牌所吸引,这便达到了打击竞争对手的目的。

9.3.4.2 品牌体验的一致性

消费者在品牌接触过程中,从知晓品牌、形成品牌偏好、激发品牌联想,直到最终树立品牌忠诚,需要经历一个动态的、较为长期的过程,而特定的品牌体验也是在这一过程中才逐渐清晰化的。用体验来包装企业的品牌,慢慢地在消费者中渗透,而且企业的品牌要有参与性,消费者才会觉得这是符合需求的东西,才会记住这个品牌。体验存在于企业与消费者接触的所有时刻。

消费者永远将企业视为一个整体,并寻求一致的、无缝隙的品牌体验。这也意味着品牌体验要在消费者整体体验过程中维持体验主题的一致性。营造品牌体验,是一个战略定位、一种方向、一种整合企业各个要素配置的核心。这就必须确定品牌定位,明确体验主题。品牌定位是任何品牌战略的基石,企业无论追求何种营销策略,都须先有一个深入、清晰而一贯的品牌定位,将品牌的功能、特征与消费需求联系起来。同时企业应有明确的体验主题作为对品牌的承诺,体验主题要能将企业的各种活动和产品有机地结合在一起。亚马逊网上书店始终将自己的品牌和"可靠""创意"联系起来,不断利用新技术来推动新的顾客体验。顾客可以查看一本书,包括目录、所选的章节和前后封面,就像在真正的书店浏览一样,还可以在线聆听音乐 CD 片段,在一些实体的音像店这是无法做到的,亚马逊还扩展了顾客的体验领域,例如顾客可以通过亚马逊从其他商店或个人处购买二手产品。

品牌体验主题的一致,是需要整合企业所有资源的。整体的品牌体验,要不断提高内部能力以全力支持品牌所传递的信息,首先在制度方面,需要在企业内部塑造一个体验文化,从产品、文化等方面,用品牌体验化的理念整合企业资源。比如围绕体验化营销的员工培训,产品设计的体验化,如何让品牌体验化成为企业的理念,而不仅仅是销售环节的事情。其次企业员工应该能像消费者一样思考,能将消费者的需要放在第一位,能够在与消费者的互动或接触中体现企业或品牌的价值。再者需要让员工了解他们应为消费者提供什么样的品牌体验,为什么提供这样的体验以及如何在实际工作中具体实施,并对企业员工有适当的授权,当员工拥有足够的权力时,就能及时、有效地处理消费者的问题或要求,从而让消费者产生员工能力强、企业办事效率高等感觉和印象,而这种感觉和印象是良好的品牌。

小结和学习重点

- 品牌体验的特征与分类。
- 品牌体验的作用、原则与层次。
- 品牌体验与品牌忠诚。

第 9 章 消费者品牌体验

- 体验式营销的特征和创造。

品牌体验是品牌一个新的发展,随着时代的发展,消费者不再仅满足于物质需求的满足,开始追求更高层次需求的满足,品牌体验应运而生。第 5 章的品牌要素设计和第 6 章的品牌传播推广主要围绕品牌资产的创建,第 8 章的品牌延伸既涉及品牌资产的维系也涉及品牌资产的提升,本章的品牌体验承接上文,从品牌忠诚的角度阐述品牌体验对品牌资产的提升作用。通过对品牌体验和体验式营销的介绍,让读者了解何为体验、如何打造好体验。

案例分析

星巴克与"第三空间"[①]

美国星巴克国际咖啡有限公司,是北美地区首屈一指的咖啡烘烤商与零售商,其星巴克特色咖啡也是该地区的驰名品牌。《商业周刊》评出的 2001 年全球 100 个最佳品牌中,星巴克排名第 88 位。英国品牌评估机构 Brand Finance 发布"2018 全球最有价值 25 个餐厅品牌"排行榜中,星巴克超过了麦当劳,以 324.21 亿美元的品牌价值,名列第一。

1. 星巴克简介

星巴克于 1971 年在美国西雅图创建。当时,星巴克只卖咖啡豆,不卖一杯杯煮好的咖啡。他们主要把咖啡豆当成商品,一袋袋卖给顾客,让他们带回家享用。直到 1983 年星巴克的总裁霍华德·舒尔茨去米兰参观时受到街边咖啡吧的启发,产生了将欧洲咖啡店的理念引入美国的想法,开始了从出售咖啡豆到出售咖啡饮品的转变。1987 年 3 月,舒尔茨从星巴克创始人手中买下了星巴克,新星巴克诞生。经过短短 20 多年的时间,星巴克从西雅图一家小型地方咖啡店转变成国际性的豪华、高雅咖啡连锁店,成为全球著名的大公司,被人们誉为美国 20 世纪商业传奇。那么,它是依靠什么获得了全世界的认同和热爱的呢?体验营销是其成功的关键。星巴克的成长与发展,诞生了一个新经济时代的创富模式:将体验融入你的产品和服务,用体验营销创造未来,创造成功。

在星巴克的咖啡馆,不是咖啡豆,而是放松的气氛、交谊的空间、心情的转换这些可以创造体验的元素真正吸引顾客一来再来。星巴克人一直认为:他们的产品不单是咖啡,咖啡只是一种载体,而正是通过这种载体,星巴克把一种独特的体验传送给顾客,也就能把普通的咖啡产品发展成与众不同的、高附加值的品牌。实施体验营销是个复杂的工程,它成功的关键是让顾客置身体验之中。因此,企业必须以顾客为蓝本找出营销过程中所有

[①] 赖丽霞,刘媛.浅谈星巴克的体验营销策略[J].经营管理者,2009(4):215-216.
邢峥.体验营销——星巴克的咖啡之道[J].商业经济,2009(7):126-128.

和消费者接触的点,研究这些点并量身定制产品和服务,通过每个点的体验建立起品牌在消费者心智中的不同印象,由此借体验经济在行业中占据一席之地。星巴克在营销中正是找到了关键的点,从产品、服务和环境设计等不同环节上精心运用体验营销,才创造了自己品牌独特的价值体验。

2. 一流品质的咖啡体验

咖啡是星巴克体验的载体,在星巴克看来,这种载体的质量品质是企业的灵魂。为了让人们品尝到一流的、纯正的咖啡,企业对产品质量的要求达到了疯狂的地步。从购买原料到炒制过程再到销售途径,层层都有缜密的把关。

咖啡品质控制从咖啡豆还在成长的时候就开始了。同市场上众多依靠批发供应商供货的咖啡制造商不同,亲自考察咖啡产地然后选择优质原料是星巴克公司的原则。从品种到产地到颗粒的形状,星巴克的咖啡豆经过挑别的选择,是来自世界主要咖啡产地的极品。精选咖啡原料被及时送往炒制车间后,会按严格的标准接受熟练工人的炒制混合,随后被装进保鲜袋中运往星巴克连锁店。保鲜袋亦是专门设计的装置,用来防止空气和水分进入以保持产品新鲜。公司有严格的规定:一旦保鲜袋打开,其中的咖啡豆必须在七天内销售出去,过期便不能再销售。

对咖啡的配制过程星巴克也有严格的控制。员工们都要接受"煮制极品咖啡"的课程,每一小杯蒸馏咖啡必须在23秒之内制备完成,带牛奶的饮品中,牛奶必须升温到65.56℃—76.67℃并保持一段时间。星巴克还将咖啡豆按照风味分类,让顾客按照自己的口味挑选喜爱的咖啡,如"活泼的风味"指口感较轻、香味诱人,并让人精神振奋的咖啡;"浓郁的风味"指口感圆润、香味均衡、质地滑顺的咖啡;"粗犷的风味"指具有独特的香味,吸引力强的咖啡。从原料豆及其运输、烘焙,到咖啡的配制,每一个步骤都是为了把热气腾腾的咖啡送到消费者面前,一流的产品体验是星巴克体验的核心。

3. 感性色彩的环境体验

咖啡店环境是顾客体验咖啡的场所,而环境本身也是人们得到美好体验的来源之一。完美的体验塑造要带给消费者全面的感官刺激,在咖啡的嗅觉、味觉刺激之外,星巴克还追求对顾客视觉、听觉、触觉的全面的刺激,使人们的感受更加深刻。好的消费环境是完成这一切的必需,也是打造顾客难忘体验的重要因素。星巴克的美国总部拥有一批专业的设计师和艺术家,专门设计全世界的星巴克店铺。他们在设计每个连锁店的时候,会考虑当地那个商圈的特色和店址建筑物的风格,然后思考如何把星巴克融入其中,所以星巴克的每一家店,在品牌统一的基础上,还拥有自己的个性特色。在店内,所有的设计摆放也是设计师们悉心打造的。其起居室风格的装修、仔细挑选的装饰物、木制桌椅和沙发的摆放,都在恰当灯光的投射下散发出温馨,这些再加上煮咖啡时的嘶嘶声、加上轻柔的音乐、精美的书刊,具有感性色彩的一切烘托出独具魅力的"星巴克格调"。

人们来到一家咖啡店,不仅仅为了咖啡,更可能是为了摆脱繁忙的工作、休息放松或是约会,环境的营造使得星巴克咖啡店成为人们除家庭和公司以外的"第三生活场所"或称"第三空间"。这种生活场景的环境设置,让某些不喝咖啡的人,也会选择星巴克作为独处或会友的休闲场所,从这个意义上说,星巴克是在大城市中营造着小绿洲,远离尘嚣的氛围吸引人们前来体验。

4. 周到贴心的服务体验

"最简单但最难模仿的就是服务"。服务是体验营销的T台,是体验产品的载体,"星巴克体验"中最重要也最难被竞争者复制的,正是星巴克对顾客贴心的服务。

星巴克要求,在客人进门那一刻员工就要开始和客人接触,因此每位客人走进星巴克时,吧台服务员无论多忙,都要回过头与客人眼神接触,笑着说欢迎光临。如果来的是熟客,店员会直唤客人的名字,奉上客人一贯喜爱的产品。星巴克奉上的饮品一般都会手写上顾客的姓名,让客人感觉到自己是被重视的,同时也感觉到星巴克的亲切和温暖。在店里,无论顾客的眼睛在任何时候与店员的目光接触,迎接他们的都是不变的微笑,店员们讲话也温文尔雅,星巴克教导员工,要使每个顾客都感觉到星巴克是一处充满安宁、亲切的休憩乐土。

为了保证服务的质量,星巴克员工要经过专业培训后才能获得上岗资格。在训练中,员工要接受公司历史及文化的熏陶、学习咖啡的配制程序、店内工作内容,顾客服务技巧和咖啡文化也是必修内容。此外企业还制定了一套专门的方法(Starskills)来培养员工与人沟通的能力。

星巴克的员工被称作"快乐的咖啡调制师",除提供优质服务外他们还要能向顾客详细介绍咖啡的知识与调配方法。在一项名为"咖啡教室"的服务中,星巴克为三人以上结伴而来的客人配备一名咖啡师,向顾客讲解咖啡豆的选择、冲泡、烘焙等问题,并耐心细致地解答顾客的疑问,使顾客在找到最适合自己口味咖啡的同时,还能体味到星巴克所宣扬的咖啡文化,这不但实现了员工与顾客间的良好互动,也使顾客优雅品尝咖啡的同时还得到了额外的收获。

5. 店铺之外的延伸体验

体验式营销的目标是使顾客成为难忘经历的主人。顾客参与在体验营销中占据很大的分量,为了调动顾客的参与热情,星巴克还通过各种方式把体验延展到店铺之外更广阔的空间中去。

通过创建俱乐部吸收会员,星巴克把它最忠实的顾客网罗到了一起。星巴克不仅给会员提供店内的特别服务,还通过发送会员电子期刊来获得与顾客在店铺之外更长时间、更大范围的深度沟通。

星巴克的会员期刊也是精心设计的产物:精心策划的期刊主题、雅致的页面、多元化的参与活动,打开电子刊物,星巴克店内的温馨气氛仿佛在其中得到了延续。在会员期刊中,铁杆星巴克顾客们看到的不仅有更新的产品信息、新的店内活动介绍和为会员量身打造的服务内容,更有为他们提供的参加店外活动的机会:体育比赛、读书俱乐部、汽车展会、公益活动、文化展览等等不一而足。

从活动的设置上，可以看到星巴克营造体验时的良苦用心：所有的活动，都是在充分考虑星巴克顾客兴趣点的基础上设计的，为的是让顾客把来星巴克店后的美好体验延伸到更广阔的外部世界里去。

星巴克的许多活动让顾客在咖啡之外体验着更加浓郁的馨香。例如，在一项以一种名为 Eothos 水为中心的活动中，星巴克提出了"每杯水都意味着不同"的口号。以一千万美元为募资目标，顾客每购买一瓶水，企业捐出 5 美分支持世界饮用水工程，以此来帮助全世界的儿童获得纯净的饮用水。又如"自带咖啡杯"的活动。在这项活动中，星巴克倡导它的顾客们珍惜地球资源，减少一次性用品的使用。为此，星巴克鼓励顾客自带杯子，并给予自带咖啡杯的顾客一个产品的优惠折扣。各种活动虽在店内进行，但它们所产生的效果超越了一杯咖啡和小小的店铺。星巴克经常会选择与自己的产品相关度高、又最容易引起人们广泛关注的公益事业作为活动主题，让星巴克顾客得以用自己的点滴行动贡献社会，行动体验超越了咖啡本身的物质层面，使得顾客体验有了更为可贵的精神内涵。

6. 不断拓展的创新体验

"变"是永恒不变的原则，"创新"是企业生命力的延续。在星巴克的体验营造过程中，企业适时地根据营销环境等因素的变化，做出合理的调整，不断地充分发挥想象力创造推出新的体验业务，以不断更新的差异化体验来吸引顾客。如 2002 年起星巴克率先在咖啡店提供无线上网服务，让顾客可以一边惬意地享受咖啡，一边接入宽带上网冲浪。2004 年，星巴克推出"赏乐咖啡屋"店内音乐服务。顾客一边喝咖啡，一边可以戴着耳机利用店内电脑中的音乐库选择自己喜爱的音乐做成个性化的 CD 带回家。此外，星巴克还着手在店中安装顾客可以自己制作 CD 的个人音乐欣赏台（Music-Listening Station）。在金融服务方面，星巴克引入了一种预付卡，顾客提前向卡内存入一定金额后，就可以通过互联网，在星巴克 1 000 多家连锁店刷卡付款，这给顾客们提供了更方便的结账方式，把顾客的结账时间缩短了一半。把包含科技含量的时尚内容融入咖啡浓香，星巴克不断给顾客体验注入新的内容，提升着客户对星巴克的喜好度。

点评：

从 1987 年 3 月，舒尔茨从星巴克创始人手中买下了星巴克，新星巴克诞生。经过短短 30 多年的时间，星巴克从西雅图一家小型地方咖啡店转变成国际性的豪华、高雅咖啡连锁店，成为全球著名的大公司，被人们誉为美国 20 世纪商业传奇。星巴克能够获得全世界的认同和热爱，体验营销正是其成功的关键。

体验营销并不是一个简单的任务，而是一个需要精心策划和长期投入的工程，不仅需要在产品上下功夫，店面设计、员工培训、营销活动等也需要不断推敲，稍有不慎，可能导致消费者并不愿意为品牌的大规模投入买单。并且体验营销需要不断创新和提升，消费群体是变化的，消费者的需求也是变化的，因此必须针对环境的变化对品牌的体验营销进行持续思考。如果星巴克一直沉浸在最开始的成功,没有不断创新体验,相信消费者一定会在短时间内产生厌倦心理并逐渐离开。

星巴克的体验营销为各个行业的品牌提供的榜样作用,诞生了一个新经济时代的创富模式:将体验融入产品和服务,用体验营销创造未来,创造成功。

思考:

1. 结合星巴克的例子,说明品牌体验都包含哪些内容?
2. 星巴克是如何把品牌体验运用到营销当中的?
3. 请尝试参考星巴克体验营销的思路,为一个你所熟悉的餐饮品牌设计一套体验营销方案。

课后思考题

1. 请简述品牌体验的类型,并为每一种类型举出一个典型的成功案例。
2. 运用本章所学习的知识,分析品牌体验是如何实现的?
3. 运用本章所学习的知识分析星巴克和可口可乐品牌体验策略的不同。
4. 学习完本章后,请尝试回忆一次你印象最深刻的体验,并结合本章知识说明该体验让你印象深刻的原因。

第 10 章　品牌老化与创新

学完本章,你应该能够:
(1) 掌握品牌老化的内涵、原因和应对措施;
(2) 掌握品牌创新的内涵、方式方法和创新的策略。

品牌老化　品牌创新

第10章 品牌老化与创新

10.1 品牌老化

我们的时代是信息的时代、品牌的时代,中国已经进入了品牌竞争时代,品牌是企业制胜的法宝,国家强盛的标志之一。但是中国的民族品牌却上演着"各领风骚二三年"的流星话剧。恒大冰泉的红极一时,汇源的闪亮一瞬,朵儿的红颜薄命……造成这种局面的原因很多,其中一个很重要的原因就是不注重对品牌老化问题的解决和品牌创新。

10.1.1 品牌老化的危害

何谓品牌老化?由于某种原因,品牌在市场竞争中的知名度、美誉度下降,以及品牌销售量、市场占有率和覆盖率降低等使得品牌"受冷落"的现象,称为品牌老化[1],引起的致命结果是顾客听说过这个品牌,但购买时却难以想起该品牌。品牌是一个企业商品和服务的个性,是用来和其他商品或服务区别的标志,是企业产品质量和企业信誉的保证书。[2] 品牌发展的高级阶段是强势品牌,它具有高知名度、高美誉度和有强大市场号召力,这些特性是由企业的产品质量、管理水平、技术水准和营销策略等多种因素合力打造的,同时它们也是巩固品牌地位、推动品牌进一步提升的不可或缺的力量。逆水行舟,不进则退,如果这些因素的某个环节出现重大差错或缺陷,就会使品牌止步不前,黯然失色,甚至导致品牌崩溃。

当品牌跟不上时代发展的步伐,被贴上"落伍"的标签后,消费者会开始对该品牌产生排斥心理,避免因与品牌发生联系而沦为"落伍"的一分子。因此,老化的品牌不仅难以获得新顾客的青睐,甚至会丧失老顾客资源,可能从此一蹶不振、日薄西山。再者,品牌老化的印象一旦在消费者心目中形成就很难逆转。高知名度恰恰是老化品牌突围的障碍,大部分消费者不愿花时间精力重新认识一个早已熟知的落伍品牌。转移品牌偏好、追逐新品牌是消费者面对老化品牌的自然反应。

品牌老化现象非常普遍。太阳神、健力宝、霞飞、孔府家酒等曾红极一时的品牌,由于各种原因,在20世纪90年代纷纷受挫,或发展步伐缓慢,或销量严重下滑,显出老化之态,到现在成了市场上被遗忘的一族。被誉为山东酒类"五朵金花"之一的孔府家酒曾是中国白酒行业的骄傲,其广告词"孔府家酒,让人想家"随着电视剧《北京人在纽约》的热播而走红,产品连创销售佳绩。但随后多年不改的广告词使人觉得单调乏味,缺乏生机和

---

[1] 余明阳,梁锦瑞.名牌的奥秘[M].武汉:武汉大学出版社,1999.
[2] 涂山青.品牌竞争力分析[J].市场营销,2002(1):40-41.

活力,虽然后来勉强改成"孔府家酒,让人爱家",产品还是逐渐被消费者忘记。"霞飞"曾是中国护肤品行业的名牌,但因产品缺乏创新,在20世纪90年代面对双倍保湿的"小护士"、快速美白的"玉兰油"、价廉物美的"大宝",以及"欧莱雅"等国际品牌的挑战,现在已经失去了当年的风采。①

严重的品牌老化现象使中国著名品牌排行榜在十几年、甚至几年内就"大换血"。20世纪80年代以来,雨后春笋般破土而出的中国品牌,经过市场竞争大浪淘沙,时至今天,昔日的品牌明星除了海尔、联想、五粮液等少数几个,大都已经销声匿迹了,很多是"来也匆匆,去也匆匆"。有关资料表明,1995年国内家电品牌超过200个,到2000年时仅剩下20多个,5年时间90%夭折,这些逝去的品牌有很多是由于老化而风光不再。

国际品牌老化的现象也并不鲜见。王安电脑公司,在美国文字处理机的产销上,仅次于IBM,但因为王安决策武断,过于自负,而不得不于1992年8月18日向政府申请破产,我国香港地区《信报》发表的评论很中肯,引人深思:王安电脑公司在生产对数计算机、小型商用电脑、文字处理输送机及其他办公自动化设备上,都走在了时代的前面。但王安的固执(成功时是"坚韧不拔")使他在1985年作出致命的错误决策——不顾助手反对,放弃生产低价且能与IBM电脑兼容的个人电脑,而坚持发展高价且不能与IBM电脑兼容的产品。这违背了电脑系统化及软件标准化的趋势,不但无法吸引新客户,而且因独立开发新产品成本太高,导致产品及售后服务索价太高,令老客户也转用其他电脑。②

即使世界顶级品牌也要不断抗老防衰。在当今知识经济高速发展的信息社会,像可口可乐、麦当劳等国际名牌也加快了新产品开发的步伐,并且大力引进信息技术,提高管理效率,不断提高企业的竞争力,使企业永远保持旺盛的生命力。

品牌老化不仅使企业自身效益滑坡,而且影响国家整体经济实力的提高,这是关系到中华民族强盛的大事,应该引起高度重视。

10.1.2 品牌老化的原因

品牌老化的原因多种多样,既有宏观方面的原因,又有微观方面的原因;既有主观原因,又有客观原因。这里根据它们的来源从内、外两方面分析。

10.1.2.1 内因

1) 企业经营理念和管理水平落后

目前我国仍有部分企业还停留在一心只想打广告宣传产品的阶段,没有意识到内部经营管理的重要性,难以从市场的角度、企业发展战略的高度,确定企业的发展目标。世界著名未来学家阿尔丈·托夫勒说,对于没有战略的企业来说,就如同在险恶的气候中飞

---

① 薛可. 文化:名牌之根[M]. 武汉:武汉大学出版社,1999.
② 余明阳,梁锦瑞. 名牌的奥秘[M]. 武汉:武汉大学出版社,1999:202.

行的飞机,始终在气流中颠簸,在暴风雨中穿行,最后很可能迷失方向。企业品牌管理还处于初级阶段,在品牌营运方面,莽撞蛮干,缺乏现代品牌理念的指导,导致品牌受伤老化的现象屡见不鲜。例如,新飞、春兰、熊猫等的衰败或破产,原因虽然是多方面的,但缺乏战略设计是企业衰退的关键点。

在这样的背景下,企业凭暂时的冲劲,也许能创立自己的牌子,但创业容易,守业难。创品牌容易,保品牌难,提升品牌更难。没有一套科学、系统的企业管理方法,创出来的品牌也不会长久。中国著名的传统老字号"狗不理",凭借享誉全国的包子技艺而让品牌得以持续发展,并且迅速地在全国拓展开来,但自从被同仁堂收购之后,未通过市场调研就做出武断决策,盲目地对品牌进行改进,将手工制作转为机器制作,并且将价格提升10倍。就是这些错误决定,最终使品牌陷入困境。

2) 品牌缺乏围绕市场的创新

品牌陈旧老化,主要体现在产品质量和性能上。创新是品牌的灵魂,质量是品牌产品的生命,它影响着品牌的竞争力。由于缺乏创新,产品的质量和性能下降,损害品牌的情形很多,一般可以分为两种,一种是相对下降。品牌形成以后,企业过于注重生产规模的扩大,忽视了产品创新或者产品创新跟不上市场变化的步伐,与此同时竞争者的新产品不断出现并且质量在竞争中相对提高,使得其产品就显得陈旧老化、品牌缺乏活力,从而在竞争中失去优势。

雪花电冰箱厂是国内第一家自行研制、生产的冰箱厂商,在20世纪80年代初期,在全国市场占有率高达60%。由于该冰箱厂在5年内只开发了2个系列、17个新品种,导致品牌衰退。而同期广东容声冰箱厂开发了37个系列,70多个新品种,凭借着快速的创新和完备的产品体系很快占领了市场。

即使世界著名品牌也会遭遇缺乏创新的窘境。享誉全球的福特公司1908年研制出T型车以后,它以物美价廉的优势和强大的广告攻势,获得了较大的市场份额,到一战结束时,福特公司已控制了北美的汽车市场。巨大的成功使亨利·福特陶醉起来,忽视了汽车市场对性能更优越、乘坐更舒适、外形更美观的汽车的需求。竞争者已在努力满足这种需求,而福特仍然醉心于生产外观比较粗陋的T型车,几乎没有任何技术改进。不仅如此,受二手车市场迅速发展的影响,T型车也失去了价廉的优势。福特汽车的市场占有率从1923年的57%迅速下滑到1925年的25%。福特品牌形象也大打折扣,若不是后来研制出新产品,福特公司可能要关门大吉。[1]

在品牌创立阶段,企业一般很注重产品的质量,当品牌迅速扩张并取得一定的市场地位以后,企业对产品的质量要求开始放松,同时随着企业规模的扩大,不可避免地显现出"大企业病"的症状:部门冗杂、管理漏洞百出,导致产品质量下降。被国外企业一直看好、曾经是中国乡镇企业一面旗帜的科龙集团2001年出现亏损,总裁徐铁峰说:"科龙近

---

[1] 刘凤军.品牌运营论[M].北京:经济科学出版社,2000:267.

年来虽然产、销量还在持续增长,但已经出现危机征兆:增长速度放缓、盈利能力下降。企业规模大了以后,都会碰到一个大企业病的问题,即所谓内耗太多等等。"长虹电器集团公司前总裁倪润峰坦言:"长虹得了'大公司病',表现为:一是'高烧',企业的高速增长让企业的管理者头脑发热,缺乏冷静;二是'肥胖',企业组织结构膨胀,管理层次增多,决策执行的有效性大打折扣。"两家企业都在处于辉煌时期时,就意识到了企业潜在的危机。

3) 营销策略不当

经济的发展使商品种类和数量迅速增长,消费者的选择余地越来越大。为了能在众多的品牌中脱颖而出,各竞争者不断采取更有针对性的营销策略,想方设法地讨消费者欢心。许多曾经响当当的品牌,在市场竞争中显出疲态,消费者逐渐对它们失去兴趣。造成这种局面的原因,除了产品质量下降、品牌影响力不高以外,还有企业缺乏现代营销观念、营销策略不当的影响。营销力是品牌形象的核心竞争力之一,名牌产品若没有强大的营销力的支撑,就会在市场中失去光芒。中国品牌营销的最大问题是较为分散,表现为品牌营销的短视症和投机行为。企业在塑造品牌时,往往急于扩大产品的知名度,要么在广告方面的投入不遗余力,要么通过降价促售扩大销量,殊不知,这种单一的营销行为的效果不会长久。做广告简单、见效快,但在提高品牌知名度的同时,品牌的美誉度没有跟上来,品牌的根基不稳。而且广告的号召力呈下降趋势。在短缺经济时代,消费市场不成熟,消费者缺乏理性,容易受到广告和促销的诱导,再加上中国消费人群的基数大,这些为商家单纯依靠广告和不务实的品牌投机提供了温床,也就有秦池"桑塔纳换奔驰"的便宜买卖。随着中国经济的日益成熟,市场步入正轨,消费趋于理性,品牌投机必定会失去它往日的威风,依靠投机炒作所形成的品牌泡沫,会很快破灭。降价销售,可以暂时提高产品销量,但会给品牌带来负面影响,使品牌贬值。因为,随着生活水平的提高,产品品质的完美始终是消费者选择品牌的终极目标。品牌市场竞争是企业整体实力的竞争,企业只有制定科学、系统的营销计划,协调各个职能部门的行为,整合营销的各个因素,形成一致面向市场的合力,才能为消费者提供优质的产品和服务,并与消费者进行真诚的沟通,使品牌得到他们的认同,获得他们的好感,从而建立较高的美誉度,获得消费者对品牌的忠诚度,如此才能防止品牌早衰。[1]

4) 企业家综合素质有待提高

众所周知,企业家对名牌的发展很重要。世界上有很多知名品牌是和著名的企业家相联系的,如吉列公司的创始人吉列、继任者史攀等都对公司的发展影响很大;一提起海尔,我们就会想到张瑞敏。在品牌的发展过程中,企业家无疑是最重要的角色。但目前,中国的企业家素质确实令人担忧,尤其大中型国有企业的部分企业家是政府官员,一方面权力有限,另一方面存在着严重的短期行为,只要任期内能够交差,冒风险的事情是绝对不会干的。这种思想对塑造品牌的危害性极大。相对而言,机制较为灵活的乡镇企业和

---

[1] 张明立. 导致品牌夭折的十种病症[J]. 企业管理,2002(4):61-63.

私营企业的企业家的自身素质也不高,在市场经济发展初期还能应付,但市场运作日益规范后,国际竞争加剧后,就显得力不从心。①

5) 品牌保护缺失

部分管理者在起步时期把资金与精力投注在品牌建设上,对品牌保护掉以轻心,品牌一旦成熟却立即陷入恶性竞争的泥沼难以自拔,这主要体现在:

(1) 对产品保护不够,假冒伪劣商品泛滥成灾,如家喻户晓的"冠生园"品牌。每年中秋节,各地就会冒出假冒冠生园品牌的月饼,如苏州冠生园等。国内存在近十家"冠生园"企业或商店。这些不拥有"冠生园"商标使用权的假冒月饼不但抢占了上海冠生园的市场份额,还严重稀释了其品牌价值。特别是南京冠生园月饼危机事件,让"冠生园"的品牌形象在消费者心中蒙上了厚厚的阴影。

(2) 对商标等品牌标识保护不够,屡屡造成自己创出的名牌反被别人注册。除了传统的品牌名称,品牌Logo外,在互联网高度发达的今天,网络域名也成了品牌资产的重要组成部分。在2011年《财富》公布的世界500强中,武钢品牌价值170.52亿元,而"武汉钢铁"通用网址却被抢注,上百亿的品牌资产损失于无形。另有茅台、海尔等品牌,虽然注册了通用网址,但其无线网址却早已被私人注册。再如,"姚明一代"通用网址遭抢注事件,不仅为姚明进军商业社会后的商标维权增加了新的难度,同时也严重削弱了企业的网络品牌价值。看来在当今移动互联时代,企业品牌资产保护得"不够严密"也会引发许多后患。

(3) 对品牌元素保护不够,到处都可以看到类似的品牌名称和品牌形象,失去了品牌识别的独特性。比如法国著名体育品牌鳄鱼(Lacoste)在全世界受到广泛欢迎。但在市场上出现了与真鳄鱼标识类似的伪鳄鱼商品,这些商品廉价但做工较差,且频繁出现在各大卖场,令许多消费者难辨真假,也使真鳄鱼的市场信誉蒙受打击。

(4) 对品牌目标市场的保护不够,一手培育的市场却被后来者瓜分抢占,九阳豆浆机的利润下滑就归罪于此。作为"豆浆机之父"的九阳在培育市场初期,把着力点放在科普教育上,重在向消费者普及家庭自制豆浆的健康,而没有明确提出自己独特的品牌主张。对潜在竞争对手来说,九阳豆浆机的市场教育为其前期开拓大大减少成本。当豆浆机逐渐被消费者认可,这些虎视眈眈的潜在竞争者立刻加入新生市场的混战中。据调查,目前国内豆浆机生产企业达到800多家,可监测销量的豆浆机品牌数量为116个。更重要的是,诸如美的等综合家电巨头也开始分割豆浆机市场份额,以"豆浆机换代了"直指九阳,对九阳豆浆机造成的压力可想而知。

10.1.2.2 外因

1) 科技进步和社会发展要淘汰旧产品

科学技术是第一生产力。科学技术物化为劳动工具和劳动产品,成为推动社会发展

---

① 余明阳,梁锦瑞. 名牌的奥秘[M]. 武汉:武汉大学出版社,1999:294.

的重要力量。随着科技进步和社会的不断发展,原有产品的技术含金量会大为贬值。同时,伴随着经济的日益繁荣和人民生活水平的提高,消费观念的变化也加快,相应地,品牌也黯然失色、显得陈旧,逐渐被消费者淡忘,甚至被迫退出市场。尼尔森公司曾经研究过53个进入市场2年后取得成功的品牌,发现在其取得成功的11个原因中,最重要的原因是功能性特性,而技术则与产品功能性特性密切相关。因此,竞争者都在不断发展新技术来提高产品的功能性特性或生产出性能高于原产品的替代产品,这导致了现代市场竞争日趋激烈,新技术发展日新月异,产品被替代的可能性日益增长。在这样的外部环境下,企业不进则退,如果被竞争对手获得技术优势,开发出具有更高功能性的产品或生产出性能更优、价格更低的替代产品来满足消费者需要,品牌则会面临老化危机。随着科技革命的加快,产品市场周期有缩短的趋势。以手机行业为例,无论是第一代的诺基亚、爱立信、摩托罗拉,还是第二代的酷派、金立、联想,都因品牌老化、技术陈旧被淘汰,取而代之的苹果、三星、华为、小米则后来居上。

2) 激烈的市场环境和不正当竞争,使品牌未老先衰

随着我国经济形态从卖方市场变为买方市场和经济全球化趋势,市场竞争更加激烈,产品的差异性逐渐缩小,不可替代性增强。一种新产品刚刚问世,马上会出现类似的产品,因而成为市场竞争中的佼佼者实在不易。国际品牌在中国市场的抢滩登陆,更激化了这种竞争态势。国际品牌无论是资金、技术和管理等方面具有国内品牌无法比拟的优势,在与国产产品竞争中显然占上风。在存在国产品牌和外资品牌的双重竞争的形势下,品牌自由生长的空间被空前挤压,容易早衰。

实际上跨国公司的不少产品在国内优势明显,国货市场被蚕食的情况非常严重。以服装业为例,从2018年中国服装市场品牌来看,前十位的品牌中,除了海澜之家、安踏、李宁等国货品外,跨国公司的品牌,依然优势明显。

而在一些大城市的综合商场,这种外国品牌与本土品牌的差别就更加明显。比如,有些商场想方设法吸引大品牌入驻,像给予租赁优惠、优先挑选位置、辅助门店宣传等,都是这些外国品牌可以轻而易举享受到的福利。而对于本土品牌来说,如果自己没有较大的名气,想和外国品牌一样占据商场里的好位置,得到同样的优惠待遇,恐怕没那么容易。我们常常会看到,在同一家商场内,有的门店里人气特别旺,而有的门店几乎没什么人逛。消费者的冷漠、市场环境的严峻,让国产品牌的日子并不好过。

国产品牌所面对的市场挑战还是比较大的,如何在设计和质量上让消费者获得青睐,是国产品牌需要探索的命题。

此外,经济的发展和市场竞争的加剧,刺激了商品种类和数量迅速增长,使得消费者的选择余地越来越大。为了能在众多的品牌中脱颖而出,各竞争者不断采取更有针对性的营销策略,费尽心机地讨消费者欢心。面对一个产品同质化日趋严重的市场竞争环境,营销策略上故步自封毫无创新的品牌就只能走向老化,被竞争对手取代。例如著名的凤凰牌自行车曾风靡整个中国。改革开放以后,随着自行车生产商大量增加,卖方市场开始

向买方市场转变,凤凰牌自行车并没有采取有效的营销措施,而是故步自封,最终只能将市场龙头的位置拱手让人。

经过多年的市场整顿和法治建设,虽然市场秩序日益走向成熟和有序,但市场管理不规范和不正当竞争现象仍然大量存在,这不仅威胁品牌的生存环境,而且对品牌的生机构成重创。具体来说有三种情形:

(1) 评奖泛滥,名牌失真。1988年,国家经贸委撤销评优工作以后,评优工作由技术监督局和国家质量管理委员会取而代之。但是,近年来,国内产品评奖之风日盛,而且不少组织评奖,多以出钱多少论英雄,使一些质量较差的产品居然披着名牌外衣进入了市场,这大大影响了消费者对名牌产品的看法,同时也给企业创造名牌产生了误导。这表现在三个方面:一是太滥,现在从事这个活动的组织五花八门,它们打着"评价委员会""评价中心"等名号招摇撞骗,有的甚至冒充与某些主管部门合作,向企业发信,声称本组织如何具有权威,要求企业交款领那些所谓"中国名牌"的牌子;二是太多,实施名牌战略才几年,我国已经评出了数千个名牌产品。

(2) 假冒伪劣产品冲击市场。假冒,特别是假冒名牌问题十分严重,这已是一个全社会十分关注的问题。据国家技术监督局提供的数字,仅1996年在实施打假保名优计划中,各级技术监督部门共查处假冒名优产品案件2 593件,除了在国内假冒外,还祸及国外,严重影响了我国在国际市场上的声誉。大量的假冒既严重干扰了企业正常的经营活动,也严重扰乱了社会主义市场经济秩序。它侵害了名牌商标形象,使消费者真假难辨,对真正的名牌也望而生畏。天津市生产的玉兰牌烫精,由于假冒产品的出现,使该厂在短短的时间内销量下降60%。不仅如此,它还严重影响名牌企业的经济效益,破坏出口商品的信誉。玉溪卷烟厂为了保护自己的合法权益,1993年、1994年、1995年共花费了打假费用1.87亿元。甚至有些名牌产品就这样被挤出了市场,使企业面临停产,甚至陷入破产的窘境。哈尔滨市塑料集团公司医疗器械厂的一次性输液器由于受假冒伪劣产品的冲击,1990年被迫停产;武汉黄鹤楼酒厂生产的小黄鹤楼酒被假冒后,昔日门庭若市的酒厂变得车少客稀,假酒横行于市,真酒被挤进仓库。有些经济学家干脆称假冒现象是一种地下的"黑色经济",是仅次于贩毒的世界第二大"公害"。随着国家政策的不断完善、市场经济的不断规范,假冒伪劣现象将有所遏制。

(3) 同行业企业间不规范竞争行为,恶意竞争,相互诋毁,损害品牌形象。如早在1992年的北京城里,富豪与亚都展开的一场矿泉壶大战,使得消费者莫衷一是,最终对哪一家的产品都产生了怀疑,放弃了该类产品。两家知名公司元气大伤,眼睁睁地看着市场丧失而后悔莫及。他们在相互争斗的过程中,都忘记了维系名牌夺取市场的最有效途径,自以为诋毁对手就能引导消费者建立起对自己品牌的消费偏好。双方最终才明白,双方的相互诋毁无异于宣布"这几种品牌产品都存在相当的缺陷,目前无适合于消费者使用的矿泉壶"。再如后来的,2020年广州市荔富湖畔房地产有限公司为"广铝·荔富湖畔"楼盘开发商,当事人在"广铝·荔富湖畔"楼盘A1栋门口安装喷画布。喷画布内容包括,

"一般情况下,厨余垃圾处理厂距离大于500米,可视为无伤害距离;但厨余垃圾处理厂的臭味,可能随着风向飘到几公里外,业内人士一致认为,距离厨余垃圾处理厂大于3公里以外,才可视为安全距离"等,并将距离垃圾场2公里以内的其他3个楼盘影响程度定义为"严重",将距离垃圾场2—2.6公里的其他7个楼盘影响程度定义为"较严重",将当事人的"广铝·荔富湖畔"楼盘影响程度定义为"不影响"。违反了《中华人民共和国反不正当竞争法》第十一条"经营者不得编造、传播虚假信息或者误导性信息,损害竞争对手的商业信誉、商品声誉"的规定,构成损害竞争对手商品声誉的不正当竞争行为。

(4)地方保护主义的存在给名牌产品的脱颖而出设置了重重障碍。狭隘的地方保护是妨碍品牌发展的阻力,这已经为实践所证明。在我国,有些地方为保护地方利益,制定了种种政策,对自己的产品大加推荐,进入市场不受限制,而对外地的名牌产品则百般刁难,不准进入本地市场。这种画地为牢的行为,不利于交流,与品牌本身的发展规律也格格不入。企图通过保护来达到占领市场的目的,最终是大浪淘沙,注定要落伍。①

3) 消费需求和偏好的转变

产品是否过时,品牌是否老化都取决于消费者市场,因为品牌不是经营者的品牌而是消费者的品牌,品牌的命运与消费者的意愿和偏好紧密相关。随着经济文化生活水平的提高,消费者市场的新变化、新需求在不断产生,如果没有及时发现这些变化,不能及时满足消费者的新需要,品牌只能被淘汰。具体来说有以下两种原因:

(1)新消费需求的产生。近几十年随着人们的生活水平日益提高,消费者的消费观念、审美观念等发生了巨大变化。面对层出不穷的新需求,如若企业一成不变,长期不能给消费者带来新鲜感、传播新信息,则这个品牌将很快被消费者淡忘并走向终结。消费者日益提高的生活质量和消费水平反映在其购买心理上,主要呈现出以下特征:追求时尚,喜欢新颖;讲究保健,崇尚自然;突出个性,倾向高端;注重方便,讲究情趣。与过去只看重价格与质量的时代不同,这些现代消费倾向会使许多品牌甚至行业陷入老化险境。例如,打火机的出现促生新的消费需求,火柴彻底从生活必需品转变为收藏品。而未能跟上时代步伐,重新为火柴定位的重庆老品牌合川火柴在经历百年风雨后,终于在2009年宣布破产。

(2)社会导向的变化。消费者不仅仅是自然人,还是社会人,其消费观念和消费需求不仅仅受自身影响,还会受亲朋好友及社会环境的影响。当社会上的舆论有了某种确定的偏向时,消费者的从众心理会驱使他们的消费行为朝着新趋势转变,从而产生新的需求。在这样的社会大环境下,如果品牌自身没有强大实力来支撑这段萧条时期以求渡过难关后获得生机,则会迅速衰败。毒奶粉三聚氰胺事件爆发后,消费者对国产奶粉的信任降至冰点,国产名牌三鹿奶粉首当其冲,在舆论的声讨中走向破产。三年过后,国产奶粉仍难获消费者认可,滞销状况使许多国产奶粉品牌只能退居三线城市。

---

① 余明阳,梁锦瑞. 名牌的奥秘[M]. 武汉:武汉大学出版社,1999.

10.1.3 品牌老化的防范措施

品牌老化对企业的危害是很大的。重振和提升老化的品牌,企业要付出大量的人力物力财力,并且最终结果也不一定可以尽如人意。因而判断品牌是否老化并建立品牌老化的预警机制尤为重要,可以随时掌握品牌的成长和营运状况,及时发现品牌老化的苗头,并且采取相应的对策,扭转品牌老化的势头。

品牌老化的监控有以下几种方法。

10.1.3.1 市场营销的监控

品牌的根基是产品,品牌老化的许多迹象可以从产品中显现出来。市场营销旨在满足消费者的需要,实现企业目标的商务活动过程,其实质是通过商品交换实现企业效益的最大化。市场营销过程以商品流通过程为中心,对产品营销过程的重要环节进行监测,可以掌握商品的总体情况,从而把握品牌的运行状况。

1) 销售额分析

销售额是判断产品处于生命周期何阶段的重要参考指标。对产品年度间销售额的比较,可以看出产品销售的变动,从而了解产品的市场行情。如果产品销售额呈下降趋势,就应该引起高度警觉,认真深入地分析其原因:下降是暂时的现象,还是背后有深层的原因?一定要追根求源,要求相关部门立即整改,防微杜渐,避免影响品牌稳固地位。

2) 市场占有率分析

单纯的销售额并不能完全说明产品的市场地位的状况。产品销售额上升,企业的经营不一定成功,因为这可能是一个正在迅速成长的市场。只有企业的市场占有率上升时,才能说明它的竞争力在上升,即企业品牌处于良好的发展阶段。市场占有率分析有三种指标:一是总体市场占有率,即用本企业产品销售额在全行业销售额中所占比重表示。这一指标能体现企业产品在全行业中的地位;二是有限地区市场占有率,是指企业在某一有限区域内的销售额在全行业在该地区市场销售额的比重。这一指标对大多数仅在局部地区市场上从事经营活动的企业十分有用,也是衡量企业在局部地区市场上取得成功的尺度。毕竟大多数企业总是努力先在局部地区市场上取得大的占有率,再进入新的地区市场;三是相对市场占有率,即企业的市场占有率与行业内领先的竞争对手的市场占有率进行比较。若相对市场占有率不断下降,表示本企业正不断远离领先的竞争对手。通过对这三种指标的综合分析,可以看出企业产品在市场中的准确地位,从而把握企业品牌的发展趋势。

3) 销售额/费用比分析

销售额的大小和市场占有率的高低只是判断企业效益的一个方面,还需要把市场营销的成本费用和销售额进行对比分析,得出市场营销的实际效益。两者的比率总是在一定范围内波动,是正常的。如果超出了这个范围,说明该企业产品销售业绩和利润不稳定,需要立即找出原因,并采取措施。

4) 顾客态度跟踪

主要包括:顾客投诉和建议制度、典型用户调查和定期用户随机调查。前三种方法主要以财务和量化分析为特征,为了更真实形象地了解产品在市场上的状况,企业还要建立跟踪顾客、中间商及市场营销有关人员态度的制度。通过设置意见簿、建议卡、企业记录,分析和答复来自顾客的信函和口头抱怨,来了解产品、服务在顾客心目中的地位及其存在的问题,便于及时改进和提高。典型用户调查是由那些同意定期通过电话、信函或邮件向企业反映他们的意见和建议的顾客组成典型用户小组,这类用户反映的意见比前期投诉系统更完整、更全面。定期的用户随机调查是通过随机抽样了解顾客对企业服务质量满意程度的调查,以评价公司工作人员的服务态度、质量等等。三种方式直接面向市场终端,是市场对产品和品牌最直接的反映,深入了解顾客的意见和需求是监测品牌竞争力和生命力的重要手段。

10.1.3.2 品牌价值监控

品牌资产是一种无形资产,是企业资产的重要组成部分。品牌资产是企业营销业绩的主要衡量指标,品牌资产的大小是综合营销的结果。通过对品牌资产的评估,可以给企业品牌营运以警示,鞭策企业品牌营运活动,为企业科学化、规范化决策提供依据。品牌评估的核心是企业及产品。品牌价值是品牌拥有市场占有能力、市场份额、消费者群体等的表现,品牌价值评估虽然不是十分精确的品牌价值认定,但能充分反映品牌的竞争力,如品牌拓展市场的能力、超值创利能力、决定品牌强度的生存力和品牌的辐射力等。适时对品牌价值进行评估,可以了解企业品牌在品牌排行上的地位和变动,从而可能及时发现品牌老化的迹象。[①]

借助品牌资产评估者(Brand Asset Valuation,BAV)模型可以更好地评估品牌资产,帮助我们判断品牌是否正处于衰退状态。BVA 模型由杨罗必凯(Young & Rubicam)广告公司提出,他们从消费者与品牌的关系出发,认为品牌是在一个非常特殊的消费者认知过程中发展的。在 BAV 模型中,存在四个关键维度能帮助我们了解品牌在消费者心目中的认知层次,即差异性、相关性、尊重度和知识度,并且运用"力量网格"(Power Grid)工具进行品牌健康诊断。力量网格为我们勾勒出品牌一系列战略性过程,在动态运行中鉴别品牌发展周期,如图 10-1。

差异性(Differentiation)和相关性(Relevance)用于评估品牌强势度。差异性是指区别于竞争对手的品牌特色,是品牌本质、消费者选择和潜在市场的驱动力量;是从认知上产生差额利润的来源。差异化定义品牌,是品牌在市场中的立命之本。因此,差异化是四个维度中最重要的维度。相关性测量的是品牌对消费者的适配性,总括了产

---

① 刘凤军. 品牌运营论[M]. 北京:经济科学出版社,2000:267.

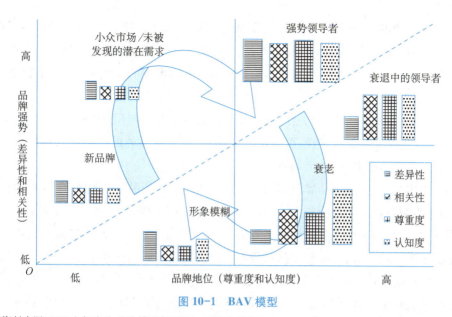

图 10-1 BAV 模型

（资料来源：BAV 电扬广告品牌模型［Z/OL］.百度文库［2021-04-02］.http://wenku.baidu.com/view/4ea1f90bf78a6529647d535f.html）

品、价格、渠道、推广、包装营销 5P 要素。相关性越高,普适性越高,相反,品牌则不足以吸引和留住消费者。BAV 表明相关性与市场渗透有关,相关性驱动商品的代理销售规模。单独而言,相关性对品牌成功并不重要。但相关性与差异性合力构建品牌强度,是品牌未来性能和潜能的一个重要指示器。[①] 当差异性高于相关性时,说明品牌仍具有成长空间,有能力建立相关性;当差异性小于相关性时,说明品牌的独特性已丧失,价格成为主要购买理由。

尊重度(Esteem)和认知度(Knowledge)决定品牌地位。尊重度是指消费者对该品牌的看法、尊重和喜爱程度,往往与品牌实现其消费者承诺的能力相关,在构建品牌进程中,它排在差异性和相关性之后。尊重是消费者对品牌构建活动的反应,主要被两个因素驱动:知觉的质和量,而这两个因素又受到不同国家的文化影响。认知度是消费者对产品/服务的知晓与理解程度,是品牌建设的积累,与消费者经验相关。如若一个品牌已经成功建成相关的差异性并且消费者将其放在重要位置,那么品牌认知度就是前三个过程的结果,代表构建品牌的成功顶点。当尊重度大于认知度时,意味着消费者愿意更深入地了解品牌;当尊重度小于认知度时,较高的认知度反而给品牌带来危险,消费者熟知品牌,但认为品牌并无特别之处,这时品牌已处于老化阶段。

当四个维度都达到顶峰时,品牌成为市场上的强势领导者。随着竞争者的纷纷效仿,品牌的差异性开始逐步降低,此时的品牌依靠前期积累的相关性、尊重度和知名度,仍能

[①] 胡晓云,谢冰心.日本电通蜂窝模型——品牌建构与管理的有效解决方案［R/OL］.百度文库.［2021-04-02］.https://wenku.baidu.com/view/c8614889cbaedd3383c4bb4cf7ec4afe05a1b182.html.

在短时间内维持市场领导地位,但已呈现衰退趋势。当品牌成为"衰退的领导者"时,品牌正处于长期管理过程中的重要转折点,若能采取有效措施,重新确立品牌差异性,品牌将有可能迎来新一季春天;若管理者未能察觉品牌在市场中的变化而及时强化品牌,品牌将一蹶不振,成为老化品牌,最终退出市场。从图 10-1 右下格可以看出,与右上格领导者相比,衰退期的品牌差异性、相关性、尊重度和认知度都有不同程度的降低,其中差异性降幅最大,而且差异性低于相关性,尊重度低于认知度,说明品牌的独特性与神秘感已不再具有吸引消费者的能力,将被市场所淘汰。

相比实实在在的产品,品牌是经过设计和注册,显示产品个性和受众信心的识别系统,是能够给拥有者带来溢价的无形资产。因此,产品生命周期与品牌生命周期切不可混为一谈,产品衰亡并不代表品牌价值之源的枯竭。产品的短期表现不佳或产品组合中某一产品的销量持续下滑,可能与产品自身不符合市场需求或其他外部因素相关,而未必会动摇品牌的市场地位。因此在判断品牌是否真的进入衰退期时,不能简单地通过产品的市场表现而盖棺定论,定期对品牌资产进行审计评估才能准确地对品牌的发展阶段做出系统、全面的判断。

10.1.3.3 建立品牌监测信息系统和品牌研究机构

很多企业注意树立品牌老化的危机意识,但是,还要有建立在危机意识基础上可操作的机制。建立高度灵敏的信息监测系统,可以及时收集相关信息并加以分析处理,根据捕捉到的品牌老化征兆制定对策,把老化危机隐患消灭在萌芽之中。品牌信息监测系统要内通外达,便于对外交流、适于内部沟通。其信息内容要突出、准确、全面、真实,信息的传递速度要快捷。把分析后的结论及时上报给主管领导,以便及时采取对策。

品牌研究机构可以设立一个品牌综合研究部门,它关注品牌、研究品牌、密切注视品牌营运状况。通过收集各种信息和资料,经过科学的分析,找出品牌老化的症结,上报给有关领导。品牌研究机构和品牌监测信息系统要紧密联系,互相配合。

10.2 品牌创新

10.2.1 品牌创新之含义

10.2.1.1 品牌创新之界定

品牌创新概念有狭义和广义两种。

狭义的品牌创新是指围绕品牌视觉系统、品牌名称、品牌延伸、品牌理念、品牌形象、品牌战略与策略等的创新行为。例如江苏海澜集团在 2001 年以前名为江苏三毛集团,主营各种面料生产,随着国际国内形势的发展,其集团董事长周建平决定对品牌名称、品牌视觉系统、品牌形象等进行创新,启用新的企业品牌名称——海澜集团,并以一艘航行于大海的船为其企业标志,从单纯生产和经营面料延伸到以面料为辅以名牌西服为主的新的品牌延伸战略,对企业注入新的品牌理念。这些内容即为狭义的品牌创新范畴。

广义的品牌创新是指通过运用新的技术、采用更科学的生产和服务方式、借助新市场的开拓和新型组织形式的引入、新的品牌延伸、新的品牌理念的融入或品牌的重新定位抑或是新的品牌战略的实施,来增强品牌的核心竞争力以及对品牌内外部资源的控制力,从而达到厚积品牌资产的各种创新行为。

世界汽车工业的强势品牌——德国的梅赛德斯·奔驰是自始至终致力于广义范畴之品牌创新的典例。这位代表着世界汽车业"高技术、杰出表现和非凡成功"的"品牌伟人"认为,奔驰的基本价值就是产品质量、可靠性、安全、技术超前以及商务车领域中的总体经济性;消费者还关心是否符合环保要求。因此,奔驰在 20 世纪 80 年代末推出了 SL 型轿车,将古典的优雅和令人振奋的感觉及动力融合在一起;1991 年末推出的 O404 型公共汽车,代表了设计和技术创新的最新潮流;1991 年春季推出的新的 S 型轿车具有优雅和新潮的品牌形象;奔驰坚持实施品牌差异化战略,通过品牌创新,使之具有特别的造型,与公路上的其他车相区别。其简洁而内涵丰富的品牌商标徽章骄傲地立在汽车引擎盖上,表明该品牌的汽车具有奔驰品牌代表的所有特质,也承载着奔驰人持之以恒地在各个方面进行创新的卓越贡献。

品牌创新的实质是对品牌能量的补充。品牌经过创新(重新定位、重新设计等),可以赋予它更富有针对性的消费意愿与消费情境。品牌创新强制性地指定了一个新视觉框架,这个新框架将引导消费者进入一个新视觉空间,进而有利于形成企业所期望的品牌形象,直至使品牌形象为消费者所接受,并使其发生增值。品牌创新是塑造一个成长型的、有前景的品牌的最佳途径,也是强势品牌保持强势的不二法宝。

10.2.1.2 品牌创新含义的四个层面

理解广义的品牌创新,有四个层面的含义:

1) 品牌产品层面

品牌就像一个有机体,产品是这个有机体系统的子系统;只有每个子系统都通过创新以达最优,才可以产生 1+1>2 的效果,才能实现母系统的整体最优。产品是品牌的载体,也是品牌创新的第一着眼点,产品创新主要集中在新产品的开发、新包装的设计和运用、技术的创新和应用、新产品的市场推广等。产品创新有四种类型:一是结构性创新,它重新界定产品和工艺的结构,为以后的竞争和创新勾画了基本框架,比如民航客机 A350 和波音 787 全新设计理论和新材料的使用;二是空缺式创新,使用现有技术打开新的市场机会是这类创新的核心,比如元气森林开拓的甜味气泡水市场,就是以 0 脂 0 糖 0 卡为卖点;三是渐进性创新,这是一种隐性的创新,是建立在现有技术和生产能力之上的变化、现有的市场和顾客的变化,这种产品创新在火箭发动机、计算机、合成纤维等领域表现明显,它对产品成本、可行性和其他性能都有显著的影响;四是根本性创新,它是指首次向市场引入的、能对经济产生重大影响的创新产品或技术,比如元宇宙、区块链与概念、技术的运用等。

案例 10.1

故宫爆红之路,文创创新之旅

故宫的雪、故宫的猫、故宫文创、故宫展览,如今,故宫已不再仅仅是一座博物馆,更是利用文化创意产品走进百姓生活的一个样板。

作为一个拥有近 600 年历史的文化符号,故宫拥有众多皇宫建筑群、文物古迹,成为中国传统文化的典型象征。近年来,在文创产业带动下,故宫化身成为"网红"。据介绍,截至 2018 年 12 月,故宫文化创意产品研发超 1.1 万件,文创产品收入在 2017 年达 15 亿元。

每年接待 1 700 万人次观众,每天面对着数万观众,故宫这座世界著名的综合博物馆和世界文化遗产,如何让收藏在禁宫的文物、陈列的遗产、书写在古籍里的文字活起来?转变源自 2013 年。当时,台北故宫博物馆推出一种创意纸胶带,在网络爆红。这让故宫博物院看到文创产品的庞大市场。

其实,这并非故宫首次关注文创市场。过去故宫也做文化产品,但都是将书画、瓷器等进行简单复制,很少有人买。2008 年,故宫淘宝就已上线,因价格高昂、质量一般,消费者并不买账。如何有针对性地研发出不同结构、不同层次、不同表达的文化创意产品?受到台北故宫博物馆启发,故宫博物院开始了新尝试。

1. 文创创新

让文物藏品更好地融入人们日常生活中,发挥其文化价值,这是故宫追求的目标。由此,故宫开始举办故宫文化创意产品比赛,以此拓宽研发思路。2013 年 8 月,故宫第一次面向公众征集文化产品创意,举办以"把故宫文化带回家"为主题的文创设计大赛。此后,"奉旨旅行"行李牌、"朕就是这样汉子"折扇等各路萌系路线产品问世,使故宫变得年轻起来。

除了实体的文创产品,故宫在网络上也打开"宫门",故宫文化创意产品从"馆舍天地"走向"大千世界"。目前,故宫博物院拥有 4 家文创网络经营主体:去年底正式运营的"故宫博物院文化创意馆",售卖创意生活用品的故宫博物院文创旗舰店,主打年轻化的故宫淘宝店,以及更趋于大众化的故宫商城。4 家经营主体面向社会不同人群,产品风格各有特色,实现差异化经营,共同塑造故宫文创的整体形象。

其中,故宫博物院文创旗舰店配合故宫博物院展览,做主题性的文化挖掘,研发了千里江山系列、清明上河图系列等产品,已积累 193 万多粉丝;故宫淘宝产品萌趣而不失雅致,致力于以轻松时尚方式展现故宫文物、推广故宫文化,推出故宫娃娃、折扇团扇、文具用品等产品,目前拥有 400 万粉丝。

"故宫的藏品是一个取之不尽的宝藏,在这方面我们优势非常明显,能够不断挖掘,不断进行创意,不断创造一些人们喜欢的文化创意产品,这是我们的绝对优势。"故宫博物院院长单霁翔说。

如何让沉睡在博物院里的优秀传统文化受到青年一代的喜欢和接纳,这是单霁翔常常思考的问题之一。随着故宫文创产品热销,故宫文化也受到越来越多年轻人喜爱。最直观的反映体现在参观故宫的年轻人变多了:据故宫发布的统计数据,2018年故宫接待量突破1 700万人次,其中30岁以下观众占40%,年轻观众尤其是"80后"和"90后",已成为参观故宫博物院的"主力"。

2. 网红修炼

要拉近故宫与年轻人的距离,就要研究年轻人乐于接受的传播方式。如何让历史"平易近人""生动有趣",成为故宫"网红"进阶史上的重要话题。

2014年,故宫淘宝微信公众号刊登了《雍正:感觉自己萌萌哒》一文。此文迅速成为故宫淘宝公众号第一篇"10万+"爆文,雍正皇帝也借此成为当时的热门"网红"。同一年,故宫文创相继推出"朝珠耳机""奉旨旅行"腰牌卡、"朕就是这样的汉子"折扇等一系列产品。"朝珠耳机"还获得"2014年中国最具人气的十大文创产品"第一名。

创意满满的文化产品,与年轻人的"脑洞"碰撞到一起,便能持续挖掘故宫"矿藏",传播效果更加强大。北京故宫的文创之路虽然时间不长,却迅速走出了一条自己的路子,故宫也成为融历史与现代、文化与科技、传统与创新为一体的知识产权。

2015年,曾经作为清代皇城正门的端门,被改造成端门数字博物馆,通过"数字宫廷原状"提供的沉浸式立体虚拟环境,游客既能"参观"许多以前不能踏入的宫殿,也能利用虚拟现实技术试穿帝后服装,欣赏宝物。截至2018年,故宫先后上线了9款APP,涉及故宫资讯、游戏和导览等众多内容,将专家研究成果与观众感兴趣的题材密切结合起来,并且把专家研究成果"翻译"成观众,特别是年轻观众乐于接受的形式,更加口语化,形象更亲和,不断拉近故宫博物院与广大观众的距离。

够专业的内容、接地气的策划、高水准的制作,成为故宫产品的一贯风格,故宫也因此获得"故宫出品,必属精品"的观众评价。"不一味迎合大众,而是以严谨而风趣的方式接近消费者,最终实现文化的传播与再生。"单霁翔说,这是故宫应该达到的最好状态。

3. 丰富文创内涵

一座博物馆的价值,不仅在于拥有悠久历史、丰富藏品,更在于应用这些文化资源为人们做些实实在在的贡献,在于将这些文化资源融入人们的现实生活。通过文化创意为观众架起一座沟通文化的桥梁,奉上一场文化盛宴,正是很好的表现形式。让人们通过故宫文化创意直接触摸到文化,是故宫发展文化创意事业的出发点,也是落脚点。

如何让人们更便捷地触摸到故宫文化?单霁翔认为,文物要活在人们当下的生活中,因此文化产品必须要有创意。近年来,故宫定位于"根植于传统文化,紧扣人民群众大众生活"原则,做出许多社会大众能够乐于享用、将传统文化与现代生活相结合的产品。例如故宫娃娃系列,因具有趣味性而受到少年观众喜爱。手机壳、电脑包、鼠标垫、U盘等,因具有实用性而持续热销。

"很多观众参观故宫时就对我们宫门的印象很深,所以我们就把宫门做成了宫门旅行包,让人们把对宫门的印象带回家。雍正的十二美人很有名,我们就做了美人伞,春夏秋冬都可以打,故宫日历,2018年发行了68万册,2019年做了英文版,销量可能要突破100万册。"单霁翔认为,文创产品必须要深入挖掘自己的文化资源、文化信息,把它跟人们生活需求对接。为了更好塑造品牌形象,故宫博物院在确保每件文化产品都拥有故宫创意元素的同时,也不断加强对产品设计、生产、营销各个环节的把控,力争使每件产品均具备高质量。

据介绍,故宫文创产品样品打样常规在4次至5次以上,以精准把握细节、调整产品工艺、完善制造工序。从文化创意产品本身到包装盒、包装袋都需要有统一的呈现,延续整体风格。2018年底火爆一时的故宫口红,在研发过程中,仅口红外观设计稿就修改了1 240次。

2) 企业组织层面

品牌是一个综合性的、内涵丰富的符号,在这一符号背后有很多组成部分,比如企业组织就是其中的一个方面,因而企业组织层面的创新也隶属于品牌创新的范畴。

组织创新是企业一切创新活动的源泉和根本。没有不断创新的组织,企业的创新活动就不会有效,也不会是持久的。以三一重工为例,在"品质改变世界"的品牌旗帜下,通过划小核算单位、做大事业部的组织创新,在建筑工程、道路工程等领域全面发力,成为工程机械行业可以与卡特彼勒、小松抗衡的著名品牌。

组织本身的演变历程就是一部随着实际的需要而不断创新和渐进演变的历史。18世纪中叶的普鲁士皇帝弗雷德里克(Frederick)认为一个组织是由不同工作如何完成来定义的;第一次世界大战时期欧洲最大的煤矿公司总裁、法国的亨利·费约尔(Henri Fayol)认为,制造业组织的目的就是使企业围绕目标有效运转,它需要有一种结构来将类似的工作——如工程、制造、销售——组成部门;阿尔弗雷德·斯隆(Alfred Pritchard Sloan)重组通用汽车以后,将费约尔模式中的结构叠加成所谓的"经营单元",以此来平衡内部管理的效率和效益以及外部市场之服务;未来的品牌企业的组织之方法正在应运而生,这种方法不是取代传统方法,而是附加某些东西,认为组织的目的是取得外在结果,即取得外部市场上成功和社会综合效益的增加,并不局限于费约尔结构中的机器功能,它超越由市场成效所决定的经济性功能,组织最主要的是社会性、人文性,因此,其目的必须是让品牌扬长避短、发挥优势、增强核心竞争力。

案例 10.2

韩都衣舍的蚂蚁军团

组织创新是企业一切创新活动的根源和根本。韩都农舍的组织模式主要是基于小组制的蚂蚁军团组织,这是创始人赵迎光说的改造版的阿米巴。把企业内部划分成几百个三人小组,称为蚂蚁军团。韩都衣舍在2012—2016年实现互联网销售五连冠。这种组织模式的核心就是平台+小组制:一个方面是企业要建立向平台化转型;另一方面是企业内部建立几百个三人小组,别的企业内部组织模式大多是基于流程建立串联的组织关系,韩都衣舍采用并联式组织模式,采用包产到户的方式,让每个品牌、每个款式都是一个相对独立并联的小组。

每个小组都由三个人组成,这三人小组包括产品设计师、页面详情设计以及库存订单管理三个核心岗位,由资历和能力强的人兼任组长。这种并联式的模式把公司变成一个平台,让所有的小组都在平台上像插件一样,去获取平台的资源支持,直接面对消费者。这种组织模式使得组织贴近消费者前端,几百个小组可以贴近消费者、满足消费者个性化的需求。

小组成员是有责权利能的,责权利在小组里面有明确的责任和利益分享,另外,几百个小组在企业内部获得平台的支持:行政资源的支持、生产、品牌的运作、储运、供应链,这时组织就变成一个赋能体系,为数百个小组提供赋能。每3—5个小组会产生1个主管,每3—5个主管会产生1个部门经理,每个小组之间、部门之间的协调靠主管和部门经理来协同,把传统的组织模式跟新的组织模式融合在一起。

只有不断地进行组织创新,才能使企业保持活力。对市场保持有灵敏的反应,企业才能在竞争激烈的市场中保有一席之地。

3) 品牌本身层面

依据狭义的品牌创新的定义,我们能够很容易地理解这一层面的含义。例如,日本的丰田公司为了与奔驰汽车竞争,对其高档轿车——凌志(雷克萨斯)重新进行品牌定位:"可与奔驰相媲美的高档车",丰田公司在美国宣传凌志车时,将其图片与奔驰的并列在一起并加上大标题:"用36 000美元就可以买到价值73 000美元的汽车,这在历史上还是第一次";比如宁波的雅戈尔集团为了增强其品牌力,先后三次在品牌视觉领域进行创新,更换为更合适的商标图案;海尔集团也曾屡次更名,最后确定为海尔。

这一层面的创新主要集中在品牌视觉、品牌形象、品牌延伸、品牌理念以及品牌化策略和战略等,它的直接目的就是增加知名度、提升品牌形象、增强品牌忠诚度和品牌联想,它的最终目的是提高重复购买、厚积品牌资产、塑造强势品牌。

案例 10.3

念慈菴的品牌延伸战略[①]

念慈菴作为一个拥有近300年历史的中药品牌,远销欧、美、亚等20个国家(地区),

---

① 改编自张华平.中药品牌多元化扩张的成功之路——念慈菴润品牌延伸案例分析[J].中国现代中药,2008,10(10):44,64.

被誉为"中药产品全球销量第一"的中药品牌,在2007年夏,斥巨资高调进入草本饮料行业,并且在深圳成立独资子公司"东成建业食品(深圳)有限公司",负责"念慈菴润"饮料在大陆的推广与销售,正式拉开了其多元化扩张之序幕。

虽然中药品牌多元化成功扩张的个案少,但不代表中药品牌不能进行多元化扩张。"念慈菴润"饮品刚一推出,在没有任何大量招商宣传的情况下,就引来多家酒水饮料经销商的关注及部分签约,可以看出其具备一定品牌延伸策略并获成效。

1. 关联延伸,优势扩张

念慈菴的多元化发展正是以关联延伸、优势扩张为多元化经营策略。表面看其进入的是全新的饮料领域,但并没有完全脱离自身优势产业和优势区域。念慈菴进入的是饮料细分市场,主推草本植物饮料,并没有脱离其中药优势区域,而是依托其在中药领域强大的研发能力和技术优势,进行关联性延伸,打造草本饮料品牌。

2. 发现、挖掘并扩大需求

在全民提倡"创造、创新"的今天,念慈菴并没有随波逐流,天马行空地创造需求,也没有盲目进入饮料行业,而是利用缜密的调研去发现消费需求,继而挖掘和扩大这种消费需求。

3. 借力发力,诉求点一脉相传

进行多元化扩张或者是品牌延伸时,最忌讳的是整个品牌形象或者是诉求点完全脱离原品牌,对于母品牌只是对品牌名称加以利用,而不是对其品牌核心进行充分挖掘和利用。念慈菴在一开始进行品牌延伸和扩张时,就避免了这种浅层次的多元化扩张,而是从品牌核心深处进行扩张和渗透,借力发力,力争达到品牌精神一脉相传,大大提高品牌传播效力。

4. 市场区隔,凸现自我优势

伴随王老吉在市场上的全线飘红,无论是本土品牌还是国际品牌都推出了一系列"降火饮料",但是念慈菴润作为一个饮料新军,并没有追随大众,而是针对市场现状和产品特性,进行有效区隔,推出了"降火是表象,润肺是根本"的利益诉求支持点。这并不是市场噱头,而根据中医讲究的标本兼治,单纯降火不能解决根本问题,润肺才是根本之道。

5. 传统与现代相结合

多数中药企业在进行多元化扩张或运作时,始终在传统和现代概念中转圈,走不出来。念慈菴润则找到一个最佳切入点,即以传统产品为根基,用现代娱乐手法进行产品营销,打造全新的品牌形象。如念慈菴润独家冠名"2007年度北京流行音乐典礼",这场盛会由北京音乐广播FM97.4、《音乐周刊》主办,香港京都念慈菴等8家公司承办。在会上打出了"润无止境,唱由心声"的口号,与念慈菴润饮料的核心概念相吻合,并且在整个活动中进行了植入式营销与推广,而不是单纯冠名。

念慈菴充分发挥了自身的优势,并且在对品牌延伸的方面起到了十分积极的作用。念慈菴非但没有像大多数老字号品牌一样生存艰难,而是不断地进行品牌延伸来壮大自身的实力。

4) 利用品牌进行扩张层面

在一个成长型、有前景的品牌在内部强大之后,自然会产生"品牌效应",从而扛起品牌的大旗向外扩张,这是品牌经营的最高层面,是品牌创新的结果,也是品牌创新的又一领域。

这一领域的品牌创新主要集中在依据品牌战略对品牌扩张的方式和方法的创新上。比如麦当劳的品牌特许经营、苹果的代工制造(OEM)。苹果依据自身的优势和外部环境条件,对原有的以生产和销售为主的经营模式进行大胆创新,转变为只重"两头——产品设计与品牌推广、销售"的品牌经营模式,以品牌为旗帜利用代工制造的方式,把生产基地转移到生产成本较低的发展中国家。

品牌经营的方式和方法之创新有一个最大的原则就是:"合适的才是最好的",这方面的创新由于是外部的扩展,因而必须将自身的优势和外部环境相结合,但是又不能囿于固有的区域画地为牢,故步自封。

10.2.1.3　品牌创新与知识源泉

知识是创新之源,创新使知识生生不息。

品牌创新是品牌发展、强大的核心。明确品牌管理中品牌创新与企业日常行为之间的关系,为品牌管理之实践提供理论依据与技术指导,是品牌创新的任务之一。

品牌创新的知识财富,初听起来很抽象,实际上它有具体的内容,并且很重要。品牌之间,像个人之间一样,竞争取决于他们使用知识进行创新的能力。因此,管理知识与管理金钱一样重要,品牌创新就是在创造财富。换句话说,品牌是经济载体,也是知识的载体,它们是知识的仓库和源泉。品牌企业聚集了雇员的智慧,并使之在日常品牌创新中体现出来。这些品牌的知识和技术中,有些仅仅是为了企业生存或者是保持竞争力,而那些核心能力的品牌创新就决定了企业的生死存亡。

进行品牌创新不是简单的事情,尽管人们希望一蹴而就,但是,领悟品牌创新的精髓并科学合理地运用之于具体的品牌管理实践中,需要一个过程。适应需求的能力是品牌对品牌创新的要求,也是品牌创新的本质属性。要想在21世纪全球化的潮流中生存和发展,品牌必须具有这样的能力。但是,卓越的品牌创新之适应能力并不是对外界刺激产生像变色龙一样的反应,即立即转换为一个新的品牌或迅速改变整体的品牌战略;而应该是,深思熟虑地增强品牌创新的技能以及积累和更新品牌管理的知识基础,从而使得今天的技能转变成为明天的实际能力。我们不可能预知未来,因而我们必须通过不断更新品牌的战略知识财富即核心能力,来迎接未来的挑战。

知识是创新的源泉,源泉滋养了河流中的生命以及岸堤两侧的生命,而当源泉被水坝拦住或是水源被污染的时候,又会抑制生命。最优质的源泉是连续的、可靠而纯净的。正像这些源泉中的水流滋养周围的生物,流向品牌企业和在品牌企业内流动的适用知识会促进品牌企业增强竞争能力。但是，没有知识的更新，源泉就会干涸。而且，承载知识的河床也需要照料、清淤和引流。在企业内部，各个层次上的管理者将是知识源泉的守护者。选择正确的知识来源，理解知识是如何得到和引流的，以及分流和防治污染的责任都在他们身上……为了成长，组织必须像个体一样，要迎接挑战、迎接创新。

品牌企业好比品牌管理知识的蓄水池，不是一潭死水，而是不竭的创新源泉，新观念、新知识不断从中涌出又汇入其中。在今天的品牌企业里，品牌知识既是品牌创新的原材料，又是品牌创新的最终产品。

品牌创新的能力，表现在两个方面：一是"看着后视镜开车"的能力，即看那些优秀组织和管理者已经做了些什么；二是对未来进行前瞻的能力，即要能够预测一些可能发生的变革的能力。

10.2.2 品牌创新的意义

10.2.2.1 与时俱进的话题

奔驰汽车、戴尔电脑、麦当劳、美林证券……这些完全不同类型的品牌为什么有着同样成功的辉煌业绩？品牌企业怎样才能在保持高效率、低成本、大批量生产的同时，持续地进行品牌创新，给顾客提供个性化服务，积累品牌资产，增加品牌价值？

巴特·维克托(Bart Victor)和安德鲁·博因顿(Andrew Boynton)在其所著的《创新的价值——实现增长和盈利的最大化》(*Invented Here: Maximizing Your Organization's Internal Growth and Profitability*)一书中总结了"创新"的一般规律：认识自己已有的优势，确认自己已有的优势，确认顾客真正想要什么，决定公司需要具备的特殊能力，再根据这一切进行组织改革、管理程序和营销手段等方面的创新。创新必须从企业自身和顾客的实际出发，照搬其他优秀企业的管理模式往往导致失败。

我们已经生活在一个国际品牌横扫全球、经济增长打破纪录、急剧的全球扩张，以及技术创新和管理创新令人头晕目眩的时代。在21世纪的国际经济洪流中，或许你已有足够的资金、领先的技术、丰富的人力资源，而且面对着极大的机会，但是，还要在品牌创新方面寻找出发点和突破口。

过去很多在管理方面的创新探索，乃至新管理方法在当今不断涌现。

正确路径是一种战略道路。沿着这种路径，你首先必须以十分专注的目光注视你自己的公司真正在干什么。你要了解你的商务活动中什么已经发生变化了、什么还没有变。你要关注，你的顾客真正想要什么，而不是你认为或你希望他们想要什么。应该确定，完成现有工作的管理能力与将来所需要的有特色的管理能力。为了培养这种管理能力，要制定出所要进行创新的目标。沿着正确的路径，依靠现有的管理能力，在今天并为明天创造更多的价值。这就是创新的指导手册。

并不是只有一种最佳的竞争模式，但每个模式背后一定有其独特而清晰的逻辑。当看到并理解这种模式后,你也许能看到,每家公司要走的路径确实是一条别无选择的单行线。国际品牌在其管理方式中的确有其独特的适合其本身的模式,这其中的典例是美国品牌管理的鼻祖:宝洁(P&G)。看看每个领域最成功的品牌,他们都有自己独特的成功之处。但是,所有强势品牌在选择管理方式、品牌创新、生产能力、市场和品牌价值创造时都遵循一种共同的模式:正确路径。

但是,那些带来教益的品牌和品牌经理也十分明确地指出了一种思想:找到并追随正确路径并非易事。不要指望一蹴而就,沿着正确路径走需要时日,可能使人筋疲力尽,也可能要求最大限度地利用资源(巴特·维克托,1995)。这条正确路径就是品牌创新。

当代品牌管理的本质,即充满挑战性。品牌管理者及品牌企业正面对着一波又一波的新技术、新市场、新的竞争形式、新的社会关系、新的组织与管理形式、新观点和新信仰等创新浪潮。无论你在哪儿驻足观望,都会发现新的一波变化正扑面而来,管理者是否将此看作是一个根本的现实、是否迎头接受挑战并尝试着成功驾驭这些浪潮是至关重要的。这就非常需要创造一种新型的管理方法和培养具有前瞻性的、以未来为导向的管理能力。唯有如此,管理者及其组织才能富有预见性和灵活地应对未来的挑战,才能更好地把握由创新而带来的机遇,才不至于被那些创新浪潮所淹没。

变革浪潮本身并不可怕,在一定的条件下它可能还会成为组织学习与成长的原动力。值得我们深思的问题是,当面对这种势不可挡的浪潮时,一个组织如何看待浪潮及其对自身即将产生的种种影响,组织是否能够基于这样的态度对本组织未来的生存与发展战略作出准确定位,组织是否能够预测未来趋势并作出相应的组织战略调整,以及组织是否能够在一定的时间内学习、培养并提高这种能力。

在品牌创业过程中,会经历品牌竞争优势的高潮和低谷。品牌竞争优势之高潮是前一阶段成功的品牌创新和品牌管理的结果;品牌竞争之低谷则几乎完全归结为前一阶段没有及时进行品牌创新或品牌创新不成功的结果。我们知道或通过查阅可知,什么时候国际品牌IBM被认为是最安全的计算机品牌,什么时候复印被称为"施乐复印"。当这些高新信息技术的品牌巨鳄的财富开始下滑,品牌评论家和品牌管理者有时候会感到失望。20世纪80年代,AT&T和施乐是反面评论的主要目标;20世纪90年代早期,又开始流行批评IBM的"管理模式"以及柯达的失败。批评的焦点就在于前一阶段的品牌创新没有进行或品牌创新失败,批评的归宿是品牌竞争优势的低谷期更是品牌创新应科学合理而大力进行的时期,得之则全得,失之则全失。中国有两句俗话说:"一步走错百步难回"和"一招得则全局胜",其中的哲理也可表达品牌创新在品牌发展过程之最关键时刻的作用。

10.2.2.2 差异化与替代性

品牌差异化是品牌在市场上的立足之地。大多数人,尤其是学者的头脑中根深蒂固、深信不疑的观点认为"任何市场上具有竞争关系的品牌在功能方面都是难以相互区分的"。这种被广为接受的观点致使这类市场中的产品被称为"类似产品",或"包装雷同产品"。这类产品的改进也被称为"化妆的改变"(斯蒂芬·金〔Stephen King〕,1973),或被认为是由广告宣传而造成的"诱导性的产品差异"(罗兰多·波利〔Rolando Polli〕,1969)。因为大多数消费品市场都是由少数几个竞争性的大生产商垄断的。不言而喻,寡头垄断的性质以及可被效仿的产品功能改进得相对简单,是导致新品牌和重新崛起的品牌大量充斥市场的原因。

但是,"从寡头垄断竞争的特征和影响来推断,如果所有品牌在功能上是(或变得)能够相互替代,这不仅是错误的,而且是危险的"。"之所以是错误的,是因为这种做法简直置事实于不顾;之所以是危险的,是因为这种思维方式会诱使市场参与者推出在功能上与竞争对手完全相同的新品牌产品。而随后,大多数情况下,其失败的概率太高,而又使人不忍心预测了。"(约翰·菲利普·琼斯〔John Philip Jones〕,1998)成功的新品牌,总是需要差异性的。

10.2.2.3 静态与动态

英国的市场研究专家科林·麦克唐纳(Colin McDonald)认为市场是稳定的。他用一个非常贴切的比喻来说明为什么对广告创建品牌的研究只能是实证性的,并且他通过多个案例分析了"市场之间的反应模式如何存在差异,并且如何以此为基础,来推测在类似情况下,将会发生的结果"。因而,对广告作品的分类,应该按照一种类似昆虫学家对昆虫进行分类的方法"将数千个不同的物种联系在一起,来寻找共同的因素"(科林·麦克唐纳,1980)。

我们知道,"静态"是动态的对立面,"表面上的静态"这个短语指的是表面上的稳定性,也就是说,即使不是处于稳定状态,则至少有一种强大的均衡性倾向。从短期和中期来看,当我们衡量总销售额和品牌的市场份额时,大多数市场都处于均衡状态。新产品一般不会成功,但在极为罕见的情形下,如果某个新品牌获得了成功,这可能给市场带来一些微小的总体波动。各竞争者们的市场份额会出现几个百分点的波动,然后会很快稳定下来,而整体市场同时也容纳了新品牌。

虽然麦克唐纳此比喻非常贴切,然而这种寓意中缺乏非常重要的动态因素。表面看来,市场似乎是稳定的(约翰·菲利普·琼斯称其为"表面上的静态"),但是,实际上所有市场都处于一种不断变化的状态之中。"品牌不是静止的,应该是动态的(让·诺尔·卡菲勒,1995)"。这种市场的不断变化源于市场的构成方式:市场是由每天每时每分都在发生的大量购买决策所产生的交易构成的。实际上,从经济的实践我们可以知道,寡头垄断条件下所发生的品牌创新非常广泛,因为正是少数成功的新品牌导致了市场所描述的各种变化,而在这一过程中,又总是有大量的新品牌走向失败。而消费者同时会作出积极的反应,去购买那些少数取得了成功的新品牌或新的产品类型——因为这些产品满足了他们的需要。在短期内,购买习惯和购买惯性在购买决策中起着主要作用;但由于重复购买的原因,消费者购买行为的适度变化将产生非常大的长期影响。品牌创新步伐的主要动力是市场竞争的压力。垄断市场存在的最重要的一种压力是这样一个虽然错误但实际上却被广泛认可的观点:认为现有品牌不可避免地会发生周期性衰退,其他的压力包括技术变革的要求和成长发展的需要等压力。而约翰·菲利普·琼斯认为,行动(有时是突如其来的行动)的促发几乎全部是竞争压力所导致的。不做出大量的竞争性的努力,要想在寡头垄断市场中占据一席之地是极为困难的。我们不止一次听到的一句话:"你要全力以赴,才能待在原处。"

10.2.2.4 品牌创新的诱因

1) 功能性

品牌刚出现于市场时是一无所有的。如果某品牌的产品在任何一个方面都不具有优良的、具有竞争性的功能特性,那么,这种品牌几乎是不可能成功的。对于那些试用品牌的人,或者那些免费使用样品的人来说,将无法说服他们购买这种品牌的商品。产品的包装设计、各种前期的促销手段,以及广告,它们的其中一个作用就是清晰有力地宣传这种功能特性。尼尔森公司曾经研究过 53 个在进入市场两年时间取得了极大成功的新品牌,它发现,在这些品牌取得成功的 11 个原因中,最重要的原因显然是功能性特性。佩卡姆得出过一个重要的结论:"可能取得成功的品牌,它所具有的功能性优势,同时为其他有助于成功的因素提供了基础和支持。"如果某个品牌成功的希望不大,那么,销售队伍的努力也不足以弥补其功能上的弱点。尼尔森(Nielsen)公司的资料还增加了时间变量,认为:随着时间的流逝,作为品牌失败的功能弱点这一因素可能变得更加明显。

2) 品牌定位

品牌定位是新品牌打开消费者心灵的钥匙。品牌学者把品牌定位视为品牌创新的关键。推出新品牌首先要进行品牌定位,品牌定位决定品牌特性和品牌发展动力。当宝马汽车(BMW)的驾驶者转动钥匙第一次发动这部"终极驾驶机器"时,他不仅从驾驶一部机械性能优异的轿车中得到了享受,而且成了一个标志的所有者,这个标志体现了唯一性、表现力、高质量和技术创新等价值(莱斯利·D. 彻纳东尼,1986)。最有效的新品牌成长的策略应使新品牌打入市场细分后的各板块中去(1998)。这种策略的前提假设是市场总是会被分割的,或者可以通过广告和促销把市场分割成可识别的不同板块。这种通常可行得通的策略,是以产品功能上的差异为基础的。

10.2.3 如何进行品牌创新

10.2.3.1 品牌创新时机的选择

世界著名的品牌领域的权威——大卫·艾克教授总结了在品牌发展过程中必须着力进行品牌创新的五种情况:

1) 品牌认同、执行表达不佳

一个表达差劲或未对准目标的认同或执行,经常可以借由早期对于顾客兴趣、品牌认知、品牌态度和销售状况的测量而诊断出来。令人失望的销售趋势是特别强烈的信号。

2) 品牌认同、执行过时

即使品牌的认同或执行可以产生作用,市场也不是静止的,品牌并非存在于一个时间胶囊中,脉络会发生改变,因为消费者的品位和公司的文化紧密相连,科技也会带来新的挑战,而且竞争者在市场当中进进出出,在品牌的环境中会有基本的典范转变;结果则是,曾经成功的认同或执行可能会变得没有效用。

3) 品牌认同、执行吸引的市场有限

即使当品牌认同或执行的效果不错,但是只是对一个有限的或正在缩减的市场产生效应,就有必要改变认同以达到更广大的市场。一个品牌可以重新定位以寻求触及其他群体。

4) 品牌认同或执行缺乏当代性

即使是切中要旨而且有意义的认同,也可能会显得落伍或索然无味。

5) 品牌认同或执行趋于疲乏

随着时间的改变还会产生另一个问题,对消费者而言,它可能变得无趣,即使在执行上做变化还是无济于事。结果是它不再能够吸引注意力,最后丧失影响力。更有甚者,当一个品牌不断地维持了几年,用以呈现这项认同的新颖创意也会变得不足。拥有较能令人惊奇的认同和传播做法的竞争者因而有了好处。一个品牌认同或执行的改变可以是具有新闻价值的。一个重新定位品牌成功的公司很可能会制造头条新闻,并因此扩充该品牌的销售数字。

品牌保护创新者,赋予他们暂时的优势并对他们承担风险的勇气有所回报。随着时间的推移,经过创新的品牌会显示出自身的优势,获得较高的回报。所以,品牌绝不只是产品的标记、一个图像;它是一个周而复始的品牌创新过程,创新出一代又一代的新产品。产品可以更迭交替,而品牌则是永恒的,这个创新过程的持久效应也是品牌的意义、目的、内容和特点。品牌需要时间积累,更需要持续不断的品牌创新以保持永久辉煌。

10.2.3.2 品牌创新策略

1) 品牌发展过程中的品牌创新

许多品牌在发展中表现出了令人惊奇的活力。IBM 最早是做电子磅秤的企业,华为起步也只做 IB 设备的企业。这些全球著名品牌的成功主要归功于:在其品牌发展的全过程中持续不断地创新。

市场环境的变化,尤其是消费者喜好的变化,促使品牌做出反应。品牌的内涵和外观都应随之做出相应的变化,只有这样,才能不断地适应消费者的心理需求(刘明辉,2000)。

海尔,中国的家电之王,其发展历程即是因变而变的典范。海尔的名称就经历了从先前的"琴岛-利勃海尔"到"利勃海尔"再到"海尔"的因时而变的过程;海尔品牌的发展战略亦经历了从"冰箱"到"制冷"到"白色家电"再到"家电之王"的战略转变之因时而变的过程。这些过程中,无不充满着品牌创新的智慧(余明阳,2002)。吉列品牌之所以始终保持着"长盛不衰"的品牌生命力,就在于它在"刀片"这个品种上源源不断地创新出新产品。

2) 品牌初创期

每个品牌都必须要由这个时期来开始,这时品牌传播由零开始,这时的品牌创新强调的是创造出不同于竞争对手的有鲜明个性的品牌。品牌个性的差异是界定品牌的重要因素。BMW 界定"驾驶的乐趣",沃尔沃界定了"安全的空间"。此时,应用战略的眼光将创意放入到整个市场中去,理智地对待市场和竞争,依靠细致的分析找到准确的出击点,寻求不同于竞争对手的立足点,同时发扬自己所具备的独特的优势,实事求是、量力而行。

众所周知,百事可乐与可口可乐竞争激烈,但百事可乐避其锋芒,为自己选择了一个新的消费群体。它看到了新生代与其父辈之间的"代沟",不仅意味着因价值观的迥然不同而形成的心理隔阂,而且还孕育着十分诱人的商机。百事可乐极具洞察力地把握住这一商机,亮出"新生代的选择"这一旗帜,从年轻人入手,建立"新生代的选择",对可口可乐实施了攻击。百事可乐把握新生代对偶像的喜爱,选择了马丁、瑞德、珍妮、王菲作为其形象代言人。这个创意,使百事可乐比可口可乐历史短的劣势转化为优势,使其品牌激发出极其强劲的影响力。"新一代"这一概念的建立,其不同凡响之处,就是在于从文化心理层面上把握住了一代年轻人的脉搏。因此,在品牌初创时期,传播中的创意取向应从产品的优势入手,选出市场空当,通过相应媒体策略做介绍性工作,以求得到消费者的认同,并区别于其他的竞争对手。也就是说,品牌在这一个状态时的创意,首要的是对产品、对市场、对消费者有明确的定位,整体上通过各种手段和方法。一是快速提升品牌的知名度,力争在较短的时间和目标区域内,将广告信息送达到目标消费群体;二是要快速提高品牌认知度,并适当建立和引导联想。

3) 品牌的成长期

品牌的成长也是分阶段的,应根据实际发展阶段状况,有计划地进行科学的检验,确立每个环节的创意策略,从整体的角度创新品牌,推动这个品牌的提升,步步跟进才能够平衡地进步。美的空调在竞争日益激烈的空调市场能站稳脚跟,就在于注重品牌创新下的创意策略。美的原来的主打产品是风扇,空调是后来推出的产品,但他们在发展策略上,美的每一步都诉求一个字,达到环环相扣,紧紧把握消费者的心。首先是"静",大多数人对空调的噪声大为反感,美的广告的创意从层层遮罩去除噪音的形象比喻来打动人心。后来为"大",美的的创意为变频一拖二能省下空间位置,使空间更大;第三是"康",当今的环保话题,在家电产品中处处体现,美的创意的广告又紧紧把握住这一点,将负离发生技术的"炮弹"攻击烟尘中的"飞机"使空气更洁净。这三步每一步都扣住人们的需求,真实有效、层层深入,对美的发展和产品系列及其体现的品牌认知是大有促进作用的,这些创意对品牌成长功不可没。相反,有些本来发展不错的品牌,因无整体意识,缺乏系统的创意策略,诉求趋向紊乱,加之创意淡如水,制作不到位,使品牌失去了原有的市场,导致品牌受挫。在品牌成长阶段,创意策略应从进一步提升品牌知名度,加强品牌认知,完整明晰品牌联想上下功夫,并在整体上进行把握,平衡区域市场之间的认识差别,谋求重复购买人群,加强与消费者的当面沟通和直接利益沟通,检索各项方案及品牌状态,不断作出调整,灵活运用创意策略,推动品牌更好更快地发展。

4) 品牌的成熟期

到了这一时期的品牌已容不得半点歇息,因为它正处于一个历史的分界线上,稍微放松就会前功尽弃,加把劲就会柳暗花明,成为同行业的佼佼者。成熟期的品牌创新应在不失原有风格的基础上进行大胆突破,体现其气势,展现其实力,瞄准其既定品牌目标,坚定地发展下去。当然,创意策略也要注意整体统一,否则,稍不注意就会对品牌造成不良的影响,对品牌的发展不利。要在不断检索的过程中,分析品牌在消费者心目中的地位及其存在的问题,调整创意策略。海尔这一品牌在国内家电行业已是如雷贯耳,其广告创意一直体现一种为消费者着想和高科技的氛围,给消费者以很强的信任感。当现代人的消费观念已转变到健康的消费,海尔的创意策略马上发生变化,表述这一诉求,无论家电、制药、广告宣传处处体现健康、环保的概念。在我们的生活中,一些很成熟的品牌,由于在产品宣传方面盲目跟风,贪大求全,以致自身个性全无,最终失败。还有一些企业,没有品牌策略,在宣传和广告中的策略也无特点,花了大量的资金和精力,结果在市场上默默无闻。

在品牌的成熟期,产品的改进和更新必不可少,创新策略也应随之做相应的调整,确保其青春活力。而且,本阶段的创意策略应在不同区域认识融合和品质认识提升及品牌联想完整化上下功夫,尤其是要在上一阶段的基础上,下大力气巩固消费者的品牌忠诚度,让越来越多的消费者认同我们的观点,从根本上认同购买和再购买的理由,甚至形成先导意识或习惯,生成转移成本及转移惰性。当然达到这一目的,并非只是形成相应创意策略并执行所能做到的,但这是核心。当品牌的成熟期进入一定阶段后,其管理与维护作业则提到了日程上来。

一个品牌有生长、壮大、成熟的过程,但完全不同于产品的生命周期,原因在于,品牌的生命与产品的生命并非完全是合二为一的。品牌可以不断地创新,产品却必须不断地更新和改进乃至死亡。其根据是,该品牌的原有产品因为不合时宜而被新的产品而代替,从而使品牌延续。品牌的长久不衰也依赖于其下一个产品或几个产品的良好销售,好的产品对品牌建设提供强有力的支持,如果产品不好,品牌就成了无处可依的空壳。

品牌创新的目的最终在于使消费者形成品牌的忠诚度,产生重复购买,从而使品牌得以"长生不老",为企业带来持续不断的销售和利润。

案例 10.4

中华老字号的复兴①

上海回力于1927年创立,1999年被认定为中国驰名商标。"回力"一词来自英文"Warrior",有战士、斗士之义。回力运动鞋因其优秀的产品质量和时尚的设计理念,在当时的中国得到热捧,是中国第一批以时尚为目标的胶底鞋品牌。20世纪70年代期间,回力以其垄断式的地位成为运动休闲鞋的代名词。20世纪80年代后,回力简约大方的设计、高性价比的品质受到消费者的青睐,拥有一双回力鞋是青少年时尚、潮流的标志。1984年,中国女排脚穿回力球鞋获得了洛杉矶奥运会的冠军,回力鞋成为当时家喻户晓的爆款。目前,回力鞋业不仅专注于运动休闲业的研发,还开发了轻便注塑休闲鞋、雨鞋、凉鞋等多种类型的产品,产品系列线共计200个、品种多达5 000种,在国内的专卖店数量达1 000家。

计划经济制度下,回力只需要完成国家制定的生产计划,不用考虑市场营销、宣传推广等问题。进入20世纪80年代后期,随着改革开放步伐的加速,人民物质生活水平极大提高,购买力逐渐增强,消费理念也发生了极大的变化,国家取消了传统的统购统销政策,整个运动鞋市场逐渐趋向饱和。此外,耐克、阿迪达斯等外国知名运动鞋品牌逐步进入国内市场,用料讲究、做工精细、设计新潮的国外运动鞋吸引了追求新奇时尚的广大消费者。与此同时,国内民营企业运动鞋市场的竞争愈发激烈,以李宁、安踏、特步为首的中小企业通过运作灵活、成本低廉的优势,迅速占领了以回力为首的老字号品牌的中低端市场。而回力鞋业由于缺乏市场前瞻性,在厂房设备、产品设计、公司理念、营销推广等方面未能及时更新,逐渐陷入困境。2000年2月,回力鞋业总厂宣告破产,回力系列商标被上海华谊集团有限公司接管。

进入21世纪以来,随着数字化技术的发展和普及,回力鞋业从中看到了新的希望。2008年,北京奥运会来临之际,回力开始反思自己的品牌定位,重新规划发展战略。借助奥运会的良机,在国内外市场上重新回归大众视野。2010年上海世博会期间,回力趁热打铁,获得上海世博会特许生产商、零售商的授权资质。随后,回力开始打造高端系列产品,摆脱廉价的产品形象。随着国内电商的飞速发展,以淘宝、京东为首的电商平台成为消费者购物的首选,传统的线下实体商店营业额逐步缩减。回力抓住电商热潮,入驻天猫商城、京东商城等平台,实现线上线下的全覆盖,多次与其他品牌进行联名跨界合作。

首先,回力通过产品的外观设计创新、核心技术创新和跨界合作创新三个方面:第一,在保留经典元素的同时从内到外进行升级,吸引了新生代消费者;第二,回力在开辟高端

---

① 改编自:王琳琳,王瑄尉.数字化转型背景下中华老字号的粉丝经济模式研究——以上海回力为例[J].上海商学院学报,2019,20(6):61-75.

路线的同时也不忘保留平价线路来满足大众消费者的需求;第三,在数字化转型背景下,回力利用线上线下的传媒对自身的产品进行宣传,扩大粉丝接受面,增强品牌知名度。最后,作为老字号品牌,回力的一大优势就是拥有较长的发展历史,这给予了其较长跨度的受众群体和情感支撑。回力通过主打怀旧情怀、明星效应、大型赛事,公益项目等方面迅速将品牌营销给现代消费者。

10.3 品牌短命现象解析

自 20 世纪 80 年代以来,中国市场上诸多品牌如雨后春笋般破土而出,并有相当一部分在很短的时间内由无名小卒一跃成为知名品牌。众商家你方唱罢我登场,"一夜成名"的神话在中国市场上似乎成了最易排演的小品剧。好像中国企业已参透了现代市场的玄机,得到了品牌打造的秘籍,能轻而易举在短期内造就大量的"成功"品牌。

但审视今日的中国舞台,昔日的明星,除了海尔、联想、五粮液等少数几个品牌尚健康运营外,大部分已然陨落无踪,其衰败亦如其"成名"一样迅速:珠海巨人、山东秦池的倒闭已成为旧事陈谈,三株、爱多也在市场大战中纷纷落马,中华牙膏、乐百氏则被外资品牌尽收囊中。瞬间成长起来的名牌转眼成了闪烁一现的流星,品牌短命一时成为中国市场上的一种现象。在此,笔者希望对中国品牌的病体进行一次深入透视,剖析其病理,以求良方。

10.3.1 经济转型与品牌危机

与西方发达国家上百年的市场经济发展史相比,中国的市场经济起步较晚。在我国市场经济处于转型期时,中国市场大门洞开,商机俯拾皆是,从而刺激了商家的投机心理。

首先,宏观经济环境不成熟,市场运行机制不完善,市场潜力巨大,存在着让商家心驰神往的暴利空间。一个市场成熟的标志是微利和理性经营,而投机和暴利"圈钱"则是转型期经济的常见病。在刚刚放开计划管制而市场机制尚未成熟的市场上,一旦投机成功,便可一夜暴富。巨大的利润空间驱使成批商家变投资为投机,把品牌建设视为市场豪赌。中国的保健品行业就是典型代表。20 世纪 80 年代,太阳神口服液的横空出世照亮了中国市场的半边天,也成为众商家追逐暴利的航标灯,点燃了保健品市场大战的导火索。据悉,在当时一种保健品从研制、开发、报批到出成品,再到商标注册只需要 20 万元人民币,而行业利润则高达 100%—200%。高额利润吸引大批投机商蜂拥而入,一时间,保健品市场鱼龙混杂,狼烟四起。众企业不惜投入巨额资金造名,希望能在新兴市场上挖一桶金。

其次,中国的消费者长期生活在以短缺经济为特征的计划经济条件下,消费心理还不成熟,消费行为缺乏理性,很容易受到广告、促销的单向诱导;加之,中国的消费人群基数大,一人买一件商品,也足以让商家赚得盆满钵满。这就为中国企业单纯依靠广告造名而不务实的品牌投机提供了温床。靠着大造声势,跟电视机前的消费者混个脸熟,秦池也做成了一笔又一笔"桑塔纳换奔驰"的便宜买卖。

一时间,品牌投机似乎成了中国市场上最简便易行、屡试不爽的致富捷径。

如果说潜力巨大、商机无限是经济转型期的一大特点,那么发展迅速则是这一时期的另一特征。四十年时光飞逝,中国市场日益走向成熟,经济运行逐渐步入正轨,曾经头脑发热、以广告为指南的消费者花钱买了教训,消费行为渐趋理性,品牌投机正在失去往日的神威,众多一夜间成长起来的品牌面临着严峻的考验。其中不乏精明之士,成名之后依然保持着旺盛的斗志,随着市场发展积累经验,根据市场变化运筹帷幄,积蓄力量维护、巩固、发展名牌。四十年的风雨历程擦拭出了美的、李宁、TCL等一批闪亮的品牌,但大批乌合之众在持久战中纷纷落马,全然失去了当初豪赌的骁勇。他们或在品牌战略上决策失误,或面对险情束手无策,从而导致品牌短命。例如,春都集团在品牌迅速发展的过程中,贸然以1.6亿元投资参股和控股24家非相关性企业,这些被控制的企业中有相当一部分亏损或已关门停产,"包袱"企业吸干了春都火腿肠这头金牛的乳汁,致使春都集团倒闭。与春都一样曾盛极一时的三株,则因面对媒体的负面报道束手无策,反应迟缓,未能进行有效的危机公关而使自己"命丧黄泉"。

大浪淘沙,市场无情,曾经依靠投机行为在市场转型期的混战中抢到第一桶金的人,却在迅速成长的市场中急剧衰老。"太阳神"消逝了,"巨人"倒了,秦池的危机也在随着其夺标次数的增加而蔓延。经济转型期这一特定的经济背景注定了投机品牌由骤兴走向速崩的必然命运。

但直到今天仍有"亮一回就死"的流星故事在中国舞台上上演:1995年,国内家电品牌超过200个,2021年,空调、冰箱、电视、洗衣机等主要家电领域,前5位品牌的占有率都超过或接近80%,短短的五年间90%的品牌夭折;从脑黄金到补钙大战再到基因食品,一波接一波的非理性操作没有创造出持久的品牌,反而使保健品行业陷入"五年期死亡线"的短命怪圈,老一批品牌倒下去,新一批品牌又在投机心理的驱使下重蹈覆辙。品牌短命之痛在当代中国延续时间过长,波及范围甚广,给我们的经济躯体造成了严重创伤,使中国在品牌之路上刚迈出第一步就付出了损兵折将的巨大代价。

10.3.2 长官意志与品牌独断

中国几千年的封建专制史,"官贵民贱"的等级观念深入人心,官本位思想根深蒂固;加之几十年计划经济的影响,政府运用行政手段直接干预企业经济似成惯性,尤其对于国有企业,政府部门不仅宏观调控,还"微观指导";不仅制定地区的发展战略,还左右企业的经营战略,似乎不如此,不足以证明领导的英明神武。政企分开,所有权与经营权分离在国有企业中的执行力度还远未达到理想状态,长官意志与市场规律的冲突在国企品牌中产生出持续的摩擦力,但一旦造成不良后果又缺乏行政、法律的制裁机制,责任无人承担,只能由企业自己吞下苦果,甚至付出品牌倒地的代价。上级领导一拍板,秦池3.2亿元的巨资只换来"标王"的头衔,却使企业成了外强中干的空架子。

长官意志不仅盛行于政府部门,企业管理层也是其重要的发源地。当成熟的外国企业纷纷层级缩减,发展网状组织,力求管理结构扁平化、分权化的时候,中国企业却在执着地构建集权化的组织结构和官僚化的管理模式,实行经验为王的能人管理,把打造品牌的千钧重任寄予核心领导一人身上,以个人决策代替群体决策,在品牌营造的重大问题上实行个人独断,使企业背负起致命的风险。如郎酒集团重金礼聘的闫爱杰,其作为销售公司的总经理,擅自作出转换品牌经营模式的重大决策,武断地颠覆了企业多年以来建立的"亲善型"模式,致使郎酒销量下降,中国白酒业的一个驰名品牌在短时间内便从高峰跌入低谷。

长官意志在政府与企业两个层面的延伸,使政府领导和相关企业构成了企业的全权决策。正如巨人大厦,史玉柱想盖几层盖几层,只要政府领导一句话,就可以将巨人大厦无限加高,财务预算、房地产市场调研、项目规划、可行性分析统统被抛在一边。如此构筑大厦,必为危房;如此构筑品牌,注定夭折。

在品牌建设中革除长官意志的顽症,强化科学化和集体决策,对中国品牌的健康发展具有重大战略意义。

10.3.3　品牌误读与品牌浮躁

除了经济体制的客观原因,中国企业自身对品牌的误读而导致的"浮躁症"也是造成品牌短命的重要病因。

首先,品牌是消费者认知中有关产品经验的总和:从产品性能、品质、包装、价格到销售环境,从产品陈列、售点广告、卖场气氛到销售说辞、服务态度、员工行为,从企业声望、媒介舆论、大众口碑到广告气氛、设计风格,所有这一切共同构成了完整的品牌形象,传达一致的品牌理念。但部分中国企业却将品牌概念过分虚化,仅将其肤浅地理解为生产企业或产品的名称,轻飘飘地浮在品牌表面上做文章。将立体化、人性化的品牌误读为单一化、符号化、缺乏个性内涵的空心怪物;将品牌价值与品牌剥离,使品牌丧失了永葆活力的生命之源;将产品与质量仅作为品牌次之又次之的附属,使品牌缺乏强有力的支持;单纯依靠广告造名,最终形成的只是看上去很美的品牌气泡,一旦与消费者进行实实在在的亲密接触,其虚弱本质便会暴露无遗,再美丽的泡沫也会一戳即穿,瞬间消失得无影无踪。中国家电行业十几年来大批品牌倒地身亡,就是因为产品缺乏差异化、个性化的支持,使得整个国产家电行业被笼罩在虚化的品牌阴影下,难以突围。

其次,中国企业在品牌树立问题上心浮气躁,缺乏长期的品牌战略规划,只期望着跑步进入品牌的成长期、成熟期,快速回收利润,对于品牌本身的塑造却未作过多规划。很多企业急于"生孩子",却不考虑如何"养孩子",更谈不上未雨绸缪,为自己的品牌制定量身打造的成长计划、培养方案。早在大卫·奥格威时代,品牌就被描绘成有独特形象与个性气质的人。俗话说"十年树木,百年树人",人性化的品牌需要长期的精心呵护与着力塑造,才能成长、成熟,为企业创造源源不断的财富。品牌崭露头角,羽翼尚未丰满,企业却放任自流,试问这样的品牌怎么能健康成长,怎么能拥有"美丽人生"? 短命自是必然的了。

此外,品牌浮躁症还表现为对品牌传播横向发展空间的视而不见,单纯依赖广告,缺乏整合品牌传播。当年巨人集团的兴衰史曾被概括为"成也广告,败也广告",其实并非广告自身惹的祸,只怨企业将品牌成败的赌注一股脑投在了广告上,对其他诸多传播手段(如促销、公关、营销终端建设、产品包装等)不屑一顾。广告作为营销组合中的一小部分,作为品牌传播的多种途径之一,绝非"服用方便,起效快"的灵丹妙药。企图以广告的单薄之躯支撑起品牌塑造、维护、巩固、发展的浩大工程,除了注定的品牌短命我们很难想象出第二种结果。

通过以上对品牌短命的病理透视,希望如今中国企业能痛定思痛,在品牌发展之路上走得更稳些、更远些。

小结和学习重点

(1) 品牌老化的内涵、原因。
(2) 如何应对品牌老化。
(3) 品牌创新的内涵、方式方法和创新的策略。

产品有生命周期,品牌也有其生命周期,品牌老化是品牌生命周期之必然现象。本章从分析品牌老化的原因着手,提出了品牌老化的应对之策。

品牌创新是应对品牌老化问题的良药,亦是品牌发展的核心支柱之一。本章的第二个部分在分析阐述了品牌创新的内涵之后,又从五个方面讲述了品牌创新的方式、方法:品牌质量的创新、品牌形象的更新、品牌定位的修正、品牌理念的改进和品牌视觉系统的创新。之后,又从四个角度阐述了品牌创新策略:找出新的用途、进军新市场、增加新产品、更新选择。

案例分析

李宁的品牌老化和创新

李宁品牌在1990年成立,由于李宁被誉为"体操王子",在国家乃至世界范围内具有一定知名度,也让"李宁"品牌得以崛起。在李宁品牌发展的三十多年过程中,经历了三个重要阶段:1990年至2004年间,李宁品牌从创立到了高速发展阶段,在全国范围内的品牌加盟店逐渐增多,品牌规模逐渐增大,受到当时年轻人的欢迎和钟爱;从2004年至

2010年，李宁品牌进入了经营调整阶段，由于经济发展不断进步，市场竞争日益激烈，李宁品牌也开始出现了老化，其中对于受众群体的定位，品牌的未来走向都需要进行相应调整；从2010年至今，李宁品牌进入了品牌重塑阶段，逐渐进入专业化发展的轨道。

李宁品牌在消费者心目中的认知一度与"为国争光的体育健儿"的形象紧密相连，李宁公司也刻意用"荣誉和拼搏"激起消费者的共鸣。这使得李宁品牌迅速崛起，在1994年至2002年之间，李宁一直占据着中国体育用品市场的最大份额，并于2004年成功在香港上市。不过，随着一批忠实消费者的老去，"李宁"二字对于品牌建设方面的帮助已经大不如前，公司在新生代消费者心目中的品牌认知度并不高，李宁品牌的消费人群整体是在35至40岁的人数超过50%，品牌出现了老化现象。

李宁品牌在激烈的市场角逐中逐渐失去了年轻群体的消费青睐，虽然在2008年由李宁创始人李宁在奥运会上以体操王子的身份进行飞天点火，使得市场掀起来一阵"李宁风"，但是李宁品牌的危机正在逐步到来。

2010年，李宁公司为了吸引更多的90后消费者，更换了logo和口号，将原来的"一切皆有可能"改为更贴合年轻消费者的"Make The Change"，而消费者并不买账，绝大多数消费者认为这是李宁抛弃70后、80后专心"讨好"90后的标志。再加上李宁品牌并没有将店面和款式进行变化，只是单纯地改了口号和符号而已。这一变化导致李宁营业额大幅缩水，全国关闭了1 800多家门店，业绩下滑30多亿元。

面对如此大的溃败，李宁从2012年开始便斥资14亿—18亿元进行品牌复兴，经过三年的调整，李宁品牌在2015年开始转亏为盈，重新将口号改回"一切皆有可能"，并在2019年实现了营业额破百亿的大关。

李宁的品牌创新在年轻一代的眼里代表着时尚，首先是店面的根本变化，消费者不仅仅是在店面中进行消费，而是可以进行专业的体脂测试，甚至是跑步姿势的测试，根据个人的数据向消费者提供定制的专业建议，这让消费者的消费体验有了质的提升。

在产品设计和创意上，李宁更是进行了一次大整改，不再是简单的口号和符号的改变，而是用心地发掘年轻消费者的需求。在2018年的纽约时装周上，李宁品牌以"悟道"为主题向世界展示了中国李宁原创态度和时尚影响力，从此"中国李宁"成为年轻消费者心目中的潮牌。

思考：
1. 李宁各个层面的创新对李宁品牌资产的增值有何作用？
2. 分析李宁的品牌激活，最重要的因素是什么？

课后思考题

1. 在现实企业中找出一个品牌老化的例子，分析其原因和危害。

2. 如何对品牌老化进行监控？
3. 为什么中国品牌会出现大面积的品牌短命现象？
4. 品牌创新的含义是什么？
5. 你能阐述几种品牌创新的方法？
6. 怎样运用品牌创新策略塑造强势品牌？

第 11 章 品牌危机处理

学完本章,你应该能够:
(1) 了解品牌危机的必然性与原因;
(2) 掌握品牌危机的防范措施;
(3) 掌握品牌危机的处理原则和售后管理。

品牌危机

11.1 品牌危机的防范

市场是一个包含无数未知因素的巨大魔方,企业品牌随着所提供产品或服务的时间和空间跨度的几何级数增长,时空中的参变量必将越来越多,潜在风险也必将越来越大,品牌危机的发生已成为不可避免的。

11.1.1 品牌危机产生的必然性及原因

11.1.1.1 品牌危机产生的必然性及危害

俗话说:"天有不测风云,人有旦夕祸福。"任何品牌都可能出现危机,就像有汽车就会有车祸,有互联网就会有病毒,有了人的存在就会有疾病的存在一样,似乎成功与失败、顺境与逆境并存是一切事物存在的规则。品牌自从诞生之日起,各种各样的危机就像病魔一样时时刻刻潜伏在周围,只要稍有疏忽,危机就有可能爆发,只是根据来源的不同、品牌的不同,危机呈现出的形态不同而已。

品牌危机是指由于组织内、外部突发原因造成的始料不及的对品牌形象的损害和品牌价值的降低,以及由此导致的使组织陷入困难和危险的状态。

尽管信息技术的突飞猛进使我们能够掌握更多、更全面、更准确的资料,但也使我们面临的信息更加庞杂、社会环境更加复杂、竞争也更加激烈。在这个品牌多如繁星的社会,在这个强者生存、弱者亡的巨大竞技场,时空中各种各样的因素交织在一起,潜在的风险同样也就越来越大,危机的发生是不可避免的,普通品牌如此,著名品牌也如此;年轻品牌如此,老品牌也如此。正如美国公共关系专家弗兰克·杰夫斯(Frank Jeffs)所说:"在充满传奇的世界上,我们面临着无法预见的恐怖,这些恐怖事件能够破坏绝大多数灵敏而有名气的公司的声誉和销售额。"

有学者称,品牌实质上就是承诺。品牌一旦形成,承诺也便形成。企业要按品牌的定位、品牌的识别系统以及品牌的传播内容,诚实守信地为顾客践行品牌的承诺。或者说,品牌一词本身就包含着责任。不但承诺的内容形成了品牌的责任,没有承诺过的内容也是品牌的责任。品牌的责任可以分为两种:一种是品牌对顾客的责任。品牌要为顾客提供最基本的、安全的、符合功能约定的、符合质量的产品和服务,这是最基本的责任;更高一点的责任是提供符合宣传内容的产品和服务。另一种是品牌对社会的责任。最基本的责任是企业不危害社会、不危害自然、不危害人类;更高一些的责任是,企业不但不做危害人类、自然与社会的行为,而且为人类、自然、社会着想,力图通过企业的力量改善环境、促进社会发展。这些责任,有些是需要承诺的,有些是不需要承诺的。但至于企业履行不履行,则是品牌的信誉问题。

品牌危机是形象危机。在品牌危机这个名词出现之前,形象危机、声誉危机经常被提及,即使现在,这些名词仍然作为品牌危机的代名词,或作为品牌危机的补充。毕竟,现在很多人不是十分理解品牌,有些人还认为公司名称和品牌是两回事,因此,在公司形象出现危机时,用形象危机一词,而不用品牌危机。我们刚刚说过,品牌危机是品牌的联想发生了改变,因此我们说,品牌危机是形象危机。

品牌危机是信任危机。品牌危机形象的负面改变,使得顾客不再对品牌有所信任。一种可能是顾客不再信任品牌所提供的产品,顾客可能感到品牌所代表的商品对顾客是有害、不安全的、或质量有问题的。另一种可能是顾客对品牌的信誉产生怀疑,认为企业并没有按品牌宣传的那样正确地对待顾客或对待社会,或感到企业不够诚信。

品牌危机是公共关系危机。品牌个性概念的提出,将品牌拟人化,使得品牌作为一个人性化的个体与公众发生关系。品牌的公共关系包括品牌与顾客的关系、品牌与社会的关系、品牌与员工的关系、品牌与政府的关系等。品牌危机是信任危机,顾客对品牌的不信任也会导致整个社会公众开始针对品牌,品牌的公共形象受到严峻考验,可以说,品牌危机是公共关系危机。

品牌危机是市场危机。品牌危机既是信任危机,也是公共关系危机,在危机发生时由于顾客不再信任品牌、公共关系恶化,使得市场发生剧烈波动,以至于产品销量急速下滑,失去大量市场份额,利润降低,严重时可威胁企业生存。三鹿奶粉危机就是最典型的案例。

品牌危机是信誉危机。虽然有时事件只是由于社会环境的原因造成的,或由于有人的恶意陷害,企业并没有什么过错。但如果企业不果断采取措施,反而选择隐瞒事实真相,就会使品牌形象受损,降低品牌信誉,事件可能转化为信誉危机。

品牌危机与产品危机。虽然大多数品牌危机表现为产品危机,但仍有一些危机并不是因为产品引起的。非产品引起的品牌危机多是信誉危机,即由于企业采取了不当的行为,引起了顾客和社会公众的不满造成的。

从以上可以看出,品牌危机与其他类型的危机,并不是互不相容的概念。品牌危机与其他类型的危机命名,仅仅是研究角度的不同、强调对象的不同。我们还可以看出,品牌危机贯穿于品牌打造与品牌认知的每一个环节,这有利于我们去深入发现危机发生的深层次原因,从而为危机的防范和危机的管理提供更有说服力的证据。品牌危机是市场危机,是公共关系危机,是信任危机,是形象危机,有时是产品危机,有时是信誉危机。我们看到,很多情况下品牌危机并不是直接由于品牌联想的改变而引起,但品牌联想的改变却引导着危机的发生和发展。品牌联想是品牌成长的发动机,也是品牌危机的加速器。

品牌危机带来的危害也是毋庸置疑的,它可以使一个品牌由美名远扬变为臭名昭著;

可以使一个品牌的上亿,甚至几十亿、几百亿的无形资产价值顷刻间变得分文不值;可以使一个生机勃勃的组织英年早逝;可以使一个长盛不衰的组织很快销声匿迹。请看下面的例子:

案例 11.1

三鹿奶粉的品牌危机[①]

三鹿事件的回顾:2008年3月,南京儿童医院的十例婴幼儿泌尿结石样本的检验使三鹿问题奶粉事件浮出水面。2008年9月12日,联合调查组确认了含三聚氰胺的三鹿奶粉能够导致婴幼儿泌尿系统结石。2008年9月16日,三鹿集团党委书记田文华被免职。2008年12月25日,石家庄市政府新闻发言人王建国介绍,三鹿集团净资产为-11.03亿元,严重资不抵债。2009年2月12日,石家庄市中级人民法院正式宣布石家庄市三鹿集团股份有限公司破产。

三鹿是知名企业,拥有"中国名牌产品""国家免检产品""中国驰名商标"等多项荣誉,对消费者来说该产品的质量是可以信赖的。三聚氰胺会出现在三鹿奶粉中说明三鹿的质量检测系统和质量监督体系存在漏洞,产品生产和检验等最基本的环节均出现技术和人为疏漏。这种问题出现在食品中,尤其是婴幼儿赖以生存的食品,其影响和危害可见一斑。可见三鹿并没有一定的危机意识,忽视了危机管理的事先预防原则。

早在2007年12月三鹿客服部就接到消费者投诉,但是直到2008年5月17日,三鹿集团客户服务部,才书面向田文华、王玉良等集团领导班子成员通报了投诉情况。可见及时反映原则是危机管理中至关重要的。危机发生后的每一分每一秒都关系着企业的生死存亡。任何的犹豫和延迟都可能使危机的事态扩大,危及企业命运。三鹿集团很早就接到了患泌尿系统结石病的投诉,那时媒体还没有对三鹿进行曝光,这本来是很好的处理危机的时机,很遗憾,三鹿并没有及时发现,及时处理,还企图掩盖事实真相,导致了事态一步步扩大,终至破产。

2008年9月12日下午2点三鹿集团发布消息,宣称三鹿奶粉三聚氰胺事件是由于不法奶农为追求更多的利润向鲜牛奶中掺入三聚氰胺,不法奶农才是这个事件的元凶。客观地说,不法奶农确实是这次事件的始作俑者。但是,三鹿作为最终面对消费者的生产厂商,有责任和义务检测出原料中的有害物质。三鹿非但没有主动承担责任,反而将责任都推给奶农,这种做法不仅不能平民愤,反而会激起消费者的愤慨之心,造成三鹿逃避责任、不负责任的形象。

像三鹿这样因危机导致品牌衰落、消亡的例子还有很多,比如商业大厦"亚细亚"、中

[①] 改编自张曼曼,刘翠晓. 从三鹿事件看品牌危机管理[J]. 现代商贸工业,2010,22(17):151-152.

国快餐连锁店"红高粱"、饮品"健力宝"、学习机"小霸王"等,一个个曾经响遍中国大江南北的名牌以决堤之势转瞬间被摧毁。危机即便没有给品牌带来灭顶之灾,但也必定带来让人无法招架、难以忍受的重创。如以下案例:

案例 11.2

奔驰公司的品牌危机①

2019 年 4 月 10 日左右,一段"奔驰女车主引擎盖上哭诉维权"的视频在网络上疯传,迅速成为社会舆论关注的焦点。一时间,奔驰 4S 店服务、产品质量,甚至行业的整体问题也被推到风口浪尖。

事情的缘起是 2019 年 3 月,视频中的奔驰女车主在一家名为西安利之星奔驰 4S 店内以贷款的方式购买了一辆价值 66 万元的全新奔驰汽车。但就在女车主为庆祝生日,喜提新车的当天,在新车还没开出 4S 店时发生了发动机漏油的情况。

对这种明显属于质量问题的情况,最开始 4S 店也表示跟厂家商量之后,可以协商退车。但结果半个月过去后,4S 店的处理方式由之前承诺可以协商退车改为了只能换车。令女车主没有想到的,不久之后 4S 店的处理方式又再度变卦:由换车改为免费更换发动机。稍有常识的就知道,如果更换发动机,这辆车就意味着重大的"历史"问题。以后要是该车以二手车出售,价格将大打折扣。

女车主无奈之下,最终盘腿坐在 4S 店内的奔驰车引擎盖上哭诉维权,该维权视频在网络上流传甚广。随即,女车主又爆出与 4S 店经理一段长达 18 分钟的电话对话录音,奔驰被推上风口浪尖。

根据媒体报道,4 月 16 日双方达成和解协议,主要内容包括 5 点:一是更换同款的奔驰新车,但依旧是以贷款的方式购买;二是对该车主此前支付的 1 万余元"金融服务费"全额退款;三是奔驰方面主动提出,邀请该车主参观奔驰位于德国的工厂和流水线等,了解相关流程;四是赠送该车主十年"一对一"的 VIP 服务;五是为女车主补办生日(农历),费用由奔驰全额支付。

之后,该事件的关注度开始逐渐减弱,四月下旬开始趋于平静。在移动互联网时代企业和个人危机爆发频繁且迅速,但一般而言基本上在 3—7 天时间就会平息,但奔驰事件前后维持了差不多半个月的热度。奔驰公司在中国市场的品牌受到了极大的打击,并且奔驰汽车原本通过长时间树立起来的消费者对于其产品质量的认可,也因为此次危机而大打折扣。

中国有句俗话:"树大招风"。一个组织一旦成了名,创出了名牌,发生危机后的损失

---

① 改编自何运舟,刘国华. 奔驰漏油事件:公关的时效性与情绪性[J]. 公关世界,2019(17):90—92.

第11章 品牌危机处理

相对来说会更大,"一招不慎,满盘皆输。"这是因为:①名牌知名度更大,受关注的程度更高,因而发生危机后,传播速度也更快;②名牌潜在的竞争对手更多,他们会乘人之危,使危机加剧;③名牌组织的规模通常较大,危机处理难度也更大。

11.1.1.2 品牌危机的特性

1) 突发性

品牌危机的发生都是突然的、是难以预测的。发生之前,虽然有时可以预见其发生的可能性,但通常无法确定其一定会发生,更无法确定其发生的具体时间、形式、强度和规模等。

2) 严重危害性

由于品牌的脆弱性,危机一旦发生,就会对品牌形象造成巨大的破坏,并引发由于品牌价值的降低而带来的多方面的损失,使组织陷入困难窘迫的境地,严重时可使一个组织消亡。

3) 强烈的冲击性

来势凶猛,发展迅速,往往呈排山倒海之势。不论是不期而至的天灾,还是长期酝酿一朝爆发的人祸,一旦爆发,其来势之猛、发展之快、涉及面之广、影响之深,往往使组织有无法招架、无能为力的感觉。

4) 舆论关注性

品牌危机爆发时,品牌原来的知名度必然引起广泛的舆论关注。媒体大张旗鼓地报道,常常成为危机处理中最棘手的问题,舆论的偏向甚至直接影响到品牌的存亡。

5) 双重性

危机蕴含着危险,也蕴含着转机,具有双重性。如果能够在处理危机过程中传达出对消费者负责的社会责任感,赢得公众的认可,那么危机带来产品改善的同时也会带来公众关注度的提高。强生在处理"泰诺"药品质量问题的危机中成功地向公众传达了企业的社会责任感,受到了消费者的认可。强生还因此获得了美国公关协会颁发的银钻奖。原本一场"灭顶之灾"竟然奇迹般地为强生带来了更高的声誉,这归功于强生高超的危机应对技巧。

11.1.1.3 品牌危机产生的原因

既然品牌危机是我们无法逃避的,那么就要先了解它产生的原因,只有知道了危机发生的原因才能有效地防范、妥善地解决危机。危机的表现形态各异,原因也来自各个方面,但归结起来共有三种:组织内部的错误、组织外部的损害和自然灾害。

1) 组织内部的错误

组织内部的错误是组织内部成员造成的对品牌形象、品牌价值的损害,包括错误决策、低水平管理、生产性错误、广告公关性错误。

错误决策是影响最严重的一种错误,它是由公司的决策层,即最高层做出的,权威性很强,并且常常涉及有关整个组织的生存和发展的全局性问题,因而影响范围大、程度深,纠正时往往要伤筋动骨。错误地投资、不适当地开发新产品、品牌定位错误、漠视市场变化而故步自封、盲目扩大规模等都属于决策性失误。例如,1985年可口可乐之父罗伯特·伍德鲁福(Robert Woodruff)刚刚去世,新的领导层就改变整个配方,推出新配方的可口可乐,结果遭到消费者的强烈反对,加上竞争对手百事可乐公司的趁火打劫,可口可乐遭遇到极大的危机,其品牌险些被挤出市场。再例如,海尔集团盲目地采用"多元化"战略,过快地发展了许多和核心主业并不相关的业务,导致战线太长,营销和财务管理体制的风险太大,最终海尔集团很多业务,如海尔制药、海尔电脑等,都以关门而告终。

低水平管理包括机构设置上的不合理、组织文化的败坏、规章制度的不严格等。比如,组织内部矛盾导致的组织成员对本组织的恶意报复(如,纵火、设置计算机病毒、制造流言);组织内人员贪污腐化而挪用公款、制造假账;泄漏组织机密、产品秘方、特殊工艺等;生产设备长期不检修;高级人才的突然离职等。如1985年,苹果总裁乔布斯同董事会意见不合而被赶出苹果公司,愤而成立NeXT Computer公司,并带走其旧部,致使苹果公司电脑的市场份额一落千丈,几乎处于崩溃的边缘。

再比如,爱多电器有限公司在2000年4月7日的《羊城晚报》上刊登了一则公司董事会授权的律师声明,说爱多电器公司下属的机构除中山爱多电器有限公司外,其余在国内设立的所有分支机构及下属企业均未经过该公司同意,其所发生的债权、债务和经济活动也与爱多电器公司无关。发表声明的是两股东,他们显然是因为内部矛盾,想甩开其他爱多分支机构,同时抬高自己。可是他们却忽略了,爱多是一个品牌,这个品牌是一个整体,他们也忽略了品牌是脆弱得经不起伤害,任何的风吹草动都会使其遭到巨大损失,内部矛盾应该在内部悄悄解决,哪怕萧墙之中打得天翻地覆,对外也要表现出亲如一家的风度,这样才能让消费者信任。

管理上的原因有时仅是小小的疏忽造成的,组织平时根本没有注意到,等到危机发生,造成无法挽回的巨大恶果后,才后悔莫及。如美国联合碳化物公司设在印度博帕尔的杀虫剂厂,由于管理与设备问题,造成毒气外泄,导致当地2 000余人死亡,3 000人生命垂危,13人终身残疾。为此,印度政府提出了15亿美元的赔偿要求,这个公司从此日落西山。①

还有一种企业内部的错误是由产品质量、数量、技术或服务等生产性原因造成的,被称为生产性错误。如以次充好、以假乱真的弄虚作假行为,故意减少产品数量,不履行服务承诺等。这种原因造成的危机是罪有应得。但有时,生产性错误并不是故意而为的,而是组织无心的,由于忽视或轻视造成的。例如,技术创新乏力,再如前面提到的三鹿奶粉。又如,2016年三星手机因为电池质量有问题,发生了多次爆炸事件,被世界多家媒体披

---

① 万力.名牌公关策划[M].北京:中国人民大学出版社,1997:134.

露,形成波及世界市场的"三星电池门"。被披露后,三星公司十分震惊,马上进行停产整顿,虽然挽救了品牌,但造成的损失也是令人痛心的。

最后一个,也是最常见的错误是广告公关性错误。这里最基本的错误是重内轻外,忽视公关的问题。忽视公关,这是我国组织在计划经济下所形成的一种错误思想造成的,尽管这些年随着市场经济的逐步深化而有所改善,大多数组织,尤其是企业都设立了公关部,但这种思潮在人们心中还有一定影响,造成组织机构虚设的现象。

滴滴出行是共享出行中的龙头品牌,在方便人们出行、汽车资源共享、减少碳排放方面是很有价值的,但在"空姐遇害"等的系列危机事件处理上,方法不当,使品牌受损,其美国上市更涉及数据安全问题,受到广泛质疑。

这里的"广告公关"指为树立组织形象而做的一切对外系统、宣传活动,比如广告、促销、与相关部门的沟通、与同行的交流以及其他社交活动。造成这种错误的原因有策划错位,对异国、异族文化不了解,表达不清造成公众误解等。

广告是一种很好的打造品牌、美化品牌的手段,但广告使用不当则会导致毁灭品牌的效果。美国骆驼牌香烟有句吹遍全球的广告语:"我宁愿为骆驼行一万里路。"意思是暗示烟迷为了拥护此烟宁愿走到鞋底磨穿。于是,该广告在泰国发布时,选用著名的寺庙做背景,一位烟民高跷二郎腿,露出洞穿的鞋底。谁知不但没达到预期的广告效果,反而引起轩然大波。因为按泰国人的风俗,脚底是最污秽之处,在人前跷起是对人极不尊重的表现,更何况是在最神圣的寺庙前。

"百事"曾为了宣传,在菲律宾举办瓶盖拉环兑奖活动,首奖 4 万美元,顿时在菲掀起一股喝百事热潮。1992 年 9 月 25 日晚公布中奖号码为 349,顷刻间,一大批中奖者的欢呼声响遍马尼拉,原来竟有 80 多万个拉环印有 349。为平息风波,百事决定"首奖者统统有奖,一律发给 20 美元,作为善意的回报"。但这并不能稳定消费者,他们发起了规模巨大的示威活动。据统计,共有 30 多辆百事货车被捣毁。一批讨奖者竟向百事公司的卡车投掷杀伤性手榴弹,造成 8 名无辜市民死伤。百事在菲律宾的主管们也收到许多恐吓信,22 000 多人控告百事有欺诈等罪名。这显然是由于广告和公关不当造成的后果。

任何危机最终都要通过公关的方法解决,但是,危机公关并不等于我们这里说的公关性错误。危机公关是指危机发生了之后,通过公关的手段在公众心目中恢复或重建企业形象。公关性失误是失败的公关,是需要新的公关活动进行纠正和弥补的问题。

2) 组织外部的伤害

组织外部的伤害有竞争对手的陷害、媒体的错误报道以及其他来自组织外部与组织有着直接或间接关系的组织或个人恶意、非恶意的伤害。恶意伤害是指做这些伤害活动的目的就是使该组织受到破坏和损失,这种情况多来自竞争对手,也有公众或其他对组织出于报复心理或嫉妒心理进行的诬蔑、陷害。在这个变幻莫测、危机四伏的竞技场,有一些人对同行的成功不能正视,心存嫉妒,于是会采用非正当竞争的手段,制造一些不利于对手的舆论,设计一些事端陷害对手,干一些非法的或不道德的勾当;或是趁火打劫,在别人受难时连冷眼旁观都做不到,而是仿佛抓到了别人小辫子似的非常开心,当作自己摆脱现状、飞黄腾达的大好机遇。这是每一个组织都应该警惕的。

不是竞争对手造成的恶意伤害其实不能仅仅归结为外部原因,它很大程度上是由于组织内部公关工作没做好。

非恶意伤害是无心过失造成的,如媒体由于时间的紧迫、知识的局限或不负责导致的错误报道。2000年2月27日,英国《星期日泰晤士报》刊登了一篇题为《秘密报告指控甜味剂》的报道,指出包括可口可乐在内的许多饮料使用一种叫作阿斯巴甜的甜味剂,这种甜味剂能分解出有毒物质,从而影响大脑的正常工作;同时,它还会诱使消费者喝更多的这类饮料。消息很快传遍全球,引起轩然大波。事实上,可口可乐系列产品并没有使用阿斯巴甜,并且,经美国全国饮料协会证明,阿斯巴甜并不存在上述问题,已被全球90多个国家批准使用。

非恶意伤害也可能是由和品牌有关的个人自身的错误、谣言或灾祸引发的。身为可口可乐子品牌"雪碧"代言人的伏明霞接连招致事端,先是在与可口可乐签约广告的仪式上穿了一条写满英文脏话的裤子引起负面影响,后是因"松霞恋"遭人非议,从而使可口可乐品牌形象也受到负面影响,真是冤枉。可口可乐作为一种饮料本身并没有很高的价值,而其100多年在市场上摸爬滚打创立的品牌形象却有很高的无形资产、有很高的附加值,这种品牌形象一旦被损害,带来的损失是无法估量的。

非恶意伤害也是指由社会上与组织生存发展本无直接关系的原因通过某种巧合或相似性,祸及组织造成品牌危机的灾难。如2017年的"315"晚会,央视报道了日本核污染地区违规食品在国内的互联网上违规流通和销售的情况,而作为中国最大的互联网销售平台"淘宝"却因此受到牵连,一时间消费者对淘宝销售的日本进口商品充满怀疑。

又如冒用某品牌做一些诸如制造假冒伪劣商品等活动。例如曾经被作为送礼佳品的茅台酒,也因假货太多,使消费者望而生畏,给品牌造成极大损害;或消费者用该品牌的商品做一些非法活动。例如,某地有三个孩子被人投毒致死,这本不应该与任何企业扯上关系,但巧的是投毒人想了一个十分"巧妙"的方法,用针孔将毒药注入娃哈哈果奶的瓶中,这是娃哈哈的飞来横祸。

还有一种组织外部的伤害是由宏观原因引起的,如国家政策方针的变化、新法律条文的产生、战争、恐怖主义等,这些改变与发生不是针对某个品牌的,也不是只对某个品牌或某些品牌造成伤害,而是会造成全社会性变动或伤害的,属于社会背景的变化。例如1997年至1998年发生的亚洲金融危机,对亚洲经济的巨大影响,当然造成了许多品牌的受伤、衰落和覆没;北约轰炸南联盟,使当地各个组织蒙受巨大的损失,许多品牌甚至已无法存在了。又如美国人布卢姆生产一种名叫"米沙"的小玩具熊,用作1980年莫斯科奥运会的吉祥物,开始销路很好,预计营业收入可达5 000万—1亿美元。不料,由于苏联拒绝从阿富汗撤军,美国总统宣布不参加莫斯科奥运会,骤然间,"米沙"变成了人们深恶痛绝的东西,"米沙"这一品牌被彻底摧毁。

以上所说的两种原因都是人为的,还有一种原因是人力无法抗拒的,这里称之为自然灾害。

3) 自然灾害

这里所说的自然灾害是一个广义的概念,是指非人为原因造成的品牌危机的总称,既包括地震、台风、火灾、洪水、瘟疫等自然现象带来的狭义的自然灾害,也指迫于其他自然规律的非人力所能控制的原因造成的灾害,如,组织关键人物的突然死亡、经济规律导致的国际经济形势的变化、流行趋势的变化、社会的不断发展进步等。

由于自然现象引起的灾害时有发生。例如,1982年7月30日,在印度孟买油田发生了一次油井井喷,立刻使印度石油天然气委员会陷入危机之中。由于自然条件是组织不能控制的因素,所以,一旦自然灾害发生,就可能使组织一夜之间陷入危机。自然因素对组织的影响有直接和间接之分,直接影响是指气候、温度、能源等对组织生产经营的限制;间接影响主要是指政府(广义)为保护自然环境而制定和颁布的相关政策与法规,这种情况则属于第二类——组织外部的伤害。

后者如社会的发展、科技的进步使人们生活节奏加快,曾被称为老"三大件"之一的缝纫机已逐渐退出家庭,曾经被抢购的缝纫机的品牌如"蝴蝶"已经找不到了,自行车品牌也将风光不再。

必须指出的是,在现实社会中,品牌危机通常不是一种原因造成的,而是多种原因综合作用的结果。例如"秦池"的消亡一方面是由于不顾实力盲目竞争"标王",一方面是忽视"质量",勾兑酒;1985年可口可乐的危机一方面是总裁的突然去世,一方面是新领导班子的错误决策,还有一方面是老竞争对手"百事"的趁火打劫。所以,考察品牌危机产生的原因时,不能只从一方面入手,要全面地分析。

11.1.2 品牌危机的防范

这是一个不允许犯错误的时代,许多人觊觎你的位子,因为只要你稍有不慎,危机一旦发生,其巨大的危害性将会给一个品牌造成无法弥补的伤害,所以防范是第一要务。

根据品牌危机产生的原因可知,品牌危机可分为易于防范的和不易防范的两种。自然灾害因其非人为性和不可控性属于不易防范的品牌危机,组织外部伤害造成的危机大部分不易防范,但有些可通过良好的公关活动来预防;而组织内部的错误是组织内部的成员造成的,可控制性和可管理性较强,所以一般来说都是可以避免的,只要防范措施得力,基本上都属于易于预防的。

不论是易于防范还是不易防范的品牌危机,由于其巨大的危害性,品牌危机的防范都是经营品牌必不可少的一个方面。若无有效快速的危机防范和预警系统,组织对汹涌而来的危机茫然不知,那么别说避免危机了,一旦危机发生,企业只能仓促上阵、被动应付。易于预防和不易预防的品牌危机都应做的防范工作有以下几种。

11.1.2.1　树立危机意识

要做好品牌危机的防范,首先要使组织全体成员树立危机意识。组织高层领导树立危机意识是前提,因为他们是组织的领头羊,只有他们做到了,才有可能要求其下属也做到。组织全体成员都要树立危机意识是因为:①他们本身是品牌形象的组成部分,他们的个人形象、文化修养、精神风度、工作作风等都代表、影响着自己的品牌;②他们处于生产经营前线,对组织的真实情况、对危机的潜在情况有最直接的感受;③他们在自己的生活圈子中是自己组织的发言人,他们的说法、做法会被他的小圈子的群众看作组织的说法、做法,并向更广的范围传播。

要唤起全员的危机意识,要注意两点:①定期教育,不能搞一阵风,自己或别的著名品牌发生危机了就突击教育,过后就放松警惕;②用事实说话,用自己历史上危机事件和其他品牌危机的案例进行教育。

11.1.2.2　建立危机预警系统

要做好品牌危机的防范,其次要设立应对危机的常设机构,建立危机预警系统。这个机构可以由下列人员组成:决策层负责人之一、公关部经理、人事部经理、保卫部经理等和一些专职于危机防范的员工。被挑选的这些人员应具有如下素质中的几种:视野宽阔、经验丰富、处事冷静、决策果断、随机应变、思维缜密、见解独特、能言善辩、善于沟通、忠诚敬业。这个机构要做的工作有:

1) 调查研究危机的历史

研究历史可以少犯错误、少走弯路,俗话说:"以古为镜知兴替。"调查研究危机历史的目的有两个:一是以自己或他人的历史为前车之鉴,避免再犯类似的错误;二是从以往的危机处理中吸取经验、教训,找出有效解决危机的方法。

2) 检测组织内外部环境

俗话说:"冰冻三尺,非一日之寒。"许多危机爆发前都或多或少有一些征兆,特别是组织内部的错误造成的危机。如长时间机器设备缺少检修会造成不合格产品的产生,管理机构的臃肿可能导致管理的无效,组织内员工干一些对组织有损的事,组织机密控制不严可能导致技术泄密、配方泄密等。外部环境包括竞争对手,他们的经营状况、声誉、个性如何,一个狡猾卑劣的竞争对手在经营不良时,极有可能成为组织外部危机的制造者。外部环境还包括与组织有关的组织和职能部门,如工商、税务、财政等,还有与组织专业有关的部门,如生产医药的企业的外部环境就包括卫生局,学校的外部环境就包括教育局。除了直接与组织有关的部门外,还有间接有关的,如法院、媒体、医院等。引起伤害或死亡、对财产造成严重损害的任何突发事件都将牵涉到法律,所以,法院当前的格局、负责人是谁都是应调研的内容。

俗话说:"知己知彼,百战不殆。"只有对组织内外环境熟悉了,才能有效地预防,即使危机不可避免地发生了,处理起来也比较得心应手,使损失减少到最小。

3) 做好与外部的沟通工作

在对外部环境检测的基础上还要做好沟通工作,沟通也就是公关。公关绝不是组织可有可无的东西,而是关系组织命脉的内在需要。沟通不应是危机发生后才做的事,出色的公关应是平时一点一滴积累的。公关不只是企业的事,对所有组织都需要。

沟通工作包括所有需要检测的外部环境,但最主要的是做好与媒介的沟通工作。媒体是组织对外宣传、发布信息的主要渠道。对具有新闻价值的信息,媒体会主动报道,在这些信息中,对组织有利的被报道了固然是好事,但不利的报道也是不可避免的。品牌危机有舆论关注性的特点,这类信息更容易被媒体猎取并加以报道。并且,在危机报道中,媒体并不能总是毫无偏见的,有时也会带有报道者个人的态度和情绪;媒体也不能总是准确无误的,而且新闻要求的及时性在组织发生危机时往往不能达到配合之效果,组织或手忙脚乱、无法顾及,或躲躲藏藏、企图遮掩,这些都会加深报道的错误。

4) 制定危机反应计划

就是在危机到来之前根据经验和规律,经过调查研究,假定危机即将爆发,从而制定出一系列措施来应对危机。

品牌危机反应计划的基本原则是:①立即作出反应;②积极主动;③与外界保持沟通;④对受害者表示同情并给予帮助;⑤以维护品牌为第一要务。

品牌危机反应计划的内容有:

(1) 对潜在的危机分类。根据品牌危机发生的原因进行分类,看看是由组织内部的失误造成的,还是组织外部的损害造成的,或是自然灾害。分好大类后还要进行细分,要做到尽可能地细,这样有利于以后的防范和处理。分类之后,还要确定哪些危机是可以避免的、哪些是不可避免的;哪些是有一定规律的,如董事长去世,可预先制定出较为完备的应对方案,哪些是基本上无法估计的,如竞争对手的陷害。分类越清晰,应对方案越好制定,防范和处理起来也就越容易。

(2) 尽可能全面地设计出可能出现的情况。尽可能多地列举危机可能爆发的形式;设定出不同时间段爆发危机时造成的不同程度的影响、受害的人群的数量和反应、其他社会组织和成员的反应和对品牌的危害程度;设定不同规模的危机给各方面带来危害的程度,最终确定对品牌的影响。

(3) 设定危机爆发后需接触的组织和个人。首先,是传媒机构,还要根据不同程度接触各级政府机构,接触顾客、交易商、供应商;其次,组织内部的员工也是要接触的对象,稳定组织内部的情绪是处理危机的前提。

(4) 成立处理中心,安排危机处理人员的职能和权限。危机爆发后通常会引起混乱,人们在应对危机时不同的表现会引起乱上加乱,所以成立一个处理中心,由某一人担当领导,指挥、协调各部门工作是非常必要的;个人在危机处理中的角色定位必须明确,如公关部经理负责安排对外公关工作,公关人员中某人负责联系媒体,某人负责联系律师,某人负责安抚受害者亲友,某人负责稳定代理商,某人负责联系公关专家等等。

(5) 任命对外发言人,应对传媒的介入。传媒是与外界沟通信息的窗口,在应对危机过程中将起到举足轻重的作用,所以必须十分重视。由谁来统一口径、对外讲话和发表新闻,必须事先安排好,对外发布的不一致将会加剧危机,是应对危机的大忌。

5) 密切注意危机的征兆

有些危机的爆发是防不胜防的,品牌危机防范的基本原则是能预防尽量预防,不能避免的要设置便于第一时间解决的预警系统。我们虽不可预测危机爆发的具体时间、形式、强度和规模,但并不是说我们对其是无能为力的,事实上,许多危机在发生之前往往是会有一些先兆,有一些规律的。这些先兆有:

① 伤害组织或组织决策人形象的舆论越来越多;
② 特别受到政府、新闻界或特定人士的"关注";
③ 组织的各项财务指标不断下降;
④ 组织遇到的麻烦越来越多;
⑤ 组织的运转效率不断降低。[①]

6) 破坏危机成长的土壤

发现危机产生的征兆后,就应立即按轻重缓急进行分类,然后由最紧迫的问题入手,按照前面危机反应计划中的分类和分析将可能导致危机产生的土壤一个个解决掉,将危机扼杀在摇篮里。

7) 在危机实际发生之际,对全面工作做指导和咨询工作

危机爆发时会出现各种始料不及的意外情况,这个常设机构就成了问题的咨询中心,负责全面稳定、指导和协调工作。如果组织不足以应付危机,危机预警系统的任务则还有联络有关专家,共同担当咨询工作。

除了以上通用规则外,品牌危机的防范根据不同原因有不同的防范方法,特别是易于预防的品牌危机,更应注意有针对性的预防措施,以免危机发生后后悔不迭。

(1) 错误决策。为避免这种错误,就要建立较为民主的领导制度,切忌一人高高在上的独裁式领导制度,最高决策者要有智囊团,有监督其行为的委员会,要将其一部分关系组织生死存亡的权力分解。

(2) 低水平管理。针对这种情况就要建立合理的组织机构和管理体制,提高员工的团队精神,制定周密的管理规则,并设置相应的监管部门。

(3) 生产性错误。这就要求加强生产管理,抓质量,抓服务,培养员工的主人翁责任感。

(4) 广告公关性错误。首先要树立公关意识;其次,打广告和公关活动前要做好市场

[①] 万力.名牌公关策划[M].北京:中国人民大学出版社,1997:137.

调查工作,并选择优秀的广告公司,在广告过程中还要做好检测工作,公关过程中也要做好各项管理工作。

11.1.2.3 做好品牌的保护工作

做好危机防范,还要做好品牌的保护工作。品牌保护,首先要培养消费者的品牌忠诚,先入为主的观念和思维惯性对人们的行为影响很大,一旦消费者对某品牌产生忠诚,一些风吹草动便很难对其产生影响。例如世界性的一些大品牌,如可口可乐、麦当劳、强生等都曾遇到过危机,但最终都解决了,这一方面是由于他们的危机预警和处理工作较好,另一方面是由于有一大批忠诚的消费者。

除此之外,还要采取一些保护措施:

1) 法律保护

如商标及时注册、及时延续注册、异国注册、全方位注册等。现代组织已很少犯下不注册商标,而被别人抢注导致的错误,但"道高一尺,魔高一丈",异国注册已成为许多恶意注册者的手段,国内的大品牌还没有进入国际市场,没有进行国际注册,有些商贩趁此机会在他国注册,靠该品牌日益增加的品牌知名度和美誉度销售自己低劣的产品。这不但影响品牌的声誉,还影响到将来品牌的延伸。

全方位注册是指注册时要注意周密性,需要注册相似品牌。如娃哈哈注册时,同时注册了"娃娃哈""哈娃娃""哈哈娃"等三个防御商标。山东泰安酿酒总厂注册了以"泰山"为主体的系列商标,如泰山岩、泰山雪、泰山峰、泰山云、泰山溪、泰山美、泰山虎等等。不只要注册商标,包装也要注册,以免有些产品虽无法用相似的商标却采用相同或相似的包装。例子有"奥利奥",现在市场上出现"奥地利""粤利粤""白加黑"等就使用十分相似的包装。全方位注册还指注册与该品牌目前生产的商品无关的其他行业,特别是将来可能向其延伸的行业。如麦当劳是餐饮业名牌,该企业却有意将该品牌建成娱乐行业的老大,因此,诸如玩具、汽车、医药、日用品等都需要注册。否则,如啤酒的品牌被注册了相同名称的农药,后果就可想而知了。

2) 生产保护

指产品的质量、包装等。名牌产品首先得有好的质量,这是使消费者忠诚、保持品牌长盛不衰的关键,质量一分一毫的差别就可能被细心的消费者发现,或是被竞争对手加以利用,引起危机。质量保护主要是生产过程中的严格把关。

包装使用防伪标志已是通用的做法,也可采用一些具有高技术的包装方式,如"五粮液"的一次性防伪酒瓶就是很好的例子。对于不适合进行防伪包装的产品,如服装,可以采取专卖店经营的方式,这已很常见。

3) 技术保护

有些品牌就是靠技术秘密而保持长盛不衰的,如果这些秘密被公开,这个品牌就很难存在了。对于机密的保护许多著名品牌都有自己一套行之有效的方法。如可口可乐公司规定可口可乐的配方只能让两人知道,并且这两人不能同乘一架飞机,以免飞机失事、秘方失传。如果其中一人死亡,剩下的这个人就要秘密选择另一名继承人。

危机的预防还要与外部建立良好的关系,包括与同行、媒体单位,以及与主管部门,甚至还包括与消费者。人们都有先入为主的倾向,各方面对该品牌的印象好了,在该品牌出问题时就会不自觉地产生心理偏向,从各个角度为其辩解,从而减轻危机产生的损害;反之,则会增加危害。

11.1.2.4 配备相应资源

要做好品牌危机的防范,还要配备防范危机行动时所需的资源。最主要的是配备有效的联络设备。现代社会是信息社会,仅仅人员达到高效而设备跟不上是远远不够的,因为你需要几十分钟,甚至几小时才能通知的事,别人在几分钟,甚至几秒钟就完成了,这对组织来说,就丧失了主动权,是极为不利的。联络设备包括专线电话、对讲机、传真、电脑等。

此外,还有各种消防设施、后备装置、材料,以及一定数量的资金。

11.2 品牌危机的处理

11.2.1 危机处理的一般措施

美国《危机管理》一书的作者史蒂文·芬克(Steven Fink)曾对《财富》杂志排名前500名的大公司董事长和总经理进行过一项关于企业危机的调查,调查资料表明:80%的被调查者同意,现代企业面对的危机,就像死亡一样,已成为不可避免的事情[1]。一般来说,当一个企业品牌遇到危机时,采取下面的这些措施是必需的。

11.2.1.1 迅速组成处理危机的应变总部

在危机爆发后,最重要的是不要因为惊慌而乱了阵脚,而应该冷静地辨识危机的性质,有计划、有组织地应对危机。因此,迅速成立危机处理的应变总部,担负起协调和指挥工作就是十分必要的。一般讲这类机构应包括以下各种小组(或中心):调查组、联络组、处理组、报道组等。每个小组的职责要划定清楚。

事件一发生调查组就得立即开赴出事地点进行调查,并尽快做出初步报告。调查内容包括:突发事件的基本情况;事态现状及具体受损情况,事态所造成的影响,是否已被控制,控制的措施是什么,是否有恶化的趋势;事件发生的原因;事件涉及的公众对象,即直接受害公众和间接受害公众,与事件有关的组织和个人,与事件处理有关的部门机构、新

---

[1] 舒咏平.公关托出名牌[M].武汉:武汉大学出版社,1999:244-245.

闻媒体等;企业与有关人员应负的责任;等等。联络小组马上要投入各方面的联络工作,如接待外部人员,要约见何人,需要哪一方面的力量协助等都需要通过联络组统筹安排。如果是灾难性事故,还要及时向事故伤亡人员的家庭通报事故最新进展。处理组马上投入抢救,现场保护,死亡人员的善后和伤员的治疗,出现次货时的商品回收和处理,环境污染时的治理工作等。宣传报道组马上统一组织对外传播的工作。一般组建这种以传播信息、报道新闻为主要责任的机构是由公关部门负责。

当品牌遭遇危机时,这个应变总部是处理危机的核心机构,而公关人员则扮演着主宰成败的角色。应变总部应该迅速判断是否聘请外部公关专家和其他有关专家来协助指导工作。危机处理不是无经验者的训练场,在困难和压力面前,只有专业的、经验丰富的专家才能帮助公司控制住灾难。另一方面,负责危机公关的人应当是决策成员,至少必须拥有接近最高领导人的途径。这样公关人员才有可能在处理危机时及时、果断,不致贻误时机,造成更大的损失。处理危机的人与经营管理过程、各职能部门的绝缘,是不可想象的。

11.2.1.2　搞好内部公关,取得内部公众的理解

无论何种类型的危机,都会或多或少地冲击企业内部的员工、股东及员工家属,处理不好内部公众关系,就可能使他们感到岌岌可危,大难临头,将要遭受灭顶之灾,造成人心涣散、自顾不暇、各奔前程的局面,从而使已陷入危机的企业再次祸起萧墙、雪上加霜。因此,首先必须搞好内部公关,提高自身凝聚力,使大家能够团结一心、同舟共济、群策群力,帮助企业渡过难关。为此,一方面公共关系人员应保持与内部公众的接触,及时将准确的情况公布给大家,了解他们的意见、要求,稳定情绪,激发士气,并将企业所做出的决定告知大家。另一方面充分利用"意见领袖"的正向作用,去影响、带动员工向着有利于企业的方面发展。美国希尔顿旅馆从1919—1976年,由一家扩展到70家,遍布世界五大洲的各大城市,成为当时全球规模最大的旅馆之一,但希尔顿旅馆财富增加的道路上也曾经历过危机。1930年是美国经济萧条最厉害的一年,全美国的旅馆倒闭了80%,希尔顿旅馆也一家接着一家地亏损不堪,曾经欠债高达50万美元。总公司董事长希尔顿亲自召集每一家旅馆的员工特别交代和呼吁:"目前正值旅馆亏空靠借债度日时期,我决定强渡难关,一旦美国经济恐慌时期过去,我们希尔顿旅馆很快就能进入拨云见日的局面。因此,我请各位注意,万万不可把心里的愁云摆在脸上。无论旅馆本身遭遇的困难如何,希尔顿旅馆服务员脸上的微笑永远是属于旅客的。"正是由于希尔顿在旅馆亏损的关键时刻,能够正确地分析情况,把实际情况及所做出的决定及时告知员工,进而取得了员工的理解和支持,结果经济萧条刚过,希尔顿旅馆就领先进入了新的繁荣期,跨入了经营的黄金时代。

11.2.1.3　迅速收回不合格产品

由于产品质量问题所造成的危机是最常见的危机,一旦出现这类危机,应不惜一切代价迅速收回所有在市场上的不合格产品,并利用大众传媒告知社会公众如何退回这些次

品的方法。汽车召回是最典型的案例,某一款、某一批次产品,由于设计因素造成缺陷或材料因素产生风险,都需要通过召回予以更换或升级。例如,波音 737 Max 因为两起灾难,导致全球停运,必须通过系统设计、完成安全性测试,方可复飞。

收回不合格产品,表现了企业对消费者负责任的态度,表明企业始终是以消费者的利益为第一位的,为此不惜承担任何损失。这首先就从心理上打动了公众。如果放任这些产品继续流通,就有可能使危机涉及的范围进一步扩大,引起公众和媒体的群起而攻之,最终落到不可收拾的地步。

11.2.1.4 设立一个专门负责的发言人

这一般是由处理危机事件的最高负责人担任,其职责是全权向外界全面解释各种真相,他代表的是决策层的意见。参与处理危机事件的各部门、组织的公关部、其他信息情报部门及所有的雇员都应被告知,他们必须通过新闻中心向发言人提交各种有关的信息材料,新闻发言人必须全面熟悉这些资料。应当注意的是,对外传播信息只由这一个人输出,而不要多种声音讲话。否则,容易在公众中引起理解上的混乱,不知该听哪一个才是事实,最终导致公众不再相信任何该企业的解释,使已经受损的企业品牌形象跌入更深的谷底。再者,发言人讲话态度一定要诚恳、和气,向公众充分表明企业的诚意。

11.2.1.5 主动与新闻界沟通

"成也萧何,败也萧何"。新闻界既是公众之一,又是联系公众和企业的桥梁。由于它的特殊地位,它的影响范围广泛,对公众舆论导向作用极大。危机事件发生之后,新闻界必然来采访,在强大的社会舆论和可能产生的舆论压力面前,在新闻媒体高度的注视下,主动与新闻界沟通,让他们知道事件的真相,才是解决危机的最好政策。企业应广泛联系新闻界,特别是与企业保持友好关系的媒体,利用新闻传播,增加组织的透明度,增强企业与公众之间的沟通与交流,消除事件的负面影响。

企业应该给新闻界的采访提供方便,主动协助他们的工作,主动地通报事情发展的状况,积极提供新闻参考资料和背景资料,避免他们去找一些非正常渠道的新闻来源。而绝不可对其进行控制,甚至压制。这应是危机传播自始至终所应持的媒介政策。唯有这样做,才有可能创造出有利于解决危机的、公正的社会舆论环境。另外,还要注意沟通的连续性。不但在危机处理过程中要不间断与新闻界保持联系,在危机解决以后,仍然要继续这种联系,及时通过新闻界向公众展现企业品牌的新形象、新举措,在公众心目中重塑品牌形象。

网红辛巴是一位著名的网络主播,因 2020 年的大额捐款,收获了很多赞誉,得到了不少人的认同,也圈了一大波粉丝。作为有一定影响力的公众人物,理当爱惜自己的羽毛,但其团队在直播带货时兜售假燕窝,直接被网友视频揭穿。如果在之后的危机处理中辛巴能直接知错就改,真诚道歉,坦诚地向大家讲清缘由,还是有可能赢得媒体与消费者的谅解。但是辛巴在此次危机中最初的应对是百般搪塞、狡争辩,甚至威胁,最终落得一个被粉丝抛弃,遭到快手平台封禁其60天直播间的可悲结局。

11.2.1.6 查清事实,公布造成危机的原因

查清事实,是解决危机的关键。危机发生后,各种传言必然出现,会使企业陷入一个充满猜疑、不满和缺乏信任的不良环境。面对此情此景,唯有以事实为依据,以查清事实为突破口,才能找到起死回生的转机。一般来说,使企业品牌面临危机的情况主要有三种:自身行为不当、突发事件和失实报道。三种理由不同,处理的方法也就不同。只有首先通过调查研究,弄清事实的来龙去脉,才能使以后事件的处理做到有的放矢。

查清事实之后,企业应该尽快坦诚地向公众和新闻界公布造成危机的原因。正如美国企业危机咨询业务专家考林·夏恩(Colin Shane)指出:"如果工作中出现过失,你只是面临一个问题,但如果你在试图掩盖它,那所面临的问题就是两个了,而且,一旦事实真相被披露,谎言可能会比原先的错误更令你困扰。"①因此,无论什么样的危机,企业都应该接受其既成事实,及时地向有关人士和公众开放必要的信息传播通道。如果是自己的责任,应当勇于向社会承认;如果是别人故意陷害或者是报道失实,则应该通过各种手段使真相大白,最主要的是要随时向新闻界等说明事态的发展,及时澄清无事实根据的"小道消息"及流言蜚语。

11.2.1.7 危机中谣言的处理

在危机中,常常会产生许多谣言。谣言的出现或传播更增添了组织解决危机的困难,有时甚至会成为解决危机的最主要障碍。因此,对付谣言是处理危机中值得重点对待的问题。

要有效地制止或遏制谣言的产生和传播,首先要了解促成谣言的各种因素。接着就应该采取积极的行动,分析谣言的意图、产生的原因、来源、传播的范围、影响的程度及发展的趋势等。在分析时要注意客观、慎重、尽可能减少主观臆断。尽可能找出谣言产生的特定原因,而不只是一般原因。比如,找出的原因是消息不够,这时仍应进一步探究是哪一类消息不够。又如,应具体分析造谣者的动机及背景。

此外,为了消除谣言已经在公众中产生的不良影响,应该与受谣言影响的人或受损害的人对话,向他们讲清状况,表达企业对此事的关心和辟谣的决心。还可以请舆论领袖来一起讨论谣言所传播的问题、澄清事实。这就是利用社会上有地位、有身份、有影响力的人士,借助他们的权威来帮助企业解决困难的局面。

在发布正面真实资料时,不要提到谣言本身,提及谣言本身会使谣言得到重复传播,加剧谣言的扩散,加深谣言内容对人们的影响。特别是在电子传播媒介方面,更不能重复

---

① 刘凤军.品牌运营论[M].北京:经济科学出版社,2000:285.

提及谣言本身,不然极容易造成各种误解。

11.2.2 处理危机的原则

无论采取怎样完善的防范措施,仍然无法绝对避免企业危机的发生。中国社科院工业经济研究所研究员、副所长黄速在"三株官司"事件后曾直言不讳地指出:"消费者与企业间的冲突,完全是不可避免的。越是大企业,越会碰到。一种产品,每个人使用后的感觉肯定不同,产生的效果也不一样,消费者采用的方式也有别,这非常正常,没有才怪呢。甚至出现一些恶意诋毁,也不必觉得末日来临。寄希望于消费者不再控告企业、媒介不要报道,寄希望外界给你营造良好的生存、发展氛围,这不现实,也做不到。这样的企业,今后发展起来也一定很艰难。"既然危机是不可避免的,那么在采取以上措施的时候,一定要注意把握下面几个原则。

11.2.2.1 主动性

主动性是危机处理的总原则。主动性原则包括两个方面。一是罗杰斯(Jim Rogers)所说的"以我为主提供信息",它要求管理者主动提供危机的相关情况,以阻断外界的猜测,使不确切的消息减少传播机会。危机管理者应该抓住品牌危机爆发的第一时间,发布正确和充分的官方信息,以掌握话语权,主导社会舆论。二是主动承担责任状态。不论品牌危机的性质如何,也不论责任究竟属于哪一方,管理者都应该首先表示出愿意承担责任的意愿和气魄,争取解决危机的主动权和有利的舆论氛围。即使事件责任并不在于己方,企业也不应当在证据不充分的情况下与媒体和公众展开辩论。而当事件责任明确落实后,整个社会反应已度过应激阶段,此时企业能彻底脱离危机阴影,也能为在危机中不推脱、不逃避责任的表现而赢得公众好感。例如,海底捞"老鼠门"事件发生之后,海底捞迅速作出回应并第一时间提出富有创造性和实质性的危机处理解决方案,并有效地对照实施,从而有效地控制了事态的发展。

11.2.2.2 快捷性

俗话说,好事不出门,坏事传千里。危机事件发生后,很快就会不胫而走。危机具有危害性,甚至是灾难性,如果不及时控制,很可能"千里之堤,溃于蚁穴",危及企业的生死存亡。企业对危机的反应必须快捷,无论是对受害者、消费者、社会公众,还是对新闻媒介,都应尽可能成为首先到位者。企业一方面应以最快速度派出得力人员,调查事故起因,安抚受害者,尽力缩小事态范围;另一方面应主动与政府部门和新闻媒介,尤其是与具有公正性和权威性的传媒联系,说明事实真相,尽力取得政府机构和传媒的支持和谅解,从而尽快消除公众对品牌的疑虑。加拿大道化学公司的唐纳德·斯蒂芬森(Donald Stephenson)认为:"危机发生的第一个24小时至关重要,如果你未能很快地行动起来并已准备好把事态告知公众,你就可能被认为有罪,直到你能证明自己是清白的为止。"如果辛巴在假燕窝事件发生以后,能认真厘清事实,积极查明原因,迅速主动承认错误,并提出实际有效的解决方案,是极有可能获得社会谅解,转危为安,甚至建立有担当、敢负责的良好人设的,只是可惜其在这场危机的处理中错招频出,终酿大祸,即使后续辛巴团队在与假燕窝供应商之间的诉讼中胜诉,也未能重新赢得社会的认可。

11.2.2.3 诚意性

消费者的权益高于一切。"以顾客及公众利益为重",保护消费者的利益,减少受害者的损失,是危机处理的重要原则。危机之所以爆发,给品牌及企业产生巨大的外部压力是因为引发危机的事件使顾客及社会公众的利益(包括近期利益和长远利益)受到了侵害。因此,只有将顾客及社会公众的利益置于首位,才有可能摆脱危机。实际上,对顾客及社会公众利益的保护,也是对企业长远利益的保护,因为企业的长远利益源于双赢(企业与顾客)或多赢(企业、顾客、政府、社会等),企业的利益是建立在顾客及社会公众的利益存在的基础上的。

因此,"以诚相待"是企业进行危机处理时取信于民、转危为安必须恪守的定理。危机发生后,企业应及时向受害者道歉,避免出现为企业失误而辩解的言辞,以防事态扩大;企业还应通过新闻媒介向公众发表谢罪公告,表示愿意承担责任,有效解决危机问题,以显示对消费者的真诚。此外,企业还应诚心诚意地听取公众意见,正确对待公众的不满和宣泄。总之,诚意是解决危机的基础,只有对公众以诚相待,才有可能缓和企业与公众的矛盾,妥善处理好危机事件。

实践证明,将公众的利益置于首位,以诚意性为原则来应对危机是富有成效的。强生公司的危机,其调查的结果,责任并不在强生,但强生公司在危机面前,不是急于推卸责任,而是本着对消费者负责的原则,共花费了1亿多美元收回泰诺胶囊并运至指定地点销毁。这种"消费者利益至上"的态度,自然也就赢得了公众的信赖,其很快重获市场份额也就是情理之中的结果了。

11.2.2.4 真实性

危机事件突如其来。面对危机,恐惧和回避都无济于事,隐瞒、掩盖也是行不通的。以真实性为原则,敢于公开、善于及时地向顾客及社会公众开放必要的信息传播通道,以尽快求得顾客及公众的谅解和信任,重塑品牌及企业形象实是明智之举。

危机爆发后,企业应及时与公众沟通,并主动与新闻媒介取得联系,公开事实真相,那种欺骗的做法只会错上加错。对于新闻媒介记者和广大社会公众,不能因其不在现场、不知底细或不懂专业而对其弄虚作假。无论是对企业员工还是记者、受害者、上级领导或其他社会公众,企业都应做到实事求是,主动向其讲明全部事实真相,而不是遮遮掩掩,像挤牙膏一样,否则反而会增加公众的好奇、猜疑甚至反感,延长危机的持续时间,增强危机的杀伤力,不利于控制危机局面。例如,某羽绒服装厂为我国赴南极考察队制作的"南极服"质量极差,引起了考察队员的不满。《文汇报》记者访问了考察队员,同时也走访了该厂厂长,服装厂千方百计地掩盖事实真相。庸俗的关系学没有奏效,《令人遗憾的"南极服"》还是见了报。这种欲盖弥彰的做法,只会使危机进一步恶化,企业品牌形象更加恶劣。

11.2.2.5 统一性

危机处理必须冷静、有序、果断,指挥协调统一、宣传解释统一、行动步骤统一,而不可失控、失序、失真,否则只能造成更大的混乱,使局势恶化。

指挥协调统一是要求在危机处理的过程当中,必须以应变总部的决策者为领导核心,一切计划的制定和行动的实施都必须以他的命令为基准,他的思想及处理危机的方式必须贯穿整个过程的始终。如果在危机处理的过程中,决策者过多,只会导致"公说公有理,婆说婆有理"的局面,工作人员像无头苍蝇一般不知该听谁的,整个行动如一盘散沙,不可能有效地解决危机。

对外宣传解释必须口径一致,不能相互矛盾或存有较大差异。否则,人们会怀疑其真实性。统一认识口径,即对于发布的消息、回答记者的提问、记者会的主题、发言稿和报道提纲的内容应在企业内部事先通报一下,统一认识,防止会上口径不一,在记者中引起猜测和混乱,以至导致报道失误。对技术性专业性较强的问题,在传播中也应使用清晰不产生歧义的语言,以避免出现猜忌和流言。

11.2.2.6 全员性

全员性原则是企业应对危机的坚强后盾。危机到来时,应该在统一思想的基础上进行统一行动部署,开展全员应急活动。企业员工不应是危机处理的旁观者,而是参与者。员工,包括生产一线工人、外部销售人员、企业文职人员等所有相关人员。员工是企业形象构成的基本要素,提高危机透明度,让员工了解危机处理方法,参与危机处理,不仅可以减轻企业震荡,而且当经销商和消费者从媒介那里得到不利消息之后,如果他们接触到的员工仍然能够稳扎稳打、镇定自如、信心百倍,就能够发挥其正面宣传作用,减轻企业的内外压力。企业危机处理不能只是几名专家的例行性业务,而应向全体员工通报危机的发生和企业准备采取的对策,让他们了解危机的性质、深度及影响,了解危机处理方法,增强透明度,动员企业职员关注事态发展,恳请他们与企业共患难、同舟共济、献计献策,发挥每一名职员的宣传作用和积极性,共渡难关。这不仅会使职工在企业危机中经受特殊的锻炼,而且有利于防止危机再度发生。

11.2.2.7 专业性

专业性原则是指对品牌危机的处理要进行专业化的管理。这需要在内部建立起一个职责清晰、权责明确的危机管理机构。为了提高危机管理的效率和水平,不同领域的危机应由不同的部门来负责,以利于各相关部门集中力量将各类危机控制好。同时,组织应该确保危机管理机构具有高度权威性,尽可能不受外部因素的干扰,以保持其独立性和公正性。但不同的危机管理部门最终都应该直接向最高管理层负责,实现危机的集中管理,保证危机处理时全员的一致性。

11.2.2.8 长远性

在处理品牌危机时,企业不能只考虑眼前的经济利益,也不能抛开经济利益。企业品牌危机管理行为应该从长远性角度考虑危机处理的成本与收益。通常企业处理危机的强度越大、支出越高,危机可能带来的影响和损失就会越小。为此,企业必须顾及品牌危机处理成本和相应的影响,对二者之间的相互关系进行估算和权衡,最终选择损失最小的点。

11.2.2.9 创新性

这个原则包括两层意思。第一,世界上没有两次完全相同的危机,也就没有完全相同的处理办法。因此,危机处理既要充分借鉴成功的处理经验,也得要根据危机的实际情况,尤其要借助新技术、新信息和新思维,进行大胆创新。

第二,利用危机中企业与品牌备受公众关注这一点,以危机为契机,为企业、为品牌推出新的动作,为名牌的更新带来机遇。在处理危机的过程中,既要着眼于当前危机事件本身的处理,又要着眼于事后企业良好形象的重塑。企业不能只是采取头痛医头、脚痛医脚的权宜之计和视野狭窄的短期行为,而应从全面的、整体的、未来的、创新的高度进行危机事件的处理。须知,危机总是同机遇并存的,有时一个危机事件的出现反而给企业提供了展示其良好形象的机会。因此,在危机处理策划中,更有必要加强创新策划,以取得危机处理的多重效果和长期效应。

11.2.3 危机分类处理实例

11.2.3.1 企业内部危机处理

1)管理经营失误

请先看下面这个成功的处理案例:

案例 11.3

海底捞"老鼠门"事件

2017年8月25日上午,《法制晚报》下属的《看法新闻》发表了一篇标题为《记者历时4个月暗访海底捞:老鼠爬进食品柜,火锅漏勺掏下水道》报道。报道中,记者卧底了北京海底捞劲松店和太阳宫店,发现两家店的厨房都出现了不良现象。其中在劲松店后厨发现有老鼠爬进装食品的柜子,工作人员将扫帚簸箕抹布与餐具一同清洗。而在太阳宫店,记者发现火锅漏勺被用作掏下水道垃圾的工具。

对于"老鼠门"危机,海底捞这次的危机公关被业内人士称为"教科书般的操作",在既有负面事件不变的情况下,将舆论导向迅速反转。在事件爆发三个小时左右,海底捞迅速做出了两份回应,一份对外,一份对内。有人将海底捞的危机公关策略概括为:锅我背、错我改、员工我养。

8月25日14时46分,海底捞在其官方微博和官网发布致歉信(对外)。其内容包含:首先承认了曝光内容属实;提供过往处理类似事件的查询通道;感谢媒体和群众的监督,表示愿意承担相关的经济和法律责任;承诺已经布置在所有门店的进行整改,后续将公开发出整改方案。

8月25日17时16分,海底捞在其官方微博和官方发布处理通报(对内)。内容包括涉事门店的停业整改处理,所有门店开启卫生排查,接受公众、媒体的监督,安抚涉事事件的员工,董事会主动揽责。

8月27日15时04分,海底捞在其官方微博和官方发布《关于积极落实整改,主动接受社会监督的声明》。内容上,海底捞除了表明加强员工培训、落实整改措施,还承诺将在全国门店实现后厨操作可视化。

事实上,在海底捞发布了致歉信和处理通报之后,因为反应迅速、道歉态度诚恳而平息了不少消费者的怒火。致歉信发布之后,大众的关注点集中在海底捞这次"危机公关的成功",不少公众号开始一条条分析"海底捞"危机公关的成功之处;也有公众号借海底捞事件强调危机公关预案的重要性等。整个事件的角度被成功转移。

根据之后的报道,海底捞在全国门店完成了整改内容,其中全国60多家老店是改造重点,单店平均花5万元用于升级监控。此外,海底捞增加后厨展示区域,北京所有门店后厨实时直播,并且在门店设置参观卡,消费者可申请参观后厨。

海底捞在"老鼠门"事件中的危机公关无疑是成功的。其中最值得学习的是海底捞在此次危机公关事件中达到的透明度。危机公关整体的透明度为海底捞挽回了客户的信心。尤其海底捞在公布整改措施中,给出了每个整改措施的具体的负责人,让公众对海底捞的整改产生了真实感,似乎能看到海底捞的负责人是如何推动整改的。

在处理由于管理经营造成的失误时,以下两点特别重要:首先,当企业面临危机的时候,它决不能对外界保持沉默,而应主动对危机做出适当的解释,并通过媒介表明企业重塑形象的信心与计划,企业的每一个革新举措都要让公众知晓,从而改变公众心中的不良印象,重建他们对企业的信心。这样才能为企业品牌的东山再起打好群众基础,扭转劣势,逐步走出困境。

其次，必须赢得企业内部全体员工的支持。企业是一个集合体，需要所有员工的共同努力和奋斗，没有凝聚力的企业是不可想象的。在企业发生危机之后，特别是由于企业自身管理经营的失误而造成危机时，所有员工的信心与合作是必不可少的。如果连内部员工都表现出对企业的失望和不满，就根本不可能要求公众对企业品牌的重建有任何信心；如果企业员工在危机发生之后，不能同心协力，而是"树倒猢狲散"，人人都以自己的利益为重，不顾企业死活，那么品牌的重建也不过是空中楼阁罢了。因此，在这种情况下，企业领导应该尽最大的努力来稳定军心，团结全体员工为企业的重建而努力。企业领导应该把企业的利益与员工的利益结合起来，让他们知道自己不仅是企业的一员，更是企业的主人，企业的生存与员工本身是不可分割的。要发动全体员工群策群力，为企业重建出谋划策，集合集体的智慧来实现目标。即使员工的意见没有被采纳，也应该让他知道他的努力对企业来说有多重要。如果在重建的过程中，不得不损害到一些员工的利益，如减薪、裁员等，也要让受到波及的员工明白，这只是为了公司的重建所不得不采取的一项措施，他们仍然是企业的主人，一旦企业危机解除，所有的一切将会恢复正常。

2）产品质量问题

产品质量问题引发的危机是企业运行中最常见的一类危机。这类危机事件的直接后果是消费者的流失，公众不信任感增长，业务量急剧下降，企业和产品形象遭到严重损害。应该说，处理好这类危机对企业品牌来说是生死攸关的大事。作为享誉全球的百年老品牌可口可乐就曾遭遇由于质量问题而引发的危机，该公司在应对危机时的方法和策略值得我们借鉴。

案例 11.4

可口可乐的品牌危机

1999年6月10日从比利时开始爆发了涉及全欧洲的可口可乐污染事件。6月15日，比利时的150名儿童饮用可口可乐之后出现了种种不适症状（恶心、头痛、高烧），致使可口可乐在比利时遭到了全面抵制。几个小时后，荷兰、卢森堡宣布从商店撤下所有可口可乐产品。不久，法国政府也宣布停止销售可口可乐。消息传到纽约，可口可乐股票下跌了1美元。

1999年6月22日，可口可乐总裁艾华士直飞比利时接受专访，第一个也是最直接的举措是总裁当着亿万电视观众的面喝了一瓶可口可乐。22日所有的比利时报纸都登载了可口可乐公司董事长兼首席执行官的道歉信及全幅彩页广告。信中表示，公司对可口可乐污染事件向所有比利时人，尤其是那些因饮用了被污染的可乐而身体不适的患者深表歉意。与此同时，可口可乐公司发布了一项专家调查报告，指出前一周在比利时和法国销售的那些可乐并不足以使人生病，消费者不必过分紧张。6月23日，比利时卫生部决定,从24日起取消对可口可乐的禁销令,准许可口可乐系列产品在比利时重新上市。法国在其食品卫生安全部门对可口可乐饮品检查合格后也取消了对可口可乐的禁令。法国食品部门在对法国敦刻尔克的可口可乐生产基地进行安全检查后证实,现在该基地生产的可口可乐、芬达和雪碧等系列饮料都十分卫生,完全可供消费者饮用。①

  可口可乐之所以能在短时间内平息危机,与其应对及时、方法得当的措施是分不开的。在处理此类危机事件方面,企业首先要认识到这是由于自己的错误而造成的,因此在面对公众时必须表现出勇于承担责任和诚心悔改的态度。借助比较有影响力的媒体向公众公开道歉是十分必要的。产品质量出现问题,公众的反感度将达到极限,如果不能及时将负面影响降到最低程度,后果将不可设想。公开道歉可以表明企业承担责任、诚意改过的决心,在一定程度上消除公众心中的不良感受。其次,必须在尽可能短的时间内解决危机,时间越短,就越能有效地防止敌意的产生和蔓延,不让消费者被不实信息所迷惑,尽快消除消费者的不信任感,挽回商誉,减少业务上的损失。第三,要第一时间回收不合格产品,绝不能让它们继续在市场上流通,否则如果再次发生事故,影响将更加恶劣,要挽回声誉将是难上加难。对于其他合格产品,请专家鉴定并发表声明,以消除公众的怀疑态度。最后,对媒体的运用也绝不可少。质量问题在广大公众心中留下了很坏的印象,要消除这种不良的影响,必须依靠媒体的宣传作用。通过媒体表明企业的悔过态度,宣传已采取的(或将采取的)回收和其他补救措施,才有可能在公众面前重建企业的形象。

11.2.3.2 企业外部危机处理

案例 11.5

星巴克的品牌外部危机处理②

  "星巴克咖啡致癌"的消息最早发布于2018年3月30日,由一个叫作《澳洲Mirror》(镜报)的自媒体首发,31日晚上这篇文章的浏览量已经是10万+,更多的网络媒体开始跟进此事。4月1日是西方的愚人节,国内一些网民还在怀疑这是不是愚人节的一个玩笑的时候,传统媒体也纷纷介入,铺天盖地的线上线下报道使得大家认为星巴克跟"致癌"画上了等号。这篇自媒体的报道最终被证明是失实的,但当时文章的"有理有据有节"让很多网友信以为真。同时,标题的《星巴克最大丑闻曝光,全球媒体刷屏!我们喝进嘴里的咖啡,竟然都是这种东西……》,非常具有点击欲,加上当时中美贸易的大背景,该文章被很多网友疯狂转发并最终刷屏。这使得星巴克致癌的信任危机达到了顶峰。

---

① 刘凤军.品牌运营论[M].北京:经济科学出版社,2000:281-282.
② 余平.星巴克危机公关中的"无为"和"有为"[J].公关世界,2018(11):56-58.

星巴克并没有急于自证清白,在其官方微信和微博发布声明。而是充分借用外力,如国内专家、传统媒体、权威公众号辟谣,行业协会力挺等。其中全美咖啡行业协会(NCA)官方声明最具说服力:"咖啡早已被证明是对健康有益的饮品。"此外,借助新媒体平台及权威公众号的辟谣功能,其中微信平台运用丁香医生的第三方公众号进行了公开辟谣,将这篇文章定性为谣言。最后一点,专家、医生对"丙烯酰胺"这一"玄乎"词汇的解读和健康知识的普及,终于让大家放下了悬着的心。在整个事件中,星巴克没有正面出击,自证清白,而是借用外力,曲线救国。最终,看似"无为而治",星巴克却在普及咖啡知识、从商业道德和新闻伦理的舆论冲突中赢得了民心,反而成为不实新闻的牺牲者和被同情者。短短24小时不到,危机基本化解,星巴克不仅没有替咖啡行业"背锅",还获得了很多消费者的支持和同情。有的网友开始调侃:"看到星巴克有毒很震惊,赶紧买了一杯压压惊!"专业媒体人也站出来抨击自媒体的无耻,称这是"拿焦虑换流量的肮脏生意"。

企业的外部危机有可能是来自新闻界的不利报道,也有可能是少数人的故意破坏。当遇到外界的不利因素影响而导致企业危机时,企业必须保持清醒的头脑和敏锐的判断力,竭尽全力弄清楚是什么因素导致了危机的发生。只有这样才有可能解除误会,消除公众心中的不良印象。在这一过程当中,企业必须本着诚恳而富有责任心的态度,首先不要推诿有可能承担的责任,也不要急于做技术性的说明,而要谨记"公众必须被告知的原则"。这种谦逊而富有诚意的态度,有利于赢得公众的好感,加深公众急于了解事实的心理。企业要示人以坦白,以求取社会舆论公正的回报,并随时注意消除各种误解,防止各种夸张不实传闻的蔓延。对于一些不实的报道,企业应持严正态度,及时做出有力的反应。最主要的是要拿出科学有力的证据,公开进行驳斥,并利用一切手段进行正当的商誉防卫,以抑制可能带来的市场快速萎缩的局面。而在这一类危机处理中最重要的就是对新闻界的公关。出于职业需求,记者总想以最快的速度捕捉有关灾难或危机中最惊人的新闻,他们会不顾一切障碍去获取信息。如果企业不能赢得新闻界的支持,而任由不利和不实的消息传播,对危机的处理是有百害而无一利的。企业主动与新闻界合作,不但可以留下一个诚恳的印象,博取媒介的同情,最重要的是还可以通过媒介及时将事故的真正原因告知公众,表明厂家以公众利益为重的态度,尽快消除不良的影响,赢回公众的心,重塑企业形象。

11.2.3.3 自然灾害危机处理

由于自然环境的变化而导致的危机,此类危机常常被称为突变危机。例如,地震、台风洪水泛滥、火灾等自然因素均可使企业在一夜之间陷入困境之中。对于这一类无法预计又难以改变的危机,企业的目标是尽快地适应它并尽最大的努力去做好灾害以后的善后处理工作。虽然这类危机的错误不在于企业,但是绝不能因此而只想着企业受到了多大的损失,不顾因此而受到伤害的公众的死活。企业应该尽最大的努力帮助受到企业影响的公众,并积极协助有关单位做好善后处理工作以及如何预防下次灾害的计划,从而维护与公众的良好关系,为企业赢得声誉。

11.2.4 危机处理的善后管理

尘埃落定,落在原本光鲜亮丽的脸上的厚厚尘埃,自是不能听之任之。彻底根除危机给顾客、社会公众以及各相关群体造成的不良影响是任何一个面临危机企业的共同心愿。为此,企业在妥善地将危机平息或基本平息之后,还有必要分析危机波及的范围及影响程度,谨慎地研究制定重塑、强化品牌及企业形象的计划,并付诸努力。只有这样,才能真正以危机为契机,品牌及企业才能真正、彻底地从危机中解脱出来,并且使品牌形象在重塑和强化中得到进一步提升。

善后处理包括对内和对外两部分。

对内又包括两个部分。首先,教育员工,并修正、补充危机管理内容。危机事件的正确处理能使企业绝处逢生、化险为夷,但危机中暴露出来的企业管理、员工素质、公关状态等方面的问题却不能忽视,企业应以此为典型、生动的教材,深入对员工进行一次公共关系教育和培训,使每一个员工都能从中找出差距和存在的问题,自觉将自己的行为、形象与企业的命运、形象连在一起,让"我是企业形象的代表"的观念深入人心,并化作指导行为的指南。

其次,吸取教训,制定危机管理计划。危机是任何企业都不愿遭遇的,无论是处理危机还是重新获得公众好感、恢复形象,都需要投入大量时间和精力,花费巨大。常言道:花钱买教训。对于那些临阵磨枪、仓促上阵的企业,必须吸取深刻的教训,危机过后应立即着手制定企业危机管理计划,必要时请专家和公共关系公司予以指导和帮助。这样,才不至于再犯同样的错误。

对外将公司可能造成的不良影响列成表格,根据不同对象、程度、方面进行具体分析,并做出有效的应对策略。比较常见的有以下两种方式:

第一,继续传播企业信息,举办富有影响的公关活动,提高企业美誉度,营造良好公关氛围。表达企业重塑形象的决心和愿望。企业与公众之间的信息交流和沟通是企业获得公众了解和信任,争取公众支持与合作的有力手段。危机期间,品牌形象和企业信誉大为减损。在企业经历危机考验之后更需加强企业对外信息传播,消除公众心理和情感上的阴影,让顾客及社会公众感知品牌新形象,体会企业的真诚与可信,提高企业美誉度。只有宣传,消费者才能感知到"××"品牌又回来了。它还是一如既往,而且更加值得信赖。可以说,危机平息后的继续传播是品牌重获新生并有所提升的不可或缺的条件。

第二,实事求是地兑现危机过程中的承诺。企业在危机后实事求是地兑现在危机中的各种承诺,体现了企业对诚信原则的恪守,反映了企业对完美品牌形象和企业信誉的一贯追求。承诺意味着信心和决心,企业通过品牌传达承诺,将企业的信心和决心展现给顾客及社会公众,表示企业将以更大的努力和诚意换取顾客及社会公众对品牌、企业的信任,是企业坚决维护品牌形象与企业信誉的表示;承诺也意味着责任,企业通过品牌传达承诺,使人们对品牌的未来有了更大更高的期待,人们接受了"以后将得到更多"的承诺而信任品牌及企业,企业由此肩负着满足人们期望的更大的责任。若企业在危机后不能兑现承诺或者不能足额兑现承诺,那么企业必将面临顾客及社会公众的信任危机。他们对企业言行不一而感到失望,进而将淡化对品牌及企业的感情,降低对品牌及企业的忠诚与信任。由此,企业不仅容易失去较多的忠诚顾客,而且也将为再度出现危机留下隐患。鉴于此,危机后欲重振品牌形象,企业必须认真履行危机中的承诺。

危机的突发性、破坏性等特性令企业感到危机中的品牌处在了最为困难的关头。但是危机的二重性又表明危机也是某种机会。企业如果能以危机为契机,为企业赢得新的发展机会,也可以说是"塞翁失马,焉知非福"。

11.3 网络背景下的品牌危机

如今,互联网已经成为很多人生活中的重要组成部分,通过网络获取外界信息,进行即时通信,发表个人言论,进行娱乐游戏等应用已经十分广泛,然而对于企业而言,却远没有那么美好与轻松。诚然,企业通过网络可以进行广告宣传、网络营销、电子商务,但近年来网络的兴盛带来的各种或明或暗的危机让诸多企业应接不暇,用"胆战心惊"来形容网络时代下企业的公关状态似乎并不为过。甚至有资深公关人士指出"互联网的出现导致企业品牌维护变得更加脆弱,网络让公关变得更加困难"。

11.3.1 网络危机的定义及形式

11.3.1.1 网络危机的定义

网络危机是企业危机的组成部分,关于网络危机定义的主要观点有:网络危机特指网络环境下,由于企业的负面信息四处传播,使得企业在经营目标无法实现甚至遭到严重损害的一种状态或事件;[1]网络危机是指由网络产生、传播或扩散升级的具有严重威胁及不确定性的情境,网络危机及其后果可能会对企业及其员工、产品、服务、资产(股价)和声誉造成巨大损害[2];网络危机也是指伴随着网络媒体产生的对社会和相关组织造成严重、紧急影响和重大危害的突发事件[3]。

---

[1] 李宏伟,王红梅.网络危机成因分析及应对策略研究[J].电子商务,2009(2):80.
[2] 张梦冰.浅议网络危机公关[J].合作经济与科技,2011(4):118.
[3] 雷禹.网络危机传播机理及其管理机制的研究[D].上海:上海交通大学,2009.

11.3.1.2 网络危机的形式

网络危机的表现形式包括：

1) 网络谣言

网络谣言是网络上十分常见的对企业具有很强杀伤力的网络危机。造谣者出于娱乐、发泄或者商业竞争或政治斗争的需要散布网络谣言。例如，肯德基就曾经深受网络谣言之苦，该谣言声称肯德基是用转基因工程培育的快速成长的无头鸡来进行生产的，在世界各地传送，对肯德基的名誉打击不小。

2) 病毒及黑客攻击

这是使企业网站及相关经营职能陷入停滞的常见原因。例如，黑客攻击索尼官方网站，导致首页出现许多辱骂言论，索尼只得更换域名才挽回局面。

3) 一般性事件的升级

一般性事件是指企业生产和经营中发生的个别产品质量问题或者服务的纠纷。一般性事件经由网络扩大升级，是一种常常被企业忽视或反应缓慢的网络危机。例如，康师傅的"水源门"事件，在第一篇网络帖子出来后，康师傅明显对其随之引发的舆论批判狂潮预料不足，所以回应态度与控制策略明显做得不尽如人意。于是"水源门"议题在多种因素的作用下，被催变成为一场网络的话题狂欢宴，不仅针对水源问题，康师傅作为方便面企业、作为饮料企业，它过去被消费者所忽视的一个又一个问题再次被重新提出来，使得康师傅"水源门"事件大规模爆发。

11.3.2 网络危机的特征

11.3.2.1 传播速度更快，危机影响范围更广，组织反应的时间更短

因网络传播具有即时性的特点，所以危机信息在网络中传播的速度特别快，往往事情刚刚发生，消息就立即在网络中传播开，并且很快就被网民转载到各大网站和论坛。随着近年来网络的普及、网民数量的增加，地球被比喻成一个"村庄"，因此发生在任何地方的事件，都可以通过网络第一时间传递到世界各个角落，并引来成千上万网民的热议，对一事件发表看法或提出言辞激烈的批评性意见，短时间内就可形成"网络舆论冲击波"，使危机信息瞬间扩散到全国乃至世界各地。在这种情况下，组织反应的时间相比传统危机时代大大地缩短，危机管理的紧迫程度更加严峻。

11.3.2.2 不确定性因素增多，控制难度加大

相比于传统危机事件，网络危机事件具有更强的突发性，内容涉及面也更广，使危机更加难以预测。譬如政府官员腐败违纪现象、社会治安案件、竞争对手的恶意攻击、忽视消费者权益、组织成员不恰当言论或行为等都有可能成为网民关注的对象，并很

快形成强大的"网络舆论冲击波"。因此在网络社会,危机的威胁无时无刻不存在,任何不利于组织的信息,都会有可能被无限地扩散、扩大乃至变形,成为危机的导火索。

另外,危机信息源的不确定性和传播途径的多样性,导致传播内容难以控制。在传统媒介时代,信息源往往牢牢控制在传统媒体手上,但随着网络的普及,传统的传播模式已被打破,任何人都可以在网上随意发布信息,并很快被其他网民转帖,使组织难以查找危机信息的来源。网络上不仅有各种类型的网站,还有大量的论坛、博客、播客、聊天室和即时通信工具,这些地方都可以瞬时把信息传播出去。在这种情况下,网络危机事件会因什么问题、在什么时候、以什么形式出现,危害程度如何,这些都是难以预测和控制的。

11.3.2.3 危机的威胁性和破坏性大大增强

基于网络危机事件传播的迅速性、影响范围广、突发性高、不确定因素强和难以控制性强等特征,都表明其具有比传统危机更强的威胁性和破坏性。随着网络的普及和网民规模持续扩大,人们获取信息的主要途径就是网络,越来越多的人生活已离不开网络,因此当危机信息在网络上传播时,其影响力和破坏性是相当强的,"网民一生气,后果很严重",表明了网络危机事件的"蝴蝶效应"可以使一个组织毁于一旦。同时,危机信息可以在网络上长久地保存,并且通过搜索引擎很容易就能找到,危机的威胁将是持久性的,已平息的危机随时都有死灰复燃的可能。这些因素都决定了网络危机事件具有超强的威胁性和破坏性。

11.3.3 网络危机的传播媒介

11.3.3.1 互动传播媒介

当前较为普及的网络互动传播媒介包括电子邮件(E-mail)、论坛BBS、即时聊天工具(QQ、微信、飞信等)、博客、微博、抖音社交网络等。电子邮件的交流一般是封闭的,信息非公开化,交流非实时,是比较传统的信息交流方式。但正是因为其非公开化,受众留有思考的时间,因此群发邮件信息后容易造成潜伏的网络危机。论坛的最大特征就是交互快速和频繁、发帖回帖便捷,因此在论坛里最容易实现网络危机舆论的生成和传播。即时聊天工具可以实现点对点、多对多的实时交流,信息的传播也是多种形式并存,图片、文字、视频、音频等等。即时聊天工具互动性强,具有较大的鼓动性,容易导致危机舆论的集结进而导致危机事件的爆发。

微博时代的舆情特点,是立场化、符号化、片面化、情绪化。在微博时代,人人都是麦克风,人人都是自媒体。每一次群体事件,都有大量网民参与话题讨论,积极发表个人观点。来自四面八方的声音让舆情系统进入混沌时代,"主流"媒体的影响逐渐变弱,人们不再被"统一的声音"所左右,这是最好的时代,但对于危机公关来说,却是"最坏的时代"。

在个人、明星、企业或政府遭遇危机公关时,在千人千面的失控解读下,群体的舆情走向很难把控,各种情绪滋生,夹杂着妄议、揣测、流言,各种利益站点下的发言甚嚣尘上,以及蜂拥而至、看热闹不嫌事大的吃瓜群众,还有竞争对手、第三方恶意捣乱,对于公关主体来说,简直是一个无从收拾的烂摊子。

微博事实上已成为一个突发危机事件的传播舆论中心。社交网络通过口碑传播的方式使得信息的传播更具可信度,因此为网络危机的传播提供了一条受众看来信息较为确切的途径。综上可以看出互动传播媒介的共同特征就是互动性强,公众(网民)成为网络事件的参与者。

2017年4月,一条"周杰伦怒斥保安"的话题占领了微博热搜榜的榜首。原因是周杰伦在其西安演唱会上,看到现场一位安保人员抢歌迷的灯牌,便出声阻止:"你不要乱丢我歌迷的灯牌,你要控制秩序,你把她灯牌丢掉干嘛?"可能因为对方没有回应,还把灯牌丢到了一边,周杰伦就发火了"你给我滚出去"。

事件经现场网友发微博曝出后,加上众多营销号的转发,立马引发了粉丝的叫好,大喊自己没爱错人,乃至多家大号还发文称"被暖哭了"。随后,事件却出现了反转,原来是这位歌迷把灯牌举得太高,挡住了很多后面人的视线,而安保人员也是为了更多观众的利益才上前劝阻。事情的原委出来后,开始有很多网友觉得周杰伦这样做十分不尊重现场工作人员。

在事情发酵后,周杰伦及其团队立马做出反应,当晚,"杰威尔音乐"官方微博第一时间代表了周杰伦进行表态:"我今天晚上在西安演唱会看到一位维护秩序的工作人员为了维护秩序把歌迷朋友的灯牌放在地上,我为这位歌迷感到疼爱而说了冲动的话,我对这位辛苦的工作人员说声抱歉,不是有心的,对于保护演唱会秩序的安保人员我诚心地感谢!"随后,周杰伦又录了一段道歉视频再次为这件事道歉。在视频中他声称为自己的冲动行为感到抱歉,并特意去到安保指挥部向执勤的安保人员表明感谢,并亲自向其演唱会安保指挥部领导递交了致歉信,对昨夜的不当言辞当面致歉。

两次道歉,及时承认错误,足以展示周杰伦对于此事的重视程度,其挽救措施也充满诚意,亲自上门致歉,并递交致歉信,取得谅解,所以舆论才能迅速平息,危机公关才能取得成功。

11.3.3.2 单向传递媒介

单向传递媒介主要是指门户网站、文件传输(FTP)等。门户网站的新闻网是多数官方信息发布的渠道,新闻网除了文字新闻还会有相关的专题报道、视频展现、相关链接等等,通过各种丰富的手段将信息以新闻报道的形式呈现在受众面前。由此看出,此类传播媒介的特点在于与公众互动较弱,公众往往是信息的被动单向接收者。

11.3.4 网络危机应对的媒介策略

国外学者博伊德·尼尔(Boyd Neil)认为一个企业或其他社会组织是否准备好在危机中运用网络的标准应该包括以下九项:

(1) 在危机传播手册中拟定了网络使用计划;

(2) 有一套在危机期间运用企业局域网进行虚拟指挥的行动方案,以使危机处理小组成员、高层管理人员和其他员工及时了解危机处理的进程和措施;

(3) 定期检测网上新闻报道、聊天室、行动主义者团体的网站和其他的网上在线新闻服务项目;

(4) 危机处理小组中有一位信息技术人员或网络专家;

(5) 熟悉网上议题或谣言形成、发展的规律;

(6) 进行向企业网站上传和转发相关文件、图片和其他声像资料的专业演练;

(7) 考虑建设随时可投入运用的企业快速反应网站,并准备相关声明、企业背景资料、企业事实专页和媒体联络名录等资料;

(8) 准备在危机期间通过网站发布相关声明、常见问题答疑、领导人讲话和图片,以此与公众及媒体进行紧密沟通;

(9) 建立核心媒体和利益相关公众的联络资料库,保证在危机期间能够迅速地向他们传递相关信息。

除品牌危机的一般处理策略外,对于网络危机要注意充分利用网络媒介的力量,使网络成为处理化解危机的有效方式。本节着重介绍网络危机应对的媒介策略。

11.3.4.1 网络危机处理原则

企业在制定网络环境下的品牌危机处理策略时,原则是:在风险阶段,即危机潜伏阶段广泛收集信息;在危机爆发后,及时扼制谣言(危机信息)的传播;在事件休眠后,总结经验和教训,以指导未来的事件处理。主要依据有二:控制集散节点的信息发布;对网络虚拟社区的言论进行疏导。

11.3.4.2 媒介策略的应用

根据上文划分的两类网络传播媒介,由互联网、BBS、E-mail 和即时聊天工具获知的信息组成了网络环境下的危机传播流中的信息流部分,主要互联网网站及主流 BBS 即为网络中的集散节点。通过对国内学者巢乃鹏的网络谣言传播系统进行改进得到的(图 11-1)的传播系统结构,企业可以根据公众的归因情况,通过不同的发布渠道,做出不同的危机反应。

企业可以首先控制或影响权威信息源及传播渠道的信息发布,与互联网运营商及即时聊天工具运营商进行协调和合作(现在即时聊天工具运营商几乎都在自己的聊天工具界面中嵌入了信息发布功能),在危机发生后第一时间发布信息。对较大的 BBS 的言论

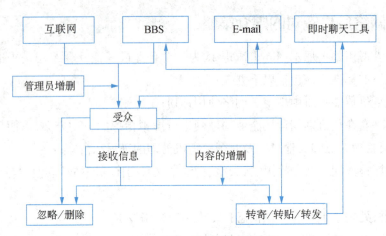

图 11-1 网络谣言传播系统结构

(资料来源:薛可,熊文霞,余明阳.复杂网络环境下的品牌危机处理策略[J].深圳大学学报(人文社会科学版),2008(9):93)

则进行疏导,一方面与管理者进行沟通以初步控制事态;另一方面通过了引入舆论领袖转移注意力,让人们注意到企业的积极回应。

网络媒体生态是在不断发展变化之中的。时至今日,微信、微博、抖音、快手、B 站、小红书等一系列新兴媒体快速崛起,又产生出新的媒体业态,但谣言传播的基本系统结构还是一致的。

另外,在品牌危机中,企业网站的作用也不可低估,因为愤怒的公众可能会通过技术或言论攻击企业网站。因此在危机处理过程中,不仅仅要做好网站的维护工作,保证网站的安全,还应该及时安排工作人员在企业论坛、博客或客服系统中与消费者进行沟通。

首先,危机中要第一时间把组织动态公布在网站上,不要抱有任何企图私下解决危机的侥幸心理,坦诚地与公众沟通,正视事实,客观地分析处理问题才是危机解决之道。美国环球航空公司 800 航班失事之后,负责波音公司网站的工作人员一度对突然剧增的访问量非常吃惊,他们从来没有考虑过访问量的增加,公众强烈要求了解波音 747 飞机的安全记录以及公司宣布飞机失事之间有什么联系。波音公司吸取了这个教训,之后当一架波音 747 飞机在哥伦比亚坠机之后,公司在得知这个消息的几分钟内就把这一事故的相关信息放到公司主页上去了。危机爆发后很多网民都会主动上网搜寻信息,而公司的网站会是他们获得关键信息的重要渠道,及时地公布组织的动态和相关事实,对阻止负面信息的蔓延能起到极大作用。

其次,利用链接的方式把与危机有关的网页链接起来。在公司的网页上将相关信息通过链接的方式连接起来,可以使公众不用费力地四处挖掘信息,通过主动提供的方式体现出组织的坦诚。国外学者欧文·贾尼斯(Irving Janis)等人的相关研究表明,"两面提示"(即在提示己方观点或有利材料的同时,也以某种方式提示对立一方的观点或不利于自己的材料)由于包含着对相反观点的说明,能够使人在之后遇到相对立的观点时具有较强的抵抗力,这被称为说服的"免疫效果"。所以从劝服效果来看,这种貌似"自曝其短"的做法是有一定积极意义的。此外,将相关网页链接在一起还能向公众表明组织对危机信息掌握得全面和周详,体现组织的责任感和求实精神。

最后,利用网站的论坛、留言板等渠道及时解答公众的疑问,进一步与公众建立直接的交流。在危机中,组织应指派相关人员密切关注自己网站的留言板与论坛,对各种疑问要及时作答,切不可掉以轻心。

传统媒介方面,由于许多企业已经与一些主流媒介建立了媒介公关的关系,此时企业需要做的就是通过传统媒体表明企业的态度。必要时通过新闻发布会召集尽量多的主流媒介,通过它们与消费者对话,缓解企业与消费者间的紧张关系。或者配合媒介做一些多角度的深度报道。这个过程中保证传统媒介与网络媒介的良好配合,有利于事态好转的信息及时转载到网络上。先减少传统媒介流向网络媒介的危机信息,再逐步消除消费者的疑虑、平息消费者的不满情绪。

小结和学习重点

(1) 品牌危机的防范措施。
(2) 品牌危机的处理方法与原则。
(3) 品牌危机的善后管理。

本章在分析品牌危机产生的必然性及原因的基础上,详细阐述了如何对危机进行防范和处理。有效的危机防范,将减少危机发生的可能性,提高危机发生后的应对能力。接着就品牌危机发生后,阐述了危机处理的方法、原则以及善后管理。

案例分析

惠普:积极应对"欺诈门"

2017年7月28日惠普在ChinaJoy 2017上的发布会,隆重介绍了一款新推出的笔记本电脑——暗影精灵Ⅲ代Plus。在当天的宣传PPT中,出现了"强悍散热""增加到5根散热管"等字眼。随后,惠普在官方微博也提到,该款新品电脑采用了"双风扇五散热管设计"。订购页面显示,正式发售之前,有6 802名网友预约抢购。8月1日,暗影精灵Ⅲ代Plus首次发售,"一分钟内,500台电脑便被一抢而空"。然而,当抢购的消费者拿到机器后却发现,此前被重点宣传的5根散热管,竟然变成了3根,足足少了2根。"当初发售时有多期待,收到机器后就有多失望。"一名网友如此描述自己知道真相后的心情。在惠普官方旗舰店暗影精灵Ⅲ代Plus的商品详情页面,也有明确的"双风扇五热管设计高效

散热"的字样,甚至在配图中,还用红色虚线画出了五根散热铜管的具体分布位置。更有不少消费者质疑,惠普如此虚假宣传已涉嫌"消费欺诈"。

由于惠普此次发售的笔记本电脑价格昂贵,而散热又是评价游戏笔记本好坏的重要指标,使得消费者立刻产生了较大的抵触情绪。惠普暗影精灵Ⅲ代Plus游戏本电脑虚假宣传,主要是因为工作人员的人为疏忽,在广告中标错了散热管的数量。

8月3日,惠普公司在发现问题之后,立即删除了相关宣传页面,并与其合作电商平台更正信息。8月10日,中国惠普有限公司通过微博发表声明,向广大消费者郑重道歉,并在声明中提供了两种解决方案:一是针对2017年8月1日—3日,在中国购买了暗影精灵Ⅲ代Plus电脑的消费者,用户可以选择保留产品,惠普公司会提供消费者实际支付价格的三倍赔偿和额外500元补偿。二是用户也可以选择退货,惠普公司会在收到退回产品后,退还消费者当时所付实际金额,同时提供实际支付价格的三倍赔偿。

惠普在8月1—3日共售出1 000多台暗影精灵Ⅲ代Plus游戏本电脑,按照3倍赔偿,损失了3 000多万元。但这个损失与企业形象受损,或者惠普将要面临的官司而言相比是可接受的。

在发现问题之后,惠普官网迅速删除了之前的宣传页面,并在一周后就提出了赔偿方案,有效控制了负面消息的传播范围,未使危机升级。惠普在首发三天内购买此款游戏本电脑的主要人群,是核心玩家或对笔记本配置要求较高的专业人士。可能数量不多,但却是对此次事件最有发言权的人,他们的舆论力量是十分强大的。电脑品牌的口碑,往往是在这些核心玩家和专业人士的认可之上建立的。而惠普真诚态度和积极的处理方式给予了他们尊重,这场危机无异于为惠普做了一次广告,不仅增加了其品牌曝光度,还提升了企业形象,成功地扭转了局面。

思考:

1. 惠普公司处理危机的成功之处有哪些?

2. 作为一家信息科技公司,惠普公司能如此有效地应对突发危机,平时可能做了哪些预防措施?

课后思考题

1. 就"奔驰公司的品牌危机"谈谈品牌危机的特征是什么?
2. 结合前面第7章的"品牌的保护",谈谈做好品牌危机防范时应怎样进行品牌的保护。
3. 品牌危机的一般处理措施有哪些?你认为还有什么需要注意的吗?
4. 进行品牌危机处理时应把握哪些原则?
5. 认真阅读"三鹿奶粉的品牌危机"的案例,分小组进行讨论,分析其属于哪一类原因造成的品牌危机?应该如何防范?如何处理这一危机会比较合适?

第12章 品牌资产的管理者

学完本章,你应该能够:
(1) 了解品牌领袖的内涵及其对品牌发展的影响;
(2) 掌握品牌经理制的由来、机制与作用;
(3) 了解品牌顾问公司的类型及其对品牌资产建设的意义;
(4) 掌握品牌顾问公司运作程序。

品牌领袖　品牌经理制　品牌顾问公司

可口可乐、雀巢、李宁等经久不衰的大品牌自诞生起就充满了鲜明的个性,从来不曾离开过公众的眼球。在这些闪烁着光环的品牌后面,有一群眼光敏锐、勇于创新的品牌管理者。本章主要论述对品牌资产的建设与长期管理具有重大影响力的人。就公司内部而言,品牌领袖是品牌战略的决策者,决定品牌建设的方向;品牌经理是品牌战略的执行者,影响着品牌运营的水准。就公司外部而言,品牌咨询公司是品牌战略的智囊团,可能会左右品牌战略的制定、规划与运营的某一个环节。

12.1 品牌领袖——品牌战略的决策者

12.1.1 品牌领袖的内涵

所谓品牌领袖是指在品牌的创立、发展过程中决定品牌命运,为企业品牌注入精神、灵魂、理念和个性等内涵的人。他可以是一个品牌组织的高层执行者,在盈利性品牌中甚至是首席执行官,也可以是全球品牌的主要倡导者。有时在一个大的品牌内部,可以有不同的品牌领袖,这是由各自品牌的组成和特点决定的(主要讨论对象是盈利性品牌组织)。品牌领袖更多的是一种精神层面的概念,而不是物质层面的概念。

品牌领袖要么是企业品牌的缔造者,要么是在企业品牌的塑造过程中为品牌融入创新内涵的企业家,要么是在品牌发展的生死转折中扭转乾坤的人,是企业的精神领袖。

品牌领袖更多的是一种精神层面的概念,而不是物质层面的概念。生产厂长式的企业家经营产品、管理生产过程、保证产品质量,这是一种物质层面的概念;资本经营式的企业家关注的是企业的规模经济以及资本的保值和增值,也是更多地从物资层面来理解;而品牌领袖为企业带来的是经营方面的信仰和理念,为员工带来的是精神支柱,为企业文化注入的是灵魂,因而品牌领袖是一种精神层面的概念。

世界"广告教父"、奥美创始者大卫·奥格威所创下的360度品牌管理的理论50年来常用不衰,他注入奥美的不仅仅是运作的技巧,更是一种理念、一种精神,甚至是一种经营的信仰。例如,可口可乐百年来之所以依然有旺盛的生命力,应该归功于其品牌领袖所确定的经营信条:买得起、买得到、愿意买。可口可乐的服务周到、细致、温馨;其分店、布点全在人流量集中的地方或者集中的聚居区,消费便利;其可口可乐饮料价格十分便宜,一般消费者都能买得起。例如,雀巢公司,其营养部的副总裁是 Carnation 的品牌领袖,速溶咖啡部的副总裁是 Nescafe 的品牌领袖。

这些品牌领袖由于自身所具备的独特人格魅力以及颇具传奇色彩的经历成为世界人民心目中的英雄,成为无数狂热于经营的青年人心中顶礼膜拜的偶像。

品牌领袖的性格和公众形象直接或间接地影响着企业文化的内容、企业管理的方式、品牌寓意的内涵、品牌个性的塑造和品牌发展的方式等等。

品牌领袖是品牌价值的重要源泉之一,组织力量的缩影,是企业奉行的文化与理念的代表性人物,品牌领袖人物是振奋人心鼓舞士气的导师,是人人仰慕的对象,品牌领袖是品牌的支柱与象征。品牌领袖正是依靠其优秀的品质或称之为人格,将许多人组织起来成为一个企业,进行生产和提供服务。

12.1.2 品牌领袖的两个层次

12.1.2.1 品牌的永恒领袖

品牌的永恒领袖是指品牌的创立者,并对品牌的发展强大起到至关重要作用的人,具有不可替代性;即使他不在了,其为企业品牌定下的经营思想和理念、经营战略、发展方向和品牌文化的内涵依然存在并发挥作用。如果这些理念、战略和文化被背离或者被抛弃,这个品牌便不复存在。从这种意义上讲,他成了这个品牌的精神领袖,这种精神是品牌永续经营的前提之一。

亨利·福特(Henry Ford),世界汽车发展史上的杰出品牌领袖,便是品牌的精神领袖的典型代表。这主要表现在其深邃的思想、正确的经营理念、永不磨灭的创新精神等方面,这也是福特品牌的核心价值。

补充资料 12.1

1903 年 6 月 16 日,亨利·福特与一群同样具有开拓精神的年轻企业家开始其伟大创业的历程。开始仅一年便大胆进行对外扩张,于 1904 年 8 月 17 日在加拿大的安大略省成立第一家名为安大略福特汽车有限公司的外国分公司;福特具有深邃的思想和远见卓识,他从创业伊始就深刻认识到,只有研制、开发、生产大众化、普通大众买得起的轿车才是福特的未来方向。

他的这一经营哲学、经营理念后来被福特汽车公司证明是正确的;他的这一经营的哲学思想被世界的企业家们推崇、接受、应用到几乎所有的日用消费品和耐用消费品行业;这一经营哲学已经、正在并将继续被证明是消费品企业发展的永恒正确的方向。

福特的果敢、坚毅也是这位品牌领袖的突出特征。1906 年亨利·福特果断收购申请退出的合伙人之一梅尔康森的股份,成为福特汽车公司的总裁,开始实施他伟大的"汽车大众化"之路。

福特认为安全和质量是汽车产品最重要的几大因素之二,他继续保证和不断提高产品质量,从最早的A型汽车到后来的T型汽车,以及一直到现在。

亨利·福特的思想和精神成为福特品牌文化核心内容的一个重要部分,亨利·福特也成为福特汽车的品牌领袖。

这样的品牌领袖有很多。例如,日本经营之神、日本松下电器的创始人——松下幸之助,也是松下电器的品牌领袖和精神领袖。

补充资料12.2

1918年,松下幸之助与妻子和内弟合伙创业时资金不到一百元,只有两种电灯插座及电风扇绝缘盘。松下幸之助有一次在洗脸时突然受到启发:如果人们使用电器就像使用自来水一样便利那该多好。于是他开始了致力于研发、生产和推广使用电器的伟大事业的历程,这一"自来水"理论也成为松下电器的经营理念和经营哲学,成为其品牌的核心价值。20世纪60年代,新技术革命的浪潮刚刚兴起时,松下幸之助就抓住这一趋势,在松下王国里大搞技术改革和引进,尤其是同飞利浦进行技术合作时,他清楚地意识到"技术同商品一样也是可以买卖的东西"。这一观念使松下电器从此开创了一个新的领域——新技术的研究和开发。

20世纪80年代初,松下幸之助与中国改革开放的总设计师邓小平在参观松下电器时认识并结为好友,松下幸之助意识到中国是一个巨大的潜在市场,并且意识到中国这只睡狮已开始醒来,于是不顾日本商会的反对,毅然踏上了在中国投资的开拓之路,并取得了巨大成功。一直到现在,中国的消费者没有不熟知松下电器的。

松下幸之助为松下电器注入了灵魂,加上他的人格魅力和经营艺术,使这一家100元起家的企业发展壮大为国际强势品牌。

12.1.2.2 扭转乾坤者

品牌的发展过程不可能是一帆风顺、一片光明的,肯定会出现高潮和低谷。在品牌的发展低谷若没有一个"化腐朽为神奇"的人物出现、执此品牌的"牛耳"以渡过难关,则此品牌肯定会继续衰败下去,甚至消逝。比如中国曾经非常火爆的"孔府家""孔府宴""8848""e人e本""好纪星"等品牌

品牌领袖的第二层含义即是指为正在"老化"的品牌注入"新鲜血液"、扭转品牌乾坤

的企业家。

例如,福特三世和艾柯卡之于福特汽车公司。

补充资料 12.3

亨利·福特创立的公司在 1923 年前是世界上最大的汽车制造公司,但是,20 世纪 20 年代后期,福特一世被胜利冲昏了头脑,开始独断专行,实行个人独裁,任人唯亲,取消经理制等,在当时公司担任高级职员的 500 人中竟没有一名大学毕业生。这一切导致公司管理混乱,陷入长达十几年的衰落期。

比福特公司晚创办 5 年的通用汽车公司,不惜花费巨额投资,招揽各方面、各层次人才,实行"集中领导,分散管理"的方式,到 1928 年超过了福特公司。

福特三世主持福特公司后,注重企业内部的管理和选贤任能,改变独裁管理制,把"集权管理"改为"分权管理"。尤其是大胆聘用有"经营管理天才"美称的艾柯卡任福特公司总裁。艾柯卡充分发挥他的智慧,进行一系列大胆的改革和创新,对内改革组织、管理和制度,对外进行谨慎的扩张。福特三世和艾柯卡成为福特品牌的"救星",使一个濒临"消逝"的原强势品牌再现昔日辉煌。

12.1.3 品牌领袖对品牌发展的影响力

12.1.3.1 品牌领袖的思维对品牌战略的影响

美国著名企业家戴尔·卡耐基(Dale Carnegie)说过"思维致富"的名言。强调思维即财富,就是要求企业的经营和管理者不被客观事物的表象所蒙蔽,能够从不利中发现有利,透过现象发现本质,从而积极地去引导和启动市场。对实际的各个品牌的品牌战略,品牌领袖们都起到了各自关键的作用。

1) 保护品牌过程中品牌领袖的作用

自己的品牌拥有了一定知名度,成为名牌之后,就意味着赢得了市场。随着品牌观念的深入人心,越来越多的模仿假冒者也随之而来。保护自己的品牌不受这些无谓损失的重担,则主要落到品牌领袖的肩上。中国企业品牌发展的初期曾经有过十分惨痛的教训。青岛啤酒"青岛"商标在美国被抢注,"竹叶青"在韩国被抢注,"杜康"在日本被抢注,"阿诗玛"在菲律宾被抢注,从而失去了大量的市场。而当今中国的品牌领袖们已经痛定思痛,引以为戒。不少有远见的企业家都以牺牲眼前利益而换取长远利益。广州牙膏厂的"黑妹"牙膏是国内名牌,外方要求与该厂进行合资,但该厂坚持要创本国名牌,不愿成为外国产品打入大陆市场的滩头阵地。此举保存了"黑妹"的品牌,同时也为此品牌赢得了相当高的美誉度。保护自己的品牌是个长期的任务,这要求品牌领袖们首先要具备相应的法律意识,要借助法律手段保护好自己的品牌。

同时,品牌领袖还应具备一定的前瞻性,在品牌创立的初期,就能预见到可能会出现的品牌侵犯行为,从而做出适当的预防,尽可能避免损失的出现。现在存在一些企业故意打"擦边球",热衷于模仿名牌商标。你有"大大"泡泡糖,我就来个"太大","超大";你有"郎酒",我就来个"郎窖""郎乡",故意以假乱真、误导消费者。前面也提到了"娃哈哈"品牌的品牌领袖就在其品牌创立初期预见到了这种可能出现的危机,于是将与"娃哈哈"相近的名词,如"娃娃哈","哈哈娃"等等十几个组合都抢先注册掉,使得后来的欲仿冒者无从下手。此举虽然是在这种不正常行为逼迫下的无奈之举,但确实也算是品牌领袖对自己品牌的相应保护。

2) 发展品牌的过程中品牌领袖的作用

品牌产生和创造出来以后,还得花大力气去发展它。这需要组织成员持久的努力,更需要品牌领袖具有全局性的战略思想。在自己的品牌发展到一定的时期,兼并其他实力较弱的企业,扩大自己的规模,可以说是每一个成功企业的必经之路。面对同样的兼并道路,不同的品牌领袖却有不同的处理方法。在企业的兼并重组过程中,往往最难处理的就是无形资产重组时,不同品牌的品牌领袖均有自己不同的想法。有的品牌领袖倾向于充分发挥各自原有无形资产的优势。比如仍保持被兼并企业商标、商誉等的独立,决定实施多品牌战略,而专利、专有技术和管理创新等则实现优势互补。科龙集团兼并华宝空调便用的是这种策略;另一种情况是将被兼并企业的无形资产进行取舍,发挥其中一部分的作用。"康泰克"因成分问题引起风波,整改后推出"新康泰克",既解决了有争议的成分问题,又将原有品牌生产得以延续,就是继续发挥原有无形资产中品牌的价值;还有一种即基本上完全放弃被兼并企业的无形资产。这种情况一般出现在自己品牌具有更完善的品牌文化、有较高品牌价值的基础上。

除了兼并重组别的企业外,还存在自身品牌的延伸问题。品牌延伸是很吸引品牌领袖们的一块领域,因为品牌延伸可以实现品牌在利用中的增值,可以降低新产品的市场导入费用,有利于强化品牌的定位、扩大品牌的市场影响力。"三菱""惠普""佳能""索尼"和"飞利浦"等跨国品牌纷纷采取品牌延伸来扩展市场。在我国,"海尔""娃哈哈""TCL"等一些知名品牌也先后运用品牌延伸策略获得了理想的营销业绩。品牌扩展的方式也是可以选择的。海尔集团的张瑞敏将自己的品牌从电冰箱延伸到电冰柜、空调、洗衣机、微波炉、电视机和热水器等多个门类,从而成为中国白色家电之王;而美国宝洁公司却以海飞丝、护舒宝、舒肤佳、帮宝适等等多种品牌,在不同领域的市场中叱咤风云,成为中国日用品市场上绝对的巨头。

同时,品牌领袖还应该对自己品牌的发展现状有一个清楚的了解,不能因为一时的业绩骄人、名声大噪,就感觉自己仿佛已经拥有了世界级品牌,时刻保持清醒的头脑是非常重要的。"春都"集团就是在自己的实力还没有达到一定程度时,忙着上马"春都"牌服饰,"春都"楼盘,结果一败涂地,不仅不能赢得新的市场,原有的火腿肠市场也渐渐丧失了。由此可见,在发展品牌的道路上,品牌领袖的远见卓识和清醒头脑起到了至关重要的作用。

12.1.3.2 品牌领袖的文化背景对品牌文化的影响

在每一个成功品牌的背后,绝不仅仅只有一连串上升的数字和领导人堆积如山的奖杯匾额,而一定存在一种其品牌所独有的、有超强影响力的品牌文化氛围。正如,麦当劳雷·克拉克的"Q(质量)、S(服务)、C(清洁)、V(价值)"四大理念,福特汽车亨利·福特的"黄金原则",通用电气杰克·韦尔奇的"煮青蛙"理论,以及海尔集团张瑞敏的"小球斜坡"理论。这种种经营理念、企业文化对企业里的每个员工来说,是大家团结奋斗的共同目标,是自己激励自省的准则和动力。就品牌的对外传播来讲,无疑是绝好的传播载体,是树立个性化品牌形象的有力武器。可以毫不夸张地说,没有自己独特品牌文化的品牌,就如没有灵魂的躯壳。而品牌领袖在品牌文化中所起的作用正如教师是塑造人类灵魂的工程师,品牌领袖则是塑造并影响品牌灵魂的大师。

品牌领袖的文化背景与其品牌文化的成型密切相关。每个民族都有其相应的文化渊源,这样的背景直接作用于此民族的企业文化中。20 世纪 70 年代后期,世界经济史上最震撼人心的事情莫过于日本经济的迅速崛起。一个资源匮乏的国家,在经历了第二次世界大战的惨重失败后,却出人意料地在短短不到三十年时间内,以流星般的速度在战争废墟上异军突起,一跃成为当时继美苏两个超级大国之后的世界第三大工业国和经济国。美国一直引以为豪的王牌工业——汽车业和钢铁业受到来自日本的强大冲击,贴着"索尼""松下""日立"标签的日本电器军团打得美国电器业溃不成军。这股突如其来的"日本冲击波"背后就蕴藏着深厚的日本文化渊源,这种文化渊源渗透到日本企业的文化当中。日本企业文化的构成核心就是"和魂洋才"。"和魂"是指日本的民族精神(日本民族自称大和民族),"和魂"实际上是以儒家思想为代表的中国文化的产物,是"汉魂"的变种和东洋化。日本企业家在经营管理中很好地利用了"和魂",提倡从业人员应忠于企业,鼓吹劳资一家、和谐一致、相安而处、共存共荣,从强调人际和谐入手以稳定劳资关系。"洋才"则是指西洋(欧美)的技术。整个日本民族这样的文化渊源造就了整个日本企业界东西结合、敢于创新的文化氛围。具体到某一个品牌的品牌文化的形成,品牌领袖自己的文化背景的作用则是不可忽视的。在日本这种独特的文化氛围中,松下幸之助对其中家族主义和人本主义的内涵感受深刻。首先强调集团内部的合作。与个人才能相比,更重视协作与技术的作用;其次他还要求和谐的人际关系,主张"和为贵"的思想。同时,松下幸之助认为"人的智慧、科学知识和实践经验都属于社会财富,而且比黄金更有价值","造物之前先造人"。基于这种文化思想背景,松下公司明确了自己品牌的经营理念:"造人,也造电器"。在当今中国,博大精深的传统文化也对企业界产生了越来越大的影响。提倡仁、义、礼、智、信、忠、孝、和、爱等的思想,掀起一股推崇诚信的热潮。身处其中的品牌领袖们也基于自己对传统文化宝藏的开发程度和理解角度,作用于自己品牌文化的建立。海尔集团的总裁张瑞敏就深受中国传统文化的熏陶,尤其是先秦圣哲对张瑞敏的思维产生了深远影响,甚至可以说形成了他主体的思维框架,而道家思想更成为其思维框架的根基,也是其战略的基石。张瑞敏将老子《道德经》中的两点作为他的座右铭,其中一点就是无形比有形更重要,天下万物生于有,有生于无,无形就是灵魂。万物的根源是道,它恰恰是看不见的无形的东西。对企业来说,这个道就是企业文化。张瑞敏就是在中国传统哲学思维的统领下,将日本家庭工厂的严格管理、吃苦耐劳的团队精神与美国的充分强调个人自我价值的实现和追求,巧妙地应用在海尔身上,形成海尔自己的品牌文化。

可见,品牌领袖的思想素质、思想方法和价值观念等对品牌文化的影响是非常显著的,甚至其人格特征也会有一定的影响。一个品牌发展的最高目标和宗旨、价值观、作风和传统习惯等等,在某种程度上就是品牌领袖价值观的反映。

12.1.3.3　品牌领袖的公众形象对品牌个性的影响

品牌个性是指赋予品牌人的特征或特点。就像人一样,品牌可以具有"现代的","时尚的","可爱的",或者"异域风味"等特点。通俗地讲,也就是,如果XX品牌是一个人,可以描述其特征:性别、年龄、衣着外貌、性格、嗜好、生活习性、喜怒哀乐、社交……那么作为消费者的你是否愿意与他交朋友呢?具有合适个性的品牌会使目标顾客感觉它正是适合自己类型的,顾客因此会愿意同品牌保持良好的关系。

现在的品牌领袖们都意识到在当今这个商品同质化越来越严重的时代,要创出自己的品牌,并让消费者喜欢自己的品牌就一定要走品牌个性化的道路。而在品牌个性化塑造的过程中,品牌领袖自身的公众形象直接影响了自己品牌在消费者心目中的形象。世界著名品牌法国鳄鱼(Lacostel),它的创始人是一个运动员,这个运动员也就是当时鳄鱼品牌的品牌领袖,因为在场上总是像鳄鱼一样死死地盯着对手,因而一些观众才亲切地称呼他"鳄鱼"。他从赛场上退下来后,转而经商,当为产品起名时,这位昔日赛场英雄忽然想到曾经人们给他的绰号——鳄鱼,于是,他当机立断,产品就命名为"鳄鱼",这也是为了纪念自己对体育的执着。也正是这种执着,才造就了一个举世闻名的世界品牌,鳄鱼几乎一夜之间就得到了大多数男同胞的青睐,而且他的所有系列产品也都被世人所认可,这就体现了品牌领袖对塑造品牌个性的作用力。"鳄鱼"这个品牌的品牌个性实际上就是品牌领袖个性的外化表现,消费者在面对"鳄鱼"这个品牌时联想到其创始人的机警与执着。

现在已经有相当一部分的品牌领袖意识到这一点,并且利用这种影响,塑造自己品牌的个性形象。例如,每当提起比尔·盖茨(Bill Gates)、戴尔(Dell)、史蒂夫·乔布斯(Steve Jobs)、福特(Ford)、杰克·韦尔奇(Jack Welch)这几个闪亮的名字,毫不夸张地说,全球至少会有近半数人的心里便会立即浮现出微软、戴尔电脑、苹果电脑、福特汽车、通用公司的商标和品牌形象。

从某种意义上来说,这几个人已经成了足以令当今世界风云变色的超级巨无霸公司的代名词。成为一部分人民心目中"英雄",无数狂热于商业的青年人心中顶礼膜拜的偶像。殊不知,全世界的人们都在浑然不觉中被这些经过精心设计和渲染的品牌故事所感染,品牌领袖们通过这些精心设计过的品牌故事和消费者们交流,树立自己的公众形象。"品牌故事赋予品牌以生机,增加了人性化的感觉,也把品牌融入了顾客的生活……因为,人们都青睐真实,真实就是真品牌得以成功的秘籍。"(品牌专家真品牌理论创始人杜纳·E.科耐普〔Duane E. Knapp〕)

当这些公司在实施品牌传播方略时,聪明的品牌管理人员使用品牌宣传册、产品保证书(例如:沃尔沃从创业时就以安全至上为最高任务)、产品标签、传统媒体、互联网等传播工具,将他们的品牌领袖如何创业、经营、逢凶化吉、峰回路转柳暗花明等经历加以渲染,编撰成品牌故事传播给广大消费群体。他们通过将有形和无形资产有机地结合在一起,利用生动化的品牌塑造来给消费者留下深刻的印象。经过一贯的、统一的、可信的和有吸引力的信息,以获取顾客心中的威信和名誉。

微软讲述着比尔·盖茨辍学创业的故事;戴尔公司讲述着其创始人戴尔创业时与父母打赌的故事;联邦快递公司的创始人弗雷德·史密斯(Fred Smith)讲述大学时的本科毕业论文《设计专业的隔夜递送公司》被教授仅仅打了3分的故事。

这些品牌领袖的故事向人们生动地传播着一个个鲜活的、呼之欲出的品牌形象。品牌故事的传播手段在我国的一些企业也得到了不同程度的运用。

海尔集团创业初期总裁张瑞敏怒砸电冰箱的故事,"谁砸海尔的招牌,我就砸他的饭碗"的怒吼至今仍使听说过这则品牌故事宣传的人们记忆犹新。该品牌故事着重强调其对产品质量的注重,从另一个侧面反映了海尔集团全心全意为消费者着想的精神,生动地诠释着"真诚到永远"的品牌理念,塑造了消费者心目中"海尔"品牌忠诚、细致的个性形象。

品牌领袖的公众形象对品牌个性的影响是多方面的,包括品牌领袖在公共场所的一言一行、一举一动都能牵动消费者心目中品牌个性的细微变动。曾经一蹶不振的巨人集团在东山再起之前,其品牌领袖史玉柱在回答记者,对他现在有了足够的资金后第一步的打算时,他回答首先要还清欠股东们的债务。在公众场合这样的言语使广大受众开始重新审视"巨人",曾经丧失的诚信形象,因为史玉柱的公众形象的提升而重新回到了"巨人"的个性形象。

从表面上看,这些陈年旧事以及点滴言行与塑造品牌无关痛痒,但是,因为经过公司品牌策划者精心编辑和设计,将它们以企业的品牌领袖和事件领袖为载体传播给广大受众。给受众带来的鼓舞或者是通过传播激起受众的兴趣,使得包括其目标消费群体在内的受众加深对品牌的印象、强化对该品牌个性的理解,对企业倍加关注和重视,从而达到上佳的品牌传播效果。

12.2 品牌经理——品牌战略的执行者

品牌经理制度由来已久,经过上百年的发展和变革,已经成为很多企业所推崇的企业组织模式。品牌经理制度能增强各个职能部门以品牌为中心的运作协调性,能够快速实现品牌的个性化,能够从整体形象出发以品牌个性化来维持品牌的长期发展。

12.2.1 品牌经理制的由来

品牌经理在企业组织中扮演球队的一传或二传的角色。他必须悟透品牌领袖层所制定的总体发展战略,明确战略目标,把这些化为具体、可操作的事项去实施。他要负责策划与品牌或品牌产品线有关的活动,争取所在组织支持他在计划中提出的营销方案;组织、领导和协调自己的品牌小组团队,共同完成目标。

品牌经理的能力,影响着品牌运营的水准。品牌经理能力的发挥在很大程度上受企业管理制度的影响。谈及品牌经理对品牌运营及其长期管理的影响,首先要谈品牌管理制度。

品牌管理的组织形式作为企业在分析、计划、组织和协调与品牌运营相关的各项活动时所做的制度安排,反映了在品牌经营活动中企业内部各部门、各机构的权力与责任及其相互关系。从现阶段看,全球企业品牌管理的组织形式主要有职能管理制和品牌经理制。

品牌管理的演变图如下:

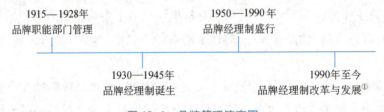

图 12-1 品牌管理演变图

(资料来源:陈洁.从分散到整合:品牌管理的新阶段[J].南开管理评估,2000(2):31-34.)

12.2.1.1 品牌管理之职能管理制

品牌管理制在西方盛行于20世纪的20—50年代,许多西方企业至今仍在使用这种管理制度。作为一种企业品牌的管理制度,其主要做法是:在企业统一的领导、组织与协调下,品牌管理的职责主要由企业的各个职能部门分别承担;各个职能部门的负责人在各自的权责范围内行使权力、承担责任和履行义务,即:在品牌职能管理制度下,有关品牌的决策与计划都由各个职能管理部门的负责人或者管理人员共同参与、研究制定和分别执行。

在实践中,为了提高整个企业的管理(包括品牌管理)效果,执行职能管理制的企业纷纷聘请受过专门训练的管理人员,负责对各职能部门进行监督和协调,包括品牌运营业务的监督和协调。如果企业内部分工合理、权责明晰,在职能管理制下就能很大程度地消除经验管理的弊端,极大地提高工作效率,进而有利于品牌形象和企业形象的提高。不仅如此,各职能部门的建立以及分工与责权的确认,使企业领导能够摆脱很多在实施职能管理制之前所摆脱不了的具体事务的纠缠,从而可以集中精力思考、解决企业发展中的重大问题;同时,使企业管理包括品牌管理由传统的直觉与经验管理走向科学化的健康管理,从而提高企业的管理水平,这是品牌职能管理制所显现的重要优点和特点。

由于职能管理制下的品牌管理分别由若干个部门来完成,因而品牌管理组织形式的效果主要取决于各个部门之间的合作状况;由于企业内部各个职能部门是平行的机构,它们之间在企业品牌发展的诸多问题上难以形成共识,不可避免地会出现矛盾、冲突与相互推诿;更有甚者,部门之间因为一些观念、想法上的不同而相互拆台,使企业品牌形象受到严重伤害。这是品牌职能管理制所存在的内在、固有的缺点。当然,通过各个职能部门的相互合作和彼此沟通,可以把负面影响降低到最小的程度。但是随着企业生产经营的产品和子品牌的增多,这不仅仅使品牌职能管理制的内在、固有的缺点更加显露,而且品牌之间的关系确定与协调管理也难以找到理想的解决方法。

不难想象,在品牌职能管理制下,当企业拥有的品牌比较少时,企业高层管理者对每一品牌的控制和管理还比较强,品牌的具体经营交给负责营销的主管和各职能部门共同承担,虽然会产生一些矛盾和分歧,但是毕竟所引发的问题相对较少;而企业的品牌数目较多时,企业的高层领导不得不将较多的品牌决策权力下放,这时候,拥有较大决策权力的各个平行部门之间的协调就难以实现了。宝洁(P & G)公司通过不断尝试、探索和创新,诞生了品牌经理制这样一个新的企业管理制度。

12.2.1.2　品牌管理之品牌经理制

飘柔——就是这样自信;海飞丝——头屑去无踪,秀发更出众;潘婷——拥有健康,当然亮泽;玉兰油——我们可以证明你看来更年轻;舒肤佳—爱心护全家……宝洁公司成功的子品牌俯拾皆是。它科学、严谨的营销方式,帮助它在全球市场和各个不同的消费品领域,占据极高的市场占有率。

从宝洁的成功经验中,我们能够学习到什么呢?

宝洁的成功与其独特的品牌管理系统有很大关系。宝洁公司品牌管理系统的基本原则:让品牌经理像管理不同的公司一样来管理不同的品牌,此管理系统成为品牌管理的鼻祖。

补充资料12.4

1923年,宝洁推出了新的香皂品牌"佳美",但业务发展业绩一直不尽如人意。出现这一局面的重要原因,是"佳美"的广告及市场营销"太过于'象牙皂'化的思维",不同程度上成了"象牙"皂的翻版。"象牙"皂是宝洁公司1879年诞生以来最为成功的品牌;"象牙"皂通过印刷广告等品牌推广方式,已成为消费者心目中的强势品牌产品,销售业绩一直很好。与"象牙"皂面对同一目标消费群,又被规定"不允许进行自由竞争"的"佳美"皂,自然成为宝洁公司避免利益冲突的牺牲品。1930年,宝洁决定为"佳美"选择新的广告公司,并向这家广告公司许诺,绝不为竞争设定任何限制。在此之前,负责"佳美"和"象牙"品牌的是宝洁自1922年起指定的唯一的广告公司。"佳美"皂有了自己的广告公司后,可以自由地、毫无顾忌地与"象牙"皂展开竞争,就如同与当时竞争者的皂类产品进行竞争一样,这样的决策出台以后,"佳美"皂的销售业绩一路飙升。

麦克爱尔洛埃是世界上第一位品牌经理。1931年,负责"佳美"子品牌的促销和与广告公司日常联系工作的麦克爱尔洛埃发现,由几个人负责同类产品的广告和销售,不仅会造成人力和广告费的浪费,而且更重要的是容易对顾客的服务造成顾此失彼;宝洁需要一个与其市场相匹配的特别的管理系统。于是,他提出了"一个人负责一个品牌"的大胆构想,并于1931年5月31日起草了一份具有历史意义的文件。文件中详列了品牌经理、助理品牌经理和"调查人员"(指绝大部分时间在商场里调查促销情况者)的工作职责,并在文件里写道:品牌经理应该能够把销售经理的大部分工作接过来,使营销经理将主要精力放在产品的销售上。麦克爱尔洛埃的"品牌管理"方法,得到了以醉心于改革创新而闻名的宝洁公司总裁杜普利的赞同。从此,宝洁公司市场营销的理念和市场运作方法开始发生了根本性的改变,以"品牌经理"为核心的营销管理体系逐步建立。美国《时代》杂志对之称赞道:"麦克爱尔洛埃赢得了最后的胜利,他成功地说服了他的前辈们。使宝洁公司保持高速发展的策略其实非常简单:让自己和自己竞争。"[1]品牌经理制就这样诞生了。

到第二次世界大战结束以后,品牌经理制几乎被认为是从事多品牌经营的消费品生产企业的规范化组织形式,许多消费品生产企业(尤其是耐用消费品生产企业)都学习宝洁公司的做法,纷纷采用品牌经理制。到1967年,采用品牌经理制的主要耐用品生产企业已经达到全部生产企业的84%。[2] 像美国的庄臣公司、美国家居用品公司等世界范围

---

[1] 韦桂华.品牌经理制[J].企业管理,2001(5):53-55.
[2] 符国群.商标资产研究[M].武汉:湖北人民出版社,1998:210.

内的众多大公司都采用了这种品牌管理制度,这时候品牌经理制已经渐渐走向成熟了。

那么到底应该怎样来阐释品牌经理制呢?

这里我们对品牌经理制作一个说明,所谓品牌经理制就是企业为其所辖的每一个子品牌都专门配备一名具有高度组织能力的经理,由他对该品牌的产品开发、产品销售以及产品的利润负全部责任,并由他来统一协调产品开发部门、生产部门以及销售部门的工作,负责品牌管理影响产品的所有方面以及整个过程。一般来说,在公司生产的各个产品差异很大或者是产品数量较多,以至于按功能设置的营销系统无法良好运转的情况下,建立品牌经理制度是比较合适的。

12.2.2 品牌经理制的作用

品牌经理制为什么能够如此盛行,以致成为众多企业品牌战略的重要管理机制?它对企业品牌建设发展有哪些有效的作用?这一部分我们就来具体分析一下品牌经理制的五大作用。

12.2.2.1 加强各部门间的沟通和协调

在实施品牌经理制以前,各个职能部门通常容易以本部门为中心、从局部着眼各自为战,甚至是以推诿的态度对待部门外的事情,而不是考虑着为品牌的整体运作做出精心全面的策划。[①] 这样就会严重分散企业内部的有限资源,无法凝聚、协调各个部门运作的合力,致使企业品牌成功的概率不是很大。在品牌经理制度下,企业委任的品牌经理负责某品牌的运营全过程;一个熟悉公司各个环节的品牌经理,能够从整体的角度来考虑品牌的利益,并运用制度的力量去协调各个部门围绕其品牌做出种种努力,明确每个部门对每个品牌,在每个时间点上所承担的任务,清除、杜绝各部门之间的推诿、扯皮现象,防止因不熟悉情况而产生的盲目性及因贪图方便而因循守旧,导致企业品牌的整体受到影响甚至伤害的情况发生,使企业的每一品牌在追求商业机会的激烈的市场竞争中能够得到企业上上下下所有资源的一致有力的支持,实现各个部门局部最优的同时使企业的整体效益达到最优。

12.2.2.2 加快企业创品牌、发展名牌的进程

在品牌经理制下,企业委任品牌经理负责某品牌运营的全过程,具体负责该品牌产品开发、生产与销售,协调品牌产品的开发部门、生产部门和销售部门的工作。我们知道,承担品牌经理工作的经理人员都是熟悉企业生产经营活动的、具有高度组织能力的人。这样一名熟悉企业生产经营活动全过程及各环节衔接的业务经理,从品牌和企业整体利益出发,并借助制度的力量围绕品牌运营,坚持整合运作原则,协调各职能部门的矛盾与利

---

① 奈学刚.论品牌经理制[J].经营与管理,1997(3):9-11.

益。品牌经理制使企业对品牌的设计、品牌的注册、品牌的发展和品牌的高效组合等各个阶段的管理有了完整的保证体系,有专门的人才和专门部门实施对品牌的全面管理,使企业的品牌资源和营销活动最大限度地协调一致,并最终能通过满足消费者对品牌商品的需求来实现企业的经营目标。

12.2.2.3　品牌定位与个性化

使用品牌职能管理方式的企业比较习惯的运作方式是先开发新产品,再给产品定价,最后再卖给消费者,很少关注顾客的需求,因而导致产品的市场定位趋同,难以形成产品的个性化。随着市场竞争的加剧,经济形态已由卖方市场转变为买方市场,顾客是公司的"上帝";公司在研制、开发新产品时,不能不考虑"上帝"们的需求和偏好。在品牌经理制下,由于各个品牌的主管不同,他们都会极力关注差异性竞争优势(主要包括产品特点差异性、品牌个性差异性、价格成本差异性、促销手段的差异性等等)。品牌经理在新产品研制开发实施前首先考虑消费者的需求偏好,确定新产品的目标市场,确定新产品的档次、价格,对新产品进行了很好的市场定位,并根据这一市场定位来指出新产品的功能和要求,计算出产品的目标成本,使研发部门和生产部门在新产品开发之初就有明确的成本控制目标和产品的个性化特征。这样就会有效地克服产品和品牌的趋同性现象,以品牌的个性来改变品牌的市场定位,以个性化战略来参与激烈的市场竞争并最终赢得竞争的胜利。

12.2.2.4　从整体形象出发以个性化维持品牌的长期发展

只有个性化的产品才能够在未来的市场竞争中获得消费者的青睐,而品牌经理犹如培养产品个性的保姆,他们专司品牌运营之职,监控市场变化与品牌运营状况,又由于品牌经理制下企业各部门间的沟通、协调性增强,使得品牌经营的适应能力大大提高。品牌经理不但在产品的延伸方面会始终如一地去保护品牌个性,而且在销售过程中也能有效地消除销售过程中很容易出现的"近视"行为。例如,宝洁公司的汰渍(Tide)洗涤用品已有70多年的销售历史,佳洁士(Crest)牙膏已行销60多年,佳美(Camay)香皂也已行销80多年,而象牙(Ivory)香皂已行销130年以上。这些品牌之所以能长期发展并立于不败之地,就是因为他们的品牌管理部门能够充分地以企业品牌的整体利益来考虑各自管理的子品牌的发展策略,以个性化、差异化策略无限地延长品牌的生命周期。

12.2.2.5　增加顾客价值[①]

消费者最关注商品的价格,企业制定产品价格是根据产品的成本和企业的利润率来

---

① 韦桂华.品牌经理制[J].企业管理,2001(5):53-55.

完成的。品牌经理需要对产品销售额和毛利率负责,就必须一开始就注意控制各个环节的支出,一旦发现异常情况,便能够迅速地作出反应。成本的有效控制和服务的不断改进,可以有效地提高产品的市场竞争力,提升产品的附加价值,使消费者真正感到物超所值,从而推动企业的生产和销售等方面的整体发展。

简而言之,品牌经理在产品研制开发时应考虑到消费者的需求偏好,确定新产品的目标市场,确定新产品的档次、价格,对新产品进行市场定位。品牌经理应有独立的权限以对生产过程加以监督、检查和控制。品牌经理在销售环节有权选择销售渠道、制定促销策略及广告宣传策略,也能有效地克服销售过程中容易出现的短期销售行为,品牌经理会根据品牌的长远利益,作出正确的选择,使品牌得到长期的发展,为名牌的形成打下坚实的基础。即品牌经理从全局上把握品牌战略,并运用制度力量使创名牌工作得到落实和保证。品牌经理制的实施,为创出名牌提供了组织上的保证,有利于提升品牌的市场竞争力和生命力。

12.2.3 品牌经理制的实施

企业建立品牌经理制后,品牌经理应首先在市场调研的基础上提交新产品研制开发的意向书;在意向书中,应概括出当前的市场竞争状况和机会、具体的产品概念(功能、包装等)、销售渠道、竞争对手或潜在竞争对手的情况以及大致的时间进程表等。意向书经过总经理批准后即发给产品开发部门和销售部门进行讨论,品牌经理根据各部门讨论的结果,提出产品开发建议。在建议书中,品牌经理组织有关人员进行可行性研究,若能通过可行性研究,品牌经理就着手编制产品开发计划,评述产品生产要求,分给各职能部门执行。在执行过程中,品牌经理应根据市场信息变化,及时地调整生产计划和销售计划。[①] 品牌经理在市场营销中起着关键的作用,他要对所管理的品牌产品以及产品成功与否负最终责任。因此,品牌经理不仅要关心新产品的开发、生产和销售,还要关心产品创新和产品线的延伸,以期利用品牌的知名度,求得最大的经济效益。

实施品牌经理制的成功关键是拥有能够运用智慧的品牌经理。这里需要说明的是品牌经理并不仅仅指的是一个人,有时候会是一个团队。必须清楚,品牌经理在企业的整个营销运作过程中,并不具有很大的权力,无权指挥其他部门。他们要获得成功,必须依赖其他同仁的合作,因此,他们要尽量为别人创造机会,提供点子以期别人也对他们提供同样的帮助。这就要求品牌经理具有极大的智慧力和创造力。这主要由以下几个各方面组成。

12.2.3.1 自身素质

从自身素质来讲,作为品牌经理,对于自己所负责的品牌,必须比公司里的其他任何

---

① 奈学刚.论品牌经理制[J].经营与管理,1997(3):9-11.

人都更了解,而且要不断接受在这方面知识的挑战。在中国,宝洁自1990年就开始从中国本土的名牌大学招聘优秀毕业生,他们中很多人被充实到市场营销的第一线,协助品牌经理;如果成绩突出,他们就会取而代之。美国一组织通过对在若干家背景差别较大的企业里工作过的25名品牌经理的调查发现:大约半数的品牌经理有MBA学位,有相关技术领域的背景。

12.2.3.2　工作职责

从工作职责来讲,企业建立品牌经理制后,企业的每一新产品的开发或现有产品的变动,均应由相应的品牌经理通过严格的程序进行管理和控制,并对所管理品牌的产品或产品线的成功与否负全责。因此,品牌经理不仅要关心新产品的开发、生产和销售,而且还要关心产品和产品线的发展,以期利用品牌的知名度,求得最大的经济效益。从这个角度看,品牌经理的职责有:①制定产品开发计划并实施;②确定产品的经营和竞争战略;③编制年度营销计划和进行营销预测;④与广告代理商和经销代理商一起研究促销方案;⑤激励推销人员和经销商对该品牌产品的支持;⑥不断搜集有关该品牌产品的信息;⑦发起对产品的改进,以适应不断变化的市场需求等等。品牌经理的职责决定了他在管理方面应是个通才,在一些核心问题上应是专家。从市场需求来讲,新品牌的开发不能无的放矢,必须建立在广泛的调研、了解消费者需求、把握市场走势的基础上,不能出现品牌研制出来却因缺少需求支持而胎死腹中的现象。这就要求品牌经理"吃"透市场、"吃"透消费者、"吃"透品牌,全身心地投入到品牌经营中去。

12.2.3.3　品牌个性

从品牌个性来讲,必须建立一个区别于其他品牌、独立鲜明的品牌形象,这个形象要与产品的本质属性相一致,并始终保持不变,既不和原有品牌形象撞车,又与已有影响的品牌相互配合呼应。要以各种方式引起消费者的注意和兴趣,利用消费者在消费方面的社会价值观进行引导,促使其尝试和购买,让新品牌一下子就扎根于消费者心中。

12.2.3.4　公司整体

从公司整体来讲,品牌经理虽有相对独立性,但又必须服从企业的整体计划,形成品牌的战略组合和整体推进。在国内较早引进"品牌经理"概念的秋水先生,在其《最后的商战——品牌战》中指出:"每个大公司、大集团都要思考这样一个问题:如何在保持企业整体形象、价值观念和企业文化的前提下,或者说在一个总品牌形象下,塑造品牌的各自特色,形成各品牌各自的忠诚群体,为企业赢得更为广阔的市场和生存空间?由此可知,品牌经理制是一个挑战性举措,品牌经理本身就是一个充满风险和挑战的工作。"

国内的品牌管理工作做得最成功的企业中当以上海家化的品牌经理制度最具有代表性。上海家化是一家有着百年历史的化妆品生产企业。从一个多世纪前的广生堂到今天的上海家化联合股份有限公司,它一直是民族化妆品行业的积极开拓者及杰出代表。作为上海家化的成功子品牌,美加净、六神、佰草集无不是中国传统文化和现代科技的结晶。针对多品牌的营销管理需要,上海家化不失时机地建立了品牌经理制度。它借鉴了国外先进的品牌管理经验,结合自身特点,逐步摸索、逐步完善了一套针对于实施多品牌战略的营销管理制度。

12.2.4 品牌经理制的劣势与发展

在品牌经理制为企业带来诸多优势的同时,也应该看到品牌经理制并非是一剂包治百病的灵丹妙药,它也有一定的适用范围和自身不可避免的缺点。

12.2.4.1 品牌经理制的缺点

品牌营销是市场经济高度竞争的产物,经过多年实践,已经发展得相当成熟,形成的一个以品牌经理制为主的品牌管理体系能够有效地协调各种市场营销职能,并对市场变化做出积极反应。同时,由于有专门的品牌经理,那些较小品牌产品不会受到忽视。但是品牌经理制也并非完美无缺,它的劣势也是显而易见的。

(1) 为每个品牌分别做广告宣传,造成营销资源分散,费用开支较大。

(2) 整体观念不强。在品牌经理制度下,各品牌经理相互独立,他们会为保持各自产品的利益而发生摩擦,事实上,有些产品可能面临着被收缩和被淘汰的危险境地。

(3) 部门冲突。品牌经理们未必能获得足够的权威,以保证他们有效地履行职责,这就要求他们依靠劝说的方法取得广告部门、销售部门、生产部门和其他部门的配合与支持。

(4) 多头领导。由于权责划分不清楚,下级可能会接到多个部门的指令,例如,广告经理在制定广告战略时接受产品市场营销经理的指导,而在预算和媒体选择上则受制于品牌经理。

(5) 品牌众多,往往得不到消费者足够的注意,难以建立品牌价值,形成不了强势品牌,易被竞争对手击破。面对同一消费群体的品牌,为争夺市场往往会导致互相"残杀"、"内部开战",削弱企业的整体竞争力。

(6) 多个品牌不同风格的出现,往往难以形成完整、统一、鲜明的企业形象。

品牌管理制度要求各职能部门全面与市场接轨,以消费者为中心,敏捷地适应市场变化。做不到这一点,就难以支持品牌经理捕捉商机,极易给企业整体发展带来致命的打击。

补充资料 12.5

奈学刚曾撰文《论品牌经理制》,提醒中小企业不应盲目套用宝洁公司的品牌管理方法,认为"这种品牌管理方法需要较大的资金支持,适合规模较大的企业运作,中小企业的品牌战略还应是集中精力做一种品牌。"同时强调:"有较高知名度的大企业对于成熟品牌也要有忧患意识。宝洁的产品更新换代的速度值得许多国内企业学习,如果没有不断创新的意识,成熟品牌随着市场的变化也会走向衰落。

12.2.4.2 品牌经理制的发展状况

品牌经理制创立近百年来,为一些跨国大公司的多元化品牌经营立下了汗马功劳,但是由上面所叙述的劣势来看,品牌经理制也亟须一个正确的发展方向。

综合各种品牌管理体制的优势和劣势,建立多层次、灵活的品牌管理体制将是品牌经理制发展的主要目标。长期以来,由美国宝洁公司于1931年首创的品牌经理制一直是西方大型跨国公司普遍采用的品牌管理"标准"模式。1994年,英国《经济学人》杂志曾发表了题为《品牌经理制的终结》一文,对品牌经理制的弊端进行了尖锐的批评。其中就提出了许多品牌经理制的致命缺点。

有鉴于此,西方跨国公司在20世纪90年代纷纷改革其品牌管理体制,积极探索新的品牌管理模式。总体上看,随着组织结构的扁平化和权力下放,品牌经理负责的品牌数量增加,越来越多的品牌经理管理至少三个品牌,在消费品和工业品方面,要同时负责五个以上品牌;企业也积极提倡负责各子品牌的品牌经理间的合作和信任(Hankinson and Cowking,1997)。可口可乐、高露洁、雀巢等公司都建立了企业范围内的品牌管理机构,通常由一名高级副总裁挂帅(Keller,1998)。IBM公司专门成立了一个小组,负责有关品牌的事宜。

在品牌经理制的鼻祖——宝洁公司,其品牌管理体制近些年也发生了显著变化,其中一个最重要的变化是产品类别管理层(Category Management)的产生。从20世纪80年代末和20世纪90年代初公司开始推行新的制度,为了减少企业内部各品牌之间的竞争,加强与力量日渐强大的零售商之间的合作,在公司所属的40个产品类别中,每个类别任命了一名总经理,并赋予其利润责任。由他们管理同类产品品牌,以使同类产品中各品牌所做的营销努力能够相互配合。类别管理被认为是能够解决内部的协调问题、增进效益的较好的方法。20世纪90年代以来,类别管理在西方企业中日益盛行,特别是在消费品行业。从宝洁公司的创新中我们可以看出,虽然西方跨国公司并不是完全取消品牌经理体系的设置,而且各企业变革的速度和力度也各不相同,但是,从总体上看,其品牌管理逐步向多层次、灵活的管理体制演变。使用不同管理层次对品牌进行管理,彼此进行分工协作,并赋予其不同的职责和任务。

这种经过改良的品牌管理体制可以概括为以下三个层次。

1) 品牌产品管理层

这是品牌管理的最低层次,由各产品的品牌经理组成。这一层的主要任务是了解顾客对品牌的看法,搜集信息,然后会同公司其他职能部门(包括产品开发、制造、营销和销售等),将它们转化为产品开发和过程设计的标准。此外,在营销部门的协助下,负责推广和宣传所管理的品牌。

2) 品牌类别管理层

这个层次的企业产品类别经理的主要任务是考察公司所属品牌间的相互关系,发挥其协调作用。任何成功的品牌经理都极力地设法拓宽其品牌的范围,以便争夺货架空间,扩大销售量。如果不加管理和控制,必然会导致公司各品牌间的相互重复、自相残杀。类别经理在保留公司内部一定竞争的同时要确保公司品牌间避免出现过度竞争。类别经理更重要的作用是管理品牌组合间的投资,合理分配资源,以便将所属品牌覆盖不同的渠道。此外,还要负责建立与中间商之间融洽的关系。

3) 企业品牌管理层

这是品牌管理组织的最高管理层,负责企业品牌建设的总体战略规划和布局,构建合理的品牌组合,界定不同层次品牌应该发挥的作用,着重企业品牌和旗帜品牌的管理,在消费者心目中创立强有力的企业形象。将品牌建设与企业的总体战略相结合,注重发挥企业品牌的导向作用,整合企业内部资源和价值链上的各个环节,以实现企业价值的最大化和企业盈利的稳步增长。①

表 12-1 新品牌管理体制

管理层次	目标	绩效测评
企业品牌	创造强有力的企业形象,清晰的外部沟通,一致的理论标准和协同效果	企业总体价值和盈利的增长
类别品牌	利用明确界定的品牌组合领导市场,获得营销、开发和分销方面的规模经济	货架空间、单位成本、沟通占有率、存货率、盈利的增长
产品品牌	通过向大量的优质顾客提供系列的产品来实现有独特价值的承诺	市场份额、分销渗透率、顾客满意度、溢价和盈利的增长

进入 21 世纪以来,由于品牌经理制在中国的盛行,必将有大批的品牌经理跃上企业管理的前台。品牌经理在未来的商业竞技场上将空前活跃,成为最富智慧力、创造力、生命力和竞争力的队伍,并以独特的经营思想、营销创意、运作手段和经营风格,推动中国品牌纵横国际舞台,向更快、更高、更强的境界跃进。②

---

① 范秀成.论西方跨国公司品牌管理的战略性调整[J].外国经济与管理,2000(10):30-37.
② 韦桂华.21 世纪:品牌经理跃上前台[J].中华商标,2001(3):6-8.

12.2.4 品牌经理的层级职责与岗位描述

12.2.4.1 品牌经理的职责及岗位描述

1) 品牌经理的职责

一个品牌经理的主要职责范围是一个品牌或一条紧密关联的品牌产品线。因此,品牌经理具有两个职责:第一,品牌经理负责策划与品牌或品牌产品线有关的活动。具体工作包括:分析市场(含消费者、竞争者、外部环境)并利用这些信息为产品制定营销目标和策略。第二,品牌经理必须争取所在组织对其提出的营销方案的支持;这时就可能需要企业中其他部门的合作,像研发部门、生产部门、市场调查部门以及财务部门等。还有可能需要进行内部游说,以获得高级经理人员的协助与支持。

图 12-2 是品牌经理与企业内外各种相互关系的透视图:

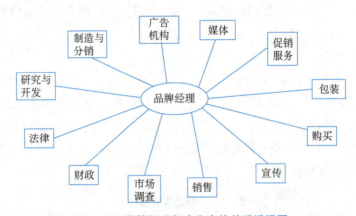

图 12-2 品牌经理与企业内外关系透视图

(资料来源:莱曼,温纳.产品管理(第 2 版)[M].魏立原,黄向阳,译.北京:北京大学出版社,科文(香港)出版有限公司,1998:1.)

2) 岗位责任说明

(1)确定品牌发展目标与战略,负责制定品牌营销计划,特别是年度营销计划;

(2)根据品牌发展战略,负责发展品牌推广创意策略以及媒介策略;实施并监督管理;

(3)有效地进行团队管理工作,共同推进年度品牌营销计划各项工作的实施;

(4)及时地收集、处理所负责品牌的各方面信息,为本人及相关人员的决策提供依据;

(5)与公司领导层共同确定产品价格,根据市场变化及时提出调整价格的建议及方案;

(6)与公司内外广告部门通力合作以确保广告质量,并对广告费用的支出和传播效果进行监督和评估;

（7）制定各时期的促销目标与方案，确定促销费用，并对促销结果进行评估；

（8）定期进行市场走访，寻找各区域公司员工及中间商对该品牌的支持并获取最新市场信息；

（9）参加与所负责品牌相关的各种会议，共同寻求问题的解决方式；

（10）及时处理该品牌各种危机事件，维护品牌形象；

（11）参与研发部门新产品的开发工作，负责新产品的上市推广；

（12）进行市场预测并协助制定生产计划，与生产部门协调，降低生产成本并保证产品质量；

（13）以品牌负责人的角色，协调市场、销售、生产、研发等部门之间的关系。

12.2.4.2　品牌小组其他成员的岗位职责描述

在大多数情况下，品牌经理并不是单枪匹马地完成对品牌的维护运作的，他只是一个品牌管理团队的负责人。在这个团队中，还会有数位副经理和助理协助他共同完成品牌管理的工作。下面，将对品牌管理团队中主要成员的职责范围作一个简单介绍。

1）品牌副经理

品牌副经理向品牌经理汇报并接受其领导，他的主要责任有：

（1）帮助品牌经理确定产品发展目标与战略；

（2）协助品牌经理有效地进行团队管理工作，共同推进品牌市场营销计划各项工作的实施；

（3）协助品牌经理及时收集、处理所负责品牌的各方面信息，为品牌经理及相关人员的决策提供依据；

（4）协助品牌经理进行价格、广告、促销和分销的日常管理与决策；

（5）定期进行市场走访，寻求各区域公司员工及中间商对该品牌的支持并获取最新市场信息；

（6）协助品牌经理及时处理该品牌各种危机事件，维护品牌形象；

（7）协助品牌经理参与研发部门新产品的开发工作及新产品的上市推广；

（8）协助品牌经理进行市场预测并协助制订生产计划；

（9）协助品牌经理处理各种文书工作。

2）品牌助理

品牌助理向品牌副经理汇报并接受其领导。主要职责有：

（1）及时收集品牌各方面的信息，为品牌副经理及品牌经理决策提供依据；

（2）定期进行市场走访，为品牌副经理和品牌经理提供最新市场信息；

（3）及时处理品牌副经理分配的各种文书工作；

（4）协助品牌副经理进行促销准备。

3) 市场调研助理

市场调研助理向品牌经理汇报并受其领导,其主要职责有:

(1) 负责市场调查计划(如消费者、客户、销售渠道等)的制定、实施和监控;

(2) 进行行业信息、竞争品牌市场信息的搜集、分析及传播效果评估工作;

(3) 负责市场信息的整理与分析,定期或不定期向品牌经理提交行业动态分析、消费者市场分析、流通渠道、竞争品牌动态和策略分析,为品牌经理制定和修正各项市场营销计划提供依据;

(4) 组织编辑内部信息刊物;

(5) 负责市场调研信息档案的建立与管理。

4) 市场推广助理

向品牌经理汇报并接受其领导,其主要职责有:

(1) 协助品牌经理制定并执行品牌市场推广预算及预算分配计划(如地区分配、时间分配等);

(2) 协助品牌经理制定并执行不同推广工具的费用分配计划(如广告、促销、专柜、POP 及促销材料制作、导购人员费用等);

(3) 协助品牌经理制定各种广告及促销活动计划,并根据区域、时间段及产品规格进行分解;

(4) 协调、督导广告代理公司工作;

(5) 协助品牌经理实施市场推广费用控制;

(6) 协助品牌经理对广告及促销效果进行评估。

5) 产品设计助理

向品牌经理汇报并接受其领导,主要职责有:

(1) 根据市场调研结果和新技术发展信息,协同品牌经理拟订新产品开发计划;

(2) 协助品牌经理提出新产品设计的可行性分析报告,并协助研发、生产、采购部门相关的合作;

(3) 协助品牌经理制定明确的产品开发计划(如设计费用、时间计划等);

(4) 保存产品设计开发记录档案(如成本明细及过程记录等);

(5) 协助品牌经理进行产品设计开发费用控制和时间进度控制;

(6) 组织市场研究人员对消费者进行新产品概念测试;

(7) 建立竞争对手的新产品信息档案。

6) 销售专职经理

向品牌经理汇报,并接受其领导,其主要职责有:

(1) 协助品牌经理制定本品牌市场销售目标,与销售部相关人员进行销售目标的确认;

(2) 协助品牌经理与销售部制定年、月度品牌销售计划及销售费用预算;

（3）通过市场走访，监控品牌产品的市场价格和货品流向；

（4）协助品牌经理与销售部门对全国市场重点客户的开发；

（5）与销售部门配合进行销售渠道及销售政策的设计与完善，确保有计划的网络覆盖和稳定的市场管理；

（6）负责与销售部日常横向沟通配合。

12.3 品牌顾问公司——品牌战略的智囊团

在知识经济和经济全球化的背景下，市场竞争已由过去的品质竞争、品种竞争演化为今天激烈的品牌竞争。为弥补品牌主实施品牌管理过程中的缺陷，品牌顾问公司应运而生，并飞速发展。

12.3.1 品牌顾问公司的概念

品牌顾问公司是为品牌主提供专业品牌服务的机构，它具有专业性、全面性和资源性特点，是企业的"外脑"，具有品牌调查、品牌计划、品牌创新、品牌保护与品牌延伸等五项功能。我们可以从以下三个方面理解品牌顾问公司的概念。

12.3.1.1 品牌顾问公司有特定的服务对象

品牌顾问公司的服务对象不是漫无边际、捉摸不定的，它专门为品牌主服务，具有较强的针对性。

12.3.1.2 品牌顾问公司有特定的服务内容

品牌顾问公司为品牌主提供的是专业的品牌咨询服务，既有战略层面的又有战术层面的，具体表现为战略、资讯、投资、广告、公关等方面的内容。

12.3.1.3 品牌顾问公司是商业性机构

品牌顾问公司以营利为目的，追求最大的经济效益是其本质的要求，它不同于一些学术研究机构，它是一个独立的经济实体，通过商业运作获取利润，具有浓烈的商业化色彩。

12.3.2 品牌顾问公司对品牌建设与长期管理的意义

与品牌领袖、品牌经理们相比，由品牌顾问组成的咨询团队具有独特的优势，能为品牌调查、品牌计划、品牌创新、品牌保护与品牌延伸提供更为专业、全面的服务。因为品牌顾问公司具有以下三方面的特点。

12.3.2.1 专业性

1) 专业化的人才

品牌顾问公司拥有一大批品牌及相关内容的专家,他们不但具备丰富扎实的品牌知识,而且还有多年实战形成的品牌运作经验,从而保障了品牌顾问公司高水准的运行。

2) 专业的运行程序

品牌顾问公司立足于比较客观的立场,与品牌主强强合作,通过专业流程,担当品牌主的顾问与"外脑"。由于品牌顾问公司角色的因素,导致其服务方式更加理性客观,而这一点是企业内部部门难以实现的。

3) 专业化的运作理念

品牌顾问公司建立了良好的咨询顾问基础,尤其是对行业资料、信息分析和各行业品牌特点的驾驭,从而使品牌顾问公司在进行品牌咨询时,既把握了不同行业品牌的共同特点,又抓住了特殊行业的品牌规律,从而实现了共性与个性的结合。

12.3.2.2 全面性

品牌顾问公司的服务既有战略层面的品牌战略,又有战术层面的品牌规划。服务具有全面性,主要表现为:

1) 战略层面

品牌战略是企业发展战略的重要组成部分,同时也是企业经营的重要组成部分。企业经营主要分为产品经营、资本经营和品牌经营。品牌战略来源于企业的发展战略,同时又自成体系。因此品牌战略一般立足长远,不轻易更改,是企业关于品牌方面的战略性纲领。品牌战略的制定通常由企业所有者(品牌领袖)、企业内部主管品牌的专业机构(品牌经理及其属下)与专业品牌顾问公司(品牌"外脑")来共同完成。而这其中,由于品牌顾问公司拥有众多的人才与丰富的经验,所以在品牌战略的制定中起着举足轻重的作用。

2) 战术层面

品牌规划通常表现为企业中期和短期的企业计划,它常常涉及品牌市场投入费用的预算、品牌推广的媒体选择和阶段性品牌的个性确定等一系列事务性工作。在这个品牌规划过程中,品牌顾问公司的作用是不可取代的。

12.3.2.3 资源性

品牌顾问公司具有企业内部品牌经理所不可能具备的专家资源、媒体关系资源和长期积累的行业知识及丰富的案例等。

在品牌顾问公司,有来自不同领域的资深专家,他们亲密无间地组成了一个高素质的团体;有良好的媒体关系资源,可最大限度地利用媒体为企业的品牌服务。因此在品牌投放过程中,企业会委托品牌顾问公司进行推广。尽管企业支付了一定的品牌咨询费用,但可以节省媒体推广费用和由于品牌规划失控而导致的巨大浪费,其结果必然是双赢的。

品牌顾问公司是一个智力生产型的企业。咨询顾问在咨询服务的实践中不断产生最新的品牌管理理念,深入研究行业规律,同时积累起丰富的咨询案例,从而能比企业站在一个更高的角度对品牌进行规划。综上所述,品牌顾问公司由于具备专业性、全面性和资源性的综合优势,在社会高度分工合作的今天,它是企业打造品牌的战略伙伴,是不可或缺的社会角色!

12.3.3 品牌顾问公司的类型

品牌顾问公司类型较为多样,一般来说有如下两种划分方法。

12.3.3.1 按品牌顾问公司的规模大小

(1)超大型品牌顾问公司是指雇佣专业人员在千名以上的公司;
(2)大型品牌顾问公司是指雇佣专业人员在数百名的公司;
(3)中型品牌顾问公司是指雇佣专业人员在30名以上、百名以内的公司;
(4)小型品牌顾问公司是指雇佣专业人员在30名以内的公司。

目前,全世界拥有千名以上专业咨询师的超大型品牌顾问公司有几十家,其中多数为跨国性咨询机构,如被称为"MBB"的麦肯锡咨询公司(McKinsey)、波士顿咨询(BCG)和贝恩咨询(Bain)。

在国内外,大、中型品牌顾问公司也普遍存在。尤其值得一提的是专业人员在10名以内的小型品牌顾问公司,因其机构精简,灵活性与适应性十分强,在咨询业中也扮演着十分重要的角色。

12.3.3.2 按照品牌顾问公司的业务核心侧重点不同

1)战略型品牌顾问公司

它是以品牌战略咨询服务为主要业务内容的品牌顾问公司,帮助企业的高级管理层诊断并解决战略、组织结构和经营运作方面的关键性议题。著名的战略型品牌顾问公司有麦肯锡、罗兰·贝格等。其中麦肯锡公司专门为企业总裁、部长、高级主管、大公司的管理委员会、非营利性机构以及政府高层领导就其关注的管理议题提供咨询服务。麦肯锡公司咨询服务的最大价值在于从企业最高管理层的角度出发,将发展战略与实际情况有机结合,制订建议方案,协助客户实施,从而成功地提高经营绩效。

2)投资型品牌顾问公司

是指以投资方面的品牌咨询为主要业务的品牌顾问公司,主要服务项目有会计和审计、税务咨询、兼并与收购咨询等。著名的投资型品牌顾问公司有普华永道、德勤、毕马威等。普华永道是四大会计师事务所之一,其咨询业务收入在 2018 财年增长 10% 至 138 亿美元;德勤同样是世界上四大会计师事务所之一,也是全球领先的专业服务事务所之一,其特长是国际商务。

3) 广告型品牌顾问公司

是指以广告咨询服务为主要业务的品牌顾问公司,主要为客户提供多方面的传播服务,如广告、营销管理、促销管理、视觉设计等。著名的广告型顾问公司有奥美、精信等。奥美广告公司是全球十大传播公司之一,"全方位品牌管理"是奥美的理念。精信广告公司在中国以其国际化广告公司的背景和扎实的本土化工作,通过不懈努力,目前已发展成为中国位居前列的大型广告公司,"着眼于品牌的未来"是精信的理念。

4) 公关型品牌顾问公司

是指以公共关系服务为业务核心的品牌顾问公司,它对提高企业及品牌的美誉度有极重要的作用。著名的公关型品牌顾问公司有博雅、伟达、爱德曼、凯旋先驱等。

5) 资讯型品牌顾问公司

是指以信息收集与评估为主要服务内容的品牌顾问公司,它帮助企业从不同途径收集相关信息,为做出正确的决策夯实基础。著名的资讯型品牌顾问公司有兰德、盖洛普等。

12.3.4　品牌顾问公司运作的程序

品牌顾问公司为品牌主提供专业的品牌咨询,是一项开拓性的活动。它追求实效,极富灵活性,其程序不是固定不变的,而是一切从实际出发、因地制宜,根据咨询的对象和内容的不同而有所不同。但是,人们在长期的实践中总结出来的管理咨询的基本程序与要领,有许多共同点还是值得利用和借鉴的。一般来说,品牌顾问公司的运作可分为以下 4 个步骤:联系业务、预备咨询、正式咨询和指导客户实施改善方案。

12.3.4.1　联系业务

联系业务是品牌顾问公司运作的起点,是进行品牌咨询活动的前提条件,它主要包括两种情况:

一是"坐下来",由品牌顾问公司专职人员在本公司接待前来咨询的顾客,并与之洽谈业务。在这种场合,顾问公司代表应该了解:顾客是通过什么途径了解并找到本公司的?企业的自然情况、经营管理情况如何?要求本公司何时提供哪方面的服务?希望解决的主要问题与预期目标如何?支付咨询费用的能力如何等等。据以判断顾客的要求是否合法、合理,是否能接受其咨询委托。同时,还要向顾客说明本顾问公司的基本情况、服务宗旨、服务领域、业务专长、必尽的义务、以往的咨询业绩以及咨询费用等,以供客户就是否委托咨询做出正确的判断。在双方皆认可的情况下,由顾问公司提供咨询委托书,请客户填写。

二是"走出去",由顾问公司派代表到可能需要咨询的企业中去,通过自我推销将客户的潜在咨询需要变为现实需求。在这种场合下,必须重视推销的艺术。既要根据事先掌握的信息,通过科学的筛选分析,简洁扼要地说明对方接受品牌咨询的必要性和有利性,又要积极而客观地介绍品牌顾问公司,尽可能地促使对方由认知转为需要,促使对方采取"购买行动"——提出咨询委托。

12.3.4.2 预备咨询

预备咨询是品牌顾问公司进行正式咨询活动的基础,它关系到整个咨询活动能否成功。如果预备咨询工作有一步做得不充分、不完善,正式咨询就很难顺利开展。预备咨询的主要工作内容有:

1) 确定咨询窗口

接受咨询的品牌主都会有负责接待的联系人与联系部门,以协助咨询工作。在这里联系部门和联系人就可以看作是获取信息的"窗口",品牌顾问公司的顾问人员应与之建立联系,通过这个窗口索取资料、洽谈各种事务性工作。

2) 收集、整理资料

为顺利进行品牌专业咨询,要求事先收集和整理的资料有内部资料和外部资料两部分。内部资料主要有:企业品牌概况、品牌历史沿革、股东名单、固定资产一览、长短期经营计划书、营业许可证副本、组织序列图、主要经营管理干部概况等,以及根据企业经营环境变化状况,企业在同行业和市场中所处的地位,要收集的外部资料主要有:商界、同行业的资料、区域经济方面的资料、关于市场动向的资料等。

3) 分析资料

在充分占有资料的情况下,需要进行情景分析(SWOT 分析)来寻找驱动力量。

情景分析,又称为 SWOT 分析,是一种战略管理技术,这种技术可以用来进行企业的定位,以使企业的优势与环境的机会点和威胁最好地配合起来。通过情景分析,可使咨询人员找到企业发展的机会点,熟知企业的发展潜力,这种潜力也被称为驱动力。一般来说,有以下 10 种主要驱动力量:寻找新市场、开发新产品和服务、改进顾客服务、开发新技术、提高生产能力、改进销售方法、改进分销方法、获得自然资源、促进规模和增长以及提高投资报酬和利润。

12.3.4.3 正式咨询

正式咨询是咨询活动的实质性阶段。在这一阶段,要以预备咨询为基础,充分、灵活、有效地利用管理咨询的各种科学方法,归纳品牌经营管理方面的问题点,找出有代表性、起主导作用的关键问题,从解决这些问题的必要性、重要性、紧急程度、难易程度、预期效果以及咨询人员能力水平和适应程度等角度,加以综合考虑,筛选出品牌顾问公司专业人员与企业一致认同的品牌咨询课题,进而围绕课题进行深入而具体的调查和定量、定性分析。在明确问题产生的根本原因及其关系的基础上,提出切实可行的改善方案。

正式咨询的主要工作是:

1) 与经营者(层)面谈

经营者(层)是企业的决策者(层),最了解企业品牌经营管理的现状与发展设想。为弄清品牌的关键问题之所在,首先应与经营者(层)进行面谈。面谈的目的是:①对经营者(层)咨询;②在同经营者(层)面谈中找出全局性问题所在;③决定信息来源。

2) 意见调查

品牌顾问需要认真地倾听来自企业内外有关人员的各种意见与要求。为此,应根据需要并征得企业同意,进行必要的意见调查。常用意见调查方法有问卷法、面谈法等。为了避免各自存在的弊端,达成优势互补,应将几种方法综合使用。

3) 现场咨询

在经过充分的准备和调查之后,进入现场咨询,即在企业现场,全面地调查分析其经营状态,对双方达成共识的问题点进行反复、重点的研究,确定咨询的重点与类型,按照行业特点与企业自身特点展开咨询,研究改善方案。现场咨询一般包括基础咨询、专题咨询和综合咨询。基础咨询是指对最高经营者、组织、人员、财务、战略、均衡性、成长性等全局性问题的综合评价,是在专题咨询和综合咨询之前进行的前导性咨询。专题咨询是对包括销售、技术开发、生产、物资、人事劳务、财务、信息等经营管理职能部门中的一个或几个进行咨询。综合咨询则是对企业经营管理者诸职能的全面咨询、协调与改善。一般情况下,专题咨询比较多。

4) 研究决定改善方案,并做出咨询报告

研究决定改善方案是品牌专业咨询的一项收尾工作。它要求方案具体详明,有较强的可操作性。内容应写明咨询目的、主要问题、改善重点、改善措施、预期效益和所需费用。另外,方案要和企业领导及有关人员一起研究,并得到与实施改善的有关部门的认可。

编写咨询报告是品牌专业咨询后期的一项重要工作。咨询报告书应包括以下内容:咨询组的构成和任务分担情况、咨询目的、咨询工作过程、对象品牌的现状与主要的问题、咨询时使用的主要方法、具体改善方案、改善方案的可行性与实施后的预期效益,实施改善方案所需费用以及其他附记事项。

12.3.4.4 指导企业实施改善方案

指导企业实施方案是品牌专业咨询的继续和延伸,是提高和改善方案执行效果的重要环节。它的任务是协助企业制定和实施品牌改善方案的具体计划和措施,了解和把握改善方案的执行情况,根据具体情况及时进行必要的调整与指导。

指导企业实施方案是最后一个步骤,但它并不是专业的品牌咨询活动的终点。品牌顾问公司应保持和与之有业务关系的企业的密切联系,关注其发展,对企业进行跟踪服务。

(1) 品牌领袖对品牌发展的影响力。
(2) 品牌经理制的由来与作用。
(3) 品牌经理制的实施。
(4) 品牌顾问公司的类型与运作程序。

本章主要论述对品牌资产的建设与长期管理具有重大影响力的人。品牌领袖是关键,他们是在品牌的创立、发展过程中决定品牌命运,为企业品牌注入精神、灵魂、理念和个性等内涵的人。他们拥有对品牌资产建设的影响力。接着,阐述了品牌经理制的由来,对品牌资产管理的作用、实施与发展。最后,本章介绍了品牌资产建设与管理的外部人员——品牌顾问公司,介绍了其对品牌资产建设与管理的意义、类型和运作程序。

科技狂人马斯克

1. 马斯克的生平

1971 年,马斯克出生在南非首都比勒陀利亚的白人家庭。母亲是加拿大人,所以他有资格申请加拿大护照。高中一毕业,他就去了加拿大。

他的最终目标是美国。在加拿大待了两年以后,1992 年,他终于申请到了宾夕法尼亚大学,在那里拿了经济学本科学位,还有一个物理学的第二学位。

1995 年,大学毕业后,他本想接着深造,前往加州的斯坦福大学攻读物理博士学位。但是,入学两天就退学了。他发现,自己对学术没兴趣。

退学以后,他与朋友一起创业,为报纸开发互联网页面,共有 160 多家报社成为他们的客户,其中包括《纽约时报》这样的全国性大报。1999 年,互联网泡沫的最高潮时期,他们的公司被康柏电脑以 3.4 亿美元收购。马斯克占 7%的股份,拿到了 2 200 万美元。

他拿这笔钱,又跟他人一起创办了 PayPal。2002 年,eBay 以 15 亿美元的价格收购了 PayPal。马斯克占 11.7%的股份,拿到了 1.65 亿美元。

31 岁时,他已经变成了亿万富翁。但是他很快发现,比起驾驶豪华跑车,他还是更喜欢创业,做一些别人没有做过的事情。于是,在很短的一段时间内,他创办或收购了好几家看上去有点疯狂的公司:火箭公司 SpaceX、太阳能公司 SolarCity、高速隧道公司 BoringCompany 等等。

2004年,电动汽车公司特斯拉寻找外部投资者。那时,特斯拉还是一家小公司,只有几十个人,也没有任何产品。但是,马斯克一眼就看中了它,投了630万美元,成为该公司的最大股东,当上了董事长。后来,他觉得董事长还不过瘾,亲自下场,自己变成首席执行官和产品架构师。

2006年,他在一份文件中写道:"特斯拉汽车公司的首要目标,也是我为公司提供资金的原因,就是加快让世界从化石能源转向太阳能。……我们不会停下来,直到路上的每辆车都是电动的。"

2. 马斯克的个性

马斯克的个性在特斯拉汽车上面得到了充分体现。他坚持己见,要求完美,以非传统的方式思考,提出一些别人觉得匪夷所思的要求。他相信,只要能够简化为合乎逻辑的步骤,不可能的事情就会变成可能。

一个典型的例子就是特斯拉汽车的门把手。马斯克坚持认为,把手可以与车身在一个平面上,当用户要开门的时候,把手会像魔术一样滑出来。工程师一致认为,这个想法很疯狂,会带来复杂的设计,而且不必要。但无论别人多么强烈反对,马斯克都不屈服。最终,这个门把手成为特斯拉汽车的标志,让用户一接触就觉得,这种汽车很人性化,是未来世界的一部分。

这就是马斯克,他想要实现不可能的事情。

3. 特斯拉的历史

2008年,特斯拉推出第一款产品,电动跑车 Roadster。这是世界上第一辆公开发售的锂电池汽车,也是第一辆可以跑300千米的电动汽车。但是,卖得并不好,四年里面一共只卖出了2 000多辆。

由于产品不成功,特斯拉公司面临资金枯竭,但是这辆车吸引了很多人的注意,谷歌创始人谢尔盖·布林和拉里·佩奇、奔驰、丰田、美国能源部都有意投资。特斯拉靠着这些钱,终于渡过难关。

2012年6月,特斯拉推出豪华型的电动车 Model S,续航里程提高到了500千米以上,使得电动车具有了汽油车一样的实用性。这个车型大获成功,立即成为全球最畅销的电动车。

2015年,特斯拉推出电动 suv 车型 Model X,它的车门会像猎鹰一样向上折叠。这个车型也非常成功。

2016年,特斯拉公司的收入飙升至70亿美元,员工人数已增至18 000人。

2016年3月,马斯克宣布了一个新车型 Model 3,这是一辆中等价位的电动汽车,瞄准大众市场。售价预估在35 000美元左右,比 Model S 便宜一半还多。特斯拉公司希望以此证明,大规模生产电动汽车是可行的,彻底改变内燃机引擎主导的汽车工业。

当时,Model 3 还处于设计阶段,用户可以付 1 000 美元预订,交车至少要在 18 个月以后。在特斯拉内部,乐观的估计是预订量会超过 50 000 辆,这已经接近美国汽车业的纪录。

2016 年 3 月 31 日,星期五,Model 3 开放预订的第一天,用户可以到当地的特斯拉专卖店交订金。结果,有的地方一早就有超过 2 000 人排队,当天全美的预订量就超过 18 万辆。等到周末结束,已有 32.5 万人预订了 Model 3。

特斯拉的股价开始飙升。那时它一共只生产了不到 15 万辆车,市值就已经超过通用汽车(每周就能生产 15 万辆车),成为美国市值最高的汽车公司。

4. 马斯克的变革

马斯克原计划,2017 年 10 月开始生产 Model 3,先是小批量生产,然后在较短的时期内上升到每周生产 5 000 辆。

但是,2016 年夏天,他改变了主意,想在 2017 年 7 月就开始生产,比计划提前近四个月。他还想建一个全自动化的工厂,机器人在流水线上高速地建造一切东西,传送带将每件零件及时送到正确的地方。为了达到这个目标,马斯克说,各部门都需要重新安排他们的计划,改变流水线的设计。

高管们告诉马斯克,这是不切实际的,特斯拉已经是最先进的汽车制造工厂,可以渐进式地改造,在生产运行顺利以后,逐步增加自动化程度。这么短的时间内,重新规划流水线,设计一个全新的自动化工厂将耗费大量时间和金钱,而且不一定能够达到目标。但是,马斯克坚持认为,除非违反物理定律,否则几乎任何事情都是可能的。他对高管们说:"我们将构建能够构建机器的机器,而且必须快速行动。一家全自动化工厂是对特斯拉未来的投资,将有助于公司在未来几十年保持竞争力。"

接下来的几周里,高管们不断与马斯克争论,工程师也提出质疑。遇到这种情况,马斯克有时会将该人的主管拉到一边,让他将该人分配到其他岗位,或者马斯克索性不再邀请质疑者参加会议,甚至直接将他解雇。

一位前员工说:"每个人每天来上班的时候,都不知道这是否会成为他们在特斯拉的最后一天。马斯克说过,特斯拉的目标是拯救世界,与这个目标相比,个人的感受有什么重要呢。他关心的是整个人类,并不真正关心个人。"

马斯克的一些疯狂想法,在中国科技领导者看来,正是中国最缺乏的,即原创的、颠覆性的创新精神。在传统的互联网科技发展放缓之际,单靠商业模式推动的创新已经难以让投资人兴奋。人类需要一些激进的想法来推动更高层次的科技创新。科技公司要想引领全球,就必须得有自己真正的原创,而不是人云亦云。

思考:

1. 马斯克对特斯拉的品牌建设起着怎样的作用?
2. 马斯克的个人魅力给特斯拉的品牌个性中注入了什么样的内涵?

课后思考题

1. 品牌领袖与品牌经理的区别和联系。
2. 简述品牌领袖的两个层次。
3. 试分析品牌经理制流行的原因。
4. 什么是品牌经理制?
5. 对品牌经理制的优劣进行分析。
6. 品牌顾问公司的特点是什么？具体包括哪些内容?
7. 品牌顾问公司运作过程中应注意哪些基本问题?

第13章 品牌文化

学完本章,你应该能够:
(1) 懂得品牌文化的内涵、特点、作用和传播;
(2) 掌握影响品牌文化设计的因素;
(3) 掌握品牌文化的构成;
(4) 掌握品牌文化中精神文化系统、物质文化系统和行为文化系统的内涵、构成与建设。

品牌文化　精神文化系统　物质文化系统　行为文化系统

13.1 品牌文化概述

13.1.1 品牌文化的含义

13.1.1.1 界定

文化是人类在长期与自然环境的相互作用中创造出来的物质文明与精神文明的总和。文化活动是人类社会生活的一项重要内容,文化的发展程度代表着社会文明发展的水平。

"文化"一词在中国语言系统中古已有之。《说文解字》中有:"文,错画也,象交叉"即指此义。在此基础上,"文"又有若干引申义。其一,为包括语言文字内的各种象征符号,进而具体化为文物典籍、礼乐制度。"化",本义为改易、生成、造化,如《易·系辞下》有:"男女构精,万物化生"。这里的"化"指事物形态或性质的改变,同时"化"又引申为教行迁善之义。"文"与"化"并联使用,较早见之于《易·贲卦·象传》:"观乎天文,以察时变;观乎人文,以化成天下。"因此,中国古代,"文化"一词是"以文化成"和"以文教化"的总称。

文化一词,英文和法文均为"Culture",德文为"Kultur",它们都源自拉丁文中的"Culture"。在拉丁文中,这个单词具有"耕种、练习、居住、留心等"的含义。到了18世纪以后,其含义逐步演化为个人素养、思想素养、艺术和学术作品的汇集,整个社会的知识以及一定时代、一定地区全部的社会生活内容等。

品牌,是一种文化,而且是一种极富经济内涵的文化。比照文化的定义,我们将品牌文化定义为:企业在长期的经济活动中,所创造出来的物质形态与精神成果。具体说来,品牌文化,是指有利于识别某个销售者或某群销售者的产品或服务,并使之同竞争者的产品和服务区别开来的名词、标记、符号或设计,或是这些要素的组合;是指文化特质在品牌中的沉淀和品牌经营活动中的一切文化现象;以及它们所代表的利益认知、情感属性、文化传统和个性形象等价值观念的总和;是指在文化特质积淀过程中,文化创造者所呈现出来的精神、行为状态。

品牌含有很高的文化价值,是社会物质形态和精神形态的统一体,是现代社会消费心理和文化价值取向的结合。品牌中沉淀的文化内涵,也就是指在品牌的各个层面吸收和借鉴人类文明的一切成果。品牌是经济现象,也是文化现象,人们可以从中审视出其文化寓意;而品牌事业(企业)本身也既是一项经济社会活动,同时也是文化性活动。社会在创立品牌过程中产生了一系列文化心态、文化习惯、文化观念和文化现象,这都是品牌活动的衍生物。它们对于品牌事业和社会发展有着深刻的影响。

13.1.1.2　品牌与文化的关系

一位名叫韦勒(Weller)的美国当代营销学家提出"韦勒原理":"不要卖牛排,要卖烧烤牛排的吱吱声。"这也就说明了任何产品的销售,不能仅从事物本身去考虑,而应该更多地注入文化的内涵——品牌的一半是文化。

按"韦勒原理"宣传、推广商品最著名的案例就是"万宝路"香烟电视广告片。整部广告片中,没出现、没介绍与"万宝路"香烟有关的任何东西,只有一句非常简洁的广告词"策马扬鞭,挥洒见豪情,这里就是万宝路的世界——欢迎您加入万宝路的世界!"这固然同法律条文的相对禁止有关,但抽"万宝路"香烟得到的自由自在的享受和乐趣却通过此种手法被加以强有力地渲染。广告表现了奔腾的野马、美国西部风景和策马驰骋的美国牛仔形象,目的在于唤起人们的联想,把进入"万宝路"的世界与阳刚之气的男子汉享受自由自豪放荡不羁的生活相等同。这里,就是对文化的渲染、对文化的灌输,人们抽"万宝路"烟,已变成一种文化上的享受。

品牌与文化是肉与灵的结合。一方面文化支撑着品牌的丰富内涵;另一方面品牌又可展示其代表的独特文化魅力,二者相辅相成、交相辉映——品牌是物质和精神、实体和符号、品质和文化高度融合的产物,即品牌文化的最终成果;而文化则是品牌的生命、产品的精髓、企业形象的内核、产品品质的基础。所以,企业不能没有文化、产品不能没有文化、品牌不能没有文化,没有文化的企业及其产品、品牌是不具有品牌的生命、灵魂和气质的。商品、品牌与文化的联系,是如此的紧密,以至于从某一种程度上来说,如果能够把握社会文化结构需求的趋势与变迁,以相应的商品与之相契合,则是一个巨大的潜在市场。

品牌是市场竞争的强有力手段,同时也是一种文化现象,含有丰富的文化内涵。在塑造品牌形象的过程中,文化起着催化剂的作用,使品牌更加具有意蕴与韵味,让消费者回味无穷,牢记品牌,从而提高品牌的认知度、知名度与美誉度,提高品牌的市场占有率。因为具有良好文化底蕴的品牌,能给人带来一种心灵的慰藉和精神的享受。例如,用户购买了产品就不仅仅是选择了产品质量、产品功能和售后服务,而是选择了产品中蕴含的文化品位。当企业开始建设品牌时,文化必然渗透和充盈其中并发挥无可比拟的作用,而创建品牌就是一个将文化精致而充分展示的过程。市场营销和品牌竞争的实践也证明:文化内涵是提升品牌附加值、产品竞争力的原动力,是品牌价值的核心资源,是企业的一笔巨大财富。

品牌与文化的结合,有利于创造发展企业的文化内涵,在企业中树立一种积极向上、奋发拼搏的实干精神风气,增强企业的凝聚力,提高企业的整体素质;有利于宣传和塑造企业的品牌形象,增强市场竞争力;有利于企业经济价值更好地与社会价值结合,营造企业发展的大环境。有利于企业抓住机遇,提高市场份额。

从品牌与文化的关系分析中我们可以看出,品牌不仅仅是为了销售,它更是为了传播产品与服务的内在价值。而这种价值的核心,最终就沉淀为一种文化。

13.1.2 品牌文化的特点

13.1.2.1 具有个性化特征

品牌最根本的价值就是标志差别化的产品与服务。因此,在长期的品牌建设过程中逐步积淀的品牌文化,最突出的特点就是具有能够显示品牌差别的个性化特征。"坐奔驰,开宝马",就显示出两个著名汽车品牌的功能特质。

13.1.2.2 具有鲜明的主观性

品牌文化是品牌拥有者事先设计好,在一定时间内通过一系列的实践活动定向积累而成的。与人类文化相比,品牌文化带有更强烈的人的主观性特征。人类文化蕴涵的是某个民族或某个地域的人们群体无意识的主观性,而品牌文化往往带有设计者的主观意识性,有些甚至打上了品牌领袖的个性特征。人类文化是在不自觉的状态下历经成百上千年的积累而慢慢形成的,而品牌文化则是品牌拥有者按照设定的方向,通过广告、公关、促销等一系列活动积淀而成,历时相对短暂。

13.1.2.3 具有稳定性

品牌文化一经形成,就具有一定的稳定性,尤其是品牌文化中的精神文化系统。品牌文化形成后,品牌推广的各类实践活动是可以变的,例如广告语、广告活动以及品牌代言人都会常常更迭,但是它们所反映的品牌文化个性、品牌精神文化都是不变的。仍以耐克为例,自1971年创建直到今天成为全球最著名的运动品牌之一,其品牌文化一直都是挑战极限、超越自我的体育精神,无论更换了多少代言人,发起多少新的广告运动,始终都是围绕着品牌文化的精神内核进行的。

13.1.2.4 具有动态性

品牌文化不是在真空的环境中形成,它会受宏观的社会文化系统的影响。品牌文化中蕴涵着超越民族、国家的恒定不变的因子,例如人类共同的审美价值。另一方面,品牌会随着时代发展、社会文化的变迁注入新的内涵。例如麦当劳,其品牌文化最核心的部分是快乐,这种快乐包括家庭里温馨的快乐、朋友间分享的快乐、恋人间甜蜜的快乐。2003年麦当劳一改几十年不变的"迎合妈妈和小孩"的快乐形象,在全球同步推出的"我就喜欢"品牌更新活动变成年轻化、时尚化的嘻哈形象。麦当劳快乐的品牌文化内核没有改变,但其中新注入了年轻、时尚的因子。

13.1.3 品牌文化的作用

品牌是商品经济的产物,随着市场经济的发展而日益凸显其重要作用。品牌是竞争文化的载体,文化是凝结在品牌上的企业精华,又是渗透到企业运行全过程、全方位的理念意志、行为规范和群体风格。在长期的市场竞争和品牌建设中形成的品牌文化,最重要的作用在于对内增强凝聚力、对外增强竞争力,并不断将无形资产转化为有形资产。具体说来有以下几方面的作用。

13.1.3.1 标志差异的识别作用

这是品牌文化最基本的功能。品牌文化为品牌创造了多层次、多角度的识别功能。首先从外在的视觉系统造成品牌视觉形象上的差异,包括企业的 CIS 系统和产品的基本品牌要素。其次,从行为文化系统上造成行为识别的差异,主要是指品牌文化在推广实践中所遵循的标准与规范的差异。再者,是从精神文化上的理念识别的差异,通过视觉系统、行为文化系统及其语言系统所表达出来的品牌在其价值观、使命、宗旨等方面的差异性。

13.1.3.2 整合资源的作用

品牌文化从诞生之初就开始着手于整合自身发展所需的资源。品牌文化的塑造涵盖了设计生产、销售、服务的一系列环境,涉及企业的人、财、物等多个要素。它首先通过对各类无形资源的组合、配置,对有形资源进行选择,并对无形资源、有形资源进行组合,从而达到各类资源的合理利用与配置。

13.1.3.3 提升市场竞争力的作用

品牌文化的一个重大作用就是提升市场竞争力,实现企业的可持续发展。随着全球经济一体化进程的加速,市场竞争愈加激烈,厂商之间的同类产品在性能、质量、价格等方面差异化变得越来越微弱。厂商的有形营销威力大大减弱,品牌资源的独占性使得品牌成为厂商之间竞争力较量的一个重要筹码。品牌文化成为企业进入新市场,不断拓展延伸,同时抵御其他竞争对手的利器。

13.1.3.4 传播上的整合作用

在媒体数量倍增、广告信息泛滥的信息时代,用一个声音说话的整合营销传播成为必然的趋势。品牌文化实现了品牌统一化、标准化的多层次识别,从而为品牌传播创造了一种乘数效应,即在不增加传播费用、营销费用的基础上,使品牌信息量得到成倍增长,实现了品牌传播的集约化,提高了传播绩效。

传统组织在组织理念、视觉形象、行为文化上各自为政,不同的传播方式与传播途径各说各话,无法形成统一性,浪费了大量的传播资源,同时也无法取得好的效果。而如果用品牌文化来统摄营销传播,就能从多个方面实现传播资源的整合化统一面貌与识别性。消费者可以通过理念识别品牌,可以通过视觉系统识别品牌,还可以通过行为模式识别品牌。品牌组织涉及的品牌种类越多,经营范围越广,其整合作用表现得越为明显。因为,其任意一种传播行为的发生,都等同于为品牌整体做了一次广告,其效应是叠加累积的。在品牌文化的统摄下,品牌信息传播实现了整合化与一体化。

13.1.4 影响品牌文化设计的因素

如前所述,品牌文化是品牌拥有者事先设计好,在一定时间内通过一系列的实践活动定向积累而成。在设计品牌文化时,品牌拥有者需要考虑多方面因素,一是要考虑适应市场竞争的需要,二是要考虑适应社会的客观要求。因此,不同的品牌,其品牌文化的内容、侧重点会有一定的不同。具体说来,有如下的因素影响品牌文化的设计。

13.1.4.1 行业影响

行业、领域的不同,会影响品牌文化的建设与样式选择。例如餐饮行业与服装行业,品牌文化的侧重点就有重大区别,前者强调的是服务特色,后者强调的是产品设计特色。同时在服装业内部,运动装领域的品牌文化强调的是体育精神,而西装领域的品牌文化强调的是身份、地位。

13.1.4.2 企业经营性质的影响

品牌经营性质与方式对品牌文化系统起着一定的影响。不同的经营性质、经营方式下的品牌组织原则与制度是不同的,员工的精神风貌、企业文化也都不同。例如,计划经济体制下的企业,品牌文化建设处于无意识状态,与市场经济时期的品牌文化建设有天壤之别。民营企业与国有企业,在品牌文化的设计与建设方面也是截然不同的。

13.1.4.3 时代特征的影响

人类本身的消费行为就具有鲜明的时代特征。人们的消费行为以及消费心理都具有时代性。品牌文化的塑造也肯定要随着时代的变迁而变化。例如,20世纪70年代结婚的"三大件"是指手表、缝纫机、自行车;到了20世纪90年代指的是冰箱、彩电、洗衣机。在当下物质极度丰富的21世纪初,手表早已不是家庭财产的象征,而成为个人时尚、地位的一个符号。

13.1.4.4 社会文化的影响

品牌文化是在一定的社会环境中形成,在一定程度上依赖并反映其上层建筑,如政治、法律等方面的主张。代表不同阶层利益的政治集团当政,采用的政体、施行的政策不同,经济体制不同,对不同行业的政策也不同。品牌在发展的过程中,必须要遵循现行的法律法规与政体政策。同时,不同的社会、民众的文化心理不同,对品牌文化的影响也是巨大的。例如,直销企业,在个人信用体系高度发达完善的美国,接受度非常高,品牌文化的推广也非常顺利,而在中国,则困难重重,往往与非法传销混为一谈。面对这样的形势,在美国一直坚持无店铺经营的直销企业雅芳在进入中国时不得不设立专卖店,进驻商场柜台。

13.1.4.5 民族文化的影响

在此,民族文化的影响有两层含义。第一层含义是指品牌诞生之初就不可避免地打上了所在地的民族文化烙印,第二层含义是指,品牌在推广到另一个地域时,会受到当地民族文化的影响。

无论全球化浪潮如何汹涌澎湃,跨国公司如何淡化其出生地的民族、国籍,品牌文化始终脱离不了民族文化的影响,越是强势的品牌,人们越是难以忘记它的民族特性。例如西门子,其品牌文化中蕴含的"严谨、稳健、注重细节"的内涵正是德国人的写照;松下的"勤劳、精益求精"也正体现了日本的特性;而可口可乐,更是成为美国文化的一个标志性符号。

民族文化是一张无形的网,跨国品牌在进行全球扩张时,稍不留意就会被网住。2004年的立邦漆"盘龙柱"、耐克的恐惧斗士广告就是典型的例子。龙在西方被视为邪恶的象征,所以有屠龙英雄,喷着烈焰的巨龙等神话传奇。而在中国,龙是皇权的象征,汉民族在悠远五千年里的共同图腾,是至高无上的神兽。所以耐克广告中的巨龙被击倒的一幕和立邦漆"盘龙柱"下滑的图片会引起中国人的抗议愤慨。

13.1.5 品牌文化的传播

品牌文化是在传播推广中,与内部公众以及外部公众的互动中逐渐形成的。可以说,品牌文化必须经过传播才能形成。品牌文化的传播包括内部传播与外部传播。

一种成功的品牌文化首先必须渗透到每位员工的内心深处,并使其在自己的一言一行中表现出来。这也就是品牌文化的内部传播过程。在这个传播过程中品牌领袖通过自己的强制性影响力和非强制性影响力直接作用于每个员工。

强制性的影响力是由于品牌领袖所处的职位产生的影响力,这种影响力一般通过法令政策、规章制度的形式来实现。例如,海尔集团规定维修人员上门服务时不准在客户家里喝水、抽烟。通过这种强制性办法,来制约人们的思想行为,使之按照品牌整体的目标方向、品牌领袖的意志行事。

品牌领袖非强制性的影响力,是由于其品德、知识和才能,即个人魅力对下属产生影响的力量。这种影响力是由品牌领袖自身所具有的良好素质而自然引起的组织成员的敬佩感、敬爱感、信赖感和服从感。这样的影响力就如同磁石的吸引力一样,作用于无形却十分有效。这种品牌领袖的影响力在非营利性品牌中体现得尤为明显。例如，清华大学的历届校长，就是靠自身的人格魅力将"自强不息，厚德载物"的品牌文化一代代地在清华学子中传播下去。同济医院的裘法祖院长也是靠自己精湛的医术、高尚的医德在百余年的医院发展中维系着重视科研、心系患者的良好作风。

除了以上提及的品牌领袖所具有的影响力外，品牌领袖与组织成员的沟通程度也直接影响着品牌文化的内部传播。品牌领袖与组织成员之间良好的人际关系，宽松的氛围是建立良好品牌文化的基础。在组织内部，以处理"家庭关系"的宽容心理来处理相互之间的关系，可以形成互怀善意的人际环境。并且在组织内部倡导民主，创造一些环境和场合，让品牌组织成员提出意见，以缓解组织内部矛盾，使组织成员心理上得到满足，自然更容易接受体现品牌领袖某些主观意志的既定品牌文化。在日本的某些知名企业中，企业家们别出心裁地发明了出气室，里面放有董事长、总经理等企业高层领导的塑像，员工可以在那里用橡皮锤狠狠地砸这些代表着某企业领导的塑像以泄心中不满，"人"砸过了，气也出了，员工回到岗位照样能好好干活，甚至比原来更加卖力。

品牌文化向组织内部渗透的同时，它也必须向外传播，让受众们都知晓并认同该品牌的品牌文化，从而提高品牌的知名度与美誉度。在此传播过程中，品牌领袖无疑是位重要而有效的使者。这个使者的角色一方面通过自己的行为向外界表明自己所代表品牌的文化，任正非是华为的创始人，作为一名复员军人，在并无专业技术优势的背景下，以独特的文化，构建出强大的研发团队，在 5G 等诸多领域，成为全球领先的企业。1998 年 3 月 25 日，中国海尔集团总裁张瑞敏走进了美国哈佛校园，将海尔文化留在了哈佛。一时间，媒体更是把海尔文化炒得沸沸扬扬，记者专家们纷纷到海尔取经研讨、考察参观，希望能从海尔身上找到谋求企业发展的点金之术，这样的轰动效应使得海尔瞬间成为国际知名品牌。品牌领袖的作用，可谓功不可没。

13.2 品牌文化的构成

根据品牌文化的内涵，我们可以看出，品牌文化包括物质文化系统、精神文化系统和行为文化系统。精神文化系统是品牌文化的灵魂与核心，它统摄行为文化系统与物质文化系统。行为文化以人为载体，物质文化以器物为载体，围绕着精神文化这一内核、物的审美设计与人的实践活动一起构筑成品牌文化。

13.2.1 精神文化系统

精神文化系统，是指能够引起消费者共鸣、拨动消费者心弦或者满足消费者高层次需求的社会文化的精华及民族文化成果总和的展现。它涵盖了企业文化中的企业精神价值文化、与企业契合的社会文化以及独具特色的民族文化。其中，企业精神价值文化是最为核心的部分。企业是品牌的载体,企业精神价值文化是品牌文化的灵魂,品牌文化无法脱离企业精神价值文化而存在。

13.2.1.1 企业精神价值文化

企业精神价值文化是企业员工在长期共同工作和生活环境中所形成的大体趋于一致的共同的心理需求、价值取向、思维方式和精神风貌。思想信念、心理状态、行为方式等虽然存在多种选择,但在企业内部生活实践中,出于诸多因素的影响,必然有一种主导性的倾向成为多数人的共同追求,并经长时间反复选择而沉淀下来,形成企业的精神价值文化。

企业精神价值文化主要包括两个方面的内容:

1) 企业整体价值观

在个人价值观基础上抽象而成的企业整体价值观,是企业文化的重要内容。企业整体价值观是企业领导者和全体员工对企业的生产经营活动和企业人的行为是否有价值以及价值大小的总的看法和根本观点。

美国学者特雷斯·E.迪尔(Terrence E. Deal)和阿伦·A.肯尼迪(Allan A. Kennedy)认为,价值观贯穿于人的整个活动过程的始终,也贯穿于管理活动的始终。它构成人们对待客观现实的态度、评价以及取舍事物的标准、选择对象的依据和推动人们实践和认识活动的动力。价值观的一致性、相容性,是管理活动中人们相互理解的基础,是组织成立、管理成功的必要前提。如果在经常接触的人们之间缺乏这种相容和一致,那么他们的社会交往就会发生困难,这个组织就会涣散、甚至解体,当然也就无法进行正常的管理。对那些拥有共同价值观的公司来说,共享的价值决定了该公司的基本特征以及区别它与其他公司对内和对外的态度。这样,对组织中的人来说,他们就有了一种个性感,他们就会感到与众不同。更重要的是,价值观不仅在高级管理人员心目中,而且在公司绝大多数人的心目中,成了一种实在的东西,正是这种把人们聚集在一起的意识,使得共享的价值产生了效用。①

企业整体价值观在企业整体文化建设中处于核心地位。企业整体价值观是企业文化系统,乃至整体企业经营运作、发展战略的导向、调节、控制与实施日常操作的文化核心,是企业生存的基础,也是企业追求成功的精神动力。

企业整体价值观的构成一般包括四个方面的内容:

(1) 经济价值取向。企业是一个经营共同体、投资实体,因此必然具有明确的经济价值取向、经济行为准则,但绝不是千方百计、挖空心思赚钱。企业作为社会系统的一个基本单位而在社会中存续,它基本的、直接的目的只有一个,那就是满足市场的需求;利润只

---

① 迪尔,肯尼迪.企业文化——现代企业的精神支柱[M].唐铁军,叶永青,徐旭,译.上海:上海科学技术文献出版社,1989.

是企业为顾客造福得到的补偿和报酬之一,而不是结果的全部。因此,企业具体项目、作业、产量、服务等的抉择绝不会完全从盈利出发,其原始诱惑力与驱动力也多半不直接来自利润率的高低和利润总量的多少,它们只是事业抉择的限界条件。

(2) 社会价值取向。企业是社会系统的一个单位,是国家、社会与社区的一个集团公民,因此,它在影响和改善社会环境方面负有责任。一个健康、有效的现代企业价值观,其有关社会价值取向的问题通常都发展到这样的高度:其一是确认并积极处理企业、产业生产、经营全部活动所造成的社会影响,正视并确定对这种影响所负有的责任;其二是确认社会问题的存在并积极参与社会问题的解决,把社会问题视为企业发展的机会,既满足社会的需要,又为企业发展奠定基础。

(3) 伦理价值取向。企业伦理道德涉及人们之间重大关系的维持和确立。企业伦理价值取向主要涉及企业资产所有者、经营者、员工和企业与消费者之间的重大关系的维持和确立。经营企业如同做人,正直、善良、诚实,这些美德不但适用于个人,也适用于企业。每个企业家都坚信,没有绝对的正直根本就无法经营业务。

(4) 政治价值取向。经济问题、社会问题、伦理问题与政治问题从来就没有一条不可逾越的鸿沟。一些问题在一定的社会历史条件下作为焦点问题、敏感问题而存在,只要稍一激化,就可能会升级为政治问题,酿成政治危机。而现代大企业,其经济价值取向、社会价值取向以及伦理道德价值取向,都规定了它在这些问题生成和发展时,不能袖手旁观,而对人权、种族、民族、就业、福利和慈善等一系列问题的介入,对这一系列问题的解决,都会使企业价值观形成明确的政治价值取向。

以价值观为基础,反映企业全员的理想目标和优秀传统的心理定式和主导意识就是企业精神。企业精神是企业员工群体价值取向、健康人格、向上心态的外化,是企业的向心力和凝聚力,是企业全体员工对企业的信任感、自豪感和荣誉感的集中表现形态,是一个企业存在、强化、发展的精神支柱和根本动力源。

2) 企业精神

企业精神是一种个性精神,它反映了不同企业的独特个性。每个企业都有自己的经营目标、经营范围、管理制度、人员组合、资金、技术、市场、服务以及企业活动的特定空间和地域环境,每个企业都是在自己独特的经营活动中,逐步形成了具有特色的思想观念。因此,不同企业具有不同的个性,这些不同的企业个性必然要鲜明反映到企业精神中去,形成独具个性的企业精神。

企业精神也是一种团体精神,反映企业作为一种正式社会组织表现出的群体理想和目标,反映出企业全体员工在经营观念方面的有序化和一体化,反映出员工的素质水平和在总体上对企业发展特殊性的认识程度以及对企业所负责任的认识程度,反映企业凝聚力和活力强度。因此,企业精神集中体现了企业全体劳动者的意志和愿望。也就是说,它是把企业先进的、具有代表性的理想和信念转变成企业的一种团体意识,从而植根于员工心灵深处,通过员工的某种默契、共识和觉悟发生作用。在这个意义上,企业精神对全体员工是一种具有共性的精神特征。同时,企业精神作为一种实践精神,为员工提供直接的精神支柱和前进动力,成为企业管理可直接开发的文化资源。

13.2.1.2 社会文化

文化在品牌的管理和营销中无处不在,对品牌文化也产生着重大的影响。社会文化在品牌文化中是涉及层面最广的。

品牌代表了一种文化传统,如奔驰代表了德国文化:高度组织、效率和高质量;本田蕴涵了大和民族文化传统:精益求精、高效率和团队精神;凯迪拉克折射出美国文化的一个层面:大型组织、追求质量和管理水平。文化传统有时会成为品牌的强大力量源泉,品牌因此而具有更持久的生命力和市场优势。"万宝路"以美国精神的代表——富有进取精神和勇敢豪迈的西部牛仔作为自己的形象象征,因此它获得全世界消费者的认知,具有强大的品牌优势。

品牌定位能否进入消费者的心智,关键在于它给消费者以什么样的质量和服务。因为品牌标志着商品及企业的质量与信誉,所以好的品牌必须以优良的质量和优质的服务为特征,向消费者做出承诺,获得消费者的充分信任,从而树立起自身的形象,促使消费者忠诚于该品牌。

我国百年老店"同仁堂"始终坚持将"为病人服务"作为办店的宗旨,想病人所想,急病人所急,不为金钱左右,只要对病人有益,利再小的商品他们也经营,该店的药品不仅品种齐全,而且质量上乘、价格合理,不少消费者慕名专程赴京去该店配药。"同仁堂"三个字成了患者心目中的响当当的金字招牌。可见,不同的质量信誉和承诺,体现着不同品牌的各自形象,对消费者产生不同的认知导向,从而影响消费者的认知。

品牌的建立和维系,仅仅靠质量是不够的,质量再好,冰冷的脸也会把人拒之于千里之外。消费者购买商品,也是在购买心情,产品质量过硬、服务到家,消费者自然心情舒畅,买得心甘情愿。

青岛"海尔"集团成功的秘诀之一就是"真诚到永远"。有一次,一个老太太在商场买了一台"海尔"空调,由于"海尔"没有送货上门服务,老太太只好打的回家。结果,人一下车,的士司机就把空调"开"走了。海尔集团的负责人得知此事后,马上公开道歉,并免费赠送了老太太一台空调,并同时给商场的"海尔"代理商也赠送了一台,并以此为契机建立了"海尔"的物流服务系统。海尔正是在这种追求不断完善的服务中,体现出了其浓厚的文化内涵,"海尔"从不对消费者说"不",因为他们有"真诚到永远"的服务文化。

品牌是消费者的一种认知感受,就是要使消费者真正在心理上认同它、接受它。这也就要求品牌中具有一种大众文化、心理文化。

首先,品牌应能启发消费者的积极联想。心理学告诉我们,人对客观事物的认识是第一信号系统和第二信号系统协同作用的结果,而品牌与商品或企业的功能、特性协调一致就会启发消费者的积极联想。其次,品牌应与消费者的心理需求相一致。任何品牌的商品都有特定的消费者群体,当家庭主妇们感到这个品牌更具亲近感时,才乐于购买。可见品牌符合大多数消费者的心理需求,其市场才最具潜力。最后,品牌应符合消费者的审美标准。文化传统、风俗习惯、道德教养不同,人对美的理解不同,审美标准也有差异。所以品牌必须考虑其定位于消费者的文化背景及心理差异之中。以颜色、商标图案及商品名称为例:白色在西方国家象征纯洁,而在我国则意味着不幸;绿色在西方国家代表生机盎然,但在马来西亚却是疾病的象征;东南亚人喜欢大象、孔雀等图案和名称,而英国消费者对此却退避三舍。美国通用汽车公司曾用"NOVA"这一品牌命名一种新型小汽车,其英文意思是"新星",产品在销往拉丁美洲时却受到了冷落,因为在拉丁美洲的语言里"NOVA"是"跑不动"的意思。我国"蓝天牌"牙膏在行销美国时也碰了钉子,其原因是厂方将蓝天译为"Blue Sky",在美国,它含有"不能兑现的证券"之意,这自然很不吉利。这种由于民族传统及风俗习惯的差异所造成的语言刻板印象,即对某些语言的特殊理解,常常会形成一些独特的语言习惯及语言禁忌,从而影响人们对品牌的认识,这点必须引起足够重视。

消费者在对品牌的认知过程中,会将品牌的利益认知转化为一定情感上的利益。消费者购买产品的功能利益的同时,也在购买产品带来的情感属性。麦当劳的质量和服务可转化为"在这里找到受人尊重、舒适以及开心",格力空调用优质的产品和完善服务转化为"让世界爱上中国造"。情感属性也与一定的品牌联想有关。

其他的社会文化也给品牌增色不少,这里就不一一赘述了。

13.2.1.3 民族文化

每个地区或国家的民族文化都有自身的历史渊源和特殊个性。一种文化历史越悠久、传统越深厚,其民族性就越强、越具特色。民族文化的特殊个性表现为不同的民族气质、心理、感情和习俗,这也是一个民族区别于其他民族的重要标志。商家创名牌、保名牌,其目的便在于占领市场。市场并非一个千篇一律、一成不变的书本概念,而是不同国家、不同种族、不同文化背景下亿万消费者活生生的消费需求。这种需求因国度、种族而异,带有各自鲜明的文化背景色彩。因此,任何好的品牌都应首先考虑到本民族消费者的文化需求,以自己民族博大精深的文化为底蕴,充分体现民族的精神面貌。只有这样,才能站稳本国市场,进而走向世界。

民族文化主要体现在民族艺术、民族道德和民族精神等方面。

我国唐代诗人王维有首优美的诗:"红豆生南国,春来发几枝。愿君多采撷,此物最相思。"由此,红豆被国人誉为相思豆、情人豆。无锡太湖制衣厂将该厂生产的服装命名为"红豆牌",一时间,"红豆"衬衣便成了能寄托感情的物品,受到消费者的青睐。其外销名称用"love seed"(爱的种子)以示爱心,同样受到国外消费者的喜爱。我国的一些著名品牌,如闻名遐迩的北京"全聚德"烤鸭店、江苏的恒顺香醋、山东的"东阿阿胶"、上海的"凤凰"自行车、广东"海天酱油"等,其品牌都透露出强烈的民族文化气息,具有良好的发音和寓意,不仅在国内妇孺皆知,在海外也深受欢迎。然而,有的商家不去设计自己特色的品牌,只是一味跟在别人后面,流行什么学什么,什么时髦叫什么,由于品牌毫无民族文化色彩,充其量不过为他人作嫁衣。

以人文意识建立品牌。"仁和"与酒,可以说没有任何联系,而作为酒的命名,是同中华传统文化与人们的心理需求是吻合一致的,这可以说是以社会文化为导向的应用。"兔记"牌针,画了一只兔子在春药。做针线活的针,与兔子本身也没有丝毫瓜葛。兔子春药的构图取材于我国神话故事,而作为商品的品牌,却给人以安乐、健康、长寿的联想,这应该说是品牌命名的佳作。

每个民族都有一种精神,都有一个精神的象征。2022年的冬奥会吉祥物"冰墩墩",以中国国宝大熊猫为基本元素,集科技感、冰雪文化、萌纯的形象为一体,形成具有民族精神与民族文化的具象标志,深受全球欢迎,成为本届冬奥会的一大亮点,也成为奥运历史上最具影响力的吉祥物之一。

13.2.2 物质文化系统

物质文化系统,是品牌文化的物质载体,是品牌文化物化现象的外在表现,反映品牌的精神文化。凡是与公众接触的和品牌相关的事物都是品牌的物质文化系统。具体说来,产品、商标、企业名称、企业内外部环境、员工服饰、企业造型、招牌标识、企业办公用品、运输工具、室内用品等,这些都是品牌文化最基本的要素,可列入品牌的物质文化系统,他们的审美设计体现了品牌文化的内涵。

产品是消费者对品牌最直接、最具体的认知渠道。产品形象是指企业生产销售商品的品种、质量、性能、规格、款式、造型、设计、商标、包装、标识、价格等在消费者和社会公众心目中的整体印象,它是品牌外在形象的物质基础,产品形象的优劣是品牌形象高低的集中体现。企业要塑造好的品牌文化,就必须首先注意树立产品形象,产品形象是品牌整体形象的基石。随着人们生活水平的提高,购买商品的品位已发生了翻天覆地的变化:从实用型逐步向审美型转变,"购买的是商品,享受的是文明。"根据品牌自身的文化艺术意蕴,如能赋予品牌产品的外包装以一定的形式并与内在的质量保持一致,激发消费者对品牌的情感共鸣,能极大地刺激消费者的购买欲望。要使品牌立于不败之地,首先就得从品牌产品的设计文化上下功夫,精心设计、精工制作,使品牌产品的包装文化、使用质量和消费者效益达到"尽善尽美"。例如,山东曲阜是孔子的故乡,孔子是中国历史上最杰出、最伟大的人物之一,其声名扬于海内外,在这里有一酒厂,推出了"孔府家酒"。同时,借鉴古人的"盛酒的器皿"和人们心中已形成的古酒包装形象,推陈出新,创造性地设计出"孔府家酒"特有的、包容着几千年传统历史文化且又体现着现代文化气息的"复古"式包装。独具匠心的产品包装设计与品牌名称相得益彰,将孔子故乡悠久的历史文化传统融进品牌文化之中。

商标是商品生产者或经营者为使自己的商品同他人的商品相区别而使用的一种具有

明显特征的标记。现代社会,商标已成为产品的代名词,直接体现商品的质量、性能,驰名商标已成为企业的无形资产,其价值甚至超过有形资产。万宝路集团总裁马克斯·韦尔(Max Well)在谈及名牌的高效益时说:"企业的牌子如同储户的户头,当你不断用产品累积其价值时,便可尽享利息。"我国商标专家李继忠比喻更形象、贴切:"一个有信誉的商标,便犹如'核裂变',商标作为一个中子,通过不断撞击,释放出不可估量的能量。"而赋予了文化内涵的商标就会更吸引消费者。拥有世界名牌的可口可乐公司也说,即便其财产化为乌有,但它凭借价值 300 亿美元的商标,照样能够东山再起、重振雄风。正是在这个意义上,人们把商标称作烧不烂的"黄金名片",而使这张名片熠熠生辉的正是它所透露的文化内涵。

我们讲究商标的内涵,同样追求企业名称(厂名、店名)的寓意,好名字不但对消费者有振奋作用,对企业员工同样有引人振奋、向上的作用。用店名命名品牌,品牌名即店铺名。天津"狗不理"包子铺,其创始人是清末武清县的一位农夫。他乳名叫狗子,因为穷困,逃到天津一家包子铺当学徒。后来他有了点本钱,就开了一扇门面的包子铺,店名叫"德聚号"。这狗子颇有心计,他研究了天津许多包子铺的优点,又创造性地改发面为半发面,变硬馅为水馅。这一改非同小可,包子味格外鲜美,从此顾客盈门、门前车水马龙。由于生意越做越红火,把狗子忙得脚不沾地,原来那些穷朋友叫他,他也没工夫和当年的穷哥们打招呼了,人们便谑称他为"狗不理"。狗子不但不生气,索性将店名也改为"狗不理"了。"狗不理包子铺"经营"狗不理"品牌的包子。以人名命名品牌,"狗不理"名字背后的这段白手起家的传奇故事,更是给品牌注入了民族文化的内涵。

企业内外部环境,即环境形象,它是一个企业内外生产条件建设的总体表现。环境形象是影响人的心理的重要因素。环境形象对于一个企业的形象来说,就像是一个人的外观,所以环境形象应贯彻企业理念精神与品牌文化内核的基调,体现企业的管理水平和经济实力,用富于美感的形式展现企业形象和品牌文化的风采。健康、美感、创造性的环境形象,不仅能激发企业员工的积极性和创造性,渲染一种愉悦、审美的氛围,而且会吸引消费者和顾客,获得意想不到的情感表现效果,从而使企业形象和品牌形象大为增色。例如,深圳的"雨花西餐厅",先听名字,就可以想象到它的高雅:优雅的音乐,西式的服务,漂亮的地板,清凉的水池,芬芳的鲜花,而当你真正进去后,工薪阶层的人均消费更让你惊喜,它赢得了每个消费者的胃口。在此,构建环境文化氛围,能使企业获得一箭双雕的效果。良好的企业环境形象,对内可凝聚员工的人心,形成良好的企业文化;对外可彰显企业的实力与品牌文化内涵,成为公众认知品牌文化的一个重要平台。

员工服饰,是指员工在从事本职工作时统一穿着能体现企业精神、反映良好精神风貌的服装。员工服饰主要包括经理服装、管理人员服装、员工服装、运动服、文化服、领结、领带、工作帽、肩章、胸牌等等。员工服饰的设计与企业内外部环境一起构成了生产与服务环节的品牌文化形象。设计得当、质地相宜的着装,一方面可以增强员工的责任感和约束力,提高员工士气、改变精神面貌,可以体现企业的管理水平和文化素养;另一方面,也给外部公众以美好的审美感受,加深其对品牌生产、服务环节的体验,这种体验将转移到对品牌文化的整体认知里去。例如,肯德基的员工一律身着深蓝色西裤与蓝色条纹的 T 恤,头戴深蓝色棒球帽。作为餐饮服务业,整洁卫生对于品牌建设非常重要。蓝色给人以安静、整洁感,与肯德基店内的用餐环境一起,给消费者留下良好的印象。

企业造型,是指企业选择、提炼某一人物、动物或植物的个性特点或某一性质,以夸张的手法创造出具有人的性格的新形象。这一具体可见形象可直接表现出企业属性、经营理念和产品特征,又被称为"吉祥物"。企业造型具有很强的信息传递能力,生动活泼的具体形象更直观引发和补充了消费者的想象。企业造型所具有的人情味无形中有助于企业与消费者之间的沟通,使企业在公众心目中具有亲切感和随和感。像滑稽可笑的"麦当劳叔叔"、憨态可掬的"康师傅"、聪明活泼的"海尔兄弟"、迪士尼的"唐老鸭"和"米老鼠"等。

招牌标识,是企业的第一门面,具有明显的识别作用。它包括企业招牌、建筑外观、出入指示、活动招牌、橱窗展示、路标招牌、各种标识牌等等。

办公用品,主要有:名片、信封、信纸、企业旗帜、证券、奖状、感谢信、账票、工作证件、介绍信、合同书、工作日记、内部刊物等等。这些办公用品从细微处向外传递品牌的形象。

运输工具,是活动的广告媒体,免费、投资少而且效益高,越来越多的企业注意利用交通工具增加广告面积与广告频率。企业主要交通工具包括客车、轿车、工具车、卡车、轮船、飞机、挖掘机等等。

室内用品。室内用品如桌椅家具、茶杯水瓶、烟缸桌布、餐巾、窗帘等等,它们从很细小的地方传达了企业的形象。

13.2.3 行为文化系统

13.2.3.1 行为文化系统的内涵

行为文化系统,是以企业员工的实践活动、行为表现作为载体的品牌文化组成部分。它是以精神文化系统为指导,围绕着品牌战略的各个层次、方面所展开的各类与品牌相关的实践活动。通过一系列的实践活动,最终要树立起企业的服务形象、员工形象、经营管理形象和公共关系形象。

1)服务形象

服务形象是企业及全体职工在营销服务过程中所表现的服务方式、服务功能、服务态度、服务质量以及由此引起的消费者和社会公众的客观评价。企业的服务功能越齐全、服务方式越广泛、服务态度越好,人们对企业的亲切感、依赖感就越强,企业的美誉度和知名度也就越高。在消费者是"上帝"的市场经济中,以热情周到的服务取胜,不失为在激烈商战中塑造良好企业形象的关键一招。树立好的服务形象是塑造企业形象活力之所在。

2）员工形象

员工形象是指企业劳动者的整体形象,它包括管理者形象和职工形象。管理者形象是指企业管理者群体,尤其是企业主要领导人的知识、能力、魄力、素质、品德、风格和经营业绩给企业职工、企业同行和社会公众留下的印象。职工形象主要是指企业全体职工的职业道德、行为规范、精神风貌、文化水准、服务态度、业务技能、仪表仪容等给外界的整体印象。企业是职工的集合体,职工的形象直接体现企业的形象。管理者形象好,可增强企业的向心力和社会公众对企业的信任度;职工形象好,可强化企业的凝聚力和竞争力,为企业的长期稳定发展打下牢固的基础。员工形象是决定企业形象的能动力量。

3）经营管理形象

经营管理形象是企业的经营作风、经营方式、管理组织、管理制度、管理基础工作、管理文化氛围、经营成果及效益等在社会公众和员工中留下的总体印象。经营管理形象是企业的基本形象。

4）公共关系形象

企业公共关系是企业为了获得社会公众的信任和支持求得自身事业的发展、创造最佳社会关系所进行的一切活动,企业在开展公关活动中树立的形象便是企业的公共关系形象。现代企业不仅是一个经营性的经济组织,而且是一个社会组织,只有争取公众舆论的理解和支持,优化企业的生存发展环境,才能求得生存和发展。企业公共关系形象是树立企业形象的媒介和手段。

13.2.3.2 行为文化系统的建设

品牌行为文化系统包括外部文化系统与内部文化系统,具体说来是指品牌组织内部员工的生产、管理行为,以及员工与公众接触的各种外部活动,包括市场推广、销售、公关等活动。在品牌建设过程中,行为文化系统固化为企业的制度文化。相对应地,它受企业精神价值文化的规约。

企业制度文化是在企业的精神价值文化氛围中,企业群体内部共同的理想追求和价值取向的基础上形成的一系列规章制度、道德规范、经营方略、管理方法等。既是企业精神价值文化的衍生、表象,又是企业精神价值文化发扬光大的保障。它以外在的、显性的形态而存在,对企业组织和企业员工的行为产生规范性、约束性。集中体现了企业文化中物质文化和精神价值文化对员工和企业组织行为的要求。制度文化规定了企业成员在共同的生产经营活动中应遵守的行为准则。包括:

1）一般制度

主要指企业中存在一些具有普遍意义的工作制度和管理制度,以及各种责任制度。这些成文的制度和约定,以及不成文的企业规范和习惯,对企业员工行为起到约束作用,保证整个企业能分工协作,井然有序、高效地运作。如:计划制度、劳资人事制度、生产管理制度、服务管理制度、福利工作制度、奖惩制度等。

2) 特殊制度

这是指企业非程序化的制度。如:员工评议干部制度、总结表彰会制度、企业成立周年庆典制度等。与一般制度比,它更能反映一个企业的管理特点和文化特色。有良好企业文化的企业,必然有多种多样的特殊制度,反之亦然。

3) 企业风俗

主要是指企业长期相沿、约定俗成的典礼、仪式、行为习惯、节日、活动等。像歌咏比赛、体育比赛、集体婚礼等。企业风俗与一般制度和特殊制度不同,不是表现为准确的文字条目形式,也不需强制执行,全靠习惯、偏好的势力维持。企业风俗可自然形成,又可人为开发。一种活动或习俗,一旦被全体员工所共同接受并沿袭下来,就成为一种企业风俗。

企业制度文化实质就是一种企业的伦理道德规范。作为规范企业员工行为的要求和准则,企业伦理道德贯穿于企业经营活动的始终,对企业文化的其他因素以及整个企业活动都有着较为深刻的影响。企业中存在着企业与员工、员工与员工、普通员工与管理者、企业与社会等多方面的复杂的社会关系。正确处理和协调好这些关系,促进企业健康发展,就必须有相应的行为规则来调整上述种种关系,这些行为规范的总和就是企业的伦理道德。企业制度文化又是一种行为文化,企业主要从以下四个方面来进行伦理道德规范:

(1) 企业与员工之间。企业与员工的关系其实就是集体与个人之间的关系,调整集体与个人关系的根本道德原则是集体主义。按照集体主义原则来协调个人利益和集体利益之间的关系,实现个人与集体两者的有机统一。集体要承认员工个体的存在,为个体的存在和发展服务,在保障集体利益大于个人利益的前提下考虑、尊重和发展个人利益;员工作为集体一员,处于主人翁地位,平等相处、友好交往,个性和专长得到应有的尊重和发挥。员工要成为集体利益共同体、命运共同体、理想共同体和情感共同体中的合格一员,在发展企业集体利益过程中完善和发展自己。

(2) 管理者与员工之间。管理者和员工都是构成企业生产力不可缺少的因素,管理者与员工关系是否协调,直接影响到企业聚合力的强弱;通过一定的道德规范调整彼此行为、协调相互关系是十分必要的。为此,管理者要树立"以人为本"的管理思想,以自己良好的品德、渊博的知识、超群的能力把员工聚合在一起,形成团队力量。同时,员工也应对管理者的工作给予尊重、理解和支持,使管理者和普通员工在实现企业目标的轨道上保持一致。

(3) 员工之间。要使企业群体发挥整体效应,就必须正确认识和处理企业内部普遍存在的错综复杂的人际关系,必须长期不懈努力,建立"平等、团结、友爱、互助"的新型关系。

(4) 企业与社会之间。企业内部存在伦理道德问题,企业与外部同样存在伦理道德问题。例如企业在处理与顾客、供应厂商、其他企业、财税与金融部门、新闻媒介等关系问题上,必须受到企业伦理道德的约束和调节。企业和外部的关系是否协调、和谐,关系到企业的生存和发展;正确处理企业与外部各单位的关系,同样要坚持"平等、友好、互利、互助"的伦理道德规范。例如,在处理与其他企业关系时,要做到诚信、互利、互助和联合;在处理与顾客关系时,要讲质量、讲信誉,始终以消费者为中心,把顾客放在第一位;在处理与国家的关系时,坚持把国家利益与企业利益统一起来,把国家利益放在第一位,维护企业的正当利益要以服从和服务于国家利益为前提。

小结和学习重点

(1)品牌文化的含义与特点。
(2)影响品牌文化设计的因素。
(3)品牌文化的精神文化系统、物质文化系统与行为文化系统。

品牌资产经过长期的建设、管理,会沉淀出一定的品牌文化,本章由品牌文化的含义、特点及其作用入手,阐述了品牌文化设计的影响因素。着重剖析了品牌文化的三重构成要素,分别是精神文化系统、物质文化系统与行为文化系统,并就其内涵与构成展开了论述。

案例分析

谷歌公司的品牌文化[①]

对于谷歌公司,大多数人对它的了解除了使用过它的搜索引擎之外,还有就是被网民和办公族们追捧的极度人性化的办公环境设计,其实谷歌公司背后的品牌文化设计,更值得处在今天这个"互联网+"时代亟待转型的公司思考和借鉴。

像上述谷歌公司这样的内部组织是随着工业时代的发展出现的,当然随着生产力革命的演进,管理革命也在不断发生变化,组织对人的需求也经历了从体力到技能、从标准化到知识化的历程,而随着人工智能时代的到来,大量的知识和数据甚至较为复杂的分析运算都可以被替代,组织对人的价值判断将越来越多地聚焦于创造力、洞察力和感知力等综合能力的升华与实践,也许有人觉得这应该交给人力资源部门,由他们去招聘一批这样的人,但谷歌的实践证明了,组织和人可以共同努力探索和创建出这样一种文化:一方面是组织对人要更多地赋能,也就是提供他们能更高效创造的环境和工具,让他们自我激励与驱动,组织的核心职能将演变成文化与价值观的营造;另一方面,人对组织将产生更多的创造甚至颠覆,以此推动组织在行业中一日千里,不断推陈出新。

---

① 于越.品牌文化如何塑造组织的个性[J].中华商标,2016(5):66—67.

第13章 品牌文化

对于组织对人的赋能,众所周知的是谷歌超级人性化的办公环境设计和完备的娱乐设施配置,表面看起来这是公司卓越人性化关怀的写照,但其背后的设计理念正是谷歌对组织赋予人能量的思考,因为管理者发现传统的格子间早已不利于创意和创新的孕育,因为人的天性之一是占领地盘,而在职场也不例外。在多数公司,办公室的面积、摆设物的品质以及窗口的景致都是办公室主人成就与地位的象征,也因此限制了人与人之间的自由式沟通交流,在这样的环境里,话语权势必与这些息息相关。而谷歌从创立之初就希望建立起一种激发活力、鼓励交流的氛围,甚至允许员工可以利用工作时间的20%去做自己感兴趣的事情,所以谷歌首先从办公和娱乐环境的设计入手,同时谷歌还认为"拥挤出成绩",它认为如果员工可以轻松地拍到同事的肩膀,那么他们之间的交流和创意互动会更加畅通无阻,否则你能见到其他部门同事的机会也许就是"纯属偶然",而让大家挤在一起办公也能更好地消除因办公设施的优劣而引起的不平等抱怨,让员工可以比较容易地学会"质疑"与"求真",而非一言堂之下的形式主义。这才是组织扁平化的最好体现之一,甚至有时在开发新项目或新产品时,鼓励大家形成"同吃同住(因为谷歌也会提供睡在公司的设施)"的小团队,才会更加快速有效地激发人际互动的潜力,从而高效地产出。

正因谷歌的包容与开放,组织里的人更富有活力和想象力,也更明白在互联网袭来的时代如何在保持自己专长的基础上不断创新。在互联网发展的早期,谷歌就没有像行业内其他企业一样忙于打造和经营自己的门户网站,当时大家不断地在正式与非正式的沟通中领悟到——要做一个更开放的平台,但要以搜索业务的改进和提升来扩大平台的使用者和平台影响力,因为那时谷歌的人们已经意识到一个"互联网+个人娱乐"时代必将扑面而来,所以谷歌在搜索业务上不断优化,如对新闻、音乐、视频、图片等内容的搜索和下载功能,因为这可以让消费者体验到更自由的来去,而不是当时大多数互联网企业所推崇的封闭式门户网站系统。同时开放的平台还非常有助于吸引外部的创意,从而降低自己的研发成本。随着平台的影响力与日俱增,还开创了广告主们纷纷在此趋之若鹜地抢夺消费者的新营利模式。

谷歌的创始人之一埃里克·施密特(Eric Schmidt)曾说到,他们的战略讨论无时无处不在——会议室的白板、墙壁上的即时贴、信手记下的灵感……这还是要得益于他们所营造的平等、包容与开放的品牌文化氛围,如此才会激发人最大的内在创新潜力。谷歌深信——"你的头衔可以让你成为管理者,但让你成为领导者的,是你的员工"。

思考:
1. 请问谷歌公司的品牌文化有哪些构成要素?
2. 从谷歌公司的品牌文化塑造来看,企业文化与品牌文化有何异同?

课后思考题

1. 在品牌文化设计的影响因素中,哪一个因素具有决定性作用,除了本章中所列出的因素,还有哪些因素会对品牌文化有影响。

2. 请分析品牌文化的三重要素——精神文化系统、物质文化系统与行为文化系统之间的相互关系。

3. 请列举三个中国本土著名品牌,谈谈它们的品牌文化特色是什么?

图书在版编目(CIP)数据

品牌学教程/余明阳,薛可,杨芳平编著. —3 版. —上海:复旦大学出版社,2022.9
(复旦博学. 广告学系列)
ISBN 978-7-309-16230-1

I. ①品… Ⅱ. ①余… ②薛… ③杨… Ⅲ. ①品牌-企业管理-高等学校-教材 Ⅳ. ①F273.2

中国版本图书馆 CIP 数据核字(2022)第 103254 号

品牌学教程(第三版)
PINPAIXUE JIAOCHENG(DI SAN BAN)
余明阳　薛　可　杨芳平　编著
责任编辑/方毅超

复旦大学出版社有限公司出版发行
上海市国权路 579 号　邮编:200433
网址:fupnet@ fudanpress.com　http://www.fudanpress.com
门市零售:86-21-65102580　团体订购:86-21-65104505
出版部电话:86-21-65642845
上海盛通时代印刷有限公司

开本 787×1092　1/16　印张 31.25　字数 665 千
2022 年 9 月第 3 版
2022 年 9 月第 3 版第 1 次印刷
印数 1—4 100

ISBN 978-7-309-16230-1/F・2890
定价:68.00 元

如有印装质量问题,请向复旦大学出版社有限公司出版部调换。
版权所有　侵权必究